Online-Marketing und Recht

Martin Schirmbacher

Online-Marketing und Recht

mitp

Bibliografische Information der Deutschen Nationalbibliothek
Die Deutsche Nationalbibliothek verzeichnet diese Publikation in der Deutschen Nationalbibliografie; detaillierte bibliografische Daten sind im Internet über <http://dnb.d-nb.de> abrufbar.

Bei der Herstellung des Werkes haben wir uns zukunftsbewusst für umweltverträgliche und wiederverwertbare Materialien entschieden. Der Inhalt ist auf elementar chlorfreiem Papier gedruckt.

ISBN 978-3-8266-5895-2
1. Auflage 2011

E-Mail: kundenbetreuung@hjr-verlag.de

Telefon: +49 89/2183-7928
Telefax: +49 89/2183-7620

www.mitp.de

Lektorat: Sabine Schulz
Sprachkorrektorat: Maren Feilen
Satz: III-satz, Husby, www.drei-satz.de
Druck: Beltz Druckpartner GmbH und Co. KG, Hemsbach
Cover: © Binkski – fotolia.de

Inhaltsverzeichnis

Einleitung

Das Online-Marketing beschäftigt unsere Kanzlei schon lange. In unserer täglichen Praxis dreht sich viel um die Online-Werbung. Viele Mandanten haben Fragen zur rechtlichen Zulässigkeit bestimmter Werbeformen. Nahezu täglich beraten wir bei der Vertragsgestaltung bei Marketing-Dienstleistungen. Die Mandatsarbeit war der Ansporn, dieses Buch zu schreiben – festzuhalten, was in der Praxis an der Tagesordnung ist.

Es war zum Teil nicht einfach, die vielen Facetten der Rechtsprechung in klare Handlungsanweisungen umzumünzen. Der Wunsch nach klaren Ratschlägen mag an der einen oder anderen Stelle zu Lasten der absoluten Exaktheit gegangen sein; für den Juristen ein Greuel – für den Leser hoffentlich hilfreich.

Dieser Umstand gebietet den Hinweis auf eine Selbstverständlichkeit: Komplexe rechtliche Fragestellungen können nicht in einem Praxis-Handbuch beantwortet werden, sondern bedürfen sorgfältiger juristischer Prüfung im Einzelfall. Jeder Fall – das zeigt die Praxis immer wieder – ist anders. Gesetze und Rechtsprechung können sich ändern. Auch das muss bei der Lektüre dieses Buches berücksichtigt werden.

Apropos Rechtsprechung: Der Text lebt von Gerichtsentscheidungen aus der Praxis. Vieles im Bereich des Online-Marketings wird durch Urteile vorgegeben, die die Gesetze auslegen. Auch wenn ich so manche Gerichtsentscheidung im Ergebnis oder in der Begründung für falsch halte, habe ich mich mit Kritik zurückgehalten, weil es um die praktische Darstellung in der Sache geht.

Aufbau dieses Buches

Das Buch bearbeitet nacheinander die rechtlichen Aspekte der einzelnen Formen der Online-Werbung. Dem Ganzen vorangestellt ist eine Übersicht von Hauptfehlern rechtlicher Art bei der Online-Werbung, die Verweise auf die einzelnen Kapitel enthält (Kapitel 1), bevor auf die rechtlichen Aspekte der einzelnen Werbemöglichkeiten eingegangen wird.

Übersicht – Aufbau des Buches

- Hauptfehler im Online-Marketing-Recht (Kapitel 1)
- Werbung mit der eigenen Website
  - Domains (Kapitel 2)
  - Content der eigenen Website (Kapitel 3)
  - Online-Shop (Kapitel 4)
  - Tracking (Kapitel 5)
- Werbung auf anderen Websites
  - Werbeformen (Kapitel 6)
  - Suchmaschinen-Werbung (Kapitel 7).
  - Affiliate-Marketing (Kapitel 8)
- E-Mail-Marketing (Kapitel 9)
- Verträge zwischen Dienstleistern und Kunden (Kapitel 10)
- Durchsetzung und Abwehr von Ansprüchen (Kapitel 11)
- Rechtsprechungsübersicht (Anhang).

Domains (Kapitel 2) Kaum ein einzelner Bestandteil ist für den Erfolg einer Website so entscheidend, wie der Domain-Name. Eine prägnante Internetadresse ist das A&O eines jeden erfolgreichen Webprojekts. Im Idealfall entwickelt sich der Domain-Name zu »der Marke« des betreibenden Unternehmens. Im Domain-Recht geht es vor allem um Marken, Namen und das Wettbewerbsrecht. Es ist in der Regel verboten, fremde Marken oder Namen in der eigenen Domain zu führen, wenn der Markeninhaber nicht seine Zustimmung erteilt hat. Die Verwendung von Gattungsbegriffen in Domain-Namen ist dagegen zulässig. Außerdem geht es um den Umfang der Ansprüche und das Dispute-Verfahren.

Content der Website (Kapitel 3) Eine Website lebt von ihren Inhalten. Während für das Design oftmals erhebliche Kosten aufgewendet werden, kommt die Inhaltsauswahl bisweilen etwas kurz. Werden bei der Einbindung von eigenen oder fremden Inhalten ein Mindestmaß an Sorgfalt und einige rechtliche Regeln beachtet, kann das erhebliche Mühen und Kosten sparen. Bei der Verwendung von Content auf der eigenen Website stellen sich vor allem zwei Fragen: Habe ich als Website-Betreiber das Recht, die Inhalte auf meiner Website zu verwenden? Inwiefern hafte ich, falls sich später herausstellt, dass die Inhalte rechtswidrig sind, zum Beispiel gegen Urheberrechte verstoßen? Dabei ergeben sich gewisse Besonderheiten, je nach eingebundenem Inhalt (Text, Bilder, Musik usw.) und Herkunft der Inhalte (selbst erstellte Inhalte, gekaufter Content, User-Generated Content).

Online-Shop (Kapitel 4) Die rechtlichen Regeln für Shop-Betreiber sind nur noch schwer zu überschauen. Dem Online-Shop ist daher ein eigenes Kapitel gewidmet. Wer auf seiner Website einen Shop betreiben möchte, muss insbesondere die Vorgaben des Fernabsatzrechts beachten. Das bedeutet vor allem, dass im B2C-Bereich dem Verbraucher ein Widerrufsrecht einzuräumen ist. Daneben existiert eine ganze Reihe von Informationspflichten. Wichtig sind auch die Vorschriften zum Preisangaberecht.

Website-Tracking (Kapitel 5) Der Einsatz von Webtracking-Software ist weit verbreitet. Viele Website-Betreiber analysieren das »Surfverhalten« der Besucher. Oftmals dient dies der Optimierung der Website, bisweilen auch der Personalisierung der Werbung oder der Marktforschung. Beim Tracking von Besucherbewegungen auf der Website müssen aus datenschutzrechtlicher Sicht eine Vielzahl von Rahmenbedingungen eingehalten werden. Ob man Tracking-Tools, die die IP-Adressen der Website-Nutzer speichern, überhaupt rechtlich zulässig nutzen kann, hängt davon ab, ob man die IP-Adresse für ein personenbezogenes Datum des Nutzers hält.

Werbung auf anderen Websites (Kapitel 6) Anschließend geht es um die Werbung auf fremden Websites, wobei die Suchmaschinen-Werbung und das Affiliate-Marketing eigene Kapitel bekommen haben. In Kapitel 6 geht es zunächst um die verschiedenen Werbeformen (Banner, Popups, Social Media) und die verhaltensbezogene Werbung (Targeting). Ein Abschnitt beschäftigt sich mit Haftungsfragen, ein weiterer mit dem Phänomen des Klick-Betrugs.

Suchmaschinen-Werbung (Kapitel 7) Das Thema Suche und Recht zerfällt im Wesentlichen in drei Bereiche: die Suchmaschinen-Optimierung, das Keyword-Advertising und die Spezialsuche, etwa über Preissuchmaschinen. Bei der Suchmaschinen-Werbung spielt die Musik aus rechtlicher Sicht vor allem im Markenrecht und im Wettbewerbsrecht. Insbesondere die Optimierung auf fremde Marken und die Buchung von Marken-Keywords ist aus rechtlicher Sicht problematisch. Bei der Preissuche stellen sich in erster Linie Fragen der Preisangabenverordnung und der Aktualität der Preise.

Affiliate-Marketing (Kapitel 8) Das Affiliate-Marketing ist vergleichsweise jung. Der Grundgedanke ist, dass eine Vergütung nur geschuldet sein soll, wenn der Werbende einen vorab definierten Erfolg hat. Rechtlich sind vor allem die vertraglichen Konstellationen wesentlich. In welchem Verhältnis stehen die Beteiligten zueinander? Wann kann ein Publisher eine Provision verlangen? Im Detail tauchen Probleme bei Missbrauch durch Publisher einerseits und Advertiser-Fraud andererseits auf. Schließlich geht es um Haftungsprobleme, insbesondere die Frage, unter welchen Umständen der Advertiser für Handlungen »seiner« Publisher geradestehen muss.

E-Mail-Marketing (Kapitel 9) Bei den rechtlichen Aspekten der E-Mail-Werbung geht es vor allem um die Einwilligung des Empfängers der Werbe-E-Mail. Wer muss in welcher Form seine Einwilligung in die Übersendung von Werbung erklären. Das Kapitel beschäftigt sich insbesondere mit der Newsletter-Werbung und dem Prozedere bei Bestellung und Abbestellung. Außerdem geht es um datenschutzrechtliche Aspekte. Im Abschnitt »Empfehlungsmarketing« sind Tell-a-friend-Funktion, SWYN und virales Marketing das Thema. Schließlich geht es auch um die Frage, wie E-Mail-Adressen zu Werbezwecken rechtssicher zu gewinnen sind.

Verträge zwischen Dienstleistern und Kunden (Kapitel 10) Ein ganzes Kapitel ist der Vertragsgestaltung gewidmet. Spätestens hier wird deutlich, dass das Recht auch für Online-Werber in erster Linie gestalterische Aufgaben mit sich bringt. Das Kapitel soll verdeutlichen, dass Unstimmigkeiten über korrekte Leistungserbringung durch kluge Vertragsgestaltung minimiert und Lösungsmöglichkeiten schon in gescheiten Verträgen angelegt sein können. In der Online-Branche ist es üblich, dass um vertragliche Vereinbarungen nicht viel Aufhebens gemacht wird. Dies geht jedoch häufig genug schief – oftmals zu Lasten beider Parteien. Dieses Kapitel hebt die Bedeutung einer guten Leistungsbeschreibung hervor und zeigt Standardinhalte in Online-Verträgen auf. Anschließend werden typische Probleme einzelner Verträge aus dem Online-Marketing-Bereich besprochen.

Durchsetzung und Abwehr von Ansprüchen (Kapitel 11) Erst im nächsten Kapitel dreht es sich um die idealerweise nachgelagerte Seite des Rechts: die Durchsetzung und Abwehr von Ansprüchen. Hier wird beschrieben, was eine Abmahnung ist, wie man sie einerseits sinnvoll einsetzen kann und was andererseits zu tun ist, um sich gegen sie zur Wehr zu setzen. Es werden konkrete Handlungsempfehlungen gegeben, wie Rechtsverstöße verfolgt werden können und was zu tun ist, wenn – versehentlich oder kalkuliert – gegen geltendes Recht verstoßen wurde.

Rechtsprechungsübersicht (Anhang) Das Buch schließt mit einem Kompendium der in dem Buch zitierten Gerichtsentscheidungen. Der Anhang enthält eine Sammlung der in den einzelnen Kapiteln besprochenen Urteile. Dabei wird jeweils die wesentliche Aussage der Urteile zusammengefasst. Die Entscheidungen sind in der Reihenfolge aufgelistet, wie sie in den Kapiteln erwähnt sind. Die Ordnungsziffern am Anfang sollen Ihnen das Auffinden erleichtern. Dabei bezeichnet die erste Ziffer die Nummer des Kapitels und die zweite Ziffer die laufende Zahl der Urteile in dem jeweiligen Kapitel. Wiedergegeben sind hier jeweils nur Datum und Aktenzeichen sowie ein Leitsatz zu jedem einzelnen Gerichtsurteil. Auf der Website zum Buch, `www.online-marketing-recht.de`, finden Sie Links zu den Volltexten der Urteile für weitergehende Recherchen.

Danksagung

Ohne Hilfe ist ein solches Werk nicht innerhalb eines Sommers fertigzustellen. Mein besonderer Dank geht an meine Lektorin Sabine Schulz, die mich mit einiger Geduld und Beharrlichkeit in das Schreiben für Nichtjuristen eingeführt hat. 95% der Checklisten in diesem Buch würde es ohne sie nicht geben. Außerdem danke ich René Kulka von optivo, der mir für das Kapitel zum E-Mail-Marketing wertvolle Hinweise gegeben hat, und Markus Hoevener und Martin Röttgerding von Bloofusion, die sich des Kapitels zur Suchmaschinen-Werbung angenommen haben.

Ohne die Unterstützung meiner Mitarbeiter in der Kanzlei wäre das Werk in der Kürze der Zeit ebenso wenig möglich gewesen. Mein Dank gilt Michael Strubel und Daniel Schätzle für die intensive Mitarbeit und meinen Anwaltskollegen bei HÄRTING Rechtsanwälte dafür, dass sie mir – soweit das möglich war – den Rücken für dieses Projekt freigehalten haben.

Follow Up

Online-Marketing ist sehr dynamisch. Das gilt auch für die rechtlichen Aspekte. Aus diesem Grund finden Sie unter `www.online-marketing-recht.de` aktuelle Hinweise zu den Inhalten dieses Buches. Dort gibt es neuere Urteile, Checklisten und Vertragsmuster, die den Rahmen des Buches sprengen würden. Nicht nur dort, sondern auch unter `schirmbacher@haerting.de` haben Sie Gelegenheit, mir Ihr Feedback mitzuteilen. Ich freue mich über jede Kritik.

Stets auf dem Laufenden bleiben Sie, wenn Sie dem Buch (`twitter.com/omr_buch`) und/oder mir (`twitter.com/mschirmbacher`) auf Twitter folgen.

Berlin, im Oktober 2010 Martin Schirmbacher

Kapitel 1

Hauptfehler im Online-Marketing

Bevor es in den Kapiteln 2 bis 11 im Detail um die rechtlichen Aspekten des Online-Marketings und seiner Teildisziplinen geht, werden in diesem vorangestellten Abschnitt solche rechtliche Fehler aufgezählt, die besonders häufig auftreten. Der Fokus liegt dabei nicht so sehr auf Rechtsverstößen, die vielfach auftreten, weil sie bewusst in Kauf genommen werden, sondern vor allem auf Konstellationen, in denen Unternehmen oder Agenturen unbewusst vermeidbare Fehler begehen. Vielleicht überfliegen Sie dieses Kapitel als Einstieg, um zu schauen, ob auch in Ihrem Unternehmen aus Nachlässigkeit Rechtsverstöße begangen werden, die leicht zu vermeiden wären.

1.1 Hauptfehler bei Domains (Kapitel 2)

Gattungsbegriff und Stadtname in Domain

Das OLG Hamm hat dem Inhaber der Domain `tauchschule-dortmund.de` die Verwendung der Domain untersagt, weil dadurch der Eindruck entstehe, es gebe nur diese eine Tauchschule in Dortmund bzw. diese sei »das erste Haus am Platze« (Abschnitt 2.2.6).

Marken als Domain-Bestandteil

Wer geschützte Marken als Domain-Bestandteil verwenden will, sollte sicher sein, dass die Verwendung ausnahmsweise statthaft ist oder vom Markeninhaber geduldet werden wird (Abschnitt 2.2.2).

Verwendung der TLD .ag durch ein Unternehmen, das keine Aktiengesellschaft ist

Die Verwendung der Domain `unternehmensname.ag` kann von den Gerichten als irreführend angesehen werden, wenn es sich bei dem anbietenden Unternehmen nicht um eine Aktiengesellschaft handelt (Abschnitt 2.2.7).

Dispute eintragen auf Verdacht

Wer, ohne tatsächlich dazu berechtigt zu sein, einen Dispute auf die Domain eines anderen eintragen lässt, muss damit rechnen, gerichtlich auf Rücknahme des Antrages in Anspruch genommen zu werden (Abschnitt 2.3.3).

Fehlende Klausel in Domain-Vertrag: Kunde muss Domain-Inhaber werden

Aus Sicht des Kunden eines Domain-Vertrages ist darauf zu achten, dass der Provider nicht sich, sondern den Kunden als Domain-Inhaber bei der Vergabestelle eintragen lässt. Dafür muss auch in den zugrunde liegenden Verträgen gesorgt sein. Andernfalls drohen nach Beendigung des Vertragsverhältnisses lange Streitigkeiten über die Inhaberschaft an der Domain (Abschnitt 2.1.4).

Fehlende Regelung der Inhaberschaft bei Domain-Treuhandverträgen

Soll der eigentliche Domain-Inhaber nicht in Erscheinung treten, wird unter Umständen ein Treuhänder als Domain-Inhaber eingesetzt. Bei diesen vertraglichen Konstellationen ist darauf zu achten, dass bei Vertragsbeendigung ein Herausgabeanspruch des eigentlich Berechtigten besteht (Abschnitt 2.1.4).

1.2 Hauptfehler auf der eigenen Website (Kapitel 3)

Stadtplanausschnitte werden als Wegbeschreibung verwendet

Stadtpläne genießen Urheberschutz. Werden Ausschnitte einfach heruntergeladen und auf der eigenen Website zum Beispiel als Wegbeschreibung verwendet, muss mit kostspieligen Abmahnungen gerechnet werden (Abschnitt 3.1.3).

Urheberrechtswidrige Verwendung von Fotos auf der Website

Professionell erstellte Bilder werden für Offline-Zwecke erstellt, aber auch online verwendet. Wird mit dem Fotografen nichts anderes vereinbart, berechtigt die Zurverfügungstellung von Fotos für eine Unternehmensbroschüre nicht auch zum Upload auf die Firmenwebsite (Abschnitt 3.1.3).

Fotos von Kundenevents werden ungefragt online gestellt

Werden Kundenevents fotografisch begleitet, dürfen die Bilder nicht ohne Weiteres im Anschluss auf die Unternehmenswebsite eingestellt werden. Ist der Abgebildete nicht nur bloßes Beiwerk, muss vorab gefragt werden, ob ein Einverständnis mit der Veröffentlichung besteht (Abschnitt 3.1.3).

Keine unmittelbare Reaktion auf Abmahnung eines Blog-Beitrags

Wird ein Website-Betreiber wegen eines Blog-Beitrags, eines Foreninhalts oder eines Kommentars abgemahnt, muss er umgehend prüfen, ob es sich bei dem gerügten Inhalt tatsächlich um rechtswidrigen Content handelt. Nur wenn ein rechtswidriger fremder Inhalt unverzüglich gelöscht wird, kann der Betreiber der Website einer Haftung entgehen (Abschnitt 3.1.7).

Verwendung eines allgemeinen Disclaimers

Taucht in Ihrem Disclaimer der Satzfetzen »Das LG Hamburg hat entschieden ...« auf, sollten Sie schnell handeln. Ein solcher Disclaimer ist nicht nur unsinnig und zeigt, dass in Ihrem Unternehmen mit rechtlichen Dingen nicht sorgfältig umgegangen wird, ein solcher Disclaimer kann sogar unmittelbar schaden (Abschnitt 3.4).

Fehlendes Webimpressum auf Unterseiten von Portalen

Dass jede geschäftsmäßige Website eines Impressums bedarf, ist bekannt. Das Gleiche gilt aber auch für die Unterseiten größerer Portale. So müssen eBay-Powerseller genauso ein Impressum vorhalten wie gewerbliche Anbieter von Immobilien auf Immobilienportalen. Auch kommerzielle Twitter-Accounts und Facebook-Fanseiten brauchen ein Impressum (Abschnitt 3.6.1).

Fehlende Angabe der Vertretungsberechtigten im Webimpressum

Vielfach sind im Webimpressum nicht alle Angaben aufgenommen, die das Gesetz verlangt. Besonders häufig fehlt die Angabe der Personen, die das Unternehmen nach außen vertreten dürfen, z.B. Vorstände oder Geschäftsführer (Abschnitt 3.6.4).

Steuernummer anstelle der UStID

Das Gesetz verlangt die Angabe der Umsatzsteueridentifikationsnummer im Impressum geschäftsmäßiger Websites. Existiert eine solche nicht, muss stattdessen nicht die Steuernummer angegeben werden (Abschnitt 3.6.4).

Vermischung von redaktionellen und werbenden Links

Wird der redaktionelle Teil eines Online-Magazins von einem Linkset gefolgt, muss kenntlich gemacht werden, welche dieser Links zu weiteren redaktionellen Inhalten führen und hinter welchen Links sich Werbeangebote verbergen (Abschnitt 3.3).

Datenschutzhinweise werden in AGB versteckt

Jede Website, auf der personenbezogene Daten erhoben werden, muss eine Datenschutzerklärung haben. Diese Erklärung darüber, was mit den erhobenen Daten geschieht, darf nicht in den AGB des Website-Betreibers versteckt werden (Abschnitt 3.5).

Werbung mit Vorabkontrolle von User-Generated Content

Bietet eine Internetplattformen gleich welcher Art den Nutzern die Möglichkeit, eigene Inhalte (z.B. Anzeigen, Forenbeiträge, Fotos, Videos etc.) in die Plattform einzustellen, sollte nicht damit geworben werden, dass alle Beiträge vorab kontrolliert und qualitativ überwacht werden. Eine solche Aussage kann dazu führen, dass sich der Plattformbetreiber so behandeln lassen muss, als hätte er die Inhalte selbst ins Internet gestellt. Eine Haftungsprivilegierung kommt dann nicht mehr in Betracht (Abschnitt 3.1.7).

Verwendung des ®-Zeichens ohne Markeneintragung

Das ®-Zeichen darf nur in Verbindung mit Worten (oder Grafiken etc.) verwendet werden, wenn es sich bei dem so gekennzeichneten Zeichen um eine eingetragene Marke handelt. Andernfalls ist das irreführende Werbung (Abschnitt 3.1.8).

1.3 Hauptfehler im Online-Shop (Kapitel 4)

Falsche oder fehlende Widerrufsbelehrung im B2C-Bereich

Im Online-Handel muss jedem Verbraucher das Recht zugestanden werden, den Kauf ohne Angabe von Gründen rückgängig machen zu können. Über dieses Widerrufsrecht ist der Verbraucher zu informieren. An Inhalt und Form der Belehrung werden strenge Anforderungen gestellt, die vielfach ignoriert werden. Es ist empfehlenswert, die vom Gesetzgeber zur Verfügung gestellte Musterbelehrung zu verwenden. Ohne anwaltliche Hilfe sollte davon nicht abgewichen werden (Abschnitt 4.1.3).

Fehlende Anpassungen an geänderte Rechtslage

Kaum ein Rechtsgebiet ist so häufigen Änderungen unterworfen wie das Fernabsatzrecht. Als Unternehmer müssen Sie sich ständig über diese Änderungen auf dem Laufenden halten. Dies gilt umso mehr, als Übergangsfristen oft nicht eingeräumt werden. Vom Tag des Inkrafttretens eines neuen Gesetzes muss dieses von den Unternehmern daher in der Regel beachtet werden (Abschnitt 4.1).

Nichterstattung von Versandkosten im Falle des Widerrufs

Der Europäische Gerichtshof hat entschieden, dass dem Verbraucher die Kosten für den Versand der Ware vom Händler zum Kunden zu erstatten sind, wenn der Kunde den Kaufvertrag widerruft. Etwaige Versandkostenpauschalen sind also mit dem Kaufpreis der Ware zu erstatten. Wer das nicht tut, handelt wettbewerbswidrig und kann abgemahnt werden (Abschnitt 4.1.5).

Sorglosigkeit im Cross-Border-Vertrieb

Händler, die über Ländergrenzen hinweg Online-Vertrieb betreiben, müssen sich bewusst sein, dass sie dadurch unter Umständen ausländisches Recht zur Anwendung bringen. Auch bei der Erstellung von Allgemeinen Geschäftsbedingungen muss darauf geachtet werden. Hier ergeben sich aus Sicht des Versandhändlers Gestaltungsspielräume, die genutzt werden sollten (Abschnitt 4.7).

Unvollständige Verbraucherinformation

Das Fernabsatzrecht sieht eine scheinbar endlose Anzahl von Umständen vor, über die der Verbraucher im Detail zu informieren ist. Wird auch nur eine dieser Informationen nicht mitgeteilt, ist die Verbraucherinformation unvollständig, mit der Folge, dass der Shop-Betreiber abgemahnt werden kann (Abschnitt 4.3).

Fehlende Übermittlung der Informationen in Textform

Sämtliche Informationen, die vor Vertragsschluss zu erbringen sind, müssen dem Verbraucher auch in Textform, d.h. auf Papier oder per E-Mail zugehen. Dies betrifft tatsächlich alle Informationen, die schon vor Vertragsschluss zu übermitteln sind. Auch hier gilt, dass der kleinste Fehler dazu führt, dass das Verhalten des Shop-Betreibers als wettbewerbswidrig eingestuft werden kann. Zudem ist die Übermittlung der Informationen in Textform an den Lauf der Widerrufsfrist geknüpft. Diese beginnt erst zu laufen, wenn alle Informationen übersandt wurden (Abschnitt 4.4.2).

Preiswerbung in Bannern

Es ist unproblematisch, in Werbebannern mit Preisen zu werben. Werden Preise angegeben, müssen dies jedoch Endpreise sein, zu denen weder Steuern noch sonstige Gebühren oder Kosten (z.B. Versandkosten) hinzutreten. Andernfalls handelt es sich um einen Verstoß gegen die Preisangabenverordnung (Abschnitt 4.5.2).

Fehlende Grundpreisangabe

Messbare Waren, die in bestimmten Mengen abgefüllt werden, müssen mit einer Grundpreisangabe versehen werden. Hier muss dem Verbraucher also ein Preis pro Maßeinheit (Kilogramm, Liter etc.) mitgeteilt werden. Fehlt eine solche Angabe bei einzelnen Artikeln oder erfolgt die Angabe nicht unmittelbar bei der Beschreibung der Ware, ist dies in der Regel wettbewerbswidrig und kann von Konkurrenten abgemahnt werden (Abschnitt 4.5.4).

Unzureichende Versandkostenangaben

Häufig fehlen konkrete Angaben zu Versandkosten. Sind Versandkosten abhängig von Menge oder Gewicht, muss sich dies aus der Versandkostenangabe eindeutig ergeben. Unterscheiden sich die Kosten für den Versand der Ware ins Ausland, muss auch dies klar und deutlich auf der Website angegeben sein. Insbesondere bei Auslandsversandkosten wird oft nachlässig gehandelt (Abschnitte 4.3.10 und 4.5.3).

Unzureichende Angabe von Lieferzeiten

Ebenfalls ein häufiger Fehler sind unkonkrete Angaben zur Belieferung. Das Gesetz sieht hier vor, dass konkrete Angaben zu machen sind, wann mit einer Lieferung zu rechnen ist. Angaben wie »Fremdbelieferung«, »Lieferung auf Nachfrage« oder »nachbestellt« genügen nicht den strengen Anforderungen. Zulässig soll dagegen die Angabe von Circa-Fristen sein (Abschnitt 4.3.13).

Fehlende Angaben zur Sprache des Kundendienstes

Ein beliebter Fehler bei der Erweiterung des Online-Shops auf ausländische Märkte ist, dass zwar die Website in verschiedenen Sprachen angeboten wird, so dass Bestellungen auch ausschließlich in der fremden Sprache (zum Beispiel Polnisch) möglich sind. Gleichzeitig wird Support jedoch nur in deutscher Sprache oder auf Englisch und Deutsch angeboten. In diesem Fall ist in der jeweils anderen Sprache (also Polnisch) auf den Umstand gesondert hinzuweisen, dass es keinen Kundendienst in polnischer Sprache gibt (Abschnitt 4.3.19).

Nichtbeachtung von Spezialgesetzen

Für eine Vielzahl von Artikeln bestehen spezielle gesetzliche Regelungen. Diese gelten oft unabhängig von der konkreten Vertriebsform und regeln die Werbung für die besonderen Produkte oder auch die Einzelheiten des Produktvertriebs. Eine Reihe typischer Beispiele sind in Abschnitt 4.6 zusammengestellt. Dieses Unterkapitel erhebt jedoch nicht den Anspruch auf Vollständigkeit. Jeder Händler sollte sich bei seinem Interessenverband oder einem Rechtsanwalt erkundigen, welche speziellen Regelungen zu beachten sind.

Verstöße gegen das Textilkennzeichnungsgesetz

Eine typische Regelung, die oft übersehen wird, ist das Textilkennzeichnungsgesetz. Danach müssen alle Textilien, die beworben werden, mit einer Angabe der Inhaltsstoffe versehen werden. Spezialversender sind darauf eingerichtet. Doch auch wer beispielsweise als Add-on zu Merchandising-Zwecken T-Shirts vertreibt, muss die Pflichtangaben in die Werbung aufnehmen (Abschnitt 4.6.5).

Nichtbeachtung der Verpackungsverordnung

Alle Versandhändler haben die Regelungen der Verpackungsverordnung zu beachten. Verstöße dagegen sind in der Regel Ordnungswidrigkeiten und auch wettbewerbswidrig. Für den Shop-Betreiber bedeutet dies insbesondere, dass zusätzliches Verpackungsmaterial, das nicht bereits vom Hersteller geliefert wird, registriert sein muss (Abschnitt 4.6.6).

Fehlerhafte AGB

Ein häufiger Fehler ist die Verwendung von Allgemeinen Geschäftsbedingungen, die den Beschränkungen des AGB-Rechts nicht genügen. Das ist keine für das Online-Marketing spezifische Problematik. Online lassen sich die Fehler allerdings leichter recherchieren. Rechtssichere AGB, die die jeweiligen Risiken des Verwenders bestmöglich abdecken, lassen sich nur mit anwaltlicher Hilfe erstellen. Allzu häufig sieht man jedoch, dass die AGB aus dem Internet zusammenkopiert werden. Das ist nicht nur möglicherweise urheberrechtswidrig, sondern auch unzureichend, weil es die Interessen des Verwenders nicht vernünftig abdecken kann. Daneben sind AGB-Verstöße in der Regel als Wettbewerbsverstöße abmahnfähig.

Verwendung identischer AGB im Multi-Channel-Marketing

Es kann fehlerhaft sein, die gleichen Allgemeinen Geschäftsbedingungen und Widerrufsbelehrungen in verschiedenen Vertriebsformen einzusetzen. Wird z.B. über das Zustandekommen des Vertrages belehrt, muss diese Belehrung auf eBay anders aussehen als im Online-Shop. Wird zudem auch über den stationären Handel oder etwa über Vertriebspartner verkauft, sind unter Umständen weitere Anpassungen notwendig (Abschnitt 4.3.6).

1.4 Hauptfehler beim Tracking (Kapitel 5)

Keine Erweiterung der Datenschutzerklärung

Wird auf der Website ein Tracking-Tool eingesetzt, sollte die – meist ohnehin erforderliche – Datenschutzerklärung auf der Website aktualisiert, erweitert und angepasst werden. Darin muss auch ein Hinweis auf die Möglichkeit zum Widerspruch enthalten sein (Abschnitt 5.1.3).

Keine Widerspruchsmöglichkeit beim Tracking

Werden beim Tracking von Nutzerbewegungen auf der Website Nutzerprofile erstellt, muss eine Widerspruchsmöglichkeit eingeräumt werden. Der Nutzer muss also die Möglichkeit des Opt-out haben. Seriöse Anbieter sind darauf vorbereitet und bieten entsprechende Möglichkeiten an (Abschnitt 5.1.2).

Fehlen eines Auftragsdatenverarbeitungsvertrages

Mit dem Tracking-Dienstleister ist zwingend ein schriftlicher Auftragsdatenverarbeitungsvertrag zu schließen, wenn den Anforderungen des Düsseldorfer Kreises Rechnung getragen werden soll. Fragen Sie Ihren Dienstleister, ob er ein entsprechendes Vertragsmuster vorlegen kann (Abschnitte 5.1.4 und 5.2.2).

Speicherung ungekürzter IP-Adressen ohne Risikoabwägung

Es ist bisher ungeklärt, ob die IP-Adresse des Nutzers für den Website-Betreiber ein personenbezogenes Datum ist, dessen Speicherung und Übermittlung einer Einwilligung bedarf. Wer ungekürzte IP-Daten speichern möchte, sollte sich mit den damit verbundenen Risiken auseinandersetzen und insbesondere die rechtliche Entwicklung genau im Blick haben (Abschnitte 5.1 und 5.3).

1.5 Hauptfehler bei der Werbung auf anderen Seiten (Kapitel 6)

Datenerhebung in interaktiven Bannern

Häufig werden personenbezogene Daten über interaktive Banner erhoben, ohne dass der Betroffene einwilligt. Erforderlich ist meist, dass eine Erklärung darüber erfolgt, welche Daten zu welchem Zweck erhoben und verarbeitet werden. In der Regel kann hier eine Datenschutzerklärung verlinkt werden. Vorsicht ist geboten bei zu vielen Pflichtfeldern (Abschnitt 6.1.1).

Bannerwerbung mit Preisangabe

Werden in Bannern Preise für bestimmte Produkte angegeben, muss es sich dabei um Endpreise handeln. Es ist ein Verstoß gegen die Preisangabenverordnung und damit wettbewerbswidrig, wenn zu den angegebenen Preisen noch weitere Kosten hinzutreten (Abschnitt 6.1.1).

Umgehung von Popup-Blockern

Werden Popups technisch so ausgestaltet, dass sie die herkömmlichen Popup-Blocker umgehen, ist dies eine unzumutbare Belästigung. Es ist nur eine Frage der Zeit, bis dies von den Gerichten ausdrücklich so entschieden werden wird (Abschnitt 6.1.2).

Gekaufte Advertorials

Werbung ist stets von redaktionellen Inhalten zu trennen. Wird Unternehmen die Möglichkeit gegeben, sich im Rahmen eines Advertorials werblich darzustellen, muss die Werbung als solche gekennzeichnet werden (Abschnitt 6.1.5).

Fake-Bewertungen

Es ist zwar üblich, aber klar wettbewerbswidrig, vermeintlich objektive Produktbewertungen in Online-Portalen abzugeben. Wenn Mitarbeiter einer PR-Agentur Produkte von Kunden in Online-Portalen lobend erwähnen oder der Verlag auf Amazon eine geschönte Rezension eines eigenen Buches verfasst, ist dies als Schleichwerbung wettbewerbswidrig (Abschnitt 6.1.5).

Twitter: Fehlendes Impressum

Auch bei Twitter und Facebook muss ein Impressum vorhanden sein, wenn die Social-Media-Plattformen geschäftsmäßig genutzt werden. Bei Twitter gelingt dies am besten, wenn auf die eigene Website, die das Impressum enthält, direkt verlinkt wird (Abschnitt 6.2.2).

Targeting: Zusammenführen von Nutzerprofilen mit personenbezogenen Daten

Es ist zwar zulässig, Nutzerprofile auch ohne Einwilligung des Betroffenen zu erstellen. In diesem Fall müssen die Nutzerprofile aber pseudonym erstellt werden. Außerdem dürfen diese Daten nicht mit Klardaten des Betroffenen zusammengeführt werden. Nutzerprofile dürfen also insbesondere nicht mit Login-Daten des Nutzers abgeglichen werden, um noch mehr Informationen über einen konkreten User zu erhalten (Abschnitt 6.3.3).

Targeting: Fehlendes Opt-out

Auch wenn keine personenbezogenen Daten erhoben werden, muss dem Nutzer die Möglichkeit gegeben werden, der Profilbildung (auch unter Pseudonym) zu widersprechen. Es bedarf also einer Opt-out-Möglichkeit. In der Praxis geschieht dies in der Regel durch Setzen eines Opt-out-Cookies. Wer einen Targeting-Dienstleister einsetzt, der hier keine vernünftige Lösung anbietet, handelt selbst rechtswidrig (Abschnitt 6.3.3).

1.6 Hauptfehler bei der Suchmaschinen-Werbung (Kapitel 7)

Optimierung auf fremde Marken

Generell ist es kritisch, die eigene Website auf Marken, an denen keine Berechtigung besteht, zu optimieren. Dabei kommt es nicht in erster Linie darauf an, wie genau die Suchmaschinen-Optimierung vonstatten geht. Wer seine Website so ausgestaltet, dass sie bei der Eingabe einer fremden Marken als Keyword in einer Suchmaschine weit oben gelistet wird, handelt unter Umständen markenrechtswidrig und muss sich möglicher Konsequenzen bewusst sein (Abschnitt 7.1.3).

Fremde Marken im Title-Tag

Bereits gerichtlich entschieden wurde, dass es markenrechtswidrig ist, eine Marke in den Title-Tag der eigenen Website aufzunehmen, ohne dazu berechtigt zu sein. Eine entsprechende Berechtigung kommt in Betracht, wenn eine wirtschaftliche Verbindung zu dem Markeninhaber besteht, etwa wenn Produkte der betreffenden Marke in dem Shop angeboten werden (Abschnitt 7.1.3).

Verwendung fremder Marken als Keyword

Wer eine fremde Marke als Keyword bei Google AdWords verwendet, muss verhindern, dass dadurch der Eindruck entsteht, es bestehe eine wirtschaftliche Verbindung zu dem Markeninhaber. Das letzte Wörtchen haben die Gerichte noch nicht gesprochen. Wer unter Nutzung fremder Marken werben will, muss die aktuelle Rechtsprechung stets im Auge haben und mögliche Folgen im Rahmen einer Risikobewertung abschätzen (Abschnitt 7.2.2).

Verwendung einer Marke in der Anzeige selbst

Vergleichsweise klar sind dagegen die Fälle, in denen eine fremde Marke in der Anzeige selbst erscheinen darf. Dies ist nur dann der Fall, wenn eine entsprechende Gestattung oder eine Ausnahme nach dem Markengesetz besteht (Abschnitt 7.2.6).

Werbung mit Preisen in AdWords-Anzeigen

Auch in AdWords-Anzeigen darf grundsätzlich mit Preisen geworben werden. Allerdings muss es sich dann um Endpreise handeln, also um den Preis, den der Verbraucher letztlich zu zahlen hat. Treten noch weitere Kosten (z.B. Versandkosten) hinzu, ist die Werbung irreführend (Abschnitt 7.2.6).

Werbung mit Rabatten in AdWords-Anzeigen

Auch gegen eine Werbung mit bestimmten Preisnachlässen in einer AdWords-Anzeige ist nichts einzuwenden. Allerdings muss sich dann auf der Zielseite unmittelbar und deutlich ergeben, worauf sich die Rabattgewährung bezieht. Es muss eine klare Zuordnung zu den einzelnen Preisen geben (Abschnitt 7.2.6).

Aktualität der Preise in Preissuchmaschinen

Unzulässig ist es, eine Preissuchmaschine zu verwenden, die nicht deutlich darauf hinweist, dass die angegebenen Preise unter Umständen nicht mehr aktuell sind. Dabei genügt es nicht, wenn dieser Hinweis im Kleingedruckten erscheint. Vielmehr muss unmittelbar und für jeden ohne Weiteres erkennbar sein, dass sich die im verlinkten Shop verlangten Preise inzwischen erhöht haben können (Abschnitt 7.3.1).

Aktualität der Lieferbarkeit von Produkten in Preissuchmaschinen

Auch unzutreffende Angaben zur Verfügbarkeit der Ware oder zu sonstigen Kosten (z.B. Versandkosten) in Preissuchmaschinen können dazu führen, dass die Werbung in der Preissuchmaschine als irreführend anzusehen ist. Wird z.B. in der Preissuchmaschine eine sofortige Verfügbarkeit der Ware angegeben, obwohl die Ware inzwischen ausverkauft ist und zunächst nachbestellt werden muss, dürfte dies irreführende Werbung sein, wenn in der Preissuchmaschine selbst nicht darauf hingewiesen wird, dass auch die Verfügbarkeitsangaben abweichen können, weil die Preissuchmaschine eine Echtzeit-Aktualisierung nicht gewährleisten kann (Abschnitt 7.3.1).

Fehlende Versandkosten in Preissuchmaschinen

Der Bundesgerichtshof hat entschieden, dass bei der Werbung in Preissuchmaschinen in dem dort angegebenen Preis alle Kosten enthalten sein müssen. Es sei irreführend und ein Verstoß gegen die Preisangabenverordnung, wenn sich der Endpreis erst auf der Website des Anbieters ergibt (Abschnitt 7.3.2).

1.7 Hauptfehler im Affiliate-Marketing (Kapitel 8)

Unklare Provisionsbedingungen

Insbesondere bei kleineren Affiliate-Netzwerken sind die Regeln für die Auszahlung von Provisionen an die Publisher nicht klar genug definiert. Häufig werden insbesondere Missbrauchsaspekte außer Acht gelassen oder nicht genau definiert, was unter Leads oder Sales zu verstehen ist (Abschnitt 8.1.2).

Mangelnde Missbrauchsbekämpfung in Affiliate-Bedingungen

Häufig finden sich in den Affiliate-Bedingungen keine klaren Regeln, die Missbrauch wirksam bekämpfen sollen. Hier ist grundsätzlich denkbar, dass das Nichtvorhandensein von Missbrauch zur Anspruchsvoraussetzung erhoben wird. In diesem Fall muss der Publisher beweisen, dass kein Missbrauch vorgelegen hat (Abschnitt 8.2).

Fehlen zusätzlicher Partnerbedingungen

Aus Sicht des Advertisers ist es dringend zu empfehlen, die in der Regel bestehende Möglichkeit zu nutzen, in zusätzlichen Partnerbedingungen die Publisher auf die Verwendung konkreter Werbemittel und Werbeflächen festzulegen. Dabei sollten auch die Konsequenzen der Nichtbeachtung dieser Vorgaben geregelt werden (Abschnitt 8.2.3). Nur so lassen sich die weiten Haftungsmaßstäbe, die die Rechtsprechung ansetzt, halbwegs begrenzen (Abschnitt 8.4.1).

1.8 Hauptfehler im E-Mail-Marketing (Kapitel 9)

Fehlende Einwilligung des Empfängers

Noch immer werden häufig E-Mails versandt, ohne dass der Empfänger vorab sein Einverständnis erklärt hat (Abschnitt 9.1).

Name wird als Pflichtfeld für ein Newsletter-Abo verlangt

Im Datenschutzrecht gilt das Gebot der Datensparsamkeit. Der Name des Empfängers ist für die Versendung eines E-Mail-Newsletters in der Regel nicht erforderlich. Es kann daher einen Datenschutzverstoß bedeuten, wenn das Namensfeld ein Pflichtfeld ist (Abschnitt 9.1.4).

Einsatz von Confirmed-Opt-in

In letzter Zeit wieder vermehrt anzutreffen ist das sogenannte Confirmed-Opt-in-Verfahren. Dabei wird nach der Eingabe der E-Mail-Adresse durch den Nutzer lediglich eine Benachrichtigungs-E-Mail übersandt, die die Möglichkeit enthält, sich von dem Newsletter abzumelden. Wegen des Missbrauchsrisikos ist davon allerdings dringend abzuraten. Confirmed-Opt-in kann nicht als taugliche Methode angesehen werden, E-Mail-Adressen zu generieren (Abschnitt 9.2.1).

Vorangekreuzte Häkchenfelder

Es ist unzulässig, bei der Aufnahme von Neukundendaten auf der Website das Häkchen für das Einverständnis mit einem Newsletter-Abonnement voranzukreuzen. Erforderlich ist eine ausdrückliche Einwilligung. Wenn die Einwilligung durch das vorangekreuzte Häkchen bereits erteilt wird und das Häkchen entfernt werden muss, wenn ein Newsletter-Versand nicht erfolgen soll, fehlt es an der Ausdrücklichkeit (Abschnitt 9.2.2).

Einwilligung wird in AGB versteckt

Es ist unzulässig, die Einwilligung in die Werbung per E-Mail in den AGB zu verstecken, mit deren Geltung sich der Kunde einverstanden erklären muss (Abschnitt 9.2.2).

Nutzung von Kundendaten für Werbe-E-Mails

Ein weitverbreiteter Irrglaube ist die Annahme, bestehende Kundendaten könnten für die Versendung von Newslettern genutzt werden, ohne dass eine ausdrückliche Einwilligung des Kunden erforderlich sein muss. Zwar gibt es hier ein Schlupfloch, dessen Voraussetzungen in § 7 Abs. 3 UWG geregelt sind. Die Anforderungen sind jedoch so hoch, dass vielfach dennoch eine Einwilligung vorliegen muss. Insbesondere darf nach dieser Vorschrift nur für Waren geworben werden, die denen, die der Kunde zunächst gekauft hat, ähnlich sind (Abschnitt 9.2.3).

Fehlende Abmeldemöglichkeit in Werbe-E-Mails

Es ist Pflicht, dass in jeder Werbe-E-Mail eine Adresse angegeben wird, unter der man sich wieder von dem Newsletter abmelden kann. Fehlt es daran, liegt ein Wettbewerbsverstoß vor (Abschnitt 9.2.4).

Fehlendes Impressum im Newsletter

Viele Newsletter unterliegen der Impressumspflicht. Häufig werden hier nicht alle erforderlichen Angaben gemacht (Abschnitt 9.2.5).

Fehlende Widerspruchsmöglichkeit bei Personalisierung von Werbe-E-Mails

Werden Werbe-E-Mails an die besonderen Bedürfnisse des Kunden angepasst, die über die persönliche Anrede hinausgehen, muss eine Widerspruchsmöglichkeit vorliegen, auf die der Kunde gesondert hinzuweisen ist (Abschnitt 9.3.2).

Unbedachter Einsatz von Tell-a-friend

Viele Website-Betreiber setzen eine Tell-a-friend-Empfehlungsfunktion ein, wobei die Empfehlungs-E-Mail aus Sicht des Website-Betreibers formuliert ist und von dem Nutzer nicht geändert werden kann. Solche E-Mails sind in der Regel als unzulässige Werbe-E-Mails zu qualifizieren. Es gibt einige Möglichkeiten, Tell-a-friend rechtlich sicherer anzubieten (Abschnitt 9.4.1).

Leichtfertiger Umgang mit gekauften E-Mail-Adressen

Wer E-Mail-Adressen zu Werbezwecken kauft oder mietet, muss sich des darin liegenden Risikos bewusst sein. Es ist zwingend darauf zu achten, dass ein rechtssicheres Opt-in des jeweiligen Account-Inhabers vorliegt. Vielfach ist jedoch die Einwilligungserklärung zu allgemein oder gar nicht vorhanden, so dass von einer ausreichenden Einwilligung nicht ausgegangen werden kann (Abschnitt 9.6.3).

1.9 Hauptfehler bei Verträgen zwischen Dienstleistern und Kunden (Kapitel 10)

Fehlende AGB-Einbeziehung

Häufig wenden Unternehmen viel Zeit für die Gestaltung von Allgemeinen Geschäftsbedingungen auf. Deutlich weniger Sorgfalt wird bisweilen auf die Einbeziehung der Allgemeinen Geschäftsbedingungen in den Vertrag aufgewendet. Erforderlich ist, dass auf die AGB hingewiesen wird (Abschnitt 10.1).

Mangelhafte Leistungsbeschreibung

Erstaunlich wenig Aufwand wird auf die Leistungsbeschreibung verwendet. Dabei kann man für die genaue Definition dessen, was eigentlich geschuldet sein soll, kaum zu viel Zeit aufwenden. Wenn Gerichte mit der Auslegung eines Vertrages befasst sind, wird zunächst auf die Beschreibung der vereinbarten Leistungen geschaut, um den Vertragstyp zu definieren. Jedes Unternehmen sollte für jeden Vertrag genau prüfen, welche Leistungen dem Kunden eigentlich versprochen werden sollen (Abschnitt 10.2).

Fehlende Berücksichtigung bestimmter Vergütungsmodelle

Während auf das Verhandeln der absoluten Höhe der Vergütung vergleichsweise viel Energie verwendet wird und bei der Ausgestaltung von Vergütungsmodalitäten der Phantasie keine Grenzen gesetzt scheinen, werden die Folgen der Vereinbarung bestimmter Vergütungsmodelle oft nur unzureichend berücksichtigt. Wird etwa eine Pauschalvergütung vereinbart, ist es für beide Parteien wichtig, möglichst flexible Kündigungsregeln zu vereinbaren. Aus Sicht der Agentur bietet es sich an, zusätzlich Preisanpassungsklauseln einzusetzen (Abschnitt 10.4.3).

Fehlende Definition von Mitwirkungspflichten

Aus Sicht der Agentur ist es wichtig, den Kunden zur Mitwirkung zu verpflichten. Solche Nebenpflichten können etwa die Lieferung von Content bei einem Webdesign-Vertrag oder die Definition von Keywords bei einem Vertrag, der SEO-Leistungen zum Gegenstand hat, sein (Abschnitt 10.4.3).

Mangelhafte Regelung von Nutzungsrechten

Aus Sicht des Kunden wesentlich ist, genau zu definieren, welche Rechte eingeräumt werden sollen. Dies gilt ganz allgemein und unabhängig von dem Vertragstyp und vom Gegenstand des Vertrages. Wichtig kann vor allem das Bearbeitungsrecht sein (Abschnitt 10.4.4).

Fehlende Regelungen zu Change-Requests

Ausufernde Change-Requests sind für die Agentur vor allem ein Problem, wenn für die Erstellung eines Projekts ein Pauschalpreis vereinbart wurde. Ein Steuerungsmittel kann die Festlegung von einzelnen Projektphasen sein. Ist die Freigabe für einen vorab definierten Schritt durch den Kunden erteilt worden, müssen Änderungswünsche, die bereits freigegebene Arbeitsergebnisse betreffen, eine gesonderte Vergütung auslösen (Abschnitt 10.5.2).

Verantwortlichkeit für die rechtliche Prüfung

Oft fehlt es an Regelungen dazu, wer für die rechtliche Prüfung der Inhalte verantwortlich sein soll. Aus Sicht der Agentur bietet es sich an, die Verantwortung auf den Kunden zu verlagern, der die Inhalte gegebenenfalls bereitstellt. Aus Kundensicht muss die Agentur für die rechtliche Zulässigkeit der Inhalte jedenfalls dann einstehen, wenn sie für die Beschaffung oder Erstellung der Inhalte verantwortlich war (Abschnitt 10.5.3).

Fehlen eines Auftragsdatenverarbeitungsvertrages

Immer wenn personenbezogene Daten (meist von Kunden des Kunden) durch den Anbieter einer Dienstleistung verarbeitet werden, sollte ein schriftlicher Auftragsdatenverarbeitungsvertrag geschlossen werden. In diesem Fall bedarf die Nutzung der Daten durch den Dienstleister keiner weiteren Rechtfertigung (Abschnitt 10.5.4).

1.10 Hauptfehler bei der Durchsetzung und Abwehr von Ansprüchen (Kapitel 11)

Mangelnde Beweissicherung bei Rechtsverstößen

Werden im Internet Rechte (zum Beispiel Markenrechte) verletzt, wird dies oft mit einer Abmahnung gerügt. Im Anschluss an die Abmahnung verschwinden die Verstöße schnell. Müssen dann noch weitere Rechte geltend gemacht werden, kommt es darauf an, ob der Verstoß vorab hinreichend gut dokumentiert wurde (Abschnitt 11.1.1).

Fehlende Abmahnung vor gerichtlichem Vorgehen

In vielen Fällen ist es aus Kostengründen empfehlenswert, vor einem gerichtlichen Vorgehen einen Rechtsverstoß zunächst abzumahnen (Abschnitt 11.1.2).

Zu zögerliches Vorgehen vor Beantragung einer einstweiligen Verfügung

Der Erlass einer einstweiligen Verfügung setzt neben dem Bestehen des geltend gemachten Anspruchs Dringlichkeit voraus. Lässt sich der Anspruchsteller mit der gerichtlichen Geltendmachung des Anspruchs zu viel Zeit, gibt er dadurch zu erkennen, dass ihm die Sache nicht eilig ist. Das Gericht wird den Antrag dann allein aus diesem Grunde verwerfen (Abschnitt 11.1.4).

Ignorieren einer Abmahnung

Eine Abmahnung zu erhalten, gehört in der Regel zu den negativen Erlebnissen eines Unternehmers. Die schlechteste Art, darauf zu reagieren, ist die Vogel-Strauß-Politik. Auch scheinbar unberechtigte Abmahnungen sollten sorgfältig geprüft werden. Nur sehr selten ist es empfehlenswert, auf eine Abmahnung überhaupt nicht zu reagieren (Abschnitt 11.4.1).

Abgabe der geforderten Unterlassungserklärung ohne Prüfung

Häufig sind vorformulierte Unterlassungserklärungen zu weitgehend, d.h., sie geben dem Abmahnenden mehr, als ihm zusteht. Selbst wenn der gerügte Verstoß im Kern zutrifft, ist es sinnvoll, die geforderte Unterlassungserklärung sorgfältig zu prüfen und nur dann zu unterzeichnen, wenn sie genau dem entspricht, was der Abmahnende verlangen kann. In vielen Fällen empfiehlt es sich, nur eine eingeschränkte Unterlassungserklärung abzugeben (Abschnitt 11.4.3).

Verstoß ist nicht vollständig beseitigt, bevor Unterlassungserklärung abgegeben wird

Nichts ist ärgerlicher, als die Abgabe einer Unterlassungserklärung, wenn nicht wirklich alle Verstöße vorher beseitigt sind. Dies betrifft alle Websites des Unternehmens auch auf anderen Plattformen und auch die Werbung von Publishern im Auftrag des Unternehmens. Werden einzelne Verstöße übersehen, droht die Inanspruchnahme auf Zahlung der vereinbarten Vertragsstrafe (Abschnitt 11.4.3)

Kapitel 2

Domains

Im Domain-Recht geht es vor allem um Marken, Namen und das Wettbewerbsrecht. Es ist in der Regel verboten, fremde Marken oder Namen in der eigenen Domain zu führen, wenn der Markeninhaber nicht seine Zustimmung erteilt hat. Die Verwendung von Gattungsbegriffen in Domain-Namen ist dagegen zulässig.

Beispiel: mitwohnzentrale.de

Ein Wettbewerber im Angebot um Mitwohnzentralen störte sich an der Nutzung der Domain `mitwohnzentrale.de` durch einen Konkurrenten und ging dagegen gerichtlich vor. Ohne Erfolg. Der BGH hat unmissverständlich festgehalten, dass es nicht generell wettbewerbswidrig ist, einen beschreibenden Begriff als Domain-Namen zu verwenden. [BGH 02/01]

Kaum ein einzelner Bestandteil ist für den Erfolg einer Website so entscheidend, wie der Domain-Name. Eine prägnante Internetadresse ist das A & O eines jeden erfolgreichen Webprojekts. Im Idealfall entwickelt sich der Domain-Name zu »der Marke« des betreibenden Unternehmens.

Dies gilt inhaltlich für Unternehmen in gleicher Weise wie für Städte und – eingeschränkt – auch für Privatpersonen. Insbesondere von Städten und Gemeinden wird vielfach erwartet, unter `stadtname.de` im WWW erreichbar zu sein.

Nicht zuletzt deshalb hat es in den vergangenen Jahren eine Vielzahl von Gerichtsentscheidungen weltweit gegeben, die Internet-Domains zum Gegenstand hatten. Allein der Bundesgerichtshof hat seit 1999 zwei Dutzend Urteile gefällt. Es ist nicht übertrieben, zu sagen, dass sich ein eigenes Rechtsgebiet des Domain-Rechts herausgebildet hat. Dieses Rechtsgebiet ist allerdings ein Konglomerat aus verschiedenen Rechtsmaterien.

Wichtig ist einerseits das Markenrecht. Doch auch das Wettbewerbsrecht und das Allgemeine Persönlichkeitsrecht spielen eine erhebliche Rolle. Eine geradezu atemberaubende Renaissance hat das sogenannte Namensrecht erfahren. Damit ist – grob gesprochen – das Recht einer Person oder eines Unternehmens gemeint, zu verhindern, dass sich andere mit ihrem Namen schmücken.

2.1 Einführung

Das Internet setzt sich aus einer Vielzahl unabhängiger Netzwerke zusammen, die wiederum aus Millionen von Rechnern bestehen. Um sich den Weg durch diese Netzwerke zu bahnen, benötigt jeder Rechner eine Zieladresse – die sogenannte IP-Adresse. Dies gilt natürlich auch für die Rechner, auf denen Websites zum weltweiten Abruf gespeichert sind.

2.1.1 Aufbau von Domains

Um die Nutzung von IP-Adressen benutzerfreundlicher zu gestalten, lässt sich jede Adresse in einen Namen übersetzen – den Domain-Namen oder (gleichbedeutend) die Domain. Die Zuordnung von Domain-Namen zu IP-Adressen erfolgt durch Domain Name Server (DNS).

Jede Domain ist nach dem gleichen Muster aufgebaut und setzt sich (mindestens) aus Second-Level-Domain (SLD) und Top-Level-Domain (TLD) zusammen. Unterhalb der Second-Level-Domain ist es möglich, beliebig viele Sub-Domains zu kreieren. Die Domain `de.sports.yahoo.com` beinhaltet neben der Top-Level-Domain »com« und der Second-Level-Domain »yahoo« noch die Third-Level-Domain »sports« und die Fourth-Level-Domain »de«. Die Sub-Domains kann der Inhaber der Domain (`yahoo.com`) in der Regel selbst bilden.

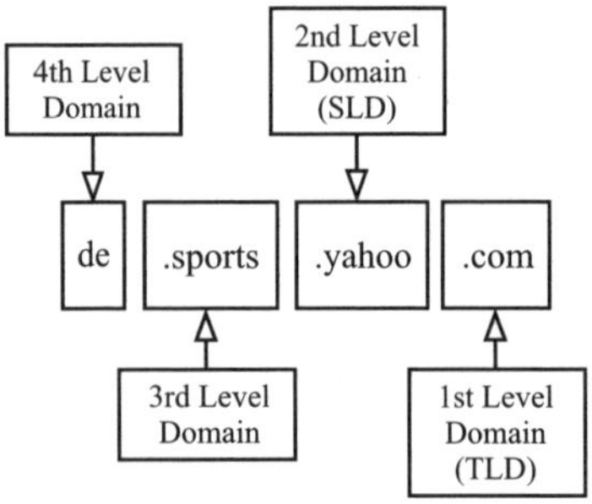

Abb. 2.1: Aufbau von Internet-Domains

Die Top-Level-Domain ist die Domain-Endung. Dabei wird zwischen generischen und geografischen TLDs unterschieden.

Hinweis: TLD rechtlich oft bedeutungslos

Von wenigen Ausnahmen abgesehen, ist die Frage, auf welche TLD eine Domain endet, rechtlich ohne Belang. Insbesondere bei marken- und namensrechtlichen Streitigkeiten bleibt die TLD meist unberücksichtigt. Auch bei der Frage, das Recht welchen Staates auf die unter der Domain abrufbaren Inhalte Anwendung findet, hat die TLD allenfalls Indizwirkung.

Generische Domains	Länder-Domains	Mischformen
.com – commercial	.de – Deutschland	.ag – Antigua = Aktiengesellschaft
.org – Organization	.ch – Schweiz	.tv – Tuvalu = Television
.int – international	.at – Österreich	.ws – West Samoa = Website
.net – Network	.fr – Frankreich	
	.uk – Großbritannien	

Tabelle 2.1: Übersicht generische und Länder-TLDs

2.1.2 Domain-Registrierung

Die Domain-Vergabe erfolgt nach dem Müller-Prinzip: Wer zuerst kommt, mahlt zuerst. Das ist rechtlich nicht zu beanstanden.

Beispiel: kurt-biedenkopf.de

Der frühere sächsische Ministerpräsident Kurt Biedenkopf scheiterte mit seiner bis zum Bundesgerichtshof getriebenen Klage, die DENIC zu verpflichten, die Domain `kurt-biedenkopf.de` nicht mehr zu vergeben. [BGH 02/02]

Zuständigkeit für Domain-Vergabe Zuständig für die weltweite Koordinierung und Verwaltung von Domain-Namen ist die ICANN (Internet Corporation for Assigned Names and Numbers), eine Non-Profit-Organisation mit Sitz in Kalifornien. Der ICANN obliegt die technische Organisation des Domain Name Systems. Die ICANN hat die Vergabe von Domain-Namen an sogenannte Network Information Centers (NIC) delegiert, die in jedem Land und für jede TLD existieren. Die zentrale Vergabestelle für Domain-Namen mit der Top-Level-Domain `.de` ist die DENIC eG mit Sitz in Frankfurt am Main. Die ICANN hat nun auch die Regeln für die Vergabe von neuen (generischen) Top-Level-Domains festgelegt.

Müller-Prinzip Bei der Registrierung von Domain-Namen verfährt die DENIC nach dem Prioritätsgrundsatz – »First come, first served«. Eine Prüfung angemeldeter Domain-Namen auf mögliche Rechtsverletzungen erfolgt nicht. Nur in krassen Ausnahmefällen ist die DENIC als Vergabestelle schon bei Vergabe der Domain verpflichtet zu prüfen, ob Rechtsverletzungen in Betracht kommen.

Verpflichtungen des Antragstellers Der Antragsteller muss der DENIC gegenüber versichern, durch die Registrierung keine Rechte Dritter zu verletzen. Zudem muss sich der Antragsteller verpflichten, etwaige Konflikte zu beheben und die

DENIC von Rechtsverfolgungskosten freizustellen. Dies ergibt sich aus den Domain-Bedingungen der DENIC.

Keine Reservierungsmöglichkeit Durch die Registrierung wird der Anmelder Domain-Inhaber. Eine Vorstufe zur Registrierung existiert nicht. Insbesondere gibt es keine Möglichkeit, bei der DENIC eine Domain zu reservieren. Möchte man also verhindern, dass die Registrierung einer Domain einem Konkurrenten bekannt wird, so kann man nur hoffen, dass dieser nicht genau diesen Domain-Namen in die Suchabfrage eingibt. Eine Möglichkeit, eine Registrierung geheim zu halten, existiert nicht.

Tipp: Geheimhaltung nur durch Treuhänder möglich

Wer nicht möchte, dass die Registrierung einer bestimmten Domain bekannt wird (etwa um Markennamen nicht zu früh preiszugeben), sollte die Domain nicht selbst, sondern durch einen Dritten (z.B. einen Treuhänder) registrieren.

Die Registrierung der Domain führt zu keinerlei Verpflichtung, unter der Adresse tatsächlich eine Website zu betreiben. Durch die Registrierung wird die Domain indes blockiert und ist nur für den Inhaber verfügbar.

Admin-C muss natürliche Person sein Bei der Registrierung hat der Domain-Inhaber stets eine natürliche Person anzugeben, die für die Verwaltung der Domain zuständig ist – den administrativen Kontakt (Admin-C). Der administrative Ansprechpartner ist für die DENIC zugleich Zustellungsbevollmächtigter für den Domain-Inhaber.

Darüber hinaus bedarf es der Eintragung eines Providers, der für die Verbindung der Domain verantwortlich ist. Hierbei handelt es sich um den sogenannten technischen Kontakt, den Tech-C.

Domain-Inhaber	Ausländische oder inländische Person (auch Minderjährige) Natürliche oder juristische Person (Privatpersonen, Unternehmen, Vereine, Stiftungen usw.)
Admin-C	Natürliche Person Anschrift in Deutschland

Tabelle 2.2: Anforderungen an Domain-Inhaber und Admin-C

»EU-Domains« Einige Besonderheiten gelten für die von der Europäischen Union vor geraumer Zeit eingeführte TLD `.eu`. Die .eu-Domains werden durch die EURid (European Registry of Internet Domain Names) als zentrale Vergabestelle verwaltet. Die Einzelheiten regelt eine EU-Verordnung, die im April 2004 verabschiedet wurde und die von den nationalen Gerichten als unmittelbar geltendes Recht angewendet wird. Wichtigste Einschränkung ist, dass der Anmelder seinen Wohnsitz innerhalb der Europäischen Union haben muss. Dagegen kommt es auf die Staatsangehörigkeit nicht an.

2.1.3 Domain-Recherche

Nahezu alle Network Information Center haben auf ihren Websites Domain-Abfragen eingerichtet. Dort lassen sich in der Regel Domain-Inhaber und ein Ansprechpartner ermitteln. Oft (leider nicht immer) sind diese »Whois«-Abfragen unter `nic.TLD` abrufbar.

Abb. 2.2: DENIC-Abfrage für `vertragstexte.de`

Für Deutschland ist die Domain-Abfrage unter `www.denic.de` erreichbar. Das automatische Auslesen der Domain-Daten ist untersagt und wird technisch durch eine CAPTCHA-Abfrage verhindert. Hier lässt sich ermitteln, ob eine bestimmte .de-Domain bereits vergeben ist. Dazu muss den Nutzungsbedingungen der DENIC zugestimmt werden.

Auch die jeweils aktuellen Registrierungsdaten lassen sich abrufen. Insbesondere die Angaben über Domain-Inhaber, Admin-C und Tech-C lassen sich auf diese Weise herausfinden. Ebenfalls verzeichnet ist der Nameserver.

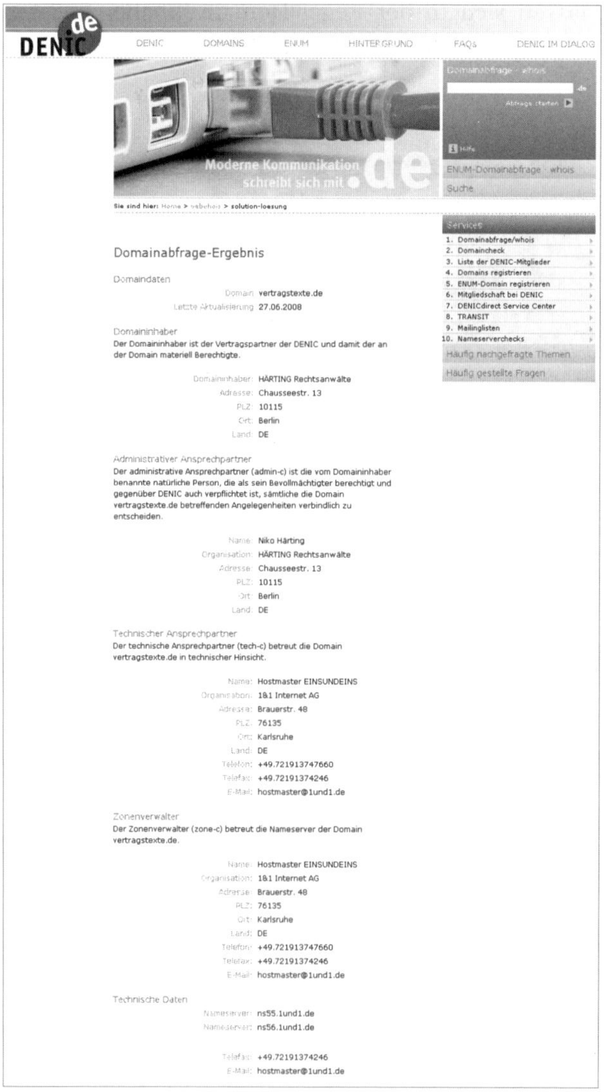

Abb. 2.3: DENIC-Abfrage für `vertragstexte.de`

Vorsicht: Whois-Datenbank nicht bindend

Die Datenbanken der Vergabestellen haben rechtlich nicht die Qualität von öffentlichen Registern. Anders als etwa beim Handelsregister oder dem Grundbuch gilt nicht jeder, der in der »Whois«-Datenbank als Domain-Inhaber verzeichnet ist, automatisch gegenüber allen Dritten als Inhaber der betreffenden Domain. In aller Regel sind die hinterlegten Daten zwar zutreffend, zwischenzeitliche Änderungen oder Fehler sind aber denkbar.

2.1.4 Vertragliche Konstellation bei der Domain-Registrierung

Wer die Registrierung von Domains in Auftrag gibt, muss sicherstellen, dass er selbst als Domain-Inhaber eingetragen wird. Darüber sollte der Vertrag mit dem Provider keine Zweifel zulassen (vgl. zu den Einzelheiten der vertraglichen Konstellationen bei Domain-Verträgen Abschnitt 10.5.1).

Beispiel: ritter.de

Bis zum Bundesgerichtshof ging der Streit um die Domain `ritter.de`. Hier weigerte sich der Provider zunächst, die Domain, die er im Auftrag eines Kunden registriert hatte, nach Vertragsbeendigung an diesen herauszugeben. Nach jahrelangem Prozess bekam der Kunde schließlich recht. [OLG München 02/03]

Vertrag mit Internetprovider Wer eine Domain registriert, um unter dieser Domain eine Website zu betreiben, wird die Registrierung in aller Regel bei einem Internetprovider vornehmen. In diesem Fall kommt mit dem Provider ein Vertrag über die Registrierung der Domain zustande. Es kommt auf die Einzelheiten des Vertrages an, wozu der Provider genau verpflichtet ist.

Wichtig: Kunde muss Domain-Inhaber werden

Aus Sicht des Vertragspartners ist darauf zu achten, dass der Provider nicht sich, sondern den Kunden als Domain-Inhaber bei der Vergabestelle eintragen lässt. Dafür muss auch in den zugrunde liegenden Verträgen gesorgt sein. Andernfalls drohen nach Beendigung des Vertragsverhältnisses lange Streitigkeiten über die Inhaberschaft an der Domain.

Vertrag mit der Vergabestelle Daneben kommt durch die Registrierung der Domain in aller Regel auch ein Vertrag mit der Vergabestelle zustande. Bei der Vergabe von .de-Domains muss man auch die Domain-Bedingungen der DENIC akzeptieren, die ein direktes vertragliches Verhältnis zwischen der DENIC und dem Domain-Inhaber zur Folge haben. Für alle Probleme mit den Domains ist dann aber der Provider Ansprechpartner, so dass auf die Ausgestaltung der Verträge mit den Providern stets zu achten ist.

Treuhänderverträge In bestimmten Konstellationen mag es sinnvoll sein, nicht selbst als Domain-Inhaber in Erscheinung zu treten, sondern sich durch einen Treuhänder vertreten zu lassen. Hier sollte ebenfalls sorgfältig geregelt werden, welche Pflichten die Vertragsparteien haben (vgl. insgesamt zu Regelungen in Verträgen mit Agenturen Kapitel 10).

Beispiel: braunkohle-nein.de

In einer Vereinsposse stritt sich der Verein mit einem Gründungsmitglied um die Domain `braunkohle-nein.de`. Das Gründungsmitglied hatte die Domain registriert und eine Website eingerichtet. Nachdem das Mitglied ausgeschieden war, stellte sich heraus, dass die Domain auf die Privatperson registriert worden war. Der klagende Verein musste bis zum BGH prozessieren, um an die Domain zu gelangen. [BGH 02/04]

2.2 Domain-Streitigkeiten

Streitigkeiten um Internet-Domains können durch Domain-Grabbing hervorgerufen werden. Hier geht es dem Domain-Inhaber vor allem darum, aus dem Verkauf der Domain an den Berechtigten Kapital zu schlagen. Häufiger sind aber Fälle, in denen Marken oder Namen in Domains für Streit sorgen.

Beispiel: aldireisen.de

Die Firma Aldi hatte einen Anspruch auf Unterlassung der Nutzung der Domain `aldireisen.de` gegen den Domain-Inhaber. [OLG Hamm 02/05]

Wenn Domain-Namen nach dem Prinzip »First come, first served« vergeben werden und die Vergabestelle die Zeichenfolge auf rechtliche Probleme nicht prüft, liegt es nahe, dass Streitigkeiten über Domains entstehen.

Die allein in Deutschland zum Domain-Recht ergangenen Entscheidungen sind nicht mehr zählbar. Auch wenn die Zeiten, in denen täglich neue Urteile veröffentlicht wurden, vorbei zu sein scheinen, gibt es doch einen kontinuierlichen Strom an immer neuen Gerichtsentscheidungen, die Domains zum Gegenstand haben.

Während die ersten Urteile reine Domain-Grabbing-Fälle betrafen, sind die Entscheidungen in der Folgezeit immer differenzierter geworden. Eindeutige Fälle sind inzwischen seltener.

Die Gründe, warum jemand etwas gegen die Verwendung einer Domain durch einen anderen haben kann, sind vielfältig. So hat niemand ein Interesse daran, dass die Eingabe seines Namens in Verbindung mit einer TLD zu der Internetpräsentation eines anderen führt, noch dazu, wenn dieser den Namen nicht trägt. Dies gilt letztlich für jedermann, für Privatpersonen wie für Unternehmen, Sportvereine, Städte, Stadtteile und Gemeinden. Auch wer Filme herausbringt, Bücher verlegt oder Fernsehshows produziert, mag nicht amüsiert sein, wenn sich der Titel in der Domain eines Trittbrettfahrers verbirgt.

Noch mehr dürfte es Unternehmen stören, die erheblichen Aufwand in den Schutz von eingetragenen Marken investieren, wenn bei Eingabe der Marke eine unternehmensfremde Website erscheint.

Neben diesen eher offensichtlichen Fällen ist es auch denkbar, dass sich ein Unternehmen an einer Domain eines Wettbewerbers stört, weil er diese für irreführend oder aus anderen Gründen für wettbewerbswidrig hält. Angesichts der möglichen Länge der Domains sind selbst in den Domain-Namen eingebaute Beleidigungen nicht ausgeschlossen.

Checkliste – Mögliche Rechtsverletzungen bei Domains

- ✓ Domain-Grabbing – `rolls-royce.de` (Abschnitt 2.2.1)
- ✓ Markenrecht – `coca-cola-is-it.de` (Abschnitt 2.2.2)
- ✓ Werktitelrecht – `sendungmitdermaus.de` (Abschnitt 2.2.3)
- ✓ Namensrecht von Personen – `guenter-jauch.de` (Abschnitt 2.2.4)
- ✓ Namensrecht von Gemeinden – `augsburger.de` (Abschnitt 2.2.5)
- ✓ Gattungsbegriffe – `tauchschule-dortmund.de` (Abschnitt 2.2.6)
- ✓ Wettbewerbsrecht – `groesster-elektronikmarkt-stuttgart.de` (Abschnitt 2.2.7)
- ✓ Umlaut-Domains – `touristikbörse24.de` (Abschnitt 2.2.8)
- ✓ Persönlichkeitsrecht – `www.obama-sucks.com`

Von wenigen Ausnahmen abgesehen, spielt die Top-Level-Domain bei der Frage, ob eine Rechtsverletzung vorliegt, keine Rolle. Wenn die Verwendung einer Zeichenfolge vor `.de` verboten ist, so gilt dies in aller Regel auch für `.com`, `.org` usw. Ob sich diese allgemeine Ansicht auch nach der Einführung von vielen weiteren TLDs wird halten lassen, muss man abwarten. Zunächst spricht viel dafür.

2.2.1 Domain-Grabbing

Wer Domains registriert, um sie anschließend dem Inhaber der Marke, die der Second-Level-Domain entspricht, zu verkaufen, handelt rechtswidrig und muss die Domain herausgeben, ohne einen Zahlungsanspruch zu haben.

Checkliste – Domain-Grabbing

- ✓ liegt vor bei gezielter Registrierung zum Verkauf (siehe S. 45)
- ✓ liegt vor bei Re-Registrierung freiwerdender Domains (siehe S. 46)
- ✓ liegt nahe bei der Registrierung von Tippfehler-Domains (siehe S. 47)
- ✓ ist oft schwierig zu beweisen (siehe S. 45)

Das Domain-Grabbing war besonders in der Anfangszeit des Internets weit verbreitet. Findige Geschäftsleute entdeckten frühzeitig das wirtschaftliche Potenzial von Domain-Namen und registrierten attraktive Domains in der – seinerzeit oft berechtigten – Erwartung, zahlungskräftige Abnehmer zu finden. Schnell machten seinerzeit Nachrichten von abenteuerlichen Summen die Runde, die große Unternehmen für den Erwerb »ihrer« Domains ausgaben.

Beispiel: rolls-royce.de

Ein Domain-Grabber hatte sich schon Mitte der 90er-Jahre die Domain `rolls-royce.de` gesichert. Auf eine entsprechende Klage des Fahrzeugherstellers musste er die Nutzung der Domain unterlassen. [OLG München 02/06]

Nur kurze Zeit nach der Goldrausch-Phase setzte dann international die Einsicht ein, dass die Registrierung von Domain-Namen allein zum Zwecke des Verkaufs an den Namens- oder Markeninhaber nicht rechtmäßig sein könne. Viele Unternehmen mussten jedoch Gerichte bemühen, um an »ihre« Domains heranzukommen.

In Deutschland waren beispielsweise Rolls Royce, Zwilling und die UFA gezwungen, ihre Ansprüche auf die .de-Domains einzuklagen. In der Sache `ufa.de` hatte der Domain-Grabber sogar Revision beim Bundesgerichtshof eingelegt, weil er nicht bereit war, die Domain an die UFA herauszugeben. Nachdem schon in der Pressemitteilung des BGH, die der mündlichen Verhandlung vorausging, mit Bezug auf die Domain `ufa.de` von »Domain-Grabbing« die Rede war, nahm der Domain-Inhaber die Revision zurück.

Wann liegt nun Domain-Grabbing vor?

Die Rechtsprechung bejaht Ansprüche aus § 826 BGB nur, wenn eine vorsätzlich sittenwidrige Schädigung vorliegt. Die Zeiten, in denen man mit einem Verstoß gegen die guten Sitten schnell bei der Hand war, sind vorbei. Vorliegen muss ein Verstoß »gegen das Anstandsgefühl aller billig und gerecht Denkenden«. Doch wann ist das mit Bezug auf die Registrierung von Domain-Namen der Fall?

Zunächst ist von dem Prioritätsprinzip auszugehen. Jedermann steht es frei, Domains zu registrieren. Auch wer viele Domains registriert hat, muss kein Domain-Grabber sein, sein Verhalten ist nicht per se als sittenwidrig einzustufen. [OLG Frankfurt 02/07]

Hinweis: Sittenwidrigkeit verlangt Absicht

Die Grenze zur Sittenwidrigkeit ist erst überschritten, wenn die betreffende Domain ausschließlich mit der Absicht registriert wurde, die Domain demjenigen, der ohnehin aufgrund von Namens- oder Markenrechten Rechte an der Domain hätte, zum Kauf anzubieten.

Problem: Beweislast

Im Zivilprozess muss stets derjenige den Beweis über das Vorliegen einer den Anspruch begründenden Tatsache führen, der sich auf diese Tatsachen beruft. Wer einem anderen also Domain-Grabbing vorwirft, muss die Absicht nachweisen, dass die Domain registriert wurde, um sie anschließend an den Kläger zu verkaufen. Da es sich bei dieser Absicht um eine innere Tatsache handelt, ist der Beweis bisweilen schwer zu führen. Insbesondere wenn zwischen der Registrierung der Domain und dem Angebot an den Berechtigten einige Zeit vergangen ist, wird man die böse Absicht des Domain-Inhabers kaum nachweisen können.

Vorsicht: Beweislast liegt beim Kläger

Zwar liegt der Vorwurf des Domain-Grabbings oft in der Luft. Ein Domain-Grabbing-Vorwurf ist aber schwer zu beweisen, weil es auf die Intention des Domain-Inhabers ankommt.

Erfahrene Domain-Grabber vermeiden es, den Berechtigten konkrete Verkaufsangebote zu machen. Selbst wenn konkrete Angebote vorliegen, wird es schwer, den Vorwurf sittenwidrigen Verhaltens beweisen zu können.

Beispiel: naeher.de

Ein Unternehmer mit dem Familiennamen Näher hatte Interesse, die Domain `naeher.de` zu nutzen, die sich im Besitz eines Domain-Händlers befand. Dieser bot auf seiner Internetseite eine Vielzahl von Domains (nicht aber `naeher.de`) an. Dies genüge nicht zum Beweis eines Domain-Grabbings. Vielmehr müsse bewiesen sein, dass von Anfang an die Absicht bestand, gerade die betreffende Domain – gegen Zahlung – auf den Berechtigten zu übertragen. [LG Berlin 02/08]

Domain-Grabbing lässt sich auch immer dann schwer nachweisen, wenn es sinnvolle andere Möglichkeiten des Registranten gibt, die Domain zu nutzen. Dies kommt natürlich insbesondere in Betracht, wenn es sich bei dem Domain-Namen um einen Gattungsbegriff handelt.

Beispiel: welt-online.de

Der Axel Springer Verlag verlor vor dem BGH eine unter anderem auf Domain-Grabbing gestützte Klage wegen der Domain `weltonline.de`. Der BGH ließ das Argument des Domain-Inhabers gelten, es handele sich bei dem Domain-Namen lediglich um die Zusammensetzung der Begriffe »Welt« und »online«. Auf einer unter dieser Domain abrufbaren Website könnten auch Informationen über das Weltgeschehen allgemein oder andere Inhalte zu finden sein. [BGH 02/09]

Inzwischen hat eine Domain-Übertragung aber stattgefunden; im Übrigen kein seltener Fall, dass nach Abschluss aller Gerichtsverfahren doch noch eine Einigung herbeigeführt wird.

Re-Registrierung

Eine vergleichsweise neue Variante des Domain-Grabbings ist die gezielte Registrierung von freiwerdenden Domains. Bisweilen kommt es vor, dass registrierte Domains, unter denen auch Inhalte abgelegt sind, freigegeben und – teilweise sogar automatisch – von »Spezialanbietern« neu registriert werden. Dies kann an Providerfehlern liegen oder daran, dass DENIC- oder Provider-Rechnungen dauerhaft nicht bezahlt werden. Bisweilen kann auch »Sabotage«, zum Beispiel gefälschte KK-Anträge, dahinterstecken.

Oftmals werden unter den so gekaperten Domains auch Werbeseiten in der Hoffnung angeboten, dass sich noch zahlreiche Besucher auf die bisher von den betroffenen Unternehmen verwendete Domain verirren und für Umsätze sorgen. Die Rechtsprechung hat dies als wettbewerbswidrige Behinderung eingestuft. Jedenfalls dann, wenn die Registrierung in dem klaren Bewusstsein erfolgt, dass die Domain anschließend an den Berechtigten verkauft werden soll, liegt auch ein Domain-Grabbing-Vorwurf nahe.

Beispiel: fwt-koeln.de

Eine freie Theaterwerkstatt war im Internet unter der Domain `fwt-koeln.de` präsent. Aus Umständen, die nicht vollständig aufgeklärt werden konnten, wurde ein Domain-Grabber Inhaber der Domain. Dieser war zunächst nicht bereit, die Domain unentgeltlich zu übertragen. Nachdem er das doch tat, gewann die Theatergruppe auch einen Streit um die Abmahnkosten. [OLG München 02/10]

Tippfehler-Domains

In eine ähnliche Richtung geht die Registrierung von Tippfehler-Domains durch unternehmensfremde Dritte. Auch hier macht die Rechtsprechung meist kurzen Prozess, wobei die Entscheidungen oft mit Marken- oder Namensrecht begründet sind. Die Registrierung von Tippfehler-Domains ist aber wohl auch eine vorsätzlich sittenwidrige Schädigung. Dies gilt jedenfalls dann, wenn der Domain-Inhaber etwa über ein Affiliate-System auch noch monetär von den Tippfehlern profitiert. Zudem sind oft auch wettbewerbsrechtliche Ansprüche gegeben.

Beispiel: bundesliag.de

So hat die Deutsche Fußball Liga den Streit um die Domain `bundesliag.de` gewonnen. [LG Hamburg 02/11]

So einen eindeutigen Ausgang haben Streitigkeiten um Vertipper-Domains jedoch nicht immer. Wenn die Second-Level-Domain ein Gattungsbegriff ist, tun sich Gerichte bisweilen schwer, die Registrierung von Vertipper-Domains generell als marken- oder wettbewerbswidrig einzustufen.

Beispiel: wwwmoebel.de

Das Landgericht Hamburg entschied den Streit um die Domain `wwwmoebel.de` zugunsten des Registranten und gegen den Inhaber der Domain `möbel.de`. [LG Hamburg 02/12]

Vorsicht bei Vertippern mit Gattungsbegriffen

Werden Vertipper-Domains registriert, besteht zwar oft ein Anspruch des Inhabers der »Original-Domain«. Insbesondere bei Gattungsbegriffen sind Rechtsstreitigkeiten aber keine Selbstläufer.

Um Tippfehler-Domains geht es oft auch im internationalen Kontext. Viele Entscheidungen des WIPO-Schiedsgerichts betreffen Vertipper-Domains.

2.2.2 Markenschutz und Domains

Der Schutz als Marke entsteht durch Eintragung in ein Markenregister. Der Markeninhaber kann sich grundsätzlich gegen die Nutzung der Marke in der Domain eines anderen wehren. Schwierig ist das allerdings bei sogenannten Mecker-Seiten, also Websites, bei denen schon die Domain anzeigt, dass sich die Seite kritisch mit der Marke auseinandersetzt.

Beispiel: result.de

Ein angestellter Berater einer Unternehmensberatung hatte die Domain, die dem Firmenschlagwort entspricht, auf sich registriert. Als die Gesellschaft insolvent ging, fiel das auf und der Insolvenzverwalter forderte die Freigabe der Domain – mit Erfolg. [BAG 02/13]

Marken, Unternehmenskennzeichen und Werktitel sind durch das Markengesetz (MarkenG) geschützt. Ansprüche des Markeninhabers können sich aus § 14 MarkenG gegen den Inhaber einer Domain, die das geschützte Kennzeichen enthält, ergeben.

Checkliste – Voraussetzungen eines markenrechtlichen Anspruchs

- ✓ Bestehender Markenschutz (siehe S. 48)
- ✓ Handeln im geschäftlichen Verkehr (siehe S. 49)
- ✓ Kennzeichenmäßige Benutzung (siehe S. 50)
- ✓ Identität von Zeichen und Waren/Dienstleistungen (siehe S. 52) oder
- ✓ Verwechslungsgefahr (siehe S. 53)

Bestand von Markenschutz

Voraussetzung für Ansprüche aus einer Marke ist, dass das betreffende Zeichen als Marke eingetragen ist. Anders als beispielsweise der Urheberschutz entsteht der Markenschutz regelmäßig erst mit der Eintragung des Zeichens in das vom Deutschen Patent- und Markenamt (DPMA) geführte Markenregister. Ausnahmen gelten nur für besonders bekannte Marken.

Vorsicht: Markenschutz setzt Eintragung voraus

Markenschutz entsteht grundsätzlich nur bei einer Eintragung in das Markenregister.

Der Begriff der Marke ist in § 3 Abs. 1 MarkenG definiert. Danach können alle Zeichen Markenschutz genießen, insbesondere Wörter, also auch Personennamen, Abbildungen, Buchstaben, Zahlen, Hörzeichen, selbst dreidimensionale Gestaltungen und Farben. Dies gilt aber nur, wenn das jeweilige Zeichen dazu geeignet ist, Waren oder Dienstleistungen eines Unternehmens von den Waren oder Dienstleistungen anderer Unternehmen zu unterscheiden. Voraussetzung für die Markenfähigkeit eines Zeichens ist daher die sogenannte Unterscheidungskraft.

Hinweis: Beschreibende Marken gibt es nicht

Beschreibende Zeichenfolgen werden nicht als Marke eingetragen. Bei der Frage, ob ein Zeichen Unterscheidungskraft hat, kommt es auf die jeweiligen Waren/Dienstleistungen an, für die das Zeichen Schutz genießen soll.

Damit nicht auch beschreibende Begriffe monopolisiert werden können, wacht das DPMA darüber, dass beschreibende Zeichen nicht erst als Marke registriert werden. Auch hierbei besteht eine Wechselwirkung zu den Waren oder Dienstleistungen, für die die Marke Schutz genießen soll.

Beispiel: Apple

Die Zeichenfolge »Apple« ist für das Angebot von Obst nicht schutzfähig (weil rein beschreibend), während es für Computer und mobile Endgeräte Schutz genießen kann.

Ist ein Zeichen erst einmal beim DPMA für bestimmte Waren oder Dienstleistungen eingetragen, so gilt der daraus folgende Schutz. Mit dem Argument, bei der eingetragenen Marke handele es sich um einen beschreibenden Gattungsbegriff, kann ein Verletzer nicht durchdringen. Wenn er dieser Ansicht ist, muss er in einem besonderen Verfahren den Schutz der Marke als solche angreifen.

Handeln im geschäftlichen Verkehr

Wichtig ist, dass Markenschutz nur im geschäftlichen Verkehr gilt. Eine Privatperson kann eine Markenverletzung nicht begehen. Dies hat für die Anwendung im Bereich von Internet-Domains weitreichende Folgen: Das Markenrecht liefert nämlich keine Handhabe gegen die Nutzung einer Domain als private Homepage. Dies bildet eine erhebliche Lücke im Markenrecht, die allenfalls durch den ergänzenden Schutz durch das Namensrecht oder besondere Tatbestände im BGB geschlossen werden kann.

Beispiel: Private Nutzung von vw.de

Allein auf der Grundlage des Markenrechts könnte Volkswagen beispielsweise nicht gegen die Verwendung der Domain `vw.de` als private Homepage vorgehen.

Nicht zuletzt aus diesem Grund sind die Gerichte bei der Annahme eines Handelns im geschäftlichen Verkehr zugunsten der Markeninhaber recht großzügig. So soll es für die geschäftsmäßige Verwendung ausreichen, wenn sich auf der Website werbende Links befinden.

Mit dem Markenschutz allein lässt sich nichts machen gegen eine lediglich registrierte Domain. Wenn sich nicht nachweisen lässt, dass eine geschäftsmäßige Verwendung geplant ist, muss von einer bloßen privaten Nutzung ausgegangen werden, so dass markenrechtlich gegen eine bloß registrierte Domain nur in Ausnahmefällen vorgegangen werden kann.

Vorsicht bei leeren Websites

Ist eine Domain nur registriert, ohne dass geschäftliche Inhalte hinterlegt sind, wird die eingetragene Marke dagegen in der Regel nicht helfen.

Selbst wenn eine GmbH eine Domain auf sich registriert, folgt daraus nach Ansicht des BGH nicht zwingend die Absicht einer (markenrechtswidrigen) geschäftlichen Nutzung.

Kennzeichenmäßige Benutzung

Außerdem muss die Verwendung der geschützten Marke gerade eine sogenannte kennzeichenmäßige Benutzung sein. Dies bedeutet, dass das beanstandete Zeichen als Marke verwendet werden muss, also ausdrücklich dazu dienen soll, als Kennzeichnung für Waren oder Dienstleistungen zu fungieren.

Daran fehlt es zum Beispiel, wenn in einem Online-Portal unter der Überschrift »Porsche 911 GT3 R – neuer Gipfelstürmer« berichtet wird. Hier wird niemand auf den Gedanken kommen, die Bezeichnung werde als Kennzeichnung für irgendwelche Waren oder Dienstleistungen benutzt.

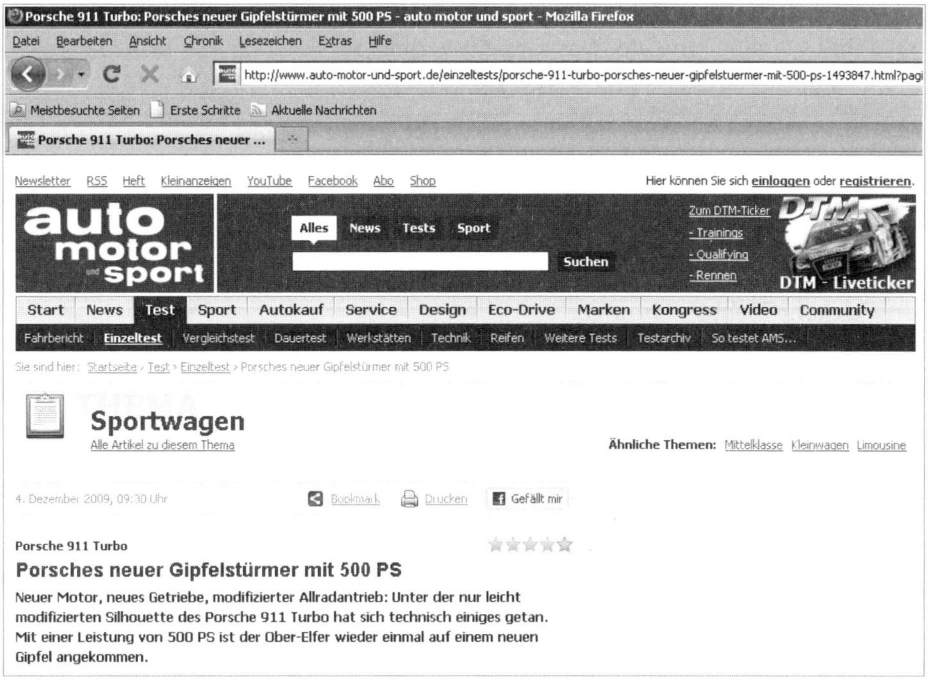

Abb. 2.4: Die beschreibende Verwendung von Marken ist legitim.

Anders kann das aber sein, wenn sich das Online-Magazin selbst »Porsche 911« nennt und etwa unter `porsche911-magazin.de` ein Portal betreibt. In diesem Fall ist es jedenfalls denkbar, dass die Nutzer den Eindruck haben, das Magazin werde von der Porsche AG herausgegeben.

Bevor Sie eine Domain angreifen, die Ihre Marke enthält, müssen Sie sich fragen, ob überhaupt eine kennzeichenmäßige Benutzung vorliegt. Dies wird zwar in der Regel bejaht, weil eine Domain durchaus geeignet ist, auf Angebote eines Unternehmens hinzuweisen. Wenn die Domain selbst aber beschreibend ist, kann es an der kennzeichenmäßigen Benutzung fehlen.

Mecker-Seiten Schwierig ist die kennzeichenmäßige Benutzung bei sogenannten »Mecker-Seiten« im Internet. Dabei wird zwar das geschützte Kennzeichen in der Domain verwendet, aber durch Zusätze klargestellt, dass die unter der Domain hinterlegten Inhalte nicht von dem betreffenden Unternehmen stammen können. Hier fehlt es oft an der kennzeichenmäßigen Verwendung.

Beispiele: awd-aussteiger.de und scheiss-t-online.de

Der Finanzdienstleister AWD zog im Streit um die Domain `awd-aussteiger.de` den Kürzeren. [OLG Hamburg 02/14]

Anders urteilte das Landgericht Düsseldorf im Streit um die Domain `scheiss-t-online.de`. Das Gericht verbot die Nutzung der Domain auf Grundlage von Markenrecht. [LG Düsseldorf 02/15]

Diese Entscheidung mag im Ergebnis verständlich sein, markenrechtlich hätte sich das Gericht jedoch die Frage stellen müssen, ob die Domain überhaupt in kennzeichnender Weise benutzt wird, schließlich wird niemand auf die Idee kommen, dass die unter `scheiss-t-online.de` angebotenen Inhalte tatsächlich von der Telekom-Tochter stammen.

Es gibt auch gesetzlich normierte Ausnahmen vom Markenschutz. So ist Dritten die Nutzung eines Kennzeichens zur Produktbeschreibung stets gestattet. Wenn die Markenverwendung erforderlich ist, um das Produkt zu beschreiben, kann die Nutzung der Marke nicht verwehrt werden.

Beispiel: schufafreierkredit.de

Das OLG Hamburg entschied, dass die Domain `schufafreierkredit.de` keiner Erlaubnis des Inhabers der Marke »SCHUFA« bedarf, wenn die Domain produktbeschreibend für eine Website verwendet wird, auf der Kredite angeboten werden. [OLG Hamburg 02/16]

Die Ausnahmevorschrift ist jedoch eng auszulegen. Zum Teil wird von Gerichten die Auffassung vertreten, dass die Nutzung der fremden Marke in einer Domain nur erlaubt ist, wenn dies für die Beschreibung der Ware zwingend notwendig ist. Für die Domain `peugeot-tuning.de` ist das zum Beispiel verneint worden.

Vorsicht vor Marken als Domain-Bestandteil

Wer geschützte Marken als Domain-Bestandteil verwenden will, sollte sicher sein, dass die Verwendung ausnahmsweise statthaft ist oder vom Markeninhaber geduldet werden wird.

Identität von Zeichen und Waren/Dienstleistungen

Probleme bei der Nutzung fremder Marken bestehen jedenfalls dann, wenn

- das verwendete Zeichen mit der geschützten Marke identisch ist und
- das Zeichen auch für Waren oder Dienstleistungen verwendet wird, die mit denjenigen identisch sind, auf die sich der Markenschutz erstreckt.

Ein solcher offensichtlicher Fall läge etwa vor, wenn ein neuer Anbieter von Mobilfunkleistungen seine Dienste unter dem Produktnamen »Vodafone« anbieten würde und womöglich noch die Domain `vodafone-deutschland.de` dafür nutzt.

Verwechslungsgefahr

Das Markengesetz greift jedoch nicht nur in diesen Extremfällen, sondern auch dann, wenn die verwendeten Zeichen und/oder die mit dem Zeichen gekennzeichneten Waren oder Dienstleistungen nur ähnlich sind. Zusätzliche Voraussetzung ist dann aber, dass Verwechslungsgefahr vorliegt.

Definition: Verwechslungsgefahr

Verwechslungsgefahr liegt vor, wenn der Durchschnittsnutzer annimmt, die unter dem Zeichen angebotenen Waren oder Dienstleistungen stammten von dem originären Markeninhaber oder dieser habe den mit dem Zeichen Werbenden zu der Verwendung des Zeichens berechtigt.

Ob im Einzelfall Verwechslungsgefahr zwischen dem Domain-Namen und der geschützten Marke besteht, ist zum Teil schwer zu beurteilen. Es gibt unzählige Gerichtsentscheidungen zu dieser – auch außerhalb des Domain-Rechts – schwierigsten Frage des Markenrechts.

Beispiele für Verwechslungsgefahr im Domain-Recht:

Keine Verwechslungsgefahr besteht zwischen

der Marke »Biovin« und der Domain `biovino.de`

der Marke »test« und der Domain `test24.de`

Verwechslungsgefahr besteht hingegen zwischen

der Marke »Combit« und der Domain `kombit.de`

der Marke »StudiVZ« und der Domain `bewerbervz.de`

Die Liste der Beispiele ließe sich nahezu unendlich fortführen. Sind die beteiligten Zeichen nicht identisch, hilft nur Expertenrat.

Bei der Frage der Verwechslungsgefahr wird üblicherweise auch der räumliche Markt berücksichtigt. Im Internet stehen sich aber Unternehmen gegenüber, die außerhalb des Internets keine Berührungspunkte hätten. Wirbt ein EDV-Dienstleister, der bisher nur im Rheinland tätig war, bundesweit über das Internet, so bedeutet dies nicht zwangsläufig, dass er nunmehr auch in anderen Teilen Deutschlands aktiv werden möchte.

Beispiel: soco.de

Trotz Branchenähnlichkeit konnte daher ein Unternehmen mit dem Namen Soco, das seit Langem mit Sitz in Süddeutschland tätig war, nicht gegen die Nutzung der Domain `soco.de` durch einen Konkurrenten aus dem Norden Deutschlands vorgehen, weil sich die angesprochenen Kundenkreise nicht überschneiden. [BGH 02/17]

Problematisch ist für den Markeninhaber auch, dass durch die Nutzung der Domain durch den Domain-Inhaber eigene (Namens- oder Kennzeichen-)Rechte begründet werden können. Es kann dem Markeninhaber daher passieren, dass er sich gegen den Domain-Inhaber nicht durchsetzen kann, weil dieser selbst Rechte an der Bezeichnung erlangt hat.

Tipp: Eintragung der Domain als Marke

Allein die – nachhaltige und andauernde – Nutzung einer Domain kann dazu führen, dass ein Domain-Name zum Herkunftsnachweis wird und ein »Domain-Recht« entsteht. Auf eine derartige Entwicklung sollte man sich allerdings bei der Einrichtung eines Internetauftritts nicht verlassen. Marken, Geschäftsbezeichnungen und Werktitel können sich grundsätzlich auch gegen prioritätsältere Domain-Registrierungen durchsetzen. Es ist daher ratsam, den Domain-Namen ergänzend durch die Eintragung von Marken zu sichern. Der Domain-Name ist als solcher inklusive der Top-Level-Domain eintragungsfähig, sofern die Eintragungsvoraussetzungen – insbesondere die Unterscheidungskraft – vorliegen.

2.2.3 Schutz von markenähnlichen Zeichen

Vom Markengesetz sind auch Firmennamen und Werktitel geschützt. Dabei gelten im Wesentlichen identische Regeln wie bei eingetragenen Marken.

Beispiel: freundin.de

Die Zeitschrift Freundin erwirkte vor Gericht erfolgreich den Verzicht auf die Domain `freundin.de` und berief sich dabei auf die Bekanntheit des Zeitschriftentitels. Gegner waren die Betreiber eines Partnervermittlungsportals, die die Domain Monate vor dem Burda-Verlag registriert hatten. [OLG München 02/18]

Das MarkenG schützt nicht nur eingetragene Marken, sondern auch sogenannte geschäftliche Bezeichnungen.

Übersicht – Geschäftliche Bezeichnungen mit Markenschutz

- Unternehmenskennzeichen
  - Name des Unternehmens
  - Firmenschlagwörter
  - der prägende Bestandteil des Firmennamens
- Werktitel
  - Namen von Büchern
  - Filme
  - Musiktitel
  - Musicals
  - Theaterstücke

Auch in diesem Bereich hat es eine Vielzahl von Entscheidungen um Domains gegeben. Die Firma »Aldi« hatte einen Anspruch auf Unterlassung der Domain `aldireisen.de` und auch das Magazin »Eltern« war vor dem Landgericht Hamburg wegen `eltern.de` erfolgreich.

2.2.4 Schutz des Namens

Privatpersonen, Unternehmen, Vereine, Städte und Gemeinden können sich im Kampf um eine Domain jeweils auf ihren eigenen Namen berufen. Hat der Domain-Inhaber keine eigenen Rechte an der als Second-Level-Domain verwendeten Bezeichnung, setzt sich der Namensträger durch.

Beispiel: deutschland.de

Auch die Bundesrepublik Deutschland hat Rechte am eigenen Namen. So setzte sich die Bundesrepublik gegen den Inhaber der Domain `deutschland.de` durch. [LG Berlin 02/19]

Das Namensrecht – § 12 BGB

Erstaunlicherweise spielt einer der ersten Paragrafen des Bürgerlichen Gesetzbuches im Domain-Recht eine entscheidende Rolle. § 12 BGB lautet wie folgt:

> »*Wird das Recht zum Gebrauch eines Namens dem Berechtigten von einem anderen bestritten oder wird das Interesse des Berechtigten dadurch verletzt, dass ein anderer unbefugt den gleichen Namen gebraucht, so kann der Berech-*

tigte von dem anderen Beseitigung der Beeinträchtigung verlangen. Sind weitere Beeinträchtigungen zu besorgen, so kann er auf Unterlassung klagen.«

Während es früher auf das Recht am eigenen Namen kaum einmal ankam, sind Gerichtsurteile, in denen es um § 12 BGB geht, seit Ende des letzten Jahrhunderts wieder häufiger anzutreffen – eine klare Folge von Streit um Internet-Domains.

Von § 12 BGB erfasst sind die Namen von natürlichen Personen ebenso wie Unternehmens- und Ortsbezeichnungen. Auch ein Verein oder eine Stiftung hat ein Recht am eigenen Namen. Bei Menschen sind sowohl der bürgerliche Vor- und Zuname als auch Wahlnamen erfasst. Von § 12 BGB werden also auch Künstlernamen, Pseudonyme und Fantasienamen geschützt.

Hinweis: Namensschutz geht sehr weit

Der Schutz des Namens geht sehr weit. Jede Bezeichnung von natürlichen und juristischen Personen, selbst Pseudonyme, sind erfasst.

Lässt sich ein Domain-Grabbing-Vorwurf nicht beweisen, bleibt Privatpersonen, aber auch Städten und Gemeinden oft nur das Namensrecht aus § 12 BGB, um Ansprüche gegen die Verwendung einer Domain durch einen Dritten geltend zu machen. Dasselbe gilt für eingetragene Vereine und Unternehmen, deren Bezeichnungen nicht markengleich kennzeichenrechtlich geschützt sind.

Die Rechtsprechung sieht schon in der Registrierung der Domain eine Namensanmaßung. Darauf, ob unter der Domain eine Website abrufbar ist, kommt es – anders als im Markenrecht – nicht an. Entscheidend ist, dass es zu einer sogenannten Zuordnungsverwirrung kommt. Die Ansprüche werden also immer dann bejaht, wenn ein unbefangener Internetnutzer, der die betreffende Domain in seine Browserzeile eingibt, vermutet, dass sich hinter der unter der Domain abrufbaren Website der Namensträger und nicht der Domain-Inhaber verbirgt.

Beispiel: kanzler-schroeder.de

Die Domain muss mit dem Namen nicht einmal vollständig deckungsgleich sein. Der ehemalige Bundeskanzler Gerhard Schröder hatte seinerzeit das Recht, die Nutzung der Domain `kanzler-schroeder.de` zu unterbinden. [LG Berlin 02/20]

Auch der Vorname kann Rechte an einer Domain begründen. Verona Pooth musste es sich nicht gefallen lassen, dass die Domain `verona.tv` von einem Dritten registriert und auf die unter `seitensprung.de` abrufbare Website umgeleitet wurde.

All diesen Fällen ist gemein, dass der Domain-Inhaber keine eigenen Rechte an der Domain geltend machen konnte und auch sonst nicht erkennbar war, warum der Domain-Inhaber gerade diese Domain aus eigenem Interesse registrieren durfte. Es gilt also der Grundsatz: »Namensrecht schlägt gar kein Recht«.

Hinweis: Namensrecht schlägt gar kein Recht!

Wer an einer Domain keine eigenen Rechte geltend machen kann, hat gegenüber einem Namensinhaber schlechte Karten. Das Recht von Personen am eigenen Namen berechtigt in der Regel zur Nutzung der Domain.

Kein Grundsatz ohne Ausnahme

Der Namensträger kann sich nicht immer gegen den Domain-Inhaber durchsetzen. Kann der Inhaber der Domain eigene Rechte geltend machen oder handelt es sich bei dem Namen zugleich um einen Gattungsbegriff, lassen sich Ansprüche oft nicht durchsetzen.

Beispiel: suess.de

Ein unbekannter Herr Süß hatte keinen Erfolg, als er einem Erotikanbieter die Nutzung der Domain `suess.de` untersagen wollte. Das Wort »süß« sei ein Adjektiv, das zum allgemeinen Sprachgebrauch gehöre. Es werde daher nicht als Hinweis auf einen Namensträger angesehen. [OLG Nürnberg 02/21]

Immer wenn Name und Gattungsbegriff aufeinanderstoßen, sieht es für den Namensinhaber jedenfalls dann schlecht aus, wenn es sich nicht gerade um eine berühmte Person handelt.

Der Name hilft allerdings dann nicht, wenn der Domain-Inhaber eigene Rechte an dem Namen hat, weil zum Beispiel sein Unternehmen diesen Namen trägt. Hier gilt grundsätzlich das Prioritätsprinzip: Wer zuerst kommt, mahlt zuerst. Dieser Grundsatz hat nach Ansicht des Bundesgerichtshofes jedoch dort seine Grenze, wo einer der beiden Namensträger überragend bekannt ist.

Beispiel: shell.de

In letzter Instanz verlor ein Herr Shell vor dem Bundesgerichtshof den Rechtsstreit gegen den Mineralölkonzern um die Domain `shell.de`. In krassen Ausnahmefällen, wenn also ein erhebliches Ungleichgewicht in der Bekanntheit der Namensträger besteht, überrundet das »namensrechtliche Rücksichtnahmegebot« den Prioritätsgrundsatz. Diese Ausnahme gilt aber nur in sehr engen Grenzen. Eine Gewichtung der Bekanntheit der beteiligten Namensträger findet in aller Regel nicht statt. [BGH 02/22]

2.2.5 Städte und Gemeinden

Auch Städtenamen und Ortsbezeichnungen genießen den Namensschutz. Sie sind aber den gleichen Beschränkungen unterworfen, wie andere Namensträger und müssen sich daher nach anderen Domain-Namen umsehen, wenn die Domain `stadtname.de` bereits belegt ist.

Beispiel: suhl.de

Die Stadt Suhl in Thüringen ist im Internet unter `suhltrifft.de` erreichbar, weil sie sich vor dem Landgericht Erfurt im Streit um die Domain `suhl.de` nicht gegen eine Familie gleichen Namens durchsetzen konnte. Hier bestand die Besonderheit darin, dass die Stadt zwar zunächst Domain-Inhaberin war, aber versehentlich DENIC-Gebühren nicht gezahlt wurden. [LG Erfurt 02/23]

Namensrechtlich sind Ortsbezeichnungen nichts anderes als Namen von Personen. Damit gelten die eben beschriebenen Grundsätze auch für Städte und Gemeinden, die selbstverständlich auch Namensschutz beanspruchen können.

Insbesondere in der Frühzeit der Domain-Rechtsprechung gab es eine ganze Reihe von Städten und Gemeinden, die um ihre Domain vor Gericht kämpfen mussten. Die Entscheidung des Landgerichts Mannheim zu `heidelberg.de` zählt zu den ersten deutschen Entscheidungen hinsichtlich Internet-Domains.

Das Namensrecht der Stadt geht auch dann vor, wenn der Domain-Inhaber unter der Domain `stadtname.de` Informationen über die Stadt anbieten möchte. Auch hier gilt letztlich der Grundsatz: Namensrecht schlägt gar kein Recht. Zudem erwarte der Internetnutzer unter der Domain nicht nur Informationen über die Gemeinde, sondern auch Informationen von der Gemeinde.

Auch bei Städtenamen sind Konstellationen unter Gleichnamigen denkbar. Auch hier gilt für Städte nichts anderes als für andere Namen: Die Stadt Vallendar in Rheinland-Pfalz verlor gegen die Brennerei Hubertus Vallendar, weil Letztere bei der Domain-Registrierung schneller war. Ebenso erging es der Stadt Melle und dem Glücksburger Stadtteil Sandwig in den Streitigkeiten um die jeweiligen .de-Domains.

2.2.6 Gattungsbegriffe

Die Verwendung von allgemein beschreibenden Begriffen ist grundsätzlich nicht zu beanstanden. Denkbar ist allenfalls, dass durch die Hinzufügung weiterer Worte zu der Domain eine Irreführung entstehen kann.

Beispiel: sauna.de

In einem Streit unter Händlern von Sauna-Zubehör verlor der Kläger, der den Wettbewerber zwingen wollte, die Nutzung der Domain `sauna.de` aufzugeben. Das Gericht befand, dass der Nutzer unter der Domain zwar Informationen im Zusammenhang mit Saunen, nicht aber ein übergeordnetes Portal erwarte. [OLG Hamm 02/24]

In der Anfangszeit des Domain-Rechts war noch streitig, ob allgemein beschreibende Begriffe als Domain-Name zulässig sind. Dies hat zu der berühmten Entscheidung des Bundesgerichtshofes zu `mitwohnzentrale.de` geführt. Hier hatten Wettbewerber auf dem Markt der Angebote von Mitwohnzentralen über die Nutzung der Domain `mitwohnzentrale.de` durch einen der Konkurrenten gestritten.

Der BGH hat unmissverständlich festgehalten, dass es nicht generell wettbewerbswidrig ist, einen beschreibenden Begriff als Domain-Namen zu verwenden. Das Prioritätsprinzip wird in dem Urteil ausdrücklich als dem Grunde nach maßgeblich anerkannt.

Wörtlich führt das Gericht aus:

> *»Damit sind die Wettbewerber hinsichtlich der Registrierung von Gattungsbegriffen allein dem Gerechtigkeitsprinzip der Priorität unterworfen, wenn sich eine Unlauterkeit nicht aus anderen Gesichtspunkten herleiten lässt.«*

Noch deutlicher wird das oberste deutsche Zivilgericht, wenn es anschließend heißt:

> *»Der Vorteil, der demjenigen gegenüber seinen Wettbewerbern zukommt, der als Erster um die Registrierung eines beschreibenden Domain-Namens nachsucht, kann hier nicht als unlauter angesehen werden.«*

Damit sind Gattungsbezeichnungen als solche grundsätzlich zulässig.

Allerdings liegt nach Ansicht mancher Gerichte in der Verwendung eines Gattungsbegriffes eine unzulässige Irreführung durch eine sogenannte Alleinstellungsbehauptung. Um eine Alleinstellungsbehauptung handelt es sich üblicherweise, wenn man durch eine Äußerung im Markt den Eindruck erweckt, ohne wesentlichen Wettbewerb auf diesem Markt zu sein.

Das OLG Hamm hat dem Inhaber der Domain `tauchschule-dortmund.de` die Verwendung der Domain untersagt, weil dadurch der Eindruck entstehe, es gebe nur diese eine Tauchschule in Dortmund bzw. diese sei »das erste Haus am Platze«. Diese Rechtsprechung ist in der juristischen Literatur zum Teil heftig kritisiert worden. Niemand, der – was jedenfalls heutzutage ohnehin unwahrscheinlich ist – in die Browserzeile `www.tauchschule-dortmund.de` eingibt, erwartet, dort tatsächlich, »the one and only« Tauchschule in Dortmund zu finden. Es ist auch nicht besonders wahrscheinlich, dass viele User dort notwendigerweise eine Übersicht über alle Tauchschulen in Dortmund erwarten. Aus diesen Gründen ist es nicht unwahrscheinlich, dass diese Rechtsprechung in Zukunft so nicht aufrechterhalten bleibt.

Tipp: Hinweis auf die Startseite integrieren

Um die Wahrscheinlichkeit von rechtlichen Auseinandersetzungen zu verringern, sollten Inhaber von Domains, die Gattungsbegriff und Stadtname (Beispiel: `tauchschule-dortmund.de`) kombinieren, auf der Startseite der Website durch geeignete Hinweise kenntlich machen, dass die vermeintlich suggerierte Alleinstellung nicht besteht.

2.2.7 Irreführende Domain-Namen

Immerhin denkbar ist, dass der gewählte Domain-Name irreführend ist. Das muss vermieden werden.

Beispiel: keineversandkosten.de

Abzuraten ist von der Verwendung klar irreführender Domain-Namen. `keineversandkosten.de` für einen Online-Shop ist auch dann wettbewerbswidrig, wenn nur der Versand ins Ausland kostenpflichtig ist.

Wer solche Domain-Namen einsetzt, sollte die Namen in gleicher Weise wie jede andere Werbeaussage rechtlich prüfen lassen und sich bewusst sein, dass die Werbung so lange zutreffend sein muss, wie Inhalte unter der Website hinterlegt sind.

Vorsicht bei .ag-Domains

Die Verwendung der Domain `unternehmensname.ag` kann von den Gerichten als irreführend angesehen werden, wenn es sich bei dem anbietenden Unternehmen nicht um eine Aktiengesellschaft handelt.

Ein Sonderfall ist die Verwendung der TLD `.ag`. Aus der Tatsache, dass die Domain-Endung auch als ».aktiengesellschaft« vermarktet wird, hat das Oberlandesgericht Hamburg geschlossen, dass irreführend wirbt, wer im Internet unter `unternehmensname.ag` auftritt, aber keine Aktiengesellschaft ist. Zwingend ist das nicht; schließlich ist die .ag-TLD zunächst eine Länder-Domain. Wer auf die .ag-Domain nicht verzichten möchte, sollte sich dieses Risikos bewusst sein und zumindest auf der Startseite über die tatsächliche Gesellschaftsform aufklären.

2.2.8 Umlaut-Domains

Seit dem 1. März 2004 können Domain-Namen mit Umlauten registriert werden. Die Registrierung der sogenannten IDN (Internationalized Domain Names) ist nicht nur für .de-Domains, sondern auch in Österreich und der Schweiz möglich. Auch unter generischen TLDs (`.info`, `.net` und `.com`) können Domain-Namen mit bis zu 94 zusätzlichen Zeichen angemeldet werden.

Auch wenn sich die IDN-Domains nicht wirklich durchgesetzt zu haben scheinen, gibt es doch einige Entscheidungen zu Umlaut-Domains. So ist der Registrant der Domain `touristikbörse24.de` von dem Anbieter des Internetauftritts unter der Domain `touristikboerse24.de` mit Erfolg vor dem Landgericht Köln angegangen worden.

2.3 Was kann der Verletzte von wem verlangen?

Wer als Marken- oder Namensinhaber feststellt, dass ein Dritter eine Domain registriert hat, die die Marke oder den Namen enthält, muss seine Ansprüche in erster Linie gegen den Domain-Inhaber richten. Meist kann nur die Unterlassung der Nutzung, manchmal auch die Löschung, nicht aber die Übertragung der Domain verlangt werden. Geht es um eine .de-Domain, sollte in jedem Fall zunächst ein Dispute-Antrag gestellt werden, damit die Domain im Falle der Aufgabe durch den bisherigen Inhaber automatisch an den Rechteinhaber fällt.

Beispiel: Domain-Inhaber im Ausland

Viele professionelle Domain-Händler wickeln ihre Geschäfte über Limiteds im Ausland ab. Zwar kann man diese Gesellschaften in Deutschland nach deutschem Recht verklagen, die Zustellung und Vollstreckung ist jedoch oft mühsam. Daran führt aber selten ein Weg vorbei. Der Admin-C, der häufig kommissarisch eingesetzt wird, kann in der Regel nicht in Anspruch genommen werden. Auch die DENIC muss erst handeln, wenn es einen vollstreckbaren Titel gegen den im Ausland sitzenden Domain-Inhaber gibt. Dem betroffenen Unternehmen bleibt daher oft nichts anderes übrig, als den beschwerlichen Weg über die Auslandszustellung zu gehen.

Ist ein Rechtsverstoß durch Verwendung eines bestimmten Domain-Namens erst einmal festgestellt, ist dies bestenfalls die halbe Miete. Zu fragen ist nämlich, welche Konsequenzen daraus tatsächlich folgen. So stellt sich die Frage, was genau eigentlich Inhalt eines Domain-rechtlichen Anspruchs ist. Was kann der Verletzte tatsächlich genau verlangen? Zudem ist für den Rechteinhaber wichtig zu wissen, gegen wen er die Ansprüche richten kann.

2.3.1 Was kann verlangt werden?

Ein Anspruch auf Übertragung der Domain besteht meist nicht, weil ja denkbar ist, dass es andere Namensträger gibt, die die Domain ebenfalls beanspruchen können. Oft wird man lediglich die Unterlassung der Nutzung oder die Löschung der Domain verlangen können.

Beispiel

Die Gemeinde Schulenberg (Harz) war gegen die Registrierung und Nutzung der Domain `schulenberg.de` durch einen Privatmann mit just diesem Namen vorgegangen. Das OLG Oldenburg gab der Klage nur im Hinblick auf die Unterlassung der Nutzung statt. Einen Löschungsanspruch verneinte das Gericht dagegen, weil der klagende Namensträger nicht überragend bekannt sei. Dem früheren Domain-Inhaber wäre es nach diesem Urteil daher möglich gewesen, die Domain lediglich konnektiert zu halten und keine Inhalte zu hinterlegen. Dass die Domain inzwischen tatsächlich die Internetpräsenz der Harz-Gemeinde enthält, dürfte also auf nachgerichtlichen Verhandlungen beruhen. [OLG Oldenburg 02/25]

Die Interessen des Rechteinhabers können sehr unterschiedlich sein. Oftmals wird der Anspruchsinhaber die Domain am liebsten selbst haben wollen. In diesem Fall ist sein Interesse also auf die Übertragung der Domain an sich selbst gerichtet. Unter Umständen geht es dem Verletzten aber nur darum, dass sich unter der fraglichen Domain keine Inhalte befinden. Manchmal wird es auch genügen, wenn nur der betreffende Domain-Inhaber die Domain nicht für sich nutzt.

Übersicht – Mögliche Anspruchsziele im Domain-Recht

- Unterlassung der Nutzung (siehe S. 63)
- Löschung der Domain (siehe S. 63)
- Unterlassung der Irreführung (siehe S. 63)
- Übertragung der Domain (siehe S. 64)
- Schadensersatz (siehe S. 64)

Was genau Inhalt eines Domain-rechtlichen Anspruchs ist, hängt von der Anspruchsgrundlage ab.

	Unterlassung der Nutzung	Löschung der Domain	Übertragung der Domain	Ersatz von Schäden
Domain-Grabbing	(+)	(+)	meist (+)	(+)
Markenrecht	(+)	meist (-)	(-)	(+)
Namensrecht	(+)	(+)	(-)	(+)
Persönlichkeitsrecht	(+)	(+)	(-)	(+)
Wettbewerbsrecht	Einzelfall	meist (-)	(-)	(+)

Tabelle 2.3: Denkbare Ansprüche im Domain-Recht nach Anspruchsgrundlage

Unterlassung der Nutzung/Löschung

Bei auf das Namens- oder Persönlichkeitsrecht gestützten Ansprüchen lassen sich in der Regel problemlos Ansprüche auf Unterlassung der Nutzung einer bestimmten Domain ableiten. Auch ein Anspruch auf Beseitigung der durch die rechtswidrige Domain-Nutzung entstehenden Störung ist regelmäßig gegeben. Beide Ansprüche lassen sich für den Domain-Inhaber dadurch erfüllen, dass er in die Löschung der Registrierung der Domain einwilligt. Letztlich muss der Domain-Inhaber also gegenüber der DENIC erklären, dass er die Domain nicht weiter nutzen möchte.

Weil im Markenrecht ein Unterlassungsanspruch nur in Bezug auf die Nutzung im geschäftlichen Verkehr besteht, kann nicht immer die Löschung der Domain verlangt werden. Vielmehr muss dem Domain-Inhaber zugestanden werden, die Marke außerhalb des geschäftlichen Verkehrs (also zum Beispiel für private Zwecke) oder überhaupt nicht zu nutzen, sondern nur registriert zu halten.

Unterlassung der Irreführung

Bei wettbewerbsrechtlichen Ansprüchen kommt der Inhalt des Anspruchs sehr auf den jeweiligen Vorwurf an. Im obigen Beispiel der Verwendung der Domain `keineversandkosten.de` für einen Online-Shop ist ein wettbewerbsrechtlicher, auf das Irreführungsverbot gestützter Anspruch darauf zu richten, es zu unterlassen, die Verwendung der bezeichneten Domain für einen Online-Shop zu verwenden, wenn dort tatsächlich nicht in allen Fällen keine Versandkosten anfallen. Im wettbewerbsrechtlichen Kontext ergibt sich also nicht per se ein Anspruch auf Löschung der Domain.

Von einem Löschungsanspruch unberührt bleibt das Verhältnis des bisherigen Domain-Inhabers zu seinem Provider. Bestehen dort etwa langfristige Kündigungsfristen, ändert dies an der Pflicht zur Löschung der Domain gegenüber der

DENIC nichts. Im Zweifel läuft der Vertrag mit dem Provider weiter, so dass der Domain-Inhaber die anfallenden Gebühren zu tragen hat, die Domain aber bereits gelöscht ist.

Hinweis

Eine Löschungspflicht besteht unabhängig von dem Vertrag mit dem Provider des Domain-Inhabers.

Übertragungsanspruch

Die von dem Anspruchsinhaber regelmäßig als Idealziel angesehene Übertragung der Domain kann allenfalls bei einem Fall von Domain-Grabbing in Betracht kommen. So ist es denkbar, dass ein Übertragungsanspruch bei Tippfehler-Domains gewährt wird. Regelmäßig besteht ein Übertragungsanspruch aber nicht.

Schadensersatz

Neben den Ansprüchen, die direkt die Domain-Nutzung betreffen, ist es auch denkbar, dass Schadensersatzansprüche bestehen. Dies setzt zum einen eine schuldhafte Verletzung von Pflichten voraus. Zum anderen muss sich aber auch nachweisen lassen, dass durch die rechtswidrige Domain-Nutzung bei dem Rechteinhaber ein Schaden entstanden ist. Schadensersatzansprüche nach deutschem Recht setzen generell voraus, dass sich ein konkreter Schaden beziffern lässt, der eindeutig auf die rechtswidrige Handlung zurückzuführen ist. Die bloße Behauptung, dass die Nutzung der Domain durch den Rechteinhaber zu einem erheblichen Umsatzplus des Online-Shops geführt hätte, würde zum Beispiel für die Geltendmachung von Schadensersatz bei Weitem nicht ausreichen. Oftmals wird die Summe des Ersatzanspruchs daher auf die Anwaltskosten begrenzt sein.

2.3.2 Gegen wen muss man seine Ansprüche richten?

Hauptansprechpartner für etwaige Rechtsverletzungen durch die Domain-Nutzung ist der Inhaber der Domain. Alle anderen Beteiligten (Admin-C, Tech-C, DENIC oder DNS-Provider) sind nur in Ausnahmefällen für die Beeinträchtigungen haftbar zu machen.

Checkliste – Taugliche Anspruchsgegner im Domain-Streit

- ✓ Domain-Inhaber – stets
- ✓ Admin-C – nur in Ausnahmefällen
- ✓ Tech-C – so gut wie niemals

- ✓ DENIC – nur in Ausnahmefällen
- ✓ DNS-Provider – so gut wie niemals
- ✓ Host-Provider – nur bei entsprechendem Vertragsverhältnis

Ist der Umfang des Anspruchs festgestellt, bleibt die Frage, gegen wen die Ansprüche zu richten sind. Richtiger Anspruchsgegner ist zunächst stets der Verletzer. Dies ist im Regelfall derjenige, der bei der DENIC als Domain-Inhaber eingetragen ist. Dies wird vielfach auch der Betreiber der Website sein. Unterscheiden sich Domain-Inhaber und Anbieter der unter der Domain bereitgehaltenen Website, muss je nach Anspruchsgrundlage differenziert werden. In aller Regel wird der Domain-Inhaber der richtige Anspruchsgegner sein. Der Betreiber der Website hat schließlich auf die Inhaberschaft an der Domain keinen Einfluss.

Hinweis: Domain-Inhaber angreifen

Richtiger Anspruchsgegner ist fast immer der Inhaber der Domain.

Schwierig ist die Durchsetzung von Domain-rechtlichen Ansprüchen insbesondere dann, wenn der Domain-Inhaber seinen Sitz im Ausland hat. Vor allem professionelle Domain-Händler wickeln ihre Geschäfte oftmals über Limiteds im Ausland ab. In aller Regel sind zwar deutsche Gerichte zuständig und es findet auch deutsches Recht Anwendung. Allerdings muss jeder Schriftsatz im Ausland zugestellt und vor allem ein etwaiges Urteil im Ausland vollstreckt werden. Beides ist selbst innerhalb der Europäischen Union noch immer problembehaftet.

Nur bedingt lässt sich in solchen Fällen der Admin-C angehen, der ja nach den Statuten der DENIC seinen Sitz in Deutschland haben muss. Weil er nicht selbst Domain-Inhaber ist, geht die Verletzungshandlung auch nicht von ihm aus. Er kann daher allenfalls als sogenannter Mitstörer in Anspruch genommen werden. In der Regel setzt dies aber voraus, dass man gegen den Domain-Inhaber vergeblich gerichtlich vorgegangen ist. Der Tech-C scheidet als Anspruchsgegner dagegen in aller Regel aus.

Jedenfalls ein denkbarer Anspruchsgegner wäre auch die DENIC eG Schließlich hat es die DENIC ohne Weiteres in der Hand, Änderungen an der Konnektierung der Domain und Zuordnung zu den Domain-Inhabern vorzunehmen. Allerdings entspricht es ständiger Rechtsprechung, dass die DENIC in aller Regel nicht verpflichtet ist, Löschungen vorzunehmen.

Beispiel: Keine Haftung der DENIC

Der BGH billigte mehrfach die Praxis der DENIC, die Berechtigung einer Domain-Registrierung und -nutzung grundsätzlich nicht zu prüfen. So machte der Bundesgerichtshof in der Entscheidung zu `ambiente.de` deutlich, dass die DENIC nur in offenkundigen Fällen einer missbräuchlichen Domain-Registrierung zum Einschreiten verpflichtet ist. [BGH 02/26]

Ausnahmen von diesem Grundsatz sind aber denkbar. So wurde in jüngeren Entscheidungen die DENIC dazu verpflichtet, eine Domain zu löschen, wenn ihr ein rechtskräftiges Urteil vorgelegt wird, in dem der Domain-Inhaber zur Löschung verpflichtet wurde. Dies gilt aber nur dann, wenn der Verletzte geltend machen, dass er vergeblich versucht hat, das Urteil beim Gegner zu vollstrecken.

Denkbar ist schließlich, den DNS-Provider oder den Host-Provider des Verletzers in Anspruch zu nehmen. Dies ist bisher jedoch nur in seltenen Fällen erfolgreich unternommen worden.

Richtiger Anspruchsgegner ist der Provider aber natürlich dann, wenn sich der Anspruch aus einer vertraglichen Konstellation ergibt. Ist etwa ein Hoster mit der Registrierung einer Domain durch einen Kunden beauftragt worden, registriert er diese aber – ohne dass dies ausdrücklich vereinbart gewesen wäre – für sich selbst, kann bei Beendigung des Vertrages ein Anspruch auf Übertragung der Domain in Betracht kommen. In diesem Fall ist der betreffende Provider zu verklagen.

2.3.3 Dispute-Verfahren

Wer glaubt, Anspruch auf eine .de-Domain zu haben, sollte einen Dispute-Eintrag beantragen. Besteht dieser Anspruch jedoch nicht, ist der Dispute-Eintrag missbräuchlich und muss gelöscht werden.

Beispiel

Ein Unternehmen stellt fest, dass sich ein Domain-Grabber die Domain `unternehmensname.de` gesichert hat. Nachdem eine Abmahnung erfolglos blieb, verklagt das Unternehmen den Domain-Inhaber. Vor Gericht erscheint der Domain-Grabber nicht und es ergeht ein Versäumnisurteil. Als der Anwalt des Unternehmens daraus vollstrecken will, stellt sich heraus, dass die Domain längst auf einen anderen Domain-Inhaber mit Sitz im Ausland übertragen wurde. Der Titel ist wertlos. Noch dazu wird das Unternehmen auf den Gerichtskosten sitzen bleiben. Wäre vor der Abmahnung ein Dispute-Eintrag vorgenommen worden, hätte der Domain-Inhaber die Domain nicht übertragen können.

Dispute-Eintrag

Stellt man eine Rechtsverletzung im Zusammenhang mit einer .de-Domain fest, ist es dringend zu empfehlen, einen Dispute-Eintrag bei der DENIC zu veranlassen. In diesem Fall ist die DENIC daran gehindert, eine Domain auf einen Dritten zu übertragen. Lässt der Domain-Inhaber die Domain löschen, fällt diese automatisch demjenigen zu, zu dessen Gunsten der Dispute eingetragen ist.

Erst anschließend sollte man – womöglich über einen Rechtsanwalt – an den Domain-Inhaber herantreten und gegebenenfalls die Löschung der Domain verlangen. Üblicherweise geschieht dies im Wege der Abmahnung und einer Aufforderung zur Abgabe einer strafbewehrten Unterlassungserklärung (vgl. zum Prozedere Abschnitt 11.1). Ist der Domain-Inhaber nicht einsichtig und gibt die Domain nicht frei, bleibt nur der Klageweg.

Dringender Tipp: Dispute beantragen

Der Weg zur Erlangung einer .de-Domain, die ein Dritter rechtswidrig registriert hat, führt über einen Dispute-Eintrag bei der DENIC. Ist man daher der Meinung, dass eine bei der DENIC registrierte Domain eigene Rechte verletzt, ist es dringend zu empfehlen, zunächst einen Dispute eintragen zu lassen.

Dies gilt umso mehr, weil der Dispute-Eintrag auch einer Zwischenübertragung der Domain auf einen Dritten einen Riegel vorschiebt. Wird vergessen, vorab einen Dispute einzutragen, nützt das beste Urteil nichts, wenn die Domain inzwischen auf den Meistbietenden übertragen wurde.

Schwieriger ist die Verfahrensweise bei Domains unter TLDs, bei denen ein Dispute-Verfahren nicht möglich ist. Hier muss gegebenenfalls in einem einstweiligen Verfügungsverfahren ein Verfügungsverbot erwirkt werden, um den Antragsteller davor zu bewahren, dass seine Rechte durch eine Übertragung der Domain an Dritte hinfällig werden.

Dispute-Missbrauch

Da es für einen Dispute-Eintrag nur das Nachweises einer (gerichtlichen oder außergerichtlichen) Streitigkeit über die Domain bedarf und die DENIC ohne eine Prüfung recht freigiebig Dispute-Einträge vornimmt, wird das Dispute-Verfahren gelegentlich missbraucht. Gegen einen rechtsmissbräuchlichen Dispute-Eintrag kann sich der Domain-Inhaber wehren.

Beispiel: Missbräuchlicher Dispute-Eintrag – welle.de

Die Gemeinde Welle in Niedersachsen wollte gern die Domain `welle.de` für ihren Internetauftritt nutzen. Die Domain war durch einen IT-Dienstleister registriert und bei Sedo geparkt. Die Gemeinde erwirkte bei der DENIC einen Dispute-Eintrag, um zu verhindern, dass der Domain-Inhaber die Domain an einen Dritten übertragen kann. Gegen diesen Dispute-Eintrag setzte sich der Domain-Inhaber mit Erfolg zur Wehr. Das Gericht befand, dass der kleinen Gemeinde ein Anspruch auf die Domain nicht zustehe. Dann sei jedoch auch der Sperrvermerk rechtswidrig. Ein missbräuchlicher Dispute-Eintrag ist nach Ansicht einiger Gerichte ein Eingriff in den eingerichteten und ausgeübten Gewerbebetrieb und kann einen Anspruch auf Löschung des Dispute-Eintrages bei der DENIC zur Folge haben. [LG Köln 02/27]

Hinweis

Wer feststellt, dass für seine Domain missbräuchlich ein Dispute bei der DENIC eingetragen ist, kann sich dagegen zur Not gerichtlich zur Wehr setzen.

Wer einmal mit deutschen Gerichten zu tun hatte, wird die Erfahrung gemacht haben, dass der Klageweg bisweilen sehr langwierig sein kann. Es ist keine Seltenheit, dass zwischen Klageeinreichung und mündlicher Verhandlung mehr als ein Jahr liegt. Bis ein Urteil erstritten ist, können gut und gerne zwei bis drei Jahre vergehen. Dem Unterliegenden ist dann noch die Möglichkeit der Berufung gegeben, die sich ähnlich lange hinziehen kann. Verfahren, die letztlich vor dem Bundesgerichtshof landen, sind nicht selten älter als fünf oder sechs Jahre. Und in der Zwischenzeit kann der Domain-Inhaber die Domain munter weiter nutzen.

Normalerweise lässt sich ein gerichtliches Verfahren durch Anstrengung eines einstweiligen Verfügungsverfahrens deutlich abkürzen. Eine einstweilige Verfügung kann – bei besonderer Dringlichkeit – innerhalb weniger Stunden erwirkt werden. Das hört sich gut an, hat aber einen erheblichen Haken: In einem einstweiligen Verfügungsverfahren darf die Hauptsache nicht vorweggenommen werden.

Ein Anspruch auf Löschung von Domains besteht daher im einstweiligen Verfügungsverfahren nicht. Im einstweiligen Rechtsschutz ist der Umfang Domainrechtlicher Ansprüche daher auf die Untersagung der Nutzung der Domain beschränkt.

Hinweis

Bei vielen TLDs kann es sich lohnen, ein WIPO-Schiedsgerichtsverfahren anzustrengen.

Insbesondere bei Domain-Namen, die nicht auf `.de` enden, sollten Betroffene prüfen, ob ein WIPO-Schiedsgerichtsverfahren nicht eine Alternative sein kann. Das geht in der Regel schneller, ist unter Umständen kostengünstiger und auch der Transfer einer Domain ist ein möglicher Schiedsspruch.

Kapitel 3

Content der Website

Eine Website lebt von ihren Inhalten. Während für das Design oftmals erhebliche Kosten aufgewendet werden, kommt die Inhaltsauswahl bisweilen etwas kurz. Werden bei der Einbindung von eigenen oder fremden Inhalten ein Mindestmaß an Sorgfalt und einige rechtliche Regeln beachtet, kann das erhebliche Mühen und Aufwand sparen.

3.1 Inhalte der Website

Bei der Verwendung von Content auf der eigenen Website stellen sich vor allem zwei Fragen: Habe ich als Website-Betreiber die Rechte, die Inhalte auf meiner Website zu verwenden? Inwiefern hafte ich, falls sich herausstellt, dass die Inhalte rechtswidrig sind? Dabei ergeben sich gewisse Besonderheiten, je nach eingebundenem Inhalt (Text, Bilder, Musik usw.) und Herkunft der Inhalte (selbst erstellte Inhalte, gekaufter Content, User-Generated Content).

3.1.1 Eigene und fremde Inhalte

Bei der Veröffentlichung von Inhalten im Internet ist grundsätzlich zwischen eigenen und fremden Inhalten zu unterscheiden. Nur wenn es sich um fremde Inhalte handelt, können für den Anbieter einer Website im Falle von rechtsverletzenden Inhalten Haftungsprivilegierungen greifen. Für eigene Inhalte trägt er dagegen die volle Verantwortung. Jedenfalls alle Inhalte, die vorab für die Einbindung in die Website ausgewählt worden sind, gelten dabei als eigene Inhalte.

Beispiel: Bösartige Grafik

Beauftragt ein Website-Betreiber eine Agentur mit der Erstellung einer Grafik und diese Grafik verunglimpft einen Dritten, kann sich der Website-Betreiber gegenüber diesem Dritten nicht darauf berufen, Urheber der Rechtsverletzung sei der Grafiker. Nach außen erscheint die Grafik eindeutig als Inhalt der Website, so dass der Betreiber für damit verbundene Rechtsverletzungen nach den allgemeinen Gesetzen haftet.

Beispiel: Verantwortung für fehlende Rechte

Verwendet der Betreiber eines Online-Shops für die Gestaltung seiner Website Fotos und Texte zur Beschreibung von Produkten, für die er keine Lizenzen eingeholt hat, ist dies zum einen ein Verstoß gegen das Urheberrecht. Zum anderen haftet der Shop-Betreiber auch für die Fotos und Texte, falls diese ihrerseits – aus welchem Grund auch immer – rechtswidrig sind.

Da das Internet kein rechtsfreier Raum ist, gibt es keinen Grund, die Haftung für eigene Informationen im Netz einzuschränken. Dementsprechend hält das Telemediengesetz (TMG) in § 7 Abs. 1 fest, dass Diensteanbieter für eigene Informationen, die sie zur Nutzung bereithalten, nach den allgemeinen Gesetzen verantwortlich sind.

Eigene Informationen sind nicht nur Informationen, die der Diensteanbieter selbst erstellt hat. Auch Inhalte, die von Dritten stammen, sind als eigene Informationen des Anbieters anzusehen, wenn der Anbieter sich die Informationen zu eigen macht.

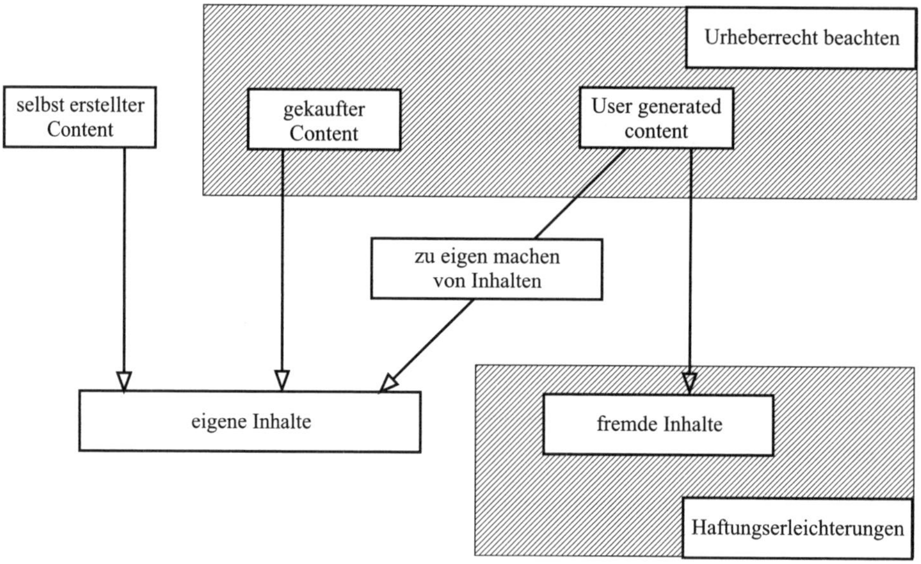

Abb. 3.1: Eigene und fremde Inhalte im Urheber- und Haftungsrecht

Beispiel: User-Generated Content

Nicht alle Inhalte auf einer Website sind Inhalte des jeweiligen Betreibers. So können Beiträge in einem Diskussionsforum nicht als eigene Informationen des Forenbetreibers angesehen werden, weil die Beiträge über das von dem Betreiber unterhaltene Internetforum verbreitet worden sind.

Bei der Abgrenzung zwischen eigenen und fremden Informationen ist auf die Sicht eines verständigen Internetnutzers abzustellen. Wenn Sie daher Inhalte auf Ihre eigene Internetseite übernehmen, ohne diese als fremde Inhalte zu kennzeichnen, können Sie sich nicht darauf berufen, dass Sie für diese Inhalte nicht ohne Einschränkung verantwortlich sein wollen. Wenn Sie für die Website Ihres Unternehmens Texte schreiben oder Fotos anfertigen lassen, stellen Sie diese als eigene Inhalte des Unternehmens ins Netz.

Kommt es bei der Abgrenzung zwischen eigenen und fremden Informationen maßgeblich auf die Sicht eines verständigen Internetnutzers an, bedeutet dies, dass der innere Wille des Diensteanbieters allenfalls indizielle Bedeutung hat. Ob der Anbieter für Inhalte eines Dritten Verantwortung übernehmen möchte, ist unerheblich, solange ein solcher Wille nicht nach außen zum Vorschein tritt.

Tipp: Deutliche Belehrung der Nutzer

Wenn die Website Ihres Unternehmens interaktiv ist und Nutzer eigene Fotos, Texte oder andere Inhalte einstellen können, sollten Sie durch einen deutlich gestalteten Hinweis darauf aufmerksam machen, dass es sich bei diesen Inhalten nicht um eigene Informationen, sondern um Inhalte von Dritten handelt. Außerdem sollten Sie diesen Hinweis nicht dadurch konterkarieren, dass die Inhalte selbst als Informationen des Unternehmens erscheinen, etwa weil das Unternehmenslogo auf von Dritten hochgeladenen Fotos integriert wird. [BGH 03/01]

Aus urheberrechtlicher Sicht sind dagegen alle Inhalte fremde Inhalte, die nicht selbst erstellt wurden. Für alle Inhalte, die von Dritten stammen, sei es, weil diese eingekauft oder von Nutzern erstellt wurden, muss sich der Website-Betreiber daher fragen, ob er für die Veröffentlichung die notwendigen Rechte eingeholt hat.

Checkliste – Eigene Inhalte

Für eigene Inhalte auf der Website haftet das Unternehmen stets ohne Einschränkungen. Als eigene Inhalte gelten dabei:

- ✓ Selbst erstellte Inhalte (Texte, Grafiken, Bilder, Videos usw.)
- ✓ Von Mitarbeitern produzierte Inhalte
- ✓ Eingekaufte Inhalte
- ✓ Von Usern generierte Inhalte, die sich der Website-Betreiber zu eigen macht

3.1.2 Texte

Bei der Einbindung von Texten auf eine Website ist vor allem darauf zu achten, dass kein Verstoß gegen das Wettbewerbs- und Urheberrecht vorliegt.

Beispiel: Originelle Filmbeschreibungen

Bietet ein Filmportal im Internet originelle Beschreibungen von Filmen an, kann sich der Betreiber des Portals dagegen wehren, dass ein Portal ähnlichen Inhalts diese Beschreibungen eins zu eins auf seine Website übernimmt. [LG Köln 03/02]

Checkliste – Texte auf der eigenen Website

- ✓ Sind Texte nicht selbst geschrieben, können sie dem Urheberrecht unterliegen.
- ✓ Holen Sie die Rechte für eine Online-Veröffentlichung ein, wenn Sie Texte, die andere verfasst haben, einbinden wollen.
- ✓ Verwenden Sie keine Aussagen, die Sie nicht auch offline tätigen würden.

Urheberrecht

Vorsicht ist geboten bei der Übernahme fremder Texte auf die eigene Website. In aller Regel widerspricht es dem Urheberrecht, Texte von Dritten zu übernehmen und in die eigene Website zu integrieren.

Urheberrechtsschutz genießen Texte immer dann, wenn sie ein Mindestmaß an individueller Gestaltung aufweisen. Abgrenzungsmaßstab kann hier sein, ob sich der Text in seiner konkreten Ausgestaltung unmittelbar aus der Aufgabenstellung ergibt. Eine kurze Wegbeschreibung, etwa von einem Bahnhof zum Unternehmenssitz, wird regelmäßig keinen Urheberrechtsschutz genießen, weil der gestalterische Spielraum bei einer Wegbeschreibung naturgemäß begrenzt ist. Handelt es sich aber um eine besonders originelle Formulierung, ist Urheberschutz als Sprachwerk gegeben.

Kontrollfrage im Urheberrecht

Zur Kontrolle, ob ein Text als Werk Urheberschutz genießt, kann man sich fragen, ob der Text so gestaltet ist, wie das jedermann gemacht hätte oder ob er davon deutlich abweicht.

Ein gewisses Indiz für die Schutzfähigkeit ist dabei die Länge des Textes. Allerdings können auch sehr kurze – besonders originelle – Texte geschützt sein, während allein die Länge als solche noch keine Aussage trifft.

Weil Internetsuchmaschinen ihre Ergebnisse unter anderem auf der Grundlage der in den Texten enthaltenen Begriffe sortieren, kommt der zielführenden Verwendung der Sprache zur Suchmaschinen-Optimierung erhebliche Bedeutung zu (vgl. Abschnitt 7.1). Zur Vermeidung von Manipulationen halten die Betreiber von Suchmaschinen die genauen Parameter der Suchfunktionen allerdings geheim und veränderten sie im Verlauf der Zeit. Um gleichwohl für eine gewisse Dauer an die Spitze der Auflistung der Webseiten zu gelangen, bedarf es daher besonderer Kenntnisse und Fähigkeiten bei der Gestaltung des Internetauftritts. In der Nutzung dieser Kenntnisse bei der Ausgestaltung eines Textes kann die persönliche geistige Schöpfung liegen.

Hinweis: Urheberschutz aufgrund von Suchmaschinen-Optimierung

Die Urheberrechtsfähigkeit eines Textes kann sich auch daraus ergeben, dass der Text für Suchmaschinen besonders optimiert ist. [OLG Rostock 03/03]

Dagegen genießen standard- oder werbemäßige Beschreibungen in der Regel keinen Urheberrechtsschutz, weil das Mindestmaß an schöpferischer Tätigkeit oft nicht erreicht wird.

Zeitungs- und Zeitschriftenartikel sind ebenso wie Pressemitteilungen in der Regel vom Urheberrecht geschützt. Die vielfältigen Möglichkeiten, ein Thema darzustellen und die fast unerschöpfliche Vielzahl der Ausdrucksmöglichkeiten führen dazu, dass ein solcher längerer Artikel nahezu unvermeidlich die Individualprägung seines Autors enthält. Dagegen werden kurze Zusammenfassungen, bei denen die Darstellung im Bereich des Routinemäßigen bleibt, oftmals nicht schutzfähig sein.

Wettbewerbsrechtliche Anforderungen

Wird Text in die Website aufgenommen, müssen alle Anforderungen berücksichtigt werden, die auch offline, also etwas in Unternehmensbroschüren, zu berücksichtigen wären. Dies bedeutet insbesondere, dass auch online keine wettbewerbswidrigen Aussagen getroffen werden dürfen. Wer zum Beispiel behauptet, der Größte zu sein, muss letztlich unter jedem erdenklichen Gesichtspunkt tatsächlich der Markführer sein.

3.1.3 Bilder und Stadtpläne

Fotos, Stadtpläne und Videos unterliegen immer dem Urheberschutz. Wer solche Inhalte einbinden möchte, muss stets überlegen, ob Rechte Dritter entgegenstehen.

Fotografien

Fotografien und andere Bilder können zunächst als Lichtbildwerke Urheberrechtsschutz genießen. Dies setzt – wie bei den Sprachwerken – voraus, dass die Fotos durch eine schöpferische eigene Leistung entstanden sind und nicht lediglich einen Schnappschuss eines vergleichsweise gewöhnlichen Motivs darstellen.

Hinweis

Auch einfache Schnappschüsse sind vom Urheberrecht gedeckt. Vervielfältigungen derartiger Fotos sind nur zulässig, wenn der Fotograf eingewilligt hat.

Ausnahmsweise schützt das Urheberrecht jedoch auch Aufnahmen, bei denen es an der schöpferischen eigenen Leistung fehlt: Hier gilt der sogenannte ergänzende Leistungsschutz für Lichtbilder nach § 72 Urheberrechtsgesetz (UrhG). Danach sind einfache Lichtbilder den Lichtbildwerken weitgehend gleichgestellt, so dass die Unterscheidung keine nennenswerte praktische Bedeutung hat.

Beispiel: Urheberrechtlicher Schutz gilt auch für Lichtbilder

Ein Unternehmen, das seine Website illustrieren möchte, sieht auf der privaten Homepage eines Bekannten Schnappschüsse von Sonnenuntergängen. Fotografin dieser Bilder ist die Ex-Freundin des Bekannten, der selbst nichts gegen die Verwendung der Bilder auf der Website des befreundeten Unternehmers einzuwenden hat. Monate später erfährt die Ex-Freundin von der Übernahme dieser Bilder und nimmt das Unternehmen auf Unterlassung und Schadensersatz in Anspruch. Vor Gericht würde das Unternehmen sehr wahrscheinlich verlieren.

Auftragsbilder Wer einen Fotografen mit der Erstellung von Bildern beauftragt, sollte darauf achten, dass tatsächlich alle relevanten Rechte eingeräumt werden. Wird der Fotograf mit der Erstellung von Passbildern beauftragt, umfasst das nicht automatisch auch die Veröffentlichung der Bilder auf der Webseite des Auftraggebers. Umgekehrt dürfen Fotos eines Hotels, die für die Website erstellt wurden, nicht in einem Fotobildband erscheinen, wenn bei der Erstellung der Fotografien nur von der Internetpräsentation die Rede war. In einem solchen Fall sind gesonderte Rechte für die Veröffentlichung in Printmedien einzuholen.

Selbst erstellte Fotos Selbst aufgenommene Bilder von Gebäuden können, etwa zur Illustration eines Maklerobjekts, bedenkenlos verwendet werden, wenn die Fotos von öffentlichem Straßenland ohne weitere Hilfsmittel aufgenommen wurden. Unzulässig ist es dagegen, durch Hecken, über Zäune oder aus Nachbargebäuden Fotos anzufertigen und in das Internet einzustellen.

Personen auf Bildern Bei der Aufnahme der Fotos sollte darauf geachtet werden, dass weder Personen, noch Namen oder Kfz-Kennzeichen zu erkennen sind. Wie die Diskussion um Google Street View in Deutschland ausgehen wird, ist derzeit nicht absehbar. Eine Einbindung von Street-View-Inhalten in die eigene Website ist jedenfalls sorgfältig zu prüfen.

Vorsicht

Auch die auf Fotos abgebildeten Personen können darüber entscheiden, ob bestimmte Bilder im Internet veröffentlicht werden sollen oder nicht.

Nicht nur die Rechte der Fotografen oder Filmemacher sind zu berücksichtigen, vielmehr muss auch das Recht der auf den Bildern abgebildeten Personen berücksichtigt werden. § 22 des Kunsturhebergesetzes (KUG) regelt das Recht am eigenen Bild. Danach dürfen Bildnisse nur mit Einwilligung des Abgebildeten verbreitet werden. Im Klartext bedeutet dies, dass keine Bilder in die Website aufgenommen werden sollten, bei denen der Website-Betreiber nicht sicher ist, dass die Abgebildeten mit der Veröffentlichung einverstanden sind. Eine gewisse Vermutung für das Einverständnis besteht nur, wenn die Abgebildeten für die Abbildung eine Entlohnung bekommen haben.

Beispiel: Fotos des Kundenevents im Internet

Wenn ein Unternehmen im Anschluss an eine Firmenfeier mit Kunden und Lieferanten Bilder von dem Event in das Internet einstellen möchte, ist das rechtlich nicht unproblematisch. Theoretisch hat jeder Abgebildete das Recht, die Veröffentlichung der Fotos, auf denen er oder sie abgebildet ist, zu unterbinden. Eine Möglichkeit, hier Rechtssicherheit unproblematisch zu erlangen, existiert nicht. Denkbar ist allenfalls, die Anwesenden auf den Fotografen hinzuweisen und um Mitteilung zu bitten, falls ein Einverständnis mit der Veröffentlichung der Bilder nicht besteht.

Eine Beschränkung des Rechts am eigenen Bild besteht nach der Rechtsprechung des Bundesgerichtshofes, wenn der Abgebildete »bloßes Beiwerk« ist. Wenn sich der Betreffende auf dem Foto nur im Hintergrund aufhält oder nur in einer Gruppe von Personen abgebildet wird, hat er oder sie nicht die Möglichkeit, die Veröffentlichung des Bildes zu verhindern. Etwas anderes kann wiederum denkbar sein, wenn die betreffende Person in besonders unvorteilhaftem Zusammenhang gezeigt wird.

Stadtpläne

Von großer praktischer Relevanz ist die Einbindung von Stadtplanausschnitten in Websites. Viele Unternehmen sehen eine Wegbeschreibung vor und binden hierbei Ausschnitte von Stadtplänen ein, die im Internet frei abrufbar sind.

Vorsicht: Stadtpläne genießen Urheberschutz

Auch Stadtpläne genießen Urheberschutz: Ein Kopieren und Übernehmen auf die eigene Website ist daher grundsätzlich nur zulässig, wenn der Urheber bzw. der Rechteinhaber in die Übernahme eingewilligt hat.

Im Klartext bedeutet dies, dass für die Übernahme von Stadtplanausschnitten eine Lizenz fällig wird.

Ersteller von Stadtplänen haben in den vergangen Jahren massiv Website-Betreiber in Anspruch genommen, wenn Stadtpläne unbefugt übernommen worden sind. Vor Gericht haben die Betreiber der elektronischen Stadtkarten durchweg Recht bekommen.

Der Urheberschutz gilt nicht nur für Stadtplanausschnitte, sondern auch für Satellitenbilder. Auch sind sämtliche Inhalte von Google Maps und Google Earth urheberrechtlich geschützt. Die Übernahme entsprechender Inhalte auf die eigene Website wird früher oder später zu Abmahnungen der Rechteinhaber führen (vgl. zu Abmahnungen Abschnitt 11.1.2).

Tipp: Vor Abgabe von Unterlassungserklärungen genau prüfen

Wer von einer Abmahnung betroffen ist, sollte eine Unterlassungserklärung nur abgeben, wenn er zuvor tatsächlich alle Stadtplaninhalte vollständig von der Website gelöscht hat. Es genügt nicht, nur die Links zu entfernen. Auch die Grafikdateien selbst müssen vom Server gelöscht werden.

3.1.4 Musik und Videos

So schön es sein kann, das eigene Lieblingslied auf der Homepage zu spielen oder eine Fotogalerie mit Musik zu untermalen – Vorsicht ist angebracht. Auch durch den Kauf einer CD oder einer Musikdatei erhält man nicht das Recht, diese Musik ins Internet einzustellen. Wer darauf nicht verzichten will, muss in der Regel die Rechte erwerben, etwa bei der GEMA und der Plattenfirma oder dem Künstler. Das gilt auch für Podcasts, also selbst produzierte Audioclips, und für Videosequenzen, in denen Fremdmaterial eingesetzt wird.

Beispiel: Urheberrechtlicher Schutz auch für Samples

Werden auf der Internetseite auch nur kurze Samples von Musiktiteln verwendet, ohne hierfür die entsprechenden Rechte eingeholt zu haben, ist nach der Auffassung des Bundesgerichtshofes das Urheberrecht des Künstlers verletzt. [BGH 03/04]

Für Videos gilt letztlich das Gleiche wie für Fotografien. Unabhängig von einer schöpferischen Eigenleistung besteht Urheberschutz für die Videoaufnahmen als sogenannte Laufbilder. Auch hier kommen Aufnahmen, wie sie jeder gemacht hätte, künstlerisch wertvollen Aufnahmen gleich.

3.1.5 Games

Auch Computerspiele unterliegen, wenn sie ein Mindestmaß an schöpferischer Eigenleistung übersteigen, dem Urheberrechtsschutz. Bei der Einbindung von Werbung in Computerspiele ist auf das Schleichwerbeverbot zu achten.

Beispiel: Einbeziehung von Games auf der Website

Die Einbindung von Computerspielen in die eigene Website setzt voraus, dass dazu eine Berechtigung besteht. Sowohl die audiovisuelle Spieldarstellung als auch die Programmierung des Spiels als solche können Urheberrechtsschutz genießen. [OLG Hamburg 03/05]

Wollen Sie ein Computerspiel in die Website Ihres Unternehmens integrieren, müssen Sie entsprechende Vereinbarungen mit den Urhebern schließen. Wird ein Online-Game extra für Ihre Website programmiert, sollten dem Verträge zugrunde liegen, die insbesondere die Nutzungsrechtseinräumung und eine mögliche Exklusivität explizit regeln.

Ein noch immer stark wachsender Markt ist das Ingame-Advertising. Darunter wird die Werbung in Computerspielen verstanden. Häufig versuchen Markenartikler, die computerspielaffine Zielgruppe über Werbung in Online-Spielen zu erreichen.

Die Möglichkeiten bei der Einbindung der Werbung sind vielfältig. Vom Trikot-Sponsoring bei Ballsport-Simulationen über Online-Werbung bei Autorennen bis zu gebrandeten Avataren in Rollenspielen ist alles möglich. Die Werbeformen sind vielfältig und werden der Offline-Werbung immer ähnlicher. Dabei bieten spezialisierte Dienstleister immer neue und vielfältigere Möglichkeiten der Werbung in Spielen an. Insbesondere verhaltensbezogene Werbung oder Frequency Capping sind inzwischen keine Seltenheit mehr. So lässt sich die angezeigte Werbung auf das Surfverhalten des jeweiligen Users anpassen.

Aus rechtlicher Sicht ist dabei auf das Trennungsgebot hinzuweisen. Schleichwerbung ist verboten. Solange die Werbung in dem Computerspiel jedoch als Werbung erkennbar ist, stellen sich gravierende Probleme nicht. Nur wenn die Werbung für den Durchschnittsnutzer der Spiele nicht erkennbar ist, muss sie gesondert gekennzeichnet werden.

Vorsicht bei verhaltensbezogener Werbung

Vorsicht ist geboten bei der verhaltensbezogenen Werbung. Wird das Surfverhalten des Nutzers gespeichert und ausgewertet, wirft dies unter Umständen datenschutzrechtliche Fragen auf. Die Einzelheiten zum »Targeting« finden Sie in Abschnitt 6.3.

Bei vertraglichen Vereinbarungen über die Werbung in Computerspielen sollte die Frage der Schleichwerbung thematisiert werden. Aus Sicht des Werbenden muss klar werden, wie die Werbung von den sonstigen Inhalten getrennt wird. Andernfalls droht der Werbende auf Unterlassung in Anspruch genommen zu werden.

Tipp: Branchenexklusivität im Vertrag festhalten

Sofern Branchenexklusivität gewünscht ist, sollte dies in dem Vertrag ausdrücklich festgehalten werden.

3.1.6 Gekaufter Content

Wird gekaufter Content in die Website eingebunden, haftet der Website-Betreiber nach außen so, als hätte er die Inhalte selbst erstellt. In Verträgen mit Content-Lieferanten sollten daher detaillierte Regelungen zur Nutzungsrechtseinräumung und möglichen Rechtsverstößen getroffen werden (siehe ausführlich zur Vertragsgestaltung in Content-Verträgen Abschnitt 10.5.3).

Inhalte, die der Website-Betreiber bei Content-Lieferanten in Auftrag gegeben hat, sind stets als eigene Inhalte anzusehen, so dass der Website-Betreiber für diese Inhalte in gleicher Weise einstehen muss, als hätte er sie selbst erstellt. Dies gilt unabhängig davon, ob die Inhalte Texte, Bilder, Grafiken oder Videos sind. Stellt sich heraus, dass die Inhalte Rechtsverletzungen beinhalten, muss der Auftraggeber dafür gegenüber Außenstehenden haften.

Beispiel: Erstellung von Content

Beauftragt ein Shop-Betreiber seinen SEO-Dienstleister auch mit der Erstellung von Content für den Blog des Shops, haftet er gegenüber dem Urheber, wenn sich später herausstellt, dass der SEO-Dienstleister die Inhalte von einem Dritten ungefragt übernommen hatte.

3.1.7 Blogs, Foren und RSS-Feeds

Wenn Sie Internetnutzern auf Ihrer Website die Möglichkeit geben, in Kommentaren oder innerhalb von Foren eigene Statements abzugeben, sollten Sie jeden Eindruck vermeiden, dass Sie sich diese Inhalte zu eigen machen würden. Dem Website-Betreiber ist auch zu raten, jeden Eindruck einer Vorabprüfung zu vermeiden, wenn dies nicht tatsächlich der Fall ist. Erhält der Website-Betreiber Kenntnis von womöglich rechtswidrigen Inhalten, muss er unverzüglich handeln, um einer Haftung zu entgehen.

Beispiel: »marions-kochbuch.de«

Im Streit zwischen »marions-kochbuch.de« und »chefkoch.de« hat der Bundesgerichtshof zugunsten der Betreiber von »marions-kochbuch.de« entschieden. »chefkoch.de« wurde auf Unterlassung und Schadensersatz in Anspruch genommen, weil Nutzer auf der Kochrezepte-Plattform urheberrechtlich geschützte Fotos veröffentlichten, die zuvor von `marions-kochbuch.de` heruntergeladen wurden. Der BGH warf den Betreibern von »chefkoch.de« vor, sich diese Fotos zu eigen zu machen. Der Portalbetreiber brachte unter anderem das Chefkoch-Logo auf den Fotos an, ließ sich umfassende Nutzungsrechte einräumen und bot anderen die kommerzielle Nutzung der Fotos an. [BGH 03/01]

Die Möglichkeiten der Ausgestaltung von interaktiven Websites im Einzelnen sind vielfältig. Während manche Website-Betreiber sich der Mühe unterziehen, jeden einzelnen Beitrag zuvor redaktionell zu sichten und freizugeben, wird die Vielzahl der Foreneinträge ohne Vorabprüfung freigeschaltet. Ein gangbarer Mittelweg mag es sein, eigene Foren zu moderieren, wobei ein verantwortlicher Moderator ein »waches Auge« auf das Forum haben und problematische Beiträge gegebenenfalls löschen kann.

Die Zulassung von Website-Inhalten, die nicht von dem Unternehmen, sondern von Dritten erstellt werden, ist zunächst ein erheblicher Bruch und birgt Haftungsrisiken. Dies gilt umso mehr, wenn den Usern Gelegenheit gegeben wird, Inhalte, etwa Texte oder Bilder, online zu stellen, ohne dass diese vorher gesichtet werden. Hier stellt sich wieder schnell die Frage, inwieweit eine Haftung des Website-Betreibers für die Inhalte der Aussagen in Betracht kommt.

Wann haften Sie für Inhalte anderer?

Die Frage, ob der Website-Betreiber für Äußerungen der Nutzer in Foren in die Verantwortung genommen werden kann, zerfällt in zwei Komplexe. Nur wenn der jeweilige Beitrag als solcher rechtswidrig ist, können Sie als Website-Betreiber verantwortlich sein. Außerdem stellt sich die Frage, ob Sie als Betreiber der Website, der offensichtlich nicht selbst Verfasser der Beiträge ist, für den Inhalt dieser Äußerungen geradestehen müssen.

Denkbare Rechtsverletzungen

Die möglichen Rechtsverletzungen sind vielfältig und betreffen nahezu alle Bereiche des Rechts. Handelt es sich um reine Texte, treten Persönlichkeitsrechtsverletzungen, insbesondere Beleidigungen, wohl am häufigsten auf. Können auf die Website des Unternehmens auch andere Dateien hochgeladen werden, kann sich die Frage von Markenrechtsverletzungen, Urheberrechtsverstößen oder auch Wettbewerbsrechtsverletzungen stellen.

Übersicht – Mögliche Rechtsverletzung durch Inhalte Dritter

- Persönlichkeitsrechte
- Markenrechte
- Namensrechte
- Urheberrechte
- Sonstige gewerbliche Schutzrechte
- Wettbewerbsverletzungen
- Verletzungen des Jugendschutzes

Exkurs: Rechtswidrigkeit von Äußerungen

Stets unzulässig sind bewusst unwahre Tatsachenbehauptungen und sogenannte Werturteile, die die Grenze der Schmähkritik überschreiten. Dagegen sind wahre Tatsachenbehauptungen und bloße Werturteile von der Meinungsfreiheit gedeckt.

Beispiel: eBay-Bewertungen

Abb. 3.2: Negative eBay-Bewertungen (Beispiel)

Die Aussage in einer eBay-Bewertung »Handy als neu angeboten – Handy und Zubehör gebraucht – das nenne ich Betrug!!!« ist auch in direktem Zusammenhang mit einem Unternehmen als zulässige Meinungsäußerung qualifiziert worden. Für die Einordnung als Tatsachenbehauptung kommt es wesentlich darauf an, ob die Aussage einer Prüfung mit den Mitteln des Beweises zugänglich ist. Dies sei hier nicht der Fall. [LG Hannover 03/06]

Eine Äußerung kann rechtswidrig sein, wenn sie gegen das Persönlichkeitsrecht desjenigen, der von der Äußerung betroffen ist, verstößt oder – bei Unternehmen – ein Eingriff in den sogenannten eingerichteten und ausgeübten Gewerbebetrieb vorliegt. Ein (abgeschwächtes) Persönlichkeitsrecht wird auch Unternehmen zugestanden.

Bei der Frage, was eine gerade noch zulässige Äußerung ist, wird unter Berücksichtigung der Meinungsfreiheit nach Art. 5 Abs. 1 des Grundgesetzes zwischen Tatsachenbehauptungen und Werturteilen unterschieden. Eine genaue Differenzierung ist im Einzelfall schwierig.

Als Tatsachenbehauptungen werden üblicherweise Behauptungen bezeichnet, die dem Beweis grundsätzlich zugänglich sind und sich dadurch als wahr oder unwahr feststellen lassen. Meinungsäußerungen sind dagegen nicht mit einem Anspruch auf Wahrheit ausgestattet und auch dem Beweis nicht zugänglich. Vielmehr enthalten sie wertende Stellungnahmen.

Definition: Tatsachenbehauptung vs. Meinungsäußerung

- Tatsachenbehauptungen = Behauptungen über Tatsachen, die jedenfalls theoretisch bewiesen werden können
- Meinungsäußerungen = wertende Stellungnahmen, die weder wahr noch falsch sein können

Bei der Abgrenzung zwischen Werturteil und Tatsachenbehauptung kommt es auf das Verständnis des durchschnittlichen Lesers der Äußerung an. Im Zweifel wird auf den Schwerpunkt der Äußerung und seinen prägenden Bestandteil abgestellt.

Handelt es sich bei der Aussage um eine Tatsachenbehauptung und wird angenommen, dass diese rechtswidrig und falsch ist, trifft den Behauptenden grundsätzlich die Beweislast dafür, dass die von ihm getätigte Aussage richtig ist. Ist die Aussage zutreffend, darf darüber grundsätzlich auch berichtet werden. Eine Ausnahme sind Tatsachen, die den Intimbereich einer Person betreffen. Hier ist die Privatsphäre tabu.

Bloße Werturteile sind dagegen grundsätzlich zulässig und werden nur dann als rechtswidrig angesehen, wenn sie die Grenze zur Schmähkritik überschreiten. Insbesondere bei kritisierten Unternehmen ist diese Grenze recht hoch anzusetzen. Um eine Schmähkritik handelt es sich, wenn bewusste Schmähung insbesondere in einen Eingriff in die Menschenwürde der Beteiligten umschlägt und eine Person oder ein Unternehmen durch polemische und überspitzte Kritik bewusst herabgesetzt werden. Hat die Meinungsäußerung dagegen einen hinreichenden Bezug zu dem sachlichen Anliegen, um das es bei der Äußerung geht, liegt die Annahme einer Schmähkritik eher fern. Fehlt aber ein sachlicher Bezug und hat die geäußerte Kritik daher gar keine sachliche Grundlage, kommt es dem Äußernden also mehr oder weniger allein auf die Ehrkritik an, liegt eine Schmähkritik vor.

Beispiel: Betrüger der XY Firma

Wird in einem Forum über ein Unternehmen geschrieben: »Achtung, Betrüger unterwegs.« oder ist in dem gleichen Beitrag von den »Betrügern der XY Firma« die Rede, handelt es sich nicht um Tatsachenbehauptungen, sondern um subjektive Meinungsäußerungen, die bloße Werturteile darstellen. Der Verfasser wolle damit nicht zum Ausdruck bringen, dass die Verantwortlichen der Gesellschaft bereits strafrechtlich verurteilt wurden, sondern lediglich Warnungen und Ratschläge für den Fall einer Kontaktaufnahme durch Werber der Firma XY erteilen.

Erfüllt eine Meinungsäußerung den Straftatbestand der Beleidigung, wird es sich auch um eine Schmähkritik handeln. Eine Beleidigung im strafrechtlichen Sinn nach § 185 des Strafgesetzbuches setzt einen Angriff auf die Ehre des anderen durch vorsätzliche Äußerung der Missachtung oder Nichtachtung voraus. Werden gezielt Schimpfworte verwendet, handelt es sich oft um Beleidigungen.

Insbesondere Unternehmen müssen jedoch auch starke Kritik ertragen, ohne mit einer Unterlassungsklage gegen die Äußerung vorgehen zu können.

Checkliste – Rechtswidrigkeit von Äußerungen

✓ Entscheidend für die Bewertungen ist, ob eine Meinungsäußerung oder eine Tatsachenbehauptung vorliegt.

✓ Tatsachenbehauptungen sind rechtswidrig, wenn

- sie bewusst unwahr sind oder
- sie wahr sind, aber in den Intimbereich einer Person eingreifen.

✓ Werturteile sind rechtswidrig, wenn die Grenze zur Schmähkritik überschritten ist.

Haftung des Website-Betreibers für Forenäußerungen

Steht fest, dass eine Äußerung rechtswidrig ist, etwa weil sie über einen Dritten falsche Aussagen trifft oder Beleidigungen enthält, stellt sich die Frage, ob der Website-Betreiber dafür zu haften hat.

Auch hier kommt es zunächst darauf an, ob es sich um eigene oder fremde Inhalte handelt. Dabei sind eigene Informationen nicht nur Inhalte, die der Diensteanbieter selbst erstellt hat. Auch Inhalte, die von Dritten stammen, sind als Informationen des Anbieters anzusehen, wenn der Anbieter sich die Informationen zu eigen macht.

Die Abgrenzung ist oft nicht einfach. Auch Informationen, die erkennbar von Dritten stammen, können als eigene Informationen anzusehen sein. Dies geschieht immer dann, wenn sich der Website-Betreiber die Inhalte zu eigen macht. Ob das der Fall ist, muss anhand des Horizonts eines verständigen Durchschnittsnutzers der Website ermittelt werden.

Die genaue Abgrenzung ist Frage des Einzelfalls. Wer auf seiner Website kundtut, dass er viel Mühe auf die Auswahl der Inhalte legt, gibt damit zu erkennen, dass er eben nur bestimmte Informationen ausgewählt hat und macht sich diese daher womöglich zu eigen. Auch wer Inhalte gezielt auswählt, um sie anschließend gegen Entgelt weiterzuverbreiten, muss sich so behandeln lassen, als habe er eigene Inhalte zur Verfügung gestellt. Immerhin denkbar ist, ein Zueigenmachen durch eine ausdrückliche Distanzierung zu verhindern.

Tipp: Disclaimer verwenden

Es kann empfehlenswert sein, einen Disclaimer zu verwenden, der bei den Inhalten jeweils eingeblendet wird: »Wir stellen auf dieser Website Beiträge Dritter zusammen. Soweit einzelne Beiträge die Rechte Dritter verletzen oder aus anderen Gründen rechtswidrige Inhalte enthalten, ist für den Rechtsverstoß der jeweilige Verfasser verantwortlich. Eine inhaltliche Verantwortung – gleich welcher Art – übernehmen wir nicht.«

In einem Forum, wo für jedermann deutlich ist, dass Inhalte ohne Vorabprüfung von Dritten erstellt werden können und in das Portal eingebunden werden, dürfte jedoch klar sein, dass es sich um Informationen von Dritten handelt. Eines derartigen Disclaimers bedarf es dann nicht.

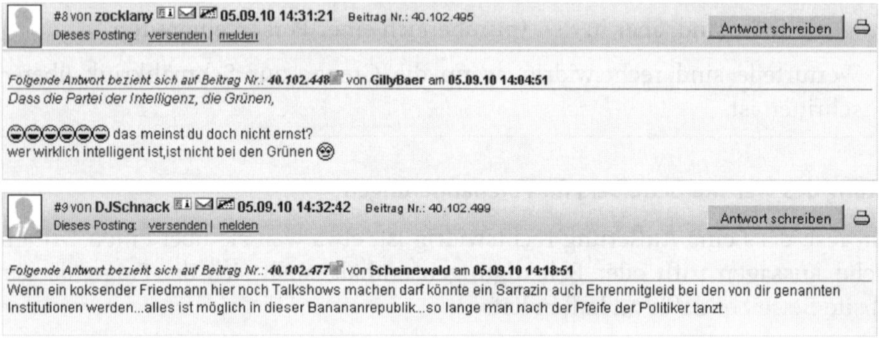

Abb. 3.3: Typische Beiträge in freien Online-Foren

Website-Betreiber sind jedoch auch dann nicht von der Haftung frei, wenn es sich zweifelsfrei um Inhalte Dritter handelt. Vielmehr sind Diensteanbieter für fremde Informationen (nur dann) nicht verantwortlich, wenn sie keine Kenntnis von der rechtswidrigen Handlung oder der Information haben (§ 10 Abs. 1 Telemediengesetz). Liegt ein rechtswidriger Inhalt vor, haftet der Website-Betreiber ab dem Zeitpunkt, in dem er Kenntnis von dem Inhalt erlangt hat.

Häufig wird die Kenntnisverschaffung durch eine Abmahnung oder eine entsprechende Information des Rechteinhabers erfolgen. Bisweilen stellen sich Website-Betreiber aber auch selbst ein Bein, indem sie zu offensiv damit werben, dass sie jeden Beitrag vor der Freischaltung kontrollieren oder regelmäßige (tägliche) Kontrollen der Inhalte vornehmen. Wer für die Qualität seines Portals mit derartigen Aussagen wirbt, läuft Gefahr, sich so behandeln lassen zu müssen, als habe er Kenntnis von den Inhalten erlangt.

Beispiel: (In)solventer Porschefahrer

Ein Kleinanzeigenportal für Gebrauchtwagen, auf dem etwas mehr als eine Stunde lang ein Inserat zu lesen war, demzufolge ein Porsche »wegen privater Insolvenz« preisgünstig abzugeben sei, wurde von dem Inhaber der in der Anzeige angegebenen Telefonnummer verklagt. Dieser war zwar Porschefahrer, wusste jedoch nichts von der Anzeige, die nach seinem Anruf bei dem Portal sofort aus dem Netz genommen wurde. Der Porschefahrer hatte mit seiner Klage Erfolg und machte erfolgreich Schadensersatz und Schmerzensgeld geltend. In der Urteilsbegründung stützte sich das Gericht darauf, dass der Portalbetreiber angegeben hatte, alle Anzeigen durchzusehen, bevor diese für das Portal freigegeben werden würden. [LG Köln 03/07]

Das Beispiel ist sicher besonders drastisch und rechtlich keinesfalls zwingend. Es zeigt aber, in welchem Spannungsfeld sich Portalbetreiber befinden, die die Einstellung rechtswidriger Inhalte in das Portal durch entsprechende Kontrollen verhindern wollen. Wenn Sie in Ihrem Portal mit systematischen Kontrollen werben, müssen Sie zum einen fürchten, dass Ihnen vorgeworfen wird, sich die Inhalte zu eigen gemacht zu haben. Zum anderen müssen Sie damit rechnen, dass Ihnen im Falle der Inanspruchnahme Kenntnis von dem rechtswidrigen Inhalt unterstellt wird.

Tipp: Watch and don't tell

Wer Inhalte kontrolliert, muss dies so sorgfältig tun, dass Rechtsverletzungen ausgeschlossen sind, oder die Kontrollen heimlich durchführen und damit keine Werbung betreiben.

Hat der Website-Betreiber Kenntnis von den Inhalten, muss er sich so behandeln lassen, als seien es eigene Inhalte. Die Haftungsprivilegierung desjenigen, der Inhalte nur für Dritte speichert, gilt nicht mehr, wenn der Anbieter nicht unverzüglich tätig wird, um die entsprechenden Informationen zu entfernen oder den Zugang zu ihnen zu sperren, sobald er Kenntnis darüber erlangt hat (§ 10 Satz 1 Nr. 2 TMG). Ein Website-Betreiber, der auf welche Weise auch immer von Äußerungen auf seiner Website Kenntnis erlangt, muss also unverzüglich tätig werden, um eine Haftung auszuschließen.

Tipp: Löschung von Beiträgen in Nutzungsbedingungen festhalten

Um Schwierigkeiten mit den Nutzern zu vermeiden, sollten Sie in den Nutzungsbedingungen Ihrer Foren oder Portale darauf hinweisen, dass Sie jederzeit das Recht haben, Beiträge zu löschen.

Unverzüglich tätig werden heißt letztlich, die Inhalte einer umgehenden Prüfung zu unterziehen und gegebenenfalls zu löschen. Welcher Zeitraum dem Unternehmen für die Prüfung zuzugestehen ist, hängt von der Schwere des Verstoßes ab. Je gravierender der Vorwurf, umso schneller muss geprüft und gegebenenfalls gelöscht werden.

Checkliste – Handeln nach Kenntnis

Beschwert sich ein Dritter bei dem Website-Betreiber über einen möglicherweise rechtswidrigen Foreneintrag, ist folgendes Vorgehen zu empfehlen:

- ✓ Prüfung: Liegt eine Tatsachenbehauptung oder ein Werturteil vor?
- ✓ Falls es sich um eine Tatsachenbehauptung handelt: Lässt sich der Wahrheitsgehalt ermitteln?
- ✓ Wenn nein: Gehen Sie zur Sicherheit davon aus, dass die Tatsache falsch ist.
- ✓ Falls es sich um ein Werturteil handelt: Ist die Grenze zur Schmähkritik erreicht? Liegt eine Beleidigung vor?
- ✓ Kommen Sie zu der Ansicht, dass es sich um falsche Tatsachen oder eine Schmähkritik handelt, sollten Sie das entsprechende Posting löschen lassen.

Ein solches Vorgehen setzt voraus, dass es in dem Unternehmen einen vordefinierten Prozess gibt, wie schnell mit entsprechenden Nutzerbeschwerden umgegangen wird. Wird eine Beschwerde zwischen der PR-Abteilung, Social Media Marketing und der Rechtabteilung hin- und herverschoben, bevor es zu einer Entscheidung kommt, kann das schon zu spät sein.

Tipp: Prozesse festlegen

Wenn auf der Website Ihres Unternehmens die Möglichkeit für die User besteht, selbst Inhalte einzupflegen, sollten Sie einen klaren unternehmensinternen Prozess definieren, wie mit solchen Beschwerden schnell umgegangen wird. Wichtig ist eine schnelle und klare Entscheidung darüber, ob ein Posting gelöscht wird oder nicht.

Gesteigerte Pflichten treffen den Website-Betreiber, wenn er wiederholt von rechtswidrigen Forenbeiträgen Kenntnis erhält. Hier kann sich die Frage stellen, ob der Betreiber des Portals hätte wissen müssen, dass sich rechtswidrige Inhalte in seinen Foren befinden.

Beispiel: Mehrmalige rechtswidrige Forenbeiträge

Postet der gleiche Nutzer immer wieder die gleichen Beleidigungen, kann sich der Website-Betreiber nicht darauf zurückziehen, dass er von der dritten, vierten oder fünften ähnlichen Beleidigung nichts gewusst habe. Hier trifft ihn nach der Rechtsprechung die Pflicht, bei einer Häufung von Fällen Vorabprüfungen vorzunehmen. Gegebenenfalls muss der betreffende Nutzer gesperrt werden. Außerdem sollte eine entsprechend intensivere Überwachung des betreffenden Forums erfolgen.

Die Kenntnisverschaffung von rechtswidrigen Inhalten setzt lediglich voraus, dass der Website-Betreiber von den Inhalten konkrete Kenntnis erlangt, er also auf die betreffenden Posts hingewiesen wird. Die Frage, ob die Postings rechtswidrig sind, muss er selbst beurteilen. Eine anlassunabhängige Pflicht zur Prüfung besteht allerdings nicht.

Einbindung von RSS-Feeds

Ähnliche Probleme stellen sich bei der Einbindung von RSS-Feeds. Wer fremde RSS-Feeds in seine Seite einbindet, muss sich bewusst sein, dass er für die eingebundenen Inhalte unter Umständen haftet. Wird aus der Einbindung deutlich, dass die Inhalte nicht von dem Website-Betreiber selbst, sondern einem Dritten stammen, sollte auch die Haftungsprivilegierung des Telemediengesetzes helfen. Danach würde der Website-Betreiber erst haften, wenn er Kenntnis von den eingebundenen Inhalten hat und er die rechtswidrigen Inhalte dennoch nicht entfernt.

Anders sieht das allerdings das Landgericht Berlin. Wer RSS-Feeds einbinde, sei »Herr des Angebots« und mache sich damit alle eingebundenen Inhalte zu eigen.

Beispiel: Schauspielerin und Basketballstar

Auf dem unter `kledy.de` abrufbaren Internetportal war ein RSS-Feed der »Bild«-Zeitung eingebunden, in dem sich eine Nachricht über eine angebliche Liebesbeziehung einer deutschen Schauspielerin zu einem Basketballer fand, die sich als falsch herausstellte. Auf eine Abmahnung der Anwälte der Betroffenen nahm der Betreiber der Website die Inhalte vom Netz, gab aber keine Unterlassungserklärung ab. Vom Gericht wurde er verpflichtet, die Äußerungen in Zukunft zu unterlassen. Er habe die Inhalte wie eigene Inhalte veröffentlicht. [LG Berlin 03/08]

3.1.8 Exkurs: Verwendung von ® und ©

Bei der Verwendung des ®-Zeichens (Registered Trademark) und des ©-Zeichens (Copyright) ist Vorsicht geboten. Von einem fahrlässigen Umgang mit den Symbolen ist abzuraten.

Beispiel: Online-Wahrsagerinnen

In einem skurrilen Streit zwischen zwei Online-Wahrsagerinnen hat das Gericht entschieden, dass es wettbewerbswidrig sein kann, auf urheberrechtlich schutzfähigen Werken ein ©-Zeichen anzubringen, ohne dass die betreffenden Werke tatsächlich von der Person stammen, die das ©-Zeichen angebracht hat. [OLG Düsseldorf 03/09]

Zwar hat das ©-Zeichen in Deutschland nicht den urheberanzeigenden Effekt wie in den USA. Gleichwohl kann die Verwendung zum einen Ansprüche des »wahren« Urhebers auf Unterlassung und zum anderen Ansprüche von Wettbewerbern wegen irreführender Werbung auslösen, wenn der Verwender nicht tatsächlich der alleinige Urheber des Werkes ist.

Gleiches gilt auch für den Zusatz ®, wenn ein Unternehmen das Zeichen verwendet, ohne dass das entsprechende Zeichen oder Logo als Marke registriert ist.

Beispiel: Thermoroll®

Ein Streit zwischen zwei Anbietern von Rollos schaffte es unter anderem deshalb bis vor den Bundesgerichtshof, weil es um die Verwendung des ®-Zeichens ging. Der BGH hat festgehalten, dass die Verwendung der Zeichenfolge »Thermoroll®« irreführend ist, wenn eine Marke »Thermoroll« nicht eingetragen ist und der Verwender zur Nutzung dieser Marke nicht berechtigt ist. [BGH 03/10]

3.1.9 Gütesiegel und Verhaltenskodizes

Wer ein Gütezeichen verwendet, ohne die erforderliche Genehmigung dafür zu besitzen, handelt unlauter. Unzulässig kann es auch sein, ein eigenes Gütezeichen zu kreieren und auf die Website aufzunehmen. Wer über einen Verband oder auf andere Weise einem Verhaltenskodex unterworfen ist, muss darüber informieren.

Beispiel: Trusted-Shops-Zertifikat

Das Gütesiegel des Zertifizierungsanbieters Trusted-Shops darf nur verwenden, wer von dem Aussteller Trusted-Shops ein entsprechendes Zertifikat erhalten hat.

Insbesondere private Gütezeichen für Online-Shops erfreuen sich im Internet wachsender Beliebtheit. Nicht zuletzt deshalb stellt Nr. 2 des Anhangs zu § 3 Abs. 3 des Gesetzes gegen den unlauteren Wettbewerb (UWG) klar, dass es in jedem Fall unzulässig ist, ein solches Gütezeichen zu verwenden, ohne die erforderliche Genehmigung dafür zu besitzen. Dabei ist es gleichgültig, ob es sich bei dem Siegel um ein staatlich vergebenes Zeichen oder eine private Initiative handelt.

Es genügt nicht, wenn ein Unternehmen die formalen oder inhaltlichen Voraussetzungen für ein Gütesiegel erfüllt. Nur wenn die Verwendung genehmigt wurde, darf das Zeichen genutzt werden.

Tipp: Siegel erst nach Erteilung verwenden

Bevor die Berechtigung zur Führung des Siegels nicht erteilt wurde, muss jede Werbung mit dem Siegel unterbleiben. Auch in der Anmelde- oder Bearbeitungsphase darf das Gütesiegel auf der Website noch nicht erscheinen.

Ist die Berechtigung zur Verwendung des Zeichens – aus welchem Grund auch immer – erloschen, muss das Siegel umgehend von allen Informationsmedien entfernt werden.

Abzuraten ist von der Verwendung von »Gütesiegeln«, die sich der Website-Betreiber selbst erteilt. Es ist irreführend, mit einer vermeintlich objektiven Prüfung zu werben, wenn eine solche Prüfung nicht stattgefunden hat.

Verhaltenskodizes Ähnliches gilt für die Werbung mit bestimmten Verhaltenskodizes. Unzulässig ist nach Nr. 1 des Anhangs zu § 3 Abs. 3 UWG die unwahre Angabe eines Unternehmens, zu den Unterzeichnern eines Verhaltenskodex zu gehören. Wer einem bestimmten Verhaltenskodex nicht angeschlossen ist, darf dies auch von sich nicht behaupten. Auch hier ist also Vorsicht bei der Gestaltung der Website geboten. So sollte nicht auf den Verhaltenskodex eines Verbandes verlinkt werden, wenn der Website-Betreiber dem Verhaltenskodex nicht unterworfen ist. Jedenfalls darf sich aus der Verlinkung nicht der Eindruck ergeben, dass auch der Website-Betreiber dem Verhaltenskodex angeschlossen ist.

Nicht zu beanstanden ist es aber regelmäßig, wenn auf der Website darauf hingewiesen wird, dass der Website-Betreiber die Anforderungen des Verhaltenskodex einhält, ohne dazu verpflichtet zu sein. Auch hier ist jedoch Vorsicht geboten.

Beispiel: SEO-Zertifikat des BVDW

Hebt etwa ein Mitglied des Arbeitskreises Suchmaschinen-Marketing des BVDW e.V. werbend hervor, dass er sich an die Kriterien des SEO-Zertifikats halte, handelt er unlauter, wenn dies nicht der Fall ist. Hier sind Abmahnungen durch die Konkurrenz denkbar.

Außerdem sieht das Gesetz besondere Informationspflichten im elektronischen Geschäftsverkehr für Verhaltenskodizes vor. Nach Art. 246 § 3 Nr. 5 des Einführungsgesetzes zum Bürgerlichen Gesetzbuch muss der Unternehmer im Internet über sämtliche einschlägige Verhaltenskodizes, denen er sich unterworfen hat, informieren. Zu einer entsprechenden Information zählt auch, dass der Verhaltenskodex in der jeweils aktuellen Fassung verlinkt wird.

3.2 Links und Frames

Werden Inhalte, die nicht von dem Unternehmen selbst stammen, in die Website eingebunden, ist denkbar, dass der Unternehmer dafür haften muss, obwohl die Inhalte nicht von ihm erstellt wurden. Außerdem muss jeder, der fremde Inhalte in seine Website einbindet, überlegen, ob er dazu berechtigt ist. Wer Inhalte kauft, um sie auf die eigene Website aufzunehmen, sollte insbesondere die Urheber- und Haftungsfragen detailliert regeln. Verlinkungen sind in der Regel unproblematisch. Werden fremde Inhalte über Frames eingebunden, stellt sich vor allem die Haftungsfrage.

3.2.1 Links – Verweise auf andere Seiten

Hyperlinks, so heißt es, sind die Seele des Internets. Ohne Verlinkungen wäre das Internet nicht nutzbar. Schon das zeigt, dass Links grundsätzlich erlaubt sein müssen.

Links verletzen nicht das Urheberrecht

Insbesondere sind Verlinkungen keine Urheberrechtsverletzungen. Der Bundesgerichtshof hat in seiner Paperboy-Entscheidung dargelegt, dass eine urheberrechtliche Nutzungshandlung bei Links und Deep-Links nicht stattfindet. Die bloße Linksetzung ist weder als öffentliche Zugänglichmachung gemäß § 19a des Urheberrechtsgesetzes (UrhG) noch gemäß § 16 UrhG als Vervielfältigung eines Werkes anzusehen. [BGH 03/11]

Hinweis: Verlinkung nicht verboten

Der Betreiber einer Website kann die Verlinkung auf seine Seite nicht verbieten.

Hyperlinks auf urheberrechtlich geschützte Seiten erleichtern zwar den Zugriff auf das Werk und damit dessen Vervielfältigung. Es handelt sich dabei jedoch lediglich um einen Verweis auf die betreffende Webseite, ohne dass der Linksetzende selbst das Werk öffentlich zugänglich macht oder vervielfältigt.

Beispiel: Screen Scraping

Auch das sogenannte »Screen Scraping« ist für zulässig erachtet worden. Ein Reiseportal hatte gezielt die Internetseite einer Fluggesellschaft nach dem von dem Kunden gewünschten Flugziel sowie der gewünschten Flugzeit durchsucht und die gegebenenfalls gefundene Verbindung sowie den von der Fluggesellschaft geforderten Flugpreis auf seiner eigenen Internetseite anzeigt. Dem Kunden wurde dann die unmittelbare Absendung des Buchungsauftrags ermöglicht. Dies sei rechtlich nicht zu beanstanden. [OLG Frankfurt 03/12]

Problematische Verlinkungen

Die Linksetzung ist jedoch nicht vollständig bedenkenfrei. Abmahngefahr ergibt sich insbesondere, wenn mit der Verlinkung bestimmte (unzutreffende) Aussagen verknüpft sind.

Beispiel: Unzutreffende Aussagen als Links

Wenn ein Unternehmen auf seiner Website eine Rubrik »Mitgliedschaften« führt, ist es irreführend, wenn sich dort ein Link auf einen Verband befindet, in dem das Unternehmen nicht Mitglied ist.

Auch unter dem Aspekt der Schleichwerbung können Links problematisch sein. Ist etwa ein Werbelink zwischen einer Reihe von redaktionellen Weiterverweisungen verbunden, verstößt das betreffende Unternehmen gegen das Gebot, Werbung und redaktionellen Inhalt voneinander zu trennen.

Ein Hyperlink, der aus einem redaktionellen Zusammenhang auf eine Werbeseite führt, muss gemäß § 4 Nr. 3 UWG so gestaltet sein, dass dem Nutzer erkennbar wird, dass auf eine Werbeseite verwiesen wird.

Hinweis: Anforderung hinsichtlich des Trennungsgebots

Den Anforderungen des Trennungsgebots genügt ein auffällig gelb unterlegter Hyperlink mit dem Symbol eines Einkaufswagens, dem Wort »Shopping« und einem Werbeslogan. Unzureichend soll dagegen ein Link sein, der mit der Bezeichnung »Prominente Sparfüchse nehmen das Volks-Sparen unter die Lupe« versehen ist.

Haftung für Links

Eine schon fast irrationale Angst scheint im Internet vor der Haftung für Links zu herrschen. Website-Betreiber fürchten offenbar massiv, wegen der Verlinkung auf eine andere Website für die dort unter Umständen rechtswidrigen Inhalte selbst zur Verantwortung gezogen zu werden und verwenden daher vielfach nutzlose Disclaimer (siehe unter bei Abschnitt 3.4). Diese Sorge ist jedoch weitgehend unbegründet.

Der Bundesgerichtshof lehnt es ab, allein in der Verlinkung einen relevanten Beitrag zu einer Rechtsverletzung zu sehen, die auf der Zielseite möglicherweise begangen wird. Der BGH vergleicht den Link mit einer Adressangabe in einem Telefonbuch und stellt fest, dass lediglich die Auffindbarkeit einer Internetseite erleichtert werde, ohne dass ein Beitrag zu einer rechtswidrigen Handlung auf der Zielseite feststellbar ist.

Eine Haftung des Verlinkenden soll nur dann in Betracht kommen, wenn über den bloßen Link hinaus ein besonderer Beitrag zu der Rechtsverletzung geleistet wird, die sich auf der Zielseite findet. Ein solcher Beitrag kann beispielsweise darin bestehen, dass der Hyperlink mit Äußerungen versehen wird, die den Rechtsverstoß unterstützen.

Hinweis: Keine Haftung für Links

Eine rechtliche Verantwortung für den Inhalt verlinkter Seiten trifft den Website-Betreiber nur im Ausnahmefall. Eines allgemeinen Disclaimers bedarf es regelmäßig nicht.

Wer auf normale Internetseiten verlinkt, muss daher nicht haften, wenn sich später herausstellt, dass die verlinkten Inhalte rechtswidrig waren. Anders verhält es sich aber, wenn der Website-Betreiber darüber in Kenntnis gesetzt wird, dass sich auf der Website rechtswidrige Inhalte befinden. Danach muss er prüfen, ob die verlinkten Inhalte tatsächlich rechtswidrig sind und gegebenenfalls den Link entfernen.

Ein genereller Disclaimer auf der Website schützt vor der Haftung jedenfalls nicht. Sucht jemand gezielt rechtswidrige Seiten aus, um darauf zu verlinken, haftet er für die Inhalte unabhängig von einem Disclaimer (siehe auch bei Abschnitt 3.4).

Checkliste – Links

- ✓ Keine Urheberrechtsverletzung durch Linksetzung
- ✓ Vorsicht bei unzutreffenden Aussagen sprechender Links
- ✓ Vorsicht bei irreführenden Links
- ✓ Vorsicht bei werbenden Links, die nicht kenntlich gemacht sind
- ✓ Grundsätzlich keine Haftung für verlinkte Seiten

3.2.2 Frames, Deep-Links und Streams

Wer Inhalte anderer Websites in seinen Internetpräsentationen über Deep-Links einbindet, sollte deutlich machen, dass es sich um fremde Inhalte handelt, um die Haftung – soweit möglich – zu begrenzen. Rechtswidrige Inhalte dürfen nicht eingebunden werden. Stellt sich später heraus, dass die Inhalte rechtswidrig sind, sollte die Einbindung im Zweifel beendet werden.

Beispiel: Einbindung über Deep-Links

Bindet ein Unternehmen über einen Deep-Link ein Foto auf seine Website ein, ohne deutlich zu machen, dass das Original nicht vom Website-Betreiber selbst kommt, muss sich das Bild für den unbefangenen Nutzer als eigener Inhalt im Sinne des Gesetzes darstellen, falls es an anderweitigen Hinweisen fehlt. Hier haftet der Anbieter für das eingebundene Bild, als hätte er es auf den eigenen Server geladen und von dort integriert.

Eine beliebte Möglichkeit, Inhalte anderer Websites auf der eigenen Website erscheinen zu lassen, ist die Verwendung von Frames oder Deep-Links Hierbei werden die Inhalte nicht auf den Servern gespeichert, auf denen die Website im Übrigen liegt, sondern lediglich auf die Inhalte verlinkt, die dadurch automatisch eingebunden werden.

Urheberrecht Die erste Rechtsfrage ist, ob die Einbindung urheberrechtlich zulässig ist. Hierbei hat sich in den vergangenen Jahren die Ansicht durchgesetzt, dass eine urheberrechtlich relevante Vervielfältigungshandlung bei den Deep-Links und bei den Frames – genauso wie bei Verwendung eines normalen Hyperlinks – nicht geschieht. Weder wird das Originalwerk vervielfältigt, noch wird es öffentlich zugänglich gemacht im Sinne von § 19a des Urheberrechtsgesetzes.

Vorsicht bei der Verwendung von Deep-Links

Auch wenn das Urheberrecht dem Deep-Linking wohl keine Schranken setzt, sollte eine solche Einbindung dennoch vermieden werden, wenn der Urheber mit dem Deep-Link nicht einverstanden ist. Weil die eingebundenen Inhalte nicht vom Website-Betreiber stammen, kann sich aus dem Wettbewerbsrecht ergeben, dass eine solche Einbindung unzulässig ist.

Außerdem hat der Urheber eines Werkes das Recht auf Benennung der Urheberschaft. Befindet sich ein Vermerk, etwa von wem ein Foto stammt, auf der Original-Website, stellt es eine Verletzung des Urheberpersönlichkeitsrechts dar, wenn der Urhebervermerk durch das Deep-Linking weggeschnitten wird.

Haftungsprobleme Von den urheberrechtlichen Problemen zu unterscheiden ist die Frage, ob ein Website-Betreiber für eingebundene Inhalte haften muss. Das kommt nur in Betracht, wenn diese Inhalte rechtswidrig sind. Die möglichen Rechtsverstöße sind dabei vielfältig: Ein eingebundenes Video kann Beleidigungen enthalten. Ein verlinktes Bild kann die Persönlichkeitsrechte des Abgebildeten verletzen. Ein integrierter Text kann Urheberverstöße beinhalten. Auch Verstöße gegen das Wettbewerbsrecht oder andere allgemeine Rechtsvorschriften sind denkbar.

Eine Haftung für die Inhalte kommt zunächst in Betracht, wenn es sich um eigene Inhalte des Website-Betreibers handelt. Werden die Inhalte eingebunden, wird es sich aber in aller Regel nicht um eigene Inhalte handeln. Denkbar ist das aber, wenn sich die Inhalte nach außen als eigene Inhalte des Website-Betreibers darstellen. Hier spricht man vom »Zueigenmachen« fremder Inhalte (siehe allgemein bei Abschnitt 3.1.1).

Bei der Frage, ob ein solches Zueigenmachen vorliegt, kommt es auf den durchschnittlichen Nutzer der jeweiligen Website an. Muss ein solcher Durchschnittsnutzer den Eindruck haben, dass die Inhalte von dem Website-Betreiber stammen oder von ihm hochgeladen wurden, liegt ein Zueigenmachen vor. Werden also Fotos über ein Frame-Konzept von anderen Websites in die eigene Website eingebunden, dürfte der Durchschnitts-User, dem dies nicht ohne Weiteres auffällt, davon ausgehen, dass es sich um Inhalte des Website-Betreibers handelt.

Vorsicht ist auch geboten bei Plattformen, die ein erhebliches eigenes (wirtschaftliches) Interesse an der Einbindung von bestimmten Inhalten haben.

Beispiel: Fotoplattform

Der Betreiber der unter `www.pixum.de` abrufbaren Fotoplattform macht sich die von Nutzern hochgeladenen Fotografien zu Eigen, weil der angebotene Dienst die von Dritten hochgeladenen Fotos zum Verkauf anbietet. Hier hatten Unbekannte urheberrechtlich geschützte Fotografien eines Konzertfotografen hochgeladen. Diese Bilder wurden von der Plattform zum Verkauf angeboten. Für die Urheberrechtsverletzung musste der Plattformbetreiber selbst haften. [OLG Hamburg 03/13]

Videostreams Auch eingebundene Videostreams wird man als Inhalte des Website-Betreibers ansehen müssen, wenn sich aus der Gestaltung der Website nichts anderes ergibt. Hier hat es der Betreiber der Website aber in der Hand, durch geeignete klare Hinweise ein Zueigenmachen zu verhindern.

Tipp: Hinweis auf Inhalte von Dritten

Wer auf seiner Website Inhalte einbindet, die von Dritten stammen, kann sich von diesem Inhalt beispielsweise durch einen Hinweis wie folgt distanzieren: »Wir binden auf dieser Website Videos und Bilder ein, die von Dritten stammen. Diese Inhalte werden von uns nicht vorab kontrolliert. Eine inhaltliche Verantwortung – gleich welcher Art – übernehmen wir nicht.«

Wichtig ist, dass ein solcher Disclaimer nicht irgendwo auf der Website versteckt aufgenommen wird, sondern unmittelbar dort, wo die fremden Inhalte eingebunden werden. Auf diese Weise kann die Distanzierungsklausel dafür sorgen, dass bei dem Betrachter der Website der falsche Eindruck eines Zueigenmachens nicht entstehen kann.

Auch wenn die Inhalte nicht zu eigen gemacht werden, kann eine Haftung des Website-Betreibers für diese Inhalte dennoch eintreten.

Vorsicht vor Vorabkontrolle

Ein Zueigenmachen von Inhalten kann auch daraus folgen, dass nach außen eine Vorkontrolle der eingebundenen Inhalte suggeriert wird. Werben Sie auf Ihrer Website damit, dass die Inhalte redaktionell oder qualitativ kontrolliert werden, machen Sie sich die Inhalte dadurch womöglich zu eigen.

Nach der Rechtsprechung des Bundesgerichtshofes zur sogenannten Störerhaftung haftet auch, wer für die rechtswidrigen Inhalte nicht selbst verantwortlich ist, wenn er Kenntnis von den Rechtsverstößen hatte und ihm zumutbare Prüfpflichten außer Acht lässt.

Erlangt der Website-Betreiber Kenntnis davon, dass eingebundene Videos Rechtsverletzungen enthalten, muss er unverzüglich tätig werden. Dies bedeutet zunächst, dass er prüfen muss, ob die Inhalte tatsächlich rechtswidrig sind. Ist dies der Fall, muss er die Einbindung unverzüglich beenden, um der Haftung zu entgehen.

Vorsicht ab Kenntnis von den Inhalten

Wenn Sie über Frames, Deep-Links oder Streams Bilder oder Videos in Ihre Website einbinden, müssen Sie diese unverzüglich prüfen und gegebenenfalls entfernen, sobald Sie davon erfahren, dass die Inhalte rechtswidrig sein sollen.

Wiederholen sich Fälle rechtswidriger Inhalte, wird man dem Website-Betreiber zumuten müssen, Vorabkontrollen durchzuführen oder jedenfalls Inhalte von bestimmten Websites oder Nutzern nicht mehr einzubinden.

Checkliste – Frames, Deep-Links und Streams

- ✓ Keine Urheberrechtsverletzung durch Framing oder Deep-Linking
- ✓ Systematisches Deep-Linking auf Seiten der Konkurrenz kann wettbewerbswidrig sein.
- ✓ Der Website-Betreiber kann für Inhalte haften, die über Frames oder Deep-Links eingebunden sind.
- ✓ Haftung besteht, wenn die eingebundenen Inhalte zu eigen gemacht werden.
- ✓ Werben Sie nicht mit einer Vorabkontrolle der Inhalte.

3.3 Einbindung von Werbung

Wer Werbung für Dritte in seine Website integrieren möchte, muss insbesondere das Trennungsgebot beachten. Bei dem Internetnutzer darf kein Zweifel darüber bestehen, ob ein konkreter Inhalt von dem Website-Betreiber stammt oder Dritte für einen konkreten Inhalt zahlen. Vorsicht ist bei rechtswidriger Werbung geboten. Stellt sich heraus, dass auf der Website eingeblendete Werbung – aus welchem Grund auch immer – rechtswidrig ist, muss der Website-Betreiber unverzüglich dafür sorgen, dass diese Werbung abgestellt wird.

Beispiel: Kenntlichmachung von Werbeanzeigen

Wird der redaktionelle Teil eines Online-Magazins von einem Linkset gefolgt, muss kenntlich gemacht werden, welche dieser Links zu weiteren redaktionellen Hinweisen führen und hinter welchen Links sich Werbeangebote verbergen. [LG Berlin 03/14]

Die Möglichkeiten, Dritten Gelegenheit zur Werbung auf der eigenen Website zu bieten, sind sehr vielfältig. Hinsichtlich der einzelnen Werbeformen wird auf Kapitel 6 verwiesen.

Trennungsgebot

Schon an dieser Stelle ist jedoch auf das Gebot der Trennung von redaktionellem Inhalt und Werbung hinzuweisen. Online wie offline gilt, dass der Werbecharakter von geschäftlichen Handlungen nicht verschleiert werden darf (§ 4 Nr. 3 UWG). Noch deutlicher wird es in Nr. 11 des Anhangs zu § 3 Abs. 3 UWG, wo der vom Unternehmer finanzierte Einsatz redaktioneller Inhalte zu Zwecken der Verkaufsförderung verboten wird, wenn sich dieser Zusammenhang nicht aus dem Inhalt oder aus der Art der Darstellung eindeutig ergibt. Gemeint ist hier die als Information getarnte Werbung.

Redaktionelle Inhalte Daneben regelt § 6 Abs. 1 Nr. 1 des Telemediengesetzes für den Online-Bereich das Gebot, kommerzielle Kommunikation als solche erkennbar zu machen. Voraussetzung für die Anwendbarkeit der Vorschriften auf Online-Sachverhalte ist, dass überhaupt ein redaktioneller Teil der Website vorhanden ist. Beschränkt sich die Website auf eine Unternehmenspräsentation, ist eine Werbung für das betreibende Unternehmen keine Schleichwerbung. Entscheidend ist, dass jedenfalls der Eindruck besteht, es handele sich um eine unabhängige objektive Berichterstattung.

Damit sind zunächst alle Online-Ableger von Zeitungen und Zeitschriften, aber auch (unternehmens-)unabhängige Blogs erfasst. Auch Vergleichsportale und wohl auch Suchmaschinen wird man zu den redaktionellen Inhalten zählen müssen, auch wenn im Einzelfall eine Redaktion im Sinne einer herkömmlichen Zeitungsredaktion nicht vorhanden ist und die Auswahl von Produkten, deren Beschreibungen oder Links auf einem komplizierten – aber von Menschen geschaffenen – Algorithmus beruhen.

Betreibt ein Unternehmen auf seiner Website daher eine Art redaktionellen Teil, muss jede Werbung davon deutlich abgegrenzt sein. Dies muss nicht dazu führen, dass die Werbung mit dem Wörtchen »Anzeige« gekennzeichnet ist. Ergibt sich die Tatsache, dass es sich bei einem Banner oder Ähnlichem um Werbung handelt, aus der Darstellung, bedarf es dieser ausdrücklichen Kennzeichnung nicht. Nur wenn sich die Trennung aus den Umständen nicht ergibt, sollte eine Kennzeichnung als Werbung erfolgen.

Beispiel: Gestaltung von AdWords-Anzeigen

Das Trennungsgebot ist einer der Gründe, warum Google seine AdWords-Anzeigen zum Teil grafisch abhebt und – wenn auch klein – als Anzeigen kenntlich macht.

Auch bei der Verwendung von Links und der Einblendung von Frames kann sich die Frage der Einhaltung des Trennungsgebots stellen, da oftmals die Grenzen zwischen redaktionellen und werbenden Inhalten verschwimmen.

InText-Werbung Eine vergleichsweise junge Werbeform in redaktionellen Seiten ist die direkte Einbindung der Werbung in den redaktionellen Text in der Form besonderer Hyperlinks. Bestimmte Worte werden unterstrichen und als Links gekennzeichnet. Führt der Nutzer den Mauszeiger über das betreffende Word, wird entsprechende kontextsensitive Werbung eingeblendet. Wird der Link tatsächlich angeklickt, wird der Nutzer – meistens in einem gesonderten Browserfenster – zu der Website des werbenden Unternehmens geführt. Problematisch ist diese Werbeform, weil nicht ohne Weiteres erkennbar ist, dass es sich bei den besonderen Links um Werbung handelt (vgl. ausführlich Abschnitt 6.1.4).

Auch die Einbindung von Produktpräsentationen Dritter in die eigene Website kann eine ausdrückliche Kennzeichnung verlangen. Nur wenn für den Nutzer ohne Weiteres erkennbar ist, dass die jeweilige Produktpräsentation einen werbenden Charakter hat, bedarf es einer Kennzeichnung nicht.

Haftung für Werbung

Fragen der Verantwortlichkeit für die Inhalte Dritter stellen sich auch bei der Einbindung von Werbung in die eigene Website. Zunächst darf der Website-Betreiber davon ausgehen, dass Werbung, die er in seine Website einbindet, den rechtlichen Anforderungen genügt. Ihn trifft also grundsätzlich keine Pflicht, jede eingebundene Werbung vorab auf Rechtsverletzungen oder die Verletzung von Rechten Dritter zu überprüfen.

Oftmals – insbesondere bei der Verletzung von Rechten Dritter – dürfte ihm eine solche Prüfung auch nahezu unmöglich sein. Schließlich kann der Betreiber einer Website nicht wissen, ob der Werbetreibende tatsächlich Urheber der Anzeige ist oder sich entsprechender Rechte versichert hat.

Damit steht auch der automatischen Einbindung von Werbung rechtlich nichts entgegen. Insbesondere dürften AdSense-Anzeigen in die Website eingebunden werden. Gleiches gilt für Anzeigen, die von anderen großen Netzwerken ausgeliefert werden.

Letztlich gilt auch bei der Einblendung von Werbung ein modifiziertes Notice-and-Take-Down-Verfahren. Erhält der Website-Betreiber Kenntnis davon, dass bei ihm eingeblendete Werbung rechtswidrig ist, muss er unverzüglich tätig werden. Dies kann dazu führen, dass er die Auslieferung der beanstandeten Werbung auf seiner Website in Zukunft unterbinden muss.

Checkliste – Werbung auf der Website

- ✓ Beachten Sie das Gebot der Trennung von Werbung und redaktionellem Inhalt.
- ✓ Vorsicht bei InText-Links
- ✓ Denkbar ist eine Haftung des Website-Betreibers, falls die eingebundene Werbung rechtswidrig ist.

3.4 Disclaimer

Ein Standard-Disclaimer der allgemein die Haftung für Links ausschließen soll, ist unsinnig und kann sogar schaden. Wenn überhaupt ein Hinweis auf fehlende Verantwortlichkeit verwendet wird, sollte dieser bei der Abgrenzung eigener von fremden Inhalten eingesetzt werden. Sinnvoll kann ein »Disclaimer« auch sein, wenn er die Liefergebiete eines Online-Shops abgrenzen soll.

Beispiel: DocMorris

Die niederländische Versandapotheke DocMorris warb im Internet für Knoblauchkapseln, die ohne arzneimittelrechtliche Zulassung in Deutschland nicht vertrieben und nicht beworben werden dürfen. Allerdings enthielt die Website einen Disclaimer, wonach zwar »deutschsprachige Europäer« bedient, nicht aber »an deutsche Adressen geliefert« würde. Der BGH hat die niederländische Gesellschaft wegen Verstoß gegen das Arzneimittelrecht verurteilt, weil sie sich nicht an den Disclaimer gehalten und ungeachtet dessen Knoblauchkapseln nach Deutschland geliefert hat. [BGH 03/15]

Das Landgericht Hamburg hat entschieden ...

Wer bei Google nach dem Aktenzeichen »312 O 85/98« sucht, erhält über 500.000 Ergebnisse. Zugegeben, die ersten Hits sind inzwischen Seiten, die sich kritisch mit der Flut sinnfreier Haftungsausschlüsse im Internet auseinandersetzen. Die weit überwiegende Zahl der Suchergebnisse verweist jedoch auf das Impressum von Webseiten in denen – oft unter der Überschrift: »Disclaimer« – auf ein Urteil des Landgerichts Hamburg vom 12. Mai 1998 verwiesen wird.

Dort heißt es meist:

> *»Mit Urteil vom 12. Mai 1998 – 312 O 85/98 – ‚Haftung für Links' hat das Landgericht Hamburg entschieden, dass man durch die Anbringung eines Links die Inhalte der gelinkten Seite mit zu verantworten hat. Dies kann nur dadurch verhindert werden, dass man sich ausdrücklich von diesen Inhalten distanziert. Hiermit distanziert sich der Autor und Anbieter dieser Seiten ausdrücklich von allen Inhalten aller gelinkten Seiten dieser Website und macht sich auch deren Inhalte nicht zu eigen. Diese Erklärung gilt für alle auf dieser Homepage angebrachten Links.«*

Solche »Disclaimer« finden sich tausendfach im deutschen Internet. Das viel zitierte Urteil des LG Hamburg dürfte damit das am häufigsten missverstandene Urteil der Internetgeschichte sein.

In dem Fall, der dem Urteil zugrunde liegt, hatte eine Privatperson eine Vielzahl von Links zusammengestellt, die alle auf beleidigende Äußerungen über eine Person verwiesen. Gleichzeitig distanzierte sich der Website-Betreiber und verwies für die Verantwortung auf die einzelnen Autoren der Beleidigungen. In dem Urteil des LG Hamburg [LG Hamburg 03/16] heißt es dazu:

> *»Wie in der Entscheidung des BGH ... ausgeführt, kann das Verbreiten einer von einem Dritten über einen anderen aufgestellten herabsetzenden Tatsachenbehauptung dann eine Persönlichkeitsrechtsverletzung darstellen, wenn derjenige, der die Behauptung wiedergibt, sich nicht ausreichend von ihr distanziert. Eine solche ausreichende Distanzierung hat der Beklagte jedenfalls nicht dadurch vorgenommen, daß er auf die eigene Verantwortung des jeweiligen Autors verweist. Dies ist keine Distanzierung, sondern vielmehr eine nicht verantwortete Weitergabe und damit eine eigene Verbreitung.«*

Das Gericht sagt also gerade, dass die Haftung unabhängig von einem allgemeinen Disclaimer besteht. Wer Links auf rechtswidrige Inhalte zusammenstellt, kann sich nicht durch einen allgemeinen Disclaimer aus der Haftung mogeln.

Ein Haftungsausschluss kann im deutschen Recht nur Wirkung entfalten, wenn er Bestandteil einer vertraglichen Vereinbarung ist. Da hilft es nicht, wenn sich ein entsprechender Satz im Impressum der Website findet. Ein solcher Disclaimer bringt daher aus rechtlicher Sicht nichts; im Gegenteil: Er kann sogar schaden, zeigt der Disclaimer doch, dass der Website-Betreiber sich über die Rechtswidrigkeit der verlinkten Seite Gedanken gemacht hat.

Tipp: Pauschale Haftungsausschlüsse vermeiden

Ein pauschaler Haftungsausschluss sollte am besten ganz weggelassen werden. Ein solcher Disclaimer schadet im Zweifel mehr, als er nutzt.

Abgrenzung fremder und eigener Inhalte

Wenn auch ein allgemeiner Haftungsausschluss nichts nutzt, gibt es doch einige wenige Fälle, in denen ein Disclaimer (im Sinne von to disclaim = ablehnen) Sinn ergeben kann. Bestehen durch die Ausgestaltung der Seiten Zweifel daran, was eigene Informationen des Website-Betreibers sind und welche Inhalte (automatisiert) eingebunden werden, kann es sinnvoll sein, auf diese Abgrenzung hinzuweisen.

So kann folgender Hinweis einen zusätzlichen Beitrag leisten, eigene von fremden Inhalten abzugrenzen:

> *»Wir binden auf dieser Website ungeprüft Beiträge Dritter ein. Soweit einzelne Beiträge die Rechte Dritter verletzen oder aus anderen Gründen rechtswidrige Inhalte enthalten, ist für den Rechtsverstoß der jeweilige Verfasser verantwortlich.«*

Diese Thematik kann sich bei der Einbindung von Forenbeiträgen, Bildern, Videos, Musik usw. stellen (siehe dazu im Einzelnen bei Abschnitt 3.1). Ein solcher Hinweis kann aber stets nur unterstützend wirken. Werden die eingebundenen Inhalte tatsächlich sorgfältig ausgewählt, macht sich der Website-Betreiber diese Inhalte zu eigen, unabhängig davon, was in dem Disclaimer steht.

Lieferbeschränkungen

Ein besonderer Fall des sinnvollen Disclaimers kann die Begrenzung von Liefergebieten bei Online-Shops sein. Möchte der Shop-Betreiber verhindern, dass er Rechtsordnungen in der ganzen Welt unterworfen ist, kann er deutlich machen, dass er sein Leistungsangebot auf bestimmte Länder beschränkt. Dies nutzt allerdings nur etwas, wenn der Disclaimer auch in der Praxis gelebt wird, Bestellungen aus anderen Ländern also nicht bedient werden (vgl. zum Cross-Border-Online-Shop Abschnitt 4.7).

Urhebervermerk

Auch andere allgemeine Angaben im Kleingedruckten einer Website sind mit Vorsicht zu genießen. So ändert der Hinweis, dass alle Inhalte auf der Website urheberrechtlich geschützt seien und nicht kopiert werden dürfen, nichts an der urheberrechtlichen Schutzfähigkeit. Sind die Inhalte geschützt, dürfen diese nicht übernommen werden, unabhängig davon, ob dies noch einmal gesondert festgehalten wird. Fehlt es dagegen an der Schutzfähigkeit, weil die Texte weitgehend belanglos sind, kann ein Kopierverbot nicht durch einen Hinweis im Impressum erreicht werden.

Warnung vor Abmahnungen

Auch der Hinweis, dass eine Abmahnung nur nach vorherigem Kontakt erfolgen könne, hat rechtlich keine Relevanz. Beide Hinweise zeigen allenfalls dem Rechtskundigen, dass der Website-Betreiber rechtlich nicht gut beraten war.

3.5 Datenschutzerklärung

Jede Website, auf der personenbezogene Daten erhoben werden, muss eine Datenschutzerklärung enthalten. Dort muss festgehalten werden, welche Daten erhoben und wie lange sie gespeichert werden und was der Zweck der Verarbeitung ist. Außerdem muss bekannt gemacht werden, falls die Daten im EU-Ausland verarbeitet werden sollen.

Beispiel: Datenschutz im Online-Shop

Wird bei einem Online-Shop nach Name und Anschrift, sowie E-Mail-Adresse des Kunden gefragt, um die Waren ausliefern und die Bestellung bestätigen zu können, bedarf es keiner zusätzlichen Einwilligung in die Nutzung der Daten, weil diese für die Bestellabwicklung erforderlich sind. Eine Datenschutzerklärung ist dennoch erforderlich. Einer Einwilligung bedürfte aber die Speicherung von zusätzlichen Informationen, etwa persönlichen Interessen etc., die für die Abwicklung der Lieferung ohne Belang sind.

Die Verpflichtung, eine Datenschutzerklärung vorzuhalten, folgt aus § 13 Abs. 1 Satz 1 des Telemediengesetzes (TMG). Danach muss der Nutzer vor der Datenverarbeitung über Art, Umfang und Zwecke der Erhebung und Verwendung personenbezogener Daten unterrichtet werden. Werden auf der Website keine Daten erhoben, die Personenbezug haben, bedarf es keiner Erklärung.

Datenschutzerklärung ungleich Einwilligung Die Datenschutzerklärung darf nicht mit der Einwilligung verwechselt werden. Ist eine Einwilligung in die Datenerhebung notwendig, weil eine gesetzliche Gestattung der Datennutzung nicht vorliegt, bedarf es grundsätzlich einer Erklärung des Nutzers, dass er mit der Datenverarbeitung einverstanden ist.

Wichtig ist, dass die Information des Nutzers vor der Datenerhebung erfolgt. Dies führt dazu, dass die Datenschutzerklärung überall dort verlinkt sein muss, wo auf der Website personenbezogene Daten erhoben werden. Für jedes einzelne erhobene Datum muss erklärt werden, was damit zu welchem Zweck geschehen soll. Nicht zwingend ist, dass der Nutzer bestätigt, dass er die Datenschutzerklärung zur Kenntnis genommen hat. Der Nutzer muss lediglich informiert werden. Allerdings muss er auch die Chance zur Information haben. Eine Belehrung über den

Datenschutz in einem Popup-Fenster dürfte angesichts der großen Verbreitung von Popup-Blockern nicht rechtmäßig sein. Viele User würden den Hinweis nicht zu sehen bekommen.

	Definition	Verlinkung erforderlich?	Zustimmung erforderlich?
Datenschutzerklärung	Belehrung des Nutzers über den Umgang mit seinen personenbezogenen Daten	Ja	Nein
Einwilligung	Erklärung des Nutzers, mit der Verarbeitung der Daten einverstanden zu sein	Sollte direkt angezeigt, nicht verlinkt werden	Ja

Tabelle 3.1: Gegenüberstellung Datenschutzerklärung und Einwilligung

Tipp: Ankreuzfeldchen für DSE nicht erforderlich

Es genügt, die Datenschutzerklärung zu verlinken. Ein Ankreuzfeldchen »Ich habe die Datenschutzerklärung gelesen« ist nicht erforderlich.

Es bietet sich an, die Unterrichtung des Nutzers »Datenschutzerklärung« zu nennen, weil die Information des Nutzers üblicherweise unter diesem Begriff gesucht werden wird. Zwingend ist das aber nicht. Auch eine Rubrik. »Datenschutz« oder »Umgang mit Ihren Daten« ist möglich. In den Nutzungsbedingungen sollten die Information über den Datenschutz nicht versteckt werden.

Beispiel: Datenspeicherung für den Newsletter-Versand

Wird auf der Website ein Newsletter-Abo angeboten, sollte unmittelbar bei dem Eingabefeld darauf hingewiesen werden, dass die Daten zum Zwecke des Newsletter-Versandes erhoben und gespeichert werden. Auch hier genügt es, wenn auf eine allgemeine Datenschutzerklärung auf der Website verlinkt wird, wenn diese auch den Fall des Newsletter-Abonnements abdeckt.

Transparenzgebot Das Gesetz verlangt, dass »in allgemein verständlicher Form« unterrichtet wird. Das geht weit über die üblichen Transparenzgebote etwa bei der Erstellung von Allgemeinen Geschäftsbedingungen hinaus. Die Sprache der Nutzerinformation muss tatsächlich so sein, dass sie der Durchschnittsnutzer auch ohne Weiteres verstehen kann. Bemühen Sie sich daher darum, in möglichst klarer Sprache zu sagen, wofür welche Daten erhoben werden. Dies bedingt auch, dass die Datenschutzerklärung in deutscher Sprache vorgehalten wird, wenn der Rest der Website auf Deutsch vorliegt.

Strenge Zweckbindung Im Datenschutzrecht gilt eine strenge Zweckbindung. Werden Daten zu einem bestimmten Zweck erhoben, dürfen sie nicht ohne Weiteres für andere Zwecke eingesetzt werden. Insofern führt die Angabe des Zwecks der Datenverarbeitung zu einer Festlegung auf einen konkreten Zweck, von dem das Unternehmen nachträglich nicht mehr abweichen kann. Dies müssen Sie bei der Datenschutzerklärung berücksichtigen. Hier kann es – im Rahmen des rechtlich Zulässigen – sinnvoll sein, den Zweck nicht allzu eng zu fassen, um sich nicht selbst Beschränkungen aufzuerlegen.

Vorsicht vor allzu enger Zweckbestimmung

Um sich nicht selbst zu starken Beschränkungen zu unterwerfen, sollten Sie die notwendige Erklärung, wozu die erhobenen Daten verwendet werden, nicht allzu eng fassen.

Die Datenschutzerklärung muss für den Nutzer jederzeit abrufbar sein. Auch nach der Datenerhebung soll der Nutzer die Möglichkeit haben, sich über den Umfang der Datennutzung zu informieren. Die Pflicht endet jedenfalls, wenn die Speicherung endet. Nimmt man diese Anforderung beim Wort, muss sich die Datenschutzerklärung so lange auf der Website befinden, wie noch Daten, die über diese Website erhoben wurden, gespeichert sind. An sich darf die Datenschutzerklärung auch nicht geändert werden bzw. muss für den Zeitraum der Speicherung auch in der Fassung abrufbar sein, der im Zeitpunkt der Datenerhebung galt; Anforderungen, die in der Praxis bisher weitgehend ignoriert werden, ohne dass deswegen Verfahren bekannt geworden wären.

Widerspruchsmöglichkeit Außerdem muss der Betreiber dem Nutzer eine Widerspruchsmöglichkeit einräumen, wenn personenbezogene Daten erhoben werden, so dass der Nutzer die Erhebung seiner Daten wirksam verweigern kann. Über einen solchen Widerspruch hat der Betreiber den Nutzer zu informieren.

Checkliste – Datenschutzerklärung

✓ Erklärung über:
- Inhalt der Daten
- Umfang der Verwendung
- Zweck der Verwendung
- Belehrung über Widerspruchsmöglichkeit
- Belehrung über Änderungsmöglichkeit

✓ Vor Erhebung der Daten

✓ Verlinkung vom Ort der Datenerhebung

✓ Verwendung transparenter Sprache

3.6 Impressum

Jede Website und jedes eigenständige Angebot innerhalb eines Portals bedarf eines Impressums. Dieses muss für den Durchschnittsnutzer leicht zu finden und gut zu lesen sein. Bei der Abfassung des Impressums sollte man Sorgfalt walten lassen. Besonders schwierig ist es aber nicht.

3.6.1 Wen trifft die Impressumspflicht?

Schon seit geraumer Zeit existiert die Pflicht, im Internet kenntlich zu machen, wer Anbieter eines bestimmten Dienstes ist. Dies ergibt sich aus § 5 des Telemediengesetzes (TMG). Schauen Sie in das Impressum Ihrer Website: Wenn dort von § 6 TDG oder dem Mediendienstestaatsvertrag die Rede ist, muss das Impressum dringend angepasst werden; beides existiert schon lange nicht mehr.

Letztlich sollen Nutzer der Seite wissen, mit wem sie es zu tun haben und gegen wen sie gegebenenfalls Ansprüche richten müssen. Insbesondere unseriösen Anbietern soll es so erschwert werden, ihre Dienste anonym anzubieten. Die Impressumspflicht gilt unabhängig davon, ob sich die Seite an Verbraucher richtet oder B2B-Kunden im Visier hat.

Beispiel: Geschäftsmäßiger eBay-Seller

Wer geschäftsmäßig Waren über die Auktionsplattform eBay versteigert, muss dort ein eigenes Impressum bereithalten. [OLG Karlsruhe 03/17]

Adressat von § 5 TMG sind geschäftsmäßige Telemedien. Um also der Impressumspflicht gerecht zu werden, ist es erforderlich zu wissen, welche Dienste von dem Begriff »Telemedien« umfasst sind:

Übersicht – Impressumspflicht gilt für:

- Websites
- E-Mail-Newsletter
- Blogs
- RSS-Feeds
- Mobile Apps

Diese Dienste sind allerdings nur impressumspflichtig, wenn sie geschäftsmäßig angeboten werden. Im Gesetz wird dies näher dadurch erläutert, dass der Dienst »in der Regel gegen Entgelt« erbracht wird. Dies ist aber nicht so zu verstehen, dass ausschließlich Angebote erfasst sind, für deren Inanspruchnahme eine Vergütung fällig wird. Vielmehr sollen lediglich rein private Homepages ausgeschlossen werden. Auch kleine gemeinnützige Vereine sollen sich nicht den Informationspflichten des § 5 TMG unterwerfen müssen. Ein Diensteanbieter handelt daher geschäftsmäßig, wenn er Telemedien aufgrund einer nachhaltigen Tätigkeit erbringt – unabhängig davon, ob Gewinnerzielungsabsicht besteht oder nicht.

Übersicht – Impressumspflicht gilt nicht für:

- Rein private Homepages
- Private Fotoalben
- Private Gelegenheitsgeschäfte, z. B. einzelne eBay-Versteigerungen
- Einträge auf virtuellen schwarzen Brettern
- Einzelne private Foreneinträge

Dagegen muss die Internetpräsentation einer Rechtsanwaltskanzlei oder eines Unternehmens, aber auch die Website von öffentlichen Einrichtungen wie Museen und Bibliotheken oder Schulen und Universitäten, Stiftungen oder gemeinnützigen Organisationen ein Impressum vorhalten.

Wird auf einer privaten Website in nennenswertem Umfang Werbung eingebunden oder findet sich dort ein stark frequentierter Blog zu einem Spezialthema, wird man eine gewisse Nachhaltigkeit annehmen können, so dass ein Impressum vorzuhalten ist.

Schwierig ist die Abgrenzung bei Diensten, die innerhalb von Portalen angeboten werden. Überschreitet die Darstellung des Anbieters innerhalb eines Portals eine gewisse Eigenständigkeit, bedarf es der Pflichtangaben. Die Grenze ist dort zu ziehen, wo geschäftsmäßig eigenständig Einfluss auf die angebotenen Inhalte genommen werden kann und sich das (Unter-)Angebot für den objektiven Dritten als eigenständiger Auftritt des Unternehmens darstellt. Beschränkt sich die Partizipation dagegen auf einzelne Beiträge in einem »fremden« Forum, liegt kein eigenes Telemedium vor.

Beispiel: Impressumspflicht auf einer Gebrauchtwagenplattform

Ein Kfz-Händler bietet geschäftsmäßig in der Regel gegen Entgelt Telemedien an, wenn er auf einer Gebrauchtwagenplattform seine Angebote einstellt. Er muss deshalb auf `mobile.de` ein Impressum bereithalten. [OLG Düsseldorf 03/18]

Ein Eintrag der PR-Abteilung eines Unternehmens in dem Forum eines Preisvergleichsportals wird noch keine Impressumspflicht auslösen, weil kein eigenes Telemedium angeboten wird. Ein Unternehmens-Account auf dem Kurznachrichtendienst Twitter oder bei Facebook hat dagegen einen gewissen Grad an Selbständigkeit überschritten, so dass ein (eigenes) Telemedium angeboten wird.

Hinweis: Impressumspflicht auch für geschäftsmäßige Facebook-Profile

Auch ein geschäftsmäßiges Facebook-Profil oder der Twitter-Account eines Unternehmens müssen ein Impressum haben.

3.6.2 Bezeichnung des Impressums

Hinsichtlich der Bezeichnung des Links, der zu den Angaben des Impressums der Website führen soll, bestand lange Uneinigkeit.

Als ausreichend anzusehen sind die Bezeichnungen »Kontakt« und »Impressum«, da diese nach Auffassung des Bundesgerichtshofes für den durchschnittlich informierten Benutzer des Internets bekannt und somit leicht erkennbar sind. [BGH 03/19]

Für diese erforderliche Klarheit und Erkennbarkeit ebenfalls genügend sind die Bezeichnungen »Webimpressum«, »Anbieterkennzeichnung« oder »Informationen nach § 5 TMG«. Gleiches gilt auch für die Angaben der Informationen über den Anbieter bei eBay: Die Bezeichnungen »Mich-Seite« bzw. »mich«, wie dies auf eBay üblich ist, sind hinreichend klar und bekannt.

Beispiel: »backstage« keine ausreichende Impressumsbezeichnung

Nach Auffassung des Oberlandesgerichts Hamburg ist jedoch zumindest der Begriff »backstage« kein Terminus, der mit der erforderlichen Klarheit auf die Angaben des § 5 TMG hinweise. [OLG Hamburg 03/20]

3.6.3 Auffindbarkeit

Das Webimpressum muss ohne langes Suchen schnell auffindbar sein, in der Sprache gefasst sein, wie der Rest der Website und darf nicht in ungewöhnlichen Dateiformaten vorliegen. Es sollte von jedem Ort der Website mit zwei Klicks erreichbar sein und muss dauerhaft zur Verfügung stehen.

Leicht erkennbar

Die Informationen des Impressums müssen so platziert werden, dass sie der User ohne langes Suchen einfach optisch wahrnehmen kann. Das bedeutet, dass die Pflichtangaben eine vernünftige Schriftgröße aufweisen und unabhängig von der Browsereinstellung für den User einfach lesbar sein müssen.

Hinweis: Integration in AGB unzulässig

Eine Integration der Pflichtangaben des Impressums in AGB oder Datenschutzerklärungen ist unzulässig.

Insbesondere sollte darauf geachtet werden, dass das Impressum nicht erst durch langes Scrollen auffindbar ist.

Beispiel: Zu langes Scrollen

An einer leichten Erkennbarkeit und unmittelbaren Abrufbarkeit soll es fehlen, wenn der Nutzer bei einer üblichen Bildschirmauflösung von 1.024 × 768 Bildpunkten erst mittels Scrollens auf der vierten Bildschirmseite den einschlägigen Link erreichen kann. [OLG München 03/21]

Ist das Impressum verlinkt, sollte dieser Link ebenfalls für den Besucher der Seite leicht wahrnehmbar sein. Dabei ist darauf zu achten, dass sich der Link nicht in unmittelbarer Nähe von Links mit einer verwechslungsfähigen Bezeichnung befinden darf.

Hinweis: Leichte Erkennbarkeit auch für mobile Endgeräte

Sind Websites eines Unternehmens für mobile Endgeräte besonders ausgestaltet, muss darauf geachtet werden, dass das Impressum auch auf den kleinen Displays leicht zu erkennen und zu lesen ist. Streng genommen gilt dies aber für jede geschäftsmäßige Website, die auch mobil abrufbar ist.

Sprache

Bieten Sie das Impressum in der Sprache an, in der auch die Website insgesamt gehalten ist. Ein Unternehmen, das neben der deutschen auch eine englische und eine italienische Seite anbietet, muss auch die Anbieterinformationen übersetzen, sofern diese einer Übersetzung überhaupt zugänglich sind. Weiterer Sprachfassungen bedarf es nicht.

Dateiformat

Eine leichte Erkennbarkeit der Informationen setzt voraus, dass sie in einem Dateiformat vorgehalten werden, das mit den Standardeinstellungen gängiger Internetbrowser sichtbar ist.

Dies ist etwa nicht der Fall, wenn sich das Impressum in einem neuen Browserfenster öffnen soll, weil die gängigen Browser inzwischen standardmäßig Popup-Blocker verwenden. Auch Anbieterkennzeichnungen in besonderen Darstellungsweisen, die etwa die Installation bestimmter Plugins oder besonderer Zusatzprogramme voraussetzen, genügen diesen Anforderungen nicht.

Selbst die Verwendung von Grafikdateien wird kritisch gesehen. Wegen der weiten Verbreitung des PDF-Formats und des zur Sichtbarmachung erforderlichen kostenlosen Acrobat Readers wird die Einbindung des Impressums in eine PDF-Datei inzwischen für zulässig gehalten.

Tipp: Impressum im gleichen Format halten wie den Rest der Website

Halten Sie das Webimpressum in dem gleichen Format vor wie den Rest der Website. Unzulässig wäre, das Impressum ausschließlich in Flash anzubieten – schon weil es dann auf dem iPhone bisher nicht einsehbar wäre.

Unmittelbar erreichbar

Die Informationen des Impressums müssen für den Besucher der Seite kostenlos abrufbar und ohne viele Zwischenschritte auffindbar sein.

Dabei genügt es, einen Link auf jede Seite zu setzen, der direkt zu den Informationen des Impressums führt. Ebenfalls als zulässig wird es von den Gerichten angesehen, wenn das Impressum durch zwei Klicks (einer auf die Startseite, einer in das Impressum) zu erreichen ist.

Beispiel: Anklicken von mehreren Seiten

Das Landgericht Düsseldorf stellt dazu fest, dass die Informationen des Impressums nicht leicht erkennbar und nicht unmittelbar erreichbar seien, wenn sie in mehreren Schritten durch Anklicken mehrerer hintereinander geschalteter Seiten erst auf der vierten Website zu erhalten sind. [LG Düsseldorf 03/22]

Ohne Weiteres zulässig ist es allerdings, wenn sich das Impressum nicht unter der gleichen Domain befindet wie das angebotene Telemedium. Verlinkungen sind daher problemlos zulässig, solange eindeutig ist, auf welche Telemedien sich das verlinkte Impressum bezieht.

Ständig verfügbar

Der Nutzer muss jederzeit auf die Informationen zugreifen können. Ein ständiger, dauerhafter und funktionsfähiger Link ist daher ausreichend und empfehlenswert.

Hinweis: Kurzfristige Ausfälle sind unproblematisch

Unschädlich ist es in diesem Zusammenhang, wenn die Impressumsseite für kurze Zeit aus dem Netz genommen wird, um die Daten zu aktualisieren, solange dieser Vorgang nur wenige Minuten dauert.

3.6.4 Inhalt des Impressums

§ 5 Abs. 1 Telemediengesetz (TMG) listet die Informationen auf, die der Anbieter von geschäftsmäßigen Telemedien in seinem Impressum erwähnen muss. Dem Anbieter steht es aber frei, dem Nutzer weitergehende, über die Verpflichtung von § 5 TMG hinausgehende Informationen zugänglich zu machen.

Beispiel: Unzureichende Informationen bei eBay

Das Oberlandesgericht Karlsruhe erachtete es als nicht ausreichend, dass ein Anbieter über eBay Gegenstände zum Verkauf anbietet und dabei nur seinen Namen und die E-Mail-Adresse mitteilt. [OLG Karlsruhe 03/17]

Name, Anschrift, Vertretungsberechtigte

Im Impressum müssen Name, eine Anschrift sowie – bei juristischen Personen – die Vertretungsberechtigten aufgeführt sein.

Bei natürlichen Personen ist es ausreichend, wenn der Familienname und zumindest ein ausgeschriebener Vorname sowie eine gültige und vollständige Postanschrift im Impressum aufgeführt sind. Ausnahmsweise kann auch die Angabe eines Pseudonyms bzw. eines Künstlernamens ausreichen. Dies erfordert aber einen hohen Bekanntheitsgrad, so dass der Anbieter tatsächlich zweifelsfrei ermittelt werden kann.

Juristische Personen und Personengesellschaften müssen den korrekten und vollständigen Firmennamen einschließlich der Rechtsform sowie den Sitz und zusätzlich die Vertretungsberechtigten angeben.

Hinsichtlich der vollständigen Postanschrift sind Postleitzahl, Ort, Straße und Hausnummer zwingend zu nennen, so dass im Falle eines Rechtsstreits an eine ladungsfähige Anschrift Gerichtspost zugestellt werden kann.

Vorsicht: Postfach nicht ausreichend

Nicht ausreichend ist die bloße Angabe eines Postfachs oder die Angabe der einem Großunternehmen zugeteilten Postleitzahl.

Ist der Diensteanbieter eine juristische Person oder eine Personenhandelsgesellschaft, ist zudem ein Vertretungsberechtigter anzugeben. Hierfür muss entweder der gesetzliche oder der rechtsgeschäftliche Vertreter angegeben werden.

Überblick – Vertretungsberechtigte

- Gesetzliche Vertreter:
  - Eingetragener Verein (e.V.) – Vorstand
  - Aktiengesellschaft (AG) – Vorstand
  - Gesellschaft mit beschränkter Haftung (GmbH) – Geschäftsführer
  - Kommanditgesellschaft (KG) – i.d.R. der Komplementär
  - Offene Handelsgesellschaft (OHG) – i.d.R. Gesellschafter
  - Gesellschaft bürgerlichen Rechts (GbR) – i.d.R. Gesellschafter
- Rechtsgeschäftliche Vertreter:
  - Prokurist
  - Handelsvertreter
  - Sonstige rechtsgeschäftliche Bevollmächtigte

Nicht ausreichend ist hingegen die Angabe eines »für den Inhalt Verantwortlichen«, da dieser nicht unbedingt vertretungsberechtigt ist.

Hinweis: Mehrere Vertretungsberechtigte

Sind mehrere Vertretungsberechtigte vorhanden und ist nur eine Gesamtvertretung der Gesellschaft möglich, ist dennoch die Benennung von lediglich einem Vertreter für die Impressumspflicht ausreichend.

Besitzt der Anbieter mehrere Niederlassungen, muss diejenige Anschrift der Niederlassung genannt werden, bei der die organisatorischen Ressourcen für den

Betrieb der Telemedien gebündelt sind, im Zweifel ist dies die Hauptniederlassung.

Grund- oder Stammkapital

Sofern Angaben über das Kapital der Gesellschaft auf der Website gemacht werden, müssen das Stamm- oder Grundkapital sowie, wenn noch nicht alle in Geld zu leistenden Einlagen eingezahlt sind, der Gesamtbetrag der ausstehenden Einlagen im Impressum angegeben werden.

Hinweis

Diese zusätzliche Pflicht besteht nur, wenn überhaupt Angaben zum Stamm- bzw. Grundkapital gemacht werden.

Kontaktinformationen

Der Anbieter muss weiterhin eine schnelle elektronische Kontaktaufnahme und unmittelbare Kommunikation ermöglichen. Hierfür muss neben der E-Mail-Adresse noch mindestens eine weitere Kontaktmöglichkeit – aber nicht unbedingt eine Telefonnummer – angegeben werden.

Vorsicht: E-Mail-Adressen ausschreiben

Schreiben Sie die E-Mail-Adresse im Impressum aus. Ein bloßer Link (»Ich freue mich auf E-Mails«) ist vom OLG Naumburg für unzulässig erklärt worden!

Für die unmittelbare Kommunikation ist es nach der Auffassung des europäischen Gerichtshofes nicht erforderlich, dass ein echter Dialog zwischen Anbieter und Nutzer zustande kommen muss. Lediglich die Einschaltung weiterer Personen für die Kommunikation ist unzulässig. [EuGH 03/23]

Übersicht – Andere Kontaktmöglichkeiten

- Telefon
- Fax
- ICQ
- Skype

Unmittelbare Kommunikation verlangt auch keine sofortige Reaktion, sondern lediglich eine Antwort in einer angemessenen Zeit, so dass auch Anrufbeantworter oder anderweitige Rückrufmöglichkeiten als zulässige Angaben zur unmittelbaren Kontaktaufnahme anzusehen sind, sofern ein zeitnaher Rückruf erfolgt. Dabei kann eine Erreichbarkeit oder Antwort des Diensteanbieters außerhalb der üblichen Geschäftszeiten nicht gefordert werden.

Die Möglichkeit, die Faxnummer als zusätzliche Kontaktmöglichkeit zu hinterlegen, ist in der Praxis weit verbreitet und grundsätzlich zulässig. Allerdings liegt ein Verstoß gegen § 5 TMG vor, wenn eine unmittelbare Antwort ausbleibt.

Hinweis: Zusätzlicher Link zur E-Mail-Adresse

Grundsätzlich ist ein automatisierter Link zur Mail-Anschrift des Diensteanbieters bei gleichzeitiger Angabe einer anderen Kontaktmöglichkeit neben der E-Mail-Adresse wohl nicht erforderlich, der Nutzerfreundlichkeit wegen aber zu empfehlen.

Unklar ist nach der Rechtsprechung der Gerichte, ob auch eine Möglichkeit der unmittelbaren Kommunikation vorzuhalten ist, die nicht internetbasiert ist, um den Nutzern auch eine Kommunikation ohne Netzzugang zu ermöglichen. Um auf der sicheren Seite zu sein, empfiehlt es sich daher, immer eine Fax- oder Telefonnummer im Impressum anzugeben.

Hinweis: Mehrwertdienste- oder Shared-Cost-Nummern

Dem Diensteanbieter ist es gestattet, eine Gebühr über Mehrwertdienste- oder Shared-Cost-Nummern zu erheben, wenn er diese im Impressum angibt. Allerdings können dem anrufenden Nutzer nur die üblichen Kosten für die verursachende Kommunikation berechnet werden.

Aufsichtsbehörde

Werden Teledienste im Rahmen einer Tätigkeit angeboten, die der behördlichen Zulassung bedarf, müssen Angaben zur zuständigen Aufsichtsbehörde gemacht werden. Dem Nutzer soll so die Möglichkeit eingeräumt werden, sich über den Anbieter zu erkundigen und im Falle von Rechtsverstößen gegen Berufspflichten eine Anlaufstelle für mögliche Beschwerden zu haben.

Hinweis: Gewerbliche Erlaubnis ist auch Zulassung

Auch die bloße gewerbliche Erlaubnis ist als »Zulassung« anzusehen. Dies gilt auch für die reine Missbrauchsaufsicht

Folglich besteht diese Pflicht insbesondere für Internetseiten von Gastronomiebetrieben, Maklern, Bauträgern, Spielhallenbetreibern oder Rechtsanwälten.

Tipp: Verlinkung zur Website der Behörde

Um dem Verbraucher den einfachem Kontakt mit der Behörde zu ermöglichen, empfiehlt es sich, den Namen und einen Link zur Website der Behörde anzugeben. Ebenfalls ausreichend ist aber auch, lediglich die Adresse der Behörde ins Impressum aufzunehmen.

Ob es tatsächlich erforderlich ist, eine Anschrift der zuständigen Behörde anzugeben, ist von den Obergerichten noch nicht endgültig entschieden. Wem dies keine Probleme bereitet, sollte die Adresse aufnehmen. Hierbei ist aber darauf zu achten, dass die Anschrift jeweils aktuell ist.

Registerangaben

Sind Sie als Diensteanbieter in ein Handels-, Vereins-, Partnerschafts- oder Genossenschaftsregister eingetragen, müssen Sie dies zusammen mit der Registernummer im Impressum aufführen. Diese Pflicht besteht auch für ausländische Gesellschaften.

Berufsrechtliche Angaben

Für die »klassischen« freien Berufe, deren Zugang gesetzlich geregelt ist, sowie für Berufe, deren Ausübung ein Diplom oder einen anderen Befähigungsnachweis voraussetzt, besteht im Zusammenhang mit der Impressumspflicht eine weitergehende Verpflichtung.

Gemäß § 5 Abs. 1 Nr. 5 TMG müssen diese Berufsgruppen ihre gesetzliche Berufsbezeichnung sowie die Kammer, der sie angehören, im Impressum angeben. Zudem sind der Staat, in dem die Berufsbezeichnung verliehen wurde, und die Bezeichnung der einschlägigen berufsrechtlichen Regelungen und deren Zugänglichkeit zu nennen. Um dieser Pflicht nachzukommen, empfiehlt es sich, einen Link auf die Website der Kammer zu setzen, auf der die einschlägigen Vorschriften eingestellt sind.

Überblick der impressumspflichtigen Berufsgruppen

Freie Berufe:

- Ärzte, Zahn- und Tierärzte
- Apotheker
- Rechtsanwälte
- Steuerberater
- Wirtschaftsprüfer

- Gesundheitshandwerke (Zahntechniker, Orthopädietechniker, Augenoptiker und Hörgeräteakustiker)
- Psychotherapeuten

Sonstige Berufe:

- Architekten, Innen-, Landschaftsarchitekten
- Stadtplaner
- (beratende) Ingenieure
- Heilhilfsberufe (Krankenpfleger, medizinisch-technische und pharmazeutisch-technische Assistenten, Masseure, medizinische Bademeister, Physiotherapeuten, Hebammen, Ergotherapeuten und Logopäden)

Abb. 3.4: Impressum von HÄRTING Rechtsanwälte

Umsatzsteuer-Identifikationsnummer

Besitzt der Diensteanbieter eine Umsatzsteuer-Identifikationsnummer, die für Auslandsgeschäfte benötigt und vom Bundesamt für Finanzen vergeben wird, oder eine Wirtschafts-Identifikationsnummer, die von den Finanzbehörden vergeben wird und für Inlandsgeschäfte ausreicht, muss er diese im Impressum angeben.

> **Hinweis**
>
> Existiert weder eine Umsatzsteuer-Identifikationsnummer noch eine Wirtschafts-Identifikationsnummer, ist die Angabe auch nicht erforderlich.

Nicht anzugeben ist die Steuernummer.

Abwicklung oder Liquidation

Bei Aktiengesellschaften, Kommanditgesellschaften auf Aktien und Gesellschaften mit beschränkter Haftung ist in das Impressum ein Liquidationsvermerk einzutragen, wenn sich diese in Abwicklung oder Liquidation befinden.

Checkliste – Impressumspflicht

Wer muss die Impressumspflicht beachten?

- ✓ Die Impressumspflicht gilt für alle Anbieter von geschäftsmäßigen Telemedien.

Wie muss das Impressum gestaltet sein?

- ✓ Das Impressum muss für den Nutzer leicht erkennbar sein.
- ✓ Das Impressum muss in der gleichen Sprache wie die Website verfasst sein.
- ✓ Das Dateiformat muss für gängige Internetbrowser sichtbar sein.
- ✓ Die Impressumsangaben müssen durch maximal 2 Klicks erreichbar sein.
- ✓ Das Impressum muss ständig und dauerhaft verfügbar sein.

Was muss im Impressum aufgeführt sein?

- ✓ Name, Anschrift und Vertretungsberechtigte
- ✓ ggf. Angaben zu Grund- und Stammkapital (wenn Angaben zum Kapital auf der Website gemacht werden)
- ✓ E-Mail-Adresse und eine weitere Kontaktmöglichkeit
- ✓ ggf. Registerangaben (wenn Anbieter in Register eingetragen)
- ✓ ggf. berufsrechtliche Angaben (nur bei bestimmten Berufsgruppen)
- ✓ ggf. Umsatzsteuer- oder Wirtschafts-Identifikationsnummer (wenn entsprechende Nummer vorhanden)
- ✓ ggf. Liquidationsvermerk (wenn in Liquidation)

Kapitel 4

Online-Shop

Wer auf seiner Website einen Online-Shop betreiben möchte, muss insbesondere die Vorgaben des Fernabsatzrechts beachten. Das bedeutet vor allem, dass im B2C-Bereich dem Verbraucher ein Widerrufsrecht einzuräumen ist. Daneben existiert eine ganze Reihe von Informationspflichten und auch die Vorschriften zum Preisangaberecht sind zu beachten.

Beispiel: 14-Tage-Fußballtrikot

Wenn ein Fußballverein über seine Website Merchandising-Artikel an seine Fans verkauft, muss er jedem Käufer die Möglichkeit einräumen, den Kauf ohne Angabe von Gründen binnen 14 Tagen rückgängig zu machen. Ob das Trikot vor der Rücksendung getragen wurde, spielt keine Rolle.

4.1 Widerrufsrecht

Im B2C-Online-Handel müssen Sie dem Kunden ein Widerrufs- oder Rückgaberecht einräumen. Dies ergibt sich aus den Vorschriften des Fernabsatzrechts. Darunter sind die Regelungen des Bürgerlichen Gesetzbuches zu verstehen, die sich mit dem Distanzhandel zwischen Unternehmer und Verbraucher befassen.

Immer wenn eine geschäftlich handelnde Person Waren an eine Privatperson verkauft oder Dienstleistungen anbietet, ohne dass ein persönlicher Kontakt besteht, gelten die besonderen Vorschriften des Fernabsatzes (§§ 312b – 312d BGB).

Prototypen für derartige Geschäfte sind der Katalogversandhandel und eben der B2C-E-Commerce.

Zum Unternehmer wird man in dieser Hinsicht schnell. Manche Gerichte halten selbst private eBay-Verkäufer, die in einigen Monaten 150 Bewertungen gesammelt haben, für gewerbliche Händler. Auf jeden Fall muss aber jeder professionelle Online-Shop die Verbraucherschutzvorschriften beachten.

Ausnahmen von der Anwendbarkeit des Fernabsatzrechts gibt es nur wenige.

Checkliste – Ausnahmen vom Fernabsatzrecht

- ✓ Der Unternehmer ist nicht darauf eingerichtet, im Fernabsatz Verträge zu schließen und nimmt nur ausnahmsweise Bestellungen – z.B. per E-Mail – an.
- ✓ Lebensmittelhändler, die ihre Waren selbst liefern
- ✓ Hotelbuchungen
- ✓ Bahntickets
- ✓ Flugreisebuchungen
- ✓ Konzertkarten
- ✓ Tennisplatzbuchungen und Ähnliches

Die fernabsatzrechtlichen Vorschriften gelten unabhängig davon, über welches Medium der Vertrag zustande kommt. Gleich, ob die Bestellung per Fax, am Telefon, via E-Mail, über ein Warenkorbsystem auf einer Website oder über eine iPhone-App aufgegeben wird, stets gelten die Vorschriften zum Widerrufsrecht und den Informationspflichten.

4.1.1 Einräumung eines Widerrufsrechts

Jeder Online-Händler muss seinen (Privat-)Kunden ein Widerrufsrecht einräumen und sich dabei genau an die gesetzlichen Vorschriften halten. Der Verbraucher hat also die Möglichkeit, den Kauf innerhalb von vierzehn Tagen nach Warenlieferung ohne Nachzahlung rückgängig zu machen.

Vorsicht: Widerrufsfrist beginnt erst mit Widerrufsbelehrung

Die Widerrufsfrist beginnt erst, wenn dem Verbraucher eine ordnungsgemäße Widerrufsbelehrung übermittelt wurde, die Ware eingegangen ist und eine schier unendliche Zahl von Informationen an den Verbraucher übersandt wurde.

Neben den Ausnahmen, die für das gesamte Fernabsatzrecht gelten, gibt es auch Konstellationen, in denen lediglich das Widerrufsrecht nicht gelten soll.

Checkliste – Ausnahmen vom Widerrufsrecht

- ✓ Waren, die nach Kundenspezifikationen angefertigt wurden (z.B. Maßanzug, Fotoabzüge)
- ✓ Waren, die schnell verderben können

- ✓ Software-Downloads
- ✓ CDs, DVDs, Software, wenn die gelieferten Datenträger von dem Verbraucher entsiegelt worden sind
- ✓ Zeitungsabos
- ✓ Verträge über Wett- oder Lotteriedienstleistungen

Widerrufsrecht auch bei eBay Auch bei eBay-Versteigerungen muss dem Verbraucher daher ein Widerrufsrecht eingeräumt werden.

Beispiel: Der Teufel steckt im Detail

Der Teufel steckt wie so oft im Detail: Damit der Verbraucher sich nicht einfach eine CD bestellen kann und sie, nachdem er sie kopiert hat, zurücksendet, soll sein Widerrufsrecht erlöschen, wenn er den jeweiligen Datenträger entsiegelt hat. Voraussetzung ist also, dass der Datenträger versiegelt geliefert wurde. Nach einer Entscheidung des Oberlandesgerichts Hamm soll es dabei nicht genügen, wenn der Datenträger in eine Zellophanfolie eingeschweißt ist. Vielmehr soll der Verbraucher aus dem Siegel erkennen können, dass er seines Widerrufsrechts verlustig geht, wenn er das Siegel bricht. Wer also Musik-CDs, DVDs oder Software versendet, muss bei der Ausgestaltung der Verpackung darauf achten. [OLG Hamm 04/01]

Widerrufsrecht auch bei Dienstleistungen Das Widerrufsrecht besteht nicht nur bei Warenkäufen, sondern auch bei Verträgen über die Erbringung von Dienstleistungen. Grundsätzlich kann der Verbraucher den Dienstleistungsvertrag also auch noch widerrufen, wenn die Leistung des Unternehmers bereits erbracht wurde oder damit jedenfalls bereits begonnen wurde. Das Gesetz sieht allerdings vor, dass das Widerrufsrecht bei einer Dienstleistung erlischt, wenn der Vertrag von beiden Seiten vollständig erfüllt worden ist und der Verbraucher dies auch so wollte.

Beispiel: Zugang zu einem Internetportal

Erhält der Verbraucher kostenpflichtigen Zugang zu einem Internetportal, erlischt das Widerrufsrecht also nicht vorab. Die Leistung des Portalbetreibers ist erst erbracht, wenn der Vertrag vollständig beendet ist. In diesen Fällen muss sich der Unternehmer also darauf einrichten, dass er ein ganz normales 14-tägiges Widerrufsrecht einzuräumen hat.

Wichtig ist zudem, dass auch der Verbraucher seine Leistungen erbracht, also bezahlt hat.

Hinweis:
Ausschluss des Widerrufsrechts bei Dienstleistungen nur bei Vorkasse

Wird etwa ein Vertrag über eine entgeltliche Auskunft geschlossen (z.B. eine Wetterprognose), kann der Unternehmer das Bestehen eines Widerrufsrechts nur verhindern, wenn er Vorkasse verlangt und sich der Verbraucher mit der Erbringung der Leistung ausdrücklich einverstanden erklärt.

Ebenfalls kann der Verbraucher auf sein Widerrufsrecht nicht vertraglich verzichten. Entsprechende Klauseln in AGB wären unwirksam.

4.1.2 Widerrufsfrist

Grundsätzlich beträgt die Frist, die der Verbraucher hat, um den Vertrag zu widerrufen, 14 Tage. Dies gilt aber nur, wenn folgende Bedingungen erfüllt sind:

Checkliste – Beginn der Widerrufsfrist

- ✓ Wareneingang beim Verbraucher
- ✓ Ordnungsgemäße Widerrufsbelehrung per E-Mail oder auf Papier unmittelbar nach Vertragsschluss
- ✓ Erfüllung aller Informationspflichten per E-Mail oder auf Papier
- ✓ Übersendung der AGB oder sonstiger Vertragsbestimmungen per E-Mail oder auf Papier

Beispiel: Widerrufsfrist verlängert sich bei langen Lieferzeiten

In einem Online-Möbelhaus genügt es normalerweise, die Widerrufsbelehrung der Ware beizufügen, wenn diese unmittelbar nach dessen Online-Bestellung an den Kunden übersandt wird. Bestehen aber etwa bei der Lieferung von Massivholztischen lange Lieferzeiten, verlängert sich auch die Widerrufsfrist, wenn die Widerrufsbelehrung erst mit der Warenlieferung acht Wochen nach der Bestellung erfolgt. Dem Möbelhaus ist hier in jedem Fall zu raten, die Widerrufsbelehrung schon in eine E-Mail, die unmittelbar nach der Bestellung des Verbrauchers übersandt wird, zu integrieren, um eine Verlängerung der Widerrufsfrist zu verhindern.

Wird die Widerrufsbelehrung deutlich nach Vertragsschluss übersandt, beträgt die Widerrufsfrist einen Monat. Die Regelung wurde ursprünglich eingefügt, um im Falle einer Nachbelehrung Jahre nach Vertragsschluss dem Verbraucher ausreichend Zeit zu geben, die Vor- und Nachteile eines Widerrufs abzuwägen. Nun gilt die Monatsfrist aber schon immer dann, wenn die Belehrung nicht unverzüglich nach Vertragsschluss in Textform vorliegt.

Vorsicht: Fehlerhafte Widerrufsbelehrung bei Fristverlängerung

Auch wer meint, dass ihn die Verlängerung der Widerrufsfrist nicht stört, muss Obacht geben. Schließlich muss die Belehrung des Verbrauchers über das Bestehen seines Rechts zum Widerruf zutreffend sein. Hier darf nicht fehlerhaft von 14 Tagen gesprochen werden, wenn die Widerrufsfrist eigentlich einen Monat beträgt. In diesen Fällen liegt eine falsche Widerrufsbelehrung vor, so dass die Widerrufsfrist überhaupt nicht zu laufen beginnt und der Verbraucher den Vertrag auch noch Monate nach Vertragsschluss widerrufen kann.

4.1.3 Inhalt der Widerrufsbelehrung

Das Gesetz sieht vor, dass der Verbraucher in aller Deutlichkeit über das Bestehen des Widerrufsrechts und die Einzelheiten der Auslegung zu belehren ist. Die Einzelpunkte sind inzwischen so kompliziert geworden, dass der Gesetzgeber ein Muster einer Widerrufsbelehrung in das Gesetz aufgenommen hat, das die Unternehmen übernehmen können. Wer sich wortgetreu an das gesetzliche Muster hält, belehrt ordnungsgemäß über sein Widerrufsrecht und kann deswegen nicht abgemahnt werden.

Ganz so einfach ist die Anpassung des Musters an die konkreten Bedürfnisse allerdings nicht. Das gesetzliche Muster enthält insgesamt zwölf Gestaltungshinweise, die genau beachtet werden müssen. Jeder Fehler, der hierbei passiert, führt dazu, dass die Privilegierungswirkung verloren geht.

Musterbeispiel (für die Verwendung vorgesehen)

Widerrufsbelehrung der **Muster GmbH**:

Widerrufsrecht

Sie können Ihre Vertragserklärung innerhalb von 14 Tagen nach Erhalt der Ware ohne Angabe von Gründen in Textform (z.B. Brief, Fax, E-Mail) oder – wenn Ihnen die Sache vor Fristablauf überlassen wird – durch Rücksendung der Sache widerrufen.

Die Frist beginnt nach Erhalt dieser Belehrung in Textform, jedoch nicht vor Eingang der Ware beim Empfänger (bei der wiederkehrenden Lieferung gleichartiger Waren nicht vor Eingang der ersten Teillieferung) und auch nicht vor Erfüllung unserer Informationspflichten gemäß Artikel 246 § 2 in Verbindung mit § 1 Abs. 1 und 2 EGBGB sowie unserer Pflichten gemäß § 312e Abs. 1 Satz 1 BGB in Verbindung mit Art. 246 § 3 EGBGB. Zur Wahrung der Widerrufsfrist genügt die rechtzeitige Absendung des Widerrufs oder der Sache. Der Widerruf ist zu richten an:

Muster GmbH,
Chausseestraße 13,
10115 Berlin.
E-Mail: widerruf@muster-gmbh.de
Fax: 030/28305744

Widerrufsfolgen

Im Falle eines wirksamen Widerrufs sind die beiderseits empfangenen Leistungen zurückzugewähren und ggf. gezogene Nutzungen (z.B. Zinsen) herauszugeben. Können Sie uns die empfangene Leistung ganz oder teilweise nicht oder nur in verschlechtertem Zustand zurückgewähren, müssen Sie uns insoweit ggf. Wertersatz leisten. Bei der Überlassung von Sachen gilt dies nicht, wenn die Verschlechterung der Sache ausschließlich auf deren Prüfung – wie sie Ihnen etwa im Ladengeschäft möglich gewesen wäre – zurückzuführen ist. Im Übrigen können Sie die Pflicht zum Wertersatz für eine durch die bestimmungsgemäße Ingebrauchnahme der Sache entstandene Verschlechterung vermeiden, indem Sie die Sache nicht wie Ihr Eigentum in Gebrauch nehmen und alles unterlassen, was deren Wert beeinträchtigt. Paketversandfähige Sachen sind auf unsere Gefahr zurückzusenden. Sie haben die Kosten der Rücksendung zu tragen, wenn die gelieferte Ware der bestellten entspricht und wenn der Preis der zurückzusendenden Sache einen Betrag von 40,00 EUR nicht übersteigt oder wenn Sie bei einem höheren Preis der Sache zum Zeitpunkt des Widerrufs noch nicht die Gegenleistung oder eine vertraglich vereinbarte Teilzahlung erbracht haben. Andernfalls ist die Rücksendung für Sie kostenfrei. Nicht paketversandfähige Sachen werden bei Ihnen abgeholt. Verpflichtungen zur Erstattung von Zahlungen müssen innerhalb von 30 Tagen erfüllt werden. Die Frist beginnt für Sie mit der Absendung Ihrer Widerrufserklärung oder der Sache, für uns mit deren Empfang.

Ende der Widerrufsbelehrung

Wichtig ist, dass die Widerrufsbelehrung vor Vertragsschluss erfolgt, also auf der Website eingebunden ist. Außerdem muss die Widerrufsbelehrung spätestens unmittelbar nach Vertragsschluss auch in Textform vorliegen. Textform bedeutet letztlich, dass die Belehrung per E-Mail übersandt wird oder auf Papier der Ware beizufügen ist.

Tipp: Musterbelehrung wortgleich verwenden

Jedem Online-Händler ist zu empfehlen, die Musterwiderrufsbelehrung wortgetreu zu verwenden und sich dabei sklavisch an die Hinweise zu halten. Wem dies zu kompliziert erscheint, sollte anwaltliche Hilfe hinzuziehen.

4.1.4 Folgen des Widerrufs

Widerruft der Verbraucher den geschlossenen Vertrag, muss er die Ware zurücksenden und erhält sein Geld zurück. Hierbei soll der Verbraucher durch den Widerruf keine Nachteile erleiden und insbesondere keine Kosten tragen müssen. Wertersatz muss der Verbraucher nur unter ganz bestimmten Umständen leisten.

Beispiel: Espresso-Maschine geht zurück

Ein Kunde bestellt eine Espresso-Maschine bei einem Spezialhändler. Er probiert diese zu Hause zweimal aus und macht sich auch einen Espresso Macchiato. Weil ihn das Gerät nicht überzeugt, schickt er es eine Woche später zurück. Hat der Kunde das Gerät nicht gesäubert, sind die Schläuche ganz erheblich verunreinigt und zum Teil nicht mehr benutzbar. Auch im Übrigen muss die Maschine (kosten-)intensiv gereinigt werden, bevor sie als neu erneut verkauft werden kann. Diese Kosten kann der Unternehmer von dem Kunden nicht erstattet verlangen.

Dies wirft die Frage auf, ob der Unternehmer einen Ersatz für die Wertminderung verlangen kann, die durch den Gebrauch der Ware durch den Kunden entstanden ist. Hier setzt das europäische Recht den Möglichkeiten enge Grenzen.

Der Europäische Gerichtshof hat entschieden, dass eine generelle Auferlegung von Wertersatz auf den widerrufenden Verbraucher unzulässig ist.

Beispiel: Keine Nutzungsgebühr nach Widerruf

In dem zu entscheidenden Fall hatte der Verbraucher ein Notebook für acht Monate genutzt und anschließend den Vertrag widerrufen. Dies war deshalb möglich, weil die Widerrufsbelehrung nicht in allen Punkten dem

Gesetz entsprach. Der Händler zog einen erheblichen Betrag als Nutzungsgebühr von dem zu erstattenden Kaufpreis ab. Damit konnte sich der Online-Händler vor Gericht jedoch nicht durchsetzen. Ersatz für die gezogenen Nutzungen müsse der Verbraucher nicht zahlen. [EuGH 04/02]

Eine andere Frage ist es, ob dem Verbraucher wenigstens in Rechnung gestellt werden kann, wenn die Ware aufgrund seiner Benutzung nun einen erheblichen Wertverlust erlitten hat. Hier ist zunächst festzuhalten, dass der Verbraucher natürlich Schadensersatz zu leisten hat, wenn er die Ware beschädigt. Normale Gebrauchsspuren, die dadurch entstehen, dass der Verbraucher die Ware in Benutzung nimmt, sind jedoch üblicherweise nicht zu ersetzen. Wie weit der Verbraucher bei der Ingebrauchnahme gehen darf, ist noch unklar. Eine entsprechende Gesetzesänderung ist in Deutschland in Vorbereitung.

Nach derzeitigem Stand kann der Unternehmer Ersatz verlangen für den Wertverlust, der dadurch entsteht, dass der Kunde die Ware über die bloße Prüfung der Funktionsfähigkeit hinaus in Gebrauch nimmt. Ob sich dies so in Zukunft wird halten lassen, ist noch ungewiss.

Beispiel: Wertersatz bei Rücktritt strittig

Kauft ein Kunde bei einem Sportartikelhersteller ein Mountainbike und widerruft den Vertrag innerhalb von 14 Tagen, nachdem ihm das Fahrrad übersandt wurde, kann der Unternehmer keinen Wertersatz verlangen, wenn der Kunde das Fahrrad nur in der Wohnung oder auf dem Innenhof ausprobiert hat und dabei kleinere Gebrauchsspuren auftreten. Nutzt er jedoch das Mountainbike innerhalb der 14 Tage für eine ausgiebige Alpentour, ist denkbar, dass der Unternehmer Ersatz verlangen kann und nicht den kompletten Preis zurückerstatten muss. [vgl. EuGH 04/02]

Hinzuweisen ist jedoch darauf, dass der Unternehmer stets die Beweislast dafür trägt, in welcher Weise der Kunde den Gegenstand eingesetzt hat und ob er die Ware über Gebühr beanspruchte.

Vorsicht: Wertersatzpflicht setzt Belehrung voraus

Eine Pflicht des Kunden, überhaupt Wertersatz zu zahlen, besteht nur dann, wenn er vor Vertragsschluss in Textform darauf hingewiesen worden ist. Dies bedeutet also, dass dem Kunden, noch bevor der Vertrag geschlossen wurde, eine E-Mail übersandt werden muss, in der er auf die Pflicht zum Wertersatz hingewiesen wird. Die vom Gesetzgeber vorgesehene Musterwiderrufsbelehrung trägt diesem Umstand Rechnung und hat eine entsprechende Belehrung integriert.

4.1.5 Ersatz von Versandkosten

Erhebt der Online-Händler für den Versand der Ware zum Kunden Versandkosten, muss er diese Kosten erstatten, falls der Verbraucher widerruft. Bei den Rücksendekosten differenziert das Gesetz: Liegt der Wert der zurückgesendeten Ware unter 40,- Euro, kann der Unternehmer die Rücksendekosten dem Verbraucher auferlegen. Andernfalls muss der Händler auch diese Kosten tragen.

Beispiel: Versandkosten müssen stets erstattet werden

Der Versandhändler Heine hat vor insgesamt fünf Gerichten in der Frage verloren, ob es zulässig ist, die Versandkostenpauschale, die man für den Versand der Ware zum Kunden angibt, dem Kunden im Falle der Ausübung des Widerrufs nicht zu erstatten. Sowohl der Europäische Gerichtshof als auch der Bundesgerichtshof haben aber entschieden, dass die Versandkosten stets erstattet werden müssen, wenn der Vertrag widerrufen wird. [EuGH 04/03]

Wird also eine Versandkostenpauschale gesondert ausgewiesen, muss dieser Betrag dem Kunden erstattet werden, wenn er von seinem Widerrufsrecht Gebrauch macht. Etwas anderes kann allenfalls gelten, wenn über die Versendung ein gesonderter Vertrag geschlossen wird. Das dürfte jedoch in der Praxis die absolute Ausnahme sein.

Schwieriger ist die Frage der Rücksendung und der dafür anfallenden Kosten. Nach europäischem Recht ist es zulässig, diese Kosten insgesamt dem Verbraucher aufzuerlegen. Das deutsche Recht hat hier aber zugunsten der Verbraucher eine Bestimmung vorgesehen, wonach die Kosten nur von dem Verbraucher zu tragen sind, wenn dies vertraglich vereinbart wurde und der Wert der zurückgesendeten Waren kleiner ist als 40,- Euro. Die Grenze ist willkürlich gewählt. Sie soll jedenfalls Händler entlasten, die mit niedrigpreisigen Waren handeln und bei denen die Kosten des Widerrufs überproportional zum Wert der Ware stehen.

Die Abwälzung der Rücksendekosten auf den Verbraucher setzt aber eine vertragliche Vereinbarung voraus. Auch hier muss dem Verbraucher vor Vertragsschluss mitgeteilt werden, wie es sich mit den Rücksendekosten verhält. Hierbei genügt es nicht, einfach die Musterwiderrufsbelehrung zu übersenden. Vielmehr muss die entsprechende Klausel zusätzlich in den AGB auftauchen.

Hinweis: Beschränkungen des Widerrufsrechts sind unzulässig

Unzulässig ist jede Beschränkung des Widerrufsrechts. So darf die Ausübung des Rechts nicht davon abhängig gemacht werden, dass die Ware in der Originalverpackung zurückgesandt wird. Selbst unfrei übersandte Ware muss der Unternehmer zunächst annehmen.

4.1.6 Rückgaberecht

Anstelle des Widerrufsrechts kann der Unternehmer dem Verbraucher unter Umständen ein Rückgaberecht einräumen. Wesentlicher Unterschied ist, dass die Ausübung des Rückgaberechts durch den Verbraucher nur durch Rücksendung der Ware möglich ist. Dafür muss der Unternehmer stets auch die Rücksendekosten tragen.

Beispiel: Rückgaberecht vereinfacht Abwicklung

Ein Elektronikhändler im Internet stellt fest, dass zwar viele Verbraucher per E-Mail widerrufen, aber die Ware nicht zurückschicken. Häufig argumentieren die Kunden, dass der Händler zunächst das Geld zurücküberweisen solle. Um diesem Problem aus dem Weg zu gehen, kann der Shop-Betreiber anstelle eines Widerrufsrechts ein Rückgaberecht gewähren. Dieses kann der Verbraucher nur dadurch geltend machen, dass er die Ware fristgerecht zurücksendet. So muss der Händler der Ware nicht hinterherlaufen, falls der Verbraucher den Vertrag annulliert.

Die Unterschiede zwischen Widerrufsrecht und Rückgaberecht sind minimal. Auch bei der Einräumung eines Rückgaberechts müssen umfangreiche Pflichten eingehalten werden. Insbesondere bedarf es auch einer – als Rückgabebelehrung bezeichneten – Belehrung über die Rechte des Verbrauchers im Einzelnen.

Die Möglichkeit, das Widerrufsrecht durch ein Rückgaberecht zu ersetzen, besteht nur, wenn der Bestellung des Verbrauchers ein sogenannter »Verkaufsprospekt« zugrunde liegt. Dazu zählt nach Ansicht der Gerichte auch eine vernünftig gestaltete Website, aus der sich alle Einzelheiten ergeben. Zweifelhaft ist das unter Umständen bei eBay-Geschäften.

Inhaltlich ergeben sich nur geringe Unterschiede. Wesentlich ist vor allem, dass der Verbraucher einerseits Gelegenheit hat, die Ware binnen der Rückgabefrist zurückzusenden. Andererseits kann er von diesem Recht nur durch Rücksendung der Ware Gebrauch machen. Ein Rücknahmeverlangen etwa per E-Mail ist nur dann möglich, wenn die Ware nicht paketversandfähig ist. Dies kommt aber nur bei besonders sperrigen Waren, etwa größeren Möbelstücken in Betracht, die vom Unternehmer selbst geliefert wurden.

Auch die Ausübung des Rückgaberechts kann ohne Begründung erfolgen. Zur Fristwahrung genügt die rechtzeitige Absendung der Ware.

Auch für das Rückgaberecht gilt, dass jede Beschränkung unwirksam ist. Eine Verpflichtung, die Originalverpackung zu verwenden oder einen Retourenschein zu nutzen, verstößt gegen das Gesetz.

Tipp: Bitte zur Rücksendung der Originalverpackung

Der Unternehmer kann den Kunden aber um Verwendung der Originalverpackung oder Nutzung eines bestimmten Rücksendeweges bitten. Eine solche Bitte darf jedoch lediglich als Bitte, nicht als Aufforderung formuliert sein. Muss der Verbraucher den Eindruck haben, dass eine Rücksendung nicht möglich ist, wenn er sich an die »Bitte« nicht hält, ist die Aufforderung gesetzeswidrig.

Im Hinblick auf die folgende Ausübung des Rückgaberechts gibt es gegenüber dem Widerrufsrecht nur eine wesentliche Besonderheit: Die Kosten der Rücksendung dürfen dem Verbraucher bei der Ausübung seines Rechts vertraglich nicht auferlegt werden.

Tipp: Rücksendekosten kalkulieren

Bei der Entscheidung zwischen Widerrufsrecht und Rückgaberecht muss der Unternehmer vor allem die Kosten der Rücksendung in Betracht ziehen und auch überlegen, wie gut die Rücksendung der Ware durch den Kunden funktioniert. Eine hohe Quote von Widerrufen, bei denen die Ware nicht zeitnah bei dem Unternehmer eingeht, spricht für ein Rückgaberecht. Werden dagegen häufig Waren zurückgesendet, deren Preis unter 40,- Euro liegt, liegt ein Widerrufsrecht näher, weil hier dem Kunden die Rücksendekosten auferlegt werden können.

4.2 Informationspflichten

Europaweit gilt für alle Online-Händler eine kaum überschaubare Zahl von Pflichten zur Vorabinformation des Verbrauchers. So muss u.a. über die wesentlichen Eigenschaften der Ware, den Preis, die Versandkosten und die Lieferzeiten vorab informiert werden. Außerdem müssen alle Informationen auch per E-Mail oder auf Papier an den Kunden übersandt werden. Wer auch nur eine der Informationen vergisst, ist abmahngefährdet. Außerdem beginnt die Widerrufsfrist nicht zu laufen.

Beispiel: Popup-Fenster genügt nicht

Ein Shop-Betreiber, der seinen Kunden in einem Popup-Fenster Informationen zur Verfügung stellt, erfüllt seine fernabsatzrechtliche Informationspflicht nicht, weil die meisten Nutzer üblicherweise einen Popup-Blocker verwenden und so die Informationen nicht einsehen können. [OLG Düsseldorf 04/04]

4.3 Welche Informationen müssen erteilt werden?

Der Umfang, der zu erteilenden Informationen ist beträchtlich. Für jeden einzelnen Online-Verkauf müssen alle Informationen vorliegen.

Checkliste – Inhalt der Informationspflichten

Unter anderem folgende Informationen müssen sich zwingend aus der Produktpräsentation der Website insgesamt ergeben:

- ✓ Vollständiger Name des Unternehmens (Abschnitt 4.3.1)
- ✓ Handelsregister und Handelsregisternummer (Abschnitt 4.3.2)
- ✓ Vollständiger Name etwaiger Vertreter im Inland (Abschnitt 4.3.3)
- ✓ Ladungsfähige Anschrift des Unternehmens (Abschnitt 4.3.4)
- ✓ Name von Vertretungsberechtigten bei juristischen Personen (Geschäftsführer, Vorstand etc.) (Abschnitt 4.3.4)
- ✓ Wesentliche Merkmale der Ware (Abschnitt 4.3.5)
- ✓ Informationen darüber, wie der Vertrag zustande kommt (Abschnitt 4.3.6)
- ✓ ggf. Mindestlaufzeit des Vertrages (Abschnitt 4.3.7)
- ✓ Etwaige Liefervorbehalte (Abschnitt 4.3.8)
- ✓ Gesamtpreis einschließlich aller Steuern (Abschnitt 4.3.9)
- ✓ Liefer- und Versandkosten (Abschnitt 4.3.10)
- ✓ Steuern und Abgaben (Abschnitt 4.3.11)
- ✓ Zahlungsbedingungen (Abschnitt 4.3.12)
- ✓ Lieferzeiten (Abschnitt 4.3.13)
- ✓ Widerrufsbelehrung (Abschnitt (4.3.14)
- ✓ Telekommunikationskosten (Abschnitt 4.3.15)
- ✓ Gültigkeitsdauer befristeter Angebote (Abschnitt 4.3.16)
- ✓ Vertragsbestimmungen einschließlich der AGB (Abschnitt 4.3.17)
- ✓ Kündigungsbedingungen einschließlich etwaiger Vertragsstrafen
- ✓ Informationen zu Gewährleistungs- und Garantiebedingungen (Abschnitt 4.3.18)
- ✓ Informationen zum Kundendienst (Abschnitt 4.3.19)

Die Vielzahl an Informationen, die dem Verbraucher schon vor Vertragsschluss zur Verfügung zu stellen sind, soll dafür sorgen, dass der Kunde eine vernünftige

Entscheidung über den Erwerb der Ware oder die Inanspruchnahme der Dienstleistung treffen kann. Viele der notwendigen Informationen wird der Unternehmer ohnehin auf seiner Website vorsehen. Es ist aber essenziell, dass tatsächlich alle Pflichten im Einzelnen erfüllt werden.

4.3.1 Name des Unternehmens

Der Unternehmer muss auf der Website zu erkennen geben, welches seine Identität ist. Dazu gehören alle Informationen, die den Verbraucher in den Zustand versetzen, eine Rechtsverfolgung zu ermöglichen, insbesondere Name (bei Einzelkaufleuten auch der Vorname), Firma und Rechtsform.

Beispiel: Informationspflicht hinsichtlich der Identität

Um der Informationspflicht hinsichtlich der Identität des Online-Shop-Betreibers ausreichend gerecht zu werden, reicht es nicht, wenn der Shop-Betreiber lediglich den Familiennamen mit dem ersten Buchstaben des Vornamens angibt. [KG Berlin 04/05]

4.3.2 Unternehmensregister

Anzugeben ist auch ein Unternehmensregister und die dazugehörige Nummer. Üblicherweise wird es sich dabei um das jeweilige Handelsregister und die Handelsregisternummer handeln. Diese Informationen ergeben sich in der Regel aus dem Impressum und müssen nicht gesondert aufgeführt werden.

4.3.3 Identität eines Vertreters

Wird der Dienst aus dem Ausland angeboten, muss ein Vertreter benannt werden, wenn dieser in Deutschland für das ausländische Unternehmen tätig ist. Sinn und Zweck der Vorschrift ist, dass ein ausländisches Unternehmen, das in Deutschland operiert, sich nicht verstecken können soll, sondern mitteilen muss, wer im Inland Ansprechpartner ist.

4.3.4 Ladungsfähige Anschrift

Das Gesetz verlangt die Angabe einer sogenannten ladungsfähigen Anschrift des Unternehmers. Gemeint ist eine Anschrift, unter der der Unternehmer gegebenenfalls verklagt werden kann. Nicht ausreichend ist eine bloße Postfachadresse. Es muss sich um eine echte Hausanschrift handeln.

4.3.5 Wesentliche Leistungsmerkmale

Jedes online angebotene Produkt – egal, ob Ware oder Dienstleistung – muss hinreichend genau beschrieben sein. Der Verbraucher muss in der Lage sein, das Leistungsangebot aufgrund der Informationen vernünftig bewerten zu können. Alle Merkmale, von denen der Unternehmer erwarten muss, dass sie ein verständiger Verbraucher bei seiner Entscheidung über den Vertragsschluss als wesentlich berücksichtigen wird, müssen angegeben werden. Die Warenbeschreibung sollte übersichtlich sein. Eine Leistungsbeschreibung in den AGB ist regelmäßig ausgeschlossen.

Vorsicht bei der Verwendung von Bildern zur Produktpräsentation

Zu einer ordnungsgemäßen Warenbeschreibung werden oft aussagekräftige Bilder gehören, die die Produkteigenschaften deutlich machen. Fotos von Waren genießen Urheberschutz. Es ist daher unzulässig, von Dritten aufgenommene Produktfotos ohne Zustimmung des Fotografen auf die eigene Website zu übernehmen. Das gilt selbst dann, wenn sich die gleichen Bilder auf der Seite des Herstellers befinden. Auch ein Deep-Link ist hier unzulässig.

4.3.6 Zustandekommen des Vertrages

Eine weitere Pflicht ist die Beratung darüber, wie der Vertrag online zustande kommt. Der Kunde soll also Klarheit darüber gewinnen, ob seine »Bestellung« ihn bereits rechtlich bindet und ob umgekehrt auch der Unternehmer durch die »Bestellung« des Verbrauchers schon gebunden ist.

Beispiel: eBay

Betreibt ein Unternehmer neben seiner Website auch einen eBay-Shop, muss er dafür Sorge tragen, dass dort belehrt wird, dass der Vertrag schon mit Ablauf der Bietzeit mit dem Höchstbietenden zustande kommt.

Eine solche Information des Verbrauchers setzt natürlich voraus, dass sich der Unternehmer zunächst im Klaren darüber ist, wann und auf welche Weise über seine Website Verträge geschlossen werden. Oft ist es so, dass die Website erst die Aufforderung zur Abgabe eines Angebots an den Verbraucher darstellt. Die Bestellung des Verbrauchers ist dann erst das eigentliche Angebot, das der Unternehmer noch annehmen oder ablehnen kann. Für den Unternehmer ist eine solche Vertragsgestaltung deshalb sinnvoll, weil er nach Eingang einer Bestellung des Kunden noch entscheiden kann, ob er die Bestellung auch ausliefern möchte. Erst mit dieser Entscheidung ist dann ein Vertrag mit dem Kunden tatsächlich geschlossen.

Tipp: Vertragsschlussmechanismus gut durchdenken

Dem Unternehmer ist jedenfalls dann zu raten, die Bestellung des Verbrauchers erst als dessen Angebot zum Abschluss eines Vertrages auszugestalten, wenn er die Lieferbarkeit der Ware noch prüfen möchte. Auch Fehler bei der Eingabe der Preise lassen sich deutlich einfacher korrigieren, wenn mit der Bestellung des Kunden formal noch kein Vertrag zustande gekommen ist. Insbesondere bei hochpreisigen Produkten macht es aus Sicht des Anbieters auch Sinn, eine Überprüfung des Kunden vorzunehmen, bevor der Vertrag tatsächlich geschlossen wird.

Die Informationspflicht setzt voraus, dass der Verbraucher darüber aufgeklärt wird, wie der Vertrag zustande kommt. Oft wird man diese Information in den AGB unterbringen können. Zwar wird sich die Art und Weise des Vertragsschlusses häufig aus den Umständen ergeben, dennoch ist es sinnvoll, eine ausdrückliche Erklärung darüber vorzuhalten.

Vorsicht bei Multi-Channel-Marketing

Wer verschiedene Online-Verkaufskanäle nutzt, muss jeweils im Einzelnen prüfen, ob die AGB universell einsetzbar sind oder auf die jeweilige Plattform angepasst werden müssen.

4.3.7 Mindestlaufzeit des Vertrages/Kündigungsbedingungen bei Dauerschuldverhältnissen

Das Fernabsatzrecht verlangt eine gesonderte Information darüber, welche Mindestlaufzeit ein Vertrag hat. Diese Informationspflicht ist natürlich nur einschlägig bei Dauerschuldverhältnissen, wenn also ein Vertrag nicht durch einmalige Lieferung beendet ist, sondern über längere Zeit läuft. Dies ist etwa bei Miet-, Lizenz- oder Provider-Verträgen der Fall. Aber auch Mobilfunk- und Internetzugangsverträge können als Dauerschuldverhältnisse ausgestaltet sein.

Wenn ein Dauerschuldverhältnis mit einer Mindestvertragslaufzeit vorliegt, ist die Mindestlaufzeit gesondert zu nennen. Hierbei genügt es, wenn diese in den AGB hervorgehoben dargestellt wird.

Vorsicht bei Vereinbarung von Mindestlaufzeiten

Die Vereinbarung von Mindestlaufzeiten ist nicht ohne Weiteres zulässig. Vielmehr sieht das strenge AGB-Recht vor, dass längere Laufzeiten als zwei Jahre unzulässig sind. Auch im Übrigen muss im Einzelnen geprüft werden, ob die Ausgestaltung der Laufzeiten unter Umständen mit automatischer Verlängerung des Vertrages überhaupt rechtmäßig ist.

Einher mit der Mindestlaufzeit geht die Pflicht, darüber zu informieren, wie der Kunde den Vertrag beenden kann. Gemeint sind sowohl außerordentliche als auch ordentliche Kündigungsrechte. Allerdings bezieht sich die Pflicht nur auf vertraglich vereinbarte Kündigungsrechte. Eine Rechtsberatung, welche gesetzlichen Rechte zur Kündigung bestehen, ist nicht erforderlich.

4.3.8 Liefervorbehalte

Bei Liefervorbehalten handelt es sich um die – meist in den AGB enthaltene – Einschränkung der Lieferfähigkeit durch den Unternehmer. Der Unternehmer will sich etwa vorbehalten, den Vertrag nicht erfüllen zu müssen, wenn ihn sein Lieferant im Stich lässt.

Vorsicht bei Liefervorbehalten in AGB

Auch Liefervorbehalte sind in den AGB gegenüber Verbrauchern nur sehr eingeschränkt zulässig. Grundsätzlich muss liefern können, wer einen Vertrag über die Lieferung einer bestimmten Ware schließt.

Werden dennoch Lieferungen unter Vorbehalt bestellt, muss darauf gesondert hingewiesen werden. Die entsprechende AGB-Bestimmung sollte deutlich hervorgehoben werden.

4.3.9 Preisangaben

Natürlich sind auch die Preise transparent anzugeben. Dies ergibt sich nicht nur aus dem Fernabsatzrecht, sondern auch aus der Preisangabenverordnung (siehe Abschnitt 4.5).

Das Gesetz verlangt die Offenlegung des Gesamtpreises der Ware oder Dienstleistung einschließlich aller damit verbundenen Preisbestandteile und aller über den Unternehmer abgeführten Steuern.

Unter Gesamtpreis ist die Summe aller für den Kunden in direktem Zusammenhang mit dem Geschäft anfallenden Kosten zu verstehen. Ausgenommen bleiben gegebenenfalls die Versandkosten, die in der Regel gesondert anzugeben sind.

Mit Steuern ist vor allem die Umsatzsteuer gemeint.

Eine gewisse Erleichterung schafft das Gesetz für Preise, die vor der Bestellung des Verbrauchers noch nicht angegeben werden können.

Beispiel: Preisangaben von Meterware

Bietet ein Stoffhändler im Internet Meterware an, genügt es zunächst, den Preis pro Meter anzugeben. Es empfiehlt sich allerdings, vor Abgabe der Bestellung den Gesamtpreis jeweils – automatisiert – auszurechnen.

Anzugeben ist in diesen Fällen eine Berechnungsgrundlage, die den Verbraucher in die Lage versetzt, den Preis für die Ware im Einzelnen ausrechnen zu können. Es muss also möglich sein, dass der Verbraucher aus objektiven Kriterien, die nicht im Einflussbereich des Unternehmers stehen, den Gesamtpreis zu errechnen, den er für die Inanspruchnahme der Leistung (oder die Warenlieferung) zu zahlen hat.

4.3.10 Liefer- und Versandkosten

Auch für die Angabe der Versandkosten gilt grundsätzlich die Preisangabenverordnung (siehe bei Preisangaben Abschnitt 4.5.3). Doch auch aus den fernabsatzrechtlichen Vorschriften ergibt sich die Pflicht, die für die Lieferung und den Versand anfallenden Kosten mitzuteilen. Dies bezieht auch die Tatsache ein, ob überhaupt Versandkosten anfallen.

Beispiel: Angabe von Auslandsversandkosten

Ein Online-Händler, der international aufgestellt ist, muss neben den für den Versand innerhalb Deutschlands anfallenden Kosten auch die Auslandsversandkosten im Einzelnen aufschlüsseln und angeben.

Zwar gelten die fernabsatzrechtlichen Regeln nur für den B2C-Bereich. Doch auch bei rein gewerblichem Handel darf nicht mit irreführenden Angaben zu Lieferkosten geworben werden.

Beispiel: »Lieferung frei Haus«

Wer in einem E-Mail-Newsletter mit der Angabe »Lieferung frei Haus« wirbt, darf nicht gleichzeitig einen Mindermengenaufschlag von 4,80 Euro verlangen, wenn ein Bestellwert von 50,- Euro nicht erreicht wird. [OLG Hamm 04/06]

4.3.11 Steuern und Abgaben

Der von dem Unternehmer anzugebende Gesamtpreis muss auch alle Steuern enthalten, die über den Unternehmer abgeführt werden. Fallen darüber hinaus

Steuern an, die der Kunde selbst bezahlen muss, soll der Unternehmer darüber Auskunft geben.

Beispiel

Bietet ein Finanzdienstleister im Internet Wertpapiertransaktionen an, wird man ein Mindestmaß an Belehrung über anfallende Steuern (beispielsweise Kapitalertrags- oder Abgeltungssteuer) erwarten dürfen.

4.3.12 Zahlungsbedingungen

Aus der Online-Präsentation müssen sich die Zahlungsbedingungen und die Möglichkeiten der Bezahlweise ergeben. In aller Regel hat der Unternehmer ein erhebliches Interesse daran, in vernünftiger Art und Weise darüber zu informieren, welche Zahlungsmethoden zur Verfügung stehen.

Anzugeben sind auch die Zahlungsbedingungen. Für den Verbraucher darf kein Zweifel darüber bestehen, ob er Vorkasse zu leisten hat oder etwa auf Rechnung bezahlen darf. Falls Letzteres der Fall ist, muss sich aus den Zahlungsbedingungen zweifelsfrei ergeben, welche Fristen hier gelten und ob der Verbraucher gegebenenfalls die Zahlung sofort nach Rechnungserhalt zu leisten hat.

4.3.13 Lieferzeiten

Der Verbraucher ist weiter über die »Einzelheiten hinsichtlich der Lieferung« zu informieren. Das bringt vor allem die Online-Händler in Schwierigkeiten, die Waren verkaufen, welche sie selbst erst im Anschluss an die Bestellung einkaufen müssen. Hier sind Lieferfristen oft ungewiss. Doch auch in diesen Fällen ist der Unternehmer gehalten, die Lieferzeit so genau wie möglich anzugeben. Gerichte haben mehrfach entschieden, dass die Hinweise »Fremdbelieferung«, »Lieferung auf Nachfrage« oder »nachbestellt« nicht genügend sind. Dagegen soll die Angabe von Circa-Fristen ausreichend sein.

Beispiel: Lieferzeit »in der Regel 1-2 Tage«

Eine Angabe, dass die Lieferzeit »in der Regel 1-2 Tage« betrage, hielt das Oberlandesgericht Bremen für unzureichend. »In der Regel« lasse lediglich auf die Lieferzeiten eines Normalfalls schließen. Welche Lieferfristen hingegen in Ausnahmefällen gelten, sei für den Besteller daher nicht ersichtlich. [OLG Bremen 04/07]

4.3.14 Belehrung über das Widerrufs- bzw. Rückgaberecht

Die wesentlichste Belehrungspflicht betrifft das Widerrufsrecht selbst, das dem Verbraucher einzuräumen ist. Schon vor Vertragsschluss soll der Verbraucher wissen, wie und wann er seinen Vertrag widerrufen kann.

Zu belehren ist auch, wenn ausnahmsweise kein Widerrufsrecht gilt.

Beispiel: Kein Widerrufsrecht bei Kundenspezifikationen

Wer die Herstellung von Fotobüchern anbietet, die der Kunde nach eigenen Wünschen zusammenstellen kann, muss an geeigneter Stelle auf der Website darauf hinweisen, dass ein Widerrufsrecht des Verbrauchers nicht besteht, weil die Fotobücher nach Kundenspezifikationen angefertigt werden.

Eine ordnungsgemäße Widerrufsbelehrung ist kompliziert (siehe dazu die Ausführungen bei Abschnitt 4.1.3).

4.3.15 Fernkommunikationskosten

Online-Händler, die auch die telefonische Bestellung anbieten oder eine Service-Hotline betreiben, müssen über die anfallenden Kosten belehren. Hier ist der Minutenpreis anzugeben. Inzwischen genügt es nicht mehr, auf die Tatsache hinzuweisen, dass Preise aus dem Mobilfunk abweichen können. Vielmehr muss der Höchstpreis genannt werden, der aus Handy-Netzen anfallen kann. Ebenfalls sind auch die Kosten anzugeben, wenn Faxabrufdienste angeboten werden.

4.3.16 Sonderangebote

Besondere Pflichten gelten, wenn Sonderangebote beworben werden. Hier soll der Unternehmer den Verbraucher darüber belehren, wie lange befristete Angebote gültig sind.

Beispiel: Nicht jede Befristung ist zulässig

Nicht jede Befristung ist aber zulässig: Das Oberlandesgericht Frankfurt a.M. hielt ein Sonderangebot eines Möbelhauses, das lediglich für 5 Stunden galt, für unzulässig, weil darin eine widerrechtliche Anlockung der Kunden zu sehen sei. [OLG Frankfurt 04/08]

4.3.17 Übermittlung der AGB

Die AGB eines Unternehmens müssen bei Vertragsschluss zur Verfügung stehen und gespeichert und ausgedruckt werden können. Außerdem müssen die Vertragsbestimmungen dem Verbraucher nach Vertragsschluss in Textform übermittelt werden.

Beispiel: Verschiedene AGB für verschiedene Leistungen

Hat ein Internetprovider verschiedene Leistungen im Angebot und verwendet er für das Hosting andere AGB als für Access-Providing-Verträge, muss er dafür sorgen, dass für den jeweiligen Vertragsschluss die entsprechenden AGB abrufbar sind. Zudem muss er dem Verbraucher mitteilen, ob die Vertragsbedingungen gespeichert werden und auch nach Vertragsschluss noch verfügbar sind. Ist der Vertrag zustande gekommen, müssen die AGB inklusive aller anderen Informationen jedenfalls per E-Mail an den Kunden übersandt werden.

Dem Erfordernis der Textform kann neben der Übermittlung per E-Mail auch per Telefax oder maschinell gefertigtem Brief Genüge getan werden.

Hinweis: Hervorhebungen in AGB

Bei der Übermittlung der AGB an den Verbraucher ist darauf zu achten, dass diejenigen Informationen, die dem Verbraucher zu übermitteln und in den AGB untergebracht sind, dort deutlich hervorgehoben werden.

4.3.18 Gewährleistungs- und Garantiebedingungen

Die Hervorhebungspflicht betrifft auch die Regelungen zur Gewährleistung, die im Verhältnis zum Kunden gelten. Auch hier sind nur vertragliche Bedingungen gemeint. Eine Pflicht, über die gesetzlichen Gewährleistungsbestimmungen zu informieren, besteht nicht. Mit Gewährleistung sind die Regeln gemeint, die sich mit dem Fall beschäftigen, dass die Ware mangelhaft ist. Häufig werden hier Nachbesserungsmöglichkeiten des Unternehmers vereinbart. Darauf wäre dann gesondert hinzuweisen.

Ebenfalls hervorgehoben werden sollten die Garantiebedingungen. Bietet der Unternehmer eine von sonstigen Voraussetzungen unabhängige Garantie an, muss er dies in geeigneter Weise deutlich machen und den Verbraucher darüber informieren.

4.3.19 Kundendienst

Der Unternehmer muss den Verbraucher über die von ihm angebotenen Kundendienstleistungen informieren. Unter Kundendienst in diesem Sinne ist jede dem Vertragsschluss nachgeordnete Leistung des Unternehmers an den Verbraucher zu verstehen, die mit der Hauptleistung im engen Zusammenhang steht. Erfasst sind also alle Wartungs-, Instandhaltungs-, Instandsetzungs- und Reparatur-, aber auch Service-Leistungen. Mit umfasst dürften daher grundsätzlich auch Service-Hotlines sein. Hier ist wiederum auf die richtige Preisangabe zu achten.

Vorsicht: Sprachwahl des Kundendienstes

Wird der Kundendienst in einer anderen Sprache angeboten als der Vertragsschluss, muss darauf gesondert hingewiesen werden.

Beispiel: Deutschsprachige Website von italienischem Schuhhändler

Ein italienischer Online-Händler von Schuhen muss darauf hinweisen, wenn sein Kundendienst lediglich in italienischer Sprache zur Verfügung steht, wenn er gleichzeitig eine Website in deutscher Sprache anbietet.

4.4 Wie und wann muss die Information erbracht werden?

Die Information des Verbrauchers muss gleich zweimal erfolgen. Zum einen muss der Verbraucher schon vor Vertragsschluss alle Informationen zur Verfügung haben. Außerdem muss unmittelbar nach Vertragsschluss die Gesamtheit der Informationen noch einmal per E-Mail oder auf Papier übermittelt werden.

Hinweis: Alle Informationen auch per E-Mail senden!

Hat ein Online-Shop-Betreiber wirklich alle Informationen auf dem Weg zum Vertragsschluss in seine Website integriert, ist er trotzdem nur der Hälfte seiner Pflichten nachgekommen. Er muss dafür sorgen, dass all diese Informationen dem Verbraucher im Anschluss an den Vertragsschluss auch in Textform (also per E-Mail oder auf Papier) zur Verfügung stehen.

4.4.1 Vorvertragliche Informationen

Vor Vertragsschluss gilt keine Formbindung. Das heißt, die Informationen können dem Verbraucher theoretisch sogar mündlich übermittelt werden. Es gilt allerdings das Gebot der Mediengerechtheit. Das bedeutet, dass die Informationen in einer für das eingesetzte Medium typischen Weise vermittelt werden müssen.

Beispiel: Gebot der Mediengerechtheit

Kommt der gesamte Vertragsschluss ohne Flash aus, wäre es nicht mediengerecht und damit rechtswidrig, ausgerechnet die Informationen zum Anbieter in eine Flash-Animation auszulagern und so den Zugang zu diesen Informationen zu erschweren.

Weiterhin ist die Website so übersichtlich zu halten, dass es dem Verbraucher ohne Weiteres möglich ist, auch die Vielzahl der Informationen zur Kenntnis zu nehmen.

Vorsicht bei nicht allgemein gebräuchlichen Dateiformaten

Zurückhaltung ist beim Einsatz von nicht allgemein gebräuchlichen Dateiformaten geboten. Zulässig sind nur solche Dateiformate, die der Verbraucher ohnehin zu sehen in der Lage sein muss, um den Vertrag zu schließen.

Bezüglich der Kenntnisnahme der Informationen ist insbesondere darauf zu achten, dass die Informationen in der Sprache zur Verfügung gestellt werden müssen, in der auch der Vertrag zustande gekommen ist.

Beispiel: Shop in englischer Sprache

Wird der Online-Shop, um eine Internationalisierung zu erreichen, ins Englische übertragen und ist größtenteils auch in englischer Sprache gehalten, darf die Widerrufsbelehrung nicht allein in deutscher Sprache vorliegen.

Sind Informationen über Waren oder Dienstleistungen sowohl über das Internet als auch mobil abrufbar und kann beispielsweise ein Vertrag auch über das iPhone geschlossen werden, müssen die Informationen so in den Bestellprozess integriert werden, dass sie auch auf mobilen Endgeräten vernünftig lesbar sind. Demzufolge muss ein Online-Händler, der eine iPad-App ebenfalls für seinen Online-Shop anbieten will, seinen Entwicklern mitteilen, dass alle Informationen, die in der Website enthalten sind, auch über die App in geeigneter Weise erreichbar sein müssen.

Tipp: Im M-Commerce AGB per E-Mail senden

Schwierig ist es bei mobilen Anbindungen oftmals, die AGB bei Vertragsschluss so verfügbar zu halten, dass sie gespeichert und ausgedruckt werden können. Hier bietet es sich an, dem Verbraucher zu ermöglichen, sich sofort eine E-Mail mit den notwendigen Informationen übersenden zu lassen. Unabhängig davon besteht ohnehin die Pflicht, die Information nach Vertragsschluss per E-Mail oder mit der Ware zu übersenden.

4.4.2 Nachvertragliche Informationen

Im Gegensatz zur Informationspflicht vor Vertragsschluss ist die nachvertragliche Informationspflicht an die Textform gebunden. Eine Übermittlung der Informationen an den Verbraucher kann daher per E-Mail erfolgen. Ebenfalls ist dabei zu beachten, dass die Informationen in der gleichen Sprache zur Verfügung gestellt werden, in der der Vertrag zustande gekommen ist.

Zeitlich müssen die Informationen alsbald, spätestens mit Erfüllung des Vertrages mitgeteilt werden. Bei Verträgen über Waren ist der späteste Zeitpunkt der Informationsübermittlung die Lieferung.

Vorsicht bei nachvertraglicher Information per Download

Werden dem Verbraucher nachvertragliche Informationen lediglich per Download zur Verfügung gestellt, ist die Informationspflicht erst erfüllt, wenn sich der Verbraucher diese Informationen auch tatsächlich heruntergeladen hat. Dies kann hinsichtlich der Frist zur Übertragung Probleme bereiten und ist daher nicht zu empfehlen.

4.5 Preisangaben

Wird mit Preisen geworben, muss der Online-Händler stets den Endpreis angeben. Eine Pflicht, den Preis überhaupt zu nennen, besteht aber nur, wenn ein konkretes Angebot (etwa in einem Online-Shop) beworben wird.

Beispiel: Preisangaben des Ersatzteilhändlers

Will ein Ersatzteilhändler für die von ihm vertriebenen Felgen werben, muss er in einer Google-AdWords-Anzeige keinen Preis nennen, wenn das Produkt dort noch nicht vollständig beschrieben ist. Entscheidet sich der Händler aber, mit dem konkurrenzlos günstigen Preis schon in der

Anzeige Werbung zu machen, muss der Preis alle Preisbestandteile, insbesondere Steuern enthalten. In seinem Online-Shop muss der Händler in jedem Fall den Endpreis angeben, den die Felge in der jeweiligen Ausstattung kostet.

Für den Verbraucher ist eine transparente Preisangabe insbesondere für den Vergleich von Preisen bedeutsam. Schließlich stellt der Preis neben der Qualität einer Ware oder Dienstleistung das wichtigste Entscheidungskriterium für den Verbraucher dar. In diesem Sinne sollen durch die Preiswerbevorschriften auch irreführende Preisangaben verhindert werden.

4.5.1 Wann besteht eine Pflicht zur Preisangabe?

Eine Pflicht zur Angabe von Preisen besteht nur, wenn der Unternehmer Waren oder Leistungen direkt zum Kauf anbietet, nicht aber, wenn er nur allgemein für ein Produkt oder Produktgruppen wirbt. Für den E-Commerce bedeutet dies, dass Warenpräsentationen mit unmittelbarer Bestellmöglichkeit stets einer Preisangabe bedürfen.

Beispiel: Preise im Banner

Wenn es nur noch eines Klicks bedarf, um die Ware in den Warenkorb zu legen, muss der Endpreis angegeben werden.

Für Bannerwerbung, die lediglich eine Marke bewirbt, gilt keine Angabepflicht. Beschreibt ein Banner dagegen ein konkretes Produkt schon so klar und eindeutig, dass keine Fragen offenbleiben und führt der Link unmittelbar in den Shop des Werbenden oder in einen virtuellen Warenkorb, kann darin durchaus ein Angebot gesehen werden. Solange allerdings für den Kunden anschließend noch Wahlmöglichkeiten bestehen (sei es auch nur hinsichtlich der Farbe der Ware), bedarf es einer Preisangabe in der Werbung nicht.

Tipp: Wahlmöglichkeiten offen lassen

Soll der Preis in der Werbung nicht erscheinen, empfiehlt es sich, die Ware noch nicht endgültig zu beschreiben. Der Kunde muss im Shop noch eine Wahlmöglichkeit zwischen verschiedenen Varianten haben.

4.5.2 Pflicht zur Endpreisangabe

Werden Preise in der Werbung angegeben, sieht die Preisangabenverordnung (PAngV) – natürlich auch für das Internet – eine Pflicht zur Angabe des sogenannten Endpreises vor. Dies soll verhindern, dass der Letztverbraucher selbst den zu zahlenden Preis ermitteln muss. Endpreis ist das tatsächlich zu zahlende Gesamtentgelt. Anzugeben ist der Gesamtpreis inklusive aller Steuern, Gebühren und Zuschläge.

Beispiel: Preisangabe bei Flugreisen im Internet

Werden Flugreisen im Internet angeboten, muss der angegebene Preis eine Service-Charge und einen eventuellen Treibstoffzuschlag bereits enthalten. Erfolgt die Buchung per Kreditkarte, sind in den ausgewiesenen Preis die Kreditkartengebühren mit einzurechnen, wenn nicht eine echte kostenfreie Zahlungsalternative besteht. [LG Leipzig 04/09]

Die Preisauszeichnung muss sich unmittelbar bei den Abbildungen oder bei der Warenbeschreibung befinden. Eine Angabe in Preislisten oder Warenbeschreibungen genügt nicht.

Tipp für Versteigerungen auf eBay

Für Versteigerungen gilt die PAngV nicht. Bei Versteigerungen auf eBay muss daher nicht vorab der Preis genannt werden. Anders ist dies aber bei Nutzung der Sofort-Kaufen-Option.

4.5.3 Angabe von Versandkosten

Neben dem Endpreis ist anzugeben, dass die geforderten Preise die Umsatzsteuer und sonstige Preisbestandteile enthalten und ob zusätzliche Liefer- und Versandkosten anfallen. Falls keine zusätzlichen Versandkosten anfallen, ist auf den kostenlosen Versand hinzuweisen.

Beispiel: Versandkostenangabe bei Bannerwerbung

Wird eine Ware in einem Banner mit einem besonders günstigen Preis beworben, muss darauf hingewiesen werden, dass Versandkosten anfallen. Ist das nicht der Fall, genügt ein Hinweis »Versandkostenfrei!«.

Nach einer Entscheidung des BGH aus dem Jahre 2007 wird gegen die PAngV nicht verstoßen, wenn auf einer Website neben der Abbildung einer Ware nur deren Preis genannt wird und nicht schon auf zusätzliche Versandkosten hingewiesen wird. Es genügt also, wenn sich die Versandkosten auf einer gesonderten

Seite befinden, die noch vor Einleitung des Bestellvorgangs aufgerufen werden muss.

Vorsicht: Preisangaben in AGB nicht ausreichend

Nicht ausreichend ist es, wenn die Angaben zu den Preisen lediglich versteckt in den AGB enthalten sind.

Dagegen können Hyperlinks für die Preisangaben verwendet werden, solange der jeweilige Link klar als Verweis auf die Preisangaben gekennzeichnet ist und die Seite notwendigerweise vor Einleitung des Bestellvorgangs aufgerufen werden muss. Ein Hinweis »zzgl. Versandkosten« genügt also, wenn sich beim Anklicken dieses Hinweises ein Bildschirmfenster mit einer übersichtlichen und verständlichen Erläuterung der allgemeinen Berechnungsmodalitäten öffnet und die tatsächliche Höhe der für den Einkauf anfallenden Versandkosten jeweils bei Aufruf des virtuellen Warenkorbs in der Preisaufstellung gesondert ausgewiesen wird. Nicht ausreichend ist demgegenüber, den Hinweis lediglich als Sternchenhinweis am Seitenende aufzuführen, ohne dass dieser ausdrücklich und klar gekennzeichnet ist und zudem verlinkt wird.

Vorsicht bei Preissuchmaschinen

In Preissuchmaschinen sind die Versandkosten gesondert auszuweisen.

Nach Ansicht des BGH ist es irreführend und als Verstoß gegen die PAngV anzusehen, wenn Waren über eine Preissuchmaschine beworben werden, ohne dass die Versandkosten dort angegeben sind. Der BGH hat darauf abgestellt, dass der Verbraucher in Preisvergleichslisten auf einen Blick erkennen können müsse, ob der angegebene Preis die Versandkosten enthalte oder nicht (vgl. zu rechtlichen Problemen bei der Preissuche auch Abschnitt 7.3).

Entscheidend war für den BGH, dass es sich gerade um eine nach dem Preis der Ware sortierte Rangliste handelte. Hier sei in jedem Fall auch ein konkreter Hinweis auf die Liefer- und Versandkosten aufzunehmen. Nicht ausreichend sei es daher, wenn der Interessent auf die zusätzlich anfallenden Versandkosten erst dann hingewiesen werde, wenn er sich mit einem bestimmten Angebot näher beschäftige. [BGH 04/10]

4.5.4 Angabe von Grundpreisen

Die PAngV verlangt bei messbaren Waren oder Leistungen, wenn diese nach Gewicht, Volumen, Länge oder Fläche angeboten werden, die Angabe des

»Grundpreises«. Als Grundpreis gilt dabei der dem Endpreis zugrunde liegende Preis je Mengeneinheit inkl. weiterer Preisbestandteile.

Beispiel

Wer also Waschmittel zu einem Preis von 5,79 Euro für die 750g-Packung anbietet, muss zugleich den Kilopreis von 7,72 Euro angeben.

Anders als bei den Versandkosten muss die Preisauszeichnung unmittelbar bei den Abbildungen oder Beschreibungen der Waren erfolgen. Der Grundpreis muss also direkt neben dem Endpreis genannt werden, so dass der Verbraucher beide Preise auf einen Blick erfassen kann. Die Erreichbarkeit des Grundpreises über einen Mausklick genügt nicht.

4.5.5 Währung

In Deutschland gilt der Grundsatz, dass der Preis in der Währung anzugeben ist, in der er auch bezahlt werden muss.

Kann der Preis einer Ware also in Euro, Dollar und Schweizer Franken bezahlt werden, müssen diese drei Preise auch angegeben werden. Kann nur in Dollar bezahlt werden, müssen andere Währungen nicht angegeben werden.

Vorsicht bei Preisangaben für die Schweiz

In der Schweiz ist die Rechtslage anders. Werden auch schweizer Kunden angesprochen, müssen Preise stets auch in Schweizer Franken ausgewiesen werden.

4.5.6 Kostenpflichtige Rufnummern

Werden Service-Rufnummern beworben, muss der zu zahlende Bruttopreis angegeben werden: bei zeitabhängigen Preisen der Minutenpreis, bei zeitunabhängig abgerechneten Dienstleistungen der Gesamtpreis für die Verbindung. Gelten für Anrufe aus den Mobilfunknetzen vom Festnetzpreis abweichende Preise, muss der Festnetzpreis angegeben werden.

Hinweis: Bei Service-Rufnummern: Maximalpreise angeben

Bei Service-Nummern, die mit 0180 beginnen, besteht eine Pflicht, für Anrufe aus dem Mobilfunknetz Höchstpreise zu benennen. Die Angabe »Mobilfunkpreise können abweichen« genügt nicht mehr.

4.5.7 Preisvergleiche

Unternehmen, die eigene Preise mit denen des Wettbewerbs vergleichen, müssen eine Reihe von Regeln beachten. Insbesondere müssen die gleichen Leistungen Gegenstand des Vergleichs sein.

Beispiel: Preisvergleiche müssen gleiche Leistungen betreffen

Ein Internetprovider, der auf seiner Internetseite mit einem Preisvergleich wirbt, dass er günstiger als die Konkurrenz Flatrates anbietet, muss darauf achten, dass die Konkurrenzprodukte keine höheren Übertragungsgeschwindigkeiten aufweisen.

Preisvergleiche sind unlauter, wenn sie sich »nicht objektiv auf eine oder mehrere wesentliche, relevante, nachprüfbare und typische Eigenschaften oder den Preis dieser Ware oder Dienstleistung« beziehen. Gegenstand des Vergleichs dürfen daher nur bestimmte Eigenschaften einer Ware oder Dienstleistung und ihr Preis sein. Unlauter ist somit grundsätzlich ein Vergleich der Umsätze konkurrierender Produkte, da daraus kein Rückschluss auf die Produkteigenschaft möglich ist.

Zulässig ist grundsätzlich der Eigenpreisvergleich, also der Vergleich mit früher verlangten Preisen. Dabei darf es sich aber nicht um »Mondpreise« handeln. Das wäre der Fall, wenn der alte Preis nur deshalb kurzzeitig verlangt wurde, um ihn anschließend heruntersetzen zu können, um mit der Preisdifferenz werben zu können.

Wer etwa auf Google AdWords mit erheblichen Preisreduktionen wirbt, muss auf der Zielseite deutlich machen, für welche Waren bzw. Leistungen der Nachlass gilt und unter welchen Voraussetzungen der Rabatt in Anspruch genommen werden kann. Verboten sind dabei unwahre Angaben über das Vorhandensein eines bestimmten Preisvorteils, den Preis selbst oder die Art und Weise, wie er berechnet wird.

Besonderheiten bestehen, wenn die Preiswerbung in einer Preissuchmaschine erfolgt.

Hier hat der BGH entschieden, dass es irreführend ist, wenn Waren über eine Preissuchmaschine beworben werden, ohne die Versandkosten dort anzugeben. [BGH 04/10]

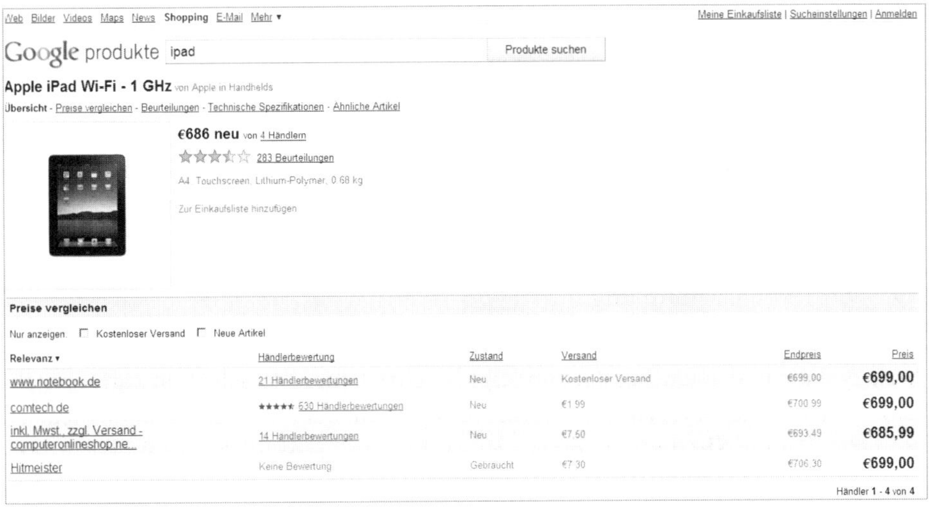

Abb. 4.1: Die Preissuchmaschine von Google – Preisvergleich bezüglich eines Apple iPad

Eine weitere Entscheidung des BGH betrifft die Aktualität von Angaben in Preissuchmaschinen (vgl. zu Preissuchmaschinen Abschnitt 7.3). Weil der Nutzer eines Preisvergleichsportals mit den dort präsentierten Inhalten regelmäßig die Erwartung einer höchstmöglichen Aktualität verbinde, sei es wettbewerbswidrig, wenn bei einer Preiserhöhung der im Shop angegebene Preis höher sei als der Suchmaschinenpreis. [BGH 04/11]

4.6 Spezielle gesetzliche Regelungen

Je nach vertriebenem Produkt müssen Online-Händler ganz verschiedene Gesetze und Verordnungen beachten. Dabei handelt es sich oft um Spezialvorschriften, die ohnehin kennt, wer entsprechende Waren verkauft.

Checkliste – Beispiele für Spezialgesetze

- ✓ Arzneimittelgesetz
- ✓ Batteriegesetz
- ✓ Buchpreisbindungsgesetz
- ✓ Elektro- und Elektronikgerätegesetz
- ✓ Energieverbrauchskennzeichnungsverordnung
- ✓ Geräte- und Produktsicherheitsgesetz
- ✓ Heilmittelwerbegesetz

- ✓ Kosmetikverordnung
- ✓ Lebensmittel-, Bedarfsgegenstände- und Futtermittelgesetzbuch
- ✓ Lebensmittel-Kennzeichnungsverordnung
- ✓ Medizinproduktegesetz
- ✓ Nahrungsmittelergänzungsverordnung
- ✓ Textilkennzeichnungsverordnung
- ✓ Verpackungsverordnung

Während die in diesem Kapitel eingangs beschriebenen Vorschriften zum Fernabsatzrecht und zur Preisangabenverordnung mehr oder weniger unterschiedslos für jeden Online-Shop gelten, gibt es eine schier unüberschaubare Zahl von Spezialregelungen, die eben nur für die Spezialisten gelten.

Tipp: Rechtsberatung einholen

Jeder Spezialversender sollte sich über seinen Branchenverband oder einen Rechtsanwalt die notwendigen Informationen zu speziellen gesetzlichen Regelungen holen.

Im Folgenden finden Sie eine Zusammenstellung einiger besonders wichtiger Regelungen.

4.6.1 Arzneimittel

Wer Medikamente im Internet vertreibt oder dafür Werbung macht, muss insbesondere die Vorschriften des Heilmittelwerbegesetzes und das Arzneimittelgesetz beachten.

Beispiel: Unzulässige produktbezogene Arzneimittelwerbung

Der BGH hielt eine ganzseitige Anzeige in verschiedenen überregionalen Tageszeitungen, die vordergründig gesundheitspolitische Ziele verfolgte, für eine unzulässige produktbezogene Arzneimittelwerbung, weil für das angesprochene Publikum erkennbar geblieben wäre, dass sich die werbende Aussage auf ein konkretes Arzneimittel bezogen hätte. [BGH 04/12]

Kaum ein einzelnes Rechtsgebiet ist so stark durchreguliert, wie das Arzneimittel(werbe)recht. Allein die Frage, ob Medikamente überhaupt über das Internet an den Verbraucher versandt werden dürfen, hat die Gerichte landauf und landab intensiv beschäftigt. Die Versandapotheke DocMorris hat bis zum Europäischen Gerichtshof (EuGH) klären lassen, ob der Versand von Medikamenten über das Internet – womöglich noch über Ländergrenzen hinweg – überhaupt zulässig ist. Dies hat der EuGH, jedenfalls für Arzneimittel, die nicht verschreibungspflichtig sind, bejaht. [EuGH 04/13]

Vorsicht bei verschreibungspflichtigen Arzneimitteln

Wer verschreibungspflichtige Arzneimittel vertreibt, ohne Apotheker zu sein, handelt strafbar. Hier droht also nicht nur die übliche Abmahnung. Vielmehr kann auch die Staatsanwaltschaft auf den Plan treten und strafrechtliche Ermittlungen gegen den Händler einleiten.

Beachtet werden muss auch das Heilmittelwerbegesetz. Nach diesem Gesetz bedarf es einer umfangreichen Information über das angebotene Arzneimittel oder Medizinprodukt. Insbesondere muss auf den Namen oder die Firma und den Sitz des Herstellerunternehmens hingewiesen werden. Auch die Zusammensetzung des Arzneimittels, seine Anwendungsgebiete und Gegenanzeigen sowie Nebenwirkungen müssen im Detail aufgeführt werden. Überhaupt ist bei einer Werbung außerhalb von Fachkreisen für Arzneimittel Vorsicht geboten. Stets bedarf es des Hinweises zu den Risiken und Nebenwirkungen, der aus der TV- und Radiowerbung hinlänglich bekannt ist.

Ein weiterer, für das Angebot von Arzneimitteln im Internet wesentlicher Gesetzesbereich ist die Preisbindung für Arzneimittel. Hier gilt die Arzneimittelpreisverordnung, wonach bestimmte Preisspannen für Arzneimittel einzuhalten sind. Dies gilt auch, wenn der Versand durch eine ausländische Versandapotheke erfolgt.

Beispiel: Versandapotheke

Einer niederländischen Aktiengesellschaft, die eine Versandapotheke betreibt und im Internet mit der Erstattung in Höhe der halben gesetzlichen Zuzahlung warb, wenn Kassenpatienten rezeptpflichtige Arzneimittel über ihre Versandapotheke erwerben, untersagte das Oberlandesgericht München diese Werbemaßnahme. Das Gericht wendete dabei deutsches Recht an und hielt die Werbung für wettbewerbswidrig, weil eine solche Werbung gegen die Arzneimittelpreisverordnung verstoße. [OLG München 04/14]

4.6.2 Bücher

Wer neuwertige Bücher im Internet vertreibt, muss das Buchpreisbindungsgesetz beachten und den von dem Verleger festgesetzten Ladenpreis verlangen.

Beispiel: Versteigerung von preisgebundenen Büchern im Internet

Möchte ein Händler eine große Anzahl an Büchern, die er in seinem Online-Shop nicht an den Mann bekommt, über eBay versteigern, schiebt ihm die Buchpreisbindung einen Riegel vor. Die gewerbliche Versteigerung von preisgebundenen Büchern im Internet ist unzulässig. [OLG Frankfurt 04/15]

Der Buchpreisbindung unterliegen neue Bücher, Zeitungen und Zeitschriften. Dazu zählen neben Büchern auch Musiknoten und kartografische Produkte. Auch Remittenden, also von den Buchhändlern zurückgesandte Exemplare, sind preisgebunden, solange es sich nicht um Mängelexemplare handelt.

Hinweis: Buchpreisbindung auch für E-Books

Nach Ansicht des Börsenvereins des deutschen Buchhandels gilt die Preisbindung auch für E-Books, die einem gedruckten Buch im Wesentlichen entsprechen.

Es gibt einige Ausnahmen von der Buchpreisbindung.

Checkliste – Ausnahmen vom Buchpreisbindungsrecht

- ✓ Gebrauchte Bücher, wenn diese bereits einmal zu einem gebundenen Ladenpreis verkauft wurden
- ✓ Grenzüberschreitende Verkäufe innerhalb des EWR
- ✓ Autorenexemplare
- ✓ Lehrerexemplare
- ✓ Hörbücher
- ✓ Begrenzte Räumungsverkäufe
- ✓ Kalender
- ✓ Mediale Produkte wie etwa CDs, Videos, DVDs usw.

✓ Mängelexemplare – nur solche Produkte, die zunächst einwandfrei waren, aber durch äußere Umstände Beschädigungen erfahren haben. Außerdem muss ein Mängelexemplar als solches gekennzeichnet sein. Wichtig ist, dass allein durch das Aufdrucken der Kennzeichnung »Mängelexemplar« das Buch nicht mangelhaft wird. Eine entsprechende Beschädigung muss vorher bereits vorgelegen haben.

Gebunden sind nur gewerbsmäßige Verkäufer neuer Bücher. Wer privat Bücher weiterveräußert, unterliegt nicht der Buchpreisbindung. Allerdings wird man recht schnell zum gewerblichen Verkäufer. Wer eine Vielzahl neuwertiger Bücher bei eBay versteigert, handelt gewerbsmäßig.

Vorsicht bei Verkaufsförderungsmaßnahmen

Reinen Buchhändlern legt die Buchpreisbindung auch bei weiteren Verkaufsförderungsmaßnahmen Beschränkungen auf. So dürfen nicht ohne Weiteres Gutscheine zum Erwerb von Büchern ausgegeben werden.

4.6.3 Elektronikartikel

Hinsichtlich des Online-Vertriebs von Elektroartikeln ist eine Vielzahl von spezialgesetzlichen Regelungen zu beachten. Insbesondere von Bedeutung für den Online-Händler sind dabei das Elektro- und Elektronikgerätegesetz, das Batteriegesetz, das Geräte- und Produktsicherheitsgesetz, das Einheiten- und Zeitgesetz sowie die Energieverbrauchskennzeichnungsverordnung.

Vorsicht: Verstöße können zu Geldstrafe führen

Werden die spezialgesetzlichen Pflichten missachtet, kann dies unter Umständen für den Online-Händler Ordnungswidrigkeitsverfahren bzw. Geldstrafen nach sich ziehen.

Altgeräte Das Elektro- und Elektronikgerätegesetz regelt das Recycling und die umweltverträgliche Abfallentsorgung von Elektrogeräten. In diesem Zusammenhang werden hauptsächlich dem Hersteller erhebliche Pflichten auferlegt. Unter anderem muss der Hersteller sich und seine Produkte bei der EAR (Stiftung Elektro-Altgeräte Register) registrieren lassen und Altgeräte auf eigene Kosten zurücknehmen und entsorgen.

Für den Händler bestehen solche Pflichten grundsätzlich nicht. Allerdings wird von ihm erwartet, dass er sich mithilfe des frei zugänglichen Herstellerregisters über die Registrierung des Herstellers und dessen Produkte erkundigt. Kommt er dieser Verpflichtung nicht nach und bietet dennoch Elektro- und Elektronikgeräte nicht registrierter Hersteller zum Verkauf an, wird er rechtlich dem Hersteller gleichgesetzt. Ihn treffen dann die gleichen Pflichten wie den Hersteller.

Beispiel: Mobiltelefone aus China

Ein Online-Händler der Mobiltelefone aus China vertreibt, die nicht bei der EAR registriert sind, wird wie der Hersteller der Telefone behandelt. Er muss sich und die Mobiltelefone demnach selbst registrieren lassen und für die Kosten der Entsorgung aufkommen. Kommt er diesen Pflichten nicht nach, begeht er gem. § 28 ElektroG eine Ordnungswidrigkeit, die mit einer Geldstrafe bis zu 50.000 € geahndet werden kann.

Batterien Sobald ein Elektroartikel Batterien oder Akkumulatoren für den Betrieb verlangt und diese entweder fester Bestandteil des Produkts oder im Lieferumfang enthalten sind, müssen Online-Händler zusätzlich das Batteriegesetz – eine weitere Abfall- und Recycling-Regulierung – beachten.

Dabei werden die Händler durch das Batteriegesetz verpflichtet, Altbatterien vom Endverbraucher unentgeltlich zurückzunehmen. Diese Rücknahmepflicht ist in dreifacher Hinsicht begrenzt:

- Die Rücknahmepflicht des Händlers erstreckt sich nicht auf Produkte mit integrierten Batterien oder Akkus (diese werden abschließend durch das Elektrogesetz geregelt).
- Der Händler muss nur die Batterien und Akkus zurücknehmen, die er in seinem Shop führt oder zumindest geführt hat.
- Es müssen nur so viele Batterien oder Akkus zurückgenommen werden, wie der Händler üblicherweise an den Endverbraucher verkauft.

Außerdem treffen den (Online-)Händler eine Reihe von Hinweis- und Kennzeichnungspflichten (§ 17 und 18 BattG). Unter anderem muss er den Kunden darauf hinweisen, dass der Endverbraucher gesetzlich zur Rückgabe der Altbatterien verpflichtet ist und dass die Rücknahme unentgeltlich zu erfolgen hat.

Diese Hinweise müssen »durch gut sicht- und lesbare, im unmittelbaren Sichtbereich des Hauptkundenstroms platzierte Schrift- oder Bildtafeln« erfolgen.

Zudem müssen sich Vertreiber, die vorsätzlich oder fahrlässig Batterien und Akkus von Herstellern in den Verkehr bringen, die nicht beim Umweltbundesamt gemeldet sind, so behandeln lassen, als ob sie die Hersteller der Produkte wären, d.h. sie treffen weitergehende Pflichten, die sonst ausschließlich die Hersteller beachten müssen.

Hinweis: Batterien im Online-Handel

Im Versandhandel ist gesetzlich vorgeschrieben, wie die Hinweispflicht zu erfolgen hat: Gem. § 18 Abs. 1 S. 2 BattG müssen die Informationen entweder schriftlich in der Warensendung beigefügt oder gut sichtbar auf der Internetseite im Zusammenhang mit dem Angebot abgebildet sein. Eine separate Informationsbelehrung per E-Mail ist demnach nicht ausreichend.

Produktsicherheit Neben Recycling und Abfallentsorgung müssen bei dem Vertrieb von Elektro- und Elektronikgeräten auch Sicherheitsbestimmungen beachtet werden. Das Geräte- und Produktsicherheitsgesetz schreibt dem Händler explizit vor, dass er ausschließlich sichere Produkte in Verkehr bringen darf. Weiß er oder muss er anhand vorliegender Informationen und Erfahrungen davon ausgehen, dass die Produkte Sicherheitsmängel aufweisen, darf er diese nicht zum Verkauf anbieten. Dieses Verkaufsverbot gilt insbesondere für Produkte, die eine CE-Kennzeichnung (Conformité Européenne) oder das GS-Zeichen (Geprüfte Sicherheit) tragen, ohne die entsprechenden europarechtlichen Vorgaben zur Produktsicherheit zu erfüllen.

Vorsicht: Prüfpflicht kann auch den Händler treffen

Prüf- und Kennzeichnungspflichten bezüglich der Sicherheit des Produkts, die grundsätzlich lediglich der Hersteller beachten muss, gelten ebenfalls für Händler, die Produkte aus einem Drittland in den Europäischen Wirtschaftsraum einführen.

Größen und Zeiten Weiterhin muss bei der Bewerbung und dem Handel von Elektro- und Elektronikgeräten im Internet darauf geachtet werden, dass nur Größen und Zeiten angegeben werden dürfen, die durch das Bundesministerium für Wirtschaft und Technologie festgesetzt wurden. Dies schreibt das Einheiten- und Zeitgesetz vor.

Energieverbrauch Wer im Internet Haushalts-Elektro-Großgeräte anbietet, muss obendrein auch noch die Energieverbrauchskennzeichnungsverordnung (EnVKV) berücksichtigen.

Checkliste – Geltung der EnVKV

Diese gilt für folgende stromnetzbetriebene Geräte:

✓ Kühl- und Gefrierschränke

✓ Waschmaschinen

- ✓ Wäschetrockner
- ✓ Wasch- und Trockenautomaten
- ✓ Geschirrspülmaschinen
- ✓ Glühbirnen
- ✓ Raumklimaanlagen
- ✓ Elektro-Backöfen

Die EnVKV schreibt für diese Geräte eine umfassende Kennzeichnung vor. Der Umfang der Kennzeichnungspflicht ist je nach Gerätetyp verschieden. Jedenfalls ist die sogenannte Energieeffizienzklasse anzugeben. Weiterhin können auch Angaben zu Wasserverbrauch, Geräuschemission, Trockenwirkung, Reinigungswirkung etc. zwingend sein.

Beispiel: »sehr sparsamer Energieverbrauch«

Eine Werbeaussage »sehr sparsamer Energieverbrauch« für Kühlschränke kann irreführend und wettbewerbswidrig sein, wenn eine Vielzahl von vergleichbaren Geräten eine bessere Energieeffizenzklasse aufweist.

Die notwendigen Angaben sind dabei auf die Seite aufzunehmen, auf der auch die Produktpräsentation erfolgt. Nicht genügend ist es, wenn sich die Angaben unsortiert aus irgendwelchen Unterseiten entnehmen lassen. Damit ist es auch nicht möglich, für die Angaben zum Energieverbrauch auf Tabellen zu verweisen, die jeweils verlinkt sind. [OLG Dresden 04/16]

4.6.4 Lebensmittel

Für die Werbung und den Vertrieb von Lebensmitteln (im Internet) besteht eine erhebliche Anzahl von spezialgesetzlichen Regelungen. Von besonderer Bedeutung sind für alle Online-Shops, die Lebens- oder Nahrungsergänzungsmittel anbieten, das Lebensmittel-, Bedarfsgegenstände- und Futtermittelgesetzbuch, die Lebensmittel-Kennzeichnungsverordnung sowie die Nahrungsergänzungsmittelverordnung.

Vorsicht: Verstöße können strafbar sein

Verstöße gegen das Lebensmittel-, Bedarfsgegenstände- und Futtermittelgesetzbuch können strafbar sein. In besonders schweren Fällen ist eine Freiheitsstrafe bis zu 5 Jahren möglich.

Zum einen verpflichtet das Gesetz den Hersteller, aber auch den Händler, dafür Sorge zu tragen, einwandfreie Lebens- und Nahrungsergänzungsmittel anzubieten, die frei von schädlichen Zusatzstoffen sind und den Verbraucher in seiner Gesundheit weder beeinträchtigen noch gefährden. Zum anderen setzt das Gesetz dem Händler auch Grenzen hinsichtlich der Werbung und der Präsentation von Lebensmitteln: Verboten sind irreführende Bezeichnungen, Angaben oder Aufmachungen. Ferner ist es im Bereich der Lebens- und Nahrungsergänzungsmittel untersagt, krankheitsbezogene Werbemaßnahmen zu ergreifen.

Beispiel: Werbeaussagen bei Nahrungsergänzungsmitteln

Die Werbeaussagen bezüglich eines Nahrungsergänzungsmittels »Zimt gegen Zucker« und »kann blutzuckersenkend wirken« stellen krankheitsbezogene Werbung dar, da diese Aussagen dem Verbraucher die Vorstellung vermittelt, dass das Nahrungsergänzungsmittel bei Diabetes helfen kann. [OLG Hamm 04/17]

Hinsichtlich der Kennzeichnung von Lebensmitteln, die direkt an den Endverbraucher gehen, sollte sich der (Online-)Händler vergewissern, dass alle Angaben, die die Lebensmittel-Kennzeichnungsverordnung (LMKV) verlangt, auf der Verpackung angegeben sind.

Checkliste – Angaben nach der LMKV

Folgende Angaben müssen berücksichtigt werden:

- ✓ Verkehrsbezeichnung des Lebensmittels
- ✓ Name und Anschrift des Herstellers, des Verpackers oder des Verkäufers
- ✓ Zutatenverzeichnis
- ✓ Mindesthaltbarkeits- bzw. Verbrauchsdatum
- ✓ Mengenangabe bzw. Füllmenge
- ✓ gegebenenfalls: der Alkoholgehalt

Vorsicht: Prüfpflicht der Händler

Auch bei bereits vom Hersteller verpackten Lebensmitteln besteht für den Händler die Pflicht, die ordnungsgemäße Kennzeichnung zu überprüfen.

Nahrungsergänzungsmittel dürfen gewerbsmäßig nur in Fertigpackungen in Verkehr gebracht werden und nur bestimmte Stoffe enthalten, die im Anhang der Verordnung über Nahrungsergänzungsmittel (NEMV) aufgelistet sind.

Checkliste – Angaben nach der NEMV

Der NEMV zufolge dürfen Nahrungsergänzungsmittel gewerbsmäßig nur dann in Verkehr gebracht werden, wenn zusätzlich zu den allgemeinen Lebensmittel-Kennzeichnungspflichten auch folgende Angaben auf der Verpackung aufgeführt sind:

- ✓ die Namen der Kategorien von Nährstoffen oder sonstigen Stoffen, die für das Erzeugnis kennzeichnend sind, oder eine Angabe zur Charakterisierung dieser Nährstoffe oder sonstigen Stoffe,
- ✓ die empfohlene tägliche Verzehrmenge in Portionen des Erzeugnisses,
- ✓ der Warnhinweis »Die angegebene empfohlene tägliche Verzehrmenge darf nicht überschritten werden.«,
- ✓ ein Hinweis darauf, dass Nahrungsergänzungsmittel nicht als Ersatz für eine ausgewogene und abwechslungsreiche Ernährung verwendet werden sollten,
- ✓ ein Hinweis darauf, dass die Produkte außerhalb der Reichweite von kleinen Kindern zu lagern sind.

Weiterhin sieht die Verordnung über Nahrungsergänzungsmittel Beschränkungen hinsichtlich der Werbung (§ 4 Absatz 4 NEMV) sowie eine Anzeigepflicht beim Bundesamt für Verbraucherschutz und Lebensmittelsicherheit (§ 5 NEMV) vor, wenn der Hersteller oder auch der Importeur Nahrungsergänzungsmittel in den Verkehr bringen wollen.

Hinweis: Verstöße sind kostspielig

Neben wettbewerbsrechtlichen Abmahnungen können Verstöße gegen das NEMV mit Strafe oder Geldbuße geahndet werden.

4.6.5 Textilien

Im Bereich des Online-Vertriebs von Textilprodukten müssen insbesondere die Vorschriften des Textilkennzeichnungsgesetzes (TextilKennzG) beachtet werden. Diese Pflicht zur Kennzeichnung von Textilien betrifft nicht – wie viele Händler irrtümlich vermuten – ausschließlich die Hersteller der Textilien. Jeder, der Textilprodukte gewerbsmäßig in den Verkehr bringt – also auch der Betreiber eines

Online-Shops – muss das TextilKennzG beachten und darf nicht einfach auf die Richtigkeit und Vollständigkeit der Angaben des Herstellers vertrauen.

Beispiel: T-Shirts aus China

Bestellt ein Betreiber eines Online-Shops kostengünstig T-Shirts in China und verlässt sich dabei ausschließlich auf die Angaben seines chinesischen Vertragspartners, ist eine Abmahnung eines Konkurrenten zulässig, wenn sich herausstellt, dass nicht alle Angaben nach dem TextilKennzG vorliegen.

Welche Textilerzeugnisse unter das TextilKennzG fallen, bestimmt § 2 TextilKennzG. Hierunter fallen grundsätzlich alle Produkte, die zumindest zu 80% ihres Gewichts aus textilen Rohstoffen hergestellt werden. Textile Rohstoffe sind gem. § 2 Abs. 2 TextilKennzG Fasern, die sich verspinnen oder zu textilen Flächengebilden verarbeiten lassen.

Checkliste – Produkte, die unter das TextilKennzG fallen

- ✓ Kleidung
- ✓ Bezugstoffe auf Möbeln, Möbelteilen und Schirmen
- ✓ Teile von Matratzen und Campingartikeln
- ✓ Mehrschichtige Fußbodenbeläge

Wie und in welchem Umfang die Kennzeichnung zu erfolgen hat, legt § 5 TextilKennzG fest. Es sollte dabei darauf geachtet werden, dass die Kennzeichnung nach den Vorgaben der Anlage 1 zum TextilKennzG erfolgt und die Bezeichnungen in Anlage 1 – im besten Fall – wörtlich für die Kennzeichnung verwendet werden.

Weiterhin ist auch darauf zu achten, dass die Kennzeichnung der Rohstoffgehaltsangaben leicht lesbar und in einem einheitlichen Schriftbild verfasst ist. Außerdem müssen die entsprechenden Rohstoffgehaltsangaben in das Produkt eingewebt oder an diesem in sonstiger Weise angebracht sein.

Hinweis: Rohstoffangaben hervorheben

Bei der Präsentation von Textilien im Internet muss besonders darauf geachtet werden, dass sich die Kunden über die Rohstoffgehaltsangaben des Produkts einfach ein Überblick verschaffen können. Es empfiehlt sich daher, die Rohstoffangaben im Angebot hervorzuheben.

4.6.6 Verpackungsverordnung

Der Online-Versandhandel kommt nicht ohne die Verwendung von Verpackungsmaterialen aus. Zumeist wissen aber viele Shop-Betreiber nicht, dass sie bei der Verwendung von Verpackungsmaterialien stets die Verpackungsverordnung im Auge behalten müssen.

Vorsicht: Verpackungsverordnung gilt auch für kleine eBay-Shops

Die Verpackungsverordnung gilt im gewerblichen Bereich sowohl für den kleinen eBay-Shop als auch für den großen Online-Versandhändler. Schon ein einmaliger Verstoß gegen die Verordnung kann neben einer wettbewerbsrechtlichen Abmahnung ein Ordnungswidrigkeitsverfahren mit Geldbuße bis 50.000 € zur Folge haben.

Der Zweck der Verpackungsverordnung ist es, Auswirkungen von Abfällen aus Verpackungen auf die Umwelt zu vermeiden bzw. zu verringern und die Verwendung von ökologischen Verpackungsmaterialien zu fördern.

Als Verpackungen gelten alle Produkte, die zur Aufnahme, zum Schutz, zur Handhabung, zur Lieferung oder zur Darbietung von Waren dienen. Aus welchem Material diese Verpackungen bestehen, ist unerheblich. Die Verordnung unterscheidet zwischen Verkaufs-, Um- und Transportverpackungen. Allerdings stellt jegliches Verpackungsmaterial – ob Füllmaterial oder zusätzliche Transportverpackung – eine Verkaufsverpackung dar, wenn es beim privaten Endverbraucher ankommt.

Für alle Verpackungsarten besteht für Hersteller und Händler gegenüber ihren Vertragspartnern die Pflicht, diese unentgeltlich zurückzunehmen.

Eine weitergehende Pflicht besteht für besagte Verkaufsverpackungen, die stets bei dem privaten Kunden landen. Eine solche Verkaufsverpackung darf gemäß der Verpackungsverordnung durch den (Online-)Händler nur in Verkehr gebracht bzw. verwendet werden, sofern die Verpackungsmaterialien bei einem dualen Entsorgungssystem, wie z.B. dem »Grünen Punkt«, registriert sind.

Tipp: Verpackungsmaterial des Herstellers verwenden

Um dieser Pflicht gerecht zu werden, reicht es aus, wenn der Shop-Betreiber das Verpackungsmaterial verwendet, das von dem Hersteller oder Großhändler verwendet wurde und bereits registriert war. Eine nochmalige Erfassung ist nicht erforderlich. Falls der Shop-Betreiber zusätzliches Verpackungsmaterial benötigt, muss er entweder registriertes Verpackungsmaterial von Händlern erwerben oder selbst das erforderliche Material anmelden.

4.7 Cross-Border-Vertrieb

Wer seinen Shop international ausrichtet, muss damit rechnen, vor ausländischen Gerichten unter Anwendung von ausländischem Recht in Anspruch genommen zu werden. Liegt eine Ausrichtung auf Kunden im Ausland vor, muss sich der Unternehmer mit der jeweiligen Rechtsordnung befassen, um Fallen zu vermeiden.

Beispiel: Deutscher Online-Händler in Frankreich

Übersetzt ein deutscher Händler von Modeaccessoires seine Website ins Französische, um neue Käuferschichten für seinen Shop zu erschließen, kann das zur Anwendbarkeit französischen Rechts führen. Hält sich der deutsche Händler nicht an die lokalen Gegebenheiten, kann es passieren, dass er von einem Kunden an dessen Wohnort nach französischem Recht verklagt wird.

Das Internet eignet sich wie kein anderes Medium zum grenzüberschreitenden Warenangebot. So ist es kein Wunder, dass viele deutsche Online-Shops und -Portale nicht nur Kunden in Deutschland bedienen, sondern Waren auch ins Ausland liefern und Leistungen an Ausländer erbringen.

Weil Sprachbarrieren nicht überwunden werden müssen, geschieht dies besonders häufig ins deutschsprachige Ausland. Jedes größere deutsche Portal dürfte Bestellungen aus Österreich und der Schweiz gewohnt sein. Dies wirft die Frage auf, inwieweit neben den deutschen rechtlichen Vorgaben auch ausländisches Recht zu beachten ist.

4.7.1 Zuständigkeit und anwendbares Recht

Die Zuständigkeit deutscher Gerichte ist unproblematisch, wenn es sich um eine Website eines deutschen Anbieters handelt, die sich jedenfalls auch an das deutsche Publikum richtet. Streitig können die internationale Zuständigkeit und das anwendbare Recht nur werden, wenn der Dienst aus dem Ausland angeboten wird.

Diesbezüglich muss zwischen der Zuständigkeit eines Gerichts und dem Recht, welches das Gericht auf den zu entscheidenden Fall anwendet, unterschieden werden. Es ist denkbar, dass beides auseinanderfällt und etwa ein deutsches Gericht portugiesisches Recht anwendet oder das Kantonsgericht Zürich deutsche Gesetze anwenden muss.

Zuständigkeit deutscher Gerichte

Die internationale Zuständigkeit deutscher Gerichte im Bereich des Wettbewerbsrechts richtet sich für EU-Sachverhalte nach Art. 5 Nr. 3 EuGVVO und im Verhältnis etwa zur Schweiz nach Art. 5 Nr. 3 des Lugano-Übereinkommens. Ein Gerichtsstand ist in Deutschland gegeben, wenn in Deutschland der sogenannter »Erfolgsort« liegt, wenn also das schädigende Ereignis – zum Beispiel der UWG-Verstoß – in Deutschland eingetreten ist. Nicht ausreichend ist dafür indes, dass die Website quasi als Reflex auch in Deutschland abrufbar ist. Vielmehr tritt der Erfolg der Wettbewerbshandlung nur ein, wenn diese sich auch auf den deutschen Markt richtet und dort bestimmungsgemäß abrufbar ist.

Beispiel: Werbung auf deutscher Sprache

Ein niederländischer Händler von Knoblauchkapseln wirbt auf seiner Website in deutscher Sprache für seine Produkte. Allerdings gibt er an, sich nicht an deutsche Kunden zu richten. Dieser Händler kann in Deutschland nach deutschem Recht verklagt werden, wenn er entgegen seiner Ankündigung doch nach Deutschland liefert und insbesondere Versandkosten nach Deutschland ausweist. [BGH 04/18]

Anwendbarkeit deutschen Rechts

Das Recht welchen Staates ein zuständiges Gericht anwendet, richtet sich nach den Regeln des deutschen Internationalen Privatrechts. Bei Wettbewerbsverstößen entscheidet sich das anwendbare Recht daher nach dem Internationalen Deliktsrecht. Für die außervertragliche Haftung gilt das in Art. 40 EGBGB kodifizierte Tatortprinzip. Danach beurteilen sich die Haftungsvoraussetzungen und folgen nach dem Recht des Staates, in dem der Ersatzpflichtige gehandelt hat (Handlungsort). Jedoch kann der Verletzte alternativ gem. Art. 40 Abs. 1 S. 2 EGBGB verlangen, dass das Recht des Staates angewendet wird, in dem der Verletzungserfolg eingetreten ist (Erfolgsort). Insofern gilt grundsätzlich Ähnliches wie bei der Frage der Zuständigkeit der Gerichte.

Für marktbezogene Wettbewerbsverstöße gilt die Besonderheit, dass als Tatort nur der Ort angesehen wird, an dem die wettbewerblichen Interessen der Mitbewerber aufeinandertreffen. Daher ist das Recht des Marktortes maßgeblich. Aufgrund der Globalität des Internets kommt als Marktort grundsätzlich jeder Ort der Welt in Betracht, in dem die Website abgerufen werden kann. Somit wäre der Internetanbieter den wettbewerbsrechtlichen Beschränkungen aller Staaten unterworfen und ein potenzieller Kläger könnte sich im Ergebnis am strengsten Recht orientieren. Um einer Uferlosigkeit des Internationalen Wettbewerbsrechts entgegenzuwirken, wird das Marktortprinzip im Bereich des Internets zurückhaltend angewendet. Dabei wird jeweils auf die Zielrichtung geschaut, die der jeweilige Wettbewerber mit seinem Internetangebot verfolgt.

Beispiel

Die Werbung und Warenangebote eines schweizerischen Uhrenhändlers auf seiner Website sind dann nach deutschem Wettbewerbsrecht zu beurteilen, wenn sich der Internetauftritt bestimmungsgemäß auch in Deutschland ausgewirkt hat oder gezielt mögliche Kunden in Deutschland angesprochen werden.

Rechtswahl Grundsätzlich denkbar ist im Verhältnis zum Kunden auch die Rechtswahl. Vielfach finden sich in Allgemeinen Geschäftsbedingungen daher Regelungen zum anwendbaren Recht. Nach Art. 27 EGBGB können die Parteien das für den Vertrag geltende Recht frei wählen. Begrenzt wird eine solche Rechtswahl jedoch gem. Art. 29 EGBGB durch die Weitergeltung der den Verbraucher schützenden zwingenden Bestimmungen des Rechts des Staates seines gewöhnlichen Aufenthalts, wenn der Vertragsschluss auf einem ausdrücklichen Angebot oder einer Werbung im Aufenthaltsstaat des Verbrauchers beruht und der Verbraucher in seinem Aufenthaltsstaat die zum Vertragsschluss erforderlichen Rechtshandlungen vorgenommen hat.

Beispiel

Wenn im vorigen Beispiel der schweizerische Uhrenhändler in seinen AGB die Anwendbarkeit von schweizerischem Recht festschreibt, hilft ihm das im Verhältnis zum deutschen Verbraucher nur, wenn er den deutschen Verbraucher nicht direkt anspricht. Schaltet der Händler aber zum Beispiel AdWords-Anzeigen auf `google.de`, kann sich der deutsche Kunde unabhängig von der AGB-Klausel auf deutsches Recht berufen.

Die Anwendbarkeit des Art. 29 EGBGB hängt maßgeblich davon ab, ob das Internetangebot als ausdrückliches Angebot oder Werbung im Staate des Konsumenten aufgefasst werden kann. Dabei gelten letztlich ähnliche Kriterien wie für die Bestimmung des Marktortes.

Zuständigkeit ausländischer Gerichte

Ausländische Gerichte bemessen ihre Zuständigkeit jeweils nach den nationalen Bestimmungen. Die Grundregeln sind dabei ähnlich wie in Deutschland. In der Schweiz zum Beispiel erklärt die maßgebliche Bestimmung schweizerische

Gerichte für zuständig, wenn der Handlungs- oder Erfolgsort in der Schweiz liegt. Insofern können ausländische Website-Anbieter vor schweizerischen Gerichten belangt werden, wenn ihre Handlungen in der Schweiz Wirkungen oder Erfolge zeigen. Dies kann in anderen Staaten anders sein; grundsätzlich gilt aber, dass ein Unternehmer mit der Zuständigkeit von Gerichten im Ausland rechnen muss, wenn er seine Vertriebs- oder Marketing-Aktivitäten dorthin ausrichtet.

Anwendbarkeit ausländischen Rechts

Grundsätzlich ähnlich läuft auch die Frage der Anwendung des jeweils ausländischen Rechts. Hier muss jedoch in jeder einzelnen Konstellation genau beurteilt werden, welches Recht anzuwenden ist. Es kann durchaus passieren, dass ein österreichisches Gericht deutsches Recht zur Anwendung bringt, weil die Vorschriften über Gerichtszuständigkeit und anwendbares Sachrecht eben nicht die gleichen sind.

In der Schweiz beispielweise sind grenzüberschreitende Werbe- und Absatztätigkeiten auch dann nach schweizerischem UWG zu beurteilen, wenn sie zwar in Deutschland veranlasst und begangen werden, jedoch spürbare Wirkungen in der Schweiz entfalten. Daran fehlt es aber, wenn der schweizer Markt nur zufällig und außerhalb des regulären Vertriebswegs berührt wird.

Kriterien für die Ausrichtung auf einen anderen Staat

Die Einzelheiten der Beurteilung dessen, welches Gericht für einen Streitfall zuständig ist und das Recht welchen Staates es dann anwenden wird, muss man jeweils vorab genau prüfen. Unabhängig von der genauen Rechtslage besteht naturgemäß eine gewisse Neigung der Gerichte, das eigene Recht anzuwenden. Letztlich entscheidend ist die Frage, ob der Unternehmer sein Warenangebot auf das jeweilige Land ausgerichtet hat.

Im Internetkontext geht es daher meist um die Ermittlung von Kriterien, die eine gewisse Ausrichtung auf den ausländischen Markt vermuten lassen. Unabhängig von der jeweiligen Vorschrift muss anhand des Einzelfalls unter Hinzuziehung einer ganzen Reihe von Kriterien beurteilt werden, ob eine solche Ausrichtung vorliegt.

Beispiel: Preisangaben in verschiedenen Währungen

Preist ein deutscher Spezialversender von Kuckucksuhren die Uhren in dem Online-Shop auch in US-Dollar aus und weist er in englischer Sprache auf die Originalität der Uhren und die Herkunft aus dem schönen

Schwarzwald hin, muss er damit rechnen, dass im Falle einer Streitigkeit ein U.S.-amerikanisches Gericht seine Zuständigkeit annimmt.

Evident ist die Ausrichtung auch auf das Ausland, wenn:

- besondere Rubriken oder Buchungsmöglichkeiten bestehen, die etwa durch Fähnchen etc. kenntlich gemacht sind,
- es ausdrückliche Hinweise gibt, dass auch in das jeweilige Land geliefert werde,
- explizit Versandkosten in den entsprechenden Staat angegeben werden,
- gezielt Kunden des jeweiligen Staates angesprochen werden,
- Preise in der jeweils anderen Währung genannt werden, wobei die Angabe von Euro-Preisen auf schweizer Websites wohl lediglich ein Indiz darstellt.

Beispiel: Versandkostenangabe kann zur Rechtswahl beitragen

Gibt ein Salzburger Lieferant von Mozartkugeln Versandkosten nach Deutschland an, kann sich der deutsche Verbraucher vor deutschen Gerichten auf deutsches Recht berufen. Gleiches gilt, wenn der Händler durch entsprechende Fähnchen deutlich macht, dass er auch nach Deutschland zu liefern bereit ist.

Daneben sprechen folgende Kriterien für eine Ausrichtung auf das Nachbarland:

- die verwendete Sprache; dieses Element bringt jedoch gerade im DACH-Raum keine sinnvollen Ergebnisse. Zudem ist bei der Verwendung der englischen Sprache nicht schon per se von einer Ausrichtung auf die USA oder England (oder Südafrika oder Australien) auszugehen.
- die Verwendung von Bankverbindungen in dem jeweiligen Land,
- die Verwendung von länderspezifischen Top-Level-Domains,
- der Zuschnitt des Anbieters (lokaler Händler vs. internationales Unternehmen),
- das Angebot von After-Sales-Leistungen im jeweiligen Ausland,
- die Platzierung von Werbung auf ausländischen Websites oder in Print-Publikationen,
- die Zahl der Nutzer der Websites aus dem betreffenden Land, die allerdings dem Kläger nur bekannt sein dürfte, wenn der Beklagte dies vorher öffentlich gemacht hat,

- der Verweis auf Rechtsvorschriften des jeweiligen Landes,
- eine Auflistung in Verzeichnissen von Diensteanbietern im Ausland.

Beispiel: »Falle deutsches Recht«

Ausländische Händler können also schnell in die »Falle deutsches Recht« tappen, wenn sie Werbung auf `google.de` buchen oder sich in deutschen Branchenverzeichnissen listen lassen.

Gegen eine Ausrichtung auf das Ausland spricht demgegenüber, wenn

- eine klare lokale Ausrichtung eines Dienstleistungsangebots besteht, deren Nutzung im Ausland nicht möglich ist,
- eine Integration der Werbung in den Lokalteil eines ausländischen Internetangebots gegeben ist,
- eine für das Inland ungewöhnliche Ausgestaltung der Website vorliegt,
- ein ernst zu nehmender Disclaimer angegeben ist, der eine Lieferung ins Ausland ausschließt und keine Anhaltspunkte vorliegen, dass das betreffende Unternehmen entgegen des Ausschlusses dennoch ins Ausland liefert.

Tipp: Beschränkung der Rechtswahl durch Disclaimer

Wer sein Liefergebiet beschränken möchte, um sich nicht einer Vielzahl von Rechtsordnungen ausgesetzt zu sehen, kann durch einen Disclaimer deutlich machen, dass er nur bestimmte Länder beliefert. Die Einschränkung muss dann klar und ernst gemeint sein und darf nicht durch Belieferung von einzelnen Bestellungen konterkariert werden.

Die einzelnen Kriterien müssen im jeweiligen Kontext betrachtet und in einer Gesamtabwägung gewürdigt werden. Wirklich Klarheit kann auf europäischer Ebene nur eine Entscheidung des Europäischen Gerichtshofes bringen.

4.7.2 Umsetzungsmöglichkeiten

Jeder Online-Händler sollte sich der Risiken bewusst sein, die ein globales Angebot mit sich bringt. Erforderlich ist eine Entscheidung, rechtliche Risiken des Auslandsgeschäfts in Kauf zu nehmen oder das Vertriebsgebiet auf das Heimatland zu beschränken. Entscheidet sich der Händler bewusst für eine Belieferung auch des Auslandes, hat er im Wesentlichen drei Varianten, dies umzusetzen: (1) Anwendung des jeweils strengsten Rechts, (2) Auswahlmöglichkeit zwischen verschiedenen Ländershops und (3) Anpassung der AGB mit Spezialregelungen für die jeweiligen Länder.

Beispiel: AGB-Anpassung für unterschiedliche Rechtssysteme

Möchte ein Händler von Berlin-Souvenirs auch Touristen in der Schweiz und Österreich erreichen, kann er seine Website und seine AGB so gestalten, dass sie in allen drei Ländern den jeweils strengsten Standards genügen. Er kann auch drei verschiedene Shops erstellen und jeweils eine Auswahlmöglichkeit vorsehen. Schließlich ist auch denkbar, in den AGB Spezialregeln für Deutsche, Österreicher und Kunden aus der Schweiz vorzusehen.

Die Rechtslage in den verschiedenen Ländern Europas divergiert zum Teil stark. Vieles ist dank der europäischen Rechtsangleichung zwar ähnlich. In den Einzelheiten gibt es aber gravierende Unterschiede. Gleichzeitig kann sich ein Online-Unternehmer aber schnell Auseinandersetzungen vor ausländischen Gerichten gegenübersehen, bei denen ausländisches Recht Anwendung findet.

Betreiber von Online-Shops stehen daher vor der Entscheidung, ob vor diesem Hintergrund eine Ausrichtung des Shops auf das Ausland überhaupt wünschenswert ist. Ist die Entscheidung, auch ins Ausland zu liefern, gefallen, bestehen im Wesentlichen drei Möglichkeiten, den Unterschieden der Rechtsordnungen Rechnung zu tragen.

Übersicht – Umsetzung des Auslandsvertriebs

- Anwendung des jeweils strengsten Rechts
- Auswahlmöglichkeit zwischen verschiedenen Ländershops
- Anpassung der AGB mit Spezialregelungen für die jeweiligen Länder

Anwendung des jeweils strengsten Rechts

Denkbar ist es zunächst, dem jeweils strengsten Recht Genüge zu tun. Dies bedeutet, dass für jeden Teilbereich des Wettbewerbs- und des Verbraucherrechts die belieferten Länder im Einzelnen einem Check unterzogen werden müssen. Anschließend kann sich der Shop-Betreiber dem jeweils strengsten Maßstab unterwerfen – ein »race to the top« sozusagen.

Dies löst ganz erheblichen Aufwand aus und setzt Compliance-Checks in allen beteiligten Ländern voraus, kann aber vor allem zu absurden Ergebnissen führen.

Auswahlmöglichkeit zwischen verschiedenen Shops

Der Gegenentwurf ist, die Shops komplett zu trennen und – schon beim Öffnen der Seite – zwischen Kunden aus den jeweiligen Ländern zu unterscheiden. Der Besucher der Website muss also in einem ersten Schritt aufgefordert werden mitzuteilen, wo sein Heimatstaat ist. Gerade Fluggesellschaften verfahren häufig so, um den regulatorischen Anforderungen der jeweiligen Heimatländer der Passagiere zu entsprechen. Auch iTunes hat etwa einen solchen vielgliedrigen Shop.

Häufig ist es nicht erwünscht, dem Kunden schon beim Eintritt in den Shop Fragen stellen zu müssen oder ihn zu zwingen, in einer langen Dropdown-Liste nach seinem Land suchen zu lassen. Hier ist denkbar, eine IP-Ländererkennung einzusetzen, wobei die Erhebung der IP-Adresse auch zur Geolokalisierung von Datenschützern in Deutschland zum Teil für problematisch gehalten wird. Zudem scheint dies noch nicht in allen Fällen zuverlässig zu funktionieren.

Die parallelen Shops müssen dann an die jeweilige Rechtsordnung angepasst werden. Dies betrifft sowohl die Werbung (etwa die Preiswerbung oder bestimmte Slogans) also auch die AGB.

Diese Vorgehensweise hat den Vorteil, dass Preise nicht doppelt angegeben werden müssen und die Währungen direkt ausgewiesen werden können. Den Kunden können jeweils eine lokale Bankverbindung und inländische Service-Hotlines zur Verfügung gestellt werden. Ferner ist eine Preisdifferenzierung einfach möglich.

Beispiel: Widerrufsrecht in der Schweiz nicht verpflichtend

In der Schweiz ist die Einräumung eines Widerrufsrechts nicht verpflichtend, daher kann der deutsche Händler durch die Differenzierung gewisse Erleichterungen erfahren. Auch Shops aus der Schweiz, die auch deutsche Kunden beliefern wollen, können auf diese Weise klar und deutlich zwischen Abnehmern in der Schweiz und in Deutschland differenzieren. Es muss aber gewährleistet sein, dass tatsächlich an Kunden im jeweiligen Ausland nur durch den betreffenden Shop geliefert wird. Ein deutscher Kunde sollte im schweizerischen Teil des Shops nicht bestellen dürfen.

Dieser Weg dürfte für viele Shops jedoch nur gangbar sein, wenn eine tatsächliche Beschränkung auf wenige ausländische Liefergebiete möglich ist. Andernfalls wäre theoretisch für jedes Land, in dem Bestellungen aufgegeben werden können, ein gesonderter Shop zu erstellen. Dies dürfte vor allem für kleinere Shops einen kaum tragbaren Aufwand darstellen.

Immerhin denkbar ist es, eine Art »Auffang-Shop« zu schaffen, mit dem Bestellungen aus dem »Rest der Welt« abgedeckt werden. Vollständige Rechtssicherheit kann so zwar nicht erreicht werden, eine Risikobeschränkung erscheint auf diese Weise aber erzielbar, wenn nur wenige Bestellungen aus dem weiteren Ausland angenommen werden.

Geltung von Spezialregeln in AGB

Ein Kompromiss kann es sein, zwar einen einheitlichen Shop anzubieten, auf der vertraglichen Seite aber – beispielsweise in den AGB – zwischen Kunden aus den verschiedenen Ländern zu unterscheiden. Dies hat den optischen Vorteil, dass dem Kunden die Wahl des einschlägigen Shops erspart bleibt und so der Einstieg in den Shop nicht unnötig erschwert wird. Zudem ergeben sich keine Probleme bei Internetnutzern, die nicht auf die Startseite, sondern direkt auf Angebotsseiten gelangen.

Vorsicht: Werberegeln müssen eingehalten werden

Die Vorschriften zur Zulässigkeit bestimmter Werbeformen sind jedoch in jedem Fall einzuhalten. Gelten etwa in Österreich andere Anforderungen an die Gewinnspielwerbung als in Deutschland, müssen diese Anforderungen berücksichtigt werden.

Die Differenzierung kann in den Allgemeinen Geschäftsbedingungen erfolgen. Hier ist es denkbar, dass bei der Einräumung des Widerrufsrechts nach dem Wohnsitz des Bestellers unterschieden wird. So kann eine entsprechende Klausel zum Widerrufsrecht etwa lauten:

Beispiel: Ausgestaltung des Widerrufsrechts für verschiedene Länder

Kunden mit Wohnsitz in Deutschland oder Österreich wird ein Widerrufsrecht nach Maßgabe der folgenden Absätze eingeräumt: ...

Außerdem wäre bei der Ausgestaltung der AGB darauf zu achten, dass nicht allgemein für alle Kunden die Anwendbarkeit deutschen Rechts vereinbart wird, so dass sich der Kunde aus der Schweiz schon deshalb auf deutsches Recht berufen kann. Auch bei der Rechtswahlklausel muss also gegebenenfalls nach dem Wohnort des Verbrauchers differenziert werden.

Übersicht – Cross-Border-Shops

Lokale Internethändler können durch eine Ausrichtung auf das Ausland sehr leicht in die Anwendbarkeit ausländischen Rechts rutschen. Es kann passieren, dass der Shop wegen wettbewerbsrechtlicher Streitigkeiten oder im Verhältnis zum Verbraucher vor Gerichten im Ausland verklagt wird. Hierauf gilt es sich einzustellen. Dazu bestehen letztlich mehrere Möglichkeiten:

(1) Beschränkung des Liefergebiets auf das Heimatland

(2) Beachtung aller infrage kommenden Rechtsordnungen

(3) Berücksichtigung der verschiedenen Länder durch verschiedene Shops

(4) Differenzierung zwischen den Ländern in den AGB

Kapitel 5

Website-Tracking

Beim Tracking von Besucherbewegungen auf der Website müssen aus datenschutzrechtlicher Sicht eine Vielzahl von Rahmenbedingungen eingehalten werden. Ob man Tracking-Tools, die die IP-Adressen der Website-Nutzer speichern, überhaupt rechtlich zulässig nutzen kann, hängt davon ab, ob man die IP-Adresse für ein personenbezogenes Datum des Nutzers hält (zum Personenbezug von IP-Adressen siehe unten bei Abschnitt 5.3).

Beispiel: Datenerhebung bei Google Analytics

Google Analytics erhebt in der Standardvariante die vollständige IP-Adresse der Besucher der Website und speichert diese auf Google-Servern in den USA. Dies ist aus zwei Gründen problematisch: Zum einen werden die IP-Adressen von Datenschützern für personenbezogene Daten gehalten, so dass deren Verarbeitung für die Website-Optimierung eine Einwilligung voraussetzt. Zum anderen werden diese Daten an einen Anbieter im Ausland (Google Inc.) weitergegeben, was nach deutschem Datenschutzrecht nur unter sehr eingeschränkten Bedingungen zulässig ist (ausführlich zum Einsatz von Google Analytics vgl. Abschnitt 5.1.5)

Der Einsatz von Webtracking-Software ist weit verbreitet. Viele Webseitenbetreiber analysieren das »Surfverhalten« der Besucher. Oftmals dient dies der Optimierung der Website, bisweilen auch der Personalisierung der Werbung oder der Marktforschung.

Vorsicht bei Speicherung vollständiger IP-Adressen

Wer ein Eingreifen von Datenschützern fürchtet, sollte auf Anbieter von Tracking-Lösungen zurückgreifen, die nur gekürzte IP-Adressen erheben.

Standardmäßig erhoben werden dabei unter anderem:

- Die IP-Adresse des anfragenden Rechners
- Der Zeitpunkt des Aufrufs der Website

- Die Dateinamen der aufgerufenen Seiten
- Die Website, von der der Nutzer auf die Seite gekommen ist
- Browser und Betriebssystem des Nutzers
- Das benutzte Übertragungsprotokoll
- Die Menge der übertragenen Daten
- Der Status, ob der Seitenaufruf erfolgreich war

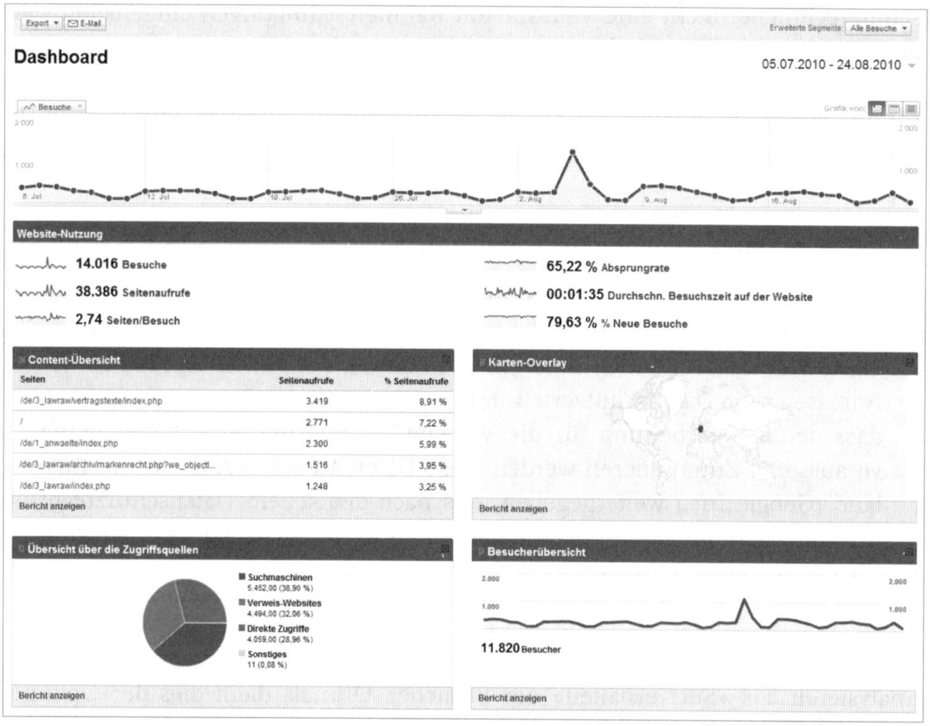

Abb. 5.1: Statistik von Google Analytics hinsichtlich der Besucherzahlen

Alle diese Daten haben datenschutzrechtliche Relevanz, wenn eine Zuordnung zu einer natürlichen Person möglich ist. Ohne weitere Informationen ist dies aber nur bei der IP-Adresse denkbar. Darüber hinaus lassen sich bei dem Einsatz von Cookies oder 1-Pixel-Grafiken unter Nutzung von Java-Skripten noch deutlich mehr Daten erheben.

5.1 Handlungsmöglichkeiten für Website-Betreiber

Unabhängig von der Diskussion über den Personenbezug von IP-Adressen (siehe unten bei Abschnitt 5.3) haben Website-Betreiber eine Reihe von Möglichkeiten für datenschutzkonformes Tracking. Denkbar ist vor allem, IP-Adressen nicht oder nur gekürzt zu speichern.

Beispiel: Datenspeicherung bei eTracker

Bei dem Einsatz des Tracking-Tools »eTracker« werden nach Unternehmensangaben sämtliche IP-Adressen automatisch gekürzt und lediglich pseudonymisierte Nutzungsprofile erstellt.

Außerdem muss dem Verbraucher eine Widerspruchsmöglichkeit gegeben werden und die Datenschutzerklärung ist entsprechend anzupassen. Gegebenenfalls sollte ein schriftlicher Vertrag mit dem Tracking-Dienstleister geschlossen werden, der die Auftragsdatenverarbeitung regelt (zu den Vereinbarungen mit dem Tracking-Dienstleister siehe auch Abschnitt 10.5.5).

Checkliste – Handlungsoptionen Webtracking

✓ Bei Erhebung vollständiger IP-Adressen
- Einwilligung des Nutzers einholen
- Auftragsdatenverarbeitungsvertrag schließen

✓ Bei Erhebung gekürzter IP-Adressen (Abschnitt 5.1.1)
- Widerspruchsmöglichkeit einräumen (vgl. Abschnitt 5.1.2)
- Widersprüche umsetzen
- Datenschutzerklärung erweitern (Abschnitt 5.1.3)
- ggf. Auftragsdatenverarbeitungsvertrag schließen (Abschnitt 5.1.4)

✓ Bei Einsatz von Google Analytics (siehe Abschnitt 5.1.5)
- mit IP-Masking arbeiten
- Datenschutzerklärung erweitern
- über Deaktivierungs-Add-on belehren und verlinken
- mit Restrisiko leben

Wie stets bei unsicherer Rechtslage gilt es, die Risiken abzuwägen. Und wie stets gibt es die Möglichkeiten, mit einem gewissen Risiko zu leben und Abmahnungen, Klagen oder Behördennachfragen in Kauf zu nehmen oder den Versuch zu unternehmen, allen Anforderungen zu entsprechen und ein Tracking-Tool einzusetzen, das den Anforderungen entspricht. Setzt der Website-Betreiber Google

Analytics ein, sollte das IP-Masking verwendet und in der Datenschutzerklärung deutlich auf das Deaktivierungs-Add-on hingewiesen werden.

5.1.1 Verwendung gekürzter IP-Adressen

Werden die IP-Adressen anonymisiert oder verkürzt gespeichert, ist Personenbezug nicht mehr gegeben. Eine Einwilligung in die Nutzung der Daten ist dann nicht mehr erforderlich.

Beispiel: Webseitenoptimierung mit gekürzten IP-Adressen

Setzt ein Portal zur Website-Optimierung einen Tracking-Dienst ein, der IP-Adressen nur gekürzt speichert, sind viele datenschutzrechtliche Hürden auch aus Sicht der Datenschutzbehörden genommen. Ein Personenbezug besteht dann nicht mehr.

Hauptkritikpunkt der Datenschützer an der Auswertung der vollständigen IP-Adresse des Nutzers ist, dass sich daraus unter Umständen auf eine natürlich Person schließen lässt. Wird nun aber nicht die gesamte IP-Adresse, sondern nur eine gekürzte Fassung gespeichert, lässt sich – selbst unter Beteiligung des Access-Providers oder weiterer Daten – nicht ermitteln, wer der »Surfende« ist. Daher sehen selbst die zum Düsseldorfer Kreis zusammengeschlossenen Datenschutzbehörden der Länder die Speicherung gekürzter IP-Adressen unkritisch.

Einige Anbieter haben sich schon früh darauf eingestellt und verpflichten sich (gegenüber ihren Kunden), IP-Daten nicht in voller Länge zu speichern.

Mitte 2010 hat auch Google nachgezogen und bietet nun die Option des sogenannten IP-Masking an. Dabei besteht für Website-Betreiber die Möglichkeit, die Erfassung der vollständigen IP-Adressen zu unterbinden. Die letzten acht Bits einer IP-Adresse werden unkenntlich gemacht, so dass sich über die nun nur noch rudimentär gespeicherte IP-Adresse nicht mehr an dahinter stehende natürliche Personen herankommen lässt. Auch Access Provider und Strafverfolgungsbehörden können auf diese Weise den Link zwischen IP-Daten und Personennamen nicht herstellen.

Hinweis: Fehlt der Personenbezug, bedarf es keiner Einwilligung

Führt der Einbau des Anonymize-Ip-Codes dazu, dass die IP-Adresse nicht mehr vollständig gespeichert wird und auch eine Wiederherstellung nicht möglich ist, scheidet der Personenbezug endgültig aus. Eine Einwilligung ist nicht erforderlich.

5.1.2 Widerspruchsmöglichkeit

Unabhängig davon, ob man in der Erhebung und Speicherung von IP-Adressen generell die Verarbeitung personenbezogener Daten sieht, muss der Website-Betreiber dem Nutzer die Möglichkeit einräumen, der Erhebung von Daten zur Profilbildung zu widersprechen. Über diese Option ist der Nutzer zu informieren. Widerspricht ein Nutzer, muss diesem Opt-out auch Rechnung getragen werden. Profile dieses Besuchers dürfen dann nicht mehr erstellt werden.

Checkliste – Ausreichende Widerspruchsmöglichkeit

- ✓ Die Profilbildung setzt keine Einwilligung des Nutzers voraus.
- ✓ Der Nutzer muss die Möglichkeit des Widerspruchs haben.
- ✓ Widersprüche müssen beachtet und umgesetzt werden.
- ✓ Der Nutzer ist über die Widerspruchsoption zu informieren.

Nach § 15 Abs. 3 TMG ist es zulässig, pseudonymisierte Nutzungsprofile für die Zwecke der Werbung, der Marktforschung oder zur Website-Optimierung zu erstellen. Geschieht die Profilbildung unter einem Pseudonym, muss der Nutzer also nicht vorab gefragt werden, ob er damit einverstanden ist.

Die Profile dürfen nicht mit Daten über den Betroffenen zusammengeführt werden, die eine Auflösung des Pseudonyms ermöglichen. Eine Zuordnung zu Datenbanken, in denen die Klardaten der Nutzer gespeichert sind, ist daher unzulässig.

Allerdings wird die Profilbildung und -speicherung unzulässig, sobald der Nutzer widersprochen hat. Das ist insofern ein Novum im Datenschutzrecht, da ausnahmsweise der Personenbezug nicht Voraussetzung für die Opt-out-Möglichkeit des Nutzers ist. Werden Profile gebildet, muss der »Surfer« Gelegenheit haben, dem zu widersprechen, auch wenn personenbezogene Daten nicht erhoben werden. Außerdem ist der Website-Besucher darüber zu informieren, dass er die Möglichkeit hat, der Profilbildung zu widersprechen.

Beispiel: Mustervorlage Opt-out für Widerspruch

Ein Portalbetreiber kann dem Erfordernis des Opt-outs bezüglich des Widerspruchs gerecht werden, wenn er seine Datenschutzerklärung wie folgt ergänzt und einen Link bereithält:

»Der Datenerhebung und -speicherung kann jederzeit mit Wirkung für die Zukunft widersprochen werden. Zum Widerspruch folgen Sie bitte diesem Link.«

Einige Tracking-Tools bieten die Möglichkeit des Widerspruchs bereits an. Praktisch geschieht dies üblicherweise durch Setzen eines Cookies, das die weitere Aufzeichnung von Daten des Nutzers verhindert. Wird dieses Cookie gelöscht, findet die Aufzeichnung der Daten wieder statt. Darauf ist der Nutzer gegebenenfalls hinzuweisen.

Auch Google versucht, der Vorgabe zu entsprechen und bietet eine Opt-out-Möglichkeit für den Nutzer an. Dazu bietet Google ein Deaktivierungs-Add-on für den Browser des Nutzers an, das nach der Installation verhindert, dass das von Website-Betreibern eingesetzte Google Analytics funktioniert. Durch die Installation des Add-ons wird der Analytics-Code nicht mehr ausgeführt und demzufolge kann kein Tracking stattfinden. Dieses Browser-Plugin funktioniert derzeit noch nicht in allen Browsern. Ausreichend ist diese Möglichkeit nur, wenn der Website-Betreiber darauf in geeigneter Weise aufmerksam macht.

Die Widerspruchsmöglichkeit ist nur dann genügend, wenn Widersprüche auch befolgt werden. Hier sind vor allem technisch saubere Lösungen gefragt.

5.1.3 Beispiel für die Erweiterung der Datenschutzerklärung

Über die Möglichkeit zum Widerspruch gegen die Erhebung von Nutzungsdaten und die Zusammenfügung zu einem Profil kann am besten in der Datenschutzerklärung informiert werden, die der Website-Betreiber ohnehin vorsehen muss. Die Datenschutzerklärung sollte daher um einen entsprechenden Passus erweitert werden.

Der genaue Inhalt der Datenschutzerklärung ist natürlich abhängig von den konkret erhobenen Daten und der Art der angebotenen Widerspruchsmöglichkeit.

Muster – Datenschutzerklärung für Tracking

»Wir erheben und speichern Daten zu Marketingzwecken und um unsere Seite und Dienstleistungen weiter zu optimieren. Aus diesen Daten können unter einem Pseudonym Nutzungsprofile erstellt werden. Hierzu setzen wir Cookies ein. Bei Cookies handelt es sich um kleine Textdateien, die lokal im Zwischenspeicher Ihres Internetbrowsers gespeichert werden. Die Cookies ermöglichen die Wiedererkennung des Internetbrowsers. Die erhobenen Daten werden nicht dazu genutzt, Sie persönlich zu identifizieren und nicht mit personenbezogenen Daten über Sie zusammengeführt. Der Datenerhebung und -speicherung kann jederzeit mit Wirkung für die Zukunft widersprochen werden. Dazu ist erforderlich, dass Sie hier [LINK] klicken. Widersprechen Sie der pseudonymisierten Datenerhebung, wird ein Cookie gesetzt, das die weitere Erhebung von Daten und die Erstellung von Nutzungsprofilen verhindert. Wird dieses Cookie gelöscht, beginnt die Datenerhebung von Neuem.«

5.1.4 Auftragsdatenverarbeitung bei Tracking-Tools

Der Düsseldorfer Kreis hat in seinem Beschluss zum Einsatz von Tracking-Tools verkündet, dass das Webtracking durch einen Dienstleister stets einen (schriftlich geschlossenen) Datenverarbeitungsauftrag verlange (siehe zum Beschluss des Düsseldorfer Kreises bei Abschnitt 5.3.4). Das erscheint jedoch nicht zwingend. Eines Auftragsdatenverarbeitungsvertrages bedarf es nicht, wenn personenbezogene Daten überhaupt nicht erhoben werden. Werden lediglich pseudonymisierte Profile durch Dritte verarbeitet, ist nicht erkennbar, warum es der Privilegierung durch einen entsprechenden Auftrag bedarf (siehe auch Abschnitt 5.2.2).

Tipp: Tracking-Tools mit gekürzter IP-Adressenspeicherung verwenden

Wollen Sie auf der sicheren Seite sein, sollten Sie – selbst wenn das eingesetzte Tracking-Tool nur gekürzte IP-Adressen speichert – einen schriftlichen Auftragsdatenverarbeitungsvertrag mit seinem Dienstleister schließen. Anbieter (z.B. Google), bei denen dies nicht möglich ist, sollten gemieden werden.

5.1.5 Einsatz von Google Analytics

Der Einsatz von Google Analytics ist derzeit nicht gänzlich unbedenklich. Wer dennoch auf den kostenlosen Dienst nicht verzichten möchte, sollte einige Grundbedingungen beachten.

Einsatz des IP-Masking-Tools

Auf allen Webseiten, auf denen Google Analytics zum Einsatz kommt, sollte der Google-Analytics-Code um die Funktion `anonymizeIP()` erweitert werden. Hierbei ist gewährleistet, dass nicht die gesamte IP-Adresse, sondern lediglich eine um 8 Bit gekürzte und damit anonymisierte Fassung gespeichert wird. Ein Rückschluss auf einzelne Personen ist dann nicht mehr möglich.

Vorsicht: Datenschützer halten Google Analytics für rechtswidrig

Die Datenschutzbehörde Baden-Württemberg hält auch das IP-Masking für unzulässig, solange zunächst die vollständige IP-Adresse zu Google in die USA gesandt und dort gekürzt werde.

Belehrung über Deaktivierungs-Add-on

Der Nutzer ist darüber zu informieren, dass er die Möglichkeit hat, der Profilbildung durch den Einsatz von Google Analytics zu widersprechen. Hierfür ist erforderlich, dass der Nutzer über das Deaktivierungs-Add-on, das von Google angeboten wird, in Kenntnis gesetzt wird.

Zu diesem Zweck sollte die Datenschutzerklärung entsprechend erweitert werden. In Ergänzung zu den sonstigen Informationen sollte darauf hingewiesen werden, dass und wie der Nutzer der Profilbildung widersprechen kann. Möglich erscheint folgender Zusatz zur Datenschutzerklärung

Muster – Zusatz zur Datenschutzerklärung

»Der Datenerhebung und -speicherung kann jederzeit mit Wirkung für die Zukunft widersprochen werden. Dazu ist erforderlich, dass Sie hier [LINK] klicken und das Deaktivierungs-Add-on von Google herunterladen. Wird das Add-on heruntergeladen und auf Ihrem Computer installiert, teilt es dem JavaScript (ga.js) von Google Analytics mit, dass keine Informationen über den Website-Besuch an Google Analytics übermittelt werden sollen.«

Da das Deaktivierungs-Add-on derzeit nicht für alle Browser verfügbar ist, kann die Widerspruchsmöglichkeit im Einzelfall nicht zu 100% umgesetzt werden.

5.2 Datenschutzrechtliche Vorgaben bei Personenbezug

Zum Personenbezug von IP-Adressen werden unterschiedliche Ansichten vertreten (siehe unten bei Abschnitt 5.3). Stellt man sich auf den Standpunkt, dass Personenbezug besteht, sind die datenschutzrechtlichen Regeln des Bundesdatenschutzgesetzes (BDSG) und des Telemediengesetzes (TMG) zu beachten. Wer sichergehen will, sollte vom Personenbezug von IP-Adressen ausgehen und versuchen, die datenschutzrechtlichen Vorgaben einzuhalten.

Checkliste – Folgen von Personenbezug

- ✓ Die Verarbeitung der IP-Adressen setzt die Einwilligung des Nutzers voraus.
- ✓ Über den Umfang der Nutzung der personenbezogenen Daten muss in der Datenschutzerklärung in verständlichen Worten informiert werden.
- ✓ Jeder Nutzer kann der Verarbeitung seiner personenbezogenen Daten widersprechen. Darauf muss er hingewiesen werden.
- ✓ Nutzungsprofile dürfen einzelnen erkennbaren Personen nicht zugeordnet werden.
- ✓ Werden die Daten durch Dienstleister verarbeitet, muss dies von der Einwilligung gedeckt sein oder ein schriftlicher Auftragsdatenverarbeitungsvertrag bestehen. Letzteres kann eine Verarbeitung der Daten in den USA aber nur im Ausnahmefall rechtfertigen.

5.2.1 Einwilligungserfordernis

Stellt man sich mit den Datenschutzbehörden auf den Standpunkt, dass Personenbezug gegeben ist, bedarf die Speicherung der IP-Adresse der Einwilligung des Nutzers, weil es an einer anderweitigen gesetzlichen Grundlage fehlt.

Vorsicht: Einwilligung setzt klare Willensäußerung voraus

Die Einholung der Einwilligung setzt eine klare Willensäußerung des Betroffenen voraus. Es kann nicht genügen, in der Datenschutzerklärung auf der Website aufzunehmen, dass IP-Adressen erhoben werden.

Besteht zu den Nutzern also keine vertragliche Beziehung, bleibt nur die Möglichkeit, dem Besuch der Website eine Abfrage voranzustellen, in der der Nutzer bestätigen muss, ob er mit der IP-Speicherung einverstanden ist.

Dass dies nicht praktikabel ist, dürfte offensichtlich sein. Für die Zukunft ist immerhin denkbar, dass die Browser entsprechende Einstellungsmöglichkeiten vorsehen. Hier wird man wohl verlangen müssen, dass die Voreinstellung die Erhebung der IP-Daten nicht gestattet.

Bis zu einer solchen technischen Entwicklung haben es allenfalls große Portale und Shops in der Hand, durch entsprechende Ausgestaltung der datenschutzrechtlichen Einwilligungserklärungen für eine Einwilligung der Mitglieder bzw. Kunden zu sorgen. Bei Nichtkunden wäre – unterstellt, die IP-Adresse hat für den Website-Betreiber Personenbezug – die Erhebung der IP-Adresse zunächst untersagt.

5.2.2 Auftragsdatenverarbeitung

Jede Weitergabe von personenbezogenen Daten an ein anderes Unternehmen, bedarf einer Rechtfertigung durch eine gesetzliche Gestattung oder eine Einwilligung. Weil es im Rahmen des Trackings an einer Einwilligung in der Regel fehlt, kommt allein eine Auftragsdatenverarbeitung gemäß § 11 BDSG in Betracht. Die Anforderungen sind diesbezüglich sehr hoch und setzen einen schriftlichen Vertrag voraus. Eine Übermittlung von Daten an Unternehmen außerhalb der Europäischen Union kann durch einen Auftragsdatenverarbeitungsvertrag in der Regel nicht gerechtfertigt sein.

Bedient sich ein Unternehmen für den Umgang mit Daten Dienstleistern, kann auch dies ein datenschutzrelevanter Vorgang sein. Grundsätzlich bedarf jede Weitergabe und auch die Erhebung durch Dritte wiederum einer gesetzlichen Rechtfertigung. Die Weitergabe von Daten, die im Zusammenhang mit dem Erbringen von Internetdienstleistungen erhoben werden, ist nur zu Abrechnungszwecken gerechtfertigt (§ 15 Abs. 5 TMG). Damit bedarf die Übermittlung von personenbezogenen Daten an Tracking-Dienstleister der Einwilligung – die in der Regel nicht vorliegt.

Anlage [XXX] zum Vertrag vom [xxx] Auftragsdatenverarbeitung

Präambel

Diese Anlage konkretisiert die datenschutzrechtlichen Verpflichtungen der Vertragsparteien, die sich aus der im Dienstvertrag/ Werkvertrag (Hauptvertrag) in ihren Einzelheiten beschriebenen Auftragsdatenverarbeitung ergeben. Sie findet Anwendung auf alle Tätigkeiten, die mit dem Dienstvertrag/ Werkvertrag (Hauptvertrag) in Zusammenhang stehen und bei denen Mitarbeiter des Auftragnehmers oder durch den Auftragnehmer beauftragte Dritte mit personenbezogenen Daten des Auftraggebers in Berührung kommen können. Die Laufzeit dieser Anlage richtet sich nach der Laufzeit des Hauptvertrags.

§ 1 Definitionen:

(1) Personenbezogene Daten
Personenbezogene Daten sind Einzelangaben über persönliche oder sachliche Verhältnisse einer bestimmten oder bestimmbaren natürlichen Person.

(2) Datenverarbeitung im Auftrag
Datenverarbeitung im Auftrag ist die Speicherung, Veränderung, Übermittlung, Sperrung oder Löschung personenbezogener Daten durch den Auftragnehmer im Auftrag des Auftraggebers.

Annex [XXX] to the Agreement dated [xxx] Contract Data Processing on Behalf

Preamble

This annex specifies the data protection obligations of the parties which arise from contract data processing on behalf, as stipulated in the Service/Work and Services Contract (the "Main Contract"). It applies to all activities performed in connection with the Main Contract in which the staff of the contract data processor on behalf ("Processor") or a third party acting on behalf of the Processor may come into contact with personal data of the principal ("Controller"). The term of this annex shall follow the term of the Main Contract.

§ 1 Definitions:

(1) "Personal Data"
Personal Data means any individual element of information concerning the personal or material circumstances of an identified or identifiable individual.

(2) "Processing"
Processing means processing of Personal Data on behalf, encompassing the storage, amendment, transfer, blocking or erasure of personal data by the processor acting on behalf of the Controller.

BITKOM 3

Abb. 5.2: Mustervertragsanlage Auftragsdatenverarbeitung des Bitkom (Auszug)

Als Alternative ist der Abschluss eines sogenannten Auftragsdatenverarbeitungsvertrages denkbar. Unternehmen, die Daten im Auftrag eines anderen Unternehmens verarbeiten und eine ganze Reihe von zusätzlichen Bedingungen einhalten, sind nicht als Dritte im Sinne des Gesetzes anzusehen. Eine Weitergabe von Daten an dieses Unternehmen ist gem. § 3 Abs. 8 BDSG dann keine Übermittlung, so dass die Weitergabe datenschutzrechtlich nicht gerechtfertigt werden muss. Allerdings sind dabei die Voraussetzungen des § 11 BDSG unbedingt einzuhalten.

Für die ordnungsgemäße Auftragsdatenverarbeitung bleibt der Auftraggeber, hier also der Website-Betreiber verantwortlich. Er muss für die Einhaltung der Vorschriften des BDSG und des TMG geradestehen.

Checkliste – Pflichten des Auftraggebers bei einer Auftragsdatenverarbeitung

✓ Sorgfältige Auswahl des Auftragnehmers

✓ Schriftliche Erteilung des Auftrags

✓ Festlegung von:

- Gegenstand und Dauer des Auftrags
- Umfang, Art und Zweck der vorgesehenen Datenverarbeitung
- Art der Daten
- Kreis der Betroffenen
- besonderen technischen und organisatorischen Maßnahmen (§ 9 BDSG)
- Berichtigung, Löschung und Sperrung von Daten
- Kontrollpflichten und Kontrollrechten des Auftraggebers
- Berechtigung zur Begründung von Unterauftragsverhältnissen
- Verhalten bei Verstößen
- dem Umfang der Weisungsbefugnisse
- Löschung von Daten nach Beendigung des Auftrags

✓ Regelmäßige Kontrolle der Einhaltung der technischen und organisatorischen Maßnahmen bei dem Auftragnehmer

✓ Dokumentation der Ergebnisse einer solchen Kontrolle

Der Auftragnehmer, also der Tracking-Anbieter, darf die Daten nur im Rahmen der Weisungen des Website-Betreibers erheben, verarbeiten oder nutzen. Für eigene Zwecke darf der Auftragnehmer die Daten nicht verwenden. Tut er dies doch, ist das ein Verstoß gegen Datenschutzrecht. Ist der Dienstleister der Ansicht, dass eine Weisung des Auftraggebers gegen Datenschutzrecht verstößt, hat er den Auftraggeber unverzüglich darauf hinzuweisen.

Vorsicht: Verarbeitung von Tracking-Daten in den USA

Ein Datenverarbeitungsauftrag kann die Verarbeitung von Daten im EU-Ausland nicht ohne Weiteres rechtfertigen. Eine Verarbeitung der Tracking-Daten auf Servern in den USA ist daher sehr skeptisch zu beurteilen.

Die Privilegierung der Auftragsdatenverarbeitung gilt unmittelbar nur für eine Verarbeitung durch Stellen innerhalb der Europäischen Union. Eine Übermittlung von Daten in das EU-Ausland, insbesondere in die USA, kann davon nicht direkt gedeckt sein.

Hier muss gegebenenfalls zunächst zusätzlich ermittelt werden, ob das Land, in das die Daten gehen sollen, ein mit Deutschland vergleichbares Datenschutzniveau aufweist. Dies wird für die USA nicht generell bejaht. Allerdings haben sich bestimmte Unternehmen den Safe-Harbor-Principles unterworfen, so dass eine Übermittlung an diese Unternehmen nicht schon wegen unangemessenen Datenschutzniveaus unterbleiben muss. Auch Google hat sich den Safe-Harbor-Regularien unterworfen. Ob das für eine Übermittlung genügen kann, muss aber bezweifelt werden.

Hinweis: K.O.-Kriterium: Kein schriftlicher Vertrag

Ein K.O.-Kriterium für die Übermittlung personenbezogener Daten im Rahmen des Einsatzes von Google Analytics ist jedenfalls, dass ein Auftragsdatenverarbeitungsvertrag mit Google nicht schriftlich geschlossen wird.

5.3 Hintergrund: Personenbezug von IP-Adressen

Werden personenbezogene Daten erhoben, gespeichert, weitergegeben oder sonst verarbeitet, ist das nur rechtmäßig, wenn es eine gesetzliche Bestimmung gibt, die die Verarbeitung anordnet oder gestattet oder der Betroffene eingewilligt hat.

Das Gesetz definiert personenbezogene Daten als Einzelangaben über persönliche oder sachliche Verhältnisse einer bestimmten oder bestimmbaren natürlichen Person. Nicht entschieden ist damit, welche Anforderungen an die Bestimmbarkeit zu stellen sind. Kommt es dabei auf denjenigen an, der die Daten erhoben hat? Oder genügt es für die Bestimmbarkeit, wenn irgendjemand – mit Zusatzwissen – in der Lage ist, die Person, zu der das Datum gehört, zu bestimmen? Juristische Fragen, die noch nicht beantwortet sind ...

Auch die Frage, ob IP-Adressen, die bei dem Website-Betreiber und seinem Tracking-Dienstleister anfallen, Personenbezug haben, ist rechtlich noch unklar. Es gibt divergierende Gerichtsentscheidungen und eine Vielzahl unterschiedlicher Meinungen in der juristischen Literatur. Klarheit wird wohl nur eine Entscheidung des Europäischen Gerichtshofes bringen.

Beispiel: Einwilligungserfordernis bei Personenbezug

Möchte ein Portalbetreiber die Bewegungen seiner Mitglieder überwachen und ordnet er deshalb einzelne Klicks auf Forenseiten, Bilderreihen und Bannerwerbung konkreten Mitgliedern zu, um die Verläufe später vergleichen zu können, bedarf dies einer Einwilligung, weil eine gesetzliche Vorschrift dieses Vorgehen nicht gestattet. Denkbar ist, dass sich der Portalbetreiber die Einwilligung der Nutzer bei der Anmeldung in das Portal einholt. Diese Rechtslage kann der Portalbetreiber auch dann nicht umgehen, wenn er eine englische Limited als Betreibergesellschaft gründet und das Portal auf einem EC2-Server in den USA hosten lässt.

5.3.1 Grundlagen des Datenschutzrechts

Im deutschen Online-Datenschutzrecht sind zwei Gesetze von Relevanz: das Bundesdatenschutzgesetz (BDSG) und das Telemediengesetz (TMG). Vereinzelt ist noch vom Teledienstedatenschutzgesetz (TDDSG) zu lesen – das existiert jedoch schon seit geraumer Zeit nicht mehr.

Grundgedanke des Datenschutzrechts ist, dass Daten, mit denen man Bezug zu einer bestimmten Person herstellen kann, nur erhoben und verarbeitet werden dürfen, wenn dies durch ein Gesetz vorgesehen ist oder der Betroffene eingewilligt hat. Dies ergibt sich aus § 4 BDSG und § 15 TMG.

Die Vorschriften des Datenschutzes greifen aber nur, wenn es sich um personenbezogene Daten handelt. Wann dies der Fall ist, lässt sich allerdings oft nicht zweifelsfrei beurteilen.

Für den Online-Bereich sieht § 15 Abs. 1 TMG vor, dass Nutzungsdaten, also Daten, die die Inanspruchnahme von Telemedien ermöglichen oder für deren Abrechnung erforderlich sind, erhoben werden dürfen. Solche Nutzungsdaten sind insbesondere

- Merkmale zur Identifikation des Nutzers (z.B. Mitgliedsname),
- Angaben über Beginn und Ende sowie Umfang der jeweiligen Nutzung,
- Angaben über die vom Nutzer in Anspruch genommenen Dienste.

Über den Nutzungsvorgang hinaus dürfen die Daten nur gespeichert werden, wenn dies für die Abrechnung von Daten erforderlich ist.

Beispiel: Erforderliche Erhebung von Nutzungsdaten

Das Portal des vorherigen Beispiels bietet drei Arten der Mitgliedschaft an: (1) eine kostenfreie Basismitgliedschaft, (2) eine Mitgliedschaft, bei der jeder Login Kosten auslöst und (3) eine Flatrate. Die Nutzungsdaten darf der Portalbetreiber nur für Mitglieder der Gruppe (2) über das Ende der Verbindung hinaus speichern, weil er nur für diese Art der Mitgliedschaft die Anzahl der Logins für die Abrechnung benötigt.

Die Verarbeitung dieser gespeicherten Daten ist aber auf den Abrechnungszweck beschränkt. Dass der Anbieter diese Daten bis zur Abrechnung speichern darf, ist kein Freibrief, diese Daten unbegrenzt verwenden zu dürfen. Der Verwendungszweck ist weiter auf die Abrechnung der Nutzungen beschränkt.

Am vergleichsweise strengen deutschen Datenschutzrecht kommt man auch durch Verlagerung des Unternehmenssitzes ins Ausland nicht vorbei. Auf Webseiten, die sich gezielt an den deutschen Markt richten, wird (auch) deutsches Datenschutzrecht angewandt und der Anbieter kann vor deutschen Gerichten verklagt werden. Deutsche Gerichte sind für Datenschutzverletzungen zuständig, wenn ein Ort des Erfolgs der Verletzung im Inland liegt. Dies ist dann der Fall, wenn sich die Website jedenfalls auch gezielt an deutsche Nutzer wendet.

Beispiel: Zweckrichtung von Internetauftritten

Bei einer Online-Schuldtitelbörse (`www.schuldtitel-online.com`), die mit dem An- und Verkauf von Forderungen Handel betreibt, erklärte sich das Landgericht Köln bezüglich datenschutzrechtlicher Streitigkeiten für zuständig, weil sich aus der Zweckrichtung der Internetseite zweifelsfrei ergebe, dass sich die Online-Börse in erster Linie an deutsche Rezipienten richte. Als Indizien für eine solche Zweckrichtung führte das Landgericht an, dass die Internetseite in deutscher Sprache verfasst sei, eine Service-Telefon für Interessenten in Deutschland mit Kölner Rufnummer bestehe und vornehmlich mit Schuldtiteln deutscher Schuldner gehandelt werde. [LG Köln 05/01]

Ob IP-Adressen für den Website-Betreiber generell Personenbezug haben und damit zur Anwendbarkeit des Datenschutzrechts führen, ist nicht endgültig geklärt. Die deutschen Datenschutzbehörden sehen dies zumindest so. Personenbezug haben jedenfalls IP-Adressen dann, wenn sie – etwa über Cookies oder Pre-Logins – zur Identifizierbarkeit des Nutzers führen.

Beispiel: Personenbezug bei automatischer Zuordnung von IP-Adressen

Ordnet ein Shop-Betreiber die getrackten IP-Adressen seinen eingeloggten Mitgliedern automatisch zu und führt etwa bei statischen IP-Adressen einen Login anhand der IP-Adresse durch, ist Personenbezug ohne Weiteres gegeben. Weil die Erhebung und Zuordnung der IP-Adresse zwar unter Umständen praktisch, aber nicht notwendig ist, braucht der Shop-Betreiber eine Einwilligung der Kunden, bei denen eine Zuordnung geschieht.

Um zu bestimmen, ob IP-Adressen nicht nur in Spezialfällen, sondern generell als personenbezogene Daten anzusehen sind, muss man ein wenig ausholen:

Gemäß § 3 Abs. 1 Bundesdatenschutzgesetz (BDSG) sind personenbezogene Daten »Einzelangaben über persönliche oder sachliche Verhältnisse einer bestimmten oder bestimmbaren natürlichen Person«. Die Gretchenfrage ist damit, ob eine natürliche Person allein aus einer IP-Adresse »bestimmbar« ist.

Gerichtsentscheidungen zu dieser Frage gibt es wenige. Aber es werden zwei grundsätzlich verschiedene Auslegungsmöglichkeiten dieser Vorschrift vertreten: Während die eine Ansicht die Frage der Bestimmbarkeit nach den Möglichkeiten des jeweiligen Dienstanbieters ermitteln möchte (vgl. Abschnitt 5.3.2), meint die andere Ansicht, dass es genüge, wenn irgendjemand in der Lage sei, aus dem erhobenen Datum auf einen konkreten Menschen zu schließen (vgl. Abschnitt 5.3.3).

5.3.2 Relative Bestimmbarkeit

Nach der liberaleren Ansicht richtet sich die Bestimmbarkeit nach den Möglichkeiten der Person oder Stelle, die die Daten erhoben hat, den Nutzer zu identifizieren (»relative Bestimmbarkeit«). Dies führt dazu, dass das gleiche Datum für einen Dienstleister Personenbezug haben kann, weil er aus der Information einen Rückschluss auf eine konkrete Person ziehen kann, während das Datum für andere Dienstleister neutral ist, da sie keine Möglichkeit haben, die dahinter stehende Person zu identifizieren.

Dem entspricht eine Entscheidung des Amtsgerichts München [AG München 05/02]. Danach ermöglichen es die einem Website-Betreiber normalerweise zur Verfügung stehenden Informationen und Hilfsmittel nicht, die hinter einer dynamischen IP-Adresse stehende natürliche Person ohne unverhältnismäßigen Aufwand zu ermitteln. Zwar besteht die theoretische Möglichkeit, den Anschlussinhaber mithilfe des Access-Providers zu identifizieren, mangels Rechtsgrundlage scheidet diese faktisch jedoch aus. Das Münchener Gericht entschied, dass eine illegale Handlung der Ermittlung einer konkreten Person aus einer IP-Adresse

> *»kaum als normalerweise und ohne großen Aufwand durchzuführende Methode angesehen«*

werden könne. Danach handelt es sich bei dynamischen IP-Adressen zunächst nicht um personenbezogene Daten für den Website-Betreiber.

Anders sieht das aus, wenn die Bestimmbarkeit aufgrund anderer Umstände möglich ist. Wird etwa innerhalb eines Portals eine Zuordnung zu in Cookies gespeicherten Login-Daten vorgenommen oder kann der Tracking-Dienstleister aus den gespeicherten Daten auf eine bestimmte Person schließen, ist Personenbezug gegeben. Bei Google Analytics liegt das insbesondere nahe, wenn der Betroffene auch einen Google Account, sei es für Google Mail oder AdSense etc., hat. Diese Bestimmbarkeit durch den Dienstleister muss sich der Website-Betreiber zurechnen lassen. In diesen Fällen ist die erhobene IP-Adresse auch für den Website-Betreiber personenbezogen.

5.3.3 Absolute Bestimmbarkeit

Für die alternative Auslegung der Vorschrift im Sinne einer »absoluten Bestimmbarkeit« genügt die theoretische Möglichkeit einer Identifizierung des Betroffenen, gleich, ob dies die Mitwirkung eines Dritten, illegale Methoden oder unverhältnismäßigen Aufwand erfordert. Nach dieser Ansicht genügt es etwa für die Annahme von Bestimmbarkeit, wenn der Website-Betreiber mithilfe der IP-Adresse unter Mitwirkung des Access-Providers den Anschlussinhaber – und damit womöglich den Nutzer – theoretisch identifizieren kann. Die Frage, wie wahrscheinlich eine Herausgabe der Daten durch den Access-Provider ist, stellen sich die Anhänger dieser Ansicht nicht.

Beispiel: Personenbezug von IP-Adressen

Im Jahre 2006 verklagte eine Privatperson die Bundesrepublik Deutschland, weil das Bundesjustizministerium auf seiner Website dynamische IP-Adressen speichere. Der Streit landete vor dem Amtsgericht Berlin-Mitte, das der Klage stattgab. Bei der Frage, ob ein Datum Personenbezug habe, müssten alle Mittel berücksichtigt werden, die vernünftigerweise entweder von dem Verantwortlichen für die Verarbeitung oder von einem Dritten eingesetzt werden könnten, um die betreffende Person zu bestimmen. [AG Berlin-Mitte 05/03]

Das Amtsgericht begründete seine Ansicht mit einem Hinweis auf die zugrunde liegende EG-Datenschutzrichtlinie. Nach Auffassung des Gerichts hätte eine Verneinung des Personenbezugs von dynamischen IP-Adressen unter Umständen die Nichtanwendbarkeit der Vorschriften des Telemediengesetzes zur Folge. Dies führe dazu, »dass diese Daten ohne Restriktionen an Dritte, z.B. den Access-Provider, übermittelt werden können, die ihrerseits die Möglichkeiten haben, den Nutzer aufgrund der IP-Adresse zu identifizieren«. Weiter meint das Amtsgericht, dass eine Bestimmbarkeit der Person auch dann gegeben sei, wenn der Betroffene nur mit illegalen Mitteln identifiziert werden kann.

Hinweis: Rechtslage in der Schweiz

Das schweizerische Bundesgericht hat in dem sogenannten Logistep-Verfahren entschieden, dass IP-Adressen stets Personenbezug aufweisen.

5.3.4 Beschluss des Düsseldorfer Kreises

Nachdem die öffentliche Diskussion um die (Un-)Zulässigkeit von Webtracking-Diensten stetig zunahm, haben sich auch die Datenschutzbehörden mit der Frage beschäftigt und sind wenig überraschend zu einem negativen Ergebnis gekommen.

Der sogenannte Düsseldorfer Kreis, der ein informeller Zusammenschluss der obersten Aufsichtsbehörden für den Datenschutz im nicht-öffentlichen Bereich in Deutschland ist, hat im November 2009 darauf hingewiesen, dass die Anforderungen des Telemediengesetzes (TMG) bei der Webanalyse zu beachten sind.

Die IP-Adresse wird als personenbezogenes Datum angesehen. Zudem sei sie nicht als Pseudonym zu betrachten. Der Düsseldorfer Kreis weist darauf hin, dass eine ganze Reihe von Vorgaben aus dem TMG zu beachten ist.

Checkliste – Forderungen des Düsseldorfer Kreises

- ✓ Den Betroffenen ist eine Möglichkeit zum Widerspruch gegen die Erstellung von Nutzungsprofilen einzuräumen. Derartige Widersprüche sind wirksam umzusetzen.
- ✓ Die pseudonymisierten Nutzungsdaten dürfen nicht mit Daten über den Träger des Pseudonyms zusammengeführt werden. Sie müssen gelöscht werden, wenn ihre Speicherung für die Erstellung der Nutzungsanalyse nicht mehr erforderlich ist oder der Nutzer dies verlangt.
- ✓ Auf die Erstellung von pseudonymen Nutzungsprofilen und die Möglichkeit zum Widerspruch müssen die Anbieter in deutlicher Form im Rahmen der Datenschutzerklärung auf ihrer Internetseite hinweisen.
- ✓ Personenbezogene Daten eines Nutzers dürfen ohne Einwilligung nur erhoben und verwendet werden, soweit dies erforderlich ist, um die Inanspruchnahme von Telemedien zu ermöglichen und abzurechnen. Jede darüber hinausgehende Nutzung bedarf der Einwilligung der Betroffenen.
- ✓ Die Analyse des Nutzungsverhaltens unter Verwendung vollständiger IP-Adressen (einschließlich einer Geolokalisierung) ist aufgrund der Personenbeziehbarkeit dieser Daten daher nur mit bewusster, eindeutiger Einwilligung zulässig. Liegt eine solche Einwilligung nicht vor, ist die IP-Adresse vor jeglicher Auswertung so zu kürzen, dass eine Personenbeziehbarkeit ausgeschlossen ist.
- ✓ Werden pseudonyme Nutzungsprofile durch einen Auftragnehmer erstellt, sind darüber hinaus die Vorgaben des Bundesdatenschutzgesetzes zur Auftragsdatenverarbeitung durch die Anbieter einzuhalten.

Kurz zusammengefasst bedeuten die Beschlüsse, dass die Erhebung der IP-Adresse zu anderen als Abrechnungszwecken nicht gestattet ist. Selbst die Geolokalisierung ist nach diesem Beschluss unstatthaft.

Allerdings hat dieser Beschluss lediglich deklaratorischen Charakter. Er gibt die Meinung der Datenschützer wieder, die im Einzelfall gerichtlich überprüfbar ist. Wird tatsächlich wegen des Trackings von Websites ein datenschutzrechtliches Verfahren gegen den Betreiber der Seite eingeleitet, können Verwaltungsgerichte die Bescheide des Datenschutzbeauftragten überprüfen.

5.3.5 Schlussfolgerungen

Zweifel an der Sichtweise der Datenschutzbehörden sind durchaus angebracht. Dem Website-Betreiber ist es in der Regel gerade nicht möglich, den Besucher aus der IP-Adresse individuell zu identifizieren. Ohne weitere Informationen (z.B. durch eine gleichzeitige vertragliche Beziehung mit dem Nutzer) fehlt ihm die Zuordnungsmöglichkeit. Die Access-Provider sind weder berechtigt, noch (von Ausnahmefällen abgesehen) verpflichtet, weitere Daten herauszugeben, so dass sich der Anschlussinhaber allenfalls mithilfe der Staatsanwaltschaft ermitteln lässt. Dies setzt jedoch den Verdacht einer Straftat voraus, der im Normalfall natürlich fehlt.

Außerdem ist selbst bei Kenntnis des Anschlussinhabers eine eindeutige Identifikation des Nutzers nicht möglich, weil etwa bei Unternehmensanschlüssen oder Internetcafés eine Bestimmung des Surfenden unmöglich ist.

Übersicht – Personenbezug von IP-Adressen

AG München → Nein

AG Berlin-Mitte → Ja

Datenschutzbehörden → Ja

Es ist zu erwarten, dass sich in naher Zukunft höhere Gerichte, wahrscheinlich auch der Europäische Gerichtshof, mit der IP-Adresse als personenbezogenes Datum beschäftigen werden. Hier muss die Zeit Rechtssicherheit bringen.

Bis dahin bleibt den Website-Betreibern die Wahl, Risiken in Kauf zu nehmen oder den Versuch zu unternehmen, sich den datenschutzrechtlichen Vorgaben vollständig zu stellen.

Kapitel 6

Werbung auf anderen Websites

Die Werbemöglichkeiten im Internet sind vielfältig. Nachfolgend werden die gängigsten Werbeformen vorgestellt sowie spezifische rechtliche Fragestellungen der Haftung bezüglich Werbung im Internet und des Klick-Betrugs erläutert.

6.1 Werbeformen

Online-Werbeformen sind rechtlich meist unbedenklich. Probleme ergeben sich bei allzu aufdringlichen Formaten. Diese können als Belästigung wettbewerbswidrig sein. Außerdem stellen sich verschiedentlich Fragen des Gebots, Werbung von redaktionellen Inhalten zu trennen.

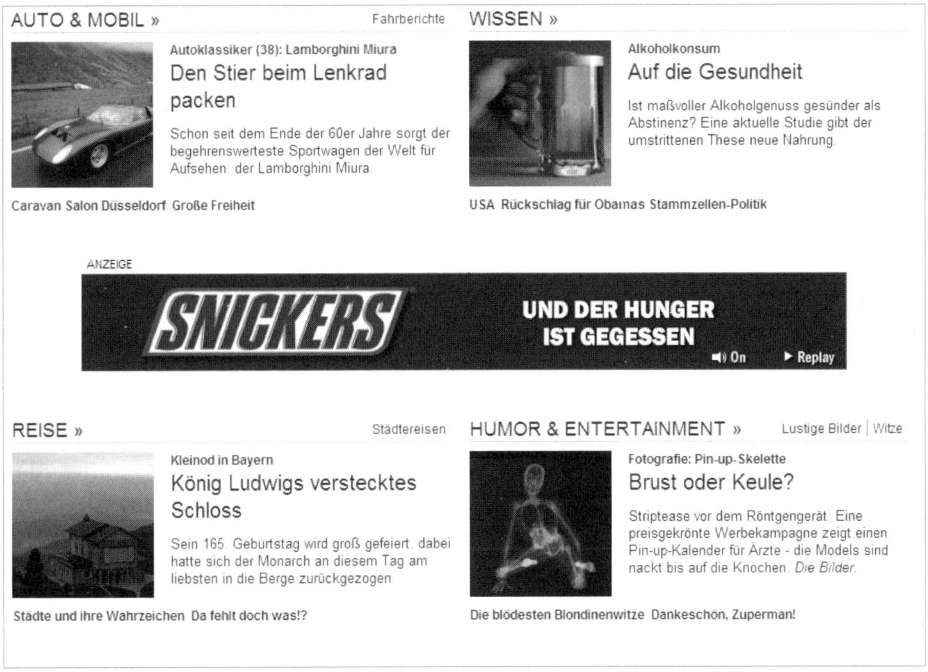

Abb. 6.1: Bannerwerbung auf der Internetseite der Süddeutschen Zeitung

6.1.1 Banner

Bannerwerbung ist rechtlich nicht zu beanstanden. Zu achten ist darauf, dass sich der Banner hinreichend von redaktionellen Inhalten abhebt und nicht den Eindruck erweckt, Teil des Angebots zu sein. Werden Preise in Bannern angegeben, müssen diese Endpreise inklusive Mehrwertsteuer sein.

Beispiel: Preisangaben bei Werbebannern

Werden Flugreisen in Werbebannern beworben, die Preisangaben enthalten, muss der angegebene Preis eine Service-Charge und einen eventuellen Treibstoffzuschlag bereits enthalten. Erfolgt die Buchung per Kreditkarte, sind in die ausgewiesenen Preise die Kreditkartengebühren mit einzurechnen, sofern nicht eine echte kostenfreie Zahlungsalternative besteht. [OLG Düsseldorf 06/01]

Checkliste – Bannerwerbung

- ✓ Banner müssen als Werbung erkennbar sein. Ist das nicht der Fall, müssen Banner gesondert gekennzeichnet werden.
- ✓ Werden in interaktiven Bannern Daten erhoben, bedarf dies der Einwilligung des Nutzers und einer Datenschutzerklärung.
- ✓ Werden Frequency Caps eingesetzt, sollte der Anbieter nicht ungekürzte IP-Adressen speichern.
- ✓ Für den Inhalt der Banner gilt online das Gleiche wie für herkömmliche Werbemittel.
- ✓ Grundsätzlich müssen in Bannern keine Preise angegeben werden. Wer mit Preisen wirbt, muss aber Endpreise angeben.

Erkennbarkeit von Bannern als Werbung

In der Anfangszeit der Werbung im Netz wurde diskutiert, ob Banner als Belästigung des Nutzers anzusehen sein können. Die Gestaltung mancher Banner mag das nahelegen, rechtlich ist die Werbung mit Bannern jedoch bedenkenfrei und weder als unangemessene Belästigung des Nutzers noch als Spamming zu betrachten.

Zu beachten ist das Gebot der Trennung von Werbung und redaktionellem Inhalt. Banner müssen als Anzeige gekennzeichnet sein, weil man den Werbebanner andernfalls für einen (grafischen) Teil des redaktionellen Inhalts halten könnte.

Hinweis: Kennzeichnung von Bannern als Werbung

Einer Kennzeichnung mit dem Wörtchen »Anzeige« oder »Werbung« bedarf ein Banner nur, wenn sich für den Durchschnittsnutzer nicht unmittelbar ergibt, dass es sich bei dem Banner um Werbung handelt.

Buttons sind letztlich nichts anderes als kleine Banner, die mit wesentlich geringerem grafischem Aufwand auskommen. In besonderer Weise kann sich jedoch die Frage nach der Deutlichkeit der Trennung von redaktionellem Inhalt und Werbung stellen. Außerdem sollten auch Buttons so gestaltet sein, dass der Nutzer erkennen kann, dass ein Klick auf den Button zu einer werbenden Seite führt.

Skyscraper sind ebenfalls Banner, die auffällig an der rechten Seite der Website platziert werden. Dagegen ist natürlich rechtlich nichts einzuwenden. Häufig sind »Skyscraper« interaktiv, erlauben Feedback oder enthalten Flash-Spiele.

Datenerhebung in Werbemitteln

Die Interaktivität wirft datenschutzrechtliche Fragen auf. Sobald die Nutzer Daten eingeben können, die Rückschlüsse auf ihre Person zulassen, ist eine Datenschutzerklärung erforderlich, die deutlich macht, welche Daten zu welchem Zweck erhoben und gespeichert werden und was mit diesen Daten geschehen soll. Die Datenschutzerklärung kann verlinkt werden.

Abb. 6.2: Interaktiver Popup-Banner auf `finanznachrichten.de`

Werden die Daten an ein anderes Unternehmen weitergegeben, bedarf dies in der Regel einer Einwilligung des Nutzers. Der Banner muss in diesem Fall so ausgestaltet werden, dass Platz für eine Einwilligungserklärung bleibt.

Vorsicht: Einwilligung bei Werbemitteln mit personenbezogenen Daten

Werden mit einem Werbemittel personenbezogene Daten erhoben, bedarf es einer Datenschutzerklärung. Besteht keine gesetzliche Gestattung für die Erhebung der Daten, muss zusätzlich eine Einwilligung des Nutzers eingeholt werden.

Frequency Caps

Zunehmend sind User von Popups, Streaming-Ads und Power-Layers im Netz genervt. Nicht zuletzt deshalb bestehen Zweifel an der wettbewerbsrechtlichen Zulässigkeit dieser Werbeformen. Um den Erfolg solcher Kampagnen zu erhöhen, ist es inzwischen üblich, dass Werbetreibende sogenannte Frequency Caps einsetzen, also ein Limit an Werbeeinblendungen pro identifiziertem User. Auf diese Weise kann verhindert werden, dass der Nutzer bei jedem Click auf die Startseite eines großen Portals erneut ein Popup-Fenster womöglich für den gleichen Werbetreibenden schließen muss. Die Akzeptanz des Werbemittels erhöht sich dadurch offenbar.

Problematisch ist, dass zur Identifikation des Nutzers in der Regel die IP-Adresse des Users geloggt werden muss. Sieht man in der IP-Adresse ein personenbezogenes Datum (vgl. insofern Abschnitt 5.3), bedarf die Erhebung und Speicherung einer gesetzlichen Gestattung oder einer Einwilligung. Eine gesetzliche Erlaubnis für die Speicherung der IP-Daten existiert nicht, auch eine Einwilligung des Nutzers liegt in der Regel nicht vor. Daher ist das Frequency Capping aus Sicht der Datenschutzbehörden fragwürdig, wenn tatsächlich die ungekürzte IP gespeichert wird.

Vorsicht: Frequency Capping datenschutzrechtlich nicht unproblematisch

Wird beim Frequency Capping die IP-Adresse des Nutzers geloggt und auf dem AdServer gespeichert, ist dies aus Sicht der Datenschützer problematisch.

Geschieht das Frequency Capping dagegen durch Speicherung der Informationen in Cookies auf dem Rechner des Nutzers, bedarf es lediglich der Information des Nutzers, dass eine Profilbildung geschieht. Zusätzlich ist dem Nutzer gemäß § 15 Abs. 3 Telemediengesetz (TMG) eine Widerspruchsmöglichkeit einzuräumen. Letztlich muss die Speicherung des Cookies technisch verhindert werden können.

Inhalt der Werbemittel

Für Banner im Internet gelten im Wesentlichen die gleichen Anforderungen wie für Anzeigen in der Offline-Welt.

Beispiel: Irreführende Bannerwerbung

Ein Unternehmen wirbt für ein Abo in einem Banner mit der Schlagzeile »100 gratis SMS«. Ob eine solche Werbung irreführend ist, richtet sich danach, ob der Verbraucher im Anschluss an den Klick ordnungsgemäß über den Vertragsschluss und das Abonnement aufgeklärt wird. Ist die Information nur im Fließtext einer versteckten Seite enthalten, die der Verbraucher auf dem »Weg zum Vertragsschluss« nicht zwingend aufrufen muss, liegt eine irreführende Werbung schon in dem Banner. [OLG Hamburg 06/02]

Es ist ohne Weiteres einleuchtend, dass an einen Werbebanner im Internet die gleichen Anforderungen an die Zulässigkeit der Werbung gestellt werden wie an eine Anzeige in einer Zeitschrift. Wer offline nicht damit werben dürfte, »der Größte« zu sein, darf dies auch online nicht. Für die Beurteilung, ob eine Irreführungsgefahr vorliegt, kommt es auf den verständigen durchschnittlichen Internetnutzer an. Hier kann die Beurteilung einer Werbung gegenüber der Offline-Welt schon einmal auseinanderfallen. Im Regelfall sind jedoch die gleichen Maßstäbe anzulegen.

Unzulässig sind auch als Fehlermeldungen, allgemeine Informationen oder als Eingabefehler getarnte Banner, die beim Anklicken auf die werbenden Seiten eines Anbieters führen. Ebenfalls wegen Irreführung wettbewerbswidrig sind Werbeformen, bei denen der Klick auf das Kreuzchen zum Schließen der Seite gerade auf die werbende Seite führt. Dies ist zugleich ein Verstoß gegen das Verbot, Werbung auszuliefern, obgleich der angesprochene Nutzer diese erkennbar nicht wünscht.

Bannerwerbung muss sich an Recht und Gesetz halten.

Checkliste für Inhalt von Bannern

- ✓ Keine Irreführung
- ✓ Keine Markenverletzungen
- ✓ Sicherstellung von Nutzungsrechten an Claims und Bildern
- ✓ Trennung von Werbung und redaktionellem Inhalt
- ✓ Ggf. Datenschutzerklärung anpassen bzw. Einwilligung einholen

Preisangaben in Bannern

Preise müssen in Bannern in aller Regel nicht angegeben werden. Enthalten Werbemittel im Internet allerdings Preise, muss es sich dabei um Endpreise handeln. Der angegebene Preis muss also die Mehrwertsteuer und alle sonstigen zusätzlich anfallenden Gebühren enthalten. Außerdem muss angegeben werden, ob Versandkosten anfallen.

Beispiel: Preisangaben beim Online-Kfz-Handel

Ein Kfz-Händler, der seine Gebrauchtwagen im Internet anpreist, ohne dabei die Mehrwertsteuer anzugeben, verstößt gegen die Preisangabenverordnung und handelt wettbewerbswidrig. [OLG Karlsruhe 06/03]

Abb. 6.3: Werbung mit dem Preis in Banneranzeige

Grundsätzlich müssen Preise in Werbebannern nicht angegeben werden. Eine Pflicht zur Angabe von Preisen besteht nur, wenn der Unternehmer Waren oder Leistungen direkt zum Kauf anbietet, nicht aber, wenn er nur allgemein für ein

Produkt oder Produktgruppen wirbt. »Leistungen anbieten« ist dabei weiter zu fassen als ein konkretes Angebot im rechtlichen Sinne. Ausreichend ist demnach, wenn der Kunde rechtlich zwar noch unverbindlich, tatsächlich aber schon gezielt im Hinblick auf den Kauf einer Ware angesprochen wird. Eine Bannerwerbung muss daher nur dann bereits einen Preis enthalten, wenn ein konkretes Produkt schon so klar und eindeutig beschrieben wird, dass keine Fragen offenbleiben und der Link unmittelbar in den Shop des Werbenden oder in einen virtuellen Warenkorb führt. Solange allerdings für den Kunden anschließend noch Wahlmöglichkeiten bestehen (sei es auch nur hinsichtlich der Farbe der Ware), bedarf es einer Preisangabe in der Werbung nicht.

Werden aber Preise in dem Banner angegeben, sieht § 1 Abs. 1 der Preisangabenverordnung (PAngV) eine Pflicht zur Angabe des sogenannten Endpreises vor. Dies soll verhindern, dass der Verbraucher selbst den zu zahlenden Preis ermitteln muss. Der Endpreis ist das tatsächlich zu zahlende Gesamtentgelt. Anzugeben ist daher der Gesamtpreis inklusive aller Steuern, Gebühren und Zuschläge. In dem oben abgebildeten Beispiel des Mitsubishi Colt dürfen also keine weiteren Kosten für den Kunden hinzukommen.

6.1.2 Popups

Werbung in Popup-Fenstern ist solange unbedenklich, wie sie nicht Popup-Blocker umgeht, massenhaft verwendet wird oder den Nutzer etwa über die Möglichkeit des Schließens des Fensters in die Irre führt.

Beispiel: Unzulässige Popup-Werbung

Wird eine Popup-Werbung so konzipiert, dass ein Klick auf den Schließen-Button eine weitere Popup-Werbung initiiert, liegt eine unzulässige Belästigung des Verbrauchers vor.

Checkliste – Popups

- ✓ Popups als solche sind rechtlich unbedenklich.
- ✓ Exit-Popups können als Belästigung anzusehen sein.
- ✓ Die Umgehung von Popup-Blockern ist wettbewerbswidrig.

Zu den im Internet üblichen Werbemethoden gehört auch die Werbung über Popup-Fenster. Jeder Internetnutzer weiß zwar, dass die sich automatisch öffnenden Werbefenster beim Surfen sehr lästig sein können. Jedoch gehören Popup-Fenster wie die Bannerwerbung zu den üblichen Gepflogenheiten im Internet, die jeder User kennt und – jedenfalls in Maßen – hinnimmt. Davon, dass der Empfänger die Werbung erkennbar nicht wünscht (vgl. § 7 Abs. 2 Nr. 1 UWG), kann keine Rede sein. Dies gilt umso mehr, als es technisch ohne Weiteres möglich ist, das Öffnen von Popup-Fenstern zu verhindern.

Vorsicht: Exit-Popups können Belästigung sein

Exit-Popups sind vom LG Düsseldorf schon als übermäßige Belästigung des Nutzers für wettbewerbswidrig erklärt worden. [LG Düsseldorf 06/04]

Exit-Popups Besonders lästig sind Fenster, die sich erst beim Schließen des geöffneten Browserfensters öffnen (sogenannte Exit-Popups). Daraus hat das LG Düsseldorf geschlossen, dass diese Werbemethode generell wettbewerbswidrig sei. Das geht wohl dann etwas weit, wenn sich das Exit-Popup ohne Weiteres schließen lässt und sich nicht beim Schließen des Fensters ein Neues öffnet.

Auch das Landgericht Köln hat sich zu Popup-Fenstern geäußert. Schon im Jahre 2004 hat das Gericht entschieden, dass das Auf- oder Unterschalten von Werbefenstern auf Websites von Konkurrenten wettbewerbswidrig ist. [LG Köln 06/05] Allerdings bleibt in dem Beschluss unklar, was genau der Vorwurf war. Die Entscheidung ist im einstweiligen Rechtsschutz ergangen und nicht besonders ergiebig. Allgemeine Schlüsse lassen sich daraus nicht ziehen.

Pop-unders Auch Pop-unders oder Pop-downs, also Fenster, die das geöffnete Browserfenster nicht überlagern, sondern sich hinter dieses Fenster legen, sind keine wettbewerbswidrige Werbemethode. Zwar ist der Überraschungseffekt bei Pop-unders womöglich noch etwas höher, weil die Werbung unter Umständen erst nach dem Schließen der Browserfenster sichtbar wird, doch kann letztlich keine andere Beurteilung wie bei Popups gelten.

Popup-Blocker Nicht zu beanstanden sind aus wettbewerbsrechtlicher Sicht die sogenannten Popup-Blocker. So sehr es die Werbebranche auch schmerzen mag, unabhängig davon, ob diese in den Browser integriert oder als Add-ons gesondert angeboten werden, lässt sich rechtlich gegen das Angebot von Popup-Blockern nichts ausrichten. Dies zeigt vor allem der Vergleich mit Werbeblockern für Fernsehprogramme, die bis zum Bundesgerichtshof für zulässig gehalten wurden. [BGH 06/06]

Immer verbreiteter wird die Unsitte, Popup-Blocker zu umgehen. Gerichtsentscheidungen sind dazu noch nicht ergangen. Doch es dürfte sich um einen klaren Verstoß gegen § 7 Abs. 1 Satz 2 UWG handeln, werbende Popups zu öffnen, obgleich der Nutzer einen Blocker einsetzt. Nach dieser Vorschrift ist es untersagt, zu werben, obwohl erkennbar ist, dass der angesprochene Marktteilnehmer diese Werbung nicht wünscht. Dies muss hier anzunehmen sein. Wer einen Popup-Blocker einsetzt, gibt zu erkennen, dass er keine werbenden Popups sehen möchte.

Blendet ein Unternehmen dennoch Popup-Werbung ein, missachtet es diesen Wunsch und handelt wettbewerbswidrig.

Vorsicht: Umgehung von Popup-Blockern wettbewerbswidrig

Wer Popup-Blocker gezielt umgeht, handelt wettbewerbswidrig. Mögliche Abmahnungen treffen sowohl den Werbenden als auch den Website-Betreiber.

Gewinnzusagen Jeder kennt Popups oder Bannerwerbung, die suggeriert, man habe einen Preis gewonnen. Gewinnzusagen sind rechtlich nicht unproblematisch. Nach § 661a BGB muss ein Unternehmer, der Gewinnzusagen oder vergleichbare Mitteilungen an Verbraucher sendet und durch die Gestaltung dieser Zusendungen den Eindruck erweckt, dass der Verbraucher einen Preis gewonnen hat, dem Verbraucher diesen Preis zukommen lassen. Allerdings sollen dafür Banner und Popups im Internet noch nicht ausreichen, weil für jedermann erkennbar sei, dass die Werbung jedem Internetnutzer angezeigt werde. [LG Köln 06/07]

6.1.3 Interstitials und Flash-Layer

Auch neuere Werbeformen wie Interstitials, LayerAds und Pagepeel-Anzeigen sind aus rechtlicher Sicht unproblematisch. Kritisch hinterfragt werden sollte aber jeweils, ob die Trennung zwischen Werbung und redaktionellem Inhalt hinreichend deutlich wird. Wenn das nicht der Fall ist, muss die Werbung als solche gekennzeichnet werden.

Abb. 6.4: Flash-Layer für die Postbank auf `Cash.Online`

Interstitials sind Werbeeinblendungen, die im aktuellen oder einem neuen, den gesamten Bildschirm ausfüllenden Browserfenster eingeblendet werden. Dort kann ein kleiner Werbefilm ablaufen oder einfach nur Werbung eingeblendet sein. Das Interstitial kann auch mit Audioeffekten ausgestrahlt werden. Es verschwindet erst nach einem Mausklick oder nach einer vordefinierten Zeit.

Angesichts der Rechtsprechung zu den Exit-Popups (siehe oben bei Abschnitt 6.1.2) ist nicht auszuschließen, dass auch Interstitials für belästigendes Spamming gehalten werden. Anders als bei der E-Mail-Werbung kann sich der Nutzer jedoch vor Interstitials schützen, indem er Seiten, die diese Werbeform nutzen, nicht mehr verwendet. Insofern sollten Interstitials wettbewerbsrechtlich zulässig sein. Dies gilt umso mehr, als dass sich diese Werbeform mehr und mehr durchsetzt.

Tipp: Wegklickbare Interstitials sind unbedenklich

Wenn sich Interstitials ohne Weiteres wegklicken lassen, ist diese Werbeform rechtlich nicht zu beanstanden.

Dem Interstitial ähnlich sind verschiedene Layer-Formate, bei denen sich die Werbung über die angezeigte Seite legt (Flash-Layer, Power-Layer). Floating Ads bewegen sich zusätzlich über die Seite – ggf. auch in auf die Werbung abgestimmter Gestaltung. Die Animation dauert nicht länger als zehn Sekunden. Auch hier sollte der User in der Lage sein, die Animation zu beenden. Andernfalls kann sich die Werbeform dem Vorwurf der Belästigung (vergleichbar dem Spamming) ausgesetzt sehen. Andererseits lässt sich die Werbung im Fernsehen auch nicht ohne Weiteres abschalten, so dass rechtliche Bedenken auch dann nicht bestehen sollten, wenn ein ÜBERSPRINGEN-Button fehlt.

Vorsicht: Rechtseinholung auch für Online-Nutzung von Werbespots

Generell ist bei Videoformaten zu fragen, ob bei den Urhebern des Spots auch Online-Rechte eingeholt wurden. Wird etwa ein Spot für das Fernsehen produziert und vertraglich nichts anderes vereinbart, wird nicht zugleich das Recht eingeräumt, den Spot im Internet zu nutzen. [LG Köln 06/08]

Aus wettbewerbsrechtlicher Sicht nicht zu beanstanden ist auch das Pagepeel-Format. Hierbei wird meist die rechte obere oder untere Ecke der Internetseite besonders hervorgehoben und flattert leicht aber auffällig. Macht diese Bewegung den Besucher neugierig, fährt er mit der Maus über diese kleine Fläche, worauf sich eine deutlich größere Grafik aufrollt oder aufklappt. Dies soll so wirken, als habe der Nutzer durch das Eselsohr auf eine andere Seite umgeblättert, um einen Blick auf die nächste Seite zu werfen. Klickt der Besucher schließlich auf die Werbefläche, öffnet sich (meist in einem neuen Tab oder Fenster) die Zielseite mit dem beworbenen Angebot. Rechtlich ist auch gegen Pagepeel-Anzeigen nichts einzuwenden, solange hinreichend deutlich wird, dass es sich um Werbung handelt.

Hinweis: Kennzeichnung von Pagepeel-Werbung

Falls es sich bei einer Pagepeel-Werbung nicht auf den ersten Blick ergibt, dass es sich um eine Anzeige handelt, sollte dies sicherheitshalber durch eine entsprechende Kennzeichnung (»Werbung« oder »Anzeige«) deutlich gemacht werden.

6.1.4 InText-Werbung

Werden Werbelinks direkt in redaktionelle Texte eingebunden, ist darauf zu achten, dass hinreichend deutlich wird, dass sich hinter den Links Werbung und nicht etwa weitere redaktionelle Erläuterungen verbergen.

Beispiel: Kennzeichnung des IntelliTXT

Bei dem Werbeformat, das als IntelliTXT vermarktet wird, sollte in dem kleinen Werbefenster darauf hingewiesen werden, dass es sich um Werbung handelt.

Checkliste – InText-Werbung

- ✓ Die Links sollten anders gestaltet sein, als herkömmliche Hyperlinks.
- ✓ Das kleine Mouseover-Werbefenster sollte deutlich als Werbung gekennzeichnet sein.
- ✓ Auf der Website sollte sich – möglichst in unmittelbarer Umgebung zum redaktionellen Umfeld – eine Erläuterung der Werbelinks befinden.

Eine aus Sicht des Trennungsgebots problematische Werbeform schwappte vor einiger Zeit aus den USA nach Europa: die Werbung über Links oder kleine Mouseover-Fenster, die unmittelbar in einen redaktionellen Text eingebunden wird. Wird der Link tatsächlich angeklickt, wird der Nutzer – meist in einem gesonderten Browserfenster – zu der Website des werbenden Unternehmens geführt. Werbekunden können bei Anbietern redaktioneller Inhalte Stichworte buchen, bei deren Auftreten im redaktionellen Teil automatisch ein Link mit dem

Stichwort verbunden wird. Letztlich handelt es sich dabei um eine Form des Keyword-Advertising.

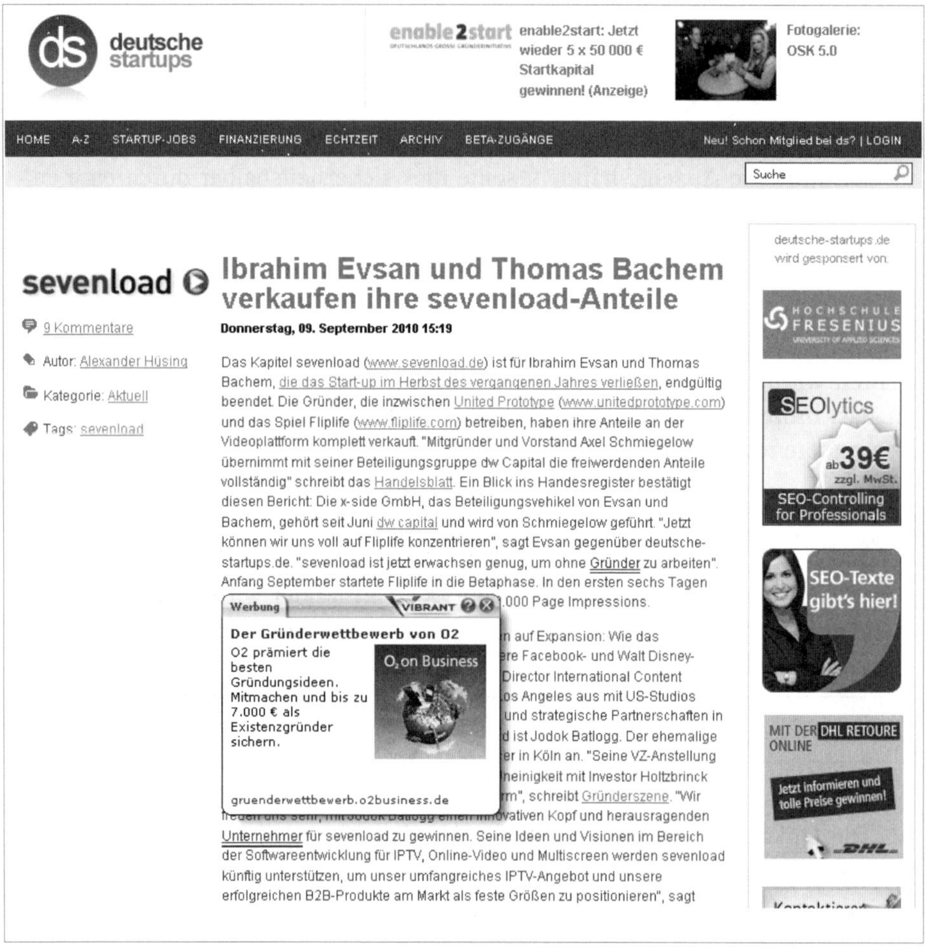

Abb. 6.5: InText-Werbung für O_2 auf `deutsche-startups.de`

Jedenfalls nach deutschem Recht ist diese Werbeform vor dem Hintergrund des Trennungsgebots nicht unproblematisch. Es kommt auf die Ausgestaltung von Links und redaktionellem Teil an, ob die Bedenken ausgeräumt werden können.

6.1.5 Verdeckte Werbung

Es ist unzulässig, Werbung verdeckt zu betreiben. Advertorials, Websponsoring etc. sind unzulässig, wenn sich nicht erkennen lässt, dass der Inhalt nicht allein aufgrund einer redaktionellen Auswahl erschienen ist, sondern kommerzielle (meist finanzielle) Anreize dahinterstecken. Auch »gefakte« Blog-Beiträge, hervorragende Selbstanpreisungen in Bewertungsportalen und geschönte Rezensionen bei Online-Buchhändlern sind als Schleichwerbung verboten.

Beispiel: »gefakte« Rezensionen

Werden auf `amazon.de` durch den Autor, durch den Verlag oder durch beauftragte Personen 5-Sterne-Rezensionen abgegeben, um den Verkauf des Buches zu pushen, liegt unzulässige Schleichwerbung vor.

Trennungsgebot

Seit jeher gilt im Wettbewerbsrecht der Grundsatz der Trennung von redaktionellen und werbenden Inhalten. Es ist verboten, eine vermeintlich objektive Journalistenmeinung zu kaufen und für eine positive Berichterstattung zu sorgen. Dies gilt nicht nur für die herkömmliche Print-Presse. Auch online gilt § 4 Nr. 3 des Gesetzes gegen den unlauteren Wettbewerb (UWG), wonach es verboten ist, den Werbecharakter von geschäftlichen Handlungen zu verschleiern. Auch aus Nr. 11 des Anhangs zu § 1 Abs. 3 UWG ergibt sich, dass als Information getarnte Werbung, die von dem Unternehmer finanziert ist, stets verboten ist. Online gilt außerdem § 6 Abs. 1 Nr. 1 des Telemediengesetzes (TMG). Danach muss sogenannte kommerzielle Kommunikation (insbesondere also Werbung) klar als solche erkennbar sein.

Voraussetzung für die Anwendbarkeit der genannten Vorschriften auf Online-Sachverhalte ist, dass überhaupt ein redaktioneller Teil auf der Seite vorhanden ist, auf der Werbung betrieben werden soll. Dies gilt natürlich für die Online-Ableger von Zeitungen und Zeitschriften, aber auch für (unternehmens-)unabhängige Blogs. Gleichermaßen wird man Vergleichsportale und Suchmaschinen ebenfalls zu den redaktionellen Inhalten zählen müssen, auch wenn im Einzelfall eine »Redaktion« im Sinne einer herkömmlichen Zeitungsredaktion nicht vorhanden ist und die Auswahl von Produkten, deren Beschreibung oder Links auf einem komplizierten – aber von Menschen geschaffenen – Algorithmus beruht.

Klar unzulässig sind gekaufte Berichte in Online-Magazinen oder Blogs. Dabei spielt es keine Rolle, ob tatsächlich Geld fließt oder dem vermeintlich objektiven Berichterstatter ein geldwerter Vorteil gewährt wird.

Beispiel: Mittelbar »gekaufte« Werbung

Würde etwa Apple bestimmten Bloggern ein iPhone zur Verfügung stellen und dieses nur dann zurückverlangen, wenn der Bericht über das iPhone nicht positiv ausgefallen ist, läge ein klarer Fall der unzulässigen Schleichwerbung vor.

Allerdings bleibt in solchen Fällen die Schwierigkeit, nachzuweisen, dass tatsächlich ein geldwerter Vorteil vorliegt.

Advertorials

Advertorials sind nur zulässig, wenn sich der werbende Charakter aus den Umständen oder aufgrund einer Kennzeichnung eindeutig ergibt.

Beispiel: Unzureichende Erkennbarkeit von Advertorials

Erfolgt im redaktionellen Umfeld eines Internetauftritts kaum erkennbare Werbung für eine Bank, ist es nicht ausreichend, wenn an versteckter Stelle – noch dazu zum Teil überlagert – unscheinbar darauf hingewiesen wird, dass es sich um eine »Sonderveröffentlichung« handelt. [KG Berlin 06/09]

In den Printmedien sind Advertorials (ADVERtisment und ediTORIAL) seit Langem üblich, wenn auch nicht frei von rechtlichen Zweifeln. Dabei handelt es sich um – meist von einem Unternehmen verfasste – redaktionelle Beiträge, die ein Gebiet zum Thema haben, auf dem das werbende Unternehmen besonders kompetent ist. Die Artikel sind dabei in der Regel im »Look & Feel« des übrigen Erscheinungsbildes der Publikation gehalten. Internetnutzer mögen eine stärkere Durchmischung von Werbung und redaktionellem Teil als in der Printpresse gewohnt sein. Sind redaktionelle Beiträge und Reklame jedoch nahezu identisch aufgemacht, ist die Grenze zur verschleierten Werbung überschritten.

Auch online sind derartige Mischformen immer häufiger anzutreffen. Rechtlich zulässig sind Advertorials (bzw. treffender: Adverticles) nur, wenn ohne Weiteres erkennbar ist, dass es sich bei dem Artikel letztlich um Werbung handelt.

Tipp: Advertorials als »Anzeige« oder »Werbung« kennzeichnen

Wenn Sie Missverständnisse (und Abmahnungen) vermeiden wollen, empfiehlt es sich, Advertorials als »Anzeige« oder »Werbung« zu kennzeichnen.

In eine ähnliche Richtung gehen gesponserte Webseiten. Dabei werden bestimmte Inhalte finanziell unterstützt, wofür sich der Sponsor im Gegenzug eine kommunikative Wirkung erhofft. Diese Werbeform wird von den übrigen Seiteninhalten meist unterscheidbar sein und mit dem Zusatz »präsentiert von ...« auf die finanzielle Unterstützung durch ein bestimmtes Unternehmen hinweisen. Einer zusätzlichen Kennzeichnung bedarf es dann nicht.

Gleiches gilt für Seitenempfehlungen, Unternehmensinformationen und für Associate Partnerships, bei denen Waren oder Dienstleistungen von einem anderen Anbieter zum Kauf empfohlen werden sowie für ähnliche Werbemodelle, soweit davon ausgegangen werden kann, dass dem Nutzer der werbende Charakter ohne Weiteres bekannt ist. Andernfalls ist durch geeignete Hinweise auf die Kommerzialität der Kommunikation hinzuweisen.

Vorsicht: Offensive »Content Integration« kann Schleichwerbung sein

Website-Betreiber, die in ihren Mediadaten allzu offensiv »Content Integration« oder »integrative Werbeformen« und die damit verbundenen Vorteile »verpackter Glaubwürdigkeit« anpreisen, müssen sich nicht wundern, wenn ihnen dies in einem Schleichwerbeprozess vorgehalten wird. [LG München I 06/10]

Fake-Beiträge

Auch unternehmensgenerierte Einträge in Blogs oder Bewertungsportalen verstoßen gegen das Schleichwerbeverbot, wenn nicht erkennbar ist, dass das Unternehmen hinter der vermeintlich objektiven Meinung steckt.

Beispiel: Positive Bewertungen durch die PR-Abteilung

Wenn die PR-Abteilung eines Markenartiklers in Bewertungsportalen positive Einträge hinterlässt, ohne kenntlich zu machen, dass es sich dabei um eine von dem Unternehmen initiierte Meldung handelt, liegt ein Verstoß gegen das Gebot, kommerzielle Kommunikation als solche kenntlich zu machen, vor.

Gleiches gilt auch für die offenbar weit verbreitete Praxis, für positive Rezensionen von Büchern bei Amazon und anderen Online-Buchhändlern zu sorgen. Hierbei handelt es sich um kommerzielle Kommunikation, bei der nicht kenntlich gemacht ist, dass es sich um Werbung handelt. Auch wenn der Concierge eines Hotels »sein« Hotel auf `tripadviser.com` positiv bewertet, liegt ein Verstoß gegen das Gesetz vor. Ebenso sind verdeckte Einträge in Social Networks und vermeintlicher »User-Generated Content« Verstöße gegen das Verbot der Schleichwerbung. In den USA ist die Federal Trade Commission gegen eine PR-Agentur vorgegangen, die positive Rezensionen über von ihren Kunden entwickelte iPhone-Spiele in iTunes geschrieben hatte.

Abgesehen davon, dass das Risiko, damit aufzufliegen, hoch und die Folgen verheerend sein dürften, ist es auch unzulässig, als private Webseiten getarnte Blogs von Unternehmen (sogenannte Fake-Blogs) zu betreiben, in denen sich Mitarbeiter von Unternehmen als vermeintlich unabhängige Fans der Produkte ausgeben.

6.2 Social Media

Wer Werbung im Internet betreiben will, kommt an Social Media kaum vorbei. Netzwerke wie beispielsweise Facebook, StudiVZ oder Twitter bieten sowohl für den kleinen ebay-Shop-Betreiber als auch für den großen Online-Händler eine kostengünstige Möglichkeit, ihre Produkte und Dienstleistungen anzupreisen. Werden dabei die rechtlichen Rahmenbedingungen eingehalten, ist die Werbung in Social Media unproblematisch.

6.2.1 ID-Klau in Social Media

Gegen das Grabbing von ID in Social Media können sich Unternehmen wehren. Wer feststellt, dass unter `facebook.com/unternehmensname` oder `twitter.com/eigenemarke` ein Trittbrettfahrer einen Account betreibt, hat gute Aussichten, den Account zu holen, wenn er des Inhabers habhaft werden kann.

Beispiel: Irreführung bei Profilnamen

Wer in einem Network »BMW« im Profilnamen verwendet, darf nicht den (falschen) Eindruck erwecken, dass es sich um ein »offizielles« BMW-Profil handelt.

Facebook, Twitter, StudiVZ, YouTube, MySpace: Immer mehr Unternehmen nutzen Social Networks als Marketing-Plattform. Und immer häufiger stellen Unternehmen fest, dass »ihre« Seite bereits besetzt ist.

Vergleich mit Domain-Grabbing Die Kaperung von Markennamen in Social Networks erinnert an ein ähnliches Phänomen aus der Anfangszeit des World Wide Web: In den 90er-Jahren mussten zahlreiche Unternehmen feststellen, dass ihnen clevere Geschäftsleute bei der Registrierung von Domains zuvorgekommen waren. So musste etwa die Shell AG einen jahrelangen Prozess um die Domain `shell.de` führen, der erst im Jahre 2001 durch den Bundesgerichtshof zugunsten des Mineralölkonzerns entschieden wurde.

In mehreren Grundsatzurteilen entschied der BGH vor einigen Jahren, dass bei der Domain-Registrierung zwar das Prioritätsprinzip gilt (»Wer zuerst kommt, mahlt zuerst.«). Wer jedoch eine Domain nur deshalb registriert, um sie dem Träger des entsprechenden Namens oder dem Inhaber der gleichlautenden Marke teuer zu verkaufen, handelt sittenwidrig und wird zur (kostenlosen) Freigabe der Domain verurteilt.

Das Domain-Grabbing war und ist bis heute ein weltweites Phänomen. Auch wenn es einige Unterschiede in den verschiedenen Rechtsordnungen der Welt gibt: Die hohe wirtschaftliche Bedeutung von Domains hat dazu geführt, dass Domain-Spekulanten in aller Welt zur Freigabe und Löschung von Domains verurteilt werden.

Prozesse um Twitter-IDs oder Facebook-Profilnamen sind – jedenfalls in Deutschland – noch nicht bekannt geworden. Angesichts der wachsenden Bedeutung der Social Networks für das Online-Marketing ist es jedoch nur eine Frage der Zeit, bis der erste Fall eines ID-Raubs auf einem deutschen Richtertisch landet.

Dabei dürfte für die ID-Fälle Ähnliches gelten wie für die Domains. Dies trifft jedenfalls dann zu, wenn es eine ID – wie bei Twitter – nur einmal geben kann. Nicht ganz so klar ist die Rechtslage bei Social Networks wie MySpace oder Facebook, die die Anmeldung mehrerer gleichnamiger Profile ermöglichen. Wenn Lufthansa einen »offiziellen« Auftritt bei Facebook einrichten möchte, kann das Luftfahrunternehmen ohne Weiteres Fanseiten unter der Bezeichnung »Lufthansa« einrichten. Anders als eine Domain oder eine Twitter-ID gibt es für Facebook-IDs keine Exklusivität.

Grenzen des ID-Klaus Die fehlende Exklusivität von IDs bedeutet nicht, dass es keine Grenzen für die Benutzung fremder Marken und Namen gibt. Online wie offline ist – jedenfalls bei gewerblichem Auftreten – eine Irreführung verboten. Dies ergibt sich aus dem wettbewerbsrechtlichen Irreführungsverbot. Zudem untersagt das Markenrecht die geschäftliche Benutzung fremder Marken und Geschäftsbezeichnungen. Zu guter Letzt ist das Namensrecht zu beachten, das die »Anmaßung« eines fremden Namens verbietet.

Hinweis: Twitter reagiert schnell

Wer feststellt, von einem ID-Klau betroffen zu sein, kann bei Twitter unter Nachweis von Namen oder Marke recht schnell für eine Löschung des gekaperten Accounts sorgen.

Die rechtlichen Instrumentarien zur Bekämpfung des Missbrauchs von Social-Network-IDs ist in Deutschland also auf jeden Fall vorhanden; der Ausgang von Prozessen um MySpace- und Twitter-IDs lässt sich anhand der zahlreichen Urteile zu Domain-Streitigkeiten gut einschätzen.

Die Betreiber von MySpace, Facebook und anderen Netzwerken leben zum erheblichen Teil von Werbeeinnahmen und haben daher ein Interesse daran, potenziellen Werbekunden ein seriöses Umfeld zu bieten. Zudem möchte kein Anbieter in Rechtsstreitigkeiten um Fake-IDs und gekaperte Profile hereingezogen werden. In den Nutzungsbedingungen findet sich daher zumeist der Hinweis, dass der Netzwerkbetreiber Profile mit gekaperten Bezeichnungen löschen wird. Bei Facebook muss der Anmelder eines Unternehmensprofils ausdrücklich versichern, dass er berechtigt ist, für das Unternehmen zu handeln.

Ein Unternehmen, das von einem ID-Raub betroffen ist, sollte nicht zögern, den Netzwerkbetreiber anzuschreiben und um die Löschung des falschen Profilnamens nachzusuchen. Auch wenn die Antwort auf eine solche Anfrage bei den zumeist in den USA ansässigen Anbietern längere Zeit dauern kann, ist die Löschung durch den Netzwerkbetreiber zurzeit noch der einfachste und effektivste Weg.

Übersicht – ID-Klau

- Obwohl Twitter, MySpace und Facebook seit geraumer Zeit auch im Online-Marketing in aller Munde sind, gibt es noch erstaunlich viele Unternehmen, die sich »ihre« Profilnamen nicht gesichert haben.
- Je größer die werbliche Bedeutung der Networks wird, desto wahrscheinlicher wird es, dass um Profilnamen vor Gericht gestritten wird.
- Wer von einem ID-Raub betroffen ist, steht nicht rechtlos dar. In Deutschland ist es – anknüpfend an das Domain-Recht – möglich, die Freigabe gekaperter Profilnamen zu erzwingen.
- Derzeit ist es oft noch schwierig, wenn nicht gar unmöglich, die Identität von »ID-Räubern« in Erfahrung zu bringen. Allerdings haben die Betreiber der Networks kein Interesse an »gefaketen IDs«. Es lohnt sich daher, die Betreiber anzuschreiben.
- Twitter, Facebook und Co. reagieren schnell und löschen erfahrungsgemäß gekaperte Accounts, wenn entsprechende Rechte nachgewiesen werden.

6.2.2 Twitter

Bei dem unternehmerischen Einsatz von Twitter ist vor allem auf die Wahrung von Rechten Dritter bei der Ausgestaltung des Accounts zu achten. Außerdem sollte ein Impressum vorhanden und/oder verlinkt sein. Direct Messages sind nur zulässig, wenn sich der Empfänger mit dem Erhalt von Werbenachrichten ausdrücklich einverstanden erklärt hat.

Beispiel: Rechtswidrige Hyperlinks auf Twitter

Wegen eines Links aus Twitter auf eine Website, die eine Vielzahl von unrichtigen und geschäftsschädigenden Aussagen über ein Unternehmen enthalten haben soll, ist gegen den »Twitterer« in Deutschland eine einstweilige Verfügung erlassen worden, mit der ihm die Verlinkung der Website untersagt wurde [LG Frankfurt 06/11]

Ein solcher Streit entsteht aber nicht ausschließlich nur bei der Verwendung von Twitter. Ist die einstweilige Verfügung berechtigt, wäre sie auch ergangen, wenn der Link von einer Website gesetzt worden wäre. Entscheidend ist, dass sich der Verlinkende die Inhalte der Website durch den Link zu eigen macht und dadurch seine Billigung zu erkennen gibt und auf diese Weise selbst haftet.

Checkliste – Twitter-Nutzung im Unternehmen

✓ Verwenden Sie keine fremden Marken oder Namen im Twitter-Account.

✓ Holen Sie (Online-)Nutzungsrechte ein, wenn Sie geschützte Backgrounds oder Profilbilder nutzen.

✓ Binden Sie das Webimpressum ein.

✓ Bezahlen Sie nicht andere für Werbung auf Twitter, wenn dies nicht kenntlich gemacht wird.

✓ Versenden Sie keine werbenden Direktnachrichten ohne Einwilligung.

✓ Twittern Sie nichts, was Ihnen für Ihre Unternehmenswebsite rechtlich zu unsicher wäre.

✓ Machen Sie Ihren twitternden Mitarbeitern Vorgaben für die Twitter-Nutzung.

Ausgestaltung des eigenen Twitter-Profils

Den Möglichkeiten, das eigene Twitter-Profil zu gestalten, sind enge Grenzen gesetzt. Umso bedeutender ist es, dass diese Gestaltungsmöglichkeiten rechtlich einwandfrei genutzt werden.

Zunächst sollte sich jedes Unternehmen im Klaren sein, wer eigentlich Anbieter des Twitter-Profils sein soll. Denkbar ist, dass dies das Unternehmen selbst ist. Möglich ist aber auch, dass einzelne Mitarbeiter oder etwa die PR-Abteilung »twittert«. Diese Grundentscheidung hat Auswirkungen insbesondere auf die Ausgestaltung des Impressums, aber auch auf Haftungsfragen.

Für die Wahl des Nutzernamens stehen nur 15 Zeichen zur Verfügung. Es ist denkbar, dass hier Rechtsprobleme auftreten.

Beispiel: twitter.com/mannheim

Die Stadt Mannheim hat eine Privatperson, die in Mannheim wohnt und unter `twitter.com/mannheim` zu finden war, unter Berufung auf eigene Namensrechte abgemahnt. Nachdem die Abmahnung große Wellen schlug, einigte man sich zunächst darauf, dass der Betreiber den Account behalten durfte, aber im BIO darauf hinweisen muss, dass die Informationen nicht von der Stadt Mannheim selbst stammen.

Parallelen zum Domain-Recht (vgl. Abschnitt 2.2.1) drängen sich hier auf. Auch bei der Wahl von Twitter-Nutzernamen sollten fremde Marken und Namen eher vermieden werden. Dies gilt jedenfalls dann, wenn der unbefangene Nutzer unter dem jeweiligen Account den Auftritt des Markeninhabers bzw. Namensträgers erwarten würde.

Anders als beispielsweise Xing verbietet Twitter nicht die Verwendung von Logos als Profilbild. Es versteht sich von selbst, dass Bildmarken, an denen der Account-Inhaber keine Rechte hat, als Profilbild nicht verwendet werden dürfen. Auch die Verwendung von Fotos natürlicher Personen ist nur gestattet, wenn die betreffende Person mit der Verwendung einverstanden ist. Hat der Account-Inhaber das Foto nicht selbst aufgenommen, muss er sich zudem der (Online-)Rechte des Fotografen versichern.

Hinweis: Beachtung von Urheberrechten bei Twitter

Auch bei der Ausgestaltung des Twitter-Backgrounds sind Urheberrechte zu beachten. Wer einfach fremde Grafiken kopiert, handelt rechtswidrig.

Webimpressum

Bei den Twitter-Seiten von Unternehmen handelt es sich um Telemediendienste, so dass es gemäß § 5 Telemediengesetz (TMG) eines Impressums bedarf. Ähnlich wie etwa auf `mobile.de` oder `immobilienscout24.de` muss ein Diensteanbieter für seine Präsentation unter `twitter.com` ein Impressum vorhalten (zu den Einzelheiten siehe Abschnitt 3.6).

Die Pflichtangaben müssen leicht erkennbar, unmittelbar erreichbar und ständig verfügbar sein. Dies stellt naturgemäß ein Problem dar, weil die Gestaltungsmöglichkeiten bei Twitter gering sind. Denkbar ist, jedenfalls die wesentlichen Pflichtangaben (zumindest also den Namen des Unternehmens) direkt in den grafischen Hintergrund einzubinden.

Insbesondere wenn zusätzliche Informationen, etwa zur Handelsregisternummer oder Aufsichtsbehörden anzugeben sind, dürfte sich dies in der Regel nicht anbieten. In diesem Fall sollte die Hintergrundgrafik aber einen Verweis auf ein andernorts erreichbares Impressum vorhalten – auch wenn sich ein Link nicht integrieren lässt.

Zudem ist es aber möglich, den oben rechts unter »Web« abrufbaren Link direkt auf das Webimpressum des anbietenden Unternehmens führen zu lassen. Auch dürfte es vertretbar sein, wenn dieser Link nur auf die Homepage des Unternehmens zeigt, von wo aus ein weiterer, deutlich sichtbarer und leicht aufzufindender Link auf die Impressumsseite verweist.

Vorsicht: Haftung für Unternehmen wegen Twitter-Verlinkung

Wird auf die Website des Unternehmens verlinkt, gilt die Firma als Anbieter der Inhalte und muss im Zweifel für mögliche Rechtsverstöße geradestehen. Soll der Twitter-Account nach außen von einzelnen Mitarbeitern (etwa aus der PR-Abteilung) angeboten werden, muss dies in dem verlinkten Impressum auch kundgetan werden.

Schleichwerbung

Die Schleichwerbung ist auch auf Twitter verboten (siehe dazu allgemein bei Abschnitt 6.1.5). Mit den Vorschriften zum Trennungsgebot kein Problem hat, wer auf seiner eigenen Twitter-Seite, die als Unternehmenspräsentation erkennbar ist, für eigene Produkte oder Websites wirbt. In einem solchen Fall kann ein Schleichwerbevorwurf nicht erhoben werden, weil jeder Nutzer die Geschäftsmäßigkeit eines Unternehmensprofils erkennen kann.

Anders ist das, wenn werbende Tweets gezielt gekauft werden.

Beispiel: Rechtswidrige Tweets

Der US-Star Kim Kadashian kassiert ca. 10.000,- US$ pro kommerziellem Tweet, wobei jedenfalls nicht alle Tweets explizit als Werbung gekennzeichnet sind. Bei einem Streit um verschiedene Diäten kam ans Tageslicht, dass Kadashian für die Anpreisung einer Diät an ihre 2,7 Millionen Followers einen fünfstelligen Dollarbetrag pro Tweet erhalten haben soll. Nach deutschem Recht wäre das ein klarer Rechtsverstoß.

Zulässig ist Werbung auf Twitter aber, wenn sie gekennzeichnet ist. Hier sollte es angesichts der Kürze der Nachricht auch im deutschsprachigen genügen, wenn dem Tweet ein »Ad.:« vorangestellt ist. Denkbar ist natürlich auch eine anderweitige Einfärbung der Werbenachrichten.

Inhalt der Tweets

Für die Zulässigkeit der getwitterten Inhalte gelten keine rechtlichen Besonderheiten. Ähnlich wie bei Blogs und Forenbeiträgen dürfen Tweets nicht beleidigend oder in sonst einer Weise rechtswidrig sein. Wird in einem Tweet eine vergleichende Werbung vorgenommen, müssen die Anforderungen aus § 6

UWG eingehalten sein. Werden Tatsachen behauptet, müssen diese wahr sein. Meinungsäußerungen dürfen jedenfalls die Grenze zur Schmähkritik nicht überschreiten (auch 140 Zeichen dürfen nicht verleumden).

Hinweis: Auch Tweets können strafbar sein

Auch eine Strafanzeige wegen eines Tweets soll es inzwischen geben. Ein deutscher Kriminalbeamter sah sich durch einen Tweet beleidigt und hat Strafanzeige gestellt. Hier gelten letztlich auch keine Besonderheiten. Ist eine Aussage als Beleidigung strafbar, gilt das auch, wenn sie als Tweet verpackt und verkürzt ist.

Urheberschutz von Tweets?

Grundsätzlich Vorsicht ist auch geboten, wenn Tweets kopiert werden. Jedenfalls denkbar ist, dass auch sehr kurze Tweets Urheberrechtsschutz genießen, wenn sie ein Mindestmaß an schöpferisch eigener Leistung überschreiten. Dies ist zwar für die weit überwiegende Zahl der Tweets nicht der Fall. Für besonders originelle Tweets ist aber ohne Weiteres denkbar, dass die notwendige Schöpfungshöhe erreicht wird.

Wer geschützte Tweets kopieren und anderenorts veröffentlichen möchte, braucht daher die Einwilligung des Urhebers.

Hinweis: Keine Einwilligungserfordernis für Re-Tweets

Nicht erforderlich ist eine zusätzliche Einwilligung allerdings für die von Twitter vorgesehene Möglichkeit des Re-Tweets. Hier muss man davon ausgehen, dass jeder, der twittert, mit dieser Re-Tweet-Möglichkeit einverstanden ist. Dies gilt umso mehr, als der Ursprung des Tweets kenntlich gemacht wird.

Allerdings gilt die Einwilligung nur für Re-Tweets, die die Originalnachricht unverändert wiedergeben. Änderungen an dem Ausgangs-Tweet sind von der Einwilligung nicht umfasst.

Spam-Verbot

Bekanntlich bedarf die Werbung per elektronischer Post der vorherigen ausdrücklichen Einwilligung des Adressaten (siehe allgemein zur E-Mail-Werbung Kapitel 9). Wer von der Möglichkeit Gebrauch macht, an andere Twitter-Nutzer Direktnachrichten zu senden, muss sich bewusst sein, dass er dafür vorab eine Einwilligung eingeholt haben muss, wenn seine Nachrichten Werbung enthalten. Dies gilt unabhängig davon, wie viele solche Direktnachrichten gleichen Inhalts versandt werden. Schon die erste Nachricht kann als Spam gewertet werden.

Beispiel: Werbung per Direct Message an Follower

Ein Nutzer hatte einem Follower eine werbende Direct Message geschickt. Er traute seinen Augen kaum, als er von diesem Follower Tage später eine Abmahnung erhielt. Wie der Fall ausgegangen ist, wurde nicht berichtet. Es spricht aber viel dafür, dass die Abmahnung zwar unnötig, aber doch berechtigt war.

Nach § 7 Abs. 2 Nr. 3 UWG ist die Werbung per elektronischer Post ohne ausdrückliche Einwilligung des Empfängers verboten. Hier stellt sich die Frage, ob in dem »Folgen« eines anderen eine Einwilligung zu sehen ist, nicht nur dessen Tweets zu sehen, sondern eben auch DMs zu erhalten. Immerhin gestattet Twitter das Versenden von DMs nur unter Followers. Aus einem solchen Kontakt kann aber wohl nicht ohne Weiteres eine Einwilligung geschlossen werden. Schließlich willigt man auch nicht in die Werbung per E-Mail ein, wenn einem Unternehmen einmal eine E-Mail geschickt wurde.

Unproblematisch ist dagegen das Folgen anderer Twitter-Nutzer, weil damit der Versand von Werbung nicht verbunden ist. Auch die bisweilen etwas lästige Methode, Aufmerksamkeit dadurch zu erregen, dass die Nicknames anderer Twitter-Nutzer in Tweets ohne erkennbaren Grund in Verbindung mit dem @-Zeichen genutzt werden, ist wohl nicht als Spam verfolgbar.

6.2.3 Facebook

Bei Facebook stellen sich ähnliche Fragen wie bei dem unternehmerischen Einsatz von Twitter.

Checkliste – Facebook als Unternehmensmarketing

- ✓ Verwenden Sie keine fremden Marken oder Namen auf der Fanpage.
- ✓ Holen Sie (Online-)Nutzungsrechte ein, wenn Sie Texte, Fotos oder andere Inhalte einbinden.
- ✓ Binden Sie ein Webimpressum ein.
- ✓ Posten Sie nichts auf Facebook, was Ihnen für Ihre Unternehmenswebsite rechtlich zu unsicher wäre.
- ✓ Machen Sie den Mitarbeitern, die für die Pflege der Fanpage verantwortlich sind, konkrete Vorgaben.

Der Seitenname muss in gleicher Weise wie die Twitter-ID Marken- und Namensrechte Dritter beachten. Noch deutlich intensiver als Twitter bietet Facebook die

Möglichkeit, Fotos einzubinden. Hier gilt das Gleiche, was auch bei der Integration von Bildern in die eigene Website gilt: Stets muss sich das Unternehmen fragen, ob es die (Online-)Rechte hat, das Bild in das Internet einzustellen und ob etwa abgebildete Personen mit der Veröffentlichung einverstanden sind.

Auch bei Facebook sollte ein Impressum integriert werden, aus dem sich ergibt, wer Anbieter der Seite ist. Ein kurzes Impressum mag in die kleine Box (»Schreibe etwas über...«) passen. Gegebenenfalls kann hier auch ein Link eingebunden werden. Möglich ist die Einbindung auch auf der Info-Seite. Wie auch bei Twitter sollte es aber ausreichen, auf die Website des Unternehmens zu verlinken, wenn das Impressum dort mit einem Klick erreichbar ist.

Abb. 6.6: Impressum von HÄRTING Rechtsanwälte auf `facebook.com/haerting`

Für die Inhalte des Unternehmensauftritts bei Facebook gilt letztlich nichts anderes als für die Website des Unternehmens (siehe Abschnitt 3.1). Insbesondere müssen Urheberrechte beachtet werden. Die Einbindung von RSS-Feeds ist unproblematisch, wenn nur Inhalte der eigenen Unternehmenswebsite übernommen werden. Haftungsrisiken ergeben sich aber, wenn fremde Feeds automatisch übernommen werden.

Facebook am Arbeitsplatz

Immer wieder für Meldungen sorgen in letzter Zeit Berichte über twitternde Arbeitnehmer und Beschäftigte, die während ihrer Arbeitszeit die Unternehmens-Fanpage pflegen oder privat auf Facebook unterwegs sind. Hier ist zwischen dem privaten Gebrauch von Social Media durch den Arbeitnehmer und der betrieblichen Nutzung zu unterscheiden.

Für die private Nutzung gilt nichts anderes, als für die Nutzung von E-Mails und des Internets allgemein. Arbeitgebern ist zu raten, etwa durch eine Betriebsvereinbarung Klarheit über die Berechtigung zur Nutzung des Internets am Arbeitsplatz zu schaffen. So kann Unsicherheit vermieden werden. Außerdem schafft dies auch Sicherheit für das Unternehmen im Bezug auf die Kontrolle der E-Mail-Kommunikation am Arbeitsplatz aus datenschutzrechtlicher Sicht.

Hinweis

Fehlt es an einer Betriebsvereinbarung über die private Internetnutzung, ist jedenfalls denkbar, dass Abmahnungen und im Extremfall sogar fristlose Kündigungen für den übermäßigen Gebrauch sozialer Netzwerke ausgesprochen werden können.

Hinter jedem Unternehmens-Tweet und jeder Facebook-Notiz auf der Firmen-Fanpage steht letztlich eine natürliche Person, ein twitternder Arbeitnehmer – etwa ein Mitarbeiter der Marketing- oder PR-Abteilung. Auch hier ist es empfehlenswert, den Beschäftigten durch eine geeignete Policy die Rahmenbedingungen des Social-Media-Einsatzes vorzugeben.

Exkurs: Social Media Guidelines

Viele Unternehmen machen ihren Mitarbeitern Vorgaben für die Nutzung von Social-Media-Netzwerken am Arbeitsplatz. Es ist empfehlenswert, klare Regeln zu treffen.

Übersicht – Typische Inhalte für Social Media Guidelines

- Umfang der Nutzung von Social Media während der Arbeitszeit
- Freigegebene Social-Media-Plattformen
- Inhalt der Social-Media-Aktivitäten
  - eher zurückhaltend oder eher aggressiv
  - eher verbindlicher Schreibstil oder eher lockerer Umgangston
  - mögliche Trennung von Privatem und Geschäftlichem
- Verwendung von vertraulichen Informationen (internes Freigabeprozedere)
  - Umgang mit Referenzen und Kundendaten/-namen
  - Belehrung über Copyright und Grundzüge des Wettbewerbsrechts (vor allem Spam-Problematik)
- Unterscheidung zwischen offiziellen Unternehmens-Statements und privaten Meinungen
- Mögliche IT-Sicherheitsaspekte
- Definition von Ansprechpartnern bei Zweifelsfällen
- Verknüpfung mit Arbeitsverträgen der Mitarbeiter

Es spricht auch nichts dagegen, die eigene Facebook-Seite auf der Unternehmenswebsite oder anderenorts im Internet zu bewerben. Auch gegen einen Facebook-

Button im Rahmen des SWYN-Marketing ist grundsätzlich nichts einzuwenden (vgl. Abschnitt 9.4.2). Vorsicht ist geboten, wenn Facebook – wie etwa bei dem LIKE-Button – personenbezogene Daten sammelt, ohne dazu berechtigt zu sein.

6.3 Targeting

Verhaltensbezogene Werbung im Internet ist rechtlich problematisch, kann aber so ausgestaltet werden, dass auch die Datenschutzbehörden nichts dagegen einzuwenden haben. Dies setzt voraus, dass nicht die gesamte IP-Adresse des anfragenden Rechners protokolliert wird, die Datenschutzerklärung angepasst und eine Opt-out-Möglichkeit für Nutzer eingerichtet wird. Änderungen sind zu erwarten, wenn die sogenannte Cookie-Richtlinie auch in Deutschland umgesetzt wird.

Checkliste – Targeting

- ✓ Die Verwendung personenbezogener Daten für das Targeting setzt eine Einwilligung des Nutzers voraus (Abschnitt 6.3.2).
- ✓ Wer auf der sicheren Seite sein will, verzichtet auf die Speicherung von Daten mit Personenbezug und stellt auch später keine Verbindung zu konkreten Personen her.
- ✓ Pseudonymisierte Nutzerprofile sind zulässig, wenn einige Voraussetzungen eingehalten werden (Abschnitt 6.3.3).
- ✓ Der Nutzer muss über den Einsatz von Targeting-Technologien informiert werden (Abschnitt 6.3.3).
- ✓ Website-Betreiber, die den Einsatz von verhaltensbezogener Werbung zulassen, müssen die Datenschutzerklärung anpassen (Abschnitt 6.3.4).
- ✓ Jeder, der Targeting einsetzt, muss sich mit der Umsetzung der Cookie-Richtlinie in deutsches Recht befassen (Abschnitt 6.3.5).

6.3.1 Verfahren

Es gibt verschiedene Verfahren des Targeted Advertising. Gemein ist allen Verfahren, dass die auf der jeweiligen Website ausgelieferte Werbung an das Nutzerverhalten des Website-Besuchers angepasst wird. Bei der verhaltensbezogenen Werbung gibt es also vier Beteiligte: den Website-Betreiber, den Werbenden, den Nutzer und den Dienstleister, der für die richtige Auslieferung sorgt.

Technisch wird dabei in der Regel ein Cookie auf dem Rechner des Nutzers hinterlassen, in dem bestimmte Informationen über das Surf- und Klickverhalten des Nutzers abgelegt sind. Diese Informationen werden ausgelesen und ausgewertet, sobald der Nutzer diese Website oder andere an das System des Targeting-Dienstleisters angeschlossene Websites besucht. Unterschiedlich ist das Verfahren zur Bestimmung, welche Werbung ausgeliefert werden soll. Die meisten Systeme bilden aus den Informationen Gruppen. Jedes (vermeintliche) Mitglied einer bestimmten Gruppe bekommt die für diese Gruppe vorgesehene Werbung ausgeliefert.

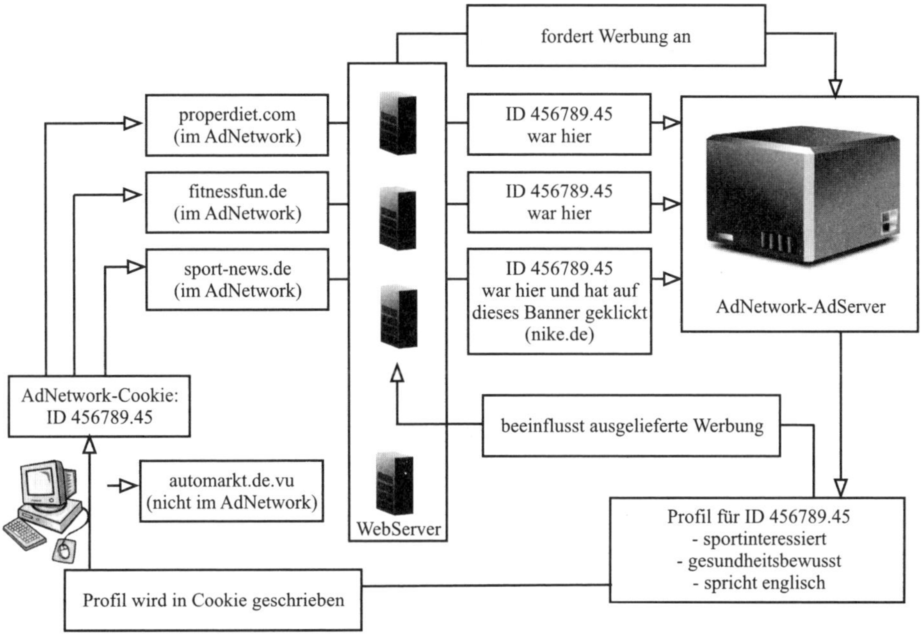

Abb. 6.7: Funktionsweise des Behavioural Targeting (vereinfacht)

Auch Googles »Interest Based Advertising« (IBA) zielt auf die Einblendung von Werbung unter Berücksichtigung der (vermeintlichen) Interessen des jeweiligen Nutzers ab. Zu diesem Zweck registriert Google, auf welchen Webseiten, die an das Google-Werbenetzwerk angeschlossen sind, der Nutzer gesurft hat und auf welche Anzeigen er in der Vergangenheit geklickt hat. Die einzelnen Seiten werden bestimmten Kategorien zugeordnet. Nutzer, die in der Vergangenheit häufig auf Automobilseiten gesurft haben, werden in Zukunft – auch auf anderen Seiten im Internet – Werbung für Automobile angezeigt bekommen.

Die oben genannten Informationen und auch die IP-Adresse des Nutzers werden in speziellen Cookies (sogenannte DoubleClick- oder DART-Cookies) gespeichert und bei jeder Einblendung von Werbung durch Google ausgewertet. Angeschlossen an das Google-Werbenetzwerk sind eine Vielzahl von Websites, unter anderem alle Seiten, die AdSense-Werbung einsetzen.

Andere Systeme kommen ohne die Speicherung von IP-Adressen aus. Dabei wird die IP-Adresse weder in das Cookie geschrieben, noch zentral gespeichert. Die Auswahl der eingeblendeten Werbung erfolgt anonymisiert über pseudonyme Benutzerprofile.

Ebenfalls unter Behavioural Targeting fällt das sogenannte Retargeting. Dabei soll einem Nutzer, der einen bestimmten Shop besucht – aber womöglich nichts gekauft – hat, zukünftig Werbung für diesen Shop angezeigt werden. Dieses Verfahren funktioniert auch auf Produkt-Level, also auf eine bestimmte Ware bezogen.

Beispiel: Behavioural Targeting beim Online-Kauf

Hat sich eine Surferin in einem Online-Shop für Schuhe ein Paar Stiefel der Marke »Strenesse« angeschaut und auch schon in den Warenkorb gelegt, den Kauf aber abgebrochen, kann ihr anschließend auf anderen Websites Werbung für just diesen Schuh eingeblendet werden.

Technisch wird dabei schon beim Besuch des Shops ein Cookie mit einer Unique-ID gesetzt, in dem die Information, welche Produkte sich der Nutzer angeschaut hat, abgelegt wird.

Häufig bieten Targeting-Anbieter auch das Retargeting mit an, so dass ein bestehendes Cookie entsprechend erweitert oder ein neues Cookie nachgeladen wird.

6.3.2 Einwilligungserfordernis

Ob das Behavioural Targeting eine Einwilligung des Nutzers erfordert, hängt davon ab, ob personenbezogene Daten gespeichert werden. Werden also Daten erhoben, aus denen sich ein Rückschluss auf den Nutzer ziehen lässt, muss eine Einwilligung des Nutzers eingeholt werden. Dabei kommt es nicht darauf an, ob die Daten lokal in Cookies gespeichert und dann mit anderen Informationen zusammengeführt oder zentral bei einem Dienstleister gespeichert werden. Kann ein Personenbezug hergestellt werden, bedarf es der Einwilligung.

Jede Erhebung, Speicherung oder Verarbeitung personenbezogener Daten bedarf einer datenschutzrechtlichen Rechtfertigung. Diese kann in einer gesetzlichen Erlaubnis liegen oder in der Einwilligung des Betroffenen. Eine gesetzliche Gestattung existiert für die Profilbildung für Marketingzwecke nur für die pseudonyme Nutzung (§ 15 Abs. 3 TMG). Wer also personenbezogene Daten speichern möchte, muss eine Einwilligung des Nutzers einholen; zum Zwecke der Werbung im Netz in vielen Fällen ein aussichtsloses Unterfangen.

Abb. 6.8: Einwilligungsanfrage für die Verwendung von Standortdaten auf dem iPhone

Hinweis: Verzicht auf Verwendung personenbezogener Daten

Wer rechtlich sicher vorgehen möchte, muss daher von der Nutzung personenbezogener Daten absehen und darf insbesondere den Namen und die E-Mail-Adresse des Nutzers nicht erheben.

Erneut ist für Einwilligungsdiskussion entscheidend, ob die IP-Adresse für den Website-Betreiber, den Werbenden oder den Targeting-Dienstleister ein Datum mit Personenbezug ist. Hier gilt letztlich das Gleiche wie bei der Diskussion um das Webtracking (siehe Abschnitt 5.3). Die Frage ist gerichtlich nicht endgültig geklärt. Die besseren Argumente sprechen dafür, eine IP-Adresse nur für personenbezogen zu halten, wenn einer der Beteiligten über Zusatzwissen verfügt, aus dem auf eine natürliche Person geschlossen werden kann. Fehlt es daran, spricht mehr dafür, die IP-Adresse nicht als personenbezogenes Datum anzusehen. Die Datenschutzbehörden sind hier allerdings dezidiert anderer Auffassung.

6.3.3 Profilbildung

Wesentlicher Inhalt des Targetings ist die Bildung von Profilen. Dies ist nach den Grundsätzen des Telemedienrechts auch gestattet, setzt aber die Einhaltung einiger Regeln voraus. Die wichtigste ist, dass die Profile anonym erstellt und nicht mit personenbezogenen Daten über den Nutzer zusammengeführt werden. Behavorial Targeting setzt eine Opt-out-Möglichkeit voraus. Die Datenschutzerklärung muss erweitert werden.

Beispiel: Unzulässige Profilbildung

Ein Online-Shop-Betreiber, der für die Profilbildung Nutzerdaten verwendet, die durch eine Webtracking-Software gesammelt wurden, die die vollständige IP-Adresse der Nutzer speichert, verstößt gegen Datenschutzrecht.

Es lässt sich nicht bestreiten, dass jede Form des Targeted Advertising eine – wenn auch anonyme – Profilbildung mit sich bringt. Es ist ja gerade der Sinn der verhaltensbezogenen Werbung, die ausgelieferten Anzeigen besser auf die Interessen der Nutzer abstimmen zu können.

Dies ist gem. § 15 Abs. 3 TMG auch zulässig. Allerdings müssen eine Reihe von Voraussetzungen eingehalten werden.

Checkliste – Zulässigkeit von Persönlichkeitsprofilen

- ✓ Pseudonyme Erstellung der Nutzungsprofile
- ✓ Kein Widerspruch des Nutzers
- ✓ Nutzer wurde auf sein Widerspruchsrecht im Rahmen einer Datenschutzerklärung hingewiesen
- ✓ Keine Zusammenführung der pseudonymen Nutzungsprofile mit Daten über den Träger des Pseudonyms

Neben der pseudonymen Verwendung ist also vor allem ein Widerspruchsrecht, letztlich also eine Opt-out-Möglichkeit vorzusehen. Dies bedeutet, dass jedem Nutzer die Möglichkeit gegeben sein muss, der Profilbildung zu widersprechen. Alle größeren Targeting-Anbieter setzen dies durch ein Stop-Cookie oder ein Opt-out-Cookie um. Wird dieses Cookie gelöscht, wird mit der Profilbildung erneut begonnen.

Wichtig ist auch, dass der Nutzer auf die Möglichkeit des Opt-out hingewiesen wird. Diese Information darf nicht irgendwo in den AGB versteckt sein, sondern muss deutlich erkennbar – am besten in einer übersichtlich gestalteten Datenschutzerklärung – in die Website integriert werden. Dabei ist die Verfahrensweise zum Opt-out zu beschreiben und möglichst zu verlinken.

Hinweis: Belehrungspflicht trifft nicht nur den Targeting-Anbieter

Die Belehrungspflicht trifft nicht nur den Targeting-Anbieter, sondern jeden, auf dessen Seite Targeting eingesetzt wird.

Die Belehrungspflicht trifft damit zum Beispiel jeden Webmaster, der Google-AdSense einsetzt. Hier kann es genügen, für die Erklärung des Opt-out bei Googles Interest Based Advertising auf die entsprechende Anleitung bei Google zu verweisen. Wird auf andere Websites verwiesen, sollte die Erläuterung dort in der gleichen Sprache vorliegen wie auf der Website des Unternehmens.

6.3.4 Erweiterung der Datenschutzerklärung

Die Datenschutzerklärung des Website-Betreibers, der verhaltensbezogene Werbung auf seinen Seiten zulässt, muss neben der Belehrung über die Opt-out-Möglichkeit auch erläutern, dass Cookies eingesetzt werden, welche Daten dort gespeichert werden und an wen diese Daten weitergegeben werden.

Checkliste – Inhalt der Datenschutzerklärung

Die Datenschutzerklärung des Website-Betreibers sollte daher mindestens folgende Zusatzinformationen enthalten:

- ✓ Der Website-Betreiber und Drittanbieter verwenden dauerhaft gespeicherte Cookies.
- ✓ Werbeeinblendungen erfolgen durch Werbenetzwerke.
- ✓ Werbeeinblendungen erfolgen in Abhängigkeit vorheriger Besuche des Nutzers auf der Website und auf Partnerwebsites im Internet.
- ✓ In Abhängigkeit von welchen Kriterien wird Werbung ausgeliefert (besuchte Webseiten, Anzahl der Besuche, Besuchszeiten, Verweildauer auf einzelnen Seiten, geklickte Werbung etc.)
- ✓ Die Profilbildung kann einschließlich der Erläuterung, auf welche Weise (mit Link), deaktiviert werden.

6.3.5 Umsetzung der Cookie-Richtlinie

Änderungen an den rechtlichen Rahmenbedingungen für das Targeting in Deutschland sind durch die Umsetzung der sogenannten »Cookie-Richtlinie« der Europäischen Union zu erwarten. Die Änderung der Richtlinie für elektronische Kommunikation durch den europäischen Gesetzgeber hat für einigen Wirbel gesorgt und wird seitdem kontrovers diskutiert.

Nach dem neuen Art. 5 Abs. 3 der Richtlinie soll

> *»die Speicherung von Informationen oder der Zugriff auf Informationen, die bereits im Endgerät eines Nutzers gespeichert sind, nur gestattet sein, wenn der betreffende Nutzer auf der Grundlage von klaren und umfassenden Informationen ... seine Einwilligung gegeben hat.«*

Die europäischen Datenschützer sehen in dieser Norm ein Verbot der Nutzung von Cookies, wenn dies ohne ausdrückliche Einwilligung geschieht. Vor der Nutzung von Cookies müsse der Nutzer ausdrücklich in voller Kenntnis aller relevanten Umstände zustimmen. Dies könne grundsätzlich auch nicht durch Browsereinstellungen vorgegeben werden.

Die Art.-29-Datenschutzgruppe der Europäischen Union hält die Einwilligung durch Nutzung eines Browsers nur dann für zulässig, wenn

- Third-Party-Cookies standardmäßig abgelehnt werden,
- eine aktive Handlung des Nutzers erforderlich ist, um sie zuzulassen,
- umfassende Informationen über den Inhalt von Cookies und hinsichtlich der Konsequenzen der Erteilung einer Einwilligung gegeben werden.

Fehle es an diesen Voraussetzungen, müsse eine anderweitige Einwilligung des Nutzers eingeholt werden, um Cookies für Targeting-Zwecke zu nutzen.

Zunächst muss abgewartet werden, wie der deutsche Gesetzgeber die Vorgaben der Richtlinie umsetzt. Erst dann lassen sich zuverlässige Aussagen über die Folgen für Tracking-Angebote treffen.

6.4 Haftung für Seiten, auf denen die Werbung eingeblendet wird

Nach Meinung einiger Gerichte kann der Werbetreibende für Inhalte verantwortlich gemacht werden, die sich auf Seiten befinden, auf denen seine Werbung eingeblendet wird.

Beispiel: Haftung für Werbespots auf YouTube

Im Streit zwischen den Vertreibern für Navigationsgeräte der Marken »tomtom« und »Lucca« bezüglich unzulässiger vergleichender Werbung entschied das Landgericht Köln, dass der Vertreiber von »Lucca« für einen Werbeclip, der auf YouTube zu sehen war, verantwortlich ist und haftbar gemacht werden kann, auch wenn nicht er selbst, sondern eine beauftragte Agentur diesen erstellt hat. [LG Köln 06/12]

Wird im Zusammenhang mit der Einblendung von Werbung über Haftungsfragen gesprochen, wird üblicherweise darüber diskutiert, ob der Website-Betreiber für die eingebundene Werbung verantwortlich gemacht werden kann. Denkbar ist aber auch der umgekehrte Fall: Der Werbetreibende kann auch für den Inhalt der Seite zur Verantwortung gezogen werden, auf der seine Werbung erscheint.

Beispiel: Haftung für LayerAds auf bitreactor.to

Das Unternehmen Arcor hatte – über Affiliates – LayerAds auf der Website `bitreactor.to` schalten lassen. Bei der Website handelte es sich um eine sogenannte BitTorrent-Seite, auf der Kinofilme und TV-Serien, aber auch Pornografie zum kostenfreien Download zugänglich gemacht werden. Der Interessenverband des Video- und Medienfachhandels in Deutschland e.V. hat Arcor unter Berufung auf das Jugendschutzrecht untersagen lassen, an rechtswidrigen Inhalten durch Werbung mitzuwirken. [LG Frankfurt 06/13]

Dies ist kein Einzelfall. Auch dem Mobilfunkunternehmen O_2 ist nach Angaben des Verbandes vor dem Landgericht München I die Werbung auf Torrent-Seiten untersagt worden.

Die Gerichtsentscheidungen sind ein Paukenschlag. Den Unternehmen wurde gerichtlich untersagt, normale Werbung auf einer Website zu schalten, auf der unter anderem kostenlos urheberrechtlich geschützte Filme heruntergeladen werden können.

Die Urteile waren außerordentlich überraschend. Schließlich wird weder der Anbieter der Inhalte, noch der Nutzer, noch ein Host- oder Access-Provider in Anspruch genommen. Der klagende Verband hatte auch nichts gegen die Werbung als solche, lediglich die Platzierung der Werbung auf der rechtswidrigen Website wurde beanstandet.

Die rechtliche Argumentation der Gerichte ist ebenso einfach wie zweifelhaft: Die Websites, auf denen die Werbung geschaltet wird, seien evident rechtswidrig, der Werbetreibende profitiere davon, so dass auch seine Werbung zu untersagen sei.

So simpel ist das indes rechtlich nicht: Es ist nämlich schon außerordentlich fraglich, ob die Werbetreibenden durch ihre Werbung tatsächlich in irgendeiner Weise an der Herbeiführung der rechtswidrigen Beeinträchtigung mitwirken. Schließlich ist der Betrieb der rechtswidrigen Website zunächst vollkommen unabhängig von der darauf geschalteten Werbung.

Fraglich ist auch, ob ein Verbot der Werbung überhaupt ein geeignetes Mittel ist, die Verbreitung der rechtswidrigen Inhalte zu verhindern. Nicht ein einziger User wird dadurch vom illegalen Download abgehalten, dass der Werbetreibende keine weitere Werbung auf dieser Seite schaltet.

Vorsicht: Haftung für Werbung auf illegalen Websites

Werbetreibende müssen sich darauf einstellen, in Zukunft vermehrt wegen der Werbung auf (vermeintlich) illegalen Websites in Anspruch genommen zu werden. Angesichts der Frankfurter und Münchener Gerichtsentscheidungen ist Markenartiklern zu empfehlen, bei der Auswahl der Websites, auf denen Werbung betrieben wird, sorgsam zu sein. Auch Affiliate-Partner werden entsprechend zu instruieren sein. Hier sind unter Umständen Anpassungen der Verträge notwendig (siehe zu den vertraglichen Möglichkeiten Abschnitt 8.4.1).

6.5 Klick-Betrug

Klick-Betrug durch Konkurrenten ist wettbewerbswidrig und häufig auch strafbar. Schwierig ist aber die Durchsetzung von Ansprüchen gegen den Betrüger, weil sich in der Regel nicht nachweisen lässt, wer hinter der Vielzahl der Klicks steckt.

Beispiel: Klick-Spamming

Der Betreiber eines Online-Shops, der mittels eines selbst programmierten Skripts Klicks auf Werbungen seines Konkurrenten generiert, um hohe Zugriffszahlen vorzuspiegeln, betreibt sogenanntes Klick-Spamming und kann sowohl strafrechtlich als auch zivilrechtlich belangt werden.

Spätestens seit der spektakulären Klage mehrerer Werbetreibender in den USA gegen Google Inc. auf Rückzahlung von bereits gezahlten Werbeentgelten wegen Klick-Betrugs ist das Thema in aller Munde. Bekannt geworden war seinerzeit, dass sich Google mit den Klägern im Umfang von 90 Mio. US$ geeinigt hatte.

Definition: Klick-Betrug

Unter Klick-Betrug (oder Klick-Spamming) wird herkömmlich das gezielte Klicken auf Werbeanzeigen Dritter verstanden, das den alleinigen Zweck hat, bei dem Werbenden Kosten auszulösen.

Über den Umfang der durch Klick-Betrug verursachten Schäden gibt es keine allgemeingültigen zuverlässigen Angaben. Je nach Branche geht man von fehlerhaften Klicks im Umfang von 4% bis ca. 20% aus. Betroffen sind letztlich alle Werbeformen, bei denen PPC, also pro Klick, abgerechnet wird.

Google und andere Suchmaschinen behaupten von sich, falsche Klicks (invalid clicks) so weit wie möglich zuverlässig herauszufiltern. Über die Methoden, wie die Filterung genau abläuft, sind keine Einzelheiten bekannt. Den vom Klick-Betrug Betroffenen hilft diese Aussage auch nur bedingt etwas.

Es bleibt dabei, dass viele Werbetreibende für Klicks bezahlen, die nicht wirklich den Zweck – nämlich die Verlinkung zur Website des Werbetreibenden – erfüllen. Misslich ist dies bei AdWords insbesondere, wenn Konkurrenten, sei es manuell, sei es durch Einsatz von entsprechenden Skripten, so lange auf die eingeblendete Werbung klicken, bis das eingesetzte Tageslimit erschöpft ist. Oft hat dies zur Folge, dass anschließend die Anzeige der Konkurrenten an die erste Stelle rückt.

Checkliste – Klick-Betrug

Unternehmen, die den Verdacht des Klick-Betrugs hegen, sollten

- ✓ zunächst selbst prüfen, ob sich bestimmte IP-Adressen häufen und zuordnen lassen,
- ✓ gegebenenfalls Strafanzeige stellen,
- ✓ für den Fall, dass tatsächlich staatsanwaltlich ermittelt wird, durch einen Anwalt Akteneinsicht nehmen lassen,
- ✓ falls der Übeltäter feststeht, Unterlassungs- und Schadensersatzansprüche durchsetzen,
- ✓ prüfen, ob auch gegen den Werbeanbieter vorgegangen werden kann.

Klick-Betrug ist rechtswidrig

Klick-Betrug durch einen Wettbewerber ist gleich in mehrfacher Hinsicht rechtswidrig. Zum einen gebietet das Wettbewerbsrecht, dass ein Mitbewerber nicht gezielt behindert werden darf. Wer auf die Werbung des Konkurrenten klickt, um einerseits Kosten zu verursachen und andererseits die Einblendung des Wettbewerbers nach Erreichen des Tageslimits zu verhindern, behindert den Werbetreibenden im Sinne des § 4 Nr. 10 des Gesetzes gegen den unlauteren Wettbewerb (UWG) gezielt. Einziger Zweck des Klicks ist die Verhinderung der wettbewerblichen Entfaltungsmöglichkeit des Konkurrenten. Die Werbung soll nicht an die Kunden ausgeliefert werden. Zudem entstehen bei dem Werbenden vergebliche Kosten (vgl. zum Klick-Betrug in Affiliate-Systemen Abschnitt 8.2.1).

Beispiel: Klicken auf die Konkurrenz

In einem Streit unter Konkurrenten hatte das eine Unternehmen systematisch und mutwillig jeden Tag jeweils so lange auf die Google-Anzeigen des Wettbewerbers geklickt, bis das Tagesbudget erreicht war und die Anzeige nicht mehr eingeblendet wurde. Über ein Tracking-Tool konnten die IP-Adressen zurückverfolgt und dem Wettbewerber zugeordnet werden. Das

Gericht untersagte dem Wettbewerber diese Vorgehensweise. [LG Hamburg 06/14]

Zudem dürfte das Klicken auf die Anzeige der Konkurrenz auch als vorsätzlich sittenwidrige Schädigung im Sinne des § 826 BGB anzusehen sein, wenn dem Klick nicht der Wunsch zugrunde liegt, die verlinkte Webseite zu erreichen, sondern es allein darum geht, dem Werbenden Schaden zuzufügen. Damit ist es auch für einen Dritten, der nicht Wettbewerber ist, rechtswidrig, allein deshalb auf einen Werbeanzeige zu klicken, um bei dem Werbetreibenden Kosten auszulösen.

Sowohl gegen Wettbewerber als auch gegen andere Personen bestehen daher Unterlassungsansprüche und gegebenenfalls auch Ansprüche auf Schadensersatz. Soweit die Theorie.

Problematisch ist die Beweisführung

Sofern dem Klick-Betrüger nicht nachgewiesen werden kann, dass er gezielt auf die Anzeige geklickt hat, um dem Werbenden zu schaden, wird sich der Anspruch kaum durchsetzen lassen.

Ein solcher Nachweis kann allenfalls geführt werden, wenn die IP-Adresse, über die die Klicks erfolgen, zweifelsfrei dem Konkurrenten zugeordnet werden kann. Dies ist nur selten der Fall. Schon wenn sich der Konkurrent über einen großen Provider in das Internet einwählt, fällt die Zuordnung der IP-Adresse schwer: Die Provider sind nicht verpflichtet, gegenüber nicht-öffentlichen Stellen Angaben dazu zu machen, welche IP-Adresse zu welchem Zeitpunkt an welchen Kunden vergeben war. In der Regel erfolgt eine Bekanntgabe der Zuordnung der IP-Adressen lediglich gegenüber Strafverfolgungsbehörden.

Dies erfordert, dass ein Strafverfahren gegen den Klick-Spammer geführt wird. Die Aufnahme von Ermittlungen durch die Staatsanwaltschaft setzt aber eine strafbare Handlung voraus. Die Straftatbestände des UWG sind jedoch nicht einschlägig, so dass lediglich Straftaten nach allgemeinem Strafrecht in Betracht kommen. Einschlägig kann der sogenannte Computerbetrug des § 263a StGB sein. Um ein Einschreiten der Strafverfolgungsbehörden zu gewährleisten, wird es darauf ankommen, der Staatsanwaltschaft möglichst plausibel zu machen, worin der eigentliche Vorwurf besteht. Mit einer sorgfältig formulierten Strafanzeige sollte der Staatsanwalt dazu gebracht werden können, Ermittlungen einzuleiten. Nachdem die Staatsanwaltschaft den Provider erfolgreich zur Herausgabe der Daten des Anschlussinhabers zu der ermittelten IP-Adresse aufgefordert hat, kann – mittels anwaltlicher Hilfe – Akteneinsicht genommen und der tatsächliche Verursacher gegebenenfalls ermittelt werden.

Tipp: Strafverfahren einleiten

Wer eine gut begründete und sorgfältig vorbereite Strafanzeige bei der zuständigen Staatsanwaltschaft einreicht, hat gewisse Chancen, dass die Staatsanwaltschaft sich des Falles annimmt und versucht, dem Klick-Betrüger auf die Schliche zu kommen.

Es liegt auf der Hand, dass ein solch langwieriges und mit Unsicherheiten behaftetes Verfahren nur dann in Betracht kommt, wenn bereits ein konkreter Verdacht besteht und der eintretende Schaden beträchtlich ist.

Vorgehen gegen Google?

Eine andere Frage ist, ob wegen des Klick-Betrugs auch gegen den Anzeigenanbieter, also etwa Google, vorgegangen werden kann. Dabei sind zunächst die Allgemeinen Geschäftsbedingungen des AdNetworks einschlägig. Die Vertragsbedingungen enthalten in der Regel keine konkreten Aussagen zum Klick-Betrug. Google beispielsweise verpflichtet sich lediglich, die vom Kunden zu zahlende Vergütung allein auf der Grundlage der von Google erhobenen Daten und vorgehaltenen Aufzeichnungen zu berechnen. Letztlich steht es mit einer solchen Klausel im Ermessen von Google, inwiefern das Phänomen des Klick-Betrugs berücksichtigt wird.

Eine rechtliche Handhabe gegen Google besteht allenfalls in dem Fall, dass Google nachgewiesen werden kann, dass es vom Klick-Betrug im konkreten Fall Kenntnis hatte, nichts dagegen unternommen und gleichwohl abgerechnet hat. Dieser Nachweis dürfte nur äußerst selten zu führen sein. Letztlich steht ein Vorgehen gegen Google damit auf äußerst wackeligen Füßen. In krassen Fällen und nach einer entsprechenden Benachrichtigung an Google ist indes nicht ausgeschlossen, dass auch ein Vorgehen gegen Google Erfolg haben kann.

Kapitel 7

Suchmaschinen-Werbung

Bei der Suchmaschinen-Werbung spielt die Musik aus rechtlicher Sicht vor allem im Markenrecht und im Wettbewerbsrecht. Insbesondere die Optimierung auf fremde Marken und die Buchung von Marken-Keywords ist rechtlich problematisch. Bei der Preissuche stellen sich in erster Linie Fragen der Preisangabenverordnung und der Aktualität der Preise.

Beispiel: Brand-Buchung mit Marke der Konkurrenz

Der österreichische Reiseanbieter `trekking.at` schaltete Anzeigen bei Google, unter anderem mit dem Keyword »bergspechte«. Dabei handelt es sich um den Namen eines konkurrierenden Anbieters. In der Anzeige selbst erschien der Name des Wettbewerbers nicht. Der EuGH entschied, dass eine Markenrechtsverletzung vorliegt, wenn für den Internetnutzer nur schwer zu erkennen ist, ob die in der Anzeige beworbenen Leistungen von dem Inhaber der Marke oder einem Dritten stammen. [EuGH 07/01]

Das Thema Suche und Recht zerfällt im Wesentlichen in drei Bereiche: die Suchmaschinen-Optimierung (dazu unter Abschnitt 7.1), die Werbung in Suchmaschinen (vgl. Abschnitt 7.2) und die Spezialsuche, etwa über Preissuchmaschinen (unten bei Abschnitt 7.3).

7.1 SEO – Suchmaschinen-Optimierung

Den Ergebnissen einer Suchmaschinen-Abfrage wird von den Gerichten stark vertraut. Die scheinbar objektive Auswahl soll nicht durch SEO-Maßnahmen so beeinflusst werden, dass »verfälschte« Ergebnisse die Folge sind. In den Fokus sind bisher vor allem Optimierungsversuche auf Marken der Konkurrenz geraten. Nicht ausgeschlossen ist aber, dass es in Zukunft verstärkt auch um Irreführungsgefahr geht.

Beispiel: Rechtswidrige Suchmaschinen-Optimierung

Eine gezielte Behinderung des Mitbewerbers durch Suchmaschinen-Manipulation nahm das Oberlandesgericht Hamm an, wenn zum einen die Namen von Konkurrenten und anderen Personen für die Suchmaschinen-

Optimierung eingesetzt werden und zum anderen für den Nutzer nicht sichtbare Seiten, die nur für die Suchmaschine »sichtbar« sind, installiert werden, um in den Suchlisten ein höheres Ranking zu erzielen. [OLG Hamm 07/02]

7.1.1 Grundlagen

Suchmaschinen-Anbieter unterscheiden deutlich zwischen den nach Relevanz sortierten Suchergebnissen und den Anzeigen der Werbenden. Dies ist auch erforderlich, um dem Trennungsgebot Genüge zu tun.

Suchindex und Werbung

Was für den Suchmaschinen-Marketer zu einfach ist, um es erklären zu können, leuchtet den Nutzern zum Teil nicht unmittelbar ein: die Unterscheidung zwischen der organischen Suche und der Suchmaschinen-Werbung – bei Google also: zwischen dem Google-Index und AdWords. Während die organische Suche eine Reihenfolge möglichst relevanter Inhalte widerspiegeln soll, bezogen auf eine konkrete Suchanfrage, erscheinen die eingeblendeten Werbeanzeigen im Wesentlichen in Abhängigkeit von der Höhe des für die Einblendung bezahlten Betrags.

Abb. 7.1: Google-Suche nach »Calvin Klein«

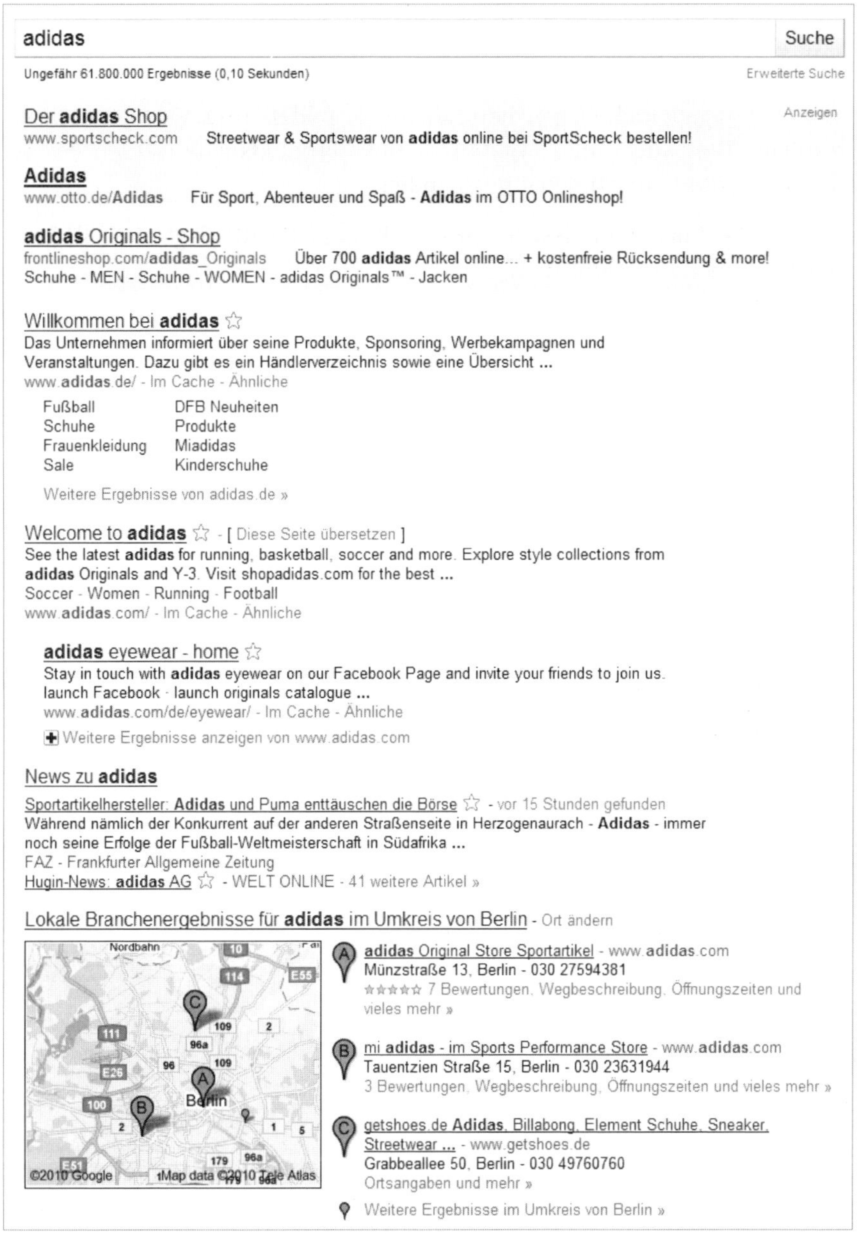

Abb. 7.2: Google-Suche nach »Adidas«

Während die Google-Anzeigen unmittelbar unter der Suchzeile und auf der rechten Bildschirmseite erscheinen, sind die organischen Ergebnisse zentral in der Reihenfolge der von dem Google-Suchalgorithmus bestimmten Relevanz abgebildet. Die Anzeigen sind farblich und durch das Wörtchen »Anzeige« gekennzeichnet. Google mischt unter die Verweise auf die einzelnen Websites oft auch Ergebnisse einer lokalen Suche, bei der der vermutete Standort des Surfenden ausgewertet wird. Das Gleiche geschieht, wenn die Suche selbst einen lokalen Bezug aufweist (»gebrauchtwagen berlin«). Auch Bilder- und Videoergebnisse, News-Resultate, Blog-Suche und Ergebnisse einer Produktsuche werden bei der Blended Search unter Umständen eingeblendet.

Ähnlich sieht die Suchergebnisseite (Search Engine Result Page – SERP) bei Microsofts Suchmaschine Bing aus:

Abb. 7.3: Bing-Suche nach »Puma«

Hier sind die Anzeigen oberhalb der Suchergebnisse und auf der rechten Seite mit den Worten »gesponserte Seiten« gekennzeichnet. An diesem Screenshot fällt zum einen auf, dass viele Suchen nicht eindeutig sind. Wer »Puma« in den Suchschlitz eingibt, mag nach der Lifestyle-Marke oder dem Bild einer wildlebenden Raubkatze suchen. Aus den Anzeigen lässt sich zudem schließen, dass Puma auch eine Marke für Messer ist.

Interessant ist auch, dass Bing eine Liste »Verwandter Suchvorgänge« einblendet und dabei auch Konkurrenten wie Adidas, Nike und Esprit nennt.

Hinweis: Trennung von Index und Anzeigen wichtig

Die räumliche und optische Trennung und besondere Kennzeichnung der Werbung von den organischen Suchergebnissen auf den verschiedenen SERPs ist im Rahmen des Schleichwerbeverbots wichtig. Auch viele Gerichtsentscheidungen beziehen diese Kennzeichnung in ihre Entscheidungen mit ein.

Funktionsweise der organischen Suche

Die Zusammenstellung des organischen Suchindex erfolgt automatisch nach einer Vielzahl von Kriterien, die die Suchmaschinen-Betreiber geheim halten. Eines der wesentlichen Kriterien ist dabei die Anzahl und Qualität von Links, die – bezogen auf das Such-Keyword – auf die Website verweisen. Natürlich wird auch der Inhalt der Website zum Maßstab für die Relevanz der Seite für eine konkrete Suchanfrage gemacht. Die gesuchten Begriffe sollten also auf der Website vorkommen. Die Suchmaschinen-Betreiber modifizieren den Kriterienkatalog ständig. So ist in der jüngeren Vergangenheit auch die Ladezeit von Websites zu einem wichtigen Kriterium für das Ranking geworden.

Es existiert die Möglichkeit, eine Website unter `http://www.google.com/addurl/` bei Google anzumelden. Unterseiten indexieren die Suchmaschinen über automatische Crawler bzw. Such-Robots, die die Seiten automatisch indizieren und immer wieder besuchen, um Änderungen festzustellen. Dies lässt sich durch entsprechende Konfiguration der Website (ROBOTS.TXT) verhindern.

SEO und Trennungsgebot

Search Engine Optimization (SEO) ist der Versuch, eine Website bei der Eingabe bestimmter Keywords möglichst weit nach oben in der organischen Suche zu bringen. Dabei kann man sich fragen, ob solche Maßnahmen der Suchmaschinen-Optimierung unter das Trennungsgebot fallen. Darunter wird das Verbot verstanden, Werbung und redaktionelle Inhalte zu vermischen. Schließlich wird Einfluss auf eine vermeintlich objektive Stelle (nämlich die Suchmaschine) genommen.

Allerdings erwartet der Nutzer nicht, dass die SERP tatsächlich in einer eindeutig nachvollziehbaren Weise ein gewichtetes Ranking vornimmt. Vielmehr dürfte sich jeder Nutzer aus eigener Erfahrung bewusst sein, dass verschiedene Einflussfaktoren für das Ranking bestehen und diese nicht immer alle objektiv sind. Insofern handelt nicht die gesamte SEO-Branche unter Verstoß gegen das Trennungsgebot.

White-Hat-SEO vs. Black-Hat-SEO

Bei den verschiedenen Methoden der Suchmaschinen-Optimierung wird zwischen »White-Hat-SEO« und »Black-Hat-SEO« unterschieden. Bei den White-Hat-Maßnahmen handelt es sich um zulässige, auch von den Suchmaschinen-Anbietern erwünschte Maßnahmen zur Optimierung von Websites. Black-Hat meint dagegen Maßnahmen, die gegen die Richtlinien der Suchmaschinen-Betreiber verstoßen und möglicherweise sogar rechtswidrig sind.

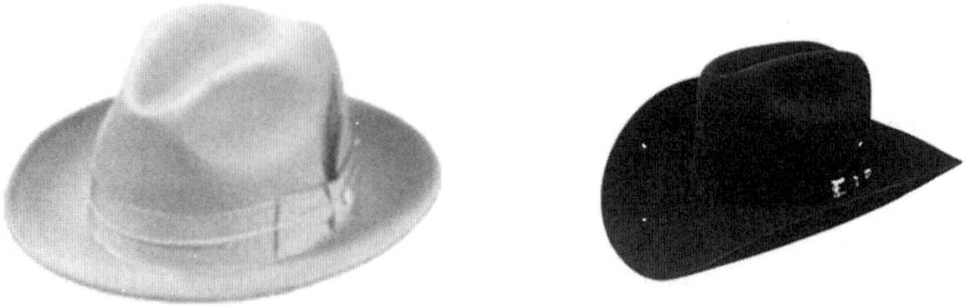

content, content, content	Link-Kauf
Site-Maps	Cloaking, Doorway-Pages
Aussagekräftige Title-Tags	negative SEO
robots.txt	Hidden Content

Tabelle 7.1: White-Hat & Black-Hat-SEO (Beispiele)

7.1.2 Google-Richtlinien

Die Einhaltung der Google-Richtlinien hat auf die Frage der Rechtswidrigkeit von SEO-Maßnahmen keinen Einfluss.

Beispiel: Gemietete Links

Die Google-Richtlinien verbieten es, Links zu kaufen. Wer dennoch ab und an Links kauft, begeht damit keinen Rechtsverstoß, wenn dies nicht im redaktionellen Umfeld geschieht.

Einhaltung der Qualitätsrichtlinien

Google stellt für die Erstellung des Google-Index eine Reihe von Richtlinien auf.

Google-Richtlinien für Webmaster

- Richtlinien zur Gestaltung und zum Content
- Technische Richtlinien
- Qualitätsrichtlinien

Google behält sich vor, Seiten, die den Richtlinien nicht entsprechen, manuell aus dem Index zu entfernen oder mit einem Platzierungsverlust zu bestrafen. Dies betrifft vor allem die Qualitätsrichtlinien. Allerdings stellt Google klar, dass auch die Qualitätsrichtlinien nicht abschließend sind. Wörtlich heißt es in den Richtlinien:

> *»Ist ein bestimmtes irreführendes Verfahren hier nicht aufgelistet, lässt dies nicht den Schluss zu, dass dieses Verfahren von Google toleriert wird.«*

Website-Betreiber müssen also stets mit dem Damoklesschwert des Google-Rauswurfs leben. Dies gilt insbesondere dann, wenn sie nicht nach der ersten und offenbar obersten Google-Regel handeln: »Erstellen Sie Seiten in erster Linie für Nutzer, nicht für Suchmaschinen.«

Überblick – Google-Qualitätsrichtlinien (Auswahl)

- Erstellen Sie Seiten in erster Linie für Nutzer, nicht für Suchmaschinen.
- Versuchen Sie nicht, Ihre Nutzer zu täuschen. Vermeiden Sie Cloaking oder irreführende Weiterleitungen.
- Vermeiden Sie Tricks.
- Nehmen Sie nicht an Linktauschprogrammen teil, die dazu dienen, Ihr Ranking oder Ihren PageRank zu verbessern.
- Meiden Sie insbesondere Links zu Webspammern oder »schlechter Nachbarschaft« im Web.
- Verwenden Sie zur Anmeldung von Seiten, zum Überprüfen des Rankings sowie für ähnliche Aktionen keinesfalls nicht autorisierte Software.
- Vermeiden Sie verborgenen Text oder verborgene Links.
- Senden Sie keine automatischen Suchanfragen an Google.
- Laden Sie keine Seiten mit irrelevanten Suchbegriffen hoch.
- Erstellen Sie keine doppelten Seiten oder Domains, die im Grunde denselben Content haben.
- Vermeiden Sie den Einsatz von »Brückenseiten«, die speziell für Suchmaschinen erstellt wurden.

Die Einhaltung dieser Hinweise hilft bei der Erlangung und Erhaltung eines guten Google-Rankings. Rechtlich führt die Befolgung der Richtlinien jedoch nicht zu einem Anspruch auf ein bestimmtes Ranking gegen Google. Wer von einer Abstrafung betroffen ist, kann einen Antrag auf erneute Überprüfung seiner Website bei Google stellen.

Fruchtet das nicht, ist es denkbar, unter Berufung auf kartellrechtliche Erwägungen rechtliche Schritte gegen Google zu unternehmen. Ein Anspruch auf Aufnahme in den Google-Index besteht aber nur unter den sehr hohen Anforderungen des Kartellrechts. Nur wenn man Google eine marktbeherrschende Stellung (was der einfachere Teil sein dürfte) und eine Ungleichbehandlung gegenüber anderen nachweisen kann, die sachlich nicht gerechtfertigt ist, kann eine auf Aufnahme in den Index gerichtete Klage überhaupt Erfolg versprechend sein. Letztlich müsste dargelegt und bewiesen werden, dass andere Unternehmen unbehelligt die gleichen Methoden anwenden und auch keine anderweitigen Gründe bestehen, das betroffene Unternehmen nicht oder schlecht zu ranken.

Hinweis: Grundsätzlich kein Anspruch gegen Google

Ein Anspruch gegen Google auf Aufnahme bestimmter Seiten in den Google-Index oder gar ein bestimmtes Ranking bei Eingabe bestimmter Suchbegriffe ist nur in Ausnahmefällen denkbar.

Google bietet die Möglichkeit, andere Marktteilnehmer wegen unlauterer SEO-Methoden anzuschwärzen. Wer der Meinung ist, dass bei einer anderen Website die Qualitätsrichtlinien von Google missachtet werden, kann diese Website unter `https://www.google.com/webmasters/tools/spamreport` melden. Verstößt die gemeldete Seite tatsächlich gegen die Google-Regeln, ist gegen das »Anschwärzen« nichts einzuwenden. Missbräuchliche Meldungen, um dem Konkurrenten zu schaden, sind dagegen rechtswidrig.

Rechtsverstoß durch Missachtung der Google-Regeln?

Ein Verstoß gegen die von Google aufgestellten Richtlinien ist nicht allein wegen der Missachtung dieses Regelwerks auch ein Rechtsverstoß. Ob gegen deutsche Gesetze verstoßen wird, muss davon unabhängig ermittelt werden.

Die Google-Qualitätsrichtlinien sind Verhaltensregeln, die ein privates Unternehmen für die Nutzer seines Dienstes aufgestellt hat. Schon daraus folgt, dass die (Nicht-)Beachtung dieser Regeln keine Aussage über die Rechtsmäßigkeit von bestimmten Verhaltensweisen zulässt. Grundsätzlich kommt allgemeinen Geschäftsbedingungen oder allgemeinen Regelwerken Dritter keine Rechtsnormqualität zu. Daher besteht in einem Verstoß gegen die Google-Richtlinien nicht automatisch ein Verstoß gegen das Wettbewerbsrecht.

Zwar hat das Oberlandesgericht Hamm eine unzulässige Suchmaschinen-Optimierung angenommen, als ein Webmaster gegen das Google-Regelwerk verstieß. Diese Aussage ist aber nicht verallgemeinerungsfähig, sondern galt nur für den konkreten Einzelfall, in dem es – vereinfacht gesprochen – um die Aussage eines Spamfilter-Betreibers ging, dass die betreffende Seite SEO-Spam betreibe. [OLG Hamm 07/03]

Andersherum kann auch wer die Richtlinien befolgt nicht sicher sein, keine Rechtsverletzung bei SEO-Maßnahmen zu begehen.

Dies folgt schon daraus, dass die Google-Richtlinien nicht abschließend sind. Außerdem hat Google seine Qualitätsrichtlinien mit Blick auf den eigenen Suchindex aufgestellt und nicht mit Bezug zu deutschen Gesetzen.

Checkliste – Google-Richtlinien

- ✓ Auch bei Einhaltung der Qualitätsrichtlinien gibt es in der Regel keinen Anspruch auf die Aufnahme in den Google-Index.
- ✓ Die Einhaltung der Qualitätsrichtlinien schützt nur bedingt vor der Inanspruchnahme durch Markeninhaber oder Wettbewerber wegen Rechtsverletzungen.
- ✓ Die Verletzung der Qualitätsrichtlinien ist nicht automatisch rechtswidrig.

7.1.3 Meta-Tags und Hidden Content

Die Verwendung fremder Marken in den Meta-Tags oder als Weiß-auf-Weiß-Schrift ist in aller Regel eine Markenverletzung. Etwas anderes kann gelten, wenn der Website-Betreiber einen sachlichen Grund für die Markennennung hat, etwa weil er Produkte dieser Marken in seinem Shop führt. Auch die Nennung von Namen und Marken der Konkurrenz auf der eigenen Website ist rechtswidrig.

Beispiel: Goldhändler bucht »Vermögensanlage«

Aus rechtlicher Sicht derzeit nicht zu beanstanden, ist es etwa, wenn ein Goldhändler auf seiner Website auch die Begriffe »Vermögensanlage«, oder »Festgeldkonto« aufnimmt, um Nutzer auf seine Website aufmerksam zu machen, die Geld sicher anlegen wollen. Allerdings sollte sich aus der Beschreibung der Seite ergeben, dass die Seite einen Goldverkauf beinhaltet.

Meta-Daten spielen für das Suchmaschinen-Ranking nur noch eine minimale Rolle. Gleichwohl hat sich der Bundesgerichtshof (BGH) in den vergangenen Jahren gleich mehrfach mit der Verwendung fremder Marken in den Meta-Tags oder als Hidden Content beschäftigt. Wie so oft sind die Entscheidungen zu einem Zeitpunkt ergangen, als die Zeit den zugrunde liegenden Sachverhalt schon eingeholt hatte.

Meta-Daten sind nur im Quelltext der Website sichtbar. Der Ersteller der Seite hat es unter anderem in der Hand, der Seite Titel, Schlüsselwörter und eine Kurzbeschreibung zuzuweisen. Diese werden von den Suchmaschinen wegen der offensichtlichen Manipulationsgefahr inzwischen so gut wie überhaupt nicht mehr für die Bewertung der Suchergebnisse ausgewertet. Dennoch hat es viele Streitigkeiten um die Zulässigkeit der Verwendung bestimmter Begriffe in den Meta-Tags von Websites gegeben, da zahlreiche Unternehmen mehr oder weniger unauffällig Namen und Marken von Konkurrenten in die Meta-Tags aufgenommen haben, um bei der Suche nach diesen Begriffen selbst in der Ergebnisliste zu erscheinen.

Gattungsbegriffe in den Meta-Tags

Noch immer ist es beliebt, wenn auch nicht besonders Erfolg versprechend, in den Quelltext sachfremde Gattungsbegriffe zu integrieren. So hat ein Anbieter von Luxusreisen ein Interesse daran, auch dann auf den ersten Seiten der Suchmaschinen zu erscheinen, wenn nach Luxusautos gesucht wird. Wer nach Golfschlägern sucht, mag auch teure Urlaubsreisen buchen.

Eine solche Vorgehensweise ist rechtlich nicht zu beanstanden. Darin lässt sich weder eine gezielte Behinderung der Konkurrenz noch ein sogenanntes übertriebenes Anlocken sehen.

Beispiel

Das Oberlandesgericht Düsseldorf entschied, dass der Betreiber einer Internetwebsite, auf der Roben für juristische Berufe angeboten werden, Meta-Tags wie z.B. »Repetitorium«, »StVO«, »ZPO«, »NJW«, »Uni« oder »Urteil« benutzen darf, ohne dass auf seiner Seite Informationen oder Inhalte zu den darunter gefassten Begriffen bereitgehalten werden. Diese Benutzung der Meta-Tags sei weder ein sittenwidriges »Abfangen von Kunden«, noch ein wettbewerbswidriges Anlocken. Ebenso wenig sei die Benutzung der Meta-Tags als Belästigung der Verbraucher oder als irreführende Werbung zu beanstanden. [OLG Düsseldorf 07/04]

Eine unlautere Irreführung der Internetnutzer ist jedenfalls nicht gegeben, wenn aus den Suchmaschinen-Ergebnissen unmittelbar deutlich wird, dass es sich um artfremde Angebote handelt. Mit einem (gut sortierten) Anzeigenmarkt lassen sich die Suchmaschinen, bei denen die Verbraucher keine homogene Ergebnisausgabe (»Rubrikenreinheit«) erwarten, nicht vergleichen.

Fremde Marken in den Meta-Tags

Die Verwendung fremder Marken in den Meta-Tags der eigenen Website ist eine Markenrechtsverletzung, wenn der Website-Betreiber nicht berechtigt ist, die Marke zu verwenden, etwa weil er mit Produkten dieser Marke handelt.

Beispiel: otto.de und apple

Die Firma Otto bietet auf ihrer Webseite `www.otto.de` als autorisierter Händler Produkte der Marke Apple an. Daher ist es Otto grundsätzlich erlaubt, den Begriff »Apple« auch in den Meta-Tags seiner Website zu verwenden.

Die Rechtswidrigkeit der Markenverwendung kann sich dabei aus zwei verschiedenen Aspekten ergeben.

Übersicht – Fremde Marken in Meta-Tags: Mögliche Rechtsverletzungen

- Markenverletzung
- Wettbewerbsrecht
  - Rufausbeutung
  - Gezielte Behinderung

Der BGH hat entschieden, dass in der Verwendung einer fremden Marke in den Meta-Tags der eigenen Seite eine Markenverletzung liegen kann. Dies gelte auch, wenn die Meta-Daten für den normalen Nutzer der Website nicht sichtbar sind. Die Suchmaschine berücksichtige ebenso den unsichtbaren Quelltext. Außerdem würden auch solche Seiten gelistet, bei denen die gesuchten Marken nicht erscheinen. Dadurch werde das Ergebnis des Auswahlverfahrens beeinflusst und der Nutzer auf die Website des Unternehmens geführt. Damit diene das Suchwort dazu, den Nutzer auf das dort werbende Unternehmen und sein Angebot hinzuweisen.

Beispiel: Impuls

Die Firma Impuls Medienmarketing GmbH bietet im Internet unter den Domain-Namen `impulsonline.de` und `impuls-private-krankenversicherung.de` einen unentgeltlichen Kostenvergleich von bis zu 35 privaten Krankenversicherungen an. Die früheren Kooperationspartner bieten im Internet unter der Adresse `impuls-private-krankenversicherung-im-vergleich.de` ebenfalls eine solche Beratung an. Um zu erreichen, dass Kunden, die das Wort »Impuls« in eine Suchmaschine eingeben, unabhängig vom Domain-Namen auch auf das Angebot der ehemaligen Kooperationspartner hingewiesen werden, verwenden diese den markenrechtlich geschützten Begriff »Impuls« als Meta-Tag. [BGH 07/05]

Der Schutz des Markeninhabers gegen die Verwendung seiner Marke in den Meta-Tags einer anderen Website reicht aber nur so weit wie der Schutzumfang der Marke. Nur wenn die Meta-Tags für Waren oder Dienstleistungen verwendet werden, die durch die Marke geschützt sind, kommt ein Unterlassungsanspruch aus § 14 Abs. 5 Markengesetz (MarkenG) in Betracht.

Beispiel: klingeltöne.de

Ist etwa die Marke »klingeltöne.de« für die »Vermietung von Werbeflächen, auch im Internet, und Zurverfügungstellung von Speicherplätzen im Internet« geschützt, so kann sich der Markeninhaber nicht dagegen wehren, dass die Bezeichnung in den Meta-Tags einer Seite erscheint, die den Vertrieb von Klingeltönen über das Internet zum Gegenstand hat. Denkbar ist aber, dass hier wettbewerbsrechtliche Ansprüche zum Zuge kommen. [LG München I 07/06]

In der letzten Zeit haben Gerichte begonnen, die Frage von Marken in Meta-Tags wieder differenzierter zu betrachten. Handelt es sich ersichtlich um einen Zufallstreffer und ergibt sich aus der bei der Suchmaschine eingeblendeten Seitenbeschreibung kein Zusammenhang mit der Marke, soll eine Markenverletzung ausscheiden.

Beispiel: Sandra-Escort

Die Inhaberin der Marke »Sandra-Escort« verlor einen Rechtsstreit bezüglich der Verwendung von »Escort ... – Sandra – Escort Lady« im Quelltext einer anderen Internetseite, weil unter anderem die Begriffe »Escort« und »Escort Lady« eine branchenübliche Bezeichnung für den angebotenen Begleitservice darstellen und ausschließlich beschreibend wirken. [OLG Frankfurt 07/07]

Bei der Verwendung von fremden Marken in den Meta-Tags lässt sich ein Unterlassungsanspruch nicht ohne Weiteres aus dem Gesichtspunkt der Ausbeutung des guten Rufs der Marke herleiten. Das Anhängen an den guten Ruf eines anderen ist nicht grundsätzlich wettbewerbswidrig.

Hinweis: Ausnutzen des guten Rufs

Nur wenn sich der Benutzer des fremden Kennzeichens durch die Programmierung der Meta-Tags bei Suchmaschinen-Einträgen gezielt vor den Markeninhaber drängt, sind die Voraussetzungen einer gezielten Behinderung gegeben.

Denkbar bleiben aber daneben markenrechtliche Ansprüche.

Vorsicht: Keine fremden Marken in den Meta-Tags

Bei der Verwendung von fremden Marken als Meta-Tag im Quelltext der eigenen Website ist nach wie vor Vorsicht geboten. Besteht kein sachlicher Grund für die Verwendung der Marke, liegt eine Markenverletzung nahe. Markeninhaber können mit den üblichen Instrumenten gegen die Rechtsverletzung vorgehen.

Namen von Personen und Unternehmen in den Meta-Tags

Nicht nur die Verwendung fremder Marken, sondern auch die Aufnahme von Namen von Personen oder Unternehmen in die Meta-Tags ist in der Regel rechtswidrig.

Beispiel: Altenheim

Fügt ein Altenheim den Namen eines konkurrierenden Pflegeheims in seine Meta-Tags ein, liegt hierin eine Verletzung des Namensrechts des Pflegeheimbetreibers, wenn die Einfügung zur Folge hat, dass Google die Website des Altenheims auch bei der Suche nach dem Namen des Pflegeheims einblendet. [OLG Celle 07/08]

Auch die Verwendung von Namen natürlicher Person oder Unternehmen in den Meta-Tags ist eine namensmäßige Verwendung. Der eigene Name wird – unabhängig vom Markenschutz – durch § 12 des Bürgerlichen Gesetzbuches (BGB) geschützt. Danach ist eine Benutzung des fremden Namens als Namensanmaßung grundsätzlich unzulässig. Ferner kann die Verwendung eines fremden Namens als unsichtbarer Teil einer Website auch eine wettbewerbswidrige Behinderung des Namensträgers sein.

Fremde Marken und Namen in der URL

Für die Verwendung des Namens eines Konkurrenten in der URL gilt letztlich das Gleiche wie für den Title-Tag: Gibt es keine wirtschaftliche Verbindung zwischen dem Website-Betreiber und dem Markeninhaber, darf die Marke auch in der URL nicht verwendet werden. Etwas anderes kann gelten, wenn die Marke lediglich beschreibend verwendet wird.

Beispiel: Unternehmensname in der URL

Ein Unternehmen betrieb einen Blog und verwendete in der URL der Seite den Namen eines anderen Unternehmens inklusive des Kürzels »GmbH«.

Die vollständige Firmenbezeichnung wurde sowohl im Title-Tag als auch im URL-Pfad verwendet. Dies sei eine Verletzung des Unternehmenskennzeichens der Klägerin, weil ein Bezug zu dem Unternehmen nicht bestehe. [OLG Hamburg 07/09]

Fremde Marken und Hidden Content

Der Einsatz fremder Marken als Weiß-auf-Weiß-Schrift kann ebenfalls eine Rechtsverletzung darstellen. Auch hier kommen Wettbewerbs- und Markenverletzungen in Betracht.

Beispiel: Wettbewerbswidrige Aufnahme von unsichtbaren Begriffen

Das Landgericht Essen untersagte es dem Betreiber einer Website, ein ganzes Kompendium verschiedener, nicht im Zusammenhang mit den Inhalten der Seite stehender Begriffe unsichtbar in die Website aufzunehmen, um ein besseres Google-Ranking zu erreichen. Der Beklagte verschaffe sich einen unlauteren Wettbewerbsvorteil vor den Konkurrenten, wenn er viele Hundert lexikonartig aneinandergereihte Begriffe in die Website aufnehme. Gestattet sei allerdings die Aufnahme solcher Namen oder Marken, wenn für diese auf der Website geworben werde. [LG Essen 07/10]

Neben Meta-Tags kann auch sonstiger Text für den Nutzer unsichtbar sein. Am häufigsten geschieht dies, indem die Farbe der Schrift der Farbe des Hintergrundes entspricht oder winzige Schriftgrößen verwendet werden (sogenannter Hidden Content).

Da hinsichtlich des Hidden Content die gleichen Maßstäbe wie bei Meta-Tags gelten müssen, überrascht es nicht, dass der BGH in seiner »AIDOL«-Entscheidung eine kennzeichenmäßige Nutzung und damit einen markenrechtlichen Unterlassungsanspruch bei der Nutzung eines fremden Kennzeichens in »Weiß-auf-Weiß-Schrift« bejaht hat. Maßgeblich sei, dass das als Suchwort verwendete Zeichen dazu benutzt werde, das Ergebnis des Auswahlverfahrens zu beeinflussen und den Nutzer auf diese Weise zu einer Internetseite zu führen, auf der er auf das dort werbende Unternehmen und dessen Angebot hingewiesen wird. [BGH 07/11]

Checkliste – Meta-Tags und Hidden Content

- ✓ Verwendung von Gattungsbegriffen in Meta-Tags → in der Regel zulässig
- ✓ Verwendung von Gattungsbegriffen als Hidden Content → in der Regel zulässig

- ✓ Verwendung fremder Marken in Meta-Tags → unzulässig
- ✓ Verwendung fremder Marken als Hidden Content → unzulässig
- ✓ Verwendung fremder Namen in Meta-Tags → unzulässig
- ✓ Verwendung fremder Namen als Hidden Content → unzulässig

7.1.4 Snippets

Immer mehr neigen die Gerichte dazu, Markenverletzungen allein aufgrund der Einbindung der Marke in die auf der SERP angezeigte Seitenbeschreibung anzunehmen. Erscheint die fremde Marke in den Snippets (kurzer Textauszug aus einer Website, angezeigt in der Ergebnisliste einer Suchmaschine) ist der Website-Betreiber in der Pflicht, darzulegen, warum er die Marke ausnahmsweise verwenden durfte.

Beispiel: Verwendung von Markennamen in Snippets

In einem Streit zwischen dem Fahrradhändler Rose und dem Betreiber eines Online-Shops, der im Internet unter `raddiscount.de` abrufbar war, sollte der Rad-Discount für einen Publisher haften, der es durch geschickte Verwendung von »Rose« und »Bike« geschafft hatte, bei der Google-Suche nach »rose bike« auf Platz 8 zu landen. Dabei hieß es in den Snippets unter anderem »fahrrad rose bike wear«. Der Bundesgerichtshof sah darin eine Verwendung der Bezeichnung »Rose« als Marke und gab dem Rad-Discount auf, nachzuweisen, dass der Publisher die Bezeichnung »rose bike« nur beschreibend verwendet hatte. [BGH 07/12]

Google bildet die Snippets aus der Meta Description, dem Seitentext, und der ODP-Beschreibung. Entsteht durch den Snippet der Eindruck einer Verbindung zu der genannten Marke, liegt eine Markenverletzung vor. Auch eine wettbewerbswidrige Irreführung, Behinderung oder Rufausbeutung kann in der Verwendung fremder Namen oder Marken in Snippets liegen.

Tipp für die gerichtliche Auseinandersetzung

Markeninhabern ist zu raten, im Falle einer gerichtlichen Auseinandersetzung möglichst detailliert zu beschreiben, warum die eigene Marke in den von der Suchmaschine zusammengestellten Snippets der Website der Konkurrenz bei der Eingabe bestimmter Stichworte erscheint. Je detaillierter hier vorgetragen wird, umso schwerer wird es dem Website-Betreiber fallen, dagegen zu argumentieren.

Im Ausnahmefall kann das Erscheinen fremder Marken in Snippets einen Markenverstoß auch ausschließen. In der Verwendung einer fremden Marke als Meta-Tag liege dann keine markenmäßige Benutzung, wenn sich bereits aus einem Kurzhinweis in der nach Eingabe des Suchworts erscheinenden Trefferliste ergibt, dass der Begriff nicht auf die Herkunft einer Ware oder Dienstleistung aus einem bestimmten Unternehmen hinweisen soll. In einem vom Oberlandesgericht Frankfurt entschiedenen Fall wurde ein Unternehmen im Zusammenhang mit einer Abmahnung erwähnt und deshalb schon in den Snippets genannt. [OLG Frankfurt 07/13]

7.1.5 Interne Suchmaschinen

Eine Markenrechtsverletzung kann sich auch aus der Verwendung einer internen Suchmaschine eines Online-Shops ergeben.

Beispiel: Power Ball

Der Betreiber des im Internet unter `www.pearl.de` abrufbaren Online-Shops hatte eine interne Suchmaschine so konfiguriert, dass bei der Nutzereingabe »Power Ball« unter der Überschrift »Suchanfrage erfolgreich: Power Ball« eine Auflistung der angebotenen Produkte erschien, unter anderem der von dem Shop-Betreiber angebotene »RotaDyn Fitnessball«. Der markenrechtlich geschützte »Power Ball«, ein Trainingsgerät für Finger-, Hand- und Armmuskulatur, war nicht darunter.

Auf einer Art Produktdetailseite für den RotaDyn Fitnessball fand sich in der Kopfzeile und im Titel der Seite auch der markenrechtlich geschützte Begriff »Power Ball«. Offenbar werden die Suchbegriffe übergeben und automatisch integriert.

Dieses System führte dazu, dass bei der Eingabe von »Power Ball« bei Google die Seite Produktdetailseite von `www.pearl.de` inklusive der Marken-Header auf dem zweiten Platze rankte. [BGH 07/14]

Während das Landgericht München I die Klage noch abwies, haben das Oberlandesgericht München und der BGH den Beklagten verurteilt, es zu unterlassen, die Bezeichnung »Power Ball« auf seinen Internetseiten, auf denen ein Trainingsgerät zur Kräftigung der Finger-, Hand- und Armmuskulatur angeboten wird, zu verwenden.

`Pearl.de` wurde also verboten, dass nach Eingabe der Bezeichnung »Powerball« in der FactFinder-Suchmachine auf seiner Seite die Produktdetailseite mit der Werbung für den RotaDyn Fitnessball abrufbar war, in deren Kopfzeile sich die geschützten Marken fanden. Außerdem wird dem Beklagten damit verboten, dafür zu sorgen, dass sich bei der Eingabe von »power ball« bei Google ein Eintrag für `pearl.de` findet, der auch die Bezeichnungen »power ball« und »Powerball« enthält und mit der Produktdetailseite des RotaDyn Fitnessball verlinkt ist.

Dagegen hat das Gericht nicht darüber entschieden, ob es für sich genommen zulässig ist, die Suchergebnisseite so zu gestalten, dass unter der Überschrift »Suchanfrage erfolgreich: Power Ball« insgesamt 88 Hits angezeigt werden, unter denen zwar der RotaDyn Fitnessball, nicht aber ein »Power Ball« aufgeführt ist.

In der Einbindung der Marke »Powerball« in den Title-Tag der Produktdetailseite liege eine markenmäßige Verwendung. Durch die Verwendung der Art, dass dadurch das Auswahlverfahren für die Trefferliste von Google beeinflusst wird, werde auch die Herkunftsfunktion der Marke beeinträchtigt. Dabei handelt es sich um die Funktion einer Marke, auf die Herkunft des Produkts aus einem bestimmten Unternehmen hinzuweisen. Vor allem, dass in der Kopfzeile der Produktdetailseite die fremde Marke erscheint, führe zu einer Markenverletzung.

Vorsicht bei Verwendung fremder Suchsoftware

Auch wenn fremde Suchsoftware eingebunden wird, haftet der Website-Betreiber für das Erscheinen fremder Marken auf seinen Seiten.

Der BGH erklärt den Seitenbetreiber auch für den Google-Index voll verantwortlich. Es sei bekannt, dass Google den Inhalt der Seiten, insbesondere die Kopfzeilen, für die Erstellung des Index auswerte. Daher müsse es der Händler auch unterlassen, bei Google so zu werben, dass in der organischen Suche die Seite des Shop-Betreibers bei der Eingabe »Power Ball« gelistet werde.

Wer interne Suchmaschinen in den Shop integriert, muss dafür sorgen, dass geschützte Markennamen nach der Eingabe durch den Nutzer nicht automatisch in der Kopfzeile der Ergebnisseite erscheinen. Dies gilt umso mehr, wenn Produkte der betroffenen Marken nicht geführt werden.

Hinweis: Optimierung auf fremde Marken ist riskant

Die Entscheidung zeigt, dass bei der Verwendung von Marken auf der eigenen Website weiter Vorsicht geboten ist: Wer seine Seite auf fremde Marken optimiert, muss mit Abmahnungen und markenrechtlichen Klagen rechnen. Dies gilt auch, wenn dies »nur« in Suchanfragen geschieht.

7.1.6 Gekaufte Links

Es ist zwar ein Verstoß gegen die Google-Richtlinien, aber nicht per se rechtswidrig, Links zu kaufen oder zu mieten, um das Ranking bei der Eingabe bestimmter

Suchbegriffe zu verbessern. Unlauter ist ein solches Vorgehen aber, wenn dies auf Websites mit redaktionellem Inhalt geschieht und dadurch Werbung und redaktioneller Inhalt nicht trennbar sind.

Beispiel: Gemietete Verlinkungen

Wer für den Launch eines Portals in der Anfangszeit Verlinkungen auf die Seite von Linkportalen mietet, handelt nicht wettbewerbswidrig.

Ein Verstoß gegen Google-Richtlinien ist nicht allein deshalb rechtswidrig (siehe oben bei Abschnitt 7.1.2). Wer Links kauft, täuscht zunächst den Suchmaschinen-Anbieter über die Relevanz der Seite. Damit führt der Website-Betreiber zunächst eine Maschine, keinen Menschen in die Irre. Eine relevante Irreführung bei einem Menschen kann aber nur eintreten, wenn die Nutzer konkrete Vorstellungen über die Relevanz der gelisteten Seiten und das Zustandekommen der SERPs haben. Genau daran fehlt es in diesem Fall aber. Im Gegenteil, es ist sogar allen Nutzern von Suchmaschinen aus eigener Erfahrung bekannt, dass die Ergebnisse zum Teil nichts mit dem Suchbegriff zu tun haben. Aus diesem Grund fehlt es an einer Irreführungsgefahr, wenn Links gekauft werden.

Beispiel: Suchmaschinen-Optimierung durch Cross-Referencing

Für den Suchmaschinen-Optimierer liegt es nahe, zur Verbesserung des Rankings gegenseitige Verlinkungen von Websites (Cross-Referencing) gezielt einzusetzen. Dies ist grundsätzlich nicht zu beanstanden.

Rechtsprobleme können sich aber aus einem anderen Grund ergeben: Werden Links aus redaktionellen Umfeldern gekauft, stellt sich das Problem der Trennung von objektivem Inhalt und Werbung. Wird ein Link nur gesetzt, weil der Verlinkte dafür bezahlt hat und ergibt sich das nicht aus dem Kontext der Seite, liegt ein wettbewerbswidriger Verstoß gegen das Verbot der Schleichwerbung vor.

7.1.7 Doorway-Pages, SEO-Seiten und Cloaking

Der Einsatz von Seiten, die für Suchmaschinen gebaut sind, ist nicht als solches rechtswidrig. Probleme können aber entstehen, wenn diese Seiten für fremde Marken optimiert werden.

Landing-Pages als solche sind eine ohne Weiteres zulässige Maßnahme zur Kanalisierung von Kundenströmen auf die Website. Es spricht nichts dagegen, Besucher nicht auf die Startseite des Angebots oder direkt in den Shop zu leiten, sondern über gezielt auf bestimmte Suchanfragen optimierte Seiten des Internetangebots zu führen. Dabei spielt es grundsätzlich keine Rolle, ob die Seiten im SEO- oder SEM-Umfeld eingesetzt werden.

Kritischer zu sehen sind Doorway-Pages, oder Brückenseiten, die – ohne eigenen Inhalt – direkt auf andere Websites weiterleiten. Dies ist zum einen ein klarer Verstoß gegen Googles Qualitätsrichtlinien, vor allem aber kann sich dahinter eine Irreführung des Nutzers verbergen. Wird eine Brückenseite auf Marken der Konkurrenz optimiert, aber anschließend in den eigenen Shop umgeleitet, besteht darin in aller Regel ein Markenrechtsverstoß.

Ein (zusätzlicher) Verstoß gegen das Behinderungsverbot liegt vor, wenn der Betreiber der Brückenseite über ein Affiliate-Netzwerk mit dem Markeninhaber verbunden ist und etwa über ein Domain-Redirect eingehende Besuche direkt auf die Seite des Markeninhabers weiterleitet und im Falle von Verkäufen auf dieser Seite sogar noch eine Provision kassiert.

Auch das Cloaking, also die Einrichtung einer SEO-Seite der Art, dass den Crawlern der Suchmaschine eine andere Seite suggeriert wird als den tatsächlichen Nutzern, ist ein klarer Verstoß gegen die Richtlinien der Suchmaschinen-Betreiber. Rechtlich stellt sich aber die Frage, ob tatsächlich Menschen in die Irre geführt werden. Hier wird es auf die Snippets ankommen, die die Suchmaschine einblendet. Sind diese zutreffend und frei von Markenverletzungen, liegt auch im Cloaking kein Rechtsverstoß.

Vorsicht: Gerichte generalisieren

Gerichte neigen dazu, komplizierten Fallgestaltungen nicht auf den Grund gehen zu wollen, wenn sie meinen, eine offensichtliche Suchmaschinen-Manipulation aufgedeckt zu haben. Auch wenn sich streng genommen eine Irreführung von Nutzern nicht ergibt, kann man nicht ausschließen, dass Gerichte pauschal eine Irreführung annehmen und Unterlassungsansprüche bejahen.

7.1.8 Negative SEO

Der Einsatz von negativer SEO mit dem Ziel, Google zu veranlassen, andere Unternehmen aus dem Google-Index zu entfernen oder abzustrafen, ist rechtswidrig.

Beispiel für negative SEO

Der Konkurrent eines Unternehmens, das auf seiner Internetseite die Reparatur von Mobiltelefonen anpreist, setzt für diese Website Links, die eigentlich zu Internetseiten mit pornografischem Inhalt führen sollen, so dass im Ergebnis das Unternehmen bei einer Google-Suche hinsichtlich pornografischen Angeboten aufgelistet wird.

Weil sich ein gutes Google-Ranking nicht nur durch die Ausgestaltung der eigenen Seite erreichen lässt, sondern die Suchmaschinen-Betreiber auch externe Kriterien einbeziehen, ist es denkbar, Websites gezielt mit negativen Such-Keywords zu verbinden oder Website-Betreiber gezielt »abzuschießen«.

Ursprünglich erschien der Begriff »Google-Bombe« im Kontext mit Links auf andere Websites, die mit dem verbundenen Text nichts zu tun haben. So wurde die offizielle Website von George Bush monatelang auf Platz 1 bei Google gelistet, wenn nach »miserable failure« gesucht wurde. Dies ist – wenn auch deutlich schwieriger – auch mit Seiten der Konkurrenz denkbar. Außerdem wird berichtet, dass Wettbewerber schon gezielt aus dem Index geworfen wurden. Dabei werden eine Vielzahl von Black-Hat-SEO-Methoden gewählt, die Google früher oder später als solche enttarnt und den Seitenbetreiber, der davon womöglich noch nichts mitbekommen hat, aus dem Index nimmt oder abstraft.

Es versteht sich von selbst, dass ein solches Vorgehen nicht rechtmäßig ist. Wettbewerbsrechtlich handelt es sich um eine gezielte Behinderung. Auch wenn die Google-Bombe nicht unter Konkurrenten geworfen wird, lässt sich ein solches Vorgehen als unerlaubte Handlung und Eingriff in den Gewerbebetrieb verfolgen. Hauptproblem dürfte es aber sein, den Verursacher ausfindig zu machen und die Vorwürfe zu beweisen. Außerdem dürfte das Hauptanliegen des betroffenen Unternehmens darin bestehen, wieder in den Google-Index aufgenommen zu werden. Hier empfiehlt sich eine schnelle und direkte Kommunikation mit Google, gegebenenfalls mit deren Rechtsabteilung.

7.2 SEM – Google-AdWords

Trotz unzähliger Gerichtsentscheidungen ist die Rechtslage zur Buchung fremder Marken bei Google AdWords noch immer nicht vollständig geklärt. Die Buchung fremder Marken soll unzulässig sein, wenn aus der Anzeige nicht oder nur schwer zu erkennen ist, ob die in der Anzeige beworbenen Produkte von dem Inhaber der Marke oder dem Werbetreibenden stammen. Bei der Gestaltung der Anzeigen sind die üblichen wettbewerbsrechtlichen Leitlinien zu beachten.

7.2.1 Funktionsweise von Google AdWords

Jedem Werbetreibendem im Internet ist das Werbeprogramm Google AdWords geläufig. Es wird von der amerikanischen Muttergesellschaft Google Inc. angeboten. Das Grundprinzip ist denkbar einfach: Der Werbetreibende bucht eine Werbeanzeige, die (nur) erscheinen soll, wenn ein Nutzer der Suchmaschine eine Suchanfrage mit einem zuvor von dem Unternehmer gebuchten Begriff startet. Buchen mehrere Werbetreibende das gleiche Keyword, erfolgt die Reihenfolge der Einblendung über eine Art Versteigerung.

Einstellungen des AdWords-Kontos

Google erlaubt die Festlegung von ungefähren Tagesbudgets. Und – im AdSense-Netzwerk – Frequency Caps (vgl. zur Zulässigkeit von Frequency Caps Abschnitt 6.1.1). Über den Werbezeitenplaner können die Zeiträume definiert werden, in denen Anzeigen ausgeliefert werden sollen. Auch lokale Einstellungen sind grundsätzlich denkbar. Darüber hinaus kann die Einblendung auch von den Spracheinstellungen des Nutzers abhängig gemacht werden.

Beispiel: Nutzerspezifische Einstellung

Der Berliner »Sage-Club« mag daran interessiert sein, Anzeigen für die Eingabe des Keywords »Sage« nur in den Abendstunden und nur für Nutzer zu schalten, die die Google-Seite aus Berlin abrufen. So kann eine allzu breite Streuung verhindert werden und Nutzern, die nach der ERP-Software oder Märchen suchen, die Anzeigen erst gar nicht eingeblendet werden.

Die Einstellungen lassen auch eine Unterscheidung zwischen der bloßen Einblendung bei der Google-Suche und im Display-Netzwerk zu. Zudem lässt sich einstellen, ob die Anzeige nur auf Desktop-Rechnern und Laptops und/oder auf mobilen Endgeräten erscheinen soll. Selbst eine Differenzierung nach den einzelnen Mobilgeräten (Android, iPhone, iPad usw.) und Mobilfunkbetreibern ist möglich. Schließlich bietet Google auch die Möglichkeit des Zielgruppen-Targetings nach sozio-demografischen Daten (siehe zu den rechtlichen Aspekten Abschnitt 6.3).

Wichtig zu wissen ist, dass Google die Auswahlmöglichkeiten zwar anbietet, sich aber letztlich vorbehält, diese nicht zu berücksichtigen.

Hinweis: Google an Targeting nicht gebunden

Google ist nicht verpflichtet, die Targeting-Auswahl des Kunden tatsächlich stets zu berücksichtigen.

Google bietet die verschiedenen Targeting-Möglichkeiten an, versucht aber, sich vertraglich nicht darauf festlegen zu müssen. Ob das rechtlich zulässig ist, mag man bezweifeln. Google wird sich aber im Zweifel auf den Standpunkt stellen, dass die Auswahlmöglichkeiten hinsichtlich des Targetings keine bindenden Vorgaben an die Anzeigenplatzierung darstellen.

Keyword-Optionen

Der einfachste Fall der Buchung von AdWords-Anzeigen ist die Definition eines einzigen Keywords, bei genau dessen Eingabe die Anzeige erscheinen soll. Dies ist die sogenannte Option »genau passend«. Standardmäßig ist jedoch die Option »passende Wortgruppe« (oder »Broad Match«) eingestellt.

Keyword-Optionen bei Google-AdWords

- Keyword = weitgehend passend [Standardeinstellung]
- »Keyword« = exakte Übereinstimmung mit der Wortgruppe
- [Keyword] = exakte Übereinstimmung nur mit diesem Begriff
- -Keyword = diesen Begriff ausschließen (gibt es auch als Broad Match)

Bei der Wahl der Broad-Match-Option blendet Google Anzeigen nicht nur bei der exakten Eingabe des gebuchten Keywords ein, sondern auch bei der Eingabe von Synonymen, Singular-/Pluralformen, relevanten Varianten des Keywords und längeren Ausdrücken, die das Keyword enthalten.

Damit legt der Werbetreibende die Auswahl der Keywords in die Hände von Google. Falls Google also meint, »Bentley« sei ein Synonym für »Luxuswagen«, wird die Anzeige der Daimler AG für deren Maybach auch bei der Eingabe von »Bentley Motors Limited« eingeblendet, obgleich lediglich das Keyword »Luxuswagen« gebucht wurde.

Um dies auszuschließen, bietet Google die Option »ausschließende Keywords«, mit der für jede Kampagne festgelegt werden kann, bei welchen (zusätzlichen) Suchbegriffen die Anzeige nicht geschaltet werden soll. Die negativen Keywords gibt es auch in den verschiedenen oben beschriebenen Varianten. Insofern funktioniert zum Beispiel Broad Match auch in die umgekehrte Richtung.

Zudem gibt es noch die Option »Genaue Wortgruppe abgleichen«. Bei Auswahl dieser Keyword-Option erscheint die Anzeige, wenn ein Nutzer nach der eingegebenen Wortgruppe sucht. Die Suchanfrage muss die gewählten Wörter in derselben Reihenfolge enthalten, kann aber auch weitere Wörter vor oder nach der entsprechenden Wortgruppe umfassen. Lässt die Daimler AG in dem obigen Beispiel also die Wortgruppe »Luxuswagen Deutschland« buchen, würde die Anzeige für den Maybach eingeblendet werden, wenn die Suchanfrage »VW Luxuswagen Deutschland« lautet, nicht aber, wenn die Anfrage lautet »Luxuswagen aus Deutschland«.

Tipp: Keyword-Optionen bewusst einsetzen

Die Funktionsweise der unterschiedlichen AdWords-Optionen muss man sich bewusst machen, um Streuverluste, höhere Kosten und mögliche Rechtsstreitigkeiten zu verhindern.

Nachstehende Tabelle soll die unterschiedlichen Folgen der Auswahl der Keyword-Optionen verdeutlichen:

Option	Gebuchtes Keyword	Suchanfrage	Anzeige eingeblendet?
Weitgehend passende Keywords	Luxuswagen	Bentley	(+), falls Google die Begriffe Bentley und Luxuswagen für Synonyme hält
Genaue Wortgruppe abgleichen	»Luxuswagen«	Bentley	(-)
Genaue Wortgruppe abgleichen	»Luxuswagen«	Bentley Luxuswagen	(+)
Nur genau passender Begriff	[Luxuswagen]	Bentley	(-)
Nur genau passender Begriff	[Luxuswagen]	Bentley Luxuswagen	(-)
Nur genau passender Begriff	[Luxuswagen]	Luxuswagen	(+)
Diesen Begriff nicht abgleichen	Luxuswagen -Bentley	Bentley Luxuswagen	(-)
Diesen Begriff nicht abgleichen	Luxuswagen -Bentley	Luxuswagen	(+)
Diesen Begriff nicht abgleichen	Luxuswagen -Bentley	Luxuswagen aus Deutschland	(+)

Tabelle 7.2: Auswirkungen von AdWords-Optionen

7.2.2 Fremde Marken oder Namen als Keywords

In den letzten Jahren kam es immer wieder zu gerichtlichen Auseinandersetzungen bezüglich der Verwendung von Namen und vor allem von fremden Marken als Keywords. Zwar drangen davon einige sogar bis zum Europäischen Gerichtshof vor, jedoch konnte auch dies letztendlich nicht zu einer Klärung der Streitfragen führen.

Beispiel: bananabay.de

Die BBY Vertriebsgesellschaft mbH vertreibt unter der Internetadresse `www.bananabay.de` Erotikartikel und ist Inhaberin der deutschen Wortmarke »Bananabay«. Eis.de vertreibt ebenfalls unter ihrer Adresse www.eis.de/erotikshop Erotikartikel. Eis.de wählte im Rahmen von AdWords den Begriff »bananabay« als Keyword. Wenn nun ein Internetnutzer das Wort »bananabay« als Suchbegriff in die Suchmaschine Google eingab, erschien in dem Bereich »Anzeigen« eine Anzeige von Eis.de. Nach Ansicht des EuGH kann eine solche Benutzung untersagt werden, wenn aus dieser Werbung für einen Durchschnitts-Internetnutzer nicht oder nur schwer zu erkennen sei, ob die in der Anzeige beworbenen Waren oder Dienstleistungen von dem Inhaber der Marke oder einem mit ihm wirtschaftlich verbundenen Unternehmen oder doch von einem Dritten stammen. [EuGH 07/15]

Grundlagen

Folgende Hauptfrage beschäftigt die Juristen weltweit im Zusammenhang mit AdWords:

> *»Darf ein Unternehmen Google dazu veranlassen, bei Eingabe der auf einen anderen eingetragenen Marke eine eigene Anzeige einzublenden, auch wenn eine Gestattung des betreffenden Unternehmens nicht besteht?«*

Ist es also zulässig, wenn Lacoste wie im folgenden Beispiel als Keyword »fred perry«, den Namen eines englischen Bekleidungsherstellers, bucht?

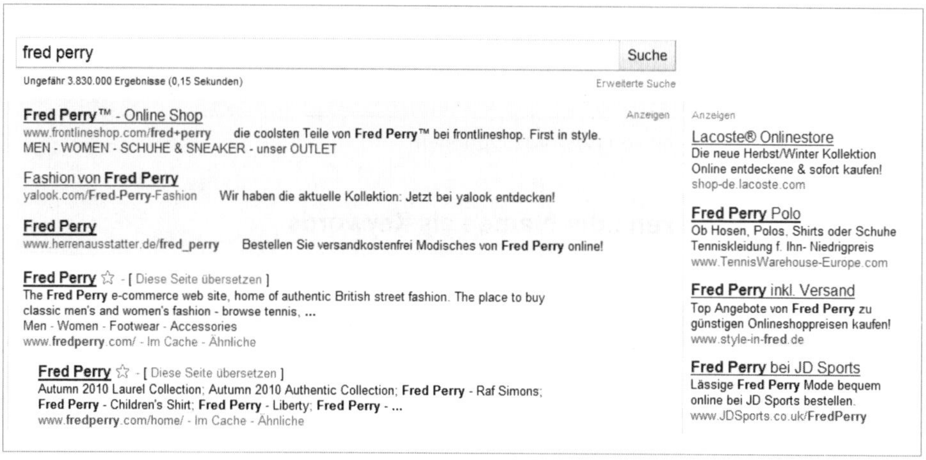

Abb. 7.4: Anzeige für Lacoste-Shop bei Eingabe von »fred perry«

Vom Markenrecht geschützt sind im Übrigen nicht nur eingetragene Marken, sondern auch Unternehmenskennzeichen (also etwa der Name des Unternehmens) und Werktitel. Ähnliche Regelungen gelten für den Schutz von Namen.

Überblick – Schutz von Bezeichnungen

- Eingetragene Marken
- Sehr bekannte Marken
- Notorisch bekannte Marken
- Firmenbezeichnungen
- Unternehmensschlagwörter
- Werktitel (z.B. Titel von Büchern, Zeitschriften, Filmen, Musik)
- Namen natürlicher Personen
- Namen juristischer Personen

Auch der Textanteil von Bildmarken kann Schutz genießen.

Zunächst ist klar, dass eine Markenrechtsverletzung nur vorliegt, wenn dies auch offline der Fall wäre. Fehlt es also an der Verwechselbarkeit der Waren oder Dienstleistungen, für die geworben wird, oder ist die (nicht besonders bekannte) Marke nicht für die Klassen geschützt, in denen auch das Warenangebot des Werbetreibenden einzuordnen ist, kommt eine Markenverletzung von vornherein nicht in Betracht.

Vorsicht bei bekannten Marken

Bei sehr bekannten Marken (z.B. Coke oder Google) kann eine Markenverletzung auch vorliegen, wenn die Werbung für ganz andere Dienstleistungen oder Waren erfolgt, als für die die geschützte Marke Schutz genießt.

Entscheidungen des EuGH

Gerichtsentscheidungen zu Google AdWords gibt es in Deutschland seit Jahren. Dabei ging die Meinung der Gerichte, ob die Buchung einer fremden Marke als Keyword zulässig sein kann, deutlich auseinander. Ungefähr die Hälfte der Oberlandesgerichte war der Auffassung, dass an der Markenbuchung nichts auszusetzen wäre, die andere Hälfte stellte sich auf die Seite der Markeninhaber und verurteilte die Werbenden zur Unterlassung.

Schließlich gelangten gleich drei Sachverhalte zum Bundesgerichtshof, der in zwei Fällen den Werbenden Recht gab und im dritten Fall den Europäischen Gerichtshof (EuGH) um Beantwortung der streitentscheidenden Fragen bat. Der EuGH ist die letzte Instanz in der Europäischen Union, wenn es um die Auslegung der EU-Markenrechtsrichtlinie geht. Inzwischen hat der EuGH eine ganze Reihe dieser Fälle entschieden. Diese Urteile waren mit Spannung erwartet worden, weil sich alle Beteiligten Klarheit durch die Richtersprüche erwartet hatten. Diese Klarheit ist jedoch ausgeblieben. [EuGH 07/16]

Checkliste – Wesentliche Erkenntnisse der EuGH-Verfahren

- ✓ In der Buchung der Marke als Keyword liegt eine markenmäßige Nutzung der Marke durch den Werbenden.
- ✓ Google selbst nutzt das Keyword nicht als Marke.
- ✓ Google kann daher allenfalls als »Gehilfe« des Werbenden haften.
- ✓ Eine Markenverletzung durch das werbende Unternehmen kommt nur in Betracht, wenn in die Herkunftsfunktion der Marke eingegriffen wird.
- ✓ Das ist der Fall, wenn ein wirtschaftlicher Zusammenhang zwischen dem Werbenden und dem Inhaber der Marke suggeriert wird.

Allerdings kommt eine Rechtsverletzung durch das werbende Unternehmen nur in Betracht, wenn durch die Nutzung eine wesentliche Funktion der Marke beeinträchtigt wird. Zu diesen wesentlichen Funktionen einer Marke gehört vor allem die Herkunftsfunktion der Marke.

Der EuGH sieht einen Eingriff in die herkunftsweisende Funktion der Marke, wenn das Bestehen einer wirtschaftlichen Verbindung zwischen Werbendem und Markeninhaber suggeriert wird. Doch auch wenn die Herkunft der fraglichen Waren und Dienstleistungen so vage gehalten ist, dass ein normal informierter und angemessen aufmerksamer Internetnutzer auf der Grundlage des Werbelinks und der ihn begleitenden Werbebotschaft nicht erkennen kann, ob der Werbende im Verhältnis zum Markeninhaber ein Dritter oder vielmehr mit diesem wirtschaftlich verbunden ist, liege ein Eingriff vor.

In den bisher zum Thema ergangenen Entscheidungen bringt der EuGH stets folgenden Satz:

> *»Die herkunftsweisende Funktion der Marke ist beeinträchtigt, wenn aus der Anzeige für einen normal informierten und angemessen aufmerksamen Internetnutzer nicht oder nur schwer zu erkennen ist, ob die in der Anzeige beworbenen Waren oder Dienstleistungen von dem Inhaber der Marke oder einem mit ihm wirtschaftlich verbundenen Unternehmen oder vielmehr von einem Dritten stammen.«*

Hinweis: Wirtschaftliche Verbindung entscheidet

Ein Eingriff liegt also vor, wenn der unbefangene Nutzer der Suchmaschine von einer wirtschaftlichen Verbindung zwischen dem Inhaber der Keyword-Marke und dem werbenden Unternehmen ausgehen muss.

Dabei spielt es keine Rolle, ob die Waren oder Dienstleistungen schon in der Anzeige selbst oder erst auf der verlinkten Seite beworben werden. [EuGH 07/17]

Folgen für die Werbung mit Marken-Keywords

Wann genau dies der Fall sein soll, lässt der EuGH aber offen. Dies bricht nun vielfältigen Spekulationen Bahn. Mit der Diskussion stehen die Betroffenen wieder am Anfang. Für jeden einzelnen Fall muss geprüft werden, ob der Durchschnittsnutzer einen wirtschaftlichen Zusammenhang annehmen muss. Eine Vielzahl von Gerichtsentscheidungen ist zu erwarten, weil nicht damit zu rechnen ist, dass die noch ausstehende Entscheidung des Bundesgerichtshofes alle Fragen beantworten wird.

Endgültige Aussagen dazu, was die deutschen Gerichte aus den EuGH-Urteilen machen werden, lassen sich nicht treffen. Festhalten lassen sich nur folgende Punkte:

- Wird die Marke in der Anzeige nicht erwähnt, liegt eine wirtschaftliche Verbindung fern. Denkbar ist das aber dennoch.
- Wird die eigene Marke des Werbetreibenden in der Anzeige herausgestellt, dürfte eine Verbindung im Regelfall ausgeschlossen sein.
- Wird dagegen in der Anzeige suggeriert, selbst Anbieter der normalerweise unter der Marke beworbenen Produkte zu sein, ist die wirtschaftliche Verbindung gegeben.
- Erscheint die Keyword-Marke in der Anzeige selbst, muss eine deutliche Distanzierung erfolgen. Hierbei stellen sich dann oft Fragen der Zulässigkeit vergleichender Werbung.

Tipp: Eigene Marke herausstellen

Unternehmen, die Anzeigen buchen, die bei Eingabe einer Konkurrenzmarke erscheinen sollen, ist daher zu empfehlen, ihre eigene Marke in der Anzeige möglichst prominent herauszustellen und möglichst zusätzlich von der Keyword-Marke abzugrenzen.

Die erhoffte Rechtssicherheit für Werbetreibende und Markeninhaber, die die EuGH-Urteile bringen sollten, bleibt somit leider aus. Es bleibt den nationalen Gerichten überlassen, für Rechtsklarheit zu sorgen. Dies hat den zusätzlichen Nachteil, dass eine einheitliche Rechtslage in Europa nicht gewährleistet ist.

Das ist schon deshalb problematisch, weil der Vertrieb im Internet üblicherweise vor Ländergrenzen nicht halt macht. So stellt sich die Frage, ob Werbung auf `google.de` bzw. `google.com` beispielsweise den strengen Maßstäben französischen Rechts entsprechen muss oder ob eine Orientierung an der werbefreundlichen Rechtsprechung des BGH genügt.

7.2.3 Berechtigung zur Nutzung der Marke

Eine Markenverletzung kann nicht eintreten, wenn der Markeninhaber dem Werbenden die Markennutzung nicht gestattet hat. Außerdem gibt es eine Reihe von Schranken des Markenrechts – Fälle, in denen der Werbende die Marke verwenden darf, obwohl er dazu nicht ausdrücklich vom Markeninhaber ermächtigt wurde.

Beispiel: Marke im Online-Shop

Einem Online-Händler, der Waren der betreffenden Marke in seinem Shop rechtmäßig führt, darf die Nutzung der Marke nicht verwehrt werden. Er muss darauf hinweisen können, dass er die betreffende Marke im Sortiment hat.

Auch hier gibt es eine Reihe von Fällen, die nicht eindeutig sind. Klar ist aber, dass alle Unternehmen, die von dem Markeninhaber eine Lizenz an der Marke erworben haben, damit – in Abhängigkeit von den Regelungen im Lizenzvertrag – auch Werbung betreiben dürfen. Auch legale Reseller von Waren bestimmter Marken dürfen dafür grundsätzlich Werbung betreiben. Gleiches gilt für Händler von gebrauchten Produkten. Auch wer mit Ersatzteilen und Zubehör für bestimmte Markenartikel Handel treibt, darf die Marke in der Werbung einsetzen.

Checkliste – Mögliche berechtigte Nutzer fremder Marken

- ✓ Lizenznehmer
- ✓ Reseller von Neuware
- ✓ Gebrauchtwarenhändler
- ✓ Ersatzteilhändler
- ✓ Händler von Zubehör
- ✓ Plattformen und Marktplätze
- ✓ Anbieter nachgelagerter Leistungen
- ✓ Vergleichsportale

Die Frage der Berechtigung zur Markennutzung stellt sich erst, wenn im Übrigen eine Zuordnungsverwirrung nach den vom EuGH aufgestellten Grundsätzen gegeben wäre. Besteht aber Zuordnungsverwirrung, wird in vielen Fällen eine Berechtigung aufgrund der Schranken des Markenrechts ausscheiden. Dies hat der EuGH in dem Streit zwischen Portakabin und Primakabin recht deutlich dargelegt. [EuGH 07/17]

Vertriebshändler und Affiliates

Eine Markenverletzung ist ausgeschlossen, wenn der vermeintliche Verletzer aufgrund einer vertraglichen Grundlage mit dem Markeninhaber dazu berechtigt ist, die Marke zu nutzen. Dies bemisst sich nach dem Vertrag im Einzelfall. Typischerweise kommt dies in Betracht, wenn mit dem Werbenden eine Vertriebsvereinbarung oder ein Affiliate-Vertrag besteht.

In Vertriebsverträgen ist üblicherweise detailliert geregelt, ob und in welchem Umfang der Reseller berechtigt ist, mit der vertriebenen Marke zu werben. Allzu restriktive Verträge können aus kartellrechtlicher Sicht bedenklich sein.

Vielfach erfolgen Markenbuchungen bei Google durch Publisher, die damit die PPC-Preise für die Keyword-Marke in die Höhe treiben und davon über die Affiliate-Provision sogar noch profitieren. Vielfach enthalten Affiliate-Bedingungen keine klaren Regeln zur Markennutzung durch den Publisher.

Unabhängig von der Art des Affiliate-Vertrages, egal also, ob der Vertrag mit dem Publisher über ein Affiliate-Netzwerk oder direkt mit dem Markenartikler (unter Nutzung des Affiliate-Netzwerks) zustande kommt, kann sich eine Berechtigung zur Nutzung der Marke aus dem Vertrag mit dem Publisher ergeben.

Typischerweise erhalten Publisher gerade für die Bewerbung von Websites Provision. Ist in dem Vertrag mit dem Publisher nicht geregelt, ob er die Marken des Beworbenen verwenden darf, spricht viel dafür, dass er dazu berechtigt ist. Zwar ergibt sich aus einem Teil der AGB der Affiliate-Netzwerke, dass der Publisher zusichern muss, dass er die Rechte an der Werbefläche besitzt. Daraus wird man jedoch nicht unmittelbar entnehmen können, dass die Marke des Advertisers nicht verwendet werden darf.

Tipp: Partnerbedingungen anpassen

Aus diesem Grund ist Advertisern, die die Nutzung ihrer Marken durch ihre Publisher nicht wünschen, dringend zu empfehlen, in den zusätzlichen Partnerbedingungen ausdrücklich die Markennutzung zu verbieten oder jedenfalls die AdWords-Buchung zu beschränken.

Ist ein solcher Passus in den zusätzlichen Partnerbedingungen enthalten, kann sich der Publisher im Verhältnis zum Markeninhaber jedenfalls nicht darauf berufen, dass er zur Nutzung der Marke berechtigt sei. Gegebenenfalls und je nach Ausgestaltung der zusätzlichen Partnerbedingungen kann sich auch ein vertraglicher Unterlassungs- oder Vertragsstrafeanspruch ergeben. Viele zusätzliche Partnerbedingungen sehen geeignete Regeln jedoch nicht vor.

Verkauf von Waren der Marke

Viele Reseller von Waren werden über Vertriebsverträge an den Markeninhaber oder einen Lizenznehmer gebunden sein. Aus diesen Verträgen wird sich regelmäßig ergeben, wie intensiv die Werbung mit der Marke sein darf. In anderen Fällen wird es an einer vertraglichen Vereinbarung oder einer solchen Klausel fehlen, insbesondere wenn es sich um gebrauchte oder importierte Waren handelt.

Hier greift der markenrechtliche Grundsatz der Erschöpfung (§ 24 MarkenG). Dies bedeutet, dass der Vertrieb von Waren, die unter der Marke von dem Markeninhaber oder mit seiner Zustimmung innerhalb der EU in den Verkehr gebracht worden sind, zulässig ist. Hier muss es dem Händler dann auch möglich sein, unter Verwendung der Marke darauf hinzuweisen, welche Waren er vertreibt.

Unter diesem Gesichtspunkt kann es gestattet sein, auch im Anzeigentext darauf hinzuweisen, dass Waren einer bestimmten Marke vertrieben werden. Dies betrifft u.a. größere Portale, die im eigenen Namen Waren anbieten (z.B. Amazon).

Das betrifft aber auch Händler von gebrauchten Artikeln des Herstellers. Hier hat der EuGH festgehalten, dass allein die Bezeichnungen »Gebraucht« oder »Aus zweiter Hand« nicht geeignet sind, auf eine wirtschaftliche Verbindung hinzudeuten. Es scheint eher das Gegenteil der Fall zu sein: Wer darauf hinweist, Wiederverkäufer zu sein, bringt gerade zum Ausdruck, nicht in einer wirtschaftlichen Verbindung als Direktabnehmer und Reseller zu stehen, sondern eben nur Gebrauchtwaren zu verkaufen. [EuGH 07/17]

Hinweis: Reseller dürfen Marken nutzen

Reseller von Waren dürfen die Marke als Keyword buchen und auch im Anzeigentext verwenden. Händlern von gebrauchten Waren ist zu empfehlen, schon in der Anzeige deutlich zu machen, dass keine wirtschaftliche Verbindung zum Markeninhaber besteht (siehe zu den vertraglichen Möglichkeiten auch Abschnitt 10.5.9).

Plattformen

Schwieriger zu beurteilen ist der Fall, wenn die Marke in der Anzeige durch Marktplätze verwendet wird, die nicht selbst Anbieter der Waren sind. So ist etwa fraglich, ob sich auch eBay auf § 24 MarkenG berufen kann. Der Erschöpfungsgrundsatz gilt nur für Waren, nicht für Dienstleistungen. eBay verkauft jedoch nicht selbst, sondern bietet nur die Plattform für den Verkauf. Das spricht dafür, dass sich eBay auf die Ausnahmevorschrift nicht berufen kann.

Möglich bleibt aber eine Privilegierung nach § 23 MarkenG. Danach darf eine Marke verwendet werden, wenn sie als Hinweis auf die Bestimmung der Ware oder einer angebotenen Dienstleistung notwendig ist. Eine Buchung von Marken-Keywords wird danach zulässig sein, wenn die Verwendung nach Art der Produkte im Interesse der Abnehmer oder der Allgemeinheit liegt. Dies wird man Marktplätzen nicht absprechen können. Wer einen Markenbegriff eingibt, hat unter Umständen ein Interesse daran, auch auf Bezugsquellen hingewiesen zu werden. Ein weitergehendes Interesse, die Marken auch im Anzeigentext zu verwenden, besteht dagegen nicht.

Hinweis: Plattformen dürfen Marken nur eingeschränkt nutzen

Plattformen, die anderen Gelegenheit bieten, Markenwaren zu veräußern, dürfen zwar die Marken-Keywords buchen, aber nicht mit dem Markennamen in der Anzeige werben.

Ersatzteilgeschäft

Das Markenrecht gewährt den Schutz aus der Marke nicht grenzenlos. Das Markengesetz definiert wichtige Schranken des Rechtsschutzes.

So darf eine Marke gem. § 23 Nr. 2 MarkenG als Teil einer Beschreibung der angebotenen Waren/Dienstleistungen verwendet werden. Dies gilt auch für Google-AdWords. Lässt sich eine Dienstleistung nicht ohne Nutzung der Marke beschreiben, ist deren Verwendung auch innerhalb einer Google-Anzeige zulässig.

Beispiel: Peugeot-Ersatzteile

Wer mit Kfz-Ersatzteilen für Peugeot und Renault handelt, darf das auch in AdWords-Anzeigen erwähnen und auch »Peugeot Ersatzteile« oder »Stoßstange Clio« als Keywords buchen.

Nachgelagerte Dienstleistungen

Auch Dienstleistern auf nachgelagerten Märkten ist es gestattet, ihre Waren oder Dienstleistungen unter Verwendung der Marke zu bewerben, wenn dies notwendig ist. Der Inhaber einer Kfz-Werkstatt soll in seiner Werbung grundsätzlich darauf hinweisen dürfen, dass er auf die Reparatur von Fahrzeugen einer bestimmten Marke spezialisiert ist.

§ 23 MarkenG gestattet die Markenbenutzung jedoch nur insoweit, als sie notwendig ist. Eine Freistellung greift daher nur, wenn die Benutzung der Marke praktisch das einzige Mittel ist, um die angesprochenen Verkehrskreise verständlich und vollständig über die Bestimmung der Dienstleistung zu informieren.

Hier ist es nun eine Frage des Einzelfalls, ob die Markennutzung auch in der Google-AdWords-Anzeige notwendig ist. Wenn eine Spezialisierung des Dienstleisters nicht vorliegt (z.B. eine typenoffene Werkstatt), wird man nicht ohne Weiteres davon ausgehen können, dass eine Berechtigung zur Markennutzung auch in dem Text der Anzeige gegeben ist.

Beispiel: Typenoffene Werkstatt

Eine kleine Berliner Kfz-Werkstatt, die keinerlei Spezialisierung aufweist, darf in einer AdWords-Anzeige jedenfalls nicht mit »Audi Werkstatt Kreuzberg« werben. Offen ist noch, ob die Werkstatt die Keywords »Audi Werkstatt« buchen dürfte. Es spricht einiges dagegen.

Vergleichsportale

Die Überlegungen zu Marktplätzen gelten in ähnlicher Weise auch für Vergleichsportale. Diese sind allerdings noch ein Stück weiter entfernt von der Anpreisung der eigentlichen Ware, weil sie den Verkäufern der Markenware keine eigene Plattform bieten, sondern den Nutzern lediglich einen vereinfachten Zugang verschaffen.

Nach § 23 MarkenG privilegiert ist daher nur eine solche Markenverwendung, die als Hinweis auf die Bestimmung der angebotenen Dienstleistung (hier also dem Preisvergleich) notwendig ist. Ob die Verwendung der Marke zu Werbezwecken dabei erforderlich ist, mag man durchaus bezweifeln. Jedenfalls besteht keine Notwendigkeit, die Marke auch in der Anzeige selbst zu verwenden.

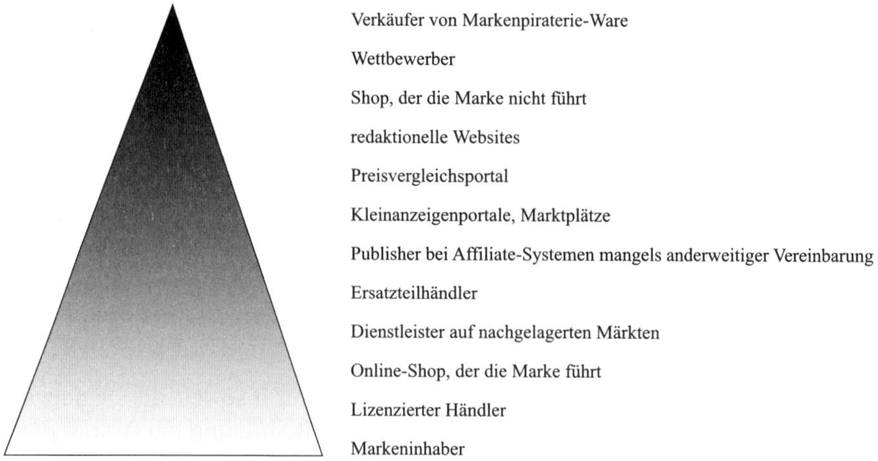

Abb. 7.5: Zulässigkeit der Verwendung von Marken als AdWords

Hinweis: Nutzung von Marken durch Vergleichsportale problematisch

Preisvergleichsportale bewegen sich auf dünnem Eis, wenn sie Marken-Keywords buchen. Unzulässig dürfte regelmäßig die Verwendung der Marken in den Anzeigentexten sein.

7.2.4 Sonderfälle

Neben der Grundfrage der Buchung und Einbindung fremder Marken in AdWords-Anzeigen gibt es eine ganze Reihe von Besonderheiten, deren rechtliche Beurteilung nur zum Teil geklärt ist.

Überblick über Sonderfälle bei AdWords

Broad Match → bis auf Ausnahmen zulässig

Buchung von Tippfehlern → in der Regel unzulässig

Buchung von Domains als Keyword → unzulässig

AdCopy → in der Regel unzulässig

Buchung von beschreibendem Begriff mit Broad Match

Grundsätzlich zulässig ist die Buchung von beschreibenden Begriffen als Keyword. Dies gilt auch, wenn der beschreibende Begriff Bestandteil einer Marke ist. Das hat der Bundesgerichtshof (BGH) in seiner Entscheidung zu PCB-POOL schon vor den EuGH-Urteilen entschieden. Ob dies in allen Fällen so zu halten ist, lässt sich noch nicht endgültig sagen.

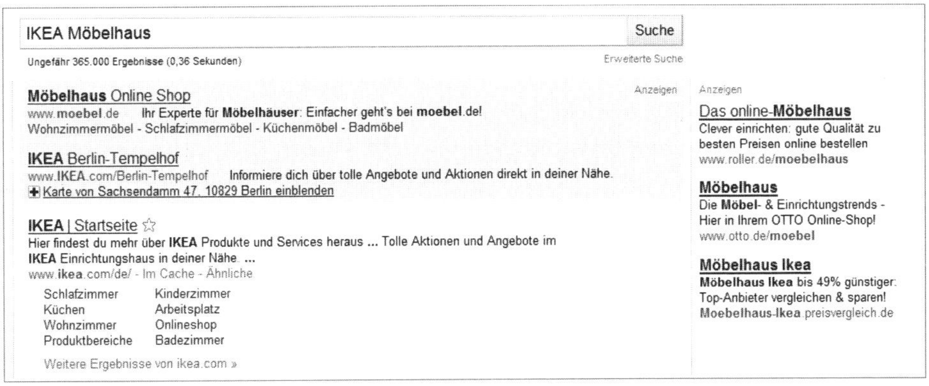

Abb. 7.6: Anzeigen für moebel.de, Roller und Otto bei der Suche nach »IKEA Möbelhaus«

Dürfen Roller und Otto auf »Möbelhaus« bieten, wenn die Anzeige auch eingeblendet wird, wenn Kunden nach »IKEA Möbelhaus« suchen? Der BGH hat dies für die Suche nach »PCB Pool« entschieden. Markenrechtlich nicht zu beanstanden sei, wenn die Zeichenfolge »PCB« für Printed Circuit Board (also Festplatte) gebucht wird, obgleich eine Marke »PCB-POOL« eingetragen ist. [BGH 07/18]

Zu berücksichtigen ist dabei, dass die Buchung von »PCB« nur dann auch zu einer Einblendung der Anzeigen bei der Eingabe von »PCB Pool« führt, wenn nicht die Option »exakte Übereinstimmung nur mit diesem Begriff« gewählt wird. Roller und Otto müssen also im obigen Beispiel die Optionen »weitgehend passend« oder »genaue Wortgruppe abgleichen« eingestellt und zugleich als Keyword »IKEA« nicht ausgeschlossen haben.

An den Maßstäben der EuGH-Entscheidungen gemessen, ist hier nun erneut zu fragen, ob der unbefangene Nutzer eine wirtschaftliche Verbindung zwischen Roller, Otto und moebel.de einerseits und IKEA andererseits vermuten wird. Darauf, dass der Werbetreibende den Markennamen selbst gar nicht gebucht hat, kommt es bei der objektiven Betrachtungsweise nicht an. Zudem besteht die Möglichkeit, negative Keywords zu verwenden und beispielsweise »IKEA« auszuschließen.

Wie deutsche Gerichte im Anschluss an die EuGH-Urteile eine solche Konstellation entscheiden werden, ist nicht sicher vorherzusehen. Sieht man schon in der Buchung von »IKEA« keine wirtschaftliche Verbindung, muss dies bei »Möbelhaus« erst recht gelten. Allerdings sucht der Nutzer, der mit den Keyword-Optionen nicht vertraut ist, ja gerade nach einem Möbelhaus von IKEA.

Tipp: Negative Keywords verwenden

In solchen Konstellationen spricht gegen die Annahme einer wirtschaftlichen Verbindung, wenn der Gattungsbegriff in der Anzeige deutlich hervorgehoben ist. Wer sichergehen will, sollte die in Betracht kommenden Marken als Keywords ausschließen.

Buchung von Tippfehlern

Zum Teil werden AdWords nicht auf geschützte Marken selbst, sondern auf Tippfehler oder geringfügige Abwandlungen gebucht. Dieser Trick ist in den meisten Fällen genauso zu beurteilen, als hätte der Wettbewerber die Marke selbst gebucht.

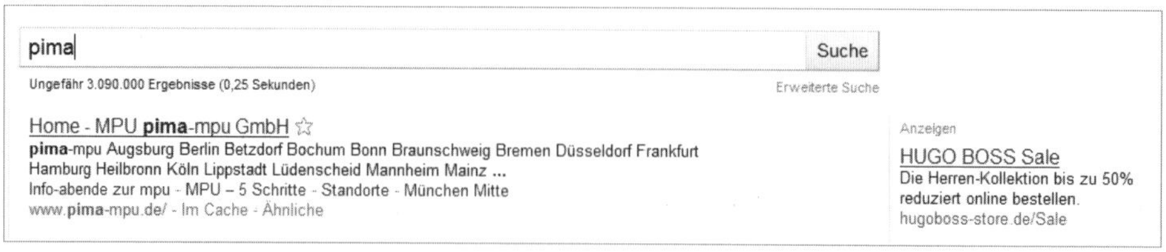

Abb. 7.7: Boss bucht »pima« statt »puma«.

Hier gelten zunächst die gleichen Grundsätze, wie bei der Buchung der Marke selbst. Das Gericht muss zusätzlich prüfen, ob durch die Abweichung die Herkunftsverwirrung ausgeschlossen ist. In der Regel ist das nicht der Fall.

Beispiel: Portakabin

In dem holländischen Streit, der vom EuGH entschieden wurde, hatte die Beklagte nicht nur die Marke »Portakabin«, sondern auch »Portacabin«, »Portokabin« und »Portocabin« gebucht. Der EuGH hält fest, dass die Abweichungen so gering sein können, dass das keinen nennenswerten Unterschied macht. Selbst wenn das nicht der Fall sein sollte, kann dennoch Verwechslungsgefahr vorliegen. [EuGH 07/17]

Buchung von Domain

Wer gezielt auf Domains oder URLs bucht und darauf spekuliert, dass Nutzer, die eigentlich die unter der Domain abrufbare Website erreichen wollten, die Anzeige anklicken, verhält sich wettbewerbswidrig.

Abb. 7.8: Die Bing-Suche nach `www.dkv.de` ergibt Werbung für die Barmenia.

Es ist offenbar üblich, dass auch Domains bzw. URLs vor allem von Wettbewerbern als Keyword gebucht werden. Dem liegt vermutlich die Erfahrung zugrunde, dass viele Suchmaschinen-Nutzer den Suchschlitz nicht von der Browserzeile unterscheiden können.

Im obigen Beispiel führt dies dazu, dass die Eingabe der Domain (`www.dkv.de`) nicht zu der unter dieser URL befindlichen Website der Krankenversicherung führt, sondern eine SERP erscheint, die neben den organischen Suchergebnissen auch Werbung einblendet. In dem Beispiel buchten die Deutsche Kreditbank, verschiedene Vergleichsportale und auch die Barmenia »www.dkv.de«. Zwar ist auch denkbar, dass lediglich »dkv« gebucht wurde und Bing die Anzeigen gleichwohl einblendet, dies geht jedoch zu Lasten des Werbenden.

Grundsätzlich kommt auch eine Markenverletzung in Betracht. Auch wenn die Domain nicht selbst als Marke eingetragen ist, bleibt der Ähnlichkeitsschutz. In aller Regel wird es daher so sein, dass eine ähnliche Beurteilung für die Buchung der Domain, die die Marke enthält, angezeigt ist wie bei der Buchung der Marke selbst.

In wettbewerbsrechtlicher Hinsicht liegt eine Unlauterkeit wegen unbilligen Abfangens von Kunden deutlich näher als bei bloßer Buchung der Marke. Es ist offensichtlich, dass der Kunde bei der Eingabe von »www.MARKE.de« eben die unter `www.MARKE.de` abrufbaren Inhalte unmittelbar erreichen möchte.

Hinweis: Domain-Buchung kann wettbewerbswidrig sein

Insofern kann sich die Schaltung von Werbung als unbilliges Abfangen von Kunden darstellen. Hierin liegt eine Unlauterkeit nach § 4 Nr. 10 des Gesetzes gegen den unlauteren Wettbewerb (UWG).

AdCopy

Kopieren Publisher AdWords-Anzeigen des Advertisers, um über eine Umleitungsseite direkt auf die Website des Advertisers zu verweisen und – im Falle eines Sales – Provisionen zu kassieren, ist dies als unlautere Behinderung wettbewerbswidrig und in der Regel auch eine Verletzung des Affiliate-Vertrages.

Beispiel: Wettbewerbswidriges AdCopy

Eine Besonderheit, die von Markeninhabern unter Zuhilfenahme spezialisierter Dienstleister vermehrt beobachtet wird, ist der Fall, dass Publisher, die über einen Affiliate-Dienstleister in das Provisionssystem des Markenartiklers eingebunden sind, die Anzeige des Markenartiklers 1:1 kopieren und die kopierte Anzeige bei der Suche nach dem Markenbegriff einblenden lassen. Verlinkt ist die Anzeige dann regelmäßig mit einer – für den Nutzer nicht sichtbaren – Umleitungsseite, deren einziger Zweck das Cookie-Dropping ist. Anschließend wird die Zielseite des Markenartiklers aufgerufen. Umsätze, die der Nutzer anschließend auf dieser Seite generiert, führen zu Provisionen des Publishers, die der Markenartikler zahlen soll.

Das gleiche System funktioniert auch bei Online-Shops und wird offenbar auch in diesem Umfeld praktiziert. Für den Markeninhaber bzw. Shop-Betreiber ist dieses Verfahren nicht ohne Weiteres zu erkennen.

Ein solches Vorgehen stellt eine Markenverletzung dar, weil eine wirtschaftliche Verbindung für den unbefangenen Nutzer klar erscheint. Schließlich handelt es sich bei der kopierten Anzeige letztlich um die Werbeanzeige des Website-Betreibers.

Außerdem ergeben sich Unterlassungsansprüche aus dem Gesetz gegen den unlauteren Wettbewerb (UWG). Die Verhinderung der direkten Verlinkung allein um Provision zu kassieren, ist einerseits ein unlauteres Abfangen von Kunden und andererseits eine unbillige Behinderung des Website-Betreibers. Hier gilt Ähnliches wie bei den Tippfehler-Domains, die, nachdem das entscheidende Cookie gesetzt ist, auf die Seite des Händlers umgeleitet werden (vgl. dazu Abschnitt 2.2.1).

Tipp: Affiliates bei der Nutzung der Marken vertraglich beschränken

Affiliate-Netzwerken und Advertisern ist zu empfehlen, in den Partnerbedingungen genau festzulegen, in welcher Weise der Publisher die Marken und Anzeigen des Advertisers nutzen darf. Auch ein Verbot des AdCopy kann explizit geregelt werden. Wichtig sind funktionierende Sanktionssysteme gegen Publisher, die gegen die aufgestellten Regeln verstoßen (vergleiche erneut Abschnitt 10.5.9).

Daneben sind auch Schadensersatzansprüche nach bürgerlichem Recht denkbar. Auch wenn in dem Vertrag mit dem Publisher nicht explizit geregelt ist, dass er die Marken des Partners nicht verwenden darf, stellt die Kopie der Anzeige eine Vertragsverletzung i.S.d. § 280 BGB dar. Inhalt des Vertrages mit dem Publisher ist, dass er Traffic auf die Website des Advertisers leiten soll. Dies darf nicht zu Lasten des Auftraggebers selbst gehen.

Überblick – Ansprüche bei AdCopy

Markenrecht: Unterlassung, Schadensersatz

Wettbewerbsrecht: Unterlassung, Schadensersatz

Bürgerliches Recht: Unterlassung, Schadensersatz

7.2.5 Markenbeschwerden

Google hält unter `https://services.google.com/inquiry/aw_tmcomplaint` die Möglichkeit für Markeninhaber bereit, sich zu beschweren, wenn sie sich durch Anzeigen von Google-Kunden in ihren Markenrechten verletzt sehen.

Nachdem Google die Buchung fremder Marken per 14. September 2010 für die gesamte Europäische Union freigegeben hat, können solche Beschwerden in Zukunft nur darauf gestützt werden, dass ein anderes Unternehmen die Nutzer mit einer geschalteten Anzeige verwirrt.

Google selbst gibt als Beispiel an:

> *»Nutzer können beispielsweise durch Anzeigen verunsichert werden, die auf Webseiten führen, die fälschlicherweise den Eindruck erwecken, zum Markeninhaber zu gehören oder geschützte Markenprodukte oder Dienstleistungen zu verkaufen.«*

Google verspricht, die Anzeigen zu entfernen, falls eine eigene Überprüfung ergibt, dass ein Verstoß vorliegt.

Eine solche Beschwerde dürfte nur in seltenen Fällen dazu führen, dass Google generell ein kritisches Auge auf Anzeigen des betreffenden Unternehmens wirft. Eine generelle Sperrung der Buchung einer konkreten Marke bietet Google offiziell nicht mehr an.

Hinweis: Sperre kann aufgehoben werden

Wer berechtigt ist, AdWords-Anzeigen zu schalten, kann sich mit einer einstweiligen Verfügung gegen die Sperrung von Anzeigen wenden. Das Oberlandesgericht Köln verurteilte einen Markeninhaber, die AdWords-Werbung wieder zuzulassen. Die Markenbeschwerde müsse zurückgenommen oder der betroffene Händler für die Werbung wieder zugelassen werden. [OLG Köln 07/19]

7.2.6 Gestaltung der Werbeanzeige

Bei der Gestaltung von AdWords-Anzeigen sind einige Besonderheiten zu beachten. Die Integration von Marken in die Anzeige selbst ist schneller unzulässig als das Buchen von Marken-Keywords. Anzeigen dürfen nicht irreführend sein. Wer mit Preisen in der Anzeige wirbt, sollte darauf hinweisen, dass die Mehrwertsteuer enthalten ist.

Beispiel: a la cartier

Der gute Ruf einer Marke wird zum Beispiel ausgenutzt, wenn für Ohrringe mit der Beschreibung »a la cartier« oder »für alle, die Cartier-Schmuck mögen« geworben wird. [BGH 07/20]

Fremde Marken in der Anzeige

Die Nutzung von Marken Dritter in der AdWords-Anzeige setzt eine Rechtfertigung voraus. Diese kann in einer vertraglichen Vereinbarung mit dem Markeninhaber oder einer Schranke des Markenrechts liegen. Wer die Ware selbst im Shop anbietet, darf darauf auch in der Anzeige selbst hinweisen. Unzulässig ist das in der Regel für Vergleichsportale und Marktplätze, die selbst keine Waren vertreiben. Unter Konkurrenten ist eine Verwendung der Marke des Wettbewerbers nur unter den strengen Voraussetzungen der vergleichenden Werbung zulässig.

Während die Einzelheiten der Buchung fremder Marken als Keywords noch unklar sind (siehe oben bei Abschnitt 7.2.2), ist eindeutig, dass es einer Begründung bedarf, eine Marke offen in der Anzeige zu zeigen.

Die Argumentation ist dabei ähnlich wie bei der Brand-Buchung. Bei Vorliegen eines Lizenzvertrages, beim Verkauf von Produkten dieser Marke und beim Angebot von Ersatzteilen oder nachgelagerten Dienstleistungen darf die Marke auch in der Anzeige erscheinen.

Eine Berechtigung fehlt dagegen, wenn die Ware von dem Werbenden gar nicht selbst angeboten wird. Betreibt der Werbende nur ein Kleinanzeigenportal, einen Marktplatz oder eine Vergleichsseite, ist die Nutzung der Marke in der Anzeige selbst meist unzulässig.

Markennutzung zulässig	Markennutzung unzulässig
Markeninhaber	Marktplatz
Lizenznehmer	Vergleichsportal
Reseller	Anzeigenportal
Online-Shop, der die Marke führt	Online-Shop, der die Marke nicht führt
Ersatzteilgeschäft	Konkurrenten (Ausnahme: zulässige vergleichende Werbung)
Nachgelagerte Leistungen	Verkäufer von Plagiaten

Tabelle 7.3: Zulässigkeit der Markennutzung in der Anzeige

Problematisch ist die Werbung mit der Marke auch für redaktionelle Seiten. Zwar darf der Online-Ableger einer Zeitschrift auf Artikel hinweisen, die sich mit einer Marke beschäftigen. Ob dies dazu berechtigt, auch die Marke in der Anzeige herauszustellen, ist aber unklar. Soll eine solche Anzeige zulässig sein, muss deutlich gemacht werden, dass die Marke nicht zur Beschreibung eines Produkts genutzt wird. Vielmehr muss deutlich werden, dass es um einen Bericht über die Marke geht.

Tipp: Markennutzung von Online-Magazinen

Wollen Sie als redaktionelles Angebot Marken in der Anzeige nutzen, müssen Sie in der Anzeige deutlich machen, dass es sich um einen Artikel handelt, der sich mit der Marke beschäftigt.

Auch unter Wettbewerbern kommt eine zulässige Nutzung der Marke in der Anzeige selbst in Betracht. Grundsätzlich zulässig ist nämlich die vergleichende Werbung. Dabei ist eine ganze Reihe von Anforderungen zu beachten.

Checkliste – Vergleichende Werbung

- ✓ Die verglichenen Produkte dienen dem gleichen Bedarf.
- ✓ Der Vergleich ist objektiv und bezieht sich auf wesentliche, relevante, nachprüfbare und typische Eigenschaften der Produkte.
- ✓ Der Vergleich führt nicht zu einer Verwechslungsgefahr.
- ✓ Es besteht keine Ausnutzung des guten Rufs.
- ✓ Der Wettbewerber wird nicht verunglimpft.
- ✓ Es erfolgt keine Imitation oder Nachahmung.

Die Umsetzung dieser Vorgaben in einer kleinen AdWords-Anzeige ist eine rechtliche Herausforderung. Insbesondere die Objektivität des Vergleichs unter Einbeziehung aller relevanten Faktoren ist problematisch. Werden zum Beispiel Preise verglichen, müssen die Leistungen im Übrigen vollständig identisch sein, damit ein objektiver Vergleich möglich ist. Bei komplexen, erklärungsbedürftigen Produkten ist ein solcher Vergleich kaum möglich.

Irreführung

Wie stets bei Werbeaussagen müssen auch AdWords-Anzeigen zutreffend sein und dürfen den Adressaten nicht in die Irre führen.

Beispiel: Expertenportal

Ein Internetportal, dass Rechtssuchenden schnelle Hilfe durch einen Anwalt verspricht, darf in den AdWords nicht mit der Aussage werben: »8 Anwälte sind gerade online«, wenn tatsächlich nur ein oder zwei Experten verfügbar sind.

Irreführende Werbung ist verboten. Dies gilt selbstverständlich auch für Anzeigen in Suchmaschinen. Wer sich daher größer oder besser macht, als er ist, handelt wettbewerbswidrig.

Bei der Beurteilung, was irreführend ist, stellen die Gerichte auf den durchschnittlichen Adressaten der Anzeige ab. Nur wenn ein nennenswerter Teil der angesprochenen Verbraucher in die Irre geführt wird, ist die Werbung rechtswidrig.

Beispiel: AdWords-Werbung für Kondome

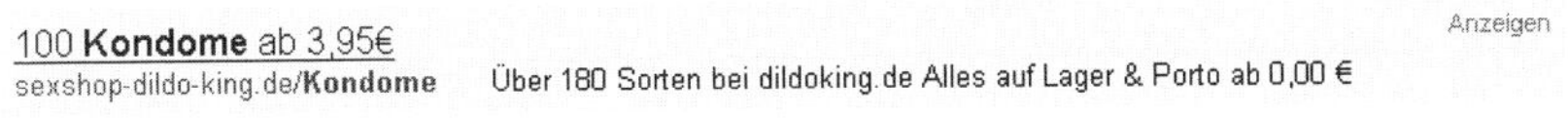

Diese Werbung hielt das OLG Hamm nicht für irreführend, obwohl es eine Mengenbeschränkung auf 100 Kondome gab. Wer mehr Kondome kaufen wollte, hätte mehr zahlen müssen.

Hier hat das Gericht argumentiert, dass die angesprochenen Verbraucher ohnehin nicht mehr als 100 Kondome kaufen würden und deshalb eine Irreführung wegen der Mengenbeschränkung nicht eintreten könne. [OLG Hamm 07/21]

Vorsicht ist bei der Werbung mit kurzen Lieferzeiten geboten. Zwar ist die schlagwortartige Herausstellung bestimmter Versandzeiten nicht zu beanstanden. Von diesen Lieferzeiten darf dann in der Praxis aber nicht gravierend abgewichen werden.

Abb. 7.9: Werbung mit 24 Stunden Lieferzeit

Die Angabe »Lieferung innerhalb von 24 Stunden« in AdWords ist für zulässig gehalten worden, auch wenn die Einhaltung der 24-Stunden-Frist voraussetzt, dass die Bestellung bis 16:45 Uhr des Vortages erfolgt. [OLG Hamm 07/22]

Preisangaben in AdWords

Eine Pflicht zur Angabe von Preisen besteht in AdWords-Anzeigen nicht. Werden allerdings Preise angegeben, müssen diese Endpreise sein, die alle Steuern und zusätzlichen Kosten beinhalten. Es muss auch mitgeteilt werden, dass die geforderten Preise die Umsatzsteuer und sonstige Preisbestandteile enthalten. Außerdem muss angegeben werden, ob Versandkosten anfallen und wie hoch diese sind.

Beispiel: Preise in AdWords

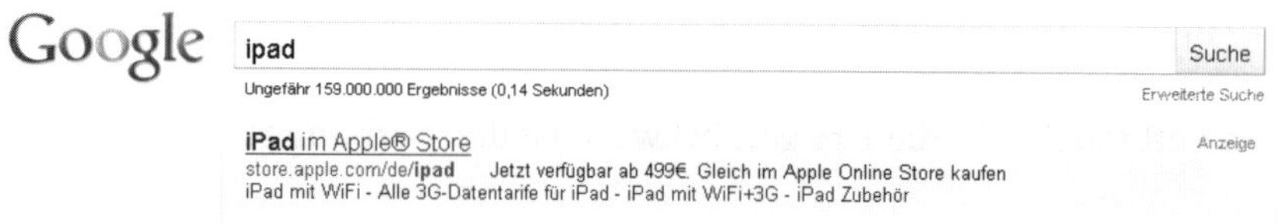

In diesem Beispiel teilt der Apple-Store lediglich den Preis mit. Hier kann man sich auf den Standpunkt stellen, dass dies mit den Regelungen der Preisangabenverordnung nicht im Einklang steht.

Die Pflichtangaben bei der Werbung mit Preisen ergeben sich aus der Preisangabenverordnung (PAngV). Wer mit Preisen gegenüber Verbrauchern wirbt, muss danach mitteilen, dass der Preis die Umsatzsteuer enthält (vgl. zu den Einzelheiten der Preisangabepflicht Abschnitt 4.5). Ob es genügt, diese Selbstverständlichkeit erst auf der Zielseite zu offenbaren, ist zweifelhaft. Genügen dürfte es aber, Informationen zu den Versandkosten erst auf der Website zu geben.

Vorsicht bei der Angabe von Preisen in AdWords-Anzeigen

Die Preisangabe in AdWords ist rechtlich bedenklich. Werben Sie nur dann offensiv direkt in der Anzeige mit dem Preis, wenn Sie auch angeben, dass es sich um Inklusivpreise handelt.

Üblich ist die Werbung mit Rabatten. Wer in AdWords mit erheblichen Preisreduktionen wirbt, muss jedenfalls auf der Zielseite deutlich machen, für welche Produkte der Nachlass genau gilt und unter welchen Voraussetzungen der Rabatt in Anspruch genommen werden kann. Einer Angabe in der Google-Anzeige selbst bedarf es dagegen nicht. [OLG Dresden 07/23]

Vorsicht bei bloß behaupteten Preisnachlässen

Werben Sie nicht mit virtuellen Rabatten, die sich nicht auf konkrete vorherige Angebote beziehen. Eine solche Anzeige ist irreführend.

Wenn etwa bei folgender Anzeige

auf der Zielseite keine Referenz für den Preisvergleich angegeben ist, muss die Werbung als irreführend qualifiziert werden.

Checkliste – Gestaltung von AdWords-Anzeigen

✓ Integrieren Sie Marken nur, wenn
  - Sie Markeninhaber oder Lizenznehmer sind,
  - Sie die Marke in Ihrem Shop führen oder
  - Sie Ersatzteilhändler oder Anbieter nachgelagerter Leistungen sind.

✓ Machen Sie keine irreführenden Angaben in den Anzeigen.

✓ Wenn Sie Preise angeben, schreiben Sie: (inkl. MwSt.).

✓ Werben Sie mit Rabatten, müssen Sie auf der Zielseite klarstellen, worauf genau sich der Rabatt bezieht.

7.3 Preissuchmaschinen

Wer in Preissuchmaschinen wirbt, muss darauf achten, dass die in der Suchmaschine angegebenen Preise nicht niedriger sind als die im Shop verlangten Preise. Außerdem müssen in dem angegebenen Preis alle Preisbestandteile enthalten und auch die Versandkosten angegeben sein.

7.3.1 Aktualität von Preissuchdiensten

Im Frühjahr 2010 hat der Bundesgerichtshof (BGH) ein weitreichendes Urteil zur Transparenz bei Preissuchmaschinen gefällt. Der BGH hat entschieden, dass ein Händler, der für sein Angebot über eine Preissuchmaschine wirbt, wegen Irreführung in Anspruch genommen werden kann, wenn eine von ihm vorgenommene Preiserhöhung verspätet in der Preissuchmaschine angezeigt wird. Bei Preissuchmaschinen übermitteln Versandhändler die Daten der von ihnen angebotenen Produkte einschließlich der Preise. Die Suchmaschine ordnet diese Angaben in Preisranglisten ein. Die Preisgünstigkeit der Angebote bestimmt die Reihenfolge, in der die Anbieter in den Ranglisten genannt werden.

Beispiel: Espressomaschine bei Idealo

Der Beklagte bot eine Espressomaschine über die Preissuchmaschine `idealo.de` an. Der Händler stand mit dem von ihm geforderten Preis von 550 € unter 45 Angeboten an erster Stelle, und zwar auch noch um 20 Uhr des Tages, an dem er den Preis – drei Stunden zuvor – auf 587 € heraufgesetzt hatte. Der Händler hatte idealo.de die Preisänderung zwar in dem Moment mitgeteilt, in dem er selbst den Preis auf seiner Internetseite heraufgesetzt hatte. Die Änderungen wurden von idealo.de aber nicht sofort, sondern erst zeitlich verzögert angezeigt.

Der BGH hat dem klagenden Wettbewerber recht gegeben. [BGH 07/24]

Der durchschnittlich informierte Nutzer eines Preisvergleichsportals verbinde mit den ihm dort präsentierten Informationsangeboten regelmäßig die Erwartung einer höchstmöglichen Aktualität. Zwar seien Verbraucher heute mit den Besonderheiten des Internets und damit auch mit dessen technischen Grenzen weitgehend vertraut. Sie gingen aber davon aus, dass die in einer Preissuchmaschine angebotenen Waren zu dem dort angegebenen Preis erworben werden können und rechneten nicht damit, dass die dort angegebenen Preise aufgrund von Preiserhöhungen, die in der Suchmaschine noch nicht berücksichtigt sind, bereits überholt sind.

Dem Händler half auch der Hinweis der Preissuchmaschine »Alle Angaben ohne Gewähr!« in der Fußzeile der Preisvergleichsliste nicht, obgleich sich aus der Erläuterung ergab, dass

> *»eine Aktualisierung in Echtzeit ... aus technischen Gründen nicht möglich [sei], so dass es im Einzelfall insbesondere hinsichtlich der Verfügbarkeit bzw. der Lieferzeit von Produkten zu Abweichungen kommen kann«.*

Das Urteil hat in der Branche für viel Aufsehen gesorgt. Viele Preissuchmaschinen haben inzwischen Änderungen an der Präsentation der Waren vorgenommen. So wird bei `idealo.de` derzeit direkt bei der Preisangabe darauf hingewiesen, von welchem Zeitpunkt die angezeigten Daten stammen und dass der Preis inzwischen höher sein kann.

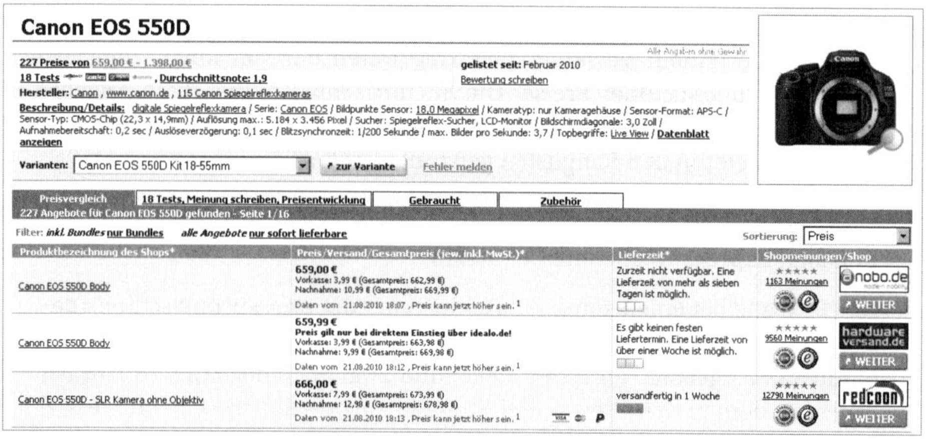

Abb. 7.10: Suche nach Canon EOS 550D bei `idealo.de`

Ob damit den Bedenken des BGH Rechnung getragen werden kann, ist noch offen. Die Hinweise sind recht deutlich und eine Irreführungsgefahr damit womöglich gebannt.

Eine Karenzzeit bei der Umstellung der Preise gesteht das Gericht den Händlern nicht zu, es rät vielmehr selbst, die Preise im Shop erst umzustellen, wenn die Preissuchmaschinen die Preiserhöhung übernommen haben.

Checkliste – Aktualität von Preissuchmaschinen

Auf der sicheren Seite bei der Preissuche sind Händler, die

- ✓ Preissuchmaschinen verwenden, die die Preise in Echtzeit ändern,
- ✓ Preise im Shop erst erhöhen, wenn die Erhöhung bei den Preissuchmaschinen umgesetzt wurde,
- ✓ Preissuchmaschinen verwenden, die sehr deutlich darauf hinweisen, wann die letzte Aktualisierung vorgenommen wurde und dass sich Preisabweichungen nach oben ergeben können.

Folgen für Verfügbarkeitsangaben Die Entscheidung des BGH hat Folgen nicht nur für die Aktualität der Preise. Nimmt man die Irreführungsgefahr ernst, die das Gericht sieht, müssen auch Verfügbarkeitsangaben und sonstige Kosten (zum Beispiel Versandkosten) stets zutreffend (also aktuell) sein.

Beispiel: Out of Stock

Wird ein Artikel, der in dem betreffenden Shop gerade ausverkauft ist und erst nachbestellt werden muss, in der Preissuchmaschine als sofort lieferbar angegeben, kann das wettbewerbswidrig sein, wenn in der Produktsuchmaschine nicht gesondert und deutlich auf diesen Umstand hingewiesen wird.

7.3.2 Versandkosten und Preissuche

In Preissuchmaschinen müssen die Versandkosten angegeben werden.

Beispiel: Versandkostenangabe bei Froogle

In einem Streit zwischen Mediamarkt und ProMarkt über die Nutzung der Preissuchmaschine `froogle.de` (inzwischen Google Shopping) hat der BGH entschieden, dass es irreführend und als Verstoß gegen die Preisangabenverordnung (PAngV) anzusehen ist, dass die Beklagte Waren über eine Preissuchmaschine bewirbt, ohne dort die Versandkosten anzugeben. [BGH 07/25]

Besonderheit Preissuchmaschine Der BGH hat darauf abgestellt, dass der Verbraucher in Preisvergleichslisten auf einen Blick erkennen können muss, ob der angegebene Preis die Versandkosten enthalte oder nicht. In Preissuchmaschinen sei der Gesamtpreis die wesentliche Information. Da könne es nicht genügen, wenn der Interessent erst dann, wenn er sich mit einem bestimmten Angebot näher befasse, auf die zusätzlich anfallenden Versandkosten hingewiesen werde.

Das Urteil bezieht sich auf § 1 Abs. 2 PAngV, wonach eine Werbung unter Angabe von Preisen im Fernabsatzhandel die Höhe anfallender Liefer- und Versandkosten ausweisen muss. Dabei kann es grundsätzlich genügen, wenn auf einer Website neben der Abbildung einer Ware nur deren Preis genannt wird und nicht schon auf der gleichen Seite darauf hingewiesen wird, dass zusätzlich zu dem Preis Liefer- und Versandkosten anfallen (vgl. allgemein zu Preisangaben in Online-Shops Abschnitt 4.5).

Hier sieht der BGH aber einen Unterschied zu einer (externen) Preissuchmaschine. Preisvergleichslisten sollen dem Verbraucher einen schnellen Überblick darüber verschaffen, was er für das fragliche Produkt bei den verschiedenen Händlern letztlich zahlen muss. Hierzu erwartet der Verbraucher die Angabe des Endpreises sowie aller zusätzlichen Kosten, insbesondere der Versandkosten.

Höhe der Versandkosten Da die Versandkosten der verschiedenen Anbieter nicht unerheblich voneinander abweichen, ist der Verbraucher darauf angewiesen, dass in der Liste ein Preis genannt wird, der diese Kosten einschließt oder bei dem bereits darauf hingewiesen wird, in welcher Höhe zusätzliche Versandkosten anfallen. Erfolgt der Hinweis auf die Versandkosten erst im Bestellprozess bei dem jeweiligen Händler, bestehe die Gefahr, dass sich der Verbraucher nicht mehr der Mühe unterziehen wird, den Suchprozess noch einmal zu beginnen.

Die Preissuchmaschinen, bei denen im Zeitpunkt der Entscheidung den Händlern eine Integration der Versandkosten nicht oder nur sehr umständlich möglich war, haben inzwischen nachgezogen. Auch bei Google Shopping lassen sich die Versandkosten mittlerweile ausweisen.

Die Versandkosten sind hier jeweils gesondert ausgewiesen. In dem Beispiel enthält lediglich der dritte Eintrag keinen Hinweis auf die Versandkosten. Dort sind die Kosten in die Beschreibung integriert, was inzwischen nicht mehr genügen dürfte. Aufgrund der Gegenüberstellung der anderen Preise werden Verbraucher annehmen, bei diesem Anbieter fielen zusätzliche Versandkosten nicht an.

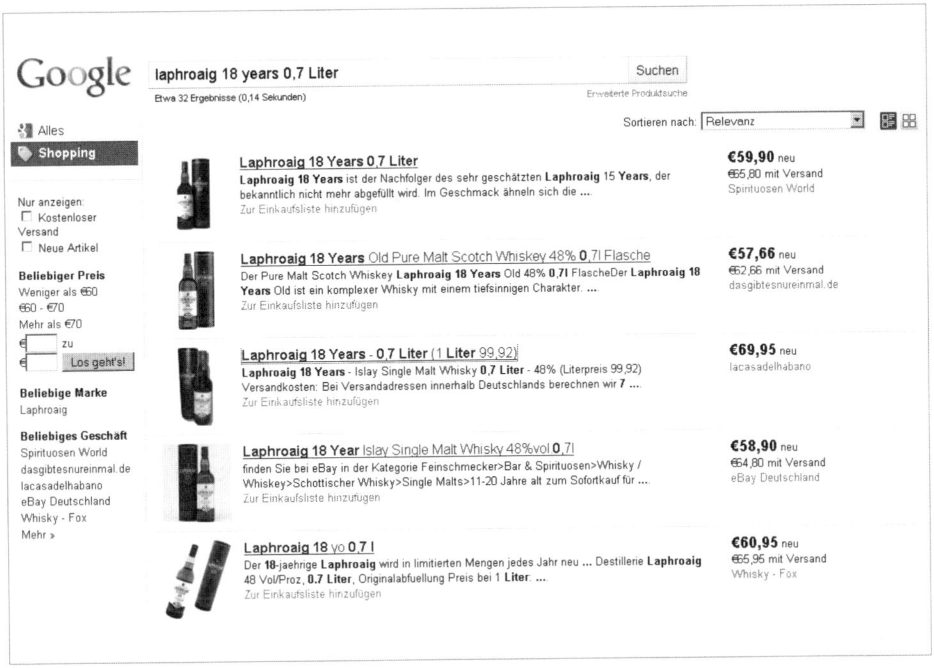

Abb. 7.11: Suche nach 18-jährigem Laphroaig bei Google Shopping

Hinweis: Versandkosten in Preissuchmaschinen integrieren

Wenn Sie Ihre Produkte auch bei Preissuchmaschinen einstellen, sorgen Sie dafür, dass die Versandkosten korrekt ausgewiesen werden.

Auch im Übrigen sind bei Preissuchmaschinen die Anforderungen einzuhalten, die an Produktpräsentationen auch auf der eigenen Website zu stellen sind.

Checkliste – Preissuchmaschinen

✓ Preisangaben in der Preissuchmaschine dürfen nicht höher sein als im Shop.

✓ Weisen Sie die Versandkosten schon in der Preissuchmaschine aus!

✓ Artikelbeschreibungen müssen zutreffend und vollständig sein.

✓ Sind die Angaben zur Lieferbarkeit richtig?

✓ Geben Sie korrekte Lieferzeiten an!

✓ Sind die Rechte an den verwendeten Fotos eingeholt worden?

7.3.3 Preissuche in Portalen

Die oben beschriebenen Anforderungen gelten nicht nur für Preissuchmaschinen und Produktsuchmaschinen, sondern auch für nach Preisen sortierte Listen bei Spezialportalen.

Letztlich ist bei jedem Portal, das verschiedene Anbieter im Portfolio führt und eine gezielte Suche nach dem Preis eines Produkts ermöglicht, auf eine korrekte Preisangabe zu achten. Dabei können die Versandkosten eine Rolle spielen. Auch alle sonstigen Kosten, die zwingender Preisbestandteil sind, müssen in den Preis eingerechnet sein.

Beispiel: Überführungskosten auf mobile.de

Ein Kfz-Händler hatte auf dem Internet-Fahrzeugmarkt `mobile.de` seine Wagen eingestellt und lediglich versteckt in der Beschreibung darauf hingewiesen, dass zu dem angegebenen Preis noch eine Überführungsgebühr in Höhe von 550,- Euro hinzukommt. Dies sei ein Verstoß gegen die Preisangabenverordnung und auch irreführende Werbung. [OLG Düsseldorf 07/26]

Kapitel 8

Affiliate-Marketing

Im Bereich des Online-Marketings ist das Affiliate-Marketing, letztlich eine große Unterkategorie der Online-Werbung, vergleichsweise jung. Der Grundgedanke ist, dass eine Vergütung nur geschuldet sein soll, wenn der Werbende einen – genau zu definierenden – Erfolg hat. Im Gegensatz zu aus TV und Print bekannten Kampagnen über »Tausend-Kontakt-Preis« ermöglicht das Internet, Traffic zu messen und auszuwerten. Damit kann nachvollzogen werden, welches Werbemittel ursächlich für den Abschluss eines Geschäfts zwischen Anbieter und Endkunden war. Daraus entwickelte sich die erfolgsbasierte Vergütung.

Ursprünglich geschah dies in einem zweiseitigen Vertragsverhältnis, nämlich allein zwischen dem Werbetreibenden (»Advertiser« oder »Merchant«) und demjenigen, auf dessen Website die Werbung geschaltet wurde (»Publisher« oder »Affiliate«). Da die Zulassung, Verwaltung und Abrechnung von (immer kleineren) Publishern zunehmend einen immer höheren operativen Aufwand der Advertiser bedeutete, entwickelte sich das Bedürfnis, diese Tätigkeiten outzusourcen. Dies übernehmen seit geraumer Zeit »Affiliate-Netzwerke« (auch »Affiliate-Dienstleister«).

Beispiel

Ein Betreiber eines Online-Shops will seine Umsatzzahlen erhöhen, ohne dabei ein großes Netzwerk an Werbepartnern aufbauen zu müssen. Um aber dennoch auf vielen Seiten Werbebanner schalten zu können, wendet er sich an ein Affiliate-Netzwerk. Mit dem Netzwerk wird vereinbart, dass es sowohl die Gestaltung und Programmierung der Werbebanner übernimmt als auch Websites aussucht, auf denen die Werbung ins Internet gestellt wird. Für jeden User, der aufgrund der geschalteten Banner auf die Seite des Online-Shops gelangt, erhält das Netzwerk 2 Cent. Der Betreiber des Online-Shops muss nur einen Vertrag abschließen und erhält so Zugang zu einem bereits eingerichteten Werbenetzwerk.

8.1 Vertragliche Konstellation

Da es im Affiliate-Marketing zu einem Mehrpersonenverhältnis kommt, ist es von großer Bedeutung, über die Vertragsmodelle und die einzelnen Pflichten der Beteiligten im Bilde zu sein.

Übersicht über die Beteiligten am Affiliate-Marketing

Grundsätzlich gibt es vier Beteiligte:

1. Advertiser (bzw. Merchant, Werbepartner oder Betreiber)
2. Netzwerk (bzw. Affiliate-Dienstleister)
3. Publisher (bzw. Affiliate, Webmaster oder Partner)
4. Endkunde (bzw. User oder Nutzer)

Advertiser haben die Möglichkeit, im Rahmen der von den Netzwerken betriebenen Internetplattformen Partnerprogramme aufzulegen, in denen sie vergütungsfähige Tatbestände (Klick, View, Lead, Sale) und die Höhe der jeweiligen Vergütung festlegen. Sie stellen Werbemittel (Banner, Textlinks, Videos etc.) bereit, die den Publishern von dem Netzwerk zur Verfügung gestellt werden. Die Publisher registrieren sich bei dem Netzwerk und bewerben sich dort für die Partnerprogramme. Ist die Bewerbung erfolgreich, weil bestimmte Voraussetzungen erfüllt sind (Zahl der Page-Impressions der Website des Publishers im Monat, Inhalt der Website etc.), haben die Publisher Zugriff auf die mit einem Tracking-Link versehenen Werbemittel und blenden diese auf der Landing-Page ein.

Nimmt der Endkunde eine vergütungsfähige Handlung vor, so erhält das Netzwerk vom Advertiser die zuvor festgelegte Provision und gibt diese abzüglich einer Gebühr an den Publisher weiter.

8.1.1 Vertragsmodelle

Durchgesetzt hat sich das sogenannte Zwei-Verträge-Modell, bei dem zwischen Advertiser und Netzwerk einerseits und Netzwerk und Publisher andererseits vertragliche Beziehungen bestehen. Einen direkten Vertrag zwischen Advertiser und Publisher gibt es dagegen nicht.

Beispiel: Netzwerk zahlt Vergütung nicht

Zahlt das Netzwerk die Provision an den Publisher nicht, kann der Publisher grundsätzlich nicht gegen den Advertiser vorgehen, da der Publisher seinen vertraglichen Vergütungsanspruch nur gegenüber seinem Vertragspartner, dem Netzwerk, geltend machen kann.

Im Affiliate-Marketing hatten sich zunächst zwei grundsätzliche Vertragsmodelle herausgebildet.

Vor allem in der Anfangszeit des Affiliate-Marketings gab es eine Art Dreiecksverhältnis, bei dem Advertiser und Publisher selbst einen Werbevertrag miteinander schlossen.

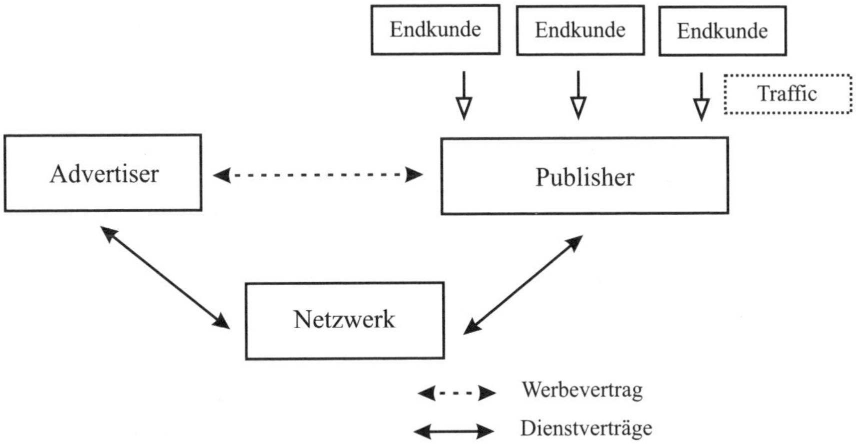

Abb. 8.1: Dreiecksverhältnis im Affiliate-Marketing

Im Modell des dreiseitigen Vertrages tritt das Netzwerk einerseits als Vermittler zwischen Publisher und Advertiser auf; andererseits als technische Plattform, die das Tracking, den Austausch der Werbemittel und die Abrechnung durchführt. Üblicherweise werden für die Vermittlung von Publishern an den Advertiser (bzw. vice versa) eine fixe Vermittlungsgebühr und Umsatzbeteiligungen an den einzelnen Transaktionen gezahlt.

Vorteil dieses Modells ist für Advertiser und Publisher, dass diese vertragliche Ansprüche gegeneinander haben. Das ist häufig im Falle unzulässiger Werbemethoden oder etwaiger Markenrechtsverletzungen für den Advertiser von Interesse, da er so unmittelbar auf den Publisher zugreifen kann. Das Netzwerk wiederum haftet (vertraglich) nicht für Verstöße der Publisher gegen die Vertragsbestimmungen. Aus Sicht des Advertisers birgt die Konstellation zudem die Gefahr, von Dritten wegen Handlungen des Publishers in Anspruch genommen zu werden.

Üblich ist inzwischen eine Zwei-Verträge-Konstellation, bei der das Netzwerk die Mittlerrolle zwischen Publisher und Advertiser einnimmt.

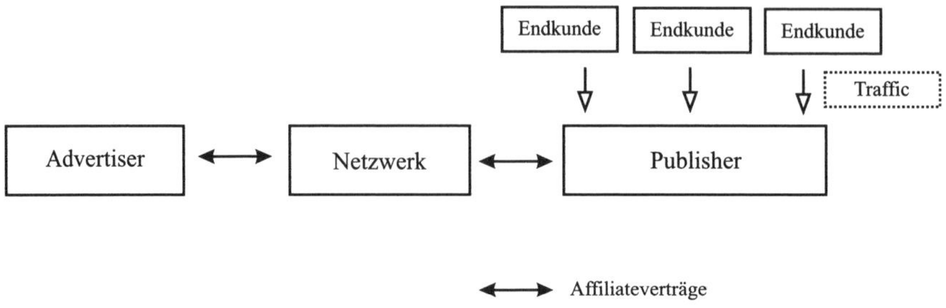

Abb. 8.2: Zwei-Verträge-Modell im Affiliate-Marketing

In dieser Konstellation unterhält das Netzwerk separate Vertragsbeziehungen zu der jeweiligen Seite; eine direkte Vertragsbeziehung zwischen Publisher und Advertiser besteht nicht.

Der Vorteil liegt in diesem Fall für Advertiser und Publisher in geringerem operativen Aufwand aufgrund des Netzwerks als »Single Point of Contact«. Das Netzwerk profitiert von seinen Steuerungsmöglichkeiten, etwa die Preisgestaltung zu beeinflussen oder Exklusivitätsregelungen festzulegen. Die Netzwerke haben es im Zwei-Verträge-Modell in der Hand, durch geeignete, nur zum Teil korrespondierende Teilnahmebedingungen die beiden Verträge zu eigenen Gunsten auszugestalten.

Aus Sicht der Publisher und Advertiser ist das Fehlen unmittelbarer vertraglicher Ansprüche gegeneinander möglicherweise problematisch. Insbesondere die großen Advertiser drängen daher darauf, eigene Partnerbedingungen aufzustellen, die die Netzwerke mit den Publishern (zusätzlich) vereinbaren müssen.

Die großen Netzwerke praktizieren inzwischen durchgängig die Zwei-Verträge-Konstellation. Die Entscheidung liegt aber letztlich bei dem Netzwerk, das Vor- und Nachteile abwägen muss.

Tipp: Zusätzliche Partnerbedingungen vereinbaren

Weil es in der Zwei-Verträge-Konstellation an einer direkten vertraglichen Vereinbarung zwischen Advertiser und Publisher fehlt, sollten Sie als Advertiser auf eigene zusätzliche Partnerbedingungen bestehen, die wesentliche Einzelheiten regeln.

8.1.2 Provision

Die vergütungsfähigen Tatbestände sind vielfältig und können ständig erweitert werden. Wichtig ist vor allem eine klare Definition dessen, was unter »Erfolg« im Einzelnen verstanden werden soll. Vier Grundvarianten haben sich etabliert:

- Pay per View – Das bloße Aufrufen einer Seite durch den Nutzer, auf der ein Werbemittel platziert ist.

- Pay per Click – Der Klick auf ein (sichtbares) Werbemittel.
- Pay per Lead – Vermitteln eines qualifizierten Kundenkontakts (Registrierung bei einem Diensteanbieter unter Angabe einer E-Mail-Adresse, Bestellung eines Newsletters etc.).
- Pay per Sale – Der Kauf von Waren oder die Inanspruchnahme kostenpflichtiger Dienstleistungen; hier ist zu definieren, ob der Vertragsschluss ausreichend ist oder als Erfolg nur gelten soll, wenn der Vertrag hält und vom Endkunden nicht widerrufen wird.

Unabhängig von dem konkreten Grund für die Provisionierung wird bereits bei der Einblendung der Website und/oder dem Klick auf ein Werbemittel ein sogenanntes Tracking-Cookie gesetzt. Die gesetzten Cookies enthalten u.a. die Information, welches Werbemittel eingeblendet wurde. Gelangt der Endkunde auf die Website des Advertisers und schließt dort einen Vertrag, liest das System die Cookies aus und schreibt den Sale in der Regel demjenigen zu, dessen Cookie als Letztes den Weg auf den Rechner des Endkunden gefunden hat – »Last Cookie Wins« (vgl. zu den damit verbundenen Problemen Abschnitt 8.2.4). Andere Methoden sind denkbar, verlangen aber zum einen funktionierende technische Lösungen und zum anderen klare Regelungen in den Bedingungen des Netzwerks über die Vergütung.

Die Höhe der Vergütung des Publishers variiert je nach Modell von Cent-Beträgen bei View- und Klick-Kampagnen bis zu mehreren Hundert Euro pro Sale mit einem entsprechend hohen Volumen.

Im Verhältnis von Advertiser und Netzwerk wird die Höhe der jeweiligen Provision, die an den Publisher auszukehren ist, festgelegt. Üblicherweise zahlt der Advertiser einen bestimmten Betrag vorab an das Netzwerk (»Budget«), von dem die Provisionen für die Publisher abfließen. In der Regel erhebt das Netzwerk für jede vergütungsfähige Handlung eine Transaktionsgebühr, die z.B. 20% der Provision des Publishers entspricht.

Praktiziert werden auch CPO-Modelle (Cost per Order), bei denen der Advertiser dem Netzwerk ein fixes Budget pro Transaktion verspricht. Das Netzwerk kann dann selbst nach eigenem Ermessen und Marktlage entscheiden, wie viel davon den Publishern ausgezahlt wird.

Das Tracking ermöglicht eine nahezu lückenlose Erfassung von Transaktionen. Das Netzwerk übermittelt dem Advertiser die Tracking-Daten; dieser gleicht selbige automatisiert mit seinem Warenwirtschaftssystem ab und bestätigt die Transaktionen gegenüber dem Netzwerk.

Die Partnerbedingungen sehen in der Regel vor, dass die Bestätigung des Publishers Voraussetzung für das Entstehen des Vergütungsanspruchs des Netzwerks gegenüber dem Advertiser und des Publishers gegenüber dem Netzwerk ist.

Hinweis: Keine Provision ohne Bestätigung

Bei allen großen Affiliate-Systemen wird eine Provision nur ausgezahlt, wenn der Advertiser den Sale bestätigt.

Wird eine Transaktion bestätigt, wird die Provision sowie die Transaktionsgebühr seitens des Netzwerks vom Budget des Advertisers abgebucht und die Provision dem Konto des Publishers gutgeschrieben. Die Transaktionsgebühr behält das Netzwerk ein. Je nach Zahlungsbedingungen des Netzwerks werden die akkumulierten Provisionen dem Publisher meist einmal monatlich am Monatsende ausgezahlt.

8.1.3 Pflichten der Beteiligten

Die recht komplizierte Konstellation bedingt einen Blick auf die Pflichten der Beteiligten. Hierbei ist zwischen dem Verhältnis Advertiser zu Netzwerk einerseits und Netzwerk zu Publisher andererseits zu unterscheiden.

Pflichten des Advertisers	Pflichten des Netzwerks
Zahlung der Vergütung im Erfolgsfall	Technische Abwicklung der Partnerprogramme (z.B. Tracking und Statistiken)
Zahlung einer Einrichtungsgebühr oder monatlicher Pauschalen	Werbemittelverwaltung
Gestaltung und Zurverfügungstellung der Werbemittel	Publisher-Verwaltung
Schaffung interner technischer Voraussetzungen zur Teilnahme an den Partnerprogrammen	Abrechnung und Auszahlung der Provisionen an Publisher
Bestätigung erfolgreicher Transaktionen	Ggf. Vereinbarung spezifischer Partnerbedingungen mit Publishern

Tabelle 8.1: Pflichten von Advertiser und Netzwerk im Affiliate-Vertrag

Etwas anders sehen die Pflichten im Verhältnis zwischen Netzwerk und Publisher aus.

Pflichten des Netzwerks	Pflichten des Publishers
Abrechnung und Auszahlung der Provisionen an Publisher	Einhaltung der Werberichtlinien des Netzwerks
Technische Abwicklung der Partnerprogramme (z.B. Tracking und Statistiken)	Beachtung der Markenrechte des Advertisers

Tabelle 8.2: Pflichten von Netzwerk und Publisher im Affiliate-Vertrag

Gibt es im Affiliate-Vertragsverhältnis Streit, ist entscheidend, um welche Art von Vertrag es sich dabei eigentlich handelt. Danach bestimmen sich letzten Endes die Einzelheiten der vertraglichen Verpflichtungen.

Dabei wird der Vertrag zwischen Netzwerk und Publisher im Falle von Pay-per-Sale als untypischer Maklervertrag eingeordnet. Eine Vergütung soll nur geschuldet sein, wenn zwischen Advertiser und Endkunde eine Transaktion zustande kommt. Enthält der Vertrag mit dem Netzwerk für bestimmte Konstellationen keine ausdrückliche Regelung, gelten damit die gesetzlichen Regeln der §§ 652 ff. des Bürgerlichen Gesetzbuches (BGB). In gerichtlichen Auseinandersetzungen haben einige Publisher argumentiert, sie seien als Handelsvertreter im Sinne des Handelsgesetzbuches (HGB) anzusehen. Das ist allerdings nicht richtig, weil den Publisher keine Pflicht zum Tätigwerden trifft. Niemand, der für das Partnerprogramm eines Advertisers zugelassen wurde, muss tatsächlich etwas tun. Es liegt in seinem eigenen Interesse, für Abschlüsse zu sorgen. Bei einem Handelsvertreter ist das anders. Daher haben Publisher auch nicht die Ansprüche aus einem Handelsvertretervertrag, insbesondere keine Ansprüche auf umfassenden Einblick in die Bücher des Netzwerks. Die Nebenpflichten des Netzwerks (technische Abwicklung usw.) richten sich nach dem Recht des Dienstvertrages, §§ 611 ff. BGB.

Hinweis: Maklervertrag zwischen Netzwerk und Publisher

Der Vertrag zwischen Netzwerk und Publisher ist bei Vereinbarung von Pay-per-Sale als Maklervertrag einzuordnen, der einige Elemente des Dienstvertragsrechts enthält. Als Handelsvertreter ist der Publisher dagegen nicht anzusehen.

Die Verträge zwischen Advertiser und Netzwerk sind dagegen keine Maklerverträge, weil das Netzwerk selbst Vertragsabschlüsse weder nachweist noch vermittelt, sondern lediglich die Vermittlung durch die Publisher protokolliert. Bei diesem Vertrag handelt es sich rechtlich um einen sogenannten Dienstvertrag mit Geschäftsbesorgungscharakter, der in der Hauptsache eine erfolgsbezogene Vergütung enthält.

Hinweis: Dienstvertrag zwischen Advertiser und Netzwerk

Der Vertrag zwischen Netzwerk und Advertiser ist als Dienstvertrag einzuordnen.

Etwas anders ist die Konstellation, wenn dem Publisher eine Vergütung unabhängig vom Zustandekommen einer Transaktion gezahlt werden soll. Wird also Pay-per-View, -Click oder -Lead vereinbart, kommt ein Maklervertrag nicht in Betracht. In diesen Fällen ist auch der Vertrag zwischen Netzwerk und Publisher ein Dienstvertrag mit einer erfolgsbezogenen Vergütung. Die Pflichten im Einzelnen entsprechen denen der Pay-per-Sale-Variante.

	Vertrag zwischen Advertiser und Netzwerk	Vertrag zwischen Netzwerk und Publisher
Pay per View	Dienstvertrag	Dienstvertrag
Pay per Click	Dienstvertrag	Dienstvertrag
Pay per Lead	Dienstvertrag	Dienstvertrag
Pay per Sale	Dienstvertrag	Maklervertrag

Tabelle 8.3: Verträge in Affiliate-Konstellationen

Wichtig für die Publisher ist, dass der Vergütungsanspruch gegen das Netzwerk in der Zwei-Verträge-Konstellation grundsätzlich unabhängig von der Bezahlung des Netzwerks durch den Advertiser ist. Ist zwischen Advertiser und Endkunde ein Sale generiert worden, der von dem Advertiser bestätigt wurde, besteht ein Vergütungsanspruch gegen das Netzwerk, auch wenn das Netzwerk vom Advertiser nicht oder noch nicht bezahlt wurde.

Checkliste – Pflichten der Beteiligten

Die genauen Pflichten der Beteiligten hängen von der vertraglichen Konstellation ab. Generell lassen sich folgende Pflichten zusammenfassen:

✓ Pflichten des Advertisers
- Zahlung der Vergütung im Erfolgsfall
- Zahlung sonstiger vereinbarter Gebühren
- Gestaltung und Zurverfügungstellung der Werbemittel
- Bestätigung erfolgreicher Transaktionen

✓ Pflichten des Netzwerks
- Technische Abwicklung der Partnerprogramme (z.B. Tracking und Statistiken)
- Werbemittelverwaltung
- Publisher-Verwaltung
- Abrechnung und Auszahlung der Provisionen an Publisher
- ggf. Vereinbarung spezifischer Partnerbedingungen mit Publishern

✓ Pflichten des Publishers
- Einhaltung der Werberichtlinien des Netzwerks
- Beachtung der Markenrechte des Advertisers

8.2 Unerlaubtes Vorgehen des Publishers

Die Einzelheiten des Erfolgseintritts lassen sich technisch zum Teil nicht im Detail nachvollziehen. Dies führt dazu, dass die Publisher in vielfältiger Weise geneigt sein können, für einen Eintritt des zur Vergütung führenden Erfolgs zu sorgen. Immer wieder werden in den Netzwerken teilweise gravierende Missbrauchsfälle bekannt. Im Folgenden werden einige Konstellationen und die daraus folgenden Konsequenzen erläutert. Die genauen Folgen hängen von den genauen Verträgen und den zusätzlichen Partnerbedingungen ab.

8.2.1 Klick-Betrug

Klick-Betrug ist – wie es die Bezeichnung schon suggeriert – unzulässig. Folgen sind die Rückzahlungspflicht bereits gezahlter Provisionen, die fristlose Kündigung des Publishers und mögliche strafrechtliche Konsequenzen.

Beispiel: Jugendlicher Klick-Betrüger

Im Jahre 2003 nutzte ein 17-jähriger Publisher einen »Klicking-Agent«, der jeweils neue IP-Adressen simulierte, um auf die auf seinen Websites geschalteten Anzeigen zu »klicken«. Dadurch veranlasste er Auszahlungen von insgesamt über 20.000,- Euro auf sein Konto und Konten seiner Großmutter, seines Bruders sowie eines Freundes. Nachdem das Netzwerk dem Jugendlichen auf die Schliche gekommen war, verklagte es ihn auf Rückzahlung der ausgezahlten Provisionen und bekam recht. [LG Frankfurt 08/01]

Wenn die Vergütung pro Klick erfolgt, ist eine naheliegende Einflussmöglichkeit, selbst auf die Werbeanzeige zu klicken, um den Vergütungsanspruch auszulösen. Vereinzelt sind Fälle bekannt geworden, in denen dies massenhaft geschah und auf diese Weise hohe Klick-Raten erzielt wurden. Klicks des Publishers oder von einer Software simulierte Klicks führen dazu, dass bei dem Netzwerk formal ein vergütungsrelevantes Ereignis aufgezeichnet wird. In diesen Fällen steht den hohen Klick-Raten ein entsprechender Umsatz nicht gegenüber.

Klick-Betrug ist kein auf das Affiliate-Geschäft beschränktes Phänomen (vgl. allgemein zum Klick-Betrug Abschnitt 6.5) und hat im Affiliate-Marketing stark an Bedeutung verloren. Zum einen rechnen die meisten Kampagnen inzwischen auf Sale- oder Lead-Basis ab. Zum anderen haben die Netzwerke diese Variante der »provisionserhöhenden Maßnahmen« in der Regel durch Conversion-Überprüfungen unter Kontrolle: Ist die Zahl der Klicks im Verhältnis zu den Geschäftsabschlüssen übermäßig hoch, liegen starke Indizien für Klick-Betrug vor.

Klick-Betrug ist eine Verletzung des Vertrages zwischen Publisher und Netzwerk. Ist das Selbst-Klicken oder der Einsatz von Klick-Robotern im Vertrag untersagt, ergibt sich der Verstoß schon daraus. Doch auch ohne eine ausdrückliche Regelung liegt eine Vertragsverletzung vor. Inhalt eines über Pay-per-Click vergüteten Vertrages zwischen Netzwerk und Publisher ist es nämlich, Internetnutzer auf die Website des Advertisers zu führen. Wird nur der Anschein erweckt, dass ein vergütungsrelevantes Ereignis eingetreten ist, ohne dass dem Advertiser die Möglichkeit gegeben ist, tatsächlich Umsatz zu erzielen, handelt der Publisher vertragswidrig. Letztlich täuscht der Publisher eine Leistung nur vor, ohne sie wirklich erbracht zu haben.

Schwierig ist oft der Nachweis, dass Klick-Betrug vorliegt. Oftmals bestehen zwar klare Anhaltspunkte für Missbrauch, der Nachweis fällt trotz aller technischen Möglichkeiten aber schwer. Hier hilft eine geschickte Formulierung der Auszahlungsbedingungen. Wird nämlich das Fehlen von Missbrauch zur Voraussetzung für die Entstehung des Vergütungsanspruchs erhoben, kehrt sich die Beweislast um. Liegen gravierende Anhaltspunkte für Missbrauch vor, muss der Publisher beweisen, dass die Klicks auf legalem Wege zustande gekommen sind.

Tipp: Fehlenden Missbrauch zur Auszahlungsvoraussetzung machen

Sehen Sie als Netzwerk in Ihren Partnerbedingungen das Nichtvorhandensein von Missbrauch als Voraussetzung für einen Vergütungsanspruch vor. So können Sie das Risiko von Beweisschwierigkeiten vermindern.

Wurde eine Vergütung bereits ausgezahlt, muss der Publisher diese Vergütung erstatten. Die ausgekehrte Provision ist dabei ein Schaden, der dem Netzwerk wegen der Täuschung entstanden und zu ersetzen ist. Daneben bestehen Rückzahlungsansprüche auch aus dem Rechtsinstitut des Bereicherungsrechts.

Checkliste – Klick-Betrug in der Vertragsgestaltung

- ✓ Schließen Sie aus, dass automatisch generierte Klicks zu Provisionen führen.
- ✓ Machen Sie das Nichtvorliegen von Missbrauch zur Voraussetzung für die Zahlung an den Publisher.
- ✓ Vereinbaren Sie Aufrechnungsrechte.
- ✓ Klick-Betrug muss ein Grund für fristlose Kündigung des Affiliate-Vertrags sein.

Steht der Klick-Betrug fest, hat auch der Advertiser einen Anspruch auf Rückzahlung der gezahlten Vergütung gegen das Netzwerk. Dieser Anspruch besteht wiederum unabhängig von der Rückzahlung durch den Publisher. Bleibt eine Klage gegen den Advertiser erfolglos, etwa weil dieser nicht auffindbar oder insolvent ist, bleibt das Netzwerk auf den Kosten sitzen.

Klick-Betrug ist im Regelfall ein so gravierender Verstoß gegen die vertraglichen Verpflichtungen, dass das Netzwerk den Publisher fristlos kündigen und auch aus allen anderen Partnerprogrammen herausnehmen kann.

Tipp: Rückzahlungsansprüche aufrechnen

Hat ein Klick-Betrüger noch Vergütungsansprüche aus anderen Partnerprogrammen, können Sie als Netzwerk die Rückzahlungsansprüche mit noch offenen Vergütungsansprüchen aufrechnen.

Der Klick-Betrug kann sogar strafbar sein. Ein Betrug im Sinne von § 263 des Strafgesetzbuches (StGB) setzt allerdings voraus, dass tatsächlich ein Mensch getäuscht wird. Werden die Transaktionen aber nicht händisch geprüft, wird letztlich lediglich ein Computer, nicht aber ein Mensch getäuscht. In diesem – wohl häufigen – Fall liegt daher ein sogenannter Computerbetrug nach § 263a StGB vor.

Checkliste – Folgen des Klick-Betrugs

- ✓ Der Publisher muss die ausgezahlte Provision an das Netzwerk erstatten.
- ✓ Das Netzwerk muss die erhaltene Vergütung an den Advertiser erstatten.
- ✓ Das Netzwerk kann dem Publisher kündigen.
- ✓ Der Publisher muss mit strafrechtlicher Verfolgung rechnen.

8.2.2 Eigenbuchungen

Auch Eigenbuchungen durch den Publisher oder von ihm instruierte Dritte sind Vertragsverletzungen. Auf diese Weise generierte Provisionen müssen erstattet werden.

Beispiel: Reisebuchungen bei Thomas Cook

Ein Publisher, der sich über verschiedene Netzwerke an Partnerprogrammen des Reiseveranstalters Thomas Cook beteiligte, buchte über Angestellte, Freunde und Bekannte über sein Werbemittel Reisen bei dem

Reiseveranstalter und kassierte dafür Provisionen, die teils deutlich über dem Wert der Reise lagen. In keinem Fall sind die Reisen angetreten worden. Das Landgericht Berlin entschied, dass dies ein missbräuchliches Verhalten sei. Gewonnen hat das Verfahren, in dem es zunächst ausschließlich um Unterlassungsansprüche ging, allerdings der Publisher, weil das Partnerprogramm bereits gekündigt war und weitere Missbrauchsfälle durch den Publisher damit ausgeschlossen waren. [LG Berlin 08/02]

Eine weniger offensichtliche Missbrauchsvariante sind Eigenbuchungen. Eigenbuchungen sind bei Pay-per-Lead und Pay-per-Sale denkbar. In beiden Fällen sorgt der Publisher selbst dafür, dass die Provision auslösenden Ereignisse eintreten. Er generiert also selbst Leads, zum Beispiel durch Newsletter-Anmeldungen mit Fake-E-Mail-Accounts.

Bei Pay-per-Sale schließt der Publisher die Verträge mit dem Advertiser selbst oder beauftragt Dritte damit, um die Provision zu erhalten. Dies ergibt aus seiner Sicht natürlich nur Sinn, wenn die Provision den (Mindest-)Umsatz übersteigt.

Beispiel: Klingelton-Abonnements

Es ist gar nicht so selten, dass die Provision die an den Advertiser zu zahlende Vergütung übersteigt. Insbesondere im Abonnement-Geschäft kann die Vergütung höher liegen als das zu zahlende Entgelt, wenn der Endkunde das Abonnement sofort (fristgerecht) kündigt. Dem liegt eine Mischkalkulation der Advertiser zugrunde, die mit einer deutlich höheren Abo-Dauer der Endkunden kalkulieren.

Diese Fälle sind identisch zu beurteilen wie der Klick-Betrug. Es widerspricht der Natur des Vertrages mit dem Netzwerk, ein in bestimmten Fällen bestehendes Missverhältnis zwischen Provision und Mindestumsatz auszunutzen und auf diese Weise das Vermögen des Advertisers zu schädigen.

In solchen Fällen ist das Interesse des Advertisers erkennbar auf eine dauerhafte Beziehung zu dem Kunden ausgerichtet. Dieses Interesse wird durch die Eigenbuchung ad absurdum geführt.

Insofern ist auch hier eine etwaige Missbrauchsklausel in den AGB des Netzwerks oder den zusätzlichen Partnerbedingungen einschlägig. Auch bei Eigenbuchungen ergibt sich aus § 280 BGB unabhängig von einer etwaigen Missbrauchsklausel ein Schadensersatzanspruch des Netzwerks gegen den Publisher.

Checkliste – Eigenbuchungen in der Vertragsgestaltung

- ✓ Schließen Sie die Provisionszahlung für Eigenbuchungen aus.
- ✓ Der Ausschluss sollte auch für Verwandte und Mitarbeiter des Publishers gelten.
- ✓ Machen Sie das Nichtvorliegen von Missbrauch zur Voraussetzung für die Zahlung an den Publisher.
- ✓ Vereinbaren Sie Aufrechnungsrechte.
- ✓ Die Abrechnung von Eigenbuchungen muss ein Grund für fristlose Kündigung sein.

Auch ein deliktischer Anspruch, der auf der Strafbarkeit wegen Betrugs nach § 263 StGB beruht, ist gegeben, weil das Netzwerk bei jeder Provisionsauszahlung davon ausgeht, dass es der Advertiser mit einem realen Kunden – und nicht dem Publisher, dem er selbst eine Provision schuldet – zu tun hat.

Checkliste – Rechtsfolgen bei Eigenbuchungen

- ✓ Der Publisher muss die ausgezahlte Provision an das Netzwerk erstatten.
- ✓ Das Netzwerk muss die erhaltene Vergütung an den Advertiser erstatten.
- ✓ Das Netzwerk kann dem Publisher kündigen.
- ✓ Der Publisher muss mit strafrechtlicher Verfolgung rechnen.

8.2.3 Unerlaubte Werbemittel oder Werbeflächen

Es gehört zu den vertraglichen Pflichten des Publishers, die Werbung nur auf freigegebenen Werbeflächen einzusetzen. Ist nur eine bestimmte Domain angemeldet, ist es missbräuchlich, Sales auch über andere Websites oder Newsletter zu generieren oder gar andere Werbemethoden, etwa Telefonakquise, einzusetzen und die Sales dann im Namen des Kunden selbst zu generieren.

Beispiel: Telefonakquise aus der Türkei

Ein Publisher meldete bei einem Partnerprogramm der Telekom eine kleine Website an und generierte darüber auffallend viele Sales (Telefonverträge in Deutschland). Als das Netzwerk dem nachging, stellte sich heraus, dass nahezu alle Sales über IP-Adressen aus der Türkei, zum Teil über identische Cookie-IDs vermittelt wurden. Außerdem wurden viele der Sales storniert. Die betroffenen Endkunden gaben an, angerufen und am Telefon zu einem Vertragsschluss überredet worden zu sein. Offenbar hatte der Publisher die Daten der Endkunden dann selbst über seine Website eingepflegt. Das Landgericht Berlin wies die Zahlungsklage des Publishers gegen das Netzwerk ab und bestätigte, dass bei sich aufdrängendem Missbrauch der Advertiser den Nachweis führen müsse, dass alles mit rechten Dingen zugegangen sei. [LG Berlin 08/03]

Die Teilnahmebedingungen der Netzwerke sehen in der Regel Restriktionen vor, dass nur bestimmte – zuvor zugelassene – Werbemittel eingesetzt werden dürfen. Es ist eine Frage der Ausgestaltung der Verträge, ob bei Auslösung von vergütungsrelevanten Ereignissen unter Nutzung anderer Werbemittel oder Werbeflächen eine Vergütung überhaupt fällig wird.

Es entspricht dem Interesse des Advertisers, festzulegen, über welche Werbeform Kunden geworben werden sollen. Der Regelfall ist die Werbung über Websites des Publishers. Viele andere Werbeformen (etwa die Werbung per E-Mail, SMS oder Telefon) setzen ein Einverständnis des Kunden voraus. Aus diesem Grund wird regelmäßig die Werbung über andere Medien als Websites ausgeschlossen. Zudem wird der Publisher oft auf gesondert freigegebene Websites festgelegt, um zu vermeiden, dass die Werbebanner des Advertisers in einem Zusammenhang im Internet verwendet werden, der dem Advertiser nicht genehm ist.

Beispiel: Arcor-Werbung auf Bitreactor

Dem TK-Unternehmen Arcor ist die Werbung eines Publishers mit Layer-Ads auf der Website `bitreactor.to` zum Verhängnis geworden. Obgleich die Teilnahmebedingungen die Freigabe bestimmter Werbemittel vorsahen, schaltete ein Publisher unter anderem auf `bitreactor.to` Layer-Ads. Dort ließen sich neben einer Vielzahl urheberrechtlich geschützter Filme auch jugendgefährdende Videos herunterladen. Arcor haftete einem klagenden Verband auf Unterlassung, obwohl Arcor von der Werbung zunächst nichts wusste. [LG Frankfurt 08/04]

Der Haftungsaspekt ist ein wesentlicher Grund für die Beschränkung der Werbemittel. Vielfach wird den Advertisern aber auch daran gelegen sein, die Werbung für die eigenen Produkte zu kanalisieren. So mag der Advertiser ein erhebliches Interesse daran haben, Publishern AdWords-Werbung zu untersagen.

Tipp: Möglichst detaillierte Regelungen

An zusätzlichen Partnerbedingungen kommt kaum ein Advertiser mehr vorbei. Hier sollte umfassend geregelt sein, welche Werbemittel zugelassen sind. Vergessen wird oft, auch die Konsequenzen von Verstößen mitzuregeln. Fehlt es daran, ist juristisch offen, ob Vergütungsansprüche auch bei Sales anfallen, die über andere Werbemittel generiert wurden.

Fehlt es an einer ausdrücklichen Vereinbarung, ist denkbar, dass Publisher Vergütungsansprüche auch geltend machen können, wenn die Endkunden auf andere Weise als durch Klicks über die freigegebenen Websites zum Vertragsschluss veranlasst wurden. So wurden etwa Fälle bekannt, in denen Publisher ganze Call-Center engagiert oder massenhaft E-Mails versendet haben.

Schon aus diesem Grund empfiehlt es sich, ausdrücklich zu regeln, welche Werbemittel zulässig sind, eine Provisionierung für auf andere Weise erlangte Vertragsabschlüsse auszuschließen und gegebenenfalls Vertragsstrafen für die Zuwiderhandlung bzu vereinbaren. Verstößt der Publisher gegen ein solches ausdrückliches Verbot, handelt er vertragswidrig, so dass darauf beruhende Schäden des Advertisers oder des Netzwerks zu ersetzen sind.

Vorsicht: Duldung kann zur Selbstbindung führen

Häufig sind Advertiser und Netzwerke bereit, auch für solche Sales Provisionen zu zahlen, die offensichtlich über nicht freigegebene Werbemittel zustande kommen. Dies führt andererseits zu einer gewissen Nachlässigkeit der Publisher in dem Freigabeprozedere. Das ist aus Sicht aller Beteiligten riskant, weil letztlich unklar ist, ob auf Sales, die über andere Werbemittel generiert werden, überhaupt Provisionen anfallen. Eine Berufung auf die eigenen AGB wird aber schwierig, wenn Netzwerk und Advertiser den Traffic, der über nicht freigegebene Werbemittel kam, jahrelang duldeten und vergüteten.

Vergleichbares gilt auch für die Werbung in Suchmaschinen: Advertiser, die das Suchmaschinen-Marketing durch Publisher unter Nutzung von eigenen Marken oder Unternehmenskennzeichen nicht wünschen, sollten ein entsprechendes – unter Umständen vertragsstrafebewehrtes – Verbot in die Partnerbedingungen aufnehmen. Besonders wichtig sind Regelungen zur Verwendung von Kennzeichen im Anzeigentext und als Keyword (siehe dazu Abschnitte 7.2.2 und 7.2.6).

Checkliste – Zusätzliche Teilnahmebedingungen

- ✓ Beschränken Sie die Provisionspflicht auf freigegebene Werbemittel!
- ✓ Schließen Sie den Einsatz anderer Werbemittel und Werbeflächen aus!
- ✓ Machen Sie das Nichtvorhandensein von Missbrauch zur Anspruchsvoraussetzung und verschieben Sie die Beweislast dafür auf den Publisher.
- ✓ Sanktionieren Sie den Einsatz nicht freigegebener Werbemittel und -flächen durch
  - Provisionswegfall
  - Kündigungsrechte
  - Vertragsstrafen

8.2.4 Cookie-Dropping

Cookie-Dropping, also das Setzen von Cookies auf den Rechnern potenzieller Endkunden unabhängig von dem Besuch freigegebener Werbemittel, ist wettbewerbswidrig und führt zu Unterlassungsansprüchen der betroffenen Wettbewerber, der Netzwerke und der Advertiser. Sind die Affiliate-Verträge vernünftig ausgestaltet, gibt es in Fällen des Cookie-Droppings auch keinen Anspruch des Cookie-Droppers auf Vergütung.

Beispiel

Bei dem Besuch einer Website des A wird für den User unbemerkt und ohne dass er auf das Werbebanner des beworbenen Online-Shops geklickt hat, ein Werbe-Cookie gesetzt. Einige Tage später kauft genau dieser User ein Produkt bei diesem Online-Shop, obwohl er lediglich zufällig über eine Preissuchmaschine auf das Angebot des Online-Shops gestoßen ist. Das Cookie des A bewirkt nun, dass dem Online-Shop-Betreiber vorgespielt wird, dass der User über das Werbebanner auf der Website des A auf das Angebot seines Shops aufmerksam geworden ist. A erhält nun Provision, obwohl die geschaltete Werbung auf seiner Internetseite nicht ursächlich für den Kauf des Users war.

Das Affiliate-Marketing beruht auf der Auswertung der Information, über welches Werbemittel der Internetnutzer zu der Website des Advertisers gefunden und dort Umsätze generiert hat. Häufig erfolgt die Auswertung über das auf dem Rechner des Internetnutzers abgelegte Cookie.

Findige Publisher sind auf die Idee gekommen, Cookies auf den Rechnern der Internetnutzer auch ohne einen Klick auf ein Werbemittel unterzubringen. Während das Cookie-Dropping vor einiger Zeit als »Schreckgespenst« des Affiliate-Marketings durch die Medien geisterte, nimmt die tatsächliche Relevanz inzwischen wieder ab. Während früher stets das zuletzt gesetzte Cookie ausschlaggebend für die Frage war, welcher Publisher die Vergütung erhalten soll, haben Advertiser inzwischen regelmäßig die Möglichkeit, selbst zu bestimmen, welches Cookie für den Provisionsanspruch maßgeblich sein soll. Auch andere Verfahren, den eigentlichen Auslöser für den Sale zu ermitteln, werden inzwischen eingesetzt.

Tipp: Genau regeln, welches Cookie Provisionszahlungen auslöst

Egal, welche Variante in einem konkreten Partnerprogramm eingesetzt wird, wichtig ist, die jeweilige Methode genau festzuschreiben, um Unstimmigkeiten zu verhindern. Aus Sicht des Netzwerks ist das besonders wichtig, um sich nicht Ansprüchen mehrerer Publisher ausgesetzt zu sehen.

Last Cookie Wins

Beim Cookie-Dropping wird die Website des Publishers so gestaltet, dass das Cookie nicht nur beim Anklicken des Werbebanners gesetzt und auf den Rechner des Internetnutzers geschrieben wird, sondern schon beim Besuch der Website. Das Werbemittel muss dabei nicht einmal auf der Website angezeigt werden, um eine Vielzahl von Cookies auf die Festplatte des Nutzers zu schreiben.

Abhängig von der Laufzeit des Cookies genügt ein Verkauf über die Website des Advertisers auch noch 30 bis 90 Tage, nachdem das Cookie gesetzt wurde, um gegebenenfalls das Netzwerk dazu zu veranlassen, Provisionszahlungen an den Publisher zu leisten.

Die genauen Rechtsfolgen des Cookie-Droppings hängen von der vertraglichen Ausgestaltung der Partnerbedingungen im Einzelnen ab. Ist das Cookie-Dropping explizit untersagt, liegt eine klare Vertragsverletzung vor, mit der Folge, dass Provisionsansprüche nicht bestehen und gezahlte Entgelte gegebenenfalls erstattet werden müssen.

Tipp: Cookie-Dropping explizit untersagen

Nehmen Sie als Affiliate-Netzwerk das Verbot des Cookie-Droppings und ähnlicher Varianten in die Teilnahmebedingungen auf. Bestehen Sie als Advertiser auf entsprechende Regelungen jedenfalls in den zusätzlichen Teilnahmebedingungen, wenn das Netzwerk das Cookie-Dropping nicht verbietet.

Fehlt es an einer vertraglichen Regelung, muss das Netzwerk über eine etwaige Missbrauchsklausel argumentieren. Letztlich ist ein anlassfrei gesetztes Cookie lediglich die Simulation eines Erfolges im Sinne einer Kontaktvermittlung. Gelangt der Endkunde schließlich durch Eingabe der URL, über andere Links oder Suchmaschinen zu dem Advertiser, tritt zwar der Erfolg (also Umsatz) ein, dieser beruht dann aber nicht auf der Leistung des Publishers, der automatisiert das Cookie gesetzt hat. Der Advertiser zahlt in diesen Fällen also eine Provision an das Netzwerk, ohne dass dem Sale ein echter vergütungsrelevanter Vorgang zugrunde liegt. Womöglich muss der Advertiser darüber hinaus für die AdWords-Suche zahlen.

Checkliste – Cookie-Dropping im Affiliate-Vertrag

✓ Untersagen Sie Cookie-Dropping in den Netzwerkbedingungen.

✓ Verbieten Sie Cookie-Dropping in zusätzlichen Teilnahmebedingungen des Advertisers.

✓ Fassen Sie die allgemeine Missbrauchsklausel so, dass auch das Cookie-Dropping darunter fällt.

✓ Sorgen Sie dafür, dass aufgedecktes Cookie-Dropping ein Grund zur fristlosen Kündigung ist.

✓ Vereinbaren Sie womöglich Vertragsstrafen mit Publishern.

Auch andere Publisher können vorgehen

Unter Umständen geprellt sind auch andere Publisher, die auf ehrliche Weise den Kontakt vermittelt haben, deren Cookie aber durch den Cookie-Dropper überschrieben wurde. Hierin kann eine gezielte Behinderung im Sinne von § 4 Nr. 10 des Gesetzes gegen den unlauteren Wettbewerb (UWG) liegen. Rechtsprechung dazu existiert nicht, der Vergleich mit der gezielten Werbebehinderung zeigt aber, dass das Cookie-Dropping auch im Verhältnis zu anderen Publishern rechtswidrig ist. Lässt sich das Cookie-Dropping nachweisen, haben Publisher, deren Cookies wegen dieses Verfahrens überschrieben werden, Unterlassungs- und gegebenenfalls auch Schadensersatzansprüche.

Strafrechtliche Sanktionen drohen

Schließlich sind analog zum Klick-Betrug auch strafrechtliche Sanktionen denkbar. Kommt Strafbarkeit in Betracht, können sich betroffene Publisher oder Advertiser auch von der Staatsanwaltschaft bei der Aufklärung des Sachverhalts unterstützen lassen. Die Erfahrung zeigt allerdings, dass die Staatsanwaltschaft in derartigen Konstellationen mit den Ermittlungen eher zurückhaltend ist.

Überblick – Rechtsfolgen von Cookie-Dropping

- Ob ein Vergütungsanspruch besteht, hängt von der konkreten vertraglichen Ausgestaltung ab.
- Häufig wird das Cookie-Dropping missbräuchlich sein.
- Es ergeben sich dann Rückzahlungsansprüche gegen den Publisher.
- Auch betroffene Publisher-Konkurrenten können sich mit den Mitteln des Wettbewerbsrechts gegen das Cookie-Dropping wehren.
- Häufig wird das Cookie-Dropping auch als Computerbetrug strafbar sein.

8.2.5 Einsatz von AdWare-Software

AdWare ist Software, die auf dem Rechner des Nutzers installiert ist und verschiedene Änderungen bei der Nutzung des Internets vornehmen kann. So können dem Nutzer beim Aufruf von Websites etwa zusätzliche oder andere Werbebanner angezeigt werden, als dies der Website-Betreiber an sich vorsieht oder zusätzliche Cookies geschrieben werden. AdWare wird regelmäßig als nicht sichtbares Zusatzprogramm zu kostenlos erhältlichen Programmen verbreitet. Der umfangreichen Möglichkeiten von AdWare bedienen sich eine Vielzahl von Internetdiensten, etwa Shopping-Plattformen oder Social Networks.

Beispiel

Ein Publisher verwendet Software, die auf den Rechnern der Besucher seiner Website bewusst oder unbewusst installiert wird. Daraufhin wird automatisch immer wieder Popup-Werbung für Reiseveranstaltungen eingeblendet, wenn die AdWare-Software das Keyword »Reise« oder »Urlaub« feststellt, während der User im Internet surft.

Unabhängig von der Frage, ob der Einsatz von AdWare überhaupt zulässig ist, muss im Einzelfall geprüft werden, welche konkreten Funktionalitäten die AdWare hat, um eine rechtliche Bewertung vornehmen zu können.

Cookie-Dropping ist auch dann eine Pflichtverletzung gegenüber Netzwerk und Advertiser, wenn dies über AdWare geschieht. Unzulässig ist auch die von AdWare ausgelöste Überblendung von Werbung der Konkurrenz.

8.3 Advertiser-Fraud

Betrug durch Advertiser ist stets eine Verletzung des Vertrages mit dem Netzwerk. Der dadurch entstehende Schaden ist dem Netzwerk zu ersetzen. Zudem können betrügerische Handlungen durch den Advertiser oder eine Agentur strafbar sein.

Beispiel: Falsche Stornomeldungen

Ein Advertiser vergütet das Netzwerk mit 4 Euro pro Sale, der vom Endkunden nicht widerrufen wird. Wöchentlich werden die Sales und die Widerrufe gemeldet. Durch einen ehemaligen Mitarbeiter des Advertisers kommt heraus, dass die Stornoquote seit Jahren bewusst deutlich überhöht angegeben wurde. Ein solches Vorgehen – das so bisher nicht bekannt wurde – wäre eine klare Vertragsverletzung. Der Advertiser müsste die zu Unrecht einbehaltene Provision nachzahlen. Das Netzwerk hätte einen Grund, das Vertragsverhältnis fristlos zu kündigen. Zudem müsste die Staatsanwaltschaft wegen Betrugs ermitteln.

Von Zeit zu Zeit kocht in der Affiliate-Szene die Diskussion über Advertiser-Fraud hoch. Gemeint sind damit vor allem Unregelmäßigkeiten bei der Abrechnung von Sales und Stornierungen. Vor allem zwischengeschalteten Affiliate-Agenturen wird dabei Missbrauch des Affiliate-Systems zum Teil zu Lasten von Publishern, zum Teil zu Lasten der Kunden, also der Advertiser, vorgeworfen.

Den Advertiser trifft die Pflicht, getätigte Umsätze zu bestätigen. Häufig wird die Vergütung nur bei einer Bestätigung des Advertisers fällig. Bestätigt der Advertiser Sales nicht, handelt er vertragswidrig. Außerdem trifft den Advertiser die Pflicht ordnungsgemäß über Stornos zu berichten, wenn diese die Provision mindern. Werden hier überhöhte Zahlen gemeldet, ist dies ebenfalls ein Vertragsverstoß und strafrechtlich als Betrug zu qualifizieren. Die Pflichten des Advertisers gelten stets nur im Verhältnis zum Netzwerk. Nur das Netzwerk kann entsprechende Vergütungsansprüche einklagen und von in solchen Fällen bestehenden Kündigungsrechten Gebrauch machen.

Werden – was die Ausnahme bleiben dürfte – solche Praktiken bekannt, hat dies auch Auswirkungen auf das Verhältnis Netzwerk zu Publisher. In diesen Fällen stehen dem Publisher gegebenenfalls weitere Vergütungsansprüche gegen das Netzwerk zu.

Hinweis: Advertiser-Fraud ist häufig strafbar

Betrügerisches Verhalten von Advertisern oder beteiligten Agenturen ist strafbar. Bisher sind allerdings keine Fälle publik geworden, in denen gerichtliche Auseinandersetzungen über Fälle von Advertiser-Fraud geführt worden wären.

Wenn Agenturen beteiligt sind, haben diese in der Regel vertragliche Beziehungen nur zu dem Advertiser, so dass sich unmittelbare vertragliche Ansprüche der anderen Beteiligten gegen Agenturen nicht ergeben können. Sofern allerdings – was zum Teil kolportiert wird – Agenturen aufgrund der Systemkenntnis Cookies von Publishern überschreiben, um selbst eine (zusätzliche) Provision zu erlangen, ist dies wettbewerbswidrig und auch strafbar.

Wenn zwischen Agentur und Advertiser nichts anderes vereinbart ist, ist eine Tätigkeit der Agentur als Publisher auf den von der Agentur selbst betreuten Partnerprogrammen nicht per se eine Verletzung des Agenturvertrages und berechtigt den Advertiser daher auch nicht, Vergütungen (gegenüber dem Netzwerk) einzubehalten oder den Vertrag mit der Agentur fristlos zu beenden.

Hinweis: In Agenturverträgen ein Publishing durch Agentur ausschließen

Advertiser, die ausschließen wollen, dass die eigene Agentur als Publisher in dem eigenen Partnerprogramm tätig wird, sollten entsprechende vertragliche Vereinbarungen treffen. Diese sollten dann auch auf die Mitarbeiter der Agentur ausgeweitet werden.

8.4 Haftungsfragen

Im Geschäftsverkehr haftet zunächst jeder für seine eigenen Handlungen. Lässt ein Unternehmen aber Dritte Aufgaben für sich erledigen, stellt sich stets die Frage, ob auch für die Handlungen dieser Unternehmen gehaftet werden muss. Für das Verhältnis des Advertisers zu den Publishern ist eine solche Haftung vom Bundesgerichtshof bejaht worden.

Beispiel: Webdesign-Agentur haftet für Grafiker

Bedient sich eine Webdesign-Agentur eines freien Grafikers für die gestalterischen Aufgaben, muss die Agentur gegenüber dem Kunden dafür geradestehen, wenn sich später herausstellt, dass der Grafiker die Entwürfe kopiert hat. Wenn der wirkliche Urheber der Grafiken dann an den Kunden herantritt, muss dieser wiederum gegenüber dem Urheber für die Urheberrechtsverletzung einstehen, die der freie Grafiker begangen hat. Dass sich der Kunde bei der Webdesign-Agentur und die Agentur bei dem Grafiker Hilfe holten, hilft im Außenverhältnis weder dem Kunden noch der Agentur.

8.4.1 Haftung des Advertisers

Der Advertiser haftet für von seinen Publishern begangene Rechtsverletzungen wie für einen Beauftragten. Um einer allzu weitreichenden Haftung zu entgehen, sind detaillierte vertragliche Regelungen empfehlenswert.

BGH: Advertiser haftet für die Publisher

In der Vergangenheit war in Deutschland immer wieder die Frage, inwiefern der Advertiser für Rechtsverletzungen des Publishers in Affiliate-Systemen haftet, Gegenstand gerichtlicher Auseinandersetzungen. In einer mit Spannung erwarteten Entscheidung hat der BGH eine sehr weitgehende Haftung angenommen.

Beispiel

Der Advertiser betrieb einen Internetversandhandel für Fahrräder, Fahrradzubehör und Fahrradbekleidung. Über verschiedene Netzwerke unterhielt er mehrere Partnerprogramme, bei denen jeweils konkrete Werbemittel zur Benutzung vorgeschrieben waren. Einer der vielen Publisher optimierte seine Website derart, dass dadurch Markenrechte eines konkurrierenden Online-Fahrradhändlers verletzt wurden. Der Konkurrent ging daraufhin gegen den Advertiser vor. Mit Erfolg: Der BGH entschied zugunsten des Konkurrenten. [BGH 08/05]

Grundsätzlich erkennt der Bundesgerichtshof mit dem Urteil an, das Publisher wie Beauftragte im Sinne von § 14 Abs. 7 des Markengesetzes zu behandeln sind. Bei dieser Vorschrift handelt es sich um eine Norm, die den Inhaber eines Betriebes für Rechtsverletzungen seiner Angestellten und Beauftragten haften lässt. Hintergrund ist, dass bei einer arbeitsteiligen Organisation eines Unternehmens die Verantwortlichkeit für die geschäftliche Tätigkeit nicht beseitigt werden soll, wenn dem Unternehmensinhaber die Geschäftstätigkeit seiner Beauftragten zugutekommt.

Dies überträgt der BGH auf Affiliate-Programme. Entscheidend sei, dass der Erfolg der Geschäftstätigkeit des Publishers dem Advertiser zugutekommt und dieser einen bestimmten durchsetzbaren Einfluss auf den Bereich hat, in den das beanstandete Verhalten fällt. Daran ändere auch die Tatsache nichts, dass der Advertiser den Publisher selbst gar nicht beauftragt habe, sondern das Netzwerk dazwischengeschaltet war.

Das ist zunächst überraschend und auch unter Juristen umstritten. Einen Publisher, den der Advertiser nicht kennt, ja nicht einmal ausgesucht hat, mit einem weisungsgebundenen Angestellten gleichzustellen, erfordert einigen Begründungsaufwand.

Letztlich argumentiert der BGH, dass es der Advertiser in der Hand habe (bzw. haben müsse), wen er sich als Publisher auswählt. Außerdem würden den Publishern üblicherweise Vorgaben zu der Art und Weise der Werbung gemacht. Im konkreten Fall waren auch konkrete Werbemittel vorgegeben und die Publisher mussten sich im Einzelnen freischalten lassen. Zudem war die Werbetätigkeit auf die freigegebenen Websites beschränkt.

Checkliste – Wann haftet der Advertiser

Nach der Rechtsprechung des BGH haftet der Advertiser für alle Handlungen, die der Publisher im Rahmen des Werbeauftrags vorgenommen hat. Ist der Auftrag nicht beschränkt, kann das eine Haftung in vielen Fällen bedeuten:

- ✓ Verwendung von Marken auf der angemeldeten Publisher-Website
- ✓ Rechtswidrige Werbung auf anderen Publisher-Seiten
- ✓ SEO-Maßnahmen unter Markennutzung
- ✓ Werbung auf jugendgefährdenden Seiten
- ✓ Markenrechtswidrige Google-AdWords
- ✓ Falsche Werbeaussagen des Publishers den Advertiser betreffend
- ✓ Spamming des Publishers
- ✓ Cold-Calling des Publishers

Haftung nur bei Handlungen im Rahmen des Auftrags

Allerdings war die Website, die zum Gegenstand des Markenstreits wurde, nicht die angemeldete Seite. Die beanstandete markenrechtswidrige Werbung erfolgte im Zusammenhang mit einer anderen Website des Publishers. Der Publisher ist also über das hinausgegangen, was vertraglich vereinbart war. Der BGH verwies den Streit an das Oberlandesgericht Köln zurück, das nun endgültig darüber entscheiden muss, ob der Advertiser für die von dem Publisher begangene Markenverletzung gegenüber dem Konkurrenten haften muss.

Der BGH öffnet damit einen wichtigen Ausweg aus der Haftung des Advertisers für Aktionen der mit ihm verbundenen Publisher. Der Advertiser soll nur für Handlungen haften, die der Publisher im Rahmen des ihm erteilten Auftrags begangen hat. Es ist daher erforderlich, einen genauen Blick auf den Inhalt des »Auftrags« zu werfen. Bezieht sich der Auftrag zur Werbeschaltung auf eine konkrete Website und werden zu diesem Zweck konkrete Werbemittel zur Verfügung gestellt, so handelt der Publisher außerhalb seines Auftrags, wenn er auf anderen Websites wirbt oder gar unter Verwendung gänzlich anderer Werbeformen.

Hinweis: Haftung nur für angemeldete Websites

Der Advertiser haftet nur für Handlungen, die der Publisher auf den angemeldeten Websites begeht. Etwas anderes gilt nur, wenn der Advertiser damit rechnen musste, dass der Publisher sich über die Weisungen hinwegsetzt und auch auf anderen Websites oder mit anderen Werbemitteln wirbt.

Wichtig ist darüber hinaus die Differenzierung zwischen Rechtsverletzungen des Publishers auf der angemeldeten Seite und solchen, die lediglich diese Seite bewerben. Letzteres ist das Geschäftsfeld des Advertisers, der sein eigenes Projekt bewirbt.

Beispiel: Unterschied zwischen SEO- und SEM-Maßnahmen

Optimiert der Publisher die bei dem Partnerprogramm angemeldete Seite auf die Marke eines Konkurrenten des Advertisers, um zu erreichen, dass eine Suche nach dem Konkurrenten auf seine Seite führt, muss sich der Advertiser dies zurechnen lassen, weil die rechtswidrige Werbung auf der angemeldeten Seite geschieht. Dagegen haftet der Advertiser nicht, wenn der Publisher die fremde Marke bei Google bucht, um seine eigene Website zu bewerben, und es dadurch zu einer Verwechslungsgefahr kommt. In beiden Fällen begeht natürlich der Publisher selbst eine Rechtsverletzung, für die er zur Verantwortung gezogen werden kann.

Verhalten nach Abmahnung – Störerhaftung

Liegt nach diesen von der Rechtsprechung entwickelten Grundsätzen keine Beauftragtenhaftung vor, kann der Advertiser dennoch als sogenannter Störer haften. Als Störer haftet nämlich, wer, ohne selbst Täter oder Teilnehmer zu sein, in irgendeiner Weise zu der Rechtsverletzung beiträgt und Prüfpflichten verletzt, die ihm zumutbar sind. In aller Regel können Prüfpflichten erst entstehen, wenn der Betroffene von einer Rechtsverletzung weiß. Dieses Wissen wird ihm oft durch eine Abmahnung des Rechteinhabers oder des Konkurrenten verschafft werden.

Hinweis: Handeln bei bekannten Rechtsverletzungen

Prüfpflichten entstehen, sobald der Advertiser erfährt, dass ein Publisher rechtswidrig wirbt. Ein Advertiser oder seine Agentur darf daher nicht die Augen vor Markenverletzungen oder wettbewerbswidrigem Verhalten von Publishern verschließen. Sobald der Verdacht von Rechtsverletzungen aufkommt, entstehen Prüfpflichten, denen der Advertiser nachkommen muss.

Werden Rechtsverstöße durch Publisher bekannt, genügt es nicht, allgemein gehaltene E-Mails an die Publisher zu versenden, in denen die Publisher gebeten werden, das beanstandete Verhalten einzustellen. Vielmehr müssen spätestens nach einer Abmahnung geeignete, klare Sanktionen angedroht und gegebenenfalls umgesetzt werden. Den Publishern muss angedroht werden, aus dem Partnerprogramm ausgeschlossen zu werden, falls sich eine Rechtsverletzung wiederholt.

Beispiel: Werbung auf jugendgefährdenden Seiten

Ein Usenet-Provider unterhielt ein Partnerprogramm. Einige Publisher warben, ohne dass dies gestattet gewesen wäre, auf Websites mit jugendgefährdenden Inhalten. Nach einer Abmahnung durch einen Verband versandte der Advertiser an alle Publisher eine E-Mail, in der er auf die Abmahnung aufmerksam machte und um die Einhaltung geltenden Rechts bat. Sanktionen waren dagegen nicht angekündigt. Als die Werbung anschließend auf ähnlichen Seiten erneut auftauchte, beantragte der Verband eine einstweilige Verfügung gegen den Advertiser und bekam bis zum OLG München recht. Das Gericht stellte darauf ab, dass der Advertiser mehr hätte tun müssen, um seine Partner zu rechtmäßigem Verhalten anzuhalten. [OLG München 08/06]

Das Gericht hat dem Advertiser sogar vorgehalten, die Affiliate-Verträge nicht gekündigt zu haben, wenn sich die Publisher anderweitig nicht von dem rechtswidrigen Verhalten abbringen ließen.

Checkliste – Maßnahmen nach Abmahnung

- ✓ Betroffene Publisher umgehend auf den Verstoß hinweisen
- ✓ Für Einstellung des beanstandeten Verhaltens sorgen
- ✓ Mit Kündigung des Affiliate-Vertrages drohen
- ✓ Zuwiderhandelnden Publishern sofort kündigen
- ✓ Gegebenenfalls Vertragsstrafen geltend machen
- ✓ Bei besonders sensiblen/riskanten Themen Partnerprogramm vorläufig schließen

Folgen für die Gestaltung der Partnerbedingungen

Das Urteil des BGH hat unmittelbare Auswirkungen auf die Gestaltung der Partnerbedingungen. Hier sind in erster Linie die Netzwerke gefordert. Doch auch die Advertiser haben es in der Hand, durch zusätzliche Partnerbedingungen für Mindeststandards unter den Publishern und eine Handhabe bei Rechtsverstößen zu sorgen.

Die zusätzlichen Partnerbedingungen werden Bestandteil des Vertrages zwischen Netzwerk und Publishern. Gegenüber dem Advertiser ist das Netzwerk verpflichtet, die von dem Advertiser gewünschten zusätzlichen Teilnahmebedingungen zum Gegenstand der Verträge mit den Publishern zu machen.

Hinweis: Beschränkung des Werbeauftrags

Den größten Einfluss auf die Haftungssituation gegenüber Konkurrenten oder Markeninhabern hat der Advertiser, indem er den konkreten Auftrag an den Publisher stark beschränkt.

Die wesentliche Einschränkung erfolgt durch die Auswahl und Freigabe der Website, auf der der Publisher Werbemittel des Advertisers verwenden darf. Aus der Ausgestaltung des Portals des Netzwerks muss sich zweifelsfrei ergeben, dass der Werbeauftrag an den Publisher auf die von ihm angegebene und vom Netzwerk gegebenenfalls freigegebene Website beschränkt ist.

Die Netzwerke sollten eindeutige Formulierungen wählen und die Publisher zwingen, konkrete Domains anzugeben, auf denen die Werbung eingeblendet werden soll. Es sollte auch deutlich gemacht werden, dass eine Verwendung der (oft markenrechtlich geschützten) Werbemittel nur auf diesen Seiten gestattet ist. Auch Domain-Umleitungen sollten ausdrücklich ausgeschlossen werden.

Klarstellen können Advertiser und Netzwerk in den programmspezifischen Teilnahmebedingungen auch, welche Werbeformen von dem Auftrag erfasst sind. Hier kann unmissverständlich eingeschränkt werden, dass der Publisher nur mit bestimmten Werbeformen (Banner, Layer-Ads, Video, E-Mail etc.) beauftragt wird. Nicht umfasste Werbeformen können dann – als nicht abschließende Aufzählung – explizit ausgeschlossen werden.

Empfehlenswert ist auch, eine Veränderung des zur Verfügung gestellten Werbemittels (Banner, Video etc.) ausdrücklich zu untersagen.

Checkliste – Beschränkung der Publisher

- ✓ Beschränkung auf konkrete Websites/Domains
- ✓ Verbot von Domain-Umleitungen
- ✓ Beschränkung auf konkret freigegebene Werbemittel
- ✓ Verbot aller anderen Werbemittel
- ✓ Verbot jeder Veränderung der Werbemittel

Grundsätzlich ist denkbar, den Auftrag in den Partnerbedingungen noch weiter einzuschränken. So kann etwa die Verwendung fremder Kennzeichen auf der angemeldeten Website, die Suchmaschinen-Optimierung unter Verwendung fremder Marken oder etwa ein Preisvergleich vertraglich verboten werden.

Noch genereller findet sich in vielen Affiliate-Verträgen ein allgemeines Verbot rechtswidriger Werbung. Dies wird von den Gerichten jedoch nicht mehr als

Beschränkung des Auftrags, sondern lediglich als dessen Ausgestaltung verstanden. Zwar kann der Advertiser solche weitergehenden Einschränkungen vornehmen. Diese helfen aber nicht im Außenverhältnis zur Konkurrenz, Markeninhabern oder klageberechtigten Verbänden. Immerhin ist jedoch ein Verstoß ein Vertragsverstoß des Publishers, der zu Schadensersatzansprüchen führen kann.

Weitere Voraussetzung für den Ausschluss der Haftung des Advertisers nach den Grundsätzen der Beauftragtenhaftung ist, dass er nicht mit der anderweitigen Tätigkeit des Beauftragten rechnen musste.

Hier dürfte es nicht ausreichen, den Einsatz der Werbemittel auf anderen Websites oder die Nutzung anderer Werbemittel einfach zu verbieten. Wer eine Provision für den Eintritt eines Erfolges verspricht, kann unter Umständen damit rechnen, dass sich Beauftragte über bestimmte Verbote hinwegsetzen, wenn diese nicht überwacht oder geahndet werden.

Eine generelle Überwachung ist Advertisern und Netzwerk nicht möglich. Allerdings können die Vereinbarung einer Vertragsstrafe und deren Durchsetzung es rechtfertigen, dass sich der Advertiser auf die Einhaltung der Vorgaben verlassen kann. Zu empfehlen ist auch die Vereinbarung eines Rechts zur fristlosen Kündigung für den Fall, dass ein Publisher wiederholt Beschränkungen nicht beachtet.

Checkliste – Empfehlenswerte zusätzliche Regelungen in Partnerbedingungen

- ✓ Anspruch auf Provision nur, wenn die Werbemittel wie vertraglich vereinbart eingesetzt werden
- ✓ Vertragsstrafen für den Fall des Verstoßes gegen Beschränkungen
- ✓ Kündigungsrechte im Falle des mehrfachen Verstoßes
- ✓ Möglichkeit der Anpassung des Vertrages bei neuen Konstellationen

Solche vertraglichen Vereinbarungen können im Außenverhältnis gegenüber dem Verletzten allerdings nur dann helfen, wenn diese Bestimmungen auch durchgesetzt werden. Werden Provisionszahlungen ausgekehrt, obwohl Verstöße offensichtlich sind, haftet der Advertiser jedenfalls als Störer.

8.4.2 Haftung des Publishers

Jeder Publisher haftet zunächst für seine eigenen Handlungen. Wer im Namen eines Advertisers Spam verschickt, kann auch selbst wegen unzulässiger Werbung per E-Mail in Anspruch genommen werden. Doch auch eine Haftung für die Werbemittel des Advertisers kommt in Betracht.

Beispiel: Rechtswidrige Werbung durch ausländischen Advertiser

Ein U.S.-amerikanisches Unternehmen bietet Partnerprogramme in Deutschland an und stellt dort verschiedene Banner als Werbemittel zur Verfügung. Diese Banner enthalten falsche Werbeaussagen, insbesondere irreführende Angaben zur Größe des Unternehmens im Verhältnis zum Wettbewerb in Deutschland. Weil der deutsche Konkurrent eine Zustellung einer deutschen Klage in den USA scheut, nimmt er nach Abmahnungen die deutschen Publisher in Anspruch. Eine Klage wird Erfolg haben, weil die Publisher, die im Anschluss an die Abmahnungen die rechtswidrige Werbung fortsetzen, jedenfalls als Störer auf Unterlassung haften.

Konstellationen, in denen sich Außenstehende an den Publisher anstelle des Advertisers wenden, sind selten. Insbesondere in Konstellationen, in denen der Publisher selbst klare Rechtsverstöße begeht und etwa Spam versendet, ist das aber durchaus denkbar.

Doch auch wenn der Advertiser nicht ohne Weiteres greifbar ist oder zu fürchten ist, dass er einen Rechtsstreit nicht überleben wird, kann es aus Sicht des Verletzten sinnvoll sein, den Publisher für seine Mitwirkungshandlung an Rechtsverletzungen des Advertisers in die Haftung zu nehmen.

8.4.3 Haftung des Netzwerks

Das Affiliate-Netzwerk steht im Zentrum der vertraglichen Konstellation, profitiert von jeder Transaktion und ist daher tauglicher Anspruchsgegner in Fällen der Rechtsverletzung durch Advertiser oder Publisher. Eine Haftung tritt aber nur ein, wenn das Netzwerk Kenntnis von den beanstandeten Verstößen hat.

Beispiel: Reiseveranstalter vs. Netzwerk

Ein Reiseveranstalter verlangte von einem Netzwerkbetreiber, für die Markenrechtsverletzungen eines Publishers einzustehen. Dieser hatte auf einer anderen Domain, die nicht bei dem Netzwerk angemeldet war, Werbebanner des Reiseveranstalters geschaltet. Die Klage blieb aber ohne Erfolg, da es dem Netzwerk in diesem konkreten Fall technisch nicht möglich und wirtschaftlich unzumutbar war, Kontrollmaßnahmen durch Einrichtung eines Kontrollprogramms zur Aufspürung und Verhinderung von Markenverletzungen zu ergreifen. [LG Hamburg 08/07]

Die Netzwerke werden wegen Rechtsverletzung durch Advertiser oder Publisher vergleichweise wenig angegangen. Dies liegt vor allem daran, dass sie die Haftung als »technischer Dienstleister« leicht von sich weisen können. Zudem lässt sich auf die Advertiser in der Regel leicht und Erfolg versprechender zugreifen. Doch auch das Netzwerk profitiert von den Umsätzen, die die Publisher vermitteln. Und auch das Netzwerk kann theoretisch in die Haftung genommen werden.

Allerdings wird es bei wettbewerbsrechtlichen Streitigkeiten oft an dem notwendigen Wettbewerbsverhältnis fehlen. Bei Markenrechtsverletzungen ist eine Haftung des Netzwerks schon eher denkbar. Jedenfalls ab Kenntnis kann auch das Netzwerk in die Haftung geraten, wenn es nicht ausreichend Vorsorge trifft, die Rechtsverletzung einzustellen.

Tipp: Handlungsempfehlungen für Netzwerke

Auch Betreiber von Affiliate-Netzwerken sollten schnell handeln, nachdem sie von Rechtsverstößen – etwa durch eine Abmahnung – Kenntnis erlangt haben. Das Netzwerk muss für eine möglichst schnelle Abstellung der Rechtsverletzung sorgen.

Außerdem sollten die Verträge in beide Richtungen Kündigungsmöglichkeiten bei dem Verdacht von Rechtsverstößen vorsehen. Um der Haftung zu entgehen, gilt auch für die Netzwerkbetreiber, dass Verstöße konsequent zu ahnden sind.

Kapitel 9

E-Mail-Werbung

Jede werbende E-Mail bedarf der vorherigen ausdrücklichen Einwilligung des Empfängers. Unterschiede zwischen Unternehmen und Privatpersonen bestehen dabei nicht. Es genügt auch nicht, dass der Versender damit rechnen konnte, dass der Empfänger mit der Werbung schon einverstanden sein würde. Ob eine Werbe-E-Mail zulässig oder als Spam anzusehen ist, steht und fällt also mit der Frage, ob eine Einwilligung vorliegt. Eine Ausnahme besteht für E-Mail-Adressen, die im Rahmen von Kundenbeziehungen erhoben wurden (siehe Abschnitt 9.2.3).

Beispiel: E-Mail-Werbung von Traditionsbetrieb

Der Inhaber eines traditionellen Unternehmens für die Produktion von handgenähten Schuhen möchte modernes Marketing betreiben. Dazu versendet er regelmäßig E-Mails mit Werbung. Eine vorherige Einwilligung der Empfänger hat er nicht eingeholt; schließlich hat man das auch nicht gemacht, als man Handzettel verteilte und keiner hat sich je beschwert. Da man aber in der Zeitung etwas von einer Einwilligung gelesen hat, fragt der Schuster bei einem Rechtsanwalt nach.

Dieser weist den Inhaber darauf hin, dass dieser gegenüber konkurrierenden Wettbewerbern unlauter handelt und sich zusätzlich der Gefahr aussetzt, dass Verbraucherschutzverbände gegen ihn vorgehen. Außerdem können betroffene Empfänger der E-Mail zivilrechtliche Unterlassungsansprüche geltend machen, da die Versendung der Werbung eine unerlaubte Handlung darstellt. Zudem fehlt es an einer Erlaubnis, die einzelnen E-Mail-Adressen in der Verteilerdatenbank zu speichern, weswegen die betroffenen Empfänger sich auf ihre Datenschutzrechte berufen können. Schließlich droht die Verhängung von Bußgeldern durch die Datenschutzbehörden, weil neben der E-Mail-Adresse der Name und teilweise die Zuordnung zu einem Unternehmen in die Verteilerdatenbank aufgenommen wurden.

Es gibt viele Arten, eine rechtssichere Einwilligung des Empfängers zu erhalten. Unabhängig von der konkreten Form der Einholung der Einwilligung – online, per E-Mail, auf Papier, am Telefon – ist es ratsam, das sogenannte Double-Opt-in-

Verfahren einzusetzen, bei dem die E-Mail-Adresse noch einmal verifiziert werden muss.

Checkliste: E-Mail-Werbung und Recht

- ✓ E-Mail-Werbung bedarf einer vorherigen ausdrücklichen Einwilligung (Abschnitt 9.1).
- ✓ Werbung ist jegliche Maßnahme zur Förderung von Absatz (Abschnitt 9.1.3).
- ✓ Newsletter-Anmeldungen sollten per Double-Opt-in erfolgen (Abschnitt 9.2.1).
- ✓ Die Einwilligung ist zu protokollieren (Abschnitt 9.1.4).
- ✓ Bei bestehenden Kundenbeziehungen sind Häkchenfelder mit Opt-in empfehlenswert (Abschnitte 9.2.2 und 9.2.3).
- ✓ Es sollten unkomplizierte Abmeldeprozeduren eingebaut werden (Abschnitt 9.2.4).
- ✓ Tell-a-friend-Nachrichten dürfen sich nicht als Werbung des Unternehmens darstellen (Abschnitt 9.4.1).
- ✓ Die Verwendung von SHARE-Buttons darf nicht mit der Erhebung und Speicherung von Daten anderer Personen als des »Anklickenden« einhergehen (Abschnitt 9.4.2).
- ✓ Werbung muss als solche erkennbar sein (Abschnitt 9.5).
- ✓ Beim Co-Registrierungsverfahren muss der Einwilligende erkennen können, von wem er zukünftig Werbung erhält (Abschnitt 9.6.1).
- ✓ Beim Erwerb von E-Mail-Adressen ist ausreichend sicherzustellen, dass die Verwendung der Adressen zu Werbezwecken zulässig ist (Abschnitt 9.6.3).

9.1 Grundsätze

Versendet ein Unternehmen Werbung per E-Mail, ohne die vorherige Einwilligung vom Inhaber der E-Mail-Adresse oder sonstigen Berechtigten eingeholt zu haben, stellt dies einen Eingriff in verschiedene Rechtspositionen dar. Das Unternehmen setzt sich damit Ansprüchen von Wettbewerbern, Verbraucherschutzzentralen und Datenschützern aus, die neben den Ansprüchen der betreffenden Empfänger stehen (zu den Einzelheiten siehe Abschnitt 9.1.4).

Nichts anderes gilt für Werbebotschaften über andere Kommunikationswege der elektronischen Post wie SMS/MMS-Werbung, Facebook, Twitter oder Skype. Dabei spielt es keine Rolle, ob ein Produkt angeboten oder nachgefragt wird. Auch die Nachfrage nach Dienstleistungen des Anbieters ist als (Nachfrage-)Werbung anzusehen.

Beispiel: Twitter-DM: Bannerwerbung?

Ein Unternehmen sucht Banner-Werbeplätze für sein neues Produkt. Hierzu versendet es Direktnachrichten per E-Mail und über Facebook und Twitter an Website-Betreiber. Diese enthalten eine Anfrage, ob bei dem Empfänger Interesse bestehe, dass das Unternehmen gegen Zahlung eines Entgelts Bannerwerbung auf den jeweiligen Seiten schaltet. Auch eine solche (Nachfrage-)Nachricht stellt eine Werbung dar, für die eine vorherige ausdrückliche Einwilligung eingeholt werden muss.

9.1.1 Wer muss einwilligen?

Es liegt auf der Hand, dass sich derjenige mit der Werbung per E-Mail einverstanden erklären muss, der Inhaber der E-Mail-Adresse ist. Bei Unternehmensadressen darf sich der Werbende darauf verlassen, dass der, der eine E-Mail von dem betreffenden Account abgesendet oder einen Bestätigungs-Link angeklickt hat, auch berechtigt ist, sein Einverständnis für den Inhaber der E-Mail-Adresse zu erklären.

Beispiel: Unternehmensadressen

Klar ist, wer sich mit der E-Mail-Werbung an die Adresse `martin@schirmbacher.de` einverstanden erklären muss. Der Werbende kann aber auch von einem Einverständnis des Unternehmensinhabers ausgehen, wenn die Einwilligung über die Adresse `mail@haerting.de` erfolgt und objektiv keine Zweifel an der entsprechenden Berechtigung des absendenden Mitarbeiters bestehen. Solche Zweifel bestünden etwa, wenn die Nachricht erkennen lässt, dass sich jemand (etwa ein Praktikant) mit der Mail-Anschrift des Unternehmens einen Scherz erlaubt.

Ist eine Einwilligung in die Werbung per E-Mail erforderlich, wirft dies die Frage auf, wer denn überhaupt in die Übersendung von E-Mails einwilligen muss. Dies ist unproblematisch, wenn die E-Mail-Adresse eindeutig einer Person, dem Inhaber der E-Mail-Adresse, zuzuordnen ist. In diesen Fällen bedarf es der Einwilligung gerade eben dieser Person.

Schwieriger kann es jedoch sein, wenn die E-Mail-Adresse nicht personalisiert ist (zum Beispiel: `mail@haerting.de`). In diesen Fällen kommt es grundsätzlich darauf an, wer berechtigt ist, eine Einwilligung für die betreffende E-Mail zu erteilen.

Zu bejahen ist dies für den Unternehmensinhaber, Geschäftsführer oder Vorstände. Doch auch sonstige Vertretungsberechtigte kommen für die Erteilung einer Einwilligung in Betracht.

Problematisch ist hier, dass der Werbende den Status desjenigen, der die Einwilligung erteilt hat, häufig nicht erkennen kann. Jedenfalls beim Double-Opt-in-Verfahren und im Rahmen von Kundenbeziehungen muss es genügen, wenn die Einwilligung von einer objektiv berechtigten Person kommt. Wer offenbar in der Lage ist, die betreffende allgemeine Unternehmens-E-Mail-Adresse zu nutzen, muss auch als für die Einwilligung befugt gelten. Nicht genügend ist hingegen ein vorgängiger Telefonanruf beim Zielunternehmen und die Einholung des Einverständnisses mit der Übersendung von E-Mails durch Sekretariats- oder Telefonpersonal. Auch wenn diese Methode in der Praxis teilweise anzutreffen ist, ist sie dennoch regelmäßig unzulässig. Davon abgesehen ist schon der Telefonanruf als Werbung zu qualifizieren, der einer Einwilligung bedarf. Regelmäßig fehlt es daran, so dass der Anruf als Cold-Call rechtswidrig ist.

Vorsicht: Auch einmalige Werbung ist Spam

Auch die einmalige Zusendung einer E-Mail, mit der der Absender seine Geschäftstätigkeit darstellt, um eine Einwilligung in E-Mail-Werbung zu erhalten, ist unzulässig. [BGH 09/01]

Lassen Sie sich nicht zu derartigen »Teaser-E-Mails« hinreißen. Auch eine (noch so nett formulierte) E-Mail: »Unser Newsletter könnte interessant für Sie sein – darf ich Sie in den Verteiler eintragen?« ist rechtlich als Spam anzusehen.

Nicht unproblematisch ist auch die Erteilung einer Einwilligung in die Übersendung von Werbung per E-Mail durch Minderjährige. Rechtlich ist bei einseitigen Willenserklärungen stets die Zustimmung der Erziehungsberechtigten erforderlich. Eine Bagatellschwelle gibt es nicht, so dass Minderjährige eine Einwilligung nicht wirksam erteilen können. Praktisch sollte das jedoch kein ernsthaftes Problem sein. Wer nachweisen kann, dass der Minderjährige tatsächlich selbst in die Übersendung der Werbung eingewilligt hat, dürfte jedenfalls moralisch – wenn auch nicht rechtlich – auf der sicheren Seite sein.

Checkliste – E-Mail-Werbung: Wer muss einwilligen?

- ✓ Der Inhaber der E-Mail-Adresse selbst
- ✓ Der Unternehmensinhaber
- ✓ Der Geschäftsführer oder Vorstand (bei Unternehmensadressen)
- ✓ Sonstige objektiv berechtigte Personen (bei Unternehmensadressen)
- ✓ Eltern für ihre minderjährigen Kinder

9.1.2 Was ist elektronische Post?

Das UWG verlangt die Einwilligung für Werbung unter Nutzung elektronischer Post. Darunter ist alles zu verstehen, was auf elektronischem Wege in ein Postfach des Empfängers gesendet werden kann.

Beispiel: Opt-in gilt auch für Social Networks

Möchte ein Unternehmen ein neues Produkt bewerben und dazu neben der E-Mail- und Telefaxwerbung auch andere Kommunikationswege einsetzen, muss es ebenfalls die Einwilligung des jeweiligen Betroffenen einholen. Dabei spielt es keine Rolle, ob die Werbung per SMS/MMS versendet wird oder etwa über Twitter, Facebook oder Xing gepostet wird. Auch für Werbebotschaften über Messenger-Dienste wie Skype und ICQ sollte eine ausdrückliche Einwilligung eingeholt werden.

Unzumutbare Belästigung im Sinne von § 7 Abs. 2 Nr. 3 UWG ist die Werbung »unter Verwendung ... elektronischer Post«. Dies wirft die Frage auf, was – außer der E-Mail – alles darunter zu verstehen ist. Gemeint ist ersichtlich jede Form der elektronischen Kommunikation, bei der die Nachricht in eine Art Postfach des Empfängers gelangt und dort von diesem – gegebenenfalls zeitversetzt – abgerufen werden kann.

Damit fallen insbesondere auch Nachrichten in Online-Plattformen wie Xing oder Facebook unter die Vorschrift. Das bedeutet, dass jede Werbenachricht über Xing der Einwilligung des Account-Inhabers bedarf. Dabei genügt es nicht, dass der Empfänger ein Kontakt des Werbenden ist. Weil der Werbebegriff denkbar weit ist (vgl. Abschnitt 9.1.3 sogleich), erfordern auch Event-Einladungen und Hinweise auf neu errichtete Gruppen in sozialen Netzwerken eine Einwilligung, wenn diese geschäftlichen Zwecken dienen.

Beispiel: DM auf Twitter

Auch werbliche Direktnachrichten auf Twitter bedürfen grundsätzlich einer Einwilligung. Auch hier kann aus dem Follower-Status nicht ohne Weiteres gefolgert werden, dass der Empfänger mit einer Direktnachricht einverstanden ist.

9.1.3 Was ist Werbung?

Untersagt ist nicht per se jede E-Mail, sondern nur werbende E-Mails. Werbung ist jede Äußerung eines Unternehmens mit dem Ziel, den Absatz zu fördern und zwar auch die Nachfragewerbung.

Beispiel: Werbung beim FC Troschenreuth

Die Betreiber eines Online-Fußballportals fragten bei dem Fußballverein FC Troschenreuth per E-Mail an, ob der Fußballverein interessiert sei, auf seiner Website Bannerwerbung für das Fußballportal anzubringen. Dies hielt der Bundesgerichtshof für eine unaufgeforderte Werbung. Es mache keinen Unterschied, ob die E-Mail Dienstleistungen des Versenders bewerbe oder darin Dienstleistungen des Empfängers nachgefragt werden. Jede solche E-Mail bedürfe der Einwilligung des Adressaten. [BGH 09/02]

Was unter Werbung zu verstehen ist, definiert das Gesetz selbst nicht. Nach den europäischen Richtlinien ist Werbung

> *»jede Äußerung bei der Ausübung eines Handels, Gewerbes, Handwerks oder freien Berufs mit dem Ziel, den Absatz von Waren oder die Erbringung von Dienstleistungen … zu fördern«.*

Das ist denkbar weit und erfasst letztlich jede Äußerung, die mittelbar oder unmittelbar der Absatzförderung dient. Damit sind auch ein werbender Link zur eigenen Website oder die Nachfrage, ob Interesse an einem Produkt oder einem Newsletter-Abonnement besteht, Werbung.

Klar ist damit zunächst, dass jede unternehmerische Äußerung, die dem eigenen Absatz dienen soll, als Werbung anzusehen ist.

Hinweis: Auch Zufriedenheitsumfragen sind Werbung

Auch als Zufriedenheitsumfragen deklarierte E-Mails im Nachgang zu einem Kauf sind in der Regel als Werbung einzustufen. Meinungsumfragen sind nur dann nicht als Werbung einzuordnen, wenn sie ohne gewerbsmäßigen Hintergrund stattfinden und nicht – auch nicht mittelbar – der Absatzförderung dienen sollen.

Zwei Urteile des BGH vom Sommer 2008 lassen erkennen, dass auch die Nachfragewerbung Werbung in diesem Sinne sein soll. In der einen Entscheidung ging es darum, ob als Werbung auch eine Anfrage nach Dienstleistungen gegen (vom »Werbenden« zu zahlendes) Entgelt anzusehen ist. Ein Online-Fußballportal hatte bei einem Fußballverein nachgefragt, ob der Verein daran interessiert sei, auf seiner Website Bannerwerbung für das Fußballportal anzubringen.

Hinweis: Statusnachrichten sind keine Werbung

Nicht als Werbung zu klassifizieren sind etwa reine Bestellbestätigungen, Statusmeldungen oder Systemnachrichten.

FC-Troschnreuth Der BGH meint, dass es keinen Unterschied mache, ob die E-Mail Dienstleistungen des Versenders bewerbe oder Dienstleistungen des Empfängers nachfrage. Auch eine solche E-Mail-Sendung bedürfe der Einwilligung des Adressaten [BGH 09/02]. In dem konkreten Fall bestand die Einwilligung nicht darin, dass der Verein seine E-Mail-Adresse auf der Website veröffentlicht hatte. E-Mail-Anfragen erwarte der Fußballclub allenfalls zum Spielbetrieb oder den Vereinsaktivitäten, nicht jedoch nach vereinsfremden Leistungen.

Hinweis: Auch Produktanfragen sind Werbung

Werbung ist – nach dieser Rechtsprechung – also nicht nur die Absatzwerbung, sondern auch die Dienstleistungsanfrage und die Nachfrage, ob eine bestimmte Ware verfügbar sei.

Faxanfrage An diesem Grundsatz hält der Bundesgerichtshof auch in einer Entscheidung über die Faxanfrage eines Autohändlers an einen Konkurrenten fest, mit der der Versender konkrete Automodelle nachfragte und mitteilte, dass er bereit sei, diese Gebrauchtwagen gegebenenfalls zu erwerben. [BGH 09/03]

Allerdings kommt der BGH – zunächst überraschend – zu dem gegenteiligen Ergebnis und hat die Unterlassungsklage des Empfängers abgewiesen. Zwar gelte auch hier, dass es grundsätzlich einer Einwilligung bedürfe. Diese habe allerdings vorgelegen.

In dem konkreten Fall hatte das Unternehmen seine Telefaxnummer in einem allgemein zugänglichen Verzeichnis veröffentlicht und nach Ansicht des BGH damit zu erkennen gegeben, dass es damit einverstanden ist, per Telefax Nachfragen nach Gebrauchtwagen zu erhalten. Diese konkludent erteilte Einwilligung sei auch nicht auf Anfragen von Privatkäufern beschränkt, sondern betreffe auch die Anfragen von Wiederverkäufern.

Beweislast bei Nachfragewerbung Auch wenn die beiden Entscheidungen des BGH zunächst widersprüchlich zu sein scheinen, so wird doch eine Linie deutlich: Wer für eigene Produkte wirbt oder Dienstleistungen des Empfängers per E-Mail oder Telefax anfragt, muss im Zweifel darlegen und beweisen können, dass der Empfänger mit der Werbung in der konkreten Kommunikationsform einverstanden war.

Die Veröffentlichung der Telefaxnummer in einem öffentlich zugänglichen Verzeichnis lässt eben den Schluss auf ein Einverständnis mit Telefaxnachfragen hinsichtlich des Dienstleistungsangebots des Anschlussinhabers, nicht aber ein Einverständnis mit Dienstleistungsangeboten jeder Art erkennen. Veröffentlicht dagegen ein Fußballverein seine E-Mail-Adresse etwa im Rahmen des Webimpressums auf seiner Website, kann darin nicht automatisch ein Einverständnis mit der Nachfrage von Bannerwerbung gesehen werden, weil Bannerwerbung nicht zum Standardgeschäft eines Fußballvereins gehört.

Hinweis: Einwilligung bei Nachfragewerbung

Aus der Rechtsprechung des BGH ergibt sich, dass auch eine Werbung in Form der Nachfragewerbung der Einwilligung des Adressaten der E-Mail bedarf. Von einem Einverständnis kann dann ausgegangen werden, wenn die E-Mail-Adresse des Empfängers veröffentlicht wurde. Allerdings bezieht sich das Einverständnis ausschließlich auf solche Nachfragen, die das eigene Angebot des Adressaten betreffen.

Letztlich kann sich jeder selbstkritisch die Frage stellen, ob er mit einer E-Mail am Ende den eigenen Absatz von Waren oder die Erbringung von Dienstleistungen anstrebt. Kommt dabei nur andeutungsweise ein »Ja« heraus, darf man auf die Einwilligung nicht verzichten.

Checkliste – E-Mail-Werbung: Grundsätze

Die Speicherung von E-Mail-Adressen und Versendung von Werbung per E-Mail an diese Adressen ohne ausdrückliche vorherige Einwilligung kann zur rechtlichen Inanspruchnahme durch

- ✓ Wettbewerber,
- ✓ Verbraucherschutzzentralen,
- ✓ Datenschützer und
- ✓ Adressaten der E-Mail führen.

Die ausdrückliche Einwilligung zur E-Mail-Werbung kann von dem Inhaber der E-Mail-Adresse selbst oder von sonstigen objektiv Berechtigten eingeholt werden.

Die Einwilligung ist für jede Werbung unter Nutzung elektronischer Post einzuholen, z.B.:

- ✓ E-Mail,
- ✓ SMS, MMS,
- ✓ Facebook, XING & Twitter,
- ✓ Skype, ICQ.

Werbung ist jede Äußerung eines Unternehmens mit dem Ziel, den Absatz zu fördern, und zwar auch die Nachfragewerbung.

9.1.4 Praxisfolgen: Einwilligung

Erfolgt die Einwilligung elektronisch durch eine E-Mail oder per Mausklick, ist es erforderlich, dass die Einwilligung protokolliert wird und sichergestellt ist, dass der Betroffene jederzeit den Inhalt abrufen und die Einwilligung widerrufen kann.

Hinweis: Einwilligungen protokollieren!

Protokollieren und speichern Sie jede Einwilligung in geeigneter Weise!

Jeder Datensatz sollte mit IP-Adresse, Datum und Uhrzeit sowie dem Text der Einwilligung selbst gespeichert werden. Wird ein Double-Opt-in-Verfahren eingesetzt, sollte auch die Bestätigungs-E-Mail zu dem Datensatz gespeichert werden.

Im Datenschutzrecht gelten die Gebote der Freiwilligkeit und Transparenz. Soll eine Einwilligung in die Nutzung einer E-Mail-Adresse für Zwecke der Werbung erfolgen, muss es dem Kunden also freistehen, ob er weitere Daten angeben möchte. Dies muss er auch wissen. Zudem gilt das Gebot der Datensparsamkeit. Erhoben werden sollen nur jene Daten, die für den jeweiligen Prozess auch benötigt werden.

Vorsicht vor zu vielen Pflichtfeldern

Verwenden Sie nicht zu viele Pflichtfelder! Für die Versendung von Werbung per E-Mail an einen Empfänger ist streng genommen nur dessen E-Mail-Adresse notwendig. Will der Betreffende mehr Daten – etwa seinen Klarnamen – preisgeben, muss er wissen, dass er dies freiwillig tut. Zur Unterscheidung bietet sich ein Sternchenhinweis an.

In jedem Fall ist der Betroffene darüber zu informieren, zu welchem Zweck die Daten erhoben werden und was mit ihnen geschehen wird. Dies geschieht üblicherweise in einer Datenschutzerklärung (siehe auch bei Abschnitt 3.5). Dort muss der Betroffene konkret über Zweck, Art und Umfang der Erhebung und Verwendung seiner Daten sowie darüber, wer diese Daten erhebt, unterrichtet werden.

Dabei muss dem Nutzer in verständlichen Worten erläutert werden, zu welchem Zweck er seine Daten mitteilt und was genau mit diesen Daten geschehen wird.

Vorsicht vor allgemeinen Aussagen zum Datenschutz

Nicht ausreichend sind allgemeine Erklärungen wie: »Wir halten uns an das geltende Datenschutzrecht.«

Auch bei allzu weit gefassten Einwilligungserklärungen ist Vorsicht geboten. Sind sie so weit gefasst, dass der Nutzer nicht mehr erkennen kann, wofür er eigentlich seine Einwilligung erteilt, ist die Erklärung insgesamt nicht datenschutzkonform. Auch Erklärungen, die ohne Not über die gesetzlichen Erfordernisse hinausgehen, sind tendenziell problematisch. Bindet sich der Unternehmer dadurch selbst, muss er sich auch an die Erklärungen halten. Tut er dies nicht, droht die Inanspruchnahme durch Wettbewerber, Datenschützer oder die Verbraucherzentralen.

Werden die Daten im Internet erhoben, gilt das Telemediengesetz (TMG). An dem Erfordernis der Einwilligung ändert sich dadurch nichts. Nach § 13 TMG muss der Betroffene zu Beginn jedes Datenerhebungsvorgangs zusätzlich über die Verwendung seiner Daten unterrichtet werden. Die Datenschutzerklärung muss jederzeit abrufbar sein.

Tipp: Datenschutzerklärung verlinken!

Integrieren Sie die Datenschutzerklärung an prominenter Stelle in die Website und verlinken Sie bei jeder Dateneingabemöglichkeit der Nutzer darauf.

Wichtig ist, dass die Datenschutzerklärung nicht mit der Einwilligung gleichgesetzt wird. Die Erklärung über die Nutzung der Daten ist erforderlich, weil der Betroffene wissen soll, wofür seine Daten verwendet werden. Der Einwilligung bedarf es zusätzlich.

9.1.5 Hintergrund: Betroffene Rechtsgebiete

Dass die Werbung per E-Mail eines ausdrücklichen Einverständnisses bedarf, ergibt sich aus § 7 des Gesetzes gegen den unlauteren Wettbewerb (UWG). Doch auch das Bürgerliche Gesetzbuch (BGB) und das Datenschutzrecht (BDSG und TMG) müssen beachtet werden, wenn es um die Zulässigkeit des E-Mail-Marketings geht.

Wettbewerbsrecht

Die Werbung per E-Mail bedarf genauso wie die Direktansprache per Telefax oder SMS in Deutschland grundsätzlich der Einwilligung des Empfängers. § 7 Abs. 2 Nr. 3 UWG ist die zentrale gesetzliche Vorschrift. Darin heißt es, dass eine – wettbewerbswidrige – unzumutbare Belästigung anzunehmen sei,

> *»bei Werbung unter Verwendung ... elektronischer Post, ohne dass eine vorherige ausdrückliche Einwilligung des Adressaten vorliegt«*

Klar ist damit, dass eine ausdrückliche Einwilligung des Empfängers benötigt, wer per E-Mail werben möchte. Dabei macht es keinen Unterschied, ob der Empfänger ein Verbraucher ist oder es sich um B2B (Business to Business)-Marketing handelt.

Hinweis: Spamming-Regeln europaweit weitgehend einheitlich

Die deutschen Vorschriften im Gesetz gegen den unlauteren Wettbewerb (UWG) beruhen auf europäischen Richtlinien. Die Rechtslage in Europa ist somit weitgehend einheitlich. Auch in Österreich und der Schweiz muss der Empfänger dem Erhalt von Werbung per E-Mail vorab zugestimmt haben. Abweichungen können sich aber in den Einzelheiten, etwa der Nutzung von E-Mail-Adressen aus Kundenbeziehungen, ergeben.

Bürgerliches Recht

Neben den wettbewerbsrechtlichen Aspekten, die vor allem das Verhältnis der Wettbewerber untereinander betreffen, ist auch das allgemeine bürgerliche Recht einschlägig. So ist es nach der Rechtsprechung des Bundesgerichtshofes (BGH) eine unerlaubte Handlung, wenn E-Mails ohne Einwilligung des Empfängers versandt werden. [BGH 09/04]

Diese unerlaubte Handlung ist mit zivilrechtlichen Unterlassungsansprüchen verfolgbar. Handelt es sich bei dem Inhaber der E-Mail-Adresse um eine Privatperson, soll es sich um eine Verletzung des allgemeinen Persönlichkeitsrechts handeln. Ist hingegen ein Unternehmen Inhaber der betroffenen E-Mail-Adresse, soll dessen eingerichteter und ausgeübter Gewerbebetrieb verletzt sein. Damit wird das Spamming rechtlich auf eine Stufe mit Beleidigungen bzw. gezielten Betriebsbehinderungen gestellt.

Hintergrund dieser sehr strengen Rechtsprechung ist vor allem das von den Gerichten als »Ausuferungseffekt« bezeichnete Phänomen. Weitere Argumente sind:

- Beeinträchtigung des Betriebsablaufs
- Zusätzlicher Arbeitsaufwand für das Sichten und Aussortieren unerbetener E-Mails
- Gefahr des Untergehens wichtiger Nachrichten
- Mögliche zusätzliche Kosten für die Herstellung der Online-Verbindung und den Download (insbesondere den mobilen Download)

Die Zusatzkosten und der Arbeitsaufwand für das Aussortieren mögen zwar gering sein, ließe man die Werbung per E-Mail zu, wäre aber ein Umsichgreifen dieser Werbeform zu erwarten. Dies gelte umso mehr, als die Kosten für die massenhafte Versendung der Werbung per E-Mail vergleichsweise marginal sind.

Unabhängig von der Wettbewerbswidrigkeit des Spammings kann jedenfalls auch der Empfänger der Werbenachricht dagegen vorgehen.

Datenschutz

Schließlich sind die Vorschriften zum Datenschutz zu berücksichtigen. Personenbezogene Daten dürfen grundsätzlich nur erhoben, verarbeitet und gespeichert werden, wenn dies das Gesetz ausdrücklich zulässt oder eine Einwilligung des Betroffenen vorliegt, § 4 Bundesdatenschutzgesetz (BDSG).

Sobald eine E-Mail-Adresse dem Namen eines Menschen zugeordnet werden kann, liegt ein personenbezogenes Datum vor und § 4 BDSG greift. Bei jeder E-Mail-Adresse, bei der ein Teil der Name einer natürlichen Person ist, handelt es sich um ein personenbezogenes Datum. Dabei ist irrelevant, in welcher Form der Name erscheint. Sowohl `schirmbacher@haerting.de` als auch `martin@schirmbacher.de` weisen Personenbezug auf. Auch ansonsten anonyme E-Mail-Adressen haben Personenbezug, wenn sich die dahinterstehende Person einfach ermitteln lässt.

Beispiel: Personenbezug von E-Mail-Adressen

Auch die Adresse `vertrieb@musterfirma.de` lässt sich einer konkreten Person zuordnen, wenn die Mitarbeiter auf der Website im Einzelnen aufgeführt sind und ein Ansprechpartner für den Vertrieb genannt ist.

Auch allgemeine Unternehmens-E-Mail-Adressen werden zu personenbezogenen Daten, wenn dazu der Name eines Ansprechpartners mitgespeichert wird. Weil nicht zuletzt auch dies häufig der Fall sein wird, erfolgt eine Unterscheidung zwischen personenbezogenen E-Mail-Adressen und solchen, die anonym sind, üblicherweise nicht. Letztlich muss daher für alle erhobenen E-Mail-Adressen das geltende Datenschutzrecht beachtet werden.

Hier ist nun in einem ersten Schritt zu fragen, ob datenschutzrechtlich eine Erlaubnis zur Speicherung der E-Mail-Adresse vorliegt. Das Erfordernis einer gesetzlichen Erlaubnis oder Einwilligung des Betroffenen wird für die Verarbeitung und Nutzung einer E-Mail-Adresse für Zwecke der Werbung dahingehend konkretisiert, dass eine Einwilligung des Betroffenen stets erforderlich ist (§ 28 Abs. 3 Satz 1 BDSG). Eine Ausnahme gilt nur für sogenannte Listendaten (sogenanntes »Listenprivileg«), zu denen die E-Mail-Adresse jedoch nicht gehört.

Die datenschutzrechtliche Einwilligung ist rechtlich gesondert zu betrachten. Allerdings kann sie zusammen mit der wettbewerbsrechtlichen Einwilligung erklärt werden.

Checkliste – Betroffene Rechtsgebiete

- ✓ Wettbewerbsrecht (UWG)
- ✓ Bürgerliches Recht (BGB)
- ✓ Datenschutzrecht (BDSG, TMG)

9.2 Newsletter

Checkliste – E-Mail-Werbung: Newsletter

- ✓ Setzen Sie für die Anmeldung für einen Newsletter-Versand auf der Website das Double-Opt-in-Verfahren ein.
- ✓ Protokollieren und archivieren Sie die eingeholten Einwilligungserklärungen.
- ✓ Die Einwilligung kann auch bei einem Vertragsschluss mit einem Kunden eingeholt werden. Dazu ist eine gesonderte Einwilligungserklärung erforderlich.
- ✓ Verstecken Sie die Einwilligungserklärung nicht in Ihren AGB.
- ✓ Setzen Sie keine vorangekreuzten Häkchenfelder ein.
- ✓ Bestehende Kundendaten können in begrenzter Form auch ohne Einwilligung für das Direktmarketing eingesetzt werden. Die Anforderungen hieran sind jedoch hoch.
- ✓ Jeder Newsletter muss die Möglichkeit enthalten, sich einfach aus dem Verteiler austragen zu können.
- ✓ Verlinken Sie aus dem Newsletter auf Ihr Webimpressum.

Während die generellen Fragen inzwischen geklärt sind, liegt der Teufel wie so oft im Detail. Die entscheidende Frage ist: Wann genau liegt eine ausreichende Einwilligung des Empfängers in den Erhalt eines Newsletters vor? Ist ein Double-Opt-in wirklich erforderlich? Kann man Kundendaten auch ohne Einwilligung für den Newsletter-Versand nutzen? Meldet sich ein Kunde vom Newsletter-Erhalt ab, entfällt jedenfalls die Einwilligung.

Beispiel: Rechtssicherer Newsletter

Ein Unternehmen möchte für seinen Newsletter-Versand rechtssichere Einwilligungen einholen.

Dazu integriert es auf seiner Website ein Feld, in das eine E-Mail-Adresse und ein Name eingegeben werden kann. Die Aufnahme in den Verteiler erfolgt jedoch erst, wenn ein Bestätigungs-Link in einer E-Mail an die eingegebene Adresse angeklickt wurde.

Außerdem enthalten die Verträge, die online mit Kunden des Unternehmens geschlossen werden, eine gesonderte Erklärung, in der man durch Betätigen eines Häkchenfeldes in den Newsletter-Versand einwilligt.

Damit sich die Kunden des Unternehmens aus dem Verteiler austragen können, wird außerdem ein weiteres Feld auf der Website integriert: Durch Eingabe einer E-Mail-Adresse wird diese automatisch aus dem Verteiler genommen. Schließlich enthält jeder Newsletter einen Link, durch dessen Betätigung, die jeweilige E-Mail-Adresse automatisch aus dem Verteiler genommen wird.

9.2.1 Newsletter-Anmeldungen auf der Website

Ist der zukünftige Empfänger eines Newsletters noch kein Kunde, führt derzeit kein Weg am Einsatz des Double-Opt-in-Verfahrens vorbei. Weil der Unternehmer die Beweislast für das Vorliegen der Einwilligung trägt, sollte jedes Opt-in noch einmal bestätigt werden.

Beispiel: Double-Opt-in

Um eine ausdrückliche Einwilligung für seinen Newsletter zu erhalten, hat ein Versandhandelsunternehmen in seine Website ein Eingabefeld integriert, in das Interessenten ihre E-Mail-Adresse eingeben können. Nach Eingabe einer E-Mail-Adresse wird eine Bestätigungsmail an die eingegebene Adresse versendet. Diese enthält einen Link. Erst wenn der Link angeklickt wird, erfolgt eine Aufnahme in den Newsletter-Verteiler.

Das UWG sieht eine vorherige ausdrückliche Einwilligung vor. Dies bedeutet, dass sich ein Einverständnis nicht allein aus den äußeren Umständen ergeben kann. Ältere Gerichtsentscheidungen haben zum Teil eine Einwilligung genügen lassen, die sich aus den Umständen ergibt. Diese Rechtsprechung bezog sich aber auf eine ältere Gesetzesfassung. Das aktuelle UWG verlangt stets eine ausdrückliche Einwilligung.

Übersicht – Einwilligungsvarianten

Opt-out = bloße Möglichkeit des Widerspruchs

Single-Opt-in = einmalige Zustimmung des Adressinhabers

Confirmed-Opt-in = Nachricht mit Abbestellmöglichkeit nach Single-Opt-in

Double-Opt-in = Bestätigung per E-Mail nach Single-Opt-in durch Nutzer

Es reicht also für die Übersendung von Werbung per E-Mail nicht, dass die E-Mail-Adresse dem Werbenden irgendwie bekannt geworden ist. Auch eine Veröffentlichung der E-Mail-Adresse auf der Website et cetera genügt nicht. [BGH 09/03]

Es bedarf einer ausdrücklichen Erklärung des Empfängers, dass er mit dem Erhalt des konkreten Newsletters einverstanden ist.

Hinweis: Beweislast beim Versender

Der Versender muss im Zweifel beweisen können, dass der Empfänger die Einwilligung erteilt hat.

Single-Opt-in

Die naheliegendste Variante ist es, auf der Website ein Feld vorzusehen, in das der Inhaber einer E-Mail-Adresse seine Adresse eintragen kann. Gleichzeitig müsste er bestätigen, dass er mit dem Erhalt des Newsletters des Unternehmens einverstanden ist. So einfach ist das jedoch leider nicht. Das sogenannte Single-Opt-in-Verfahren ist nicht empfehlenswert.

Grundsätzlich würde dies zwar als Einwilligung ausreichen. Wegen der Missbrauchsgefahr und weil sich nicht nachweisen lässt, dass tatsächlich der Inhaber der E-Mail-Adresse die Adresse eingegeben hat, taugt das Single-Opt-in-Verfahren jedoch nicht. Das Unternehmen wird nicht beweisen können, dass die Eintragung in die Maske tatsächlich von dem Inhaber der E-Mail-Adresse durchgeführt wurde. Auch eine etwa mitprotokollierte IP-Adresse reicht für einen Beweis nicht aus. Der Website-Betreiber hat keine Handhabe, aus einer dynamischen IP-Adresse auf einen konkreten E-Mail-Account-Inhaber zu schließen. Access-Provider, die immerhin den Anschlussinhaber ermitteln könnten, sind zur Herausgabe von Daten weder verpflichtet noch berechtigt.

Vorsicht: Single-Opt-in genügt nicht!

Ein Single-Opt-in genügt nicht zum Nachweis, dass der Inhaber des E-Mail-Accounts mit dem Newsletter-Erhalt einverstanden ist.

Confirmed-Opt-in

Beim Confirmed-Opt-in-Verfahren wird im Anschluss an ein Single-Opt-in an die eingetragene E-Mail-Adresse eine Nachricht E-Mail versandt. Inhalt der E-Mail ist lediglich die Bestätigung, dass die E-Mail-Adresse für den Newsletter eingetragen wurde. Weitere Werbung für das Unternehmen findet sich darin noch nicht. Allerdings wird explizit auf eine Austragungsmöglichkeit hingewiesen.

Rechtlich hilft das jedoch nicht. Liegt ein Fall von Missbrauch vor, trägt also ein Dritter eine E-Mail-Adresse ein, die nicht seine ist, erhält der Account-Inhaber zwar zunächst die Bestätigungs-E-Mail, anschließend aber den Newsletter. Die bloße Möglichkeit, sich austragen zu können, genügt nicht den gesetzlichen Anforderungen.

Beispiel: Confirmed-Opt-in an Rechtsanwalt

Ein Unternehmen nutzte das Confirmed-Opt-in-Verfahren zur Eintragung in seinen Newsletter. Ein Rechtsanwalt, der sich nicht für den Newsletter angemeldet hatte, wehrte sich gerichtlich gegen die Werbung und bekam recht. Ein Confirmed-Opt-in sei kein hinreichend gegen Missbrauch schützendes Verfahren. [LG Heidelberg 09/05]

Double-Opt-in

Aus diesem Grund hat sich das Double-Opt-in-Verfahren etabliert. Hier wird zunächst wie beim Single-Opt-in vorgegangen. Sodann wird an die eingegebene E-Mail-Adresse eine Bestätigungs-E-Mail gesandt. Nur wenn der Empfänger auf diese E-Mail noch einmal reagiert (etwa einen entsprechenden Bestätigungs-Link anklickt oder formlos mit einer entsprechenden Bitte auf die E-Mail antwortet), wird die fragliche E-Mail-Adresse tatsächlich in den Verteiler aufgenommen.

Das Double-Opt-in-Verfahren hat inzwischen auch die Feuertaufe vor mehreren Gerichten bestanden. [LG Berlin 09/06]

Dabei ist allerdings dafür Sorge zu tragen, dass die Bestätigungs-E-Mail als solche tatsächlich erkennbar ist und in dieser E-Mail keine Werbung für das Unternehmen enthalten ist. Aus diesem Grund sind Incentivierungen des Bestätigungs-Links problematisch. Wer etwa einen Gutschein für den Klick auf den Link anbietet, wirbt (unaufgefordert). Die Bestätigungs-E-Mail kann dann schon als werbende E-Mail angesehen werden mit der Folge, dass der Beweis geführt werden muss, dass bereits für die erste E-Mail eine Einwilligung vorlag.

Beispiel für Bestätigungs-E-Mail

Der Inhalt der Bestätigungsmail sollte sich auf das Wesentliche konzentrieren:

Betreff: haerting.de-UPDATE bestellen

Sehr geehrter Herr Schätzle,

Ihre E-Mail-Adresse wurde auf unserer Website `www.haerting.de` für den Empfang unseres haerting.de-UPDATE eingetragen. Bitte bestätigen Sie mit einem Klick auf den folgenden Link den Eintrag in unseren Newsletter-Verteiler: [BESTÄTIGUNGSLINK]

Sollten Sie sich nicht eingetragen haben, dann müssen Sie nichts weiter tun. Sie erhalten dann keinen Newsletter.

Immerhin denkbar ist, den Link noch einmal ausdrücklich als Einwilligung zu formulieren. Nötig erscheint das aber nicht, weil die Bestätigung allein der Verifizierung der E-Mail-Adresse dient. Nur wenn sich der Empfänger der Bestätigungs-E-Mail nicht selbst eingetragen hat, andererseits aber den Bestätigungs-Link klickt, kann das Fortlassen des Einwilligungstextes problematisch sein.

Vorformulierte E-Mails

Eine Alternative zum Double-Opt-in-Verfahren ist die Arbeit mit vorformulierten E-Mails. Beim Anklicken eines entsprechenden Links auf der Unternehmenswebsite öffnet sich ein vorformuliertes E-Mail-Fenster.

Sendet der potenzielle Abonnent diese E-Mail an das Unternehmen, liegt eine Einwilligung vor. In tatsächlicher Hinsicht besteht jedoch der Nachteil, dass potenzielle Abonnenten ohne einen E-Mail-Client von der Einwilligungserteilung ausgeschlossen sind. Einige potenzielle Abonnenten können auf diese Weise nicht erreicht werden.

Methode	Ausreichend?
Opt-out	Nein
Single-Opt-in	Nein
Confirmed-Opt-in	Nein
Double-Opt-in	Ja
E-Mail des Empfängers	Ja

Tabelle 9.1: Einwilligung über die Website

Protokollierung der Einwilligungserklärung

Im Zweifel muss das versendende Unternehmen beweisen können, dass sich der betreffende Empfänger tatsächlich mit dem Erhalt von Werbung per E-Mail einverstanden erklärt hat. Daher ist dringend zu empfehlen, die Einwilligungen dauerhaft zu protokollieren.

Hierfür kann es genügen, geeignete technische Systeme zu verwenden, die auch die IP-Adresse speichern. Wichtig ist dies insbesondere, wenn Dienstleister mit der Generierung von E-Mail-Adressen beauftragt werden (vgl. Abschnitt 9.6.3 unten). In entsprechenden Verträgen mit den Anbietern sollte detailliert festgelegt werden, auf welche Weise die Adressen erhoben werden (weitergehend zu vertraglichen Vereinbarungen mit E-Mail-Marketing-Dienstleistern Abschnitt 10.5.10). Zu regeln ist auch, wie sich die Einwilligung noch Jahre nach der Erteilung nachweisen lässt. Außerdem ist es empfehlenswert, eine Freistellung von jedwedem Schaden zu vereinbaren, der dem werbenden Unternehmen durch die Verwendung der E-Mail-Adressen entsteht.

Checkliste – Protokollierung der Einwilligung

Der Vertrag mit dem Dienstleister sollte diesen verpflichten, Folgendes zu protokollieren:

- ✓ Zeitpunkt der Anmeldung auf der Website,
- ✓ IP-Adresse des Rechners, von dem aus die Anmeldung erfolgt ist,
- ✓ angemeldete E-Mail-Adresse,
- ✓ Zeitpunkt der Absendung der Bestätigungs-E-Mail an die angemeldete E-Mail-Adresse,
- ✓ Zeitpunkt der Bestätigung,
- ✓ IP-Adresse des Rechners, von dem aus die Bestätigung erfolgt ist und schließlich
- ✓ Zeitpunkt der ersten Newsletter-Versendung.

Sinnvoll (und geboten) ist es, den Dienstleister dazu zu verpflichten, die Daten so lange vorzuhalten, bis der Kunde sich wieder aus dem Verteiler ausgetragen hat.

Vorsicht: Zusätzliche Hürden im Datenschutzrecht

Datenschutzrechtlich ist die Erhebung und Speicherung der Daten beim Dienstleister und die Übersendung an das Unternehmen durch eine Einwilligung zu rechtfertigen (vgl. Abschnitt 9.6.3).

Damit der Newsletter-Versender im Streitfall beweisen kann, dass eine Einwilligung vorliegt, muss mit dem Dienstleister zudem vereinbart werden, dass das werbende Unternehmen jederzeitige Zugriffsmöglichkeiten auf die Protokolle hat.

9.2.2 Einwilligung in Kundenbeziehungen

Anders als früher hat der Gesetzgeber inzwischen festgelegt, dass eine mutmaßliche Einwilligung in E-Mail-Werbung nicht ausreichend ist. Deswegen kann bei bestehenden Kundenbeziehungen nicht einfach davon ausgegangen werden, dass der Kunde »schon mit der Werbung einverstanden sein wird« (zum begrenzten Ausweg für Kundendaten vgl. Abschnitt 9.2.3).

Beispiel: Werbung für verschiedene Produkte

Ein Online-Versandhandel, der nach jedem Geschäftsabschluss die E-Mail-Adresse seiner Kunden speichert, kann nicht davon ausgehen, dass der

Kunde mit der Werbung per E-Mail für jedes beliebige Produkt einverstanden ist. Selbst E-Mail-Werbung für Produkte, die dem gekauften ähnlich sind, ist nicht ohne Weiteres zulässig. Der Händler ist gut beraten, wenn er eine ausdrückliche Einwilligung in seine E-Mail-Werbung einholt.

Es ist klar, dass E-Mail-Adressen, die dem Unternehmen im Rahmen des Vertragsschlusses mit Kunden bekannt geworden sind, nicht ohne Weiteres für Werbezwecke genutzt werden können (zu den beschränkten Möglichkeiten vgl. Abschnitt 9.2.3). Der Vertragsschluss gibt dem Unternehmen aber die Gelegenheit, eine Einwilligung einzuholen. Die genaue Verfahrensweise kann der Werbetreibende flexibel gestalten, so dass die bestehenden Spielräume genutzt werden sollten.

Vorsicht vor dem Häkchenfeld

Verstecken Sie die Einwilligung nicht in den AGB und verwenden Sie keine vorangekreuzten Häkchenfelder für ein Newsletter-Abonnement. Möglich ist dagegen ein noch nicht angekreuztes Feld: »Ich möchte auch Ihren Newsletter erhalten.«

Einwilligung in Allgemeinen Geschäftsbedingungen?

Es ist ebenso beliebt wie unzureichend, Einwilligungserklärungen in die Allgemeinen Geschäftsbedingungen zu integrieren. Davon ist abzuraten, weil die Einwilligung vor Gericht im Zweifel nicht halten wird.

Beispiel: Payback – Wie es nicht geht

Der Betreiber eines Kundenbindungs- und Rabattsystems verwendet in seinen AGB für Verträge mit Verbrauchern über die Teilnahme an dem System die Klausel

»Mit meiner Unterschrift erkläre ich mich einverstanden, dass die von mir oben angegebenen Daten für an mich gerichtete E-Mail-Werbung gespeichert und genutzt werden.

❐ Hier ankreuzen, wenn die Einwilligung nicht erteilt wird«

neben anderen Erklärungen des Kunden.

Selbst wenn der Kunde das Kreuzchen nicht tätigt, ist eine ausdrückliche Einwilligung mit dieser Klausel in den AGB nicht erzielt. [BGH 09/07]

Wer bei einem Anbieter etwas kauft, akzeptiert damit auch die AGB des Unternehmers, wenngleich er diese im Regelfall nicht zur Kenntnis nimmt, geschweige denn, im Detail liest. Wird auch ein Einverständnis mit Werbung per E-Mail in die AGB integriert, stellt sich die Frage, ob damit eine wirksame Einwilligung des Kunden verbunden ist.

Nach den europäischen Vorgaben muss eine Einwilligung stets ohne Zwang und in Kenntnis der Sachlage erfolgen. Nach deutschem Recht muss die Einwilligung ausdrücklich erfolgen (§ 7 Abs. 2 Nr. 3 UWG). Wenn die Einwilligung in den AGB quasi versteckt wird, kann man nicht davon sprechen, dass der Empfänger seine Einwilligung ausdrücklich und in Kenntnis der Sachlage erteilt hat. Vielmehr wird man sagen müssen, dass der Kunde die Einwilligung gerade ohne Kenntnis der Sachlage erteilt hat. Dies genügt den Vorgaben nicht.

Deshalb hat der BGH auch festgehalten, dass eine unangemessene Benachteiligung des Vertragspartners vorliegt, wenn die Einwilligungsklausel in den AGB untergebracht wird. [BGH 09/07]

Dies gilt umso mehr, wenn die Erklärung mit anderen Erklärungen des Kunden verbunden wird und lediglich eine Opt-out-Möglichkeit vorhanden ist. Der BGH hat dabei klar entschieden, dass es nicht ausreichend ist, dass der Verbraucher die Möglichkeit hat, die Werbung abzulehnen. Vielmehr setze § 7 Abs. 2 Nr. 3 UWG ein vorheriges Tätigwerden des Kunden voraus. Die Einwilligungsklausel muss so gestaltet sein, dass der Kunde selbst tätig werden muss, um seine Einwilligung in die Zusendung von Werbung per E-Mail zu erklären.

Hinweis: Keine Einwilligung in AGB

In die AGB lässt sich die Einwilligung des Kunden in die Werbung per E-Mail daher nicht wirksam integrieren.

Häkchenfelder

Weil es sich um echte Opt-in-Erklärungen des Empfängers handeln muss, muss man davon ausgehen, dass beim Einsatz von Häkchenfeldern nur ein noch nicht angekreuztes Feld zulässig ist.

Beispiel: Payback – Wie es geht

Verwendet der Betreiber des Kundenbindungs- und Rabattsystems eine gesonderte Erklärungsvorlage in der Form

»Ich erkläre mich einverstanden, dass die von mir angegebenen Daten für an mich gerichtete E-Mail-Werbung gespeichert und genutzt werden.

❒ Hier ankreuzen, wenn die Einwilligung erteilt wird«,

genügt diese den Anforderungen an eine zulässige Einwilligungserklärung.

Den Urteilen des Bundesgerichtshofes zur E-Mail-Werbung kann man entnehmen, dass es sich um eine echte Opt-in-Erklärung des Kunden handeln muss. Die Einwilligung muss ausdrücklich sein, also muss der Kunde von sich aus tätig werden, um den Newsletter-Empfang zu bestätigen.

Nach dieser Rechtsprechung ist auch von der Benutzung zuvor angekreuzter Häkchenfelder für die Einwilligung in die E-Mail-Werbung im Rahmen der Registrierung als Kunde des Unternehmens abzuraten. Letztlich folgt aus dem BGH-Urteil, dass es dem Verbraucher möglich sein muss, den Dienst in Anspruch zu nehmen, ohne ausdrücklich seine Zustimmung in den Empfang von Werbe-E-Mails zu erteilen.

Einholung der Einwilligung innerhalb einer Kundenbeziehung

Methode	Ausreichend?
Integration in AGB	Nein
Vorangekreuztes Häkchenfeld	Nein
Opt-out-Möglichkeit	Nein
Leeres Häkchenfeld	Ja

Tipp: Bei neuen E-Mail-Adressen immer Double-Opt-in einsetzen

Lassen Sie bei neuen E-Mail-Adressen vor dem Versand des ersten Newsletters immer Double-Opt-in-Verfahren durchlaufen, egal, auf welchem Wege Sie die E-Mail-Adresse und die dazugehörige Einwilligung erhalten haben, ob online oder offline, auf einer Messe, im persönlichen Gespräch oder am Telefon.

9.2.3 Begrenzter Ausweg für die Verwendung von Kundendaten

Der Gesetzgeber hat die Möglichkeit geschaffen, im Rahmen von laufenden Geschäftsbeziehungen E-Mail-Werbung an Kunden zu versenden, ohne zuvor eine ausdrückliche Einwilligung einholen zu müssen. Die Anforderungen für das auch – nicht ganz treffend – als »Soft-Opt-in« bezeichnete Verfahren sind jedoch hoch angesetzt. In der Praxis kommt man an einer Einwilligung kaum vorbei.

Beispiel: Der Unterschied zwischen Haushaltsgeräten und Elektronikprodukten

Ein Online-Versandhändler für Haushaltsgeräte speichert während jedes Bestellvorgangs die E-Mail-Adresse seiner Kunden, um diese später für E-Mail-Werbung einzusetzen. Bei der Eingabe der Adressdaten heißt es:

»Mit Abschluss des Bestellvorgangs willigen Sie ein, per E-Mail über das aktuelle Angebot von uns informiert zu werden. **Diese Einwilligung können Sie jederzeit unter service@online-versandhaendler.de widerrufen. Wünschen Sie keine Informationen per E-Mail, können Sie diesen Service über einen Link innerhalb unseres Newsletters jederzeit abbestellen.«**

Widerruft der Kunde seine Einwilligung nicht, kann der Händler ihm Werbe-E-Mails zu Haushaltsgeräten senden. Erweitert er sein Angebot zwischenzeitlich auf Elektronikartikel insgesamt, sind diese nicht von der Einwilligung erfasst.

Das Gesetz sieht in § 7 Abs. 3 UWG eine Hintertür für den Versand von Werbung per E-Mail an bestehende Kunden vor. Diese Tür ist aber allenfalls einen Spalt breit offen.

Checkliste – Voraussetzungen für die Verwendung von Kundendaten

Die E-Mail-Werbung an Kunden ist nach § 7 Abs. 3 UWG nur zulässig, wenn

- ✓ die E-Mail-Adresse im Zusammenhang mit dem Verkauf einer Ware oder einer Dienstleistung von dem Kunden generiert wurde,
- ✓ der Kunde der Verwendung nicht widersprochen hat und
- ✓ bei der Erhebung der Adresse sowie bei jeder Verwendung klar und deutlich darauf hingewiesen wird, dass der Kunde der Verwendung jederzeit widersprechen kann.
- ✓ Zudem darf der Unternehmer die Adresse dann nur für Direktwerbung für eigene Angebote und auch nur für solche, die denen der Erstbestellung ähnlich sind, verwenden.

Es gibt also grundsätzlich die Möglichkeit, Kundendaten für die E-Mail-Werbung zu nutzen. Erforderlich ist aber, dass die E-Mail-Adresse im Zusammenhang mit einem Vertragsschluss erlangt wurde. Darauf, ob der Verkauf dann tatsächlich abgewickelt wurde, soll es nicht ankommen. Wichtig ist jedoch, dass es sich dabei um einen entgeltlichen Vertrag handelte. Kostenlose Dienstleistungen (etwa die Mitgliedschaft in einem Portal oder einer Community) genügen dafür nicht.

Anders als im Normalfall genügt es nach § 7 Abs. 3 UWG, wenn der Kunde der Verwendung der E-Mail-Adresse zu Werbezwecken nicht widersprochen hat. Die Möglichkeit muss ihm aber gegeben sein, so dass es sich auch im Verhältnis zum Kunden empfiehlt, ein Häkchenfeld zu verwenden, das es dem Kunden von vornherein gestattet, die Bestellung des Newsletters abzulehnen.

Darüber hinaus muss eine Möglichkeit existieren, jeden Newsletter abzubestellen. Außerdem ist der Kunde schon bei der Erhebung der E-Mail darauf hinzuweisen, dass er der Verwendung seiner E-Mail-Adresse zu Werbezwecken widersprechen kann.

Schließlich ist wichtig, dass die so generierte Einwilligung des Kunden ausschließlich für Werbe-E-Mails des betreffenden Unternehmens gilt.

Vorsicht: Konzerninterne Datenweitergabe ist problematisch

Eine Weitergabe an Dritte (auch an Schwestergesellschaften) ist mit der Vorschrift nicht vereinbar.

Zudem muss sich die Werbung auf ähnliche Produkte beziehen. Dazu, was als ähnliches Produkt anzusehen ist, gibt es bisher keine belastbare Rechtsprechung. Tendenziell wird davon ausgegangen, dass eine großzügige Auslegung zugunsten des Unternehmens erfolgen sollte. Der Empfänger willigt also in die Werbung für all jene Produkte ein, mit deren Angebot er schon bei der Erstbestellung rechnen konnte.

Beispiel: Holzkitt

Ein Kunde hatte bei einem Online-Versandhändler Holzkitt bestellt und dabei ein Kundenkonto eröffnet. Dabei war eine – etwa hölzern formulierte – Einwilligungserklärung vorangekreuzt. Anschließend versandte der Händler zwei Newsletter an den Kunden, in denen unter anderem Macheten, Laubstaubsauger, Energiesparlampen, Regenbekleidung und Einkochautomaten beworben wurden. Dagegen wandte sich ein Wettbewerbsverband – mit Erfolg. Die Einwilligungserklärung helfe dem Unternehmen nicht, weil es bei einer vorangekreuzten Erklärung an der Ausdrücklichkeit fehle. Auch die Voraussetzungen von § 7 Abs. 3 UWG lägen nicht vor: Bei den Waren handele es sich nicht um »ähnliche Waren«. Die Ähnlichkeit müsse sich auf die bereits gekauften Waren beziehen und dem gleichen typischen Bedarf des Kunden entsprechen.

Dass die in den Newsletters angepriesenen Waren alle in einem stationären Handwerkermarkt käuflich zu erwerben wären, mache sie nicht zu dem erworbenen Holzkitt ähnlichen Waren. Außerdem hatte das Unternehmen bei der Erhebung der E-Mail-Adresse nicht eindeutig darauf hingewiesen, dass der Verwendung der E-Mail-Adresse jederzeit widersprochen werden könne. [OLG Thüringen 09/08]

Aus Sicht des Unternehmens bietet § 7 Abs. 3 UWG nur geringe Vorteile, denen gravierende Einschränkungen gegenüberstehen. Einziger Vorteil ist, dass ein Häkchenfeld (»☐ Ich bin mit der Nutzung meiner E-Mail-Adresse zu Werbezwecken einverstanden«) bereits vorangekreuzt sein darf.

Nachteilig ist aber, dass schon zu diesem Zeitpunkt der ausdrückliche Hinweis erfolgen muss, dass der Kunde der Nutzung jederzeit widersprechen kann. Zudem dürfen dann nur ähnliche Produkte des Unternehmens beworben werden. Hier muss jedes Unternehmen entscheiden, ob die Vorteile die Nachteile aufwiegen.

Tipp: Holen Sie gleich eine Einwilligung ein

Die Anforderungen an eine Ausnahme für bestehende Geschäftsbeziehungen sind im Ergebnis so hoch, dass es nahezu den gleichen Aufwand bedeutet, sich bei der Erhebung der E-Mail-Adressdaten des Kunden sogleich das Einverständnis einzuholen. Rechtlich steht man damit letztlich auf der sichereren Seite.

9.2.4 Newsletter-Abmeldungen

Meldet sich ein Kunde von einem Newsletter ab, widerruft er damit seine Einwilligung, Werbe-E-Mails zu erhalten. Jeder weitere Versand von Werbenachrichten an diesen Kunden ist damit unzulässig.

Beispiel: Abmeldung vom Newsletter

Erhält ein Kunde einen Newsletter an seine E-Mail-Adresse für den er eine Einwilligung erteilt hat und betätigt er einen Link in dem Newsletter mit dem Hinweis

»Möchten Sie den Newsletter in Zukunft nicht mehr beziehen, klicken Sie hier«,

so muss die betreffende E-Mail-Adresse unverzüglich aus dem Verteiler genommen werden.

Jeder Newsletter muss dem Empfänger eine Möglichkeit bieten, sich aus dem Verteiler auszutragen. Dies ergibt sich aus § 7 Abs. 2 Nr. 4 UWG. Danach ist eine Werbung unzulässig,

> *»bei der ... keine gültige Adresse vorhanden ist, an die der Empfänger eine Aufforderung zur Einstellung solcher Nachrichten richten kann, ohne dass hierfür andere als die Übermittlungskosten nach den Basistarifen entstehen«*

Auch im Übrigen ist es ratsam, eine Ausstiegsmöglichkeit vorzusehen, um Abmeldungen vernünftig kanalisieren zu können.

Checkliste – Abmeldungen

- ✓ Jeder Newsletter muss eine Austragungsmöglichkeit beinhalten.
- ✓ Jede Abmeldung – gleich auf welchem Kommunikationsweg – muss unverzüglich beachtet werden. Unternehmen müssen entsprechende Prozesse installieren.
- ✓ Bittet ein Empfänger abstrakt, nicht mehr weiter Werbung per E-Mail zu erhalten, bezieht sich das im Zweifel auf alle E-Mail-Adressen der betreffenden Person.
- ✓ Automatische Abmeldeprozeduren sollten so ausgestaltet sein, dass sie sich auf eine konkrete E-Mail-Adresse beziehen.
- ✓ Meldet sich ein Empfänger endgültig vom Newsletter ab, müssen seine Daten gelöscht werden.

Beweislast bei Empfänger Meldet sich ein Empfänger von dem Newsletter ab, widerruft er rechtlich seine Einwilligung. Ab dem Zeitpunkt der Abmeldung existiert keine Einwilligung mehr, so dass jeder weitere Versand in gleicher Weise rechtswidrig wäre, als hätte der Betreffende seine Einwilligung erst gar nicht erteilt. Hat zunächst eine Einwilligung vorgelegen, muss allerdings der Empfänger nachweisen, dass er sich aus dem Newsletter wieder ausgetragen, seine Einwilligung somit widerrufen hat.

Keine Schonfrist Auch größere Unternehmen sind gehalten, Rücknahmen von Einwilligungen umgehend umzusetzen und die weitere Versendung von Newsletters an die betreffenden Adressen zu unterbinden. Eine Schonfrist besteht dabei grundsätzlich nicht. Wer noch Wochen nachdem ein Kunde um Löschung seiner E-Mail-Adresse aus dem Verteiler gebeten hat, weiter Werbe-Mails versendet, wird vor Gericht nicht auf Verständnis hoffen können. Großen Unternehmen mag allenfalls eine Karenzzeit von wenigen Tagen zugestanden werden können. Dies gilt insbesondere, wenn der Nutzer nicht den einfachsten zur Verfügung stehenden Weg zur Abmeldung nutzt, sondern seine Bitte etwa an das Zentralfax des Unternehmens richtet.

Nutzt das Unternehmen eine Bounce-E-Mail-Adresse als Absender, sollte darauf in dem Newsletter hingewiesen und eine Adresse angegeben werden, bei der eine Abmeldung möglich ist. Eine Verpflichtung, eine Abmeldung durch die Reply-Funktion realisieren zu können, besteht nicht.

Tipp: Holen Sie gleich eine Einwilligung ein

Richten Sie in Ihrem Unternehmen die internen Prozesse auf die sehr kurzfristige Bearbeitung von Abmelde-Bitten ein.

Kein LogIn zur Abmeldung Unternehmen sind zudem gehalten, die Abmeldemöglichkeit nicht komplizierter zu machen, als sie ist. Insbesondere die Unsitte, eine Anmeldung mit Benutzernamen und Passwort auf der Unternehmenswebsite zu verlangen, um die Abmeldung durchführen zu können, ist rechtlich jedenfalls bedenklich.

Allgemeine Abmeldungen Besondere Schwierigkeiten ergeben sich beim Abmelde-Management, wenn der Newsletter-Empfänger nur allgemein darum bittet, keine weiteren E-Mails mehr übersandt zu bekommen.

Beispiel: Newsletter-Abmeldung per Telefax

Erhält ein Unternehmen per Telefax die Bitte eines Newsletter-Empfängers, in Zukunft keine weiteren E-Mails mehr zu erhalten, dürfte dies für alle E-Mail-Adressen der betreffenden Person gelten, sofern sich aus den Umständen nichts anderes ergibt. Werbung an eine zweite E-Mail-Adresse ist daher im Anschluss im Zweifel unzulässig.

Hier empfiehlt es sich natürlich zunächst, den Verteiler nach denkbaren betroffenen E-Mail-Adressen zu durchsuchen. Möglich ist aber auch, den Kunden, der sich abmelden will – auf dem gleichen Kommunikationswege – zu fragen, welche E-Mail-Adressen seine Abmeldung betrifft.

Wird eine automatisierte Opt-out-Möglichkeit angeboten, sollte darauf geachtet werden, dass diese so ausgestaltet wird, dass sie sich jeweils nur auf die konkrete E-Mail-Adresse beschränkt. Andernfalls kann der Empfänger geltend machen, er habe allgemein dem Versand von Werbung an ihn widersprochen. Nötigenfalls sollte auch hier Korrespondenz mit dem Betroffenen geführt werden.

Hat ein Empfänger mitgeteilt, dass er weitere werbende E-Mails nicht mehr erhalten möchte, erlischt damit in der Regel auch die datenschutzrechtliche Befugnis, die personenbezogenen Daten zu verarbeiten. Besteht kein anderer Grund, die Daten weiterhin zu speichern (etwa ein weiterbestehendes Vertragsverhältnis), müssen die Daten gelöscht werden. Die E-Mail-Adresse sollte dagegen lediglich gesperrt werden, um einen erneuten Versand an diese E-Mail-Adresse auszuschließen.

Wer sich genau an die gesetzlichen Vorgaben halten möchte, muss eine ganze Reihe von Vorgaben beachten, die die Response-Quote deutlich schmälern dürften. Gleichzeitig beweist man jedoch seine Bereitschaft zu Transparenz, was in nicht wenigen Fällen das eigene Ansehen steigern kann.

9.2.5 Gestaltung des Newsletters

Bei der Ausgestaltung des Newsletters gibt es nur wenige Besonderheiten zu beachten. Die Betreffzeile darf den Werbecharakter nicht verschleiern. Bei der Auswahl der Inhalte muss insbesondere darauf geachtet werden, ob auch die nötigen Urheberrechte eingeholt wurden. Für Newsletter gilt in der Regel die Impressumspflicht.

Checkliste – Gestaltung des Newsletters

- ✓ Absender nicht verschleiern oder verheimlichen
- ✓ Kommerziellen Charakter nicht verschleiern oder verheimlichen
- ✓ Rechte für die eingebundenen Inhalte einholen
- ✓ Inhalte rechtlich prüfen
- ✓ Impressum verlinken

Verschleierung

§ 7 Abs. 2 Nr. 4 des Gesetzes gegen den unlauteren Wettbewerb (UWG) verbietet die Werbung mit einer Nachricht, bei der die Identität des Absenders, in dessen Auftrag die Nachricht übermittelt wird, verschleiert oder verheimlicht wird. Eine ganz ähnliche Regelung sieht auch § 6 Abs. 2 Satz 1 Telemediengesetz (TMG) für die kommerzielle Kommunikation per E-Mail vor. Der Gesetzgeber hatte hier vor allem die (Betrugs-)Masche im Blick, automatisiert E-Mail-Adressen aus dem Adressbuch des Empfängers als Absender erscheinen zu lassen, um der E-Mail mehr Aufmerksamkeit zukommen zu lassen. Auch die Verwendung von Allerweltsnamen als Absender von Spam-Nachrichten sollte davon erfasst sein. Nicht verboten ist aber die Versendung von Werbung im Auftrag eines anderen. Allerdings muss aus der E-Mail deutlich werden, für welches Unternehmen geworben werden soll.

Auch der kommerzielle Charakter als solcher darf nicht verheimlicht werden. So soll sich die E-Mail nicht als private Nachricht tarnen dürfen. Betreffzeilen wie: »Fehler in Ihrem Computersystem entdeckt« oder »Aktualisieren Sie Ihren PayPal-Account« sind danach verboten. Hier sind dem E-Mail-Marketing also gewissen Grenzen gesetzt.

Einbindung von Inhalten

Für die Texte, Bilder oder Videos, die in den Newsletter aufgenommen werden, gilt das Gleiche wie für Inhalte, die in die Website eingebunden werden (vgl. insofern Abschnitt 3.1). Dies bedeutet insbesondere, dass Texte, die in einem Offline-Kontext zur Verfügung gestellt wurden, nicht ohne zusätzliche Vereinbarung mit dem Autor auch in einem Newsletter verwendet werden dürfen.

Unter Haftungsgesichtspunkten ist klar, dass alle eingebundenen Inhalte stets als Informationen des Absenders erscheinen werden, wenn nicht ausdrücklich etwas anderes geschrieben wird. Wer also Fremdinhalte in den Newsletter aufnimmt, muss dafür gegenüber Dritten unter jedem denkbaren Gesichtspunkt geradestehen und gegebenenfalls haften, falls durch die Inhalte ein Schaden entstehen sollte.

Impressumspflicht

Auch Newsletter sind in aller Regel als Telemedien anzusehen. Sie bedürfen daher eines Impressums (zu den Einzelheiten, insbesondere zum Inhalt des Impressums, vgl. Abschnitt 3.6).

Bisher gerichtlich nicht entschieden ist, ob es genügt, auf das Impressum auf der Website zu verlinken, oder ob tatsächlich alle Informationen in die E-Mail mit aufgenommen werden müssen. Vor allem Gründe der Praktikabilität sprechen dafür, dass eine Verlinkung genügt. Gerade bei Freiberuflern können die Pflichtangaben nach § 5 TMG sehr lang sein. Es ist kein Grund erkennbar, warum der Verpflichtung nicht auch durch einen Link auf das Webimpressum Genüge getan werden kann. Schließlich bedarf es zum Download des Newsletters stets einer Verbindung zum Internet, so dass es gegebenenfalls zumutbar ist, auch den Online-Link zum Impressum anzuklicken. Wer nur wenige Angaben zu machen hat, kann diese selbstverständlich schon in den Newsletter aufnehmen.

9.3 Datenspeicherung und Nutzerprofile

Bei jedem Newsletter-Verteiler muss auch das Datenschutzrecht beachtet werden. Es bedarf einer Rechtfertigung der Verarbeitung der personenbezogenen Daten. Besondere Anforderungen ergeben sich bei der Personalisierung des Newsletters unter Einbeziehung verhaltensbezogener Aspekte. Sind E-Mail-Marketing-Dienstleister involviert, muss in der Regel ein schriftlicher Datenverarbeitungsauftrag mit dem Dienstleister geschlossen werden.

Checkliste – Datenschutz

- ✓ Jede Speicherung von Daten bedarf der Einwilligung des Empfängers.
- ✓ Machen Sie nur solche Felder zu Pflichtfeldern, die für den Versand des Newsletters zwingend sind.

- ✓ Die Bildung von Nutzerprofilen setzt in der Regel eine Einwilligung voraus.
- ✓ Bilden Sie Nutzerprofile, müssen Sie eine Opt-out-Möglichkeit anbieten.
- ✓ Wenn Sie E-Mail-Dienstleister beauftragen, schließen Sie einen Auftragsdatenverarbeitungsvertrag.

9.3.1 Einwilligung in die Datenerhebung

Die Erhebung der Daten bedarf einer Rechtfertigung, die sich entweder aus dem Gesetz oder einer Einwilligung des Abonnenten ergeben kann.

Für die Speicherung der E-Mail-Adresse besteht eine gesetzliche Gestattung nach § 28 Bundesdatenschutzgesetz (BDSG). Jeder darf personenbezogene Daten speichern, wenn dies für die Erfüllung von Pflichten aus einem Schuldverhältnis erforderlich ist. Wenn auch über die Versendung von Newsletters in der Regel ein Vertrag mit Rechtsbindungswillen nicht geschlossen wird, so besteht doch die berechtigte Erwartung des Abonnenten, dass das Unternehmen in mehr oder weniger regelmäßigen Abständen einen Newsletter versendet. Dies ist technisch nur möglich, wenn dazu die E-Mail-Adresse des Empfängers gespeichert wird. Einer darüber hinausgehenden Einwilligung bedarf es daher nicht.

Anders sieht es unter Umständen für die sonstigen in diesem Zusammenhang gespeicherten Daten aus. Nicht erforderlich sind grundsätzlich Name, Geschlecht und Anschrift oder gar Geburtsdatum des Empfängers. Ein Versand ist grundsätzlich auch ohne diese Daten möglich. Insofern bedarf es für die Verarbeitung von über die E-Mail-Adresse hinausgehenden Daten der Einwilligung des Betroffenen.

Eine Einwilligung muss der Newsletter-Empfänger allerdings in der Regel ohnehin erteilen, damit seine E-Mail-Adresse für Werbezwecke genutzt werden darf. Dies lässt sich daher ohne Weiteres mit einer datenschutzrechtlichen Einwilligung verbinden.

Tipp: Freiwillige Felder als solche kennzeichnen!

Ratsam ist es, Felder, die nicht Pflichtfelder sind, als solche zu kennzeichnen. In der Eingabe auch der freiwilligen Daten wird dann in der Regel eine Einwilligung zu sehen sein. Erfolgt die Erhebung der Daten online, ist in jedem Fall eine Datenschutzerklärung nötig, die deutlich macht, welche Daten zu welchem Zweck gespeichert werden.

9.3.2 Personalisierung von Newslettern

In jüngster Zeit wird vermehrt versucht, Newsletter zu personalisieren und insbesondere die Auslieferung von der Verhaltensweise des Empfängers abhängig zu machen. Dabei wird es sich häufig um das Klickverhalten des Empfängers handeln. Ihn interessierende Inhalte können prominenter herausgestellt oder die Newsletter-Frequenz entsprechend abgestimmt werden.

Dies setzt voraus, dass das Verhalten des Empfängers in irgendeiner Weise protokolliert wird. Letztlich lassen sich auf diese Weise Benutzerprofile generieren. Die Bildung von Profilen zum Zwecke des Werbe-Targetings ist grundsätzlich gestattet (vgl. dazu ausführlich Abschnitt 6.3.3). Allerdings sind einige Regeln einzuhalten. Die wichtigste Regel ist, dass eine Profilbildung ohne Einwilligung des Nutzers nur zulässig ist, wenn dies unter Pseudonymen geschieht und eine Zuordnung zu personenbezogenen Daten nicht stattfindet.

Letzteres ist in der Praxis nicht einfach zu realisieren. Schließlich müssten Pseudonym und E-Mail-Adresse in getrennten Datenbanken gespeichert werden und würden doch durch die automatisierte Erstellung des Newsletter-Textes in gewisser Weise zusammengeführt werden. Es ist gerichtlich bisher nicht entschieden worden, ob die damit zwangsweise verbundene Zusammenführung der Profildaten mit den E-Mail-Adressen als Zusammenführung im Sinne von § 15 Abs. 3 des Telemediengesetztes (TMG) anzusehen ist.

Jedenfalls bedarf es einer Opt-out-Möglichkeit. Der Empfänger muss also die Möglichkeit haben, einer Profilbildung zu widersprechen. Wie dies umgesetzt wird, bleibt dem Anbieter überlassen. Der Nutzer muss auf die Möglichkeit des Opt-out hingewiesen werden. Diese Information darf nicht irgendwo in den AGB versteckt sein: Der Hinweis auf das Opt-out muss deutlich erkennbar sein, am besten in einer übersichtlich gestalteten Datenschutzerklärung, auf die in jedem Newsletter verlinkt wird.

Hinweis: Profilbildung nicht ohne Einwilligung!

Eine Einwilligung kann natürlich im Rahmen des Newsletter-Abonnements eingeholt werden. Hier muss der Nutzer darauf hingewiesen werden, dass und in welcher Weise sein Verhalten für die Erstellung eines Nutzerprofils ausgewertet wird und inwieweit dies die Absendung von weiteren Newsletters beeinflusst.

9.3.3 Einbeziehung von Dienstleistern

Werden Dienstleister mit dem Versand von E-Mails beauftragt, setzt dies notwendig die Übermittlung von personenbezogenen Daten an den Dienstleister voraus. Jede Weitergabe verlangt datenschutzrechtlich grundsätzlich eine Einwilligung oder eine gesetzliche Gestattung.

Eine Einwilligung wird in der Regel nicht vorliegen. Auch entspricht es nicht dem Interesse des Unternehmers, in einer Einwilligungserklärung umfangreich darzutun, welcher Dienstleister er sich für die Versendung seiner Newsletters bedient.

Helfen kann hier das Institut der Auftragsdatenverarbeitung. Liegt eine Auftragsdatenverarbeitung vor, ist die Weitergabe an einen Dienstleister privilegiert. Das setzt allerdings voraus, dass es sich tatsächlich um eine Auftragsdatenverarbeitung handelt und der Auftragnehmer hinsichtlich der Datenverarbeitung streng weisungsgebunden ist.

Erforderlich ist außerdem, dass der Vertrag über die Auftragsdatenverarbeitung schriftlich (E-Mail reicht nicht!) geschlossen wird (vgl. zu der Vertragsgestaltung mit E-Mail-Marketing-Dienstleistern Abschnitt 10.5.10).

9.4 Empfehlungsmarketing

Empfehlungsmarketing bezeichnet kostengünstige Marketingmaßnahmen, die eine ausdrückliche Einwilligung des Empfängers nicht zwingend benötigen. Allerdings müssen dafür spezifische Anforderungen an die jeweilige Marketingmaßnahme beachtet werden, um nicht doch gegen geltendes Wettbewerbs- oder Datenschutzrecht zu verstoßen.

Beispiel: Online-Empfehlungen

So kann ein Unternehmen auf seiner Website neben den jeweils angebotenen Produkten Links bereithalten, die es Kunden ermöglichen

- über ihren eigenen E-Mail-Client Bekannte auf das Produkt hinzuweisen,
- über einen Twitter-Button ihre Follower auf das Produkt hinzuweisen und
- gegen Erstattung der Versandkostenpauschale eine Kundenrezension zu schreiben, wenn das Unternehmen auf diesen Umstand hinweist.

Besonders hervorzuheben sind die gerne verwendeten Tell-a-friend- und E-Card-Funktionen, die nicht als Werbung des Unternehmens gestaltet werden sollten. Genauso beliebt sind inzwischen die unter dem Oberbegriff SWYN (SWYN – Share With Your Network) zusammengefassten SHARE- und LIKE-Buttons, um anderen Nutzern einer Social-Network-Plattform von einer Website zu berichten. Diese zählen neben vielen anderen Maßnahmen zum viralen Marketing, das gerade erst durch die globale Vernetzung des Internets ermöglicht wird. Dabei darf jedoch nicht vergessen werden, dass es für die Nutzer erkennbar sein muss, dass es sich im konkreten Fall um Marketingmaßnahmen handelt.

Checkliste – Empfehlungsmarketing

Beim Empfehlungsmarketing ist darauf zu achten, dass

- ✓ Tell-a-friend- und E-Card-Funktionen sich nicht als Werbung des Unternehmens darstellen,
- ✓ gegen SWYN-Marketing keine Bedenken bestehen, solange keine personenbezogenen Daten erhoben werden,
- ✓ Maßnahmen als Werbung zu erkennen und
- ✓ von redaktionellen Inhalten getrennt sind.

9.4.1 Tell-a-friend und E-Cards

Tell-a-friend steht rechtlich auf wackeligen Füßen. Eine Einwilligung in Nachrichten als Weiterempfehlung für ein Unternehmen ist nur dann definitiv nicht erforderlich, wenn diese nicht als Werbung ausgestaltet sind und vom Nutzer selbst versendet werden.

Beispiel: Weiterempfehlung per E-Mail

Auf der Website eines Online-Buchhändlers befindet sich neben jedem Artikel ein Button »Weiterempfehlen«. Durch Betätigen des Button öffnet sich der E-Mail-Client des Nutzers mit einem E-Mail-Fenster, welches einen Link nebst vorformulierten Text zu dem Artikel enthält. Die Betreffzeile ist ebenfalls vorformuliert. Der Nutzer kann die Nachricht mit einem eigenen Text versehen und an einen Freund senden. Der Buchhändler muss zuvor keine ausdrückliche Einwilligung bei dem Empfänger der E-Mail eingeholt haben. Schwieriger wird es, wenn sich statt des E-Mail-Clients ein eigenes Fenster auf der Website öffnet, über das die Nachricht versandt werden kann.

Die Werbung per E-Mail bedarf der Einwilligung des Empfängers. Schwierig zu beurteilen ist, ob das auch für die auf vielen Websites anzutreffende Tell-a-friend-Funktion gilt. Bei dieser Website-Funktion handelt es sich oft um einen WEITEREMPFEHLEN-Button.

Bei Tell-a-friend besteht immer die Möglichkeit, die E-Mail-Adresse des Empfängers einzutragen. Oft kann auch eine eigene E-Mail-Adresse genannt werden. Eine Frage der Ausgestaltung des Dienstes ist es, ob auch zusätzlicher Text eingegeben werden kann, der dem Empfänger in der E-Mail gezeigt wird. Bisweilen kann auch die Betreffzeile von dem Empfehlenden geändert werden. Häufig sind diese Felder bereits vorausgefüllt.

Vorsicht bei Tell-a-friend

Auch Tell-a-friend kann unter das Spam-Verbot fallen.

§ 7 UWG verbietet generell die Werbung per elektronischer Post, wenn eine Einwilligung nicht vorliegt. Unter elektronischer Post sind nicht nur E-Mails zu verstehen, die von einer E-Mail-Adresse an eine andere E-Mail-Adresse gesandt werden. Elektronische Post ist vielmehr allgemein jede Form der elektronischen Kommunikation, bei der eine Nachricht in eine Art Postfach des Empfängers übermittelt wird. Auch elektronische Nachrichten, die über eine Tell-a-friend-Funktion initiiert werden, gelten damit als elektronische Post im Sinne des Gesetzes.

Spannender ist die Frage, ob es sich bei der Tell-a-friend-E-Mail um Werbung handelt. Der Werbebegriff wird denkbar weit verstanden. Letztlich ist jede Äußerung, die mittelbar oder unmittelbar der Absatzförderung dient, Werbung. Nahezu jede geschäftliche Maßnahme eines Unternehmens muss daher als Werbung qualifiziert werden.

Versendet ein Unternehmen also E-Mails an Dritte, die auf einzelne Produkte oder Websites hinweisen, handelt es sich dabei im Regelfall um Werbung, so dass grundsätzlich eine Einwilligung erforderlich ist.

Keine Werbung des Unternehmens ist es dagegen, wenn ein interessierter Kunde die entsprechende E-Mail selbst formuliert und – über seinen eigenen E-Mail-Client – an einen Bekannten übersendet. In diesem Fall mag es sich bei dem Inhalt der E Mail durchaus um Werbung *für* das Unternehmen handeln, diese Werbung stammt dann aber nicht *von* dem Unternehmen, so dass ein Verstoß gegen § 7 UWG nicht vorliegt.

Dies lässt sich etwa erreichen, wenn Hyperlinks der Form »mailto:« verwendet werden (z.B. `mailto:schirmbacher@haerting.de`). Auch hier hat es das Unternehmen in der Hand, eine Betreffzeile und auch einen werbenden Text vorzuformulieren. Das Verfahren funktioniert natürlich nur, wenn der Empfehlende einen E-Mail-Client (Outlook, Thunderbird etc.) verwendet.

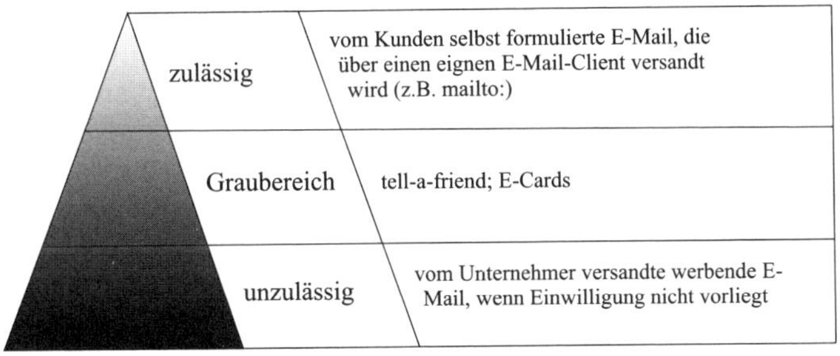

Abb. 9.1: Spannbreite beim Empfehlungsmarketing

In diesem Spannungsfeld bewegt sich, wer auf seiner Website eine Tell-a-friend-Funktion anbietet.

Ähnliche Fragen stellen sich bei dem Versand von E-Cards, die Werbung für den Betreiber enthalten, und Online-Magazinen, die den Artikelversand an Dritte anbieten. Ist einer E-Card, die etwa Geburtstagsglückwünsche übermitteln soll, Werbung des Anbieters beigefügt, kann es sich auch um Werbung per E-Mail handeln.

Gerichtsurteile zu Tell-a-friend

Zur Zulässigkeit der E-Mail-Werbung hat es in Deutschland seit Ende der 90er-Jahre eine Vielzahl von Gerichtsentscheidungen gegeben. Allein der Bundesgerichtshof hat inzwischen ein halbes Dutzend Fälle entschieden, in denen es um die Werbung per E-Mail ging. Der Spezialbereich des Empfehlungsmarketings per E-Mail war noch nicht Gegenstand einer Entscheidung des obersten deutschen Zivilgerichts.

LG Nürnberg Doch auch die Tell-a-friend-Funktion war bereits mehrfach Gegenstand gerichtlicher Entscheidungen. Schon im Jahr 2004 hat das Landgericht Nürnberg entschieden, dass es wettbewerbswidrig sei, auf der eigenen Internetseite Besucher dazu aufzufordern, eine persönliche Nachricht mit einer Produktempfehlung des Anbieters per E-Mail an einen Bekannten zu versenden. [LG Nürnberg 09/09]

OLG Nürnberg Das Oberlandesgericht Nürnberg hat das in einer viel beachteten Entscheidung ein wenig differenzierter gesehen: Das OLG hielt es für unzulässiges Direktmarketing, wenn Nichtkunden auf bestimmte Produkte per E-Mail aufmerksam gemacht werden können und zugleich zusätzliche Werbung für das Unternehmen an die versandte E-Mail angehängt werde. [OLG Nürnberg 09/10]

Betroffene Beklagte war das Quelle-Versandhaus, das Website-Nutzern die Möglichkeit gab, »Produktempfehlungen« an beliebige E-Mail-Adressen zu versenden. An den eigentlichen Inhalt der E-Mail wurden jeweils Hinweise auf einen »großen Sonderverkauf« mit besonderen Rabatten angehängt. Unzulässig war also nicht die Versendung von E-Mails auf Empfehlung von Nutzern als solche, sondern die Einbindung zusätzlicher Werbung. Die Revision zum BGH brachte keinen Erkenntnisgewinn, weil sich das oberste deutsche Zivilgericht nur mit prozessualen Fragen beschäftigte. Eine inhaltliche Auseinandersetzung fand nicht statt.

Hinweis: Keine weitere Werbung einfügen!

Aus der Entscheidung des fränkischen Obergerichts kann man schlussfolgern, dass gegen Tell-a-friend jedenfalls dann nichts einzuwenden ist, wenn keine weitere Werbung für das betreffende Unternehmen beigefügt ist.

In der Folgezeit war es um Tell-a-friend lange Zeit ruhig. Gerichtsurteile wurden nicht bekannt. Mitte 2009 haben zwei Entscheidungen Berliner Gerichte für neue Diskussionen gesorgt.

AG Berlin-Mitte Das Amtsgericht Berlin-Mitte hat entschieden, dass Empfehlungs-E-Mails als Spam anzusehen sein können. [AG Berlin 09/11]

Im konkreten Fall hatte ein Shopping-Club seinen registrierten Mitgliedern eine Tell-a-friend-Funktion angeboten. Wurde dort eine E-Mail-Adresse eingetragen und auf ABSENDEN gedrückt, erhielt der Empfänger eine E-Mail mit folgendem vorformulierten Text:

> *»Herzlich willkommen, Du wurdest von ... [Nachname und E-Mail-Adresse] zu ... Deutschlands Nummer 1 Shopping-Club eingeladen. Um bei täglich wechselnden Aktionen dabei zu sein und bis zu 70% bei Mode- und Lifestyle-Produkten zu sparen, musst Du Dich lediglich unter folgendem Link registrieren ...«.*

Der Werbetext war also von dem Unternehmen vorformuliert und aus der Sicht des Shopping-Clubs geschrieben. Die Versendung erfolgte im Namen des Shopping-Clubs. Das Gericht hat festgestellt, dass die E-Mail werbenden Charakter hat. Dazu sei es nicht erforderlich, dass ein konkretes Produkt oder ein Sonderangebot beworben werde. Wenn auf den Shopping-Club als solchen hingewiesen wird, genüge dies. Dies gelte umso mehr, als sich der Shopping-Club in den E-Mails als »Deutschlands Nummer 1 Shopping-Club« bezeichnet und mit »bis zu 70% günstigeren Preisen bei Mode- und Lifestyle-Produkten« geworben habe. Zudem wurden einladenden Mitgliedern Einkaufsgutscheine versprochen.

LG Berlin Die Berufung, die der Shopping-Club bei dem Landgericht Berlin eingelegt hatte, blieb ohne Erfolg. Das Landgericht machte deutlich, dass es sich bei der »Einladungs-E-Mail« ohne Zweifel um Werbung handele, auch wenn diese als »persönliche Nachricht« deklariert worden sei. [LG Berlin 09/12]

Auch das Landgericht stellt bei seiner Begründung darauf ab, dass die bestehenden Mitglieder durch die Möglichkeit, Prämien und wertvolle Gewinne zu erlangen, besonders zur Eingabe von weiteren Adressen animiert worden seien. Zudem enthalte der Text der Einladungs-E-Mail bereits Werbung für das Unternehmen.

Dos & Don'ts bei Tell-a-friend

Die Gerichte stehen der Tell-a-friend-Funktion also skeptisch gegenüber. Allerdings lassen sich eine Reihe von Kriterien identifizieren, die für die negative Einschätzung verantwortlich sind. Andere Möglichkeiten führen eher zu einer positiven Bewertung. Wer auf eine Tell-a-friend-Funktion auf seiner Website nicht verzichten möchte, kann Abmahnrisiken durch die Einhaltung einiger Punkte verringern:

Dos bei Tell-a-friend

- ✓ Die E-Mail sollte dem Empfänger als E-Mail des Empfehlenden erscheinen.
- ✓ Wenn möglich, sollte auch die Absender-E-Mail-Adresse die des Empfehlenden sein.
- ✓ Im Idealfall wird mit `mailto:` gearbeitet.
- ✓ Der Empfehlende sollte den Werbetext selbst formulieren und Änderungen vornehmen können.
- ✓ Der Inhalt eines vorformulierten Textes sollte sich auf die Mitteilung über die Existenz der Website beschränken.

Einige Punkte sollten nach Möglichkeit vermieden werden:

Don'ts bei Tell-a-friend

- ✓ Der Text der E-Mail darf sich nicht als Werbetext des Website-Betreibers darstellen.
- ✓ Ein vorformulierter Text sollte nicht aus Sicht des Unternehmens geschrieben sein.
- ✓ Weitere Werbung für das Unternehmen sollte unterbleiben.
- ✓ Zusätzliche Incentives für die Einladenden, möglichst viele weitere E-Mail-Adressen einzugeben, sollte es nicht geben.
- ✓ Der massenhafte Versand von E-Mails sollte technisch ausgeschlossen sein.

Selbst wenn diese Voraussetzungen eingehalten werden, ist nicht vollständig geklärt, ob die Rechtsprechung den Spam-Vorwurf als ausgeräumt ansehen würde. Bei Tell-a-friend nicht in den Griff zu bekommen, ist die Problematik mit Tippfehlern und Irrtümern in der E-Mail-Adresse. Verschreibt sich der Empfehlende und ist diese versehentlich eingegebene E-Mail-Adresse existent, ist denkbar, dass Gerichte eine Werbung ohne Einwilligung annehmen würden.

Tell-a-friend bleibt daher eine wackelige Angelegenheit.

Wer bisher gute Erfahrungen mit der Empfehlungsfunktion gemacht hat und die beschriebenen Positiv-Merkmale berücksichtigt, muss sich von der bisherigen Rechtsprechung nicht schrecken lassen.

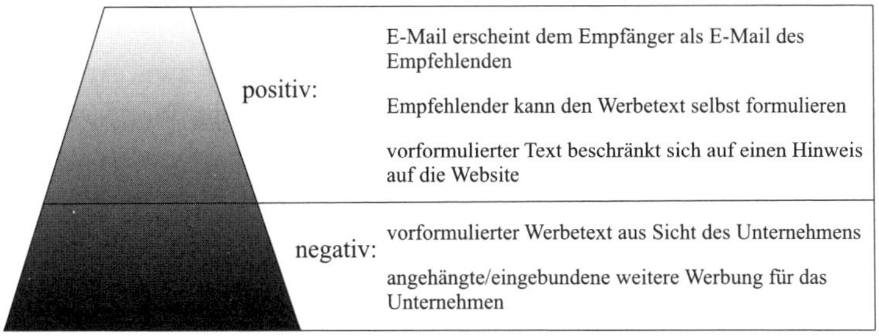

Abb. 9.2: Positive und negative Kriterien bei Tell-a-friend

Datenschutz: Löschen nach Gebrauch

Ein häufig übersehener Aspekt bei dem Einsatz von Tell-a-friend ist der Datenschutz. Bekanntlich setzt die Verarbeitung personenbezogener Daten eine gesetzliche Gestattung oder eine Einwilligung voraus.

E-Mail-Adressen können personenbezogene Daten sein. Das gilt vor allem, wenn sie den Klarnamen des Adressinhabers enthalten. Daher bedarf die Speicherung und Verwendung der Daten gegebenenfalls einer datenschutzrechtlichen Rechtfertigung. Hier mag man in der Verwendung der von dem Nutzer preisgegebenen E-Mail-Adresse des Dritten noch eine Rechtfertigung für den Versand sehen.

Eine darüber hinausgehende Verwendung der E-Mail-Adresse für geschäftliche Zwecke ist dagegen nicht mehr gerechtfertigt. Die E-Mail-Adresse darf also nicht etwa für weitere Mailings verwendet werden.

Schon die Speicherung der Daten für eine gewisse Dauer nach Versand der E-Mail ist rechtlich zweifelhaft. Dies lässt sich allenfalls mit der Absicherung gegen Missbrauchsfälle rechtfertigen. Gegebenenfalls müsste man argumentieren, dass jeder Versandvorgang für eine gewisse Dauer gespeichert wird, um etwaige Ansprüche gegen den Empfehlenden geltend machen zu können.

Das Telemediengesetz sieht zudem die Belehrung des Nutzers darüber vor, was mit seinen Daten geschieht. Eine ordnungsgemäße Tell-a-friend-Funktion sollte daher auch eine Datenschutzerklärung beinhalten. Hier genügt es, wenn diese unmittelbar bei der Funktion verlinkt ist.

Checkliste – Tell-a-friend und Datenschutz

- ✓ Keine weitere Verwendung der generierten Adressen
- ✓ Speicherung allenfalls zur Missbrauchsvermeidung
- ✓ Verlinkung einer Datenschutzerklärung

Empfehlende in die Verantwortung nehmen!

E-Mail-Werbung ohne die Einwilligung des Empfängers kann auf zwei Arten zu einem Rechtsfall werden: Zum einen können Verbraucherverbände, Wettbewerbsvereine oder Konkurrenten Abmahnungen aussprechen und gegebenenfalls auf Unterlassung klagen. Denkbar ist zum anderen, dass sich die Empfänger der E-Mails beschweren und sogar vor Gericht ziehen. In diesem Fall hat der Empfehlende offenbar die E-Mail-Adresse eines Dritten eingetragen, der mit dem Versand nicht einverstanden war.

Hier ist immerhin denkbar, den betreffenden Nutzer in die Verantwortung zu nehmen. Ist der Nutzer namentlich bekannt, etwa weil er Kunde des Unternehmens ist, können eventuelle Schäden auf den Nutzer abgewälzt werden.

Dies setzt voraus, dass die Nutzer bei Verwendung der Tell-a-friend-Funktion darüber belehrt worden sind, nur E-Mail-Adressen einzutragen, deren Inhaber mit dem Versand einverstanden sind. Außerdem muss in den AGB, denen der Nutzer zuvor zugestimmt hat, eine Klausel enthalten sein, wonach der Nutzer jedweden Schaden zu ersetzen hat, der aus dem Missbrauch der Tell-a-friend-Funktion entsteht. Solche Freistellungsklauseln sind in Portal-AGB üblich, beziehen sich aber oft auf rechtliche Probleme beim Upload von Inhalten (zum Beispiel Urheberrechtsverletzungen). Soll die Freistellung auch für die Nutzung der Empfehlungsfunktion gelten, sollte das ausdrücklich geregelt werden. Praktikabel ist die Verwendung von AGB meist nur, wenn der Nutzer ohnehin eine vertragliche Beziehung zu dem Unternehmen hat.

Selbst wenn ein Rechtsanspruch auf Ersatz des Schadens besteht, mag es dann noch eine PR-Frage sein, ob der Schaden bei dem Kunden tatsächlich beigetrieben werden kann.

Checkliste – Tell-a-friend

- ✓ Tell-a-friend-Nachrichten sollten sich nicht als Werbung des Unternehmens darstellen.
- ✓ Die Speicherung der E-Mail-Adresse des Dritten sollte nur zur Vermeidung von Missbrauch erfolgen.
- ✓ Zudem ist dann eine Datenschutzerklärung zu integrieren.
- ✓ Empfehlende Nutzer können in die Verantwortung genommen werden.

9.4.2 SWYN-Marketing

Der Einsatz von SHARE-Buttons im Rahmen von »Share With Your Network«-Marketing ist ohne die Einholung einer Einwilligung durch den Betreiber einer Website möglich.

Beispiel: Tweet-Button bei Blogger

Integriert ein Blogger in seinem Blog einen Button, der es Nutzern ermöglicht, durch Anklicken einen Blog-Beitrag an ihre Follower bei Twitter zu tweeten, braucht der Blogger dafür keine Einwilligung.

Bei Tell-a-friend führt die Handlung eines Besuchers der Website dazu, dass ein Dritter eine werbende E-Mail erhält. Share-With-Your-Network erleichtert dagegen lediglich die Möglichkeit des Website-Besuchers, seinen Kontakten in sozialen Netzwerken von der betreffenden Website zu berichten.

Die SWYN-Funktionen sind dabei jeweils so aufgebaut, dass eine zusätzliche Aktion des Website-Besuchers erforderlich ist, um die entsprechende Nachricht in seinem sozialen Netzwerk zu posten.

E-Mails oder sonstige »elektronische Post« werden dabei nicht versendet. Vielmehr kann der Dritte die Empfehlung des Website-Besuchers erst sehen, wenn er selbst Mitglied bei dem sozialen Netzwerk ist oder die entsprechende Seite des Website-Besuchers anklickt.

Hier stellt sich der Hinweis auf die Website des Unternehmens also nicht als Werbung des Unternehmens selbst dar. Vielmehr ist die SWYN-Funktion lediglich eine vereinfachte Möglichkeit des Users, auf die Website des Unternehmens hinzuweisen. Das Unternehmen bekommt von dem Dritten keinerlei Informationen, weder die E-Mail-Adresse, noch seinen Namen.

Bei Twitter wird die Empfehlung in der Timeline der Followers angezeigt. Der Tweet erscheint dort als Nachricht des Nutzers, nicht als Werbung des Unternehmens. Ähnlich verhält es sich bei Facebook, wo die Werbung auf dem Profil des Empfehlenden und bei seinen Freunden eingeblendet wird.

Die bisher bekannten SWYN-Funktionen sind daher unter wettbewerbsrechtlichen Gesichtspunkten nicht zu beanstanden. Anzumerken ist allenfalls, dass die jeweilige – vorformulierte – Beschreibung natürlich den üblichen rechtlichen Maßstäben genügen muss und etwa nicht irreführen darf.

Vorsicht vor dem Like-Button

Der Facebook-LIKE-Button begegnet datenschutzrechtlichen Bedenken und sollte daher nicht ohne Weiteres auf der eigenen Webseite integriert werden.

Zu trennen von der Frage, ob die Übersendung von Werbung eine Einwilligung erfordert, ist die datenschutzrechtliche Problematik. Gerade die großen amerikanischen Portale sind mit der Bekanntgabe der durch bestimmte Funktionen erhobenen Daten nicht gerade besonders auskunftsbereit. Nur nach und nach scheint jeweils öffentlich zu werden, welche Daten von wem an wen übermittelt werden.

In der Vergangenheit ist in diesem Zusammenhang immer wieder Kritik an der LIKE-Button-Funktion von Facebook laut geworden. Diese Funktion erlaubt dem Nutzer, andere Nutzer auf Facebook auf eine Website hinzuweisen, indem sie auf dieser Website den integrierten LIKE-Button anklicken. Facebook nutzt diese Funktion allerdings auch, um Daten zu sammeln. Offenbar werden nicht nur Daten von Nutzern registriert, die den Button angeklickt haben, sondern auch von solchen, die nur die Website besuchen, auf der der Button integriert ist.

Welche Daten dabei genau erhoben werden, scheint unklar. Werden auch personenbezogene Daten erhoben, bedarf das der Einwilligung des Betroffenen. Immerhin denkbar ist, dass wer bei Facebook Mitglied ist, dort seine Einwilligung in die Erhebung von Daten auch von anderen Seiten erteilt. In den deutschen Datenschutzrichtlinien heißt es dazu unter der Überschrift: »Informationen die wir erhalten«:

> *»Informationen von anderen Webseiten.*
>
> *Es ist uns gestattet, zusammen mit Werbepartnern und anderen Webseiten Programme einzurichten, mit denen diese uns Informationen mitteilen:*
>
> *Es ist uns gestattet, von Werbekunden Informationen darüber abzufragen, wie unsere Nutzer auf die von uns eingeblendeten Werbeanzeigen reagiert haben (und zu Vergleichszwecken, wie andere Nutzer, die diese Werbeanzeigen nicht gesehen haben, sich auf deren Webseiten verhalten haben). Dieser Datenaustausch, der gewöhnlich als »Besuchsaktionsauswertung« bezeichnet wird, hilft uns bei der Messung der Wirksamkeit unserer Werbung und bei der Verbesserung der Qualität der eingeblendeten Werbeanzeigen.*
>
> *Es ist uns gestattet, Informationen darüber zu erhalten, ob du bestimmte Werbeanzeigen auf anderen Webseiten angesehen oder auf diese interaktiv reagiert hast oder nicht, um die Wirksamkeit dieser Werbeanzeigen zu messen.«*

Abgesehen davon, dass Bedenken hinsichtlich der Wirksamkeit einer derart langen und verschachtelten datenschutzrechtlichen Einwilligung bestehen, ist auch nicht sicher, dass die Daten, die über den LIKE-Button übermittelt werden, von dieser Erklärung erfasst sind. Wenn durch die Integration des LIKE-Buttons Informationen übermittelt werden, die von diesen Vorschriften nicht gedeckt sind, fehlt es auch an einer Einwilligung der Facebook-Mitglieder. Jedenfalls keine Einwilligung erteilt haben Besucher der Website, die nicht bei Facebook Mitglied sind. Werden auch von denen personenbezogene Daten erhoben, ist der Dienst klar rechtswidrig.

Für den Betreiber der Website bedeutet dies, dass er sich letztlich angreifbar macht. Wer den Facebook-Button dennoch in seine Website einbinden möchte, sollte auf die Sammlung von Daten durch Facebook jedenfalls in der Datenschutzerklärung deutlich hinweisen. Hier ist vieles in Bewegung. Die datenschutzrechtliche Zulässigkeit von SWYN-Funktionen hängt stark von der Ausgestaltung der Dienste im Einzelnen und etwaigen Einwilligungen innerhalb der Social Networks ab.

Checkliste – SWYN-Marketing

✓ Rechtliche Bedenken gegen die Integration von SWYN-Funktionen auf der eigenen Unternehmenswebsite bestehen grundätzlich nicht. Insbesondere ist eine Einwilligung wegen des Versands von Werbung nicht erforderlich.

✓ Wenn von dem Anbieter der Funktion Daten von Website-Nutzern gesammelt werden, ist man als Mitstörer haftbar. Daher ist vorab zu prüfen,

- ob Daten erhoben und gespeichert werden,
- wessen Daten erhoben werden und
- wie lange diese Daten erhoben werden.

✓ Werden personenbezogene Daten erhoben, bedarf es einer Einwilligung. Website-Betreiber müssen prüfen, ob ein wirtschaftliches Risiko besteht und ob man bereit ist, ein solches Risiko zu tragen.

9.4.3 Virales Marketing

Virales Marketing ist eine Methode, die der Verbreitung von Informationen durch Mundpropaganda sehr ähnelt. Allerdings erfolgt die Initiierung der Verbreitung in jedem Fall einseitig gesteuert durch Unternehmen, die sich mit dieser Marketingmaßnahme positionieren wollen. Dabei ist es wichtig, darauf zu achten, dass der Charakter als Werbung nicht im Hintergrund verschwindet.

Beispiel: Moorhuhn

Eines der bekanntesten Beispiele für virales Marketing dürfte das Computerspiel Moorhuhn für Johnny Walker sein, welches sich innerhalb kürzester Zeit auf unzähligen Rechnern befand.

Tell-a-friend und SWYN-Marketing sind – je nach Definition – Instrumente des viralen Marketings. Weitergefasst ist letztlich jede unternehmerische Methode, Nutzer zum Weiterverbreiten einer Werbebotschaft zu veranlassen: virales Marketing.

In Zeiten, in denen Verbraucher gegen die üblichen Werbemethoden auch im Internet zunehmend abstumpfen, wird virales Marketing als probates »Gegenmittel« angesehen. Dabei handelt es sich um eine Marketingform, die soziale Netzwerke und Medien nutzt, um mit einer häufig ungewöhnlichen oder humoristischen Nachricht meist hintergründig auf ein Unternehmen aufmerksam zu machen. Virale Werbung ist in gewisser Weise mit der Mundpropaganda zu vergleichen, weil sie davon lebt, dass Nutzer, denen die Nachricht gefällt, andere Nutzer darauf aufmerksam machen. In der Regel geschieht dies durch Verbreiten eines Links in sozialen Netzwerken oder per E-Mail.

Das werbende Unternehmen stellt beispielsweise einen Werbespot in eine Videoplattform im Internet ein und hofft darauf, dass möglichst viele Nutzer andere Nutzer auf den Clip hinweisen. Möglich ist auch, die Kampagne so zu konzipieren, dass die Werbebotschaft selbst (und nicht lediglich ein Link) von den Nutzern weitergeleitet wird.

Beim viralen Marketing stellen sich Rechtsfragen vor allem im Hinblick auf die Erkennbarkeit als Werbung und mögliche Incentivierung der Weiterverbreitung.

Erkennbarkeit als Werbung

Virales Marketing kann nur dann erfolgreich sein, wenn die Werbebotschaft in einen hohen Unterhaltungsgrad verpackt wird. Dass es sich dabei um Werbung handelt, muss jedoch erkennbar sein.

Beispiel: Heineken

In vielfältigster Form finden sich Videos auf Online-Videoportalen, in denen immer wieder – wie beiläufig – das Label oder Bierflaschen von Heineken auftauchen. Spätestens am Ende der Videos wird jedem Nutzer deutlich gemacht, dass es sich um Werbung von Heineken handelt, indem das Label über den ganzen Videobildschirm eingeblendet wird.

Wird die Werbebotschaft auf einer Plattform hinterlegt, stellt sich die Frage der Kennzeichnung als Werbung. Ist für den Durchschnittsnutzer nicht erkennbar, dass es sich um Werbung des betreffenden Unternehmens handelt (etwa, weil das Video besonders amateurhaft gefertigt wurde oder der Spot sich kritisch mit dem Produkt auseinandersetzt), bedarf es einer ausdrücklichen Kennzeichnung. Dies gilt allerdings dann nicht, wenn der Spot auf Unterseiten des Unternehmens abgelegt ist, weil sich dort schon aus dem Impressum oder sogar der Domain ergibt, dass es sich um ein (kommerzielles) Angebot des Werbenden handelt.

Wird dagegen die Werbebotschaft selbst als Dateianhang versandt, kann sich die Frage stellen, ob sich in der Botschaft selbst eine ausdrückliche Kennzeichnung als Werbung finden muss. Dies ist jedenfalls dann zu bejahen, wenn die Werbebotschaft erkennbar darauf abzielt, von Laien weiterversandt zu werden.

Beispiel: E-Cards

Dies dürfte etwa bei E-Card-Angeboten der Fall sein. Hierbei wird der Nutzer aufgefordert, auf der Website die E-Mail-Adresse eines Bekannten einzutragen, an den dann eine (werbende) E-Card versandt wird. Diese Praxis ist in der Rechtsprechung – allerdings mit Bezug auf das Einwilligungserfordernis (siehe oben bei Abschnitt 9.4.1) – bisher sehr kritisch beurteilt worden.

Die Anforderungen an die Erkennbarkeit sind nicht zu hoch anzusetzen. Wird etwa ein Werbeplakat, das sich auch auf der Unternehmenswebsite findet, von Nutzern kopiert und schließlich tausendfach weitergeleitet, trifft das Unternehmen dafür keine Verantwortung. Das Plakat selbst bleibt dann zwar kommerzielle Kommunikation, allerdings ist es nicht mit Willen des Unternehmens in den Verkehr gebracht und bedarf deshalb keiner weiteren Kennzeichnung.

Vorsicht bei viralen Spots

Virale Spots müssen jedenfalls dann als Werbung gekennzeichnet werden, wenn sich nicht ohne Weiteres ergibt, dass das Unternehmen Urheber des Spots ist.

Incentivierung des Word of Mouth

Vereinzelt wird versucht, die Zahl der Empfehlungen durch Website-Besucher dadurch zu steigern, dass dem Empfehlenden zusätzliche Incentives gewährt werden. Diese Vorgehensweise ist dem Grunde nach unabhängig von der Form der Weiterempfehlung, per E-Mail, SWYN oder Word-of-Mouth mit der Weitergabe von Gutscheincodes.

Beispiele für Incentivierungen

Auch bei dem Anreiz selbst sind der Phantasie keine Grenzen gesetzt. Von konkreter Vergütung pro Neukunde, Sale oder Lead bis hin zu kostenlosen Mitgliedschaften, Gutscheinen oder anderen Incentives ist alles denkbar.

Die Verpackung von Werbung als objektive Information ist nicht erlaubt. Das gilt natürlich nicht nur für die herkömmliche Print-Presse, sondern auch im Web. Der

Grundsatz der Trennung von redaktionellen und werbenden Inhalten umreißt das Verbot, eine vermeintlich objektive Journalistenmeinung zu kaufen und damit für eine positive Berichterstattung zu sorgen. Dieses sogenannte Schleichwerbeverbot findet seine gesetzliche Verankerung in mehreren Normen:

- dem Verbot, den Werbecharakter von geschäftlichen Handlungen zu verschleiern (§ 4 Nr. 3 UWG),
- dem Verbot der als Informationen getarnten unternehmerfinanzierten Werbung (Anhang zu § 3 Abs. 3 UWG) sowie
- dem Gebot, kommerzielle Kommunikation erkennbar als solche darzustellen (§ 6 Abs. 1 Nr. 1 TMG).

Das Verbot wird vor allem bei redaktionellen Inhalten greifen. Auf rein private Mitteilungen sind die Vorschriften nicht unmittelbar gerichtet. Allerdings ist auch hier denkbar, dass Gerichte einen Verstoß gegen das Verbot der Schleichwerbung sehen, wenn Weiterempfehlungen, die ja in der Regel positiv sein werden, gezielt gekauft werden. Hier stellt sich die positive Empfehlung des Website-Nutzers dann als kommerzielle Kommunikation des Unternehmens dar, die im Internet der Kennzeichnung bedarf.

Entlohnung Eine gezielte Entlohnung von Weiterempfehlungen dürfte jedenfalls dann gegen das Schleichwerbeverbot verstoßen, wenn anzunehmen ist, dass der Nutzer die Weiterempfehlung nur aufgrund der Incentivierung ausspricht. Dies gilt umso mehr, wenn für denjenigen, der die Empfehlung erhält, objektiv nicht erkennbar ist, dass der Empfehlende für die Botschaft vergütet wurde. Muss der Empfänger der Nachricht den Eindruck haben, der Empfehlende habe die Empfehlung aus freien Stücken und nach seiner eigenen Überzeugung ausgesprochen, liegt ein Verstoß gegen das Schleichwerbeverbot nahe.

Problematisch kann eine Vergütung von Weiterempfehlungen auch unter dem als »Verbot der Laienwerbung« bekannt gewordenen Schlagwort des Wettbewerbsrechts sein. Unter Laienwerbung ist dabei der Einsatz von Privatleuten als Kundenwerber gegen Gewährung einer Werbeprämie zu verstehen.

Dabei geht der Laienwerber typischerweise so vor, dass er Verwandte, Freunde, Bekannte, Kollegen etc. anspricht und sie, sei es mit, sei es ohne Offenbarung seines Interesses an der Werbeprämie, als Kunden für das Unternehmen zu gewinnen sucht.

Der Einsatz von Laien zur Verkaufsförderung ist grundsätzlich wettbewerbsrechtlich in Ordnung. Unlauter kann die Laienwerbung aber dann werden, wenn der Laie zu Werbemethoden greift, die dem werbenden Unternehmen verboten wären. Versendet der Laie also massenhaft Spam und wird er dazu von dem Unternehmer geradezu aufgefordert, kann sich eine Haftung auch des Unternehmens ergeben.

Vorsicht mit Laienwerbern

Wenn das System darauf angelegt ist, dass der Laienwerber seine persönlichen Beziehungen bewusst als Hebel zur Kundengewinnung einsetzt, kann darin eine Unlauterkeit liegen. Auch eine im Vergleich zur Leistung des Werbers sehr wertvolle Prämie kann zur Unlauterkeit führen.

Allgemeine Aussagen lassen sich hier kaum treffen. Letztlich kommt es auf den Einzelfall an, ob eine Wettbewerbswidrigkeit – etwa wegen eines sehr hohen Prämienanreizes – vorliegt. Entscheidend ist eine Gesamtbetrachtung des Systems der Kundengewinnung.

9.5 Werbende Zusätze zu geschäftlichen E-Mails

Eine andere Möglichkeit der Werbung ist es, wenn man seinen »ganz normalen« E-Mail-Verkehr um Zusätze ergänzt, die auf eigene Produkte oder Dienstleistungen hinweisen.

Beispiel: Werbung in Bestätigungs-E-Mail

Ein Online-Buchhändler könnte Bestätigungs-E-Mails mit Hinweisen auf Bücher versehen, die mit dem konkret bestellten themenverwandt sind.

Versendet ein Unternehmen geschäftliche E-Mails an Kunden, nachdem diese eine Bestellung vorgenommen haben, ist es zulässig, diese E-Mails mit werbenden Zusätzen zu versehen. Dies gilt jedoch nur, wenn der Kunde dem nicht zuvor widersprochen hat und die Zusätze sich auf ähnliche Produkte wie die bereits erworbenen beschränken (vgl. Abschnitt 9.2.3 oben).

Hinweis

Fehlt es an den Voraussetzungen des § 7 Abs. 3 UWG, sollten werbende Zusätze besser unterbleiben.

Anders stellt es sich dar, wenn das Unternehmen losgelöst von konkreten Bestellungen E-Mails mit geschäftlichem Inhalt versendet und diese mit werbenden Zusätzen versieht. Problematisch wären unter anderem:

E-Mails über einen kostenlosen E-Mail-Dienst, der diese mit eigener Werbung versieht (z.B. web.de) und

Werbung des Unternehmens angehängt an Bestätigungs-E-Mails aufgrund bloßer geschäftlicher Kommunikation.

Checkliste – Werbende Zusätze zu geschäftlichen E-Mails

Werbende Zusätze bei geschäftlichen E-Mails sind zulässig, wenn

- ✓ zuvor ein geschäftlicher Kontakt bestand, der über einen bloßen einmaligen E-Mail-Kontakt hinausgeht, z.B. eine Warenbestellung oder eine Dienstleistungsanfrage,
- ✓ die Werbung gegenüber dem geschäftlichen Inhalt der E-Mail deutlich im Hintergrund bleibt.

9.5.1 Werbung kostenloser E-Mail-Dienste

Unabhängig von der Frage, ob ein Unternehmen überhaupt kostenlose E-Mail-Dienste – und damit deren Domains in der E-Mail-Adresse – für den geschäftlichen E-Mail-Verkehr nutzen sollte, kann die angehängte Werbung unzulässig sein.

Rechtsprechung existiert zu dieser Frage nicht. Grundsätzlich bedarf die Werbung per E-Mail der vorherigen ausdrücklichen Zustimmung des Empfängers. Daran ändert auch der Umstand nichts, dass die Werbung lediglich einer eigentlich geschäftlichen E-Mail angehängt wird.

Andererseits ist einer der wesentlichen Aspekte, warum die Werbung per E-Mail unzulässig ist, nicht gegeben: Zeitaufwand für das Aussortieren und Löschen von Spam kann bei geschäftlichen E-Mails, denen Werbung beigefügt ist, nicht entstehen. Das spricht für die grundsätzliche Zulässigkeit der angehängten Werbung.

Tipp: Angehängte Werbung

An geschäftliche E-Mail-Korrespondenz angehängte Werbung kann nur dann unbedenklich sein, wenn sie sich dem geschäftlichen Inhalt der Mail vollkommen unterordnet. Überwiegt die Werbung, kann das Spam-Verbot greifen. Das gilt insbesondere, wenn es keinen wirklichen Anlass für die geschäftliche Korrespondenz gibt.

9.5.2 Autoresponder-E-Mail-Werbung

Anders stellt es sich dar, wenn über eine Autoresponder-Funktion E-Mails, die werbende Zusätze enthalten, als Antwort auf eine bloße Anfrage versendet werden. So sieht das jedenfalls das Amtsgericht München.

Das Gericht hat im Sommer 2009 entschieden, dass jedenfalls ein einmaliger E-Mail-Kontakt keine Einwilligung in den Erhalt von werbenden E-Mails darstellt. [AG München 09/13]

Beispiel: Autoresponder-Werbung an einen Arzt

Streitgegenstand war die Klage eines Arztes, der sich gegen den Erhalt unverlangter werbender E-Mails wehrte, weil er diese als Belästigung empfand. Ende 2008 erhielt der Arzt von dem beklagten Unternehmen eine Werbe-E-Mail an die für seine Arztpraxis genutzte E-Mail-Adresse. Bei der Werbe-E-Mail handelte es sich um eine automatisch versandte Antwort-Mail, da die Beklagte auf ihrer Website eine Autoresponder-Funktion eingerichtet hatte, die E-Mails nur verschickt, wenn vorher eine E-Mail an das Unternehmen gerichtet wurde. [AG München 09/13]

Folglich sei der Versand der Werbe-E-Mail auf das Verhalten des Arztes zurückzuführen, so die Beklagte. Nachdem der Arzt von der Beklagten Auskunft über die Speicherung und Löschung seiner Daten sowie Abgabe einer Unterlassungserklärung verlangt hatte, erhielt er als Antwort der Beklagten eine weitere Werbe-E-Mail.

Das AG München gab dem Arzt Recht und verurteilte das Unternehmen zur Unterlassung. Das Gericht sah in den unverlangten, d.h. ohne das vorherige ausdrückliche oder stillschweigende Einverständnis des Adressaten abgeschickten Werbe-E-Mails eine für den Empfänger unzumutbare Belästigung.

Daran ändere auch die Tatsache nichts, dass die E-Mail im Betreff eindeutig und von vornherein als Werbung gekennzeichnet war. Zwar verringere sich dadurch der Zeit- und Kostenaufwand des Empfängers, da es ihm erspart bleibt, die werbenden E-Mails herunterzuladen und zu lesen. Dennoch kosten Aufbau und Anzeige der E-Mail ebenso wie das Lesen des Betreffs Zeit und Geld. Daher liege auch in einem solchen Fall eine unzumutbare Belästigung des Empfängers vor.

Des Weiteren könne allein aufgrund dessen, dass der Kläger der Beklagten zuvor eine E-Mail gesandt hatte, nicht auf ein ausdrückliches oder stillschweigendes Einverständnis mit der Zusendung von Werbe-E-Mails geschlossen werden. Ein einmaliger E-Mail-Kontakt führe nicht dazu, dass eine Einwilligung in die Übersendung von Werbe-E-Mails erteilt werde. Etwas anderes gelte nur dann, wenn der Kläger per E-Mail ausdrücklich eine Dienstleistung der Beklagten angefragt hätte. Eine Reaktion auf eine Dienstleistungsanfrage wäre nicht als Spam zu klassifizieren. Dies setzt aber voraus, dass sich die Antwort tatsächlich auf die Anfrage und die nachgefragten Leistungen bezieht.

9.6 Rechtssicher Adressen generieren

Neben der Möglichkeit, E-Mail-Adressen über eine Eingabe auf der eigenen Website mittels Double-Opt-in-Verfahren (vgl. 9.2.1 oben) zu erhalten, gibt es zahlreiche weitere Optionen, Adressen zu generieren. Grenzen sind dem scheinbar wenige gesetzt. Bei dem Grundsatz einer vorherigen ausdrücklichen Einwilligung bleibt es jedoch (vgl. Abschnitt 9.1.4 oben).

Beispiel: Gekaufte Adressen

Ein Unternehmen sollte E-Mail-Adressen für den Versand seines Newsletters nicht verwenden, wenn es diese von einem Dienstleister erhalten hat und der Inhaber der Adressen nicht ausdrücklich darauf hingewiesen hat, dass er die Adressen an das jeweilige Unternehmen zum Zwecke des Newsletter-Versands weitergeben wird.

Für ein Unternehmen ist es oftmals effizienter, E-Mail-Adressen im Wege der Co-Registrierung oder des Co-Sponsorings durch Dienstleister generieren zu lassen. Diese ermitteln die E-Mail-Adressen oftmals über Gewinnspiele und Umfragen im Internet, aber auch in der Offline-Welt. Der Vorteil ist, dass das Unternehmen keinen Aufwand für die Einholung von Einwilligungen betreiben muss und dass der Dienstleister für mehrere Unternehmen E-Mail-Adressen generieren kann.

Ein solches Verfahren ist nach der neueren Rechtsprechung nur in sehr eingeschränktem Umfang rechtlich tatsächlich einwandfrei durchführbar. Der Dienstleister darf insbesondere nicht eine Einwilligung einholen, die praktisch die Übersendung von Werbung jeglicher Art durch jedermann rechtfertigt.

Das werbende Unternehmen sollte sich zudem im Innenverhältnis durch vertragliche Vereinbarung mit dem Dienstleister Rückgriffsansprüche sichern.

Checkliste – Rechtssicher Adressen generieren

Gewinnspiele (vgl. Abschnitt 9.6.1) und Umfragen (vgl. Abschnitt 9.6.2)

- ✓ Die Einwilligungserklärung muss den Anforderungen an Bestimmbarkeit und Ausdrücklichkeit genügen
- ✓ Keine Koppelung an die Teilnahme

Kauf von Adressen (vgl. Abschnitt 9.6.3)

- ✓ Stichproben
- ✓ Zusicherung ausdrücklicher Einwilligungen
- ✓ Protokollierungspflicht

✓ Schadensfreistellung

✓ Datenschutzrechtliche Erlaubnis

Generelle Verwendung eines Double-Opt-in (vgl. Abschnitt 9.6.4)

9.6.1 Gewinnspiele

Eine häufig verwendete Möglichkeit, E-Mail-Adressen zu generieren, ist es, die Einwilligung in E-Mail-Werbung bei der Teilnahme an Gewinnspielen einzuholen. Dabei werden regelmäßig vorformulierte Einverständniserklärungen verwendet. Sind diese in hohem Maße unbestimmt und mit anderen Erklärungen verbunden, ist die Einwilligung nicht wirksam erteilt worden.

Beispiel: Zu weite Einwilligungserklärung

So wird keine wirksame Einverständniserklärung erzielt, wenn der Teilnehmer sein Einverständnis erklärt,

> *»dass er wie alle Teilnehmer touristische und nicht touristische Werbung von uns und unseren Partnern erhält.«*

Erfolgt die Einwilligung in E-Mail-Werbung bei der Teilnahme an einem Gewinnspiel, wird dies in Form von vorformulierten Einwilligungserklärungen erfolgen. Diese unterliegen der AGB-rechtlichen Inhaltskontrolle. [OLG Hamburg 09/14]

Die Rechtfertigung in E-Mail-Werbung durch eine derartige Klausel setzt voraus, dass der Teilnehmer überhaupt erkennen kann, an wen seine Daten übermittelt werden sollen, zu welchen Zwecken die Daten von Dritten genutzt werden sollen und in welchem Umfang. Nur bei Kenntnis dieser Umstände kann von einer bewussten – und damit informierten – Einwilligung gesprochen werden.

Bestimmbarkeit

Völlig konturlose Formulierungen, die letztlich darauf abzielen, die Übersendung jeder Art von Werbung durch jedermann zu rechtfertigen, sollten nicht verwendet werden. Erforderlich ist eine Eingrenzung in inhaltlicher, zeitlicher und personeller Hinsicht. [OLG Hamburg 09/14]

Vorsicht vor schwammigen Formulierungen

Bei der Formulierung der Einwilligungserklärung ist sicherzustellen, dass die verwendete Formulierung tatsächlich hinreichend konkret ist. Trotz der Verwendung von einzelnen an sich konkreten Begriffen folgt daraus nicht notwendigerweise der Schluss einer insgesamt klaren und bestimmten Formulierung.

Nicht ausreichend sind Formulierungen wie:

- »Verbraucher-Tipps und Markt-Informationen« zum Inhalt
- »regelmäßiger Newsletter« zur Zeit
- »uns und unsere Geschäftspartner« zur Person
- Diese sind nur scheinbar konkret. Tatsächlich ist eine Eingrenzung mit derartigen Formulierungen nicht verbunden.

Checkliste – Formulierungen in Einwilligungserklärungen

Bei der Formulierung sollte darauf geachtet werden, dass

✓ konkrete Waren oder Dienstleistungen benannt werden, die sich im Idealfall ähneln,

✓ konkrete Unternehmen benannt werden; dabei ist auf die Nennung von Konzernen zu verzichten, sondern vielmehr das jeweilige Tochterunternehmen zu bezeichnen,

✓ eine zeitliche Befristung aufgenommen wird,

✓ die Aufzählung nicht durch eine Vielzahl von Bezeichnungen unübersichtlich wird. Gegebenenfalls ist über einen Link auf eine einsehbare Liste zu verweisen.

Die Einwilligung darf im Übrigen nicht in den Teilnahmebedingungen versteckt werden. Die europäischen Vorgaben sehen vor, dass sich der Verbraucher »in Kenntnis der Sachlage« entscheiden können soll. Ist die Einwilligung versteckt, muss man sagen, dass der Kunde die Einwilligung gerade ohne Kenntnis der Sachlage erteilt hat. Eine Einwilligung ist an diesen Maßstäben gemessen nicht wirksam erteilt, wenn das Einverständnis im Kleingedruckten versteckt ist.

Ausdrücklichkeit

Das Gesetz sieht eine »ausdrückliche« Einwilligung vor (§ 7 Abs. 2 Nr. 3 UWG). Dies schiebt jeder Argumentation des Werbenden: »Wir konnten doch davon ausgehen, dass der Adressat mit der Versendung der Werbung einverstanden war« einen Riegel vor.

Der Bundesgerichtshof ist noch einen Schritt weiter gegangen und hielt fest, dass »die Einwilligung mittels einer gesonderten Erklärung erteilt wird« [BGH 09/07]. Nach dieser Rechtsprechung ist es unzulässig, die Erklärung mit anderen Erklärungen des Kunden zu verbinden und lediglich eine Opt-out-Möglichkeit vorzusehen. Der BGH hat dabei klar entschieden, dass es nicht ausreichend ist, dass der Verbraucher die Möglichkeit hat, die Werbung abzulehnen. Vielmehr setze § 7

Abs. 2 Nr. 3 UWG voraus, dass die Einwilligungsklausel so gestaltet ist, dass der Kunde selbst tätig werden muss, wenn er seine Einwilligung in die Zusendung von Werbung unter Verwendung von elektronischer Post erklären will.

Damit sind Opt-out-Felder tabu. An diesen Maßstäben gemessen sind auch vorangekreuzte Häkchenfelder für Opt-in-Erklärungen rechtlich fragwürdig.

Koppelungsverbot

Eine ganz andere Frage ist die, ob die Teilnahme an dem Gewinnspiel an eine Einwilligung gekoppelt werden darf.

Die Gerichte wollen die Einwilligung in die Speicherung und spätere Nutzung der Daten teilweise von der Teilnahme an einem Gewinnspiel getrennt sehen. Eine Koppelung würde die Entscheidungsfreiheit der angesprochenen Verbraucher in unangemessener, unsachlicher Weise beeinträchtigen. [OLG Köln 09/15]

§ 28 Abs. 3b BDSG sieht dagegen vor, dass ein Vertragsschluss nicht an eine Einwilligung gekoppelt werden darf, wenn ein anderer Zugang zu gleichwertigen vertraglichen Leistungen nicht oder nicht in zumutbare Weise möglich ist. Daraus wird teilweise geschlossen, dass nur solche Anbieter dem strengen Koppelungsverbot unterliegen, die eine Monopolstellung innehaben.

Insofern sind beide Auslegungen möglich. Wer rechtlich auf der sicheren Seite sein will, sollte eine Teilnahme an dem Gewinnspiel auch ohne Zustimmung in die Verwendung der eingegebenen Daten zu Werbezwecken ermöglichen.

Hinweis: Kopplung an Gewinnspiel

Die Teilnahme an einem Gewinnspiel sollte nicht an eine Einwilligung in E-Mail-Werbung gekoppelt werden. Ein Ausweg mag sein, als alternative Teilnahmemöglichkeit eine postalische Teilnahme vorzusehen, die die Einwilligung nicht vorsieht.

Im Rahmen des Co-Sponsorings sind Gewinnspiele eine effiziente Möglichkeit, E-Mail-Adressen für die Neukundenakquise zu gewinnen. Eine ganze Reihe von gesetzlichen Vorgaben und die strenge Rechtsprechung müssen jedoch beachtet werden, damit die Adressen später in zulässiger Weise für die E-Mail-Werbung eingesetzt werden dürfen.

Checkliste – Gewinnspiele

✓ Verwendung von vorformulierten Einwilligungen in die Weitergabe an Dritte, die in inhaltlicher, personeller und zeitlicher Hinsicht ausreichend bestimmt sind

- ✓ Kein Verstecken der Erklärung im »Kleingedruckten«
- ✓ Keine Verbindung der Erklärung mit anderen Erklärungen in den AGB
- ✓ Verwendung von Häkchenfeldern mit Opt-in
- ✓ Entkoppelung von Teilnahme und Einwilligung

9.6.2 Umfragen

Ein anderer Weg, um an die Einwilligung in E-Mail-Werbung zu kommen, führt über Umfragen zu beliebigen Themen. Dabei gilt nichts anderes als für Gewinnspiele (vgl. Abschnitt 9.6.1 oben).

Beispiel

Integriert eine Nachrichtenseite auf ihrer Website die Möglichkeit, zu aktuellen Themen an einer Meinungsumfrage teilzunehmen und soll damit auch eine E-Mail-Adresse für E-Mail-Werbung erfasst werden, muss dabei eine ausdrückliche Einwilligung eingeholt werden.

Bei der Verwendung von vorformulierten Einwilligungserklärungen gilt erneut, dass eine Eingrenzung in

- inhaltlicher (konkrete Waren und Dienstleistungen),
- personeller (wenige konkret benannte Unternehmen) und
- zeitlicher (kein übermäßig langer Zeitraum über Jahre)

Hinsicht erforderlich ist.

Die Teilnahme an der Umfrage sollte nicht an die Erteilung der Einwilligung gekoppelt sein.

9.6.3 Kauf von Adressen

Ankäufer von E-Mail-Adressdaten dürfen sich nicht mit einer allgemein gehaltenen Zusicherung des Veräußerers begnügen.

Beispiel: Datenbankkauf durch Reiseportal

Nicht ausreichend ist es, wenn der Betreiber eines Reiseportals eine Adressdatenbank ankauft und im Vertrag mit dem Verkäufer lediglich eine Klausel aufnimmt, dass für alle Adressen eine wirksame Einwilligung vorliegt.

Bei gekauften E-Mail-Adressen ist erhöhte Vorsicht geboten. Dies zeigt das zur Frage der Haftung für gekaufte Adresslisten ergangene Urteil des OLG Düsseldorf. Das Gericht entschied, dass sich der Ankäufer von E-Mail-Adressdaten nicht mit einer allgemein gehaltenen Zusicherung des Veräußerers zur Geeignetheit des Adressmaterials zur E-Mail-Werbung begnügen darf. [OLG Düsseldorf 09/16]

Ein Betreiber von Reiseportalen im Internet erwarb eine Kundenkartei samt E-Mail-Adressen und nutzte diese für eigene Werbezwecke. Der Veräußerer hatte ausdrücklich zugesichert, dass für alle erworbenen Adressen eine wirksame Einwilligung vorliege. Daraufhin versandte die Beklagte insgesamt 360.000 werbende E-Mails. Dabei erhielt eine in der Kundenkartei enthaltene Person werbende E-Mail, ohne dass sie in den Erhalt von Werbe-E-Mails eingewilligt hatte. Schnell sah sich der Betreiber der Reiseportale vor Gericht wieder.

Haftung des Geschäftsführers Nach Auffassung des OLG Düsseldorf hätte sich insbesondere der Geschäftsführer der Betreibergesellschaft nicht auf die allgemein gehaltene Zusicherung des Verkäufers der E-Mail-Adressen verlassen dürfen. Jener hafte neben der Gesellschaft persönlich auf Unterlassung. Dies folge insbesondere daraus, dass er bei Übernahme des Adressbestandes bzw. spätestens bei Veranlassung der Werbeaktion keine Maßnahmen getroffen hat, um unlautere E-Mail-Werbung zu verhindern. Ein blindes Vertrauen in die Zusicherung des Verkäufers führe zur direkten Haftung des Ankäufers. Dieser müsse die angeblichen Werbeeinwilligungen überprüfen und könne die Verantwortung nicht auf Dritte abschieben.

Auch wenn der Geschäftsführer die Werbeaktion nicht selbst durchgeführt hat, habe er den Betrieb nicht derart organisiert, dass sichergestellt war, dass E-Mail-Werbung lediglich an diejenigen Personen versandt wurde, die zuvor auch eine Einwilligung ausdrücklich erklärt hatten.

Stichproben Das Gericht hielt Maßnahmen zur Überprüfung der Einwilligungen, seien sie auch nur stichprobenartig, für erforderlich. Im konkreten Fall war eine solche Prüfung auch sehr wohl möglich. Zwar sei eine telefonische Überprüfung der einzelnen gekauften Adressen auf Einwilligung des Betreffenden nicht zwingend erforderlich. Vielmehr genüge auch eine Überprüfung der gespeicherten Daten des jeweiligen Kunden. Zu berücksichtigen sei dabei aber, dass die Einwilligung des Kunden nach § 7 Abs. 2 Nr. 3 UWG »ausdrücklich« erfolgt sein muss, was der Versender auf irgendeine Weise zu dokumentieren bzw. im Streitfalle zu beweisen habe.

Tipp: Stichproben machen!

Dem Ankäufer eines E-Mail-Adressbestandes ist zu raten, das Vorliegen der Einwilligungen zumindest stichprobenartig möglichst schon vor Vertragsschluss zu überprüfen, um sich nicht etwaigen Abmahnungen von Wettbewerbern oder Verbraucherschutzverbänden oder Unterlassungsklagen von Betroffenen ausgesetzt zu sehen.

Zudem empfiehlt es sich in Adresskauf- oder Adressmietverträgen stets, eine Zusicherung hinsichtlich der ausdrücklichen Einwilligung der E-Mail-Empfänger aufzunehmen und Regelungen für den Fall von Abmahnungen zu treffen. Auf diese Weise kann der Ankäufer der Daten den Verkäufer wenigstens wegen der finanziellen Folgen einer möglicherweise unlauteren E-Mail-Werbung in Regress nehmen.

Datenschutz: Erforderlichkeit einer Einwilligung

Sowohl die Speicherung der E-Mail-Adressendaten durch den Verkäufer wie auch die Übersendung der Daten an den Verkäufer müssen durch eine datenschutzrechtliche Einwilligung gedeckt sein.

Beispiel: Einwilligung im Adresshandel

Ein Unternehmen, das Adresshandel betreibt, generiert die Adressen unter anderem durch Online-Gewinnspiele. Neben der Einwilligung der Teilnehmer in die Weitergabe der eingegebenen Daten für E-Mail-Werbung muss eine datenschutzrechtliche Einwilligung eingeholt werden. Diese muss sich sowohl auf die Erhebung und Speicherung der Daten beziehen als auch auf die Übersendung an Dritte.

Auch Adresshändler müssen die Datenschutzrechte der betroffenen Inhaber der E-Mail-Adressen beachten. Für die Erhebung, Speicherung und Übermittlung der E-Mail-Adressen nebst Zusatzinformationen gelten die §§ 28 Abs. 3 Satz 1, 29 Abs. 1 Satz 2 BDSG. Demnach muss eine Einwilligung von dem Betroffenen eingeholt werden, dass seine Daten nicht nur in ein Adressdatenbank aufgenommen, sondern auch an Käufer übermittelt werden. Diese Einwilligung ist von der Einwilligung in E-Mail-Werbung durch dritte Käufer getrennt zu betrachten, kann aber zusammen mit dieser eingeholt werden.

Die Daten unterliegen einer strengen Zweckbindung. Der Käufer darf sie nur für Zwecke nutzen, für die sie ihm übermittelt worden sind (§ 28 Abs. 3 Satz 5, Abs. 5 Satz 1 BDSG).

Hinweis: Datenschutz beachten

Parallel zur Einwilligung in die E-Mail-Werbung ist der Käufer gut beraten, wenn er das Vorliegen einer ausreichenden datenschutzrechtlichen Einwilligung sicherstellt.

Exkurs: Geschäftsgeheimnis: E-Mail-Adressen

Es ist wettbewerbswidrig, Datenbestände potenzieller Kunden zu kopieren, um sie für eigene Werbezwecke einzusetzen.

Beispiel: Straftat Datenklau

Der ehemalige Geschäftsführer eines Unternehmens hat vor seinem Ausscheiden eine umfangreiche Sammlung von Serienbriefen kopiert und in sein neues Unternehmen mitgenommen, um diese dort für eigene Werbezwecke einzusetzen. Dieses Verhalten erfüllt den Straftatbestand des § 17 UWG, wonach der Verrat von Geschäfts- und Briefgeheimnissen strafbar ist.

Wenn es noch einer Bestätigung bedurft hätte, dass der E-Mail-Adressdatenbestand eines Unternehmens von ganz erheblicher Bedeutung für das Unternehmen ist, hat das Oberlandesgericht Köln im Jahr 2010 einen solchen Beleg geliefert. Das Gericht hat eine nach Regionen gegliederte Zusammenstellung potenzieller Kunden als Geschäftsgeheimnis angesehen und dem besonderen Schutz des § 17 UWG unterstellt [OLG Köln 09/17].

In § 17 UW heißt es:

> »*(1) Wer als eine bei einem Unternehmen beschäftigte Person ein Geschäfts- oder Betriebsgeheimnis ... unbefugt an jemand zu Zwecken des Wettbewerbs ... mitteilt, wird ... bestraft.*
>
> *(2) Ebenso wird bestraft, wer zu Zwecken des Wettbewerbs ... sich ein Geschäfts- oder Betriebsgeheimnis ... unbefugt verschafft oder sichert ...*«

Das OLG Köln argumentierte, dass es sich bei den Adressdatenbeständen um ein Geschäftsgeheimnis im Sinne des § 17 Abs. 2 UWG handelt. Bei dieser Vorschrift handelt es sich um einen Straftatbestand! Für bestimmte, besonders gravierende Fälle sieht das UWG eine Strafbarkeit vor, so dass man gegen einen Verstoß nicht nur mit Mitteln des Zivilrechts, sondern auch durch die Staatsanwaltschaft vorgehen kann.

Das Urteil beruft sich auf zwei Entscheidungen des Bundesgerichtshofes aus den Jahren 2006 und 2009, wo bereits festgestellt wurde, dass es sich bei Kundenadressen um Geschäftsgeheimnisse des jeweiligen Unternehmens handelt. Wer sich solche Adressen unbefugt beschafft und anschließend – bspw. durch Übersendung von Werbung – verwertet, handelt also strafbar und zugleich wettbewerbswidrig.

Im konkreten Fall lag ein Verstoß auch in der Übernahme der Daten durch den ehemaligen Geschäftsführer vor. Bei Ausscheiden aus einem Unternehmen kann man (natürlich) nicht einfach die Datenbank kopieren und mitnehmen. Dass dies offenbar weitverbreitete Praxis ist, ändert daran nichts.

Hinweis: Bei Datenklau Staatsanwaltschaft einschalten

Unternehmen, die derartigen Datenklau feststellen, können also sowohl mit den Mitteln des Strafrechts und mithilfe der Staatsanwaltschaft als auch im Wege der einstweiligen Verfügung mit den Mitteln des Wettbewerbsrechts dagegen vorgehen.

Auch ansonsten ist die E-Mail-Werbung nach einem Unternehmenswechsel kritisch zu beurteilen. Der Bundesgerichtshof hat den rechtlichen Unterschied zwischen der Werbung am Telefon und der E-Mail Werbung im B2B-Bereich deutlich gemacht. E-Mail-Werbung ist ohne Einwilligung des Adressaten stets unzulässig. Telefonische Werbung kann in bestimmten Fällen zulässig sein, auch wenn der Angerufene nicht vorab ausdrücklich eingewilligt hat.

Beispiel: Telefonakquise nach Unternehmenswechsel

In dem konkreten Fall hat sich der Vertriebsleiter eines Unternehmens mit mehreren Mitarbeitern dieses Unternehmens selbstständig gemacht und war im Anschluss als Konkurrent des früheren Arbeitgebers tätig. Um auf sein neues Unternehmen aufmerksam zu machen, rief der ehemalige Mitarbeiter bei einigen früheren Kunden an, um das Angebot des neuen Unternehmens vorzustellen und die Neugründung bekannt zu machen. Außerdem versandte der ehemalige Mitarbeiter einige personalisierte E-Mails an bestimmte Kontakte bei den früheren Kunden. Während gegen die Telefonakquise nichts einzuwenden sei, sei die Werbung per E-Mail ohne Einwilligung auch im B2B-Bereich stets verboten. [BGH 09/18]

Der BGH hat festgestellt, dass im B2B-Bereich Telefonanrufe auch ohne ausdrückliche Einwilligung zulässig sein können. Erforderlich ist, dass aufgrund konkreter tatsächlicher Umstände ein sachliches Interesse des Anzurufenden an der Telefonwerbung vermutet werden kann. Maßgeblich ist dabei, ob der Werbende zu Recht annehmen darf, dass der Angerufene einen solchen Anruf erwartet oder ihm jedenfalls positiv gegenüberstehen würde. An diesen Maßstäben gemessen war die Telefonakquise hier ausnahmsweise zulässig.

Dagegen ist die Werbung um neue (alte) Kunden unzulässig, wenn sie per E-Mail erfolgt. Unabhängig davon, ob der Adressat Unternehmer oder Privatperson ist, ist nach § 7 Abs. 2 Nr. 3 UWG eine Einwilligung des Adressaten erforderlich. Ein mutmaßliches Einverständnis der angeschriebenen potenziellen Kunden genügt nicht.

Vorsicht bei der Mitnahme von Kundendaten

Das Urteil zeigt zwar, dass die Telefonakquise nach einem Unternehmenswechsel wettbewerbsrechtlich möglich sein kann. Das strafrechtliche Problem der Mitnahme von Kundendaten wird dadurch aber nicht behoben.

9.6.4 Pflicht zum Double-Opt-in auch bei offline generierten Adressen?

Bei der Generierung von E-Mail-Adressen für die Werbung sollte generell – online und offline – durch das Double-Opt-in-Verfahren sichergestellt werden, dass kein Missbrauch oder Versehen vorliegt.

Beispiel: Die falsche Visitenkarte

Hinterlegt ein potenzieller Kunde nach einer Informationsveranstaltung über angebotene Dienstleistungen eines Unternehmens seine Visitenkarte mit der Intention, zukünftig über aktuelle Angebote per E-Mail informiert zu werden, sollte zunächst eine einfache Bestätigungs-E-Mail versendet werden.

Insbesondere bei der Einholung eines Einverständnisses für die Newsletter-Werbung wird das Double-Opt-in-Verfahren empfohlen (vgl. Abschnitt 9.2.1 oben) Bei Weitem nicht alle Unternehmen setzen aber stets und immer Double-Opt-in ein.

Dies wirft die Frage auf, ob es sogar eine Verpflichtung gibt, das Double-Opt-in-Verfahren einzusetzen, schließlich lassen sich E-Mail-Adressen auch auf anderen Wegen verifizieren. So ist etwa denkbar, dass E-Mail-Adressen in einem Formular auf Papier erhoben werden. Auch im Anschluss an ein Kundengespräch kann sich der Kunde mit der Übersendung eines Newsletters einverstanden erklären und zu diesem Zweck seine Visitenkarte übergeben. Viele Unternehmen verwenden in solchen Fällen Double-Opt-in nicht, weil es schlicht überflüssig erscheint, schließlich hat der Kunde seine Einwilligung gerade ausdrücklich erklärt und muss nicht noch mit einer Bestätigungs-E-Mail behelligt werden.

Das Double-Opt-in-Verfahren hat sich in der Praxis eingebürgert, weil Gerichte Einwilligungen, die im Internet eingeholt und per Double-Opt-in bestätigt werden, für ordnungsgemäß gehalten haben. Hintergrund ist dabei, dass durch die nochmalige Bestätigung der eingegebenen E-Mail-Adresse durch den Account-Inhaber ein Missbrauch ausgeschlossen werden soll.

Vereinzelte Gerichtsentscheidungen deuten nun aber darauf hin, dass man besser bei allen erhobenen Adressen, gleich welcher Herkunft, das Double-Opt-in-Verfahren zur Verifikation der erhaltenen Adressen einsetzt.

Beispiel: Tippfehler bei Adresseingabe

Ein Versandhändler bot seinen Kunden die Möglichkeit, auf seiner Website verschiedene Newsletter zu abonnieren. Dafür musste man seinen Namen, die Kundennummer und zusätzlich die E-Mail-Adresse eingeben. Dies hatte eine Kundin des Versandhändlers getan, sich bei der Angabe der E-Mail-Adresse aber geirrt und nicht ihre, sondern die private E-Mail-Adresse eines Rechtsanwalts eingetippt. Ihr war ein Wortdreher unterlaufen. Nach erfolgloser Abmahnung nahm der Rechtsanwalt den Versandhändler vor Gericht auf Unterlassung in Anspruch und gewann.

Das Gericht begründete seine Ansicht vor allem damit, dass eine Einwilligung des Rechtsanwalts nicht vorlag, die Werbung daher rechtswidrig sei. Das lässt zwar gewichtige Gegenargumente außer Acht, werbende Unternehmen werden dies aber in Zukunft zu berücksichtigen haben.

Tipp: Immer Double-Opt-in einsetzen

Gleich aus welcher Quelle die E-Mail-Adressen kommen, empfiehlt sich ein Double-Opt-in-Verfahren, um Fehler des Einwilligenden auszuschließen.

Das Gesetz und die strenge Rechtsprechung machen E-Mail-Marketing zur Neukundengewinnung zu einem schwierigen Unterfangen. Wer sich genau an die gesetzlichen Vorgaben halten will, muss eine ganze Reihe von Punkten beachten, die die Response-Quote deutlich schmälern dürften.

9.7 Exkurs: Abmahnung kann E-Mail-Verteiler gefährden

Wer unverlangte E-Mail-Werbung versendet, kann von dem Empfänger der E-Mail-Adresse auf Unterlassung in Anspruch genommen werden, d.h., er ist verpflichtet, eine Unterlassungserklärung zu unterzeichnen, bei deren Verletzung eine Vertragsstrafe fällig wird (vgl. insgesamt zur Reaktion auf Abmahnungen Abschnitt 11.4.1).

Beispiel: Folgenreiche Unterlassungserklärung

Wird ein Unternehmen wegen unaufgeforderter Werbung per E-Mail zu Recht abgemahnt, kann eine Unterlassungserklärung wie folgt aussehen:

»Ich verpflichte mich, es bei Vermeidung einer für jeden Fall der Zuwiderhandlung fälligen Vertragsstrafe in Höhe von 5.001,00 EUR (in Worten: fünftausendundein Euro) zu unterlassen, Herrn Max Mustermann, Musterstraße 5, 10115 Berlin unaufgefordert per E-Mail Werbung zu übersenden.«

Alternativ ist denkbar, die Unterlassungserklärung auf einzelne E-Mail-Adressen zu beschränken:

»... unaufgefordert per E-Mail Werbung an die Adresse xxx@web.de zu übersenden.«

Wer E-Mail-Marketing betreibt, mag das kennen: Jemand beschwert sich darüber, Werbung per E-Mail erhalten zu haben. Man nimmt die betreffende E-Mail-Adresse aus allen Verteilern und anschließend stellt sich heraus, dass dieselbe Person noch mit weiteren E-Mail-Adressen im Verteiler vertreten ist.

Dies ist dann weitgehend unproblematisch, wenn die erste Beschwerde des Nutzers nicht per Anwaltsbrief vorgetragen wurde. In diesem Fall würde man aufgrund einer weiteren Beschwerde auch die weitere E-Mail-Adresse aus dem Verteiler nehmen.

Hat man aber schon eine allgemeine Unterlassungserklärung abgegeben, wird für die zweite E-Mail bereits die versprochene Vertragsstrafe fällig. Daher wird vielfach geraten, Abmahnungen mit einer auf die konkrete E-Mail-Adresse beschränkten Unterlassungserklärung zu beantworten. Dieses Vorgehen war schon immer zweifelhaft und ist im Jahr 2009 einem Werbetreibenden zum Verhängnis geworden.

Das Landgericht Berlin entschied, dass im Falle unverlangter E-Mail-Werbung eine auf eine konkrete E-Mail-Adresse des Betroffenen beschränkte Unterlassungserklärung nicht ausreicht, um die Wiederholungsgefahr auszuräumen [LG Berlin 09/19].

Im konkreten Fall hatte ein Unternehmen Werbung an eine E-Mail-Adresse versandt. Darauf verlangte der Inhaber der E-Mail-Adresse mit anwaltlicher Unterstützung von dem Unternehmen die Abgabe einer strafbewehrten Unterlassungserklärung. Weil das Unternehmen nicht nachweisen konnte, dass sich der

Betroffene tatsächlich mit der Werbung einverstanden erklärt hatte, gab sie eine Unterlassungserklärung ab. Diese war allerdings – dem obigen Rat folgend – beschränkt auf die E-Mail-Adresse des Betroffenen, an die die unverlangte Werbe-E-Mail versandt wurde.

Nach Auffassung des Landgerichts Berlin umfasst der Unterlassungsanspruch im Fall unverlangter E-Mail-Werbung jedoch nicht nur die konkrete Verletzungshandlung, sondern auch im Kern gleichartige Handlungen. Zur Ausräumung der Wiederholungsgefahr sei eine unbeschränkte Unterwerfung erforderlich. Dass dies für das werbende Unternehmen ein nur schwer kalkulierbares Risiko beinhaltet, ließ das Landgericht nicht gelten. Sinngemäß meint das Gericht, dass das Unternehmen für die Folgen geradestehen müsse, wenn es mehrere »faule« E-Mail-Adressen in seiner Datenbank habe. Lapidar fügt das Gericht hinzu, dass dieses Risiko ja nur dann zum Tragen komme, wenn das Unternehmen weiterhin unzulässigerweise unerbetene E-Mail-Werbung versende, sich also weiterhin rechtswidrig verhalte.

Diese Argumentation ist zwar für die betroffenen Unternehmen misslich, wettbewerbsrechtlich kann man dagegen allerdings nicht viel einwenden. Der der Abmahnung innewohnende Vorwurf ist nicht die Versendung einer E-Mail an eine konkrete E-Mail-Adresse, sondern allgemeiner die Versendung von E-Mails an den Betroffenen, ohne dass dieser seine Einwilligung dafür gegeben hätte.

Vorsicht: Bei Abmahnung Dilemma

Dieses Urteil verdeutlicht die oben beschriebene schwierige Lage der Unternehmen: Gibt ein Unternehmen auf eine Abmahnung hin eine Unterlassungserklärung ab, die nur die konkrete E-Mail-Adresse enthält, beseitigt die Unterlassungserklärung die Wiederholungsgefahr nicht, wenn der Unterlassungsgläubiger eine abstrahierte Fassung der Unterwerfung verlangt. Wird dagegen eine allgemeine, für alle E-Mail-Adressen des Betroffenen geltende Unterlassungserklärung abgegeben, setzt man sich der Gefahr aus, wenig später die versprochene Vertragsstrafe zahlen zu müssen, wenn der Betroffene mit einer weiteren E-Mail-Adresse im Verteiler des Unternehmens eingetragen ist.

Zwar ist für einen Anspruch auf Vertragsstrafe regelmäßig Verschulden erforderlich. Dieses liegt nach Argumentation des Landgerichts jedoch in jedem Fall vor, weil es an dem betroffenen Unternehmen sei, seinen Verteiler »sauber« zu halten.

Unternehmen, die »faule« E-Mail-Adressen in ihrer Datenbank haben, müssen dieses Dilemma daher grundsätzlich fürchten. Besonders gefährdet sind E-Mail-Adressen, die lediglich mit einem Confirmed-Opt-in erhoben worden sind, wenn also statt einer Bestätigungs-E-Mail lediglich eine Begrüßungs-E-Mail versandt wurde.

Tipp: Bitten Sie den Abmahnenden um Kooperation

Dennoch bedeutet dies nicht notwendig, dass der gesamte Verteiler nicht mehr nutzbar ist, wenn man eine generelle Unterlassungserklärung abgegeben hat. Am sinnvollsten erscheint es, in die Korrespondenz mit dem Abmahnenden einfließen zu lassen, dass man davon ausgeht, dass ihm nur diese eine E-Mail-Adresse zuzuordnen ist. Gegebenenfalls kann man ihn darum bitten, mitzuteilen, ob er auf anderen E-Mail-Adressen ebenfalls Werbung des Unternehmens erhält.

Einen entsprechenden Anspruch auf Auskunft dürfte das Unternehmen jedoch regelmäßig nicht haben. Für den Fall, dass der Empfänger weitere E-Mail-Adressen verschweigt, wird man ihm allerdings eine Obliegenheitsverletzung dahingehend vorwerfen können, dass er das Unternehmen nicht informiert hat. In einem solchen Fall wäre ein Verstoß gegen die abgegebene (allgemeine) Unterlassungserklärung wohl nicht schuldhaft.

Zwar ist ein solches Vorgehen gerichtlich noch nicht bestätigt worden, das Konzept der Obliegenheitsverletzung ist allerdings allgemein anerkannt. Schließlich muss es dem Unternehmen auch möglich sein, sich gegen Missbrauch zur Wehr zu setzen.

Ähnliche Schwierigkeiten ergeben sich auch generell beim Abmelde-Management: Erhält ein Unternehmen die Bitte eines Newsletter-Empfängers, in Zukunft keine weiteren E-Mails erhalten zu wollen, dürfte dies für alle E-Mail-Adressen der betreffenden Person gelten, sofern sich aus den Umständen nichts anderes ergibt. Werbung an eine zweite E-Mail-Adresse ist daher im Anschluss im Zweifel unzulässig.

Tipp: Opt-out auf konkrete Adresse beschränken

Wird daher eine automatisierte Opt-out-Möglichkeit angeboten, sollte darauf geachtet werden, dass diese so ausgestaltet ist, dass sie sich jeweils nur auf die konkrete E-Mail-Adresse beschränkt. Andernfalls kann der Empfänger geltend machen, er habe allgemein dem Versand von Werbung an ihn widersprochen. Nötigenfalls muss auch hier Korrespondenz mit dem Betroffenen geführt werden.

Um Probleme zu vermeiden, sollte jedenfalls im Falle von Abmahnungen darauf geachtet werden, dass der Betroffene gebeten wird, sich dahingehend zu äußern, ob er von dem Unternehmen auf anderen E-Mail-Adressen Werbung erhält.

Kapitel 10

Verträge zwischen Dienstleistern und Kunden

Bei allen Verträgen im Onlinebereich sind vor allem die Absprachen zum Leistungsumfang wesentlich. Über kaum ein Thema entsteht am Ende mehr Streit als über die Qualität und Quantität der versprochenen Leistung des Anbieters. Steht fest, was der Dienstleister eigentlich tun soll, muss ermittelt werden, welcher Vertragstyp vereinbart wird. Danach richten sich die Pflichten der Vertragsparteien. In Abhängigkeit von dem konkreten Vertrag sind dann bestimmte vertragsspezifische Punkte zu bedenken und gegebenenfalls in einem Vertragswerk festzuhalten.

Beispiel: Vergütungsanspruch bei Werbebannern

Wird bei einem Vertrag über die Einblendung eines Werbebanners auf einer Website die Vergütung nicht nach der Zahl der Klicks auf das Banner bemessen, besteht ein Vergütungsanspruch unabhängig davon, ob tatsächlich User überhaupt auf das Banner geklickt haben und zu dem beworbenen Angebot vorgedrungen sind. Hier bedarf es zusätzlicher Regelungen, ob die Vergütung von der Zahl der Seitenbesucher abhängen und auf welche Weise diese Zahl bestimmt werden soll.

In der Online-Branche ist es üblich, dass um vertragliche Vereinbarungen nicht viel Aufhebens gemacht wird. In der Regel bespricht man die Konditionen und den Leistungsumfang kurz am Telefon. Anschließend wird das Vereinbarte allenfalls noch im Rahmen eines Angebots festgehalten und um kurze Bestätigung per Telefax gebeten. Wenn die Auftragsbestätigung vorliegt, wurde mit der Leistungserbringung oft schon begonnen. Das ändert sich erst mit zunehmender Größe der Agentur oder nach schlechten Erfahrungen der Beteiligten.

Diese Verfahrensweise geht in 90% der Fälle gut. Das heißt aber auch, dass es bei jedem zehnten Auftrag kleinere oder größere Diskussionen mit dem Kunden gibt.

10.1 Wann ist ein Vertrag geschlossen?

Checkliste – Vertragsschluss

- ✓ Ein Vertrag kommt mit Angebot und Annahme zustande.
- ✓ Eine Annahme mit Änderungen ist ein neues Angebot.
- ✓ Verträge für Unternehmen können nur Bevollmächtigte schließen.
- ✓ Nur in Ausnahmefällen kann man sich von einem Vertrag wieder lösen.
- ✓ AGB werden nicht automatisch einbezogen.

Ein Vertrag ist schneller geschlossen, als man denkt. Alles, was es braucht, ist eine Einigung über die wesentlichen Punkte. Eine bestimmte Form muss dabei nicht eingehalten werden. Verträge können auch am Telefon, per Mausklick oder über E-Mail geschlossen werden. In manchen Konstellationen genügt es auch, wenn ohne große vorherige Absprachen eine Seite die Leistungen erbringt und die andere Seite zahlt.

Beispiel: Abo-Fallen

Wer kostenpflichtige Abonnements im Internet anbietet, muss aber darauf achten, dass die Entgeltlichkeit des Abos hinreichend deutlich hervorgehoben ist, so dass der Kunde die Kostenpflichtigkeit auch erkennen kann und ein wirksamer Vertrag zustande kommt. [vgl. auch LG Frankfurt 10/01]

Angebot und Annahme

Ein Vertrag kommt formal durch Angebot (im Gesetz heißt es »Antrag«) und Annahme zustande. Dabei kann auch der Kunde das Angebot abgegeben und der Dienstleister nimmt dieses Angebot an. Konkrete Anforderungen an die jeweils abzugebenden Erklärungen gibt es nicht. Ein Angebot per Telefax kann auch per E-Mail angenommen werden. Agentur und Kunde können Leistung und Gegenleistung auch am Telefon verhandeln und anschließend mit der Durchführung des Vertrages beginnen.

Wichtig ist, dass sich Angebot und Annahme in jeder Hinsicht entsprechen. Die »Annahme« eines Angebots unter Änderungen ist ein neues Angebot, das wiederum angenommen werden muss.

Beispiel: Nachverhandelter Preis

Bietet eine SEM-Agentur ihre Leistungen für einen monatlichen Pauschalpreis von 250,- Euro an, kommt kein Vertrag zustande, wenn der potenzielle Kunde das Angebot unterschrieben per Fax mit der Bemerkung zurückschickt: »Einverstanden zu 200,- Euro.«

Beginnt der Dienstleister in einem solchen Fall ohne weitere Rücksprache mit der Leistungserbringung, kann darin wiederum eine Annahmeerklärung zu sehen sein. In diesem Fall erklärt sich der Dienstleister also mit dem niedrigeren Preis einverstanden. Ein Vertrag ist mit im Angebot definierten Leistungen, aber dem tieferen Preis geschlossen.

Vertretungsbefugnis

Erklärungen einzelner Mitarbeiter können die Parteien jeweils nur binden, wenn die betreffenden Beschäftigten eine Vollmacht zum Abschluss von Verträgen haben. Dies ist unproblematisch der Fall für die Geschäftsführer, Vorstände oder Prokuristen. Vielfach jedoch werden die Verträge von anderen Kollegen verhandelt und unterzeichnet. Diese Verträge sind nur gültig, wenn die jeweiligen Mitarbeiter eine Vollmacht zur Unterzeichnung der Verträge haben. In der Regel kann eine Vollmacht wiederum formlos durch einen Vertretungsberechtigten erteilt werden. Häufiger wird aber der Fall sein, dass sich die Vollmacht aus Sicht des anderen Vertragsteils aus den Umständen ergibt.

Beispiel: Key-Accounter ohne Vollmacht?

Wenn der Key-Accounter einer Online-Agentur mit einem Großkunden seit Jahren über Verträge verhandelt und alle von ihm unterzeichneten Vertragsverlängerungen anstandslos erfüllt und bezahlt werden, kann sich der Vorstand im Anschluss an eine Vertragsänderung nicht darauf berufen, der Key-Accounter habe zum Abschluss der Vertragsänderung keine Vollmacht gehabt und der alte Vertrag müsse weiter gelten.

Anfechtung

Ist ein Vertrag erst einmal geschlossen, kommen beide Vertragspartner davon nur in Ausnahmefällen wieder los. Nur wer arglistig getäuscht oder bedroht wurde oder sich bei der Abgabe der Erklärung über die Bedeutung der Erklärung geirrt hat, kann den Vertrag anfechten. Kein Grund zur Anfechtung ist es etwa, wenn bei der Preiskalkulation ein Fehler passiert ist.

Tipp: Strukturen schaffen

Jedem Unternehmen ist zu empfehlen, im eigenen Hause Strukturen für den Abschluss von Verträgen zu schaffen. Dies gilt sowohl für Verträge mit Kunden, als auch für die Beauftragung von Dienstleistern. Dazu zählen Regelungen, wer zum Abschluss von Verträgen überhaupt berechtigt ist. Möglicherweise sind monetäre Grenzen für ein Vier-Augen-Prinzip sinnvoll. Außerdem sollte eine Dokumentationspflicht und wenigstens ein rudimentäres Vertragsmanagement eingeführt werden.

Vielfach wird in Agenturen ein Prozess für den Vertragsschluss mit Kunden vorgegeben sein. Dabei sollte von Zeit zu Zeit überprüft werden, ob die Prozesse auch eingehalten werden.

Einbeziehung von AGB

Aus Sicht des Dienstleisters ist die Einbeziehung der eigenen Allgemeinen Geschäftsbedingungen wichtig. Allzu häufig kommt es vor, dass Agenturen mit einigem Aufwand AGB erstellen lassen, diese bei den Vertragsabschlüssen dann aber vernachlässigen. Wichtig ist, dass in dem Angebot ein Hinweis auf die AGB des Anbieters zu finden ist.

Tipp: AGB-Einbeziehung

Unter jedem Angebot sollte stehen: »Es gelten unsere Allgemeinen Geschäftsbedingungen, die Sie im Internet unter ... abrufen können.« Jedenfalls im B2B-Bereich sollte der Verweis auf das Internet zur Einbeziehung der AGB genügen.

10.2 Das A&O: die Leistungsbeschreibung

Jeder Vertrag steht und fällt mit einer vernünftigen Leistungsbeschreibung. Auf die genaue Definition dessen, was eigentlich geschuldet sein soll, kann man kaum zu viel Zeit aufwenden.

Beispiel: SEM-Vertrag

Eine SEM-Agentur musste einen säumigen Kunden verklagen, mit dem sie einen SEM-Vertrag geschlossen hatte. Der Kunde war der Auffassung, zur Leistung des Anbieters gehöre auch eine vernünftige Conversion. Das Gericht gab allerdings dem Auftragnehmer recht. Geschuldet sei lediglich, die Anzeigen bei Google in dem vereinbarten Zeitraum zu schalten. Wenn nichts anderes vereinbart ist, sei eine bestimmte Anzahl konkreter Besucher auf der Website nicht geschuldet. Eine vermeintlich niedrige Klickrate berechtigt nicht ohne Weiteres zum Schadensersatz. [LG Düsseldorf 10/02]

Die Leistungsbeschreibung eignet sich nicht dazu, in Standardverträgen oder den Allgemeinen Geschäftsbedingungen untergebracht zu werden, es sei denn, es handelt sich tatsächlich um ein standardisiertes, – in jedem Einzelfall – einheitlich angewandtes Produkt. Die Leistungsbeschreibung hat daher ihren Platz im Auftragsformular oder in einem im Einzelnen ausgehandelten Vertrag.

Aus Sicht der Agentur sind möglichst enge Leistungsdefinitionen zu empfehlen. Je weiter und offener die Leistungsbeschreibung ist, umso weiter ist der Kanon möglicher Pflichtverletzungen, umso größer ist auch die Gefahr, wegen Nicht- oder Schlechtleistung in Anspruch genommen zu werden.

Eine Konkretisierung dessen, was tatsächlich geschuldet ist, empfiehlt sich jedoch auch aus Sicht des Kunden. Nur wenn das Besprochene sich auch in dem Vertrag wiederfindet, kann der Kunde realistisch einschätzen, ob die vereinbarte Vergütung sachgerecht ist. Sind die Leistungen schwer zu definieren, ist dem Kunden dringend zu empfehlen, flexible Kündigungsfristen zu vereinbaren, um auf mangelhafte Leistungen der Agentur möglichst schnell reagieren zu können.

Sinnvoll ist es unter Umständen, zu Klarstellungszwecken kurz aufzulisten, was alles nach dem Vertrag nicht geschuldet sein soll. Insbesondere bei unerfahrenen Kunden kann eine Abgrenzung einzelner Standardleistungen in den Vertrag aufgenommen und jeweils klargestellt werden, was vereinbart ist und welche Leistungen nicht erbracht werden müssen.

Fehlt es an einer konkreten Festlegung der geschuldeten Leistungen, droht der Agentur, auf Werbeaussagen festgenagelt zu werden.

Beispiel: Top-10-Platzierung

Einem SEO-Anbieter wurde zum Verhängnis, dass er in einem Pitch-Gespräch unter Zeugen davon gesprochen hatte, dass man im Anschluss an seine SEO-Leistungen »bei Eingabe bestimmter Suchwörter durchgängig unter den ersten zehn Treffern« erscheinen würde. Als sich im Nachhinein herausstellte, dass diese Versprechung zu vollmundig war, musste der Kunde nicht zahlen. Dass die Agentur im Verfahren geltend machte, dass die Versprechungen von vornherein nicht sicher zu halten waren, half ihr nicht. [AG Düsseldorf 10/03]

Auch wenn seriöse Anbieter mit solch vollmundigen Ankündigungen vorsichtig sein dürften, zeigt das Urteil doch, dass eine konkrete Leistungsbeschreibung unumgänglich ist.

10.3 Vertragstypen im Online-Bereich

Die Zuordnung einzelner Online-Verträge zu Vertragstypen, die im Bürgerlichen Recht bekannt sind, ist wichtig, um die Rechte und Pflichten der Vertragspartner in Konstellationen zu bestimmen, die der Vertrag nicht regelt. Außerdem darf von den wesentlichen Grundgedanken, die dem jeweiligen Vertragstyp zugrunde liegen, in den vielfach verwendeten Allgemeinen Geschäftsbedingungen nicht abgewichen werden. Solche Abweichungen sind unwirksam.

Beispiel: Gemischter Online-Vertrag

Eine Agentur vereinbarte mit einem Kunden die Website-Erstellung, eine regelmäßige Suchmaschinen-Optimierung und das Hosting der Website. Trotz mehrfacher Aufforderung gab der Kunde die Seite nicht frei, weil ihm einzelne Logos missfielen. Nach Auseinandersetzungen zerbrach die Beziehung zum Kunden und die Agentur klagte ihren Zahlungsanspruch ein. Ohne Erfolg! Das Gericht sah in der Vereinbarung einen schwerpunktmäßigen Werkvertrag, so dass ein Zahlungsanspruch erst ab Abnahme entstehe. Eine Abnahme liege aber nicht vor, so dass die Klage abgewiesen wurde. [AG Düsseldorf 10/04]

Im Bürgerlichen Gesetzbuch (BGB) gibt es nur eine begrenzte Anzahl von geregelten Vertragstypen. Zu den wesentlichen Verträgen zählen Kaufverträge, Werkverträge, Dienstverträge, Mietverträge und der Auftrag. Daneben existiert noch eine ganze Reihe weiterer Vertragstypen. Nicht jede in der Praxis vorkommende Vereinbarung lässt sich eindeutig dem einen oder anderen Vertragstyp zuordnen. Manchmal entscheiden Kleinigkeiten der genauen Ausgestaltung des Vertrages über die Zuordnung zu dem einen oder anderen Vertragstyp. Dabei unterscheiden sich die Grundgedanken der jeweiligen Vertragstypen teilweise erheblich.

Für jeden dieser speziellen Vertragstypen gelten im BGB besondere Regeln. So gibt es die Abnahme nur im Werkrecht. Das Dienstvertragsrecht enthält die Besonderheiten, dass es eine Schlechtleistung nicht gibt. Im Mietvertrag haftet der Vermieter auch, wenn ein Mangel erst während der Mietzeit auftritt.

Entscheidend ist die Einordnung in die Vertragstypologie des BGB vor allem aus zwei Gründen:

1. Zum einen gelten die gesetzlichen Vorgaben, wenn der Vertrag ein eingetretenes Szenario nicht regelt. Selbst viele einhundert Seiten lange Verträge können nicht jedes erdenkliche Szenario erfassen, so dass für den Rückgriff auf das Gesetz stets Raum ist.

2. Zum anderen ist die Einordnung wichtig, weil von den wesentlichen Grundgedanken einer gesetzlichen Regelung in Allgemeinen Geschäftsbedingungen nicht abgewichen werden darf. Als AGB gilt dabei jede vorformulierte Vertragsbestimmung, die dafür gedacht ist, mehr als einmal eingesetzt zu werden. Damit sind alle Klauseln AGB, die nicht im Einzelnen ausgehandelt sind. An den Grundgedanken der gesetzlichen Regelung müssen sich also nicht nur das »Kleingedruckte«, sondern auch alle anderen Bestimmungen, die von einer Partei der anderen Partei zum Vertragsschluss vorgegeben werden, messen lassen. Weicht die vertragliche Regelung unbillig vom Gesetz ab, ist die betreffende Bestimmung unwirksam.

Vertragstyp	Pflicht des Anbieters	Pflicht des Kunden	Besonderheiten
Kaufvertrag § 433 BGB	Übergabe und Verschaffung von Eigentum an der Sache	Zahlung des Kaufpreises	
Werkvertrag § 631 BGB	Erbringung des Tätigkeitserfolgs	Zahlung des Werklohns	Erfolg ist geschuldet Abnahme
Werklieferungsvertrag § 651 BGB	Herstellung einer Sache Übergabe und Eigentumsverschaffung	Zahlung des Werklohns	Gemischter Werk- und Kaufvertrag
Dienstvertrag § 611 BGB	Erbringung der vertraglich vereinbarten Tätigkeit	Zahlung der Vergütung	Bloßes Bemühen um den Erfolg genügt
Mietvertrag § 535 BGB	Überlassung der Mietsache für bestimmte oder unbestimmte Zeit	Zahlung der Miete	Haftung für Mängel, die erst während der Laufzeit des Vertrages auftreten
Pachtvertrag § 585 BGB	Überlassung der Pachtsache für bestimmte oder unbestimmte Zeit und Einräumung des Rechts, die Früchte zu ziehen	Zahlung der Pacht Pflicht zur Unterhaltung der Sache	
Maklervertrag § 652 BGB	Keine	Zahlung des Maklerlohns bei Nachweis (oder Vermittlung) eines Geschäfts	Keine Pflicht zum Tätigwerden für den Makler

Tabelle 10.1: Gegenüberstellung der Vertragstypen im BGB

Die Einzelheiten sind zum Teil schwierig und hängen stark von der genauen Ausgestaltung der vertraglichen Beziehung im Einzelnen ab. Folgende Zuordnungen werden in der Praxis üblicherweise vorgenommen:

Leistung	Vertragstyp
Domain-Registrierung	Werkvertrag
Domain-Kauf	Kaufvertrag (Rechtskauf)
Domain-Überlassung	Pachtvertrag
Webdesign	Werkvertrag
Website-Pflege	Werkvertrag oder Dienstvertrag
Content-Lieferung	Werkvertrag/Lizenzvertrag
Shop-System	Werkvertrag oder Mietvertrag
Tracking	Werkvertrag oder Dienstvertrag
Werbung	Oft Werkvertrag
SEO	Dienstvertrag (kann aber auch Werkvertrag sein)
SEM	Werkvertrag (kann aber auch Dienstvertrag sein)
Affiliate-Netzwerk gegenüber Advertiser	Dienstvertrag
Affiliate-Netzwerk gegenüber Publisher	Bei Pay-per-Sale Maklervertrag, sonst Dienstvertrag
E-Mail-Marketing	Häufig Werkvertrag
E-Mail-Adressen	Kauf bei vorhandenen Adressen Werkvertrag bei zu generierenden Adressen

Tabelle 10.2: Zuordnung von Leistungen zu BGB-Vertragstypen

Oftmals werden nicht einzelne Leistungen, sondern ganze Leistungsbündel im Paket angeboten. Hierbei stellt man für die Einordnung häufig auf den Schwerpunkt der Leistung ab. Für einzelne Teilleistungen kann dann wieder auf die jeweilige Spezialregelung zurückgegriffen werden.

Beispiel: Internet-System-Vertrag

Vertragsgegenstand einer als »Internet-System-Vertrag« bezeichneten Vereinbarung war ein ganzes Bündel an Leistungen mit Internetbezug. Zu diesem »Rundum-sorglos-Paket« gehörten die Recherche und Registrierung einer Internet-Domain, die Zusammenstellung einer Webdokumentation – Bild- und Textmaterial – durch einen Webdesigner inklusive Vor-Ort-Beratung, die Gestaltung und Programmierung einer individuellen Internetpräsenz nach bestimmten, einzeln aufgeführten Vorgaben, das Hosting der Websites und E-Mailboxen auf den Servern des Auftragnehmers sowie die weitere Beratung und Betreuung über eine Hotline. Der Vertrag hatte eine feste Laufzeit von drei Jahren, wobei die Zahlungen (Anschlusskosten und ein monatliches Entgelt) nach den AGB des Anbieters in drei nahezu gleichen Raten und zwar 30 Tage nach Vertragsschluss und jeweils nach Ablauf des ersten und zweiten Vertragsjahres fällig sein sollten. Schnell war der Kunde mit den Leistungen unzufrieden und kündigte. Der Kunde hielt die Fälligkeitsregelung für unwirksam, weil ihn diese in Abweichung vom gesetzlichen Leitbild des Werkvertrages unbillig benachteilige. Zudem sei die Leistung nicht ordnungsgemäß erbracht und der Vertrag zu Recht gekündigt worden. Der Dienstleister hielt das für unberechtigt und klagte die Vergütung für die beiden Folgejahre ein. Vor dem Bundesgerichtshof bekam der Dienstleister im Wesentlichen Recht. Allerdings erging noch keine endgültige Entscheidung, so dass der Streit zurückverwiesen wurde. [BGH 10/05]

Dass Leistungen zu Paketen zusammengefasst werden, ist branchenüblich. Neben den oben aufgeführten Leistungen denkbar – und üblich – sind darüber hinaus auch Online-Marketing-Leistungen, etwa SEO-Maßnahmen, AdWords-Betreuung, Affiliate-Unterstützung oder Newsletter-Versand.

Liegt ein Bündel an unterschiedlichen Leistungen vor, bestimmt der Bundesgerichtshof den Vertragstyp, der für die generellen Fragen den Vertrag betreffend maßgeblich ist, nach dem Schwerpunkt der Leistungen. Hier handele es sich insgesamt um einen Werkvertrag. Zwar seien viele Einzelpflichten enthalten, die u.a. Elemente des Miet-, Kauf-, Werk- und Dienstvertragsrechts enthalten können. Wesentliche Leistung des Anbieters im konkreten Fall sei jedoch die Erstellung und Speicherung einer Website und deren Verfügbarmachung im Internet. Deshalb hat der Bundesgerichtshof den gesamten Vertrag als Werkvertrag eingestuft.

An dieser Einschätzung konnte auch nichts ändern, dass der Vertrag – für einen Werkvertrag eigentlich untypisch – auf Dauer angelegt war.

Die Entscheidung macht deutlich, dass die sehr häufig anzutreffende Zusammenfassung vieler Leistungen in einem einzigen Vertrag mit Risiken verbunden ist. Werden etwa Elemente der Suchmaschinen-Optimierung in einen Internet-System-Vertrag eingebunden, kann dies dazu führen, dass auf den Vertrag insgesamt – und damit auch auf die Beratungsleistungen – Werkvertragsrecht angewendet wird, z.B. mit der Folge, dass ein Recht auf Minderung besteht, wenn sich der gewünschte Erfolg nicht einstellt.

Auch auf die Besonderheiten des Kündigungsrechts im Werkvertragsrecht ist bei der AGB-Gestaltung Rücksicht zu nehmen. Nach § 649 BGB kann der Besteller jederzeit kündigen – was oft nicht im Interesse des Anbieters ist. Der Dienstleister braucht in vielen Fällen Planungssicherheit für einen längeren Zeitraum. Auch dies ist in den AGB festzuhalten, wobei viel dafür spricht, dass eine längere Laufzeit mit entsprechenden Kündigungsregeln wirksam ist.

10.4 Standardinhalte in Online-Verträgen

Jeder Online-Vertrag sollte unabhängig von den konkret geschuldeten Leistungen und dem Vergütungsmodell einige Standardinhalte enthalten. Ein einheitlicher Aufbau bei allen Verträgen, die im Unternehmen geschlossen werden, hilft auch bei der Systematisierung der Verträge.

Checkliste – Wesentliche Vertragsinhalte in Online-Verträgen

- ✓ Pflichten des Anbieters (Leistungsbeschreibung) (siehe Abschnitt 10.4.1)
- ✓ Fristen (siehe Abschnitt 10.4.2)
- ✓ Pflichten des Kunden (siehe Abschnitt 10.4.3)
  - Vergütung/Abrechnung
  - Mitwirkungspflichten
  - Zahlungsbedingungen
- ✓ Nutzungsrechte (siehe Abschnitt 10.4.4)
- ✓ Gewährleistung und Haftung (siehe Abschnitt 10.4.5)
- ✓ Laufzeit und Kündigung (siehe Abschnitt 10.4.6)
- ✓ Schlussbestimmungen

10.4.1 Pflichten des Anbieters

Wichtigster Regelungsgegenstand sind die Pflichten des Anbieters. Dabei geht es letztlich um die angebotene Leistung (siehe oben bei Abschnitt 10.2). In die AGB sollten allenfalls allgemeine Leistungsdefinitionen aufgenommen werden, die eigentliche Beschreibung der Leistungen sollte hingegen in den Auftrag ausgegliedert werden. Aus Sicht der Agentur sollte die Beschreibung der eigenen Pflichten vor allem zur Abgrenzung von Leistungen, die nicht geschuldet sein sollen, dienen.

Beispiel: Leistungen des Webdesigners

Wer in der Leistungsbeschreibung als Webdesigner aufnimmt, die Website in PHP 5 zu erstellen, sagt damit vor allem, dass eine Umstellung auf PHP 6 nicht geschuldet ist.

10.4.2 Fristen

Bisweilen ist es aus Sicht des Kunden wichtig, Fristen für die Fertigstellung zu vereinbaren. In diesen Fällen gehört es zu den Pflichten des Anbieters, seine Leistung zu einem genauen Termin zu erbringen. Aus Sicht des Kunden bietet sich an, sogleich Regelungen für den Fall zu treffen, dass die vereinbarten Fristen nicht eingehalten werden. Andersherum sollte der Dienstleister darauf bestehen, die Wahrung von Fertigstellungsfristen an die Erfüllung von klar definierten Mitwirkungspflichten des Kunden zu knüpfen.

10.4.3 Pflichten des Kunden

Die wesentliche Pflicht des Auftraggebers ist natürlich die Zahlung der vereinbarten Vergütung. Während auf das Verhandeln der absoluten Höhe der Vergütung vergleichsweise viel Energie verwendet wird, werden andere Stellschrauben oft vernachlässigt. Je nach Art der Vergütung müssen viele Einzelpunkte bedacht werden.

Vergütungsmodelle

Pauschalvergütung Bei der Pauschalvergütung besonders wichtig ist die Definition des Leistungsumfangs. Dies gilt auch für Fremdkosten, die bei der Vertragserfüllung anfallen, z.B. AdWords-Kosten. Geht es um längerfristige Verträge, bei denen eine monatliche Pauschale anfällt, sollten flexible Kündigungsregeln vereinbart werden, um einen geänderten Leistungsumfang den Preisen anpassen zu können. Aus Sicht der Agentur bietet sich bei langfristigen Verträgen ohnehin ein Recht zur Preisanpassung an.

Vergütung nach Aufwand Bei der Vergütung nach Aufwand sollte der Rahmenvertrag vor allem den Modus der Auftragserteilung im Einzelfall regeln. Während die Agentur jeden entstandenen Aufwand vergütet haben möchte, will der Kunde meist Planungssicherheit und nur solche Leistungen erstatten, die auf ein entsprechendes Angebot des Dienstleisters hin beauftragt wurden. Hier muss der Vertrag die Balance zwischen Freibrief für die Agentur und das Projekt verzögerndem Formalismus finden.

Erfolgsvergütung Bei Vereinbarung einer Erfolgsvergütung ist ein Schwerpunkt auf die Definition des Erfolgs zu legen. Was genau ist beispielsweise ein Lead oder Sale? Wichtig ist auch, wer den Erfolg misst und welche Kontrollrechte es hier geben soll. Unter Umständen ist es sinnvoll, einem objektiven Dritten die Kontrolle zu übergeben. Ebenso sollte der Turnus von Reportings geregelt werden.

Kombinationen verschiedener Vergütungsmodelle Denkbar und auch in der Online-Branche absolut üblich sind Kombinationen der verschiedenen Vergütungsmodelle. Hierbei geht es darum, die vorvertraglichen Absprachen möglichst genau und konsistent mit den übrigen Regeln in den Vertrag zu integrieren. Stets sind die Auswirkungen verschiedener Vergütungsmodelle auf den Vertrag im Übrigen zu überprüfen.

Vergütungsmodell	Besonderer Regelungsbedarf
pauschal	Leistungsumfang Preisanpassungsrecht Kündigungsregeln
aufwandsbezogen	Modus der Einzelauftragserteilung Leistungsumfang
erfolgsabhängig	Definition des Erfolgs Reporting Einsichts- und Kontrollrechte

Tabelle 10.3: Besonderer Regelungsbedarf bei bestimmten Vergütungsmodellen

Mitwirkungspflichten des Kunden

Bei der Vertragsverhandlung und -erstellung oft vernachlässigt werden die Mitwirkungspflichten des Kunden. Nahezu jede Agentur ist für eine ordnungsgemäße Leistungserbringung darauf angewiesen, dass der Kunde seinen Teil zum Gelingen des Projekts beiträgt. Häufig wird sich die Beteiligung des Kunden auf die rechtzeitige Bereitstellung qualitativ hinreichender Informationen beschränken. Auch Account-Zugänge und fristgerechte Freigaben sind typische Kundenpflichten. Bisweilen geht es auch um qualifizierte Ansprechpartner, die die Zeit für Projekt-Meetings haben und Entscheidungen treffen können und wollen.

Checkliste – Typische Mitwirkungspflichten des Kunden

- ✓ Übermittlung von Information
- ✓ Abnahme/Freigabe
- ✓ Benennung von qualifizierten (!) Ansprechpartnern
- ✓ Einhaltung von Reaktionszeiten bei Anfragen der Agentur
- ✓ Content-Auswahl oder -Beschaffung
- ✓ Vertraulicher Umgang mit Zugangsdaten
- ✓ Regelmäßige Datensicherung
- ✓ Reporting von Sales o.Ä.
- ✓ Mitteilung über etwaige rechtliche Auseinandersetzungen

Letztlich geht es bei der Definition von Mitwirkungspflichten des Kunden vor allem um die Abgrenzung von Verantwortlichkeiten. Gerät ein Projekt in Schieflage, stellt sich der gewünschte Erfolg nicht ein oder gibt es infolge des Projekts Auseinandersetzungen mit Dritten, hängt die rechtliche Bewertung meist von der Zuordnung von Einzelpunkten zu Verantwortungsbereichen der Vertragsparteien ab.

Beispiele: Definition von Nebenpflichten

1. Kann bei einem Webdesign-Projekt eine Abgabefrist nicht gehalten werden, weil wesentlicher Content der Seite fehlt, kommt es bei der Bestimmung von Verantwortlichkeiten darauf an, ob die Agentur diese Inhalte suchen bzw. erstellen sollte oder dies in den Bereich des Kunden fiel.
2. Rückt bei einem SEO-Vertrag die Kundenwebsite bei Eingabe der relevanten Keywords nicht substanziell nach oben, stellt sich die Frage, ob der Kunde tatsächlich alle wesentlichen Vorschläge zur Onsite-Optimierung des Anbieters umsetzen musste.
3. Wird bei einem SEM-Vertrag der Kunde wegen angeblicher Markenrechtsverletzungen abgemahnt, hängt die Pflicht des Anbieters, einen etwaigen Schaden zu übernehmen, davon ab, wer für die Auswahl der Keywords (und deren rechtliche Prüfung) verantwortlich war.

Zahlungsbedingungen

Im Zusammenhang mit der Vergütung erwähnenswert sind auch die Zahlungsbedingungen. Wird nichts vereinbart, bemisst sich die Zahlungspflicht des Kunden nicht etwa danach, wann der Dienstleister die Rechnung stellt, sondern nach dem Gesetz. Im Werkvertragsrecht beispielsweise entsteht ein Zahlungsanspruch grundsätzlich erst nach Abnahme. Ordnet ein Gericht einen Vertrag insgesamt als Werkvertrag ein, besteht kein Zahlungsanspruch, wenn der Kunde die Leistung (noch) nicht abgenommen hat.

Beispiel: Fälligkeit mit Vertragsschluss vereinbaren

Ein Internetdienstleister bot seinen Kunden ein ganzes Leistungsbündel an. Zu dem Rundum-Paket zählten: die Domain-Recherche und -Registrierung, die Beratung und Zusammenstellung einer »Webdokumentation« vor Ort, die Erstellung einer Website, die Aktualisierung von Inhalten bis zu dreimal jährlich, die Anmeldung der Internetpräsenz in 30 Suchmaschinen und schließlich das Hosting sowie eine Hotline. Die Parteien entzweiten sich und der Dienstleister klagte seinen Zahlungsanspruch ein. Hier hat ihm geholfen, dass in seinen AGB vorgesehen war, dass das Entgelt für das erste Vertragsjahr im Voraus fällig wird. [AG Düsseldorf 10/06]

10.4.4 Nutzungsrechte

Immer wenn (auch) urheberrechtlich geschütztes Material Vertragsgegenstand ist, müssen Nutzungsrechte eingeräumt werden. In Softwareprojekten werden die Bestimmungen zur Rechtseinräumung den wesentlichen Teil des Vertrages einnehmen. Werden nur einige Texte »mitübergeben«, wird sich die Rechteklausel auf wenige Sätze beschränken.

Urheberpersönlichkeitsrecht

Zu unterscheiden sind dabei die Urheberpersönlichkeitsrechte, die stets bei dem Urheber verbleiben, von den Nutzungs- oder Verwertungsrechten. Bei Letzteren handelt es sich um die rechtliche Befugnis, das urheberrechtlich geschützte Werk zu nutzen und gewerblich zu verwerten. Diese Befugnis räumt man dem Vertragspartner in entsprechenden Klauseln im Vertrag ein. Die Urheberpersönlichkeitsrechte sind dagegen nicht übertragbar. Der Urheber kann aber auf deren Durchsetzung verzichten.

Übersicht – Urheberpersönlichkeitsrechte

Der Urheber darf

- bestimmen, ob und wie er genannt wird,
- entscheiden, ob und wann das Werk zum ersten Mal veröffentlicht wird,
- verhindern, dass das Werk entstellt oder verfremdet wird.

Nutzungsrechte

Urheberrechtliche Nutzungsrechte können als einfaches oder als ausschließliches Recht eingeräumt werden. Das einfache Nutzungsrecht berechtigt den Vertragspartner, das Werk neben dem Urheber und anderen Berechtigten zu nutzen. Dagegen ermöglicht das ausschließliche Nutzungsrecht dem Vertragspartner, das Werk unter Ausschluss aller anderen Personen (einschließlich des Urhebers) zu nutzen. Die Reichweite einer Rechtseinräumung ist vertraglich frei bestimmbar. Nutzungsrechte können (und sollten) beliebigen räumlichen, zeitlichen oder inhaltlichen Beschränkungen unterworfen werden. So kann die Einräumung von Nutzungsrechten auf das Gebiet der Bundesrepublik beschränkt werden. Ist der Kunde es Webprojekts von einer solchen Begrenzung betroffen, steht das einer Nutzung der Software im Internet entgegen, weil die Software womöglich auch außerhalb Deutschlands genutzt werden kann.

Hinweis: ausschließlich = exklusiv

Wenn Sie als Urheber einem Vertragspartner ausschließliche Nutzungsrechte einräumen, dürfen Sie das Werk anschließend selbst nicht mehr urheberrechtlich verwerten und auch anderen keine Rechte daran einräumen. Ihr Vertragspartner besitzt diese Rechte dann exklusiv.

Für den Kunden ist wichtig, dass genau geregelt wird, welche Verwertungsrechte eingeräumt werden sollen. Übertragen werden nur solche Rechte, die ausdrücklich benannt sind. Fehlt es an einer Regelung über die Einräumung von urheberrechtlichen Nutzungsrechten, gilt die sogenannte »Zweckübertragungslehre«. Das bedeutet, dass nur die Rechte als übertragen gelten, die der Kunde für die Erfüllung des Vertrages benötigt.

Beispiel: Fotos vom Fotostudio

Wenn ein Fotostudio im Auftrag eines Kunden Portraitfotos fertigt und dem Kunden diese Fotos auf einer CD mit den Bilddateien übergibt, ist damit nicht die Einräumung von Rechten zur Veröffentlichung der Fotos im Internet verbunden. Eine Online-Veröffentlichung war vertraglich nicht vereinbart, so dass entsprechende Rechte nicht bestehen. [LG Köln 10/07]

10.4.5 Gewährleistung und Haftung

Bei Klauseln zu Gewährleistung und Haftung des Anbieters handelt es sich in der Regel um Standardformulierungen, die die Verantwortlichkeit der Agentur möglichst weitgehend beschränken sollen.

Gewährleistung meint dabei die Rechte des Kunden bei Mängeln der Leistung. Unter Haftung wird dagegen die Frage verstanden, inwieweit der Anbieter Schadensersatz leisten muss für Schäden, die bei dem Kunden infolge einer Vertragsverletzung entstanden sind. Für beides sieht das BGB, zum Teil in Abhängigkeit von dem konkreten Vertragstyp, gesetzliche Regelungen vor, die vertraglich teilweise beschränkt werden können. Stets unzulässig ist ein völliger Ausschluss von Gewähr und Haftung.

Typische Gewährleistungsregeln im Werkvertrag sehen beispielsweise vor, dass dem Auftragnehmer mehrfach die Möglichkeit gegeben werden muss, ein mangelfreies Werk herzustellen oder großzügige Fristen zur Fehlerbehebung einzuräumen sind. Auch eine Verkürzung des Gewährleistungszeitraums ist in vielen AGB vorhanden.

Haftungsbeschränkungen in AGB sind oft sehr lang und schwer verständlich. In vielen Klauseln findet sich ein scheinbar sinnfreier Hinweis darauf, dass die Haftungsbeschränkung nicht bei Körperschäden gelte – im Online-Bereich ein recht unwahrscheinliches Szenario. Hintergrund ist aber, dass für einige Szenarien, zum Beispiel eben Körperverletzungen, aber auch allgemein für vorsätzliche Handlungen die Haftung in den AGB nicht beschränkt werden darf. Trägt man dem durch eine entsprechende Ausnahme nicht Rechnung, kann dies die gesamte Haftungsklausel unwirksam machen. Dann kann sich der Anbieter im Ernstfall nicht auf die Regelung berufen, obwohl nur leichte Fahrlässigkeit und auch kein Fall von Körperverletzung vorliegt.

10.4.6 Laufzeit und Kündigung

Viele Verträge im Online-Bereich sind Dauerschuldverhältnisse. Die Vereinbarung beschränkt sich also nicht auf den einmaligen Austausch von Leistungen, sondern läuft auf längere Zeit. Mit gewissen Abstufungen kann jeder Vertragstyp des BGB auch ein Dauerschuldverhältnis sein. Bei Miet- oder Dienstverträgen liegt dies nahe, doch auch Werkverträge können über einen längeren Zeitraum laufen.

Wichtiger Bestandteil vieler Online-Verträge sind daher Regelungen über Laufzeit und Kündigungen. Grundsätzlich zu unterscheiden sind Verträge mit fester Laufzeit (ein Jahr) von Vereinbarungen, die auf unbestimmte Zeit laufen. In der Praxis ergeben sich gar nicht so gravierende Unterschiede, weil in den Verträgen mit fester Laufzeit häufig Vertragsverlängerungsklauseln enthalten sind. Nach solchen Regelungen soll sich der Vertrag automatisch verlängern, wenn nicht eine der Vertragsparteien unter Einhaltung einer bestimmten Frist zum jeweiligen Laufzeitende die Kündigung erklärt hat.

Für beide Vertragspartner wichtig zu verstehen, ist, dass Kündigungsmöglichkeiten häufig ein Druckmittel bei Nachverhandlungen hinsichtlich Preis oder Leistungsumfang sind. Je schneller gekündigt werden kann (zum Quartalsende), umso häufiger können sich Diskussion über das Preis-Leistungs-Verhältnis ergeben. Verträge mit einer sehr langen Laufzeit binden beide Parteien natürlich auch sehr lange, so dass jede Abweichung eines neuen Vertrages (bzw. eines Nachtrags zum bestehenden Vertrag) bedarf.

Bei langjährigen Kundenbeziehungen empfiehlt es sich, von Zeit zu Zeit ein Review über die existierenden vertraglichen Beziehungen durchzuführen, um Redundanzen zu vermeiden oder schlicht den Überblick zu behalten.

10.4.7 Standardinhalte aus Sicht von Anbietern und Kunden

Naturgemäß gehen die Wunschinhalte eines Online-Vertrages aus Anbieter- und Kundensicht auseinander. Bei allen Diskrepanzen sollte nicht vergessen werden, dass jedenfalls in einem Punkt ein gemeinsames Interesse besteht: Das Wichtigste sind klare Regelungen, die späteren Streit vermeiden. Erkennen die Vertragspartner in den Vertragsgesprächen, dass über einen Punkt Unstimmigkeiten bestehen, sollte dieser Punkt nicht offenbleiben. Eigentlich lässt sich immer ein Kompromiss finden.

Im Folgenden sind die unterschiedlichen Standardvertragsinhalte noch einmal mit Blick auf die Interessen von Anbieter und Kunde gegenüberüberstellt.

Vertragsinhalt	aus Anbietersicht	aus Kundensicht
Pflichten des Anbieters	Abgrenzung zu nicht geschuldeten Leistungen	Was genau ist geschuldet?
Fristen	Möglichst als bloße Zielvorgabe	Feste Termine mit klaren Regeln für den Fall der Nichteinhaltung
Vergütung	Möglichst tatsächlich angefallener Aufwand gegen Stundennachweis	Möglichst pauschal nach freigegebenem Angebot des Anbieters
Mitwirkungspflicht des Kunden	Klare Pflichten mit Folgen der Nichteinhaltung durch den Kunden	Bloße Soll-Vorschriften ohne Konsequenzen
Zahlungsbedingungen	Vorkasse	Zahlung nach Abnahme und Praxistests
Nutzungsrechte	Beschränkt auf den konkreten Vertragsgegenstand	Umfassende exklusive Rechtseinräumung
Gewährleistung und Haftung	Beschränkung im Rahmen des gesetzlich Zulässigen	Geltung der gesetzlichen Regelungen oder sogar Haftungserweiterung (Garantie)

Tabelle 10.4: Standardinhalte von Online-Verträgen aus Anbieter- und Kundensicht

10.5 Typische Regelungen in Online-Verträgen

Jeder Vertrag hat seine eigenen spezifischen Tücken. Daraus ergibt sich bestimmter Regelungsbedarf.

Online-Vertrag	Wichtige Punkte
Domain-Verträge	Kunde wird Domain-Inhaber
Webdesign-Verträge	Nutzungsrecht Change-Request-Management

Tabelle 10.5: Besondere Regelungen bei einzelnen Online-Vertragstypen

Online-Vertrag	Wichtige Punkte
Content-Verträge	Nutzungsrechte Rechtliche Prüfung der Inhalte
Verträge mit Shop-System-Anbietern	Änderungen im Shop-System Datenschutz
Verträge mit Tracking-Dienstleistern	Datenschutz
Online-Werbeverträge	Vergütungsmodalitäten
SEO-Verträge	Umfang der Leistungen Haftungsfragen
SEM-Verträge	Inhaberschaft am Account Keyword-Auswahl
Affiliate-Verträge	Festlegung auf bestimmte Werbemittel
Verträge über E-Mail-Marketing	Leistungsumfang Datenschutz

Tabelle 10.5: Besondere Regelungen bei einzelnen Online-Vertragstypen (Forts.)

10.5.1 Domain-Verträge

Verträge über Internet-Domains können sehr unterschiedlichen Inhalt haben. Von der einfachen Domain-Übertragung (Kauf) bis zu langfristigen Domain-Überlassungsverträgen ist vieles denkbar. Dementsprechend unterschiedlich sind auch die typischen Regelungen in den Verträgen.

Beispiel: Streit um ritter.de

Durch drei Instanzen ging der Streit um die Domain `ritter.de`. Der Provider hatte versprochen, dem Kunden die Domain zu besorgen, aber sich selbst als Domain-Inhaber eingetragen. Mit seiner Klage erreichte der Kunde, dass die Domain auf ihn umgetragen wurde. [OLG München 10/08]

Kundensicht

Bei längerfristigen Domain-Service-Verträgen ist aus Sicht des Kunden bedeutsam, dass der Anbieter verpflichtet wird, dafür Sorge zu tragen, dass die Registrierung während der gesamten Vertragslaufzeit aufrechterhalten bleibt und etwaige Gebühren gezahlt werden. Versäumt die Agentur die Zahlung der Gebühren an die DENIC und geht die Domain deshalb verloren, ist die Agentur zum Schadensersatz verpflichtet. [LG Frankfurt 10/09]

Verpflichtet sich eine Agentur im Rahmen eines ganzen Leistungspakets zur Registrierung einer Domain für einen Kunden, sollte vertraglich fixiert werden, bis wann die Registrierung zu erfolgen hat. Wird der Auftrag nur zögerlich bearbeitet, so dass zwischenzeitlich die gewünschte Domain an eine andere Person vergeben wird, muss die Agentur Schadensersatz leisten. [LG Görlitz 10/10]

Anbietersicht

Ist beabsichtigt, dass die Domain treuhänderisch von einem Dienstleister gehalten wird – etwa um die wahren Betreiber der Seite nicht allzu einfach ermitteln zu können –, sollten vor allem die rechtlichen Fragestellungen im Vertrag adressiert werden. Häufig ist der Admin-C für Rechtsverletzungen auf der unter der Domain angebotenen Website in Anspruch genommen worden. Wird sogar die Domain insgesamt für einen anderen gehalten, liegt das noch deutlich näher. Der Dienstleister muss jedenfalls für Freistellungsansprüche sorgen. Zudem sollte er die Domain aufgeben dürfen, wenn er wegen der Inhalte verklagt zu werden droht.

Tipp: Pflicht zum Betreiben einer Website

Aus Sicht des Dienstleisters empfiehlt sich eine Vertragsklausel, die den Kunden verpflichtet, alsbald einen eigenen Internetauftritt unter der Domain einzurichten. Hintergrund ist eine Entscheidung des Bundesgerichtshofes, wonach auch ein Auftraggeber als möglicher Kennzeicheninhaber in Betracht kommt, wenn dies für den Dritten erkennbar ist. [BGH 10/11]

10.5.2 Webdesign-Verträge

Webdesign-Verträge ähneln Softwareverträgen. Wesentlicher Regelungsbedarf ergibt sich vor allem für die Einräumung von Nutzungsrechten und einem Change-Request-Management. Um hier Streit zu vermeiden, bieten sich eine Begrenzung der Zahl von Änderungsschleifen und die Vereinbarung von Teilabnahmen für einzelne Projektphasen an.

Beispiel: Nutzungsrecht an einer Website

Das Landgericht München stellte bei einem Streit über die Herstellung und den Nutzen eine Website fest, dass dem Auftraggeber ein Nutzungsrecht erst zustehe, wenn die werkvertragliche Vergütung vollständig gezahlt sei. [LG München I 10/12]

Wie bei jedem Online-Projekt hängt der Aufwand, der um die vertraglichen Regelungen gemacht wird, bei einem Webdesign-Vertrag vom Umfang des Projekts ab.

Checkliste – Webdesign-Verträge

- ✓ Vergütung von vorvertraglichem Aufwand
- ✓ Nutzungsrechtseinräumung
- ✓ Projektphasen unterscheiden
- ✓ Zwischenabnahmen vereinbaren
- ✓ Website-Pflege vereinbaren

Nutzungsrechte

Der Quellcode der Website ist in der Regel urheberrechtlich geschützt. Ob und wie weit dies auch für das Design auf der Bildschirmoberfläche gilt, hängt von der Ausgestaltung und Eigenart im konkreten Fall ab.

Damit der Auftraggeber die Leistungen des Webdesigners nutzen kann, bedarf es der Einräumung von Nutzungsrechten. Eine solche Rechtseinräumung kann zwar auch stillschweigend erfolgen, regeln Sie den Umfang der Nutzungsrechtseinräumung jedoch besser detailliert im Webdesign-Vertrag.

Neben dem Recht zur öffentlichen Zugänglichmachung ist vor allem das Bearbeitungsrecht von Relevanz. Fehlt die ausdrückliche Befugnis des Kunden, selbst Änderungen an dem Design vornehmen zu können, ist es Sache der Auslegung des Vertrages, ob eine Bearbeitung urheberrechtlich zulässig ist.

Ferner bedarf es einer Einigung, ob der Quellcode offengelegt und herausgegeben werden soll. Auch hier sind die Interessen klar verteilt. Häufig wird es eine Frage des Preises sein, ob der Kunde einen Anspruch haben soll, den Quellcode zu erhalten. Letztlich muss hier ein Konnex zum Bearbeitungsrecht hergestellt werden. Die Einräumung eines Bearbeitungsrechts ergibt nur Sinn, wenn auch der Quellcode übergeben wird. Gibt es eine Quellcodeherausgabe, sollte auch geregelt sein, in welchem Umfang der Quellcode zu dokumentieren ist.

Ratsam aus Sicht der Agentur

Ratsam ist es, die Anwendbarkeit des Urheberrechtsgesetzes vertraglich zu vereinbaren. Entsprechende Klauseln gelten dann lediglich zwischen den Parteien, ohne zugleich Wirkung gegenüber jedermann zu entfalten.

Die Agentur hat ein Interesse daran, möglichst wenig Rechte an den geschaffenen Werken abzugeben. Letztlich sollten dem Kunden nur diejenigen Rechte zugestanden werden, die er für das Projekt braucht. Bei Webprojekten ist das vor allem das Recht, die Website im Internet öffentlich zugänglich zu machen. Eine Weitergabe an Dritte und die Offline-Nutzung sind davon nicht erfasst. Will der Kunde mehr Rechte haben, muss das ausdrücklich vereinbart (und vergütet) werden.

Aus Sicht des Designers empfiehlt es sich, eine aufschiebend bedingte Rechtseinräumung vorzunehmen. Das bedeutet, dass die Nutzungsrechte erst als eingeräumt gelten sollen, wenn der Kunde die Vergütung entrichtet hat. Vorab sollten nur einfache Rechte eingeräumt werden, die etwa nur zum Testen der Seite berechtigen. Generell ist es aus Sicht der Agentur empfehlenswert, klare Regeln für den Zahlungsverzug aufzustellen. Einfach den Zugang zur Seite zu sperren, ist ohne eine entsprechende vorherige Vereinbarung unzulässig.

Beispiel: Domain-Abschaltung bei Zahlungsverzug

Ein Webdesigner, der zugleich eine Domain für den Kunden einrichtete, verschaffte in Streitigkeiten um das Honorar seinen Zahlungsansprüchen dadurch Nachdruck, dass er den Zugang zu der Domain und den E-Mails sperrte. Dagegen setzte sich der Kunde mit Erfolg zur Wehr. Die faktische Position dürfe die Agentur nicht einseitig zu ihren Gunsten ausnutzen. [LG Hamburg 10/13]

Jede Agentur muss bei Einbeziehung von freien Mitarbeitern auf eine umfassende Nutzungsrechtseinräumung achten. Es muss klar sein, dass die Agentur berechtigt ist, mit den Arbeitsergebnissen nach eigenem Gutdünken zu verfahren. Fehlt es hier an entsprechenden Rechten, kann das für die Agentur im Nachhinein teuer werden. Werden nämlich Werke des Freien von dem Kunden eingesetzt, kann der freie Mitarbeiter Unterlassung verlangen, wenn die Agentur nicht zur Nutzungsrechtseinräumung an den Kunden berechtigt war. Der Kunde wird sich deswegen natürlich stets an die Agentur halten.

Empfehlenswert für den Kunden

Um Unklarheiten zu vermeiden, empfiehlt sich aus Sicht des Kunden, die ausdrückliche Befugnis zur Bearbeitung zu vereinbaren. Fehlt es daran, ist der Auftraggeber bei Änderungen auf die Hilfe bzw. das Einverständnis des Webdesigners angewiesen.

Gutes Webdesign kann für andere Websites übernommen werden oder auch die Grundlage für Design außerhalb des Netzes sein – beispielsweise für die Gestaltung einer Geschäftsausstattung. Werden zwischen den Parteien insoweit keine ausdrücklichen Absprachen getroffen, ist der Auftraggeber nicht zu einer weitergehenden Verwendung des Designs berechtigt. Dessen muss sich der Kunde bewusst sein und gegebenenfalls eine weitergehende Rechtseinräumung mit dem Designer vereinbaren.

Wird bei der Erstellung der Website Standardsoftware verwendet, so ist es aus Sicht des Auftraggebers ratsam, sicherzustellen, dass der Webdesigner über die notwendigen Nutzungsrechte verfügt. Daher empfiehlt sich aus Sicht des Kunden eine entsprechende ausdrückliche Zusage nebst Haftungs- und Freistellungsklauseln für den Fall einzuholen, dass sich herausstellt, dass der Designer Software in der Website verwendet, zu deren Nutzung er nicht berechtigt ist. Dies gilt in besonderem Maße für den Einsatz von Open-Source-Software.

Checkliste – Nutzungsrechte im Webdesign-Vertrag

- ✓ Anwendung des UrhG auf die gesamte Website
- ✓ Ausschließliche oder einfache Nutzungsrechte
- ✓ Einräumung von Bearbeitungsrechten
- ✓ Quellcodeherausgabe und Dokumentation
- ✓ Aufschiebend bedingte Rechtseinräumung
- ✓ Recht auf Urhebernennung
- ✓ Offline-Nutzungsrechte

Website-Pflege

Websites bedürfen der laufenden Pflege und Aktualisierung. Zum einen müssen Fehler behoben werden, die gelegentlich auftreten. Zum anderen lebt ein gelungener Internetauftritt von einer ständigen Aktualisierung durch Einstellung neuer Inhalte. Dies kann zu einem erheblichen Pflegeaufwand führen.

Soll eine Agentur zugleich mit der Erstellung einer Website und mit deren laufender Pflege und Aktualisierung beauftragt werden, gilt es zunächst, die Leistungen, die von der Agentur im Rahmen der Gewährleistung für die Erstellung der Website geschuldet werden, abzugrenzen von den Leistungen, die sie als Pflege- und Aktualisierungsleistungen erbringt.

Anders als bei typischen Softwarepflegeverträgen muss der Webdesigner vielfach nicht nur tätig werden, wenn der Auftraggeber dies aufgrund von Funktionsstörungen ausdrücklich verlangt. Vielmehr wird dem Webdesigner die Aufgabe übertragen, von sich aus regelmäßig die Funktionstüchtigkeit der Website zu überwachen.

Daneben kann die Agentur mit der Umsetzung einer inhaltlichen Aktualisierung der Website (z.B. Einstellung neuer Texte und Fotos) beauftragt werden. Hier ist vor allem das Prozedere zu regeln, wie es zu den Änderungen kommen soll. Wichtig ist, wer den Inhalt erstellen soll, der im Rahmen der Aktualisierungen einzupflegen ist.

Häufig wird hier ein Teil der Aufgaben auf den Kunden übertragen werden, der im Rahmen eines von seinen Mitarbeitern zu bedienenden Content Management Systems selbst in vordefiniertem Rahmen Inhalte einpflegt. Der Agentur kommt dabei die Aufgabe zu, die richtige Einstellung neuer Inhalte zu überwachen und gegebenenfalls Änderungen an den Standards vorzunehmen.

Üblich ist es hier, dass die Überwachungsfunktion pauschal vergütet wird und ein bestimmtes monatliches Kontingent an Stundenaufwand als von der Pauschale umfasst gilt. Ist nichts anderes vereinbart, verfallen Stunden am Monatsende.

Zusätzlich wichtig für die Agentur

Vorentwürfe Vielfach wendet der Webdesigner bereits vor Abschluss eines schriftlichen Vertrages erhebliche Zeit für die Erarbeitung von Vorschlägen und Entwürfen und die Erstellung eines Pflichtenhefts auf. Ist nichts anderes vereinbart, besteht kein Anspruch auf Vergütung des entstehenden Aufwands. Bei entsprechender Verhandlungsposition kann eine Vergütungspflicht in einem »Letter of Intent« vereinbart werden. Dort sollte aus Sicht der Agentur festgelegt werden, zu welchen Konditionen die (Vor-)Leistungen des Webdesigners zu vergüten sind, falls es später nicht zum Abschluss eines Webdesign-Vertrages kommt.

Immer wieder Thema ist die Übernahme von Vorentwürfen des Designers in die spätere Website, ohne dass der Webdesigner beauftragt worden wäre. Denkbar ist, dass solche Übernahmen die Urheberrechte des Designers verletzen. Geschützt ist aber stets nur die Verkörperung von schöpferischen Leistungen, nicht die Idee als solche. Gegen »Ideenklau« kann sich der Designer nicht schützen. Sind seine Entwürfe übernommen worden, bestehen durchaus Ansprüche gegen den »Beinahe-Kunden«. Wird ein »Letter of Intent« geschlossen, lässt sich die Nichteinräumung von Rechten an Vorentwürfen auch vertraglich regeln.

Beispiel: Keine Rechte an Vorentwürfen

Folgende Klausel bietet sich an, um klarzustellen, dass eine Nutzungsrechtseinräumung nur bei Auftragserteilung erfolgt:

»An Entwürfen und Konzepten des Webdesigners, die der Erarbeitung des endgültigen Designkonzepts dienen, werden dem Kunden keine Nutzungsrechte eingeräumt. Wünscht der Kunde eine Nutzung von Entwürfen und Konzepten aus der Entwurfsphase, bedarf es für die Einräumung von Nutzungsrechten einer gesonderten Vereinbarung mit dem Webdesigner.«

Umgang mit Change-Requests Ausufernde Change-Requests sind für die Agentur vor allem ein Problem, wenn für die Website-Erstellung ein Pauschalpreis vereinbart wurde. Ein Steuerungsmittel kann die Festlegung von einzelnen Projektphasen sein: Ist die Freigabe für einen vorab definierten Schritt durch den Kunden erteilt worden, lösen Änderungswünsche, die bereits freigegebene Arbeitsergebnisse betreffen, eine gesonderte Vergütungspflicht aus. Termine für die Fertigstellung weiterer Phasen verschieben sich dann jeweils um den Zeitraum, der durch Change-Requests in Anspruch genommen wurde.

Jedenfalls bei größeren Projekten empfiehlt sich eine Gliederung in unterschiedliche Leistungsphasen.

Übersicht – Projektphasen beim Webdesign-Vertrag

Verhandlungsphase =	Verhandlungen über ein grundsätzliches Konzept für die Website (inkl. wesentlicher Funktionalitäten, Grundlagen der Gestaltung, Programmiersprache); Gestaltungs- und Strukturvorschläge durch den Webdesigner
Konzeptphase =	Erarbeitung eines Strukturkonzepts durch den Webdesigner (inkl. Sitemap, Strukturbaum, Verlinkungen); bei größeren Projekten auch ein Feinkonzept (detaillierte Ablaufpläne, gestalterische Entwürfe); Feinkonzept kann auch als Pflichtenheft dienen
Entwurfsphase =	Erstellung einer Basisversion der Website durch den Webdesigner (inkl. wesentlicher gestalterischer Merkmale, Grundfunktionalitäten, insbesondere Links)
Herstellungsphase =	Erstellung der abnahmefähigen Website durch den Designer (inkl. aller Inhalte (ggf. vom Auftraggeber) und Funktionalitäten)

Selbstverständlich kommt es bei den Phasen vielfach zu Überlappungen. So kann es sein, dass Teilbereiche einer Website bereits vollständig fertiggestellt sind, während in anderen Bereichen noch über die Struktur und die einzubindenden Funktionalitäten diskutiert wird. Insgesamt ist die Erstellung einer Website ein interaktiver Prozess, der ständige Abstimmungen zwischen dem Auftraggeber und dem Auftragnehmer erfordert. Gleichwohl hat es vor allem für den Webdesigner Vorteile, eine klare Struktur durchzuhalten.

Tipp: Zwischenabnahmen vereinbaren

Jedenfalls für den Abschluss der einzelnen Phasen, gegebenenfalls aber auch für kleinere Teilschritte, sollten Teilabnahmen vereinbart werden. Erkennt der Auftraggeber Änderungsbedarf nach bereits erklärter Teilabnahme, muss der entstehende Aufwand vergütet werden. Ein solches Change-Request-Verfahren gibt der Agentur ein Mindestmaß an Sicherheit, für den entstehenden Aufwand auch entlohnt zu werden.

Ein effektives Change-Request-Management steht und fällt letztlich mit der Genauigkeit der Vereinbarungen über den Auftragsumfang. Bei einer detaillierten Festlegung der Aufgaben des Webdesigners fällt es vergleichsweise leicht, eine sehr präzise Regelung zu treffen, nach der beispielsweise Änderungswünsche vom Webdesigner nur gegen eine – im Einzelnen vorab festgelegte – Vergütung berücksichtigt werden müssen, wobei schon die Prüfung der Änderungswünsche entgeltpflichtig ist. Sofern die Anforderungen an die Website vertraglich nur sehr allgemein beschrieben sind, lassen sich auch für das Change-Request-Management nur sehr allgemeine Regelungen treffen.

Die Einführung von Projektphasen kann allerdings nur einen Teil der Probleme mit Change-Requests lösen. Erklärt der Kunde für einen Teilschritt keine Freigabe, weil er stetig neuen Änderungsbedarf sieht, nutzt die Vereinbarung von Teilabnahmen nichts. Aus Sicht der Agentur bietet es sich an, die Zahl der Änderungsschleifen zu begrenzen. Nicht unüblich ist es daher, dass nur zwei Änderungsschleifen vertraglich geschuldet sind und weitere Änderungsschleifen nach Aufwand oder vorab festgelegten Pauschalen vergütet werden. Will der Kunde die Berechnung von Manntagen vermeiden, ist jedenfalls für große Projekte denkbar, für jedes einzelne vorab definierte Teilprojekt Punkte zu vergeben, aus denen sich die Vergütung für eine weitere Änderungsschleife berechnet.

Außerdem sollte geregelt werden, was unter einer Abnahme zu verstehen ist. Aus Sicht der Agentur bietet es sich an, zu regeln, dass die Ingebrauchnahme, also das Live-Schalten der Seite, der Abnahme gleichsteht. Möglich ist auch, Abnahmefiktionen einzuführen: Bleibt eine Reaktion des Kunden auf eine Bereitstellung zur Teilabnahme innerhalb einer Woche aus, gilt das Teilprojekt als abgenommen. Jedenfalls bei kleineren Projekten ist auch denkbar, dass auf eine formale Abnahme ganz verzichtet werden kann. Das ist dann im Vertrag auch explizit festzuhalten.

Checkliste – Change-Request-Management

- ✓ Projektphasen vereinbaren
- ✓ Teilabnahmen vereinbaren
- ✓ Änderungsschleifen pro Teilprojekt begrenzen
- ✓ Abnahmefiktionen definieren

Überblick aus Sicht der Vertragspartner

Hier sind die typischen Regelungen in Webdesign-Verträgen gegenübergestellt. Für allgemeine Standardklauseln in Internetverträgen siehe die Übersicht in Abschnitt 10.4.7.

Vertragsinhalt	aus Agentursicht	aus Kundensicht
Vorentwürfe	Kein Recht zur Nutzung ohne zusätzliche Vergütung (im LOI regeln)	Umfassende Einräumung von Rechten an allen Drafts, Entwürfen, Mustern
Nutzungsrechte	Geltung von Urheberschutz vertraglich vereinbaren Rechtseinräumung auf konkretes Webprojekt beschränken	Keine Geltung von Urheberschutz über das Gesetz hinaus Umfassende Einräumung von Rechten an allen Designs
Quellcode	Pflicht zur Herausgabe nur gegen zusätzliches Entgelt	Herausgabe- und Dokumentationspflicht vereinbaren
Change-Requests	Projektphasen und Teilabnahmen vereinbaren: Rückschritt hinter erklärte Teilabnahme muss gesondert vergütet werden Anzahl und Intensität von Änderungsschleifen begrenzen	Pauschalpreis mit unbegrenzten Änderungswünschen
Website-Pflege	Pflegeleistungen von Fehlerbehebung abgrenzen und zusätzlich vergüten lassen	Zusätzliche Vergütung nur für zusätzliche Leistungen

Tabelle 10.6: Inhalt eines Webdesign-Vertrages aus Agentur- und Kundensicht

10.5.3 Content-Lieferungsverträge

In Verträgen mit Content-Lieferanten sollten insbesondere detaillierte Regelungen zur Nutzungsrechtseinräumung und möglichen Rechtsverstößen getroffen werden.

Beispiel: Print-Vertrag mit Journalisten

Ein Musikjournalist hatte für die Kölnische Rundschau eine Konzertkritik über ein Konzert von Tracy Chapman verfasst. Dieser Artikel war vereinbarungsgemäß in der Printausgabe der Zeitung erschienen. Darüber hinaus übernahm der Verlag den Text auch in ein ePaper. Eine vertragliche Vereinbarung darüber gab es nicht. Das Gericht verurteilte den Verlag zum Schadensersatz. Nutzungsrechte seien nur für eine Print-Publikation, nicht jedoch auch für ein ePaper eingeräumt worden. [AG Köln 10/14]

Checkliste – Verträge mit Content-Lieferanten

- ✓ Einzelheiten der Content-Lieferung (Frequenz, Qualität etc.)
- ✓ Recht auf Urhebernennung
- ✓ Nutzungsrecht
- ✓ Rechtliche Prüfung der Inhalte

Frequenz der Content-Lieferung

Vielfach bestehen mit Content-Lieferanten Dauerbeziehungen. So kann es sein, dass die Pflege und Aktualisierung der Website komplett an einen Dienstleister vergeben wird. Hier sollte möglichst detailliert geregelt werden, in welchen zeitlichen Abständen welche Art von Inhalt zu liefern ist. Es kann empfehlenswert sein, hinsichtlich der Länge und Tiefe von zu lieferndem Text auf Beispiele zu verweisen.

Checkliste – Inhaltliche Regelung zur Content-Lieferung

- ✓ Themen
- ✓ Quantität (täglich, wöchentlich, monatlich usw.)
- ✓ Zeitpunkt der Lieferung
- ✓ Automatische Integration in die Website
- ✓ Qualität (z.B. Detailtiefe), möglicherweise auf Beispiele Bezug nehmen
- ✓ Aktualität
- ✓ Format und Form der Lieferung (Datenträger, E-Mail, Upload etc.)

Einräumung von Nutzungsrechten

Ein weiterer wesentlicher Punkt in Verträgen mit Content-Lieferanten ist die Einräumung urheberrechtlicher Nutzungsrechte. Es sollte klar geregelt werden, wofür der Auftraggeber die Inhalte nutzen können soll. So sollte auch geregelt werden, ob der Auftraggeber die Inhalte nur online oder etwa auch in einer Unternehmensbroschüre nutzen darf.

Hinweis: Ohne Vereinbarung gilt Minimalprinzip

Fehlt es an einer ausdrücklichen Vereinbarung über den Umfang der Nutzungsrechtseinräumung, gilt der sogenannte »Zweckübertragungsgrundsatz«. In diesem Fall beschränkt sich die Einräumung der Nutzungsrechte auf das von dem Vertrag unmittelbar Umfasste.

Wenn also ein Fotostudio im Auftrag eines Kunden Portraitfotos anfertigt und dem Kunden diese Fotos auf einer CD mit den Bilddateien übergibt, ist damit nach § 31 Abs. 5 UrhG noch nicht die Einräumung eines Rechts zur Veröffentlichung der Fotos im Internet verbunden. [LG Köln 10/07]

Beispiel: Das Online-Makler-Exposé

Umgekehrt darf ein Makler, der einen Fotografen mit der Erstellung von Bildern eines Objekts für die Einstellung in ein Internetportal beauftragt, nicht davon ausgehen, dass er die Bilder auch offline, also in Print-Exposés verwenden darf. Hier muss im Detail geregelt werden, für welche Zwecke die zur Verfügung gestellten Inhalte verwendet werden dürfen.

Ebenfalls geregelt werden muss, ob der Auftraggeber die für ihn erstellten Inhalte verändern darf, bevor er sie veröffentlicht. Grundsätzlich gibt § 14 UrhG dem Urheber das Recht, eine Entstellung oder eine andere Beeinträchtigung seines Werkes zu verbieten, sofern diese geeignet ist, seine berechtigten Interessen am Werk zu gefährden. Wo die Grenze zu ziehen ist, muss im Einzelfall ermittelt werden. Selbst die Einbindung von Inhalten in fragwürdigen Kontext (z.B. hochwertige erotische Fotografien auf Pornoseiten) oder die Einblendung von Werbung auf urheberrechtlich geschütztem Webdesign kann problematisch sein.

Nutzungsrechte aus Kundensicht

Aus Sicht des Auftraggebers empfiehlt es sich daher, klar zu regeln, dass Änderungen, gleich, welcher Art, gestattet sind.

Tipp: Klausel zur Bearbeitungsbefugnis

Es bietet sich folgende Klausel an: »Der Auftraggeber ist zu Änderungen des Contents nach freiem Ermessen berechtigt. Dies schließt das Recht ein, über die inhaltliche und gestalterische Ausgestaltung der Website im Übrigen frei zu entscheiden.«

Zusätzlich wichtig für den Anbieter

Rechtliche Prüfung der Inhalte Inhalte, die der Website-Betreiber bei Content-Lieferanten in Auftrag gegeben hat, sind stets als eigene Inhalte anzusehen, so dass der Kunde für diese Inhalte in gleicher Weise einstehen muss, als hätte er sie selbst erstellt (siehe dazu oben bei Abschnitt 3.1.1). Der Kunde haftet also voll für die von der Agentur zur Verfügung gestellten Inhalte.

Es sollte daher geregelt sein, wer für die möglicherweise erforderliche rechtliche Prüfung des zu erstellenden Inhalts verantwortlich ist. Aus Sicht des Content-Lieferanten ist es ratsam, eine Verpflichtung des Auftraggebers aufzunehmen, die Inhalte vor der Einstellung in das Internet rechtlich zu überprüfen und nicht blind zu übernehmen. Nur wenn der Inhalteanbieter bestimmtes rechtliches Spezialwissen hat, ist es sachgerecht, ihm die Pflicht aufzugeben, eine rechtliche Prüfung vorzunehmen.

Der Anbieter sollte sich diese Zusatzleistung, die meist extern vergeben werden muss, gesondert vergüten lassen.

Zusätzlich wichtig für den Auftraggeber

Urhebernennung Das Urhebergesetz sieht in § 13 das Recht des Urhebers auf Kenntlichmachung seiner Urheberschaft vor. Falls also mit dem Content-Lieferanten nichts anderes vereinbart ist, kann dieser im Nachhinein verlangen, dass deutlich gemacht wird, dass die Inhalte von ihm stammen. Dies bezieht sich auf Texte in gleicher Weise wie etwa auf Grafiken. Auch Fotografen haben grundsätzlich das Recht, zu bestimmen, ob und, wenn ja, wie deutlich gemacht wird, dass die Urheberschaft an dem betreffenden Foto bei ihnen liegt.

Tipp: Recht auf Urhebernennung ausschließen

Möchten Sie als Website-Betreiber verhindern, dass Content-Lieferanten Ansprüche auf Urhebernennung geltend machen, machen Sie den Verzicht des Urhebers auf dieses Recht in dem Vertrag deutlich. Hier genügt es zu vereinbaren, dass der Urheber auf seine Rechte aus § 13 UrhG verzichtet.

Rechtliche Prüfung der Inhalte Unabhängig davon, wer die zur Verfügung gestellten Inhalte rechtlich prüft, muss dem Kunden klar sein, dass er nach außen stets für etwaige Rechtsverletzungen haftet.

Vorsicht: Nach außen haftet immer der Kunde

Eine Vereinbarung mit dem Ersteller von Inhalten kann nur das Innenverhältnis zwischen Auftraggeber und Content-Lieferant regeln. Auch wenn der Vertrag vorsieht, dass der Content-Lieferant für die Prüfung der Inhalte verantwortlich ist, muss der Auftraggeber im Außenverhältnis für etwaige Rechtsverletzungen geradestehen. Allerdings kann er sich ggf. einen etwaigen Schaden von dem Dienstleister ersetzen lassen.

Auch eine Teilung der rechtlichen Risiken nach Verantwortungsbereichen ist denkbar. So ist nur der Content-Lieferant wirklich in der Lage, einzuschätzen, ob der Text Urheberrechte Dritter verletzt. Schließlich kann nur er wissen, ob die Inhalte selbst erstellt oder von Dritten kopiert wurden. Betreffen die Rechtsfragen dagegen eher die Sphäre des Website-Betreibers, sollte die rechtliche Prüfung auf ihn verlagert werden. Ob zum Beispiel bestimmte Werbeslogans zutreffend sind, kann nur der Auftraggeber zuverlässig beurteilen.

Überblick aus Sicht der Vertragspartner

Hier sind die typischen Regelungen in Content-Lieferungsverträgen gegenübergestellt. Für Standardklauseln in Internetverträgen siehe die Übersicht in Abschnitt 10.4.7.

Vertragsinhalt	aus Urhebersicht	aus Kundensicht
Frequenz der Lieferung	Dauerhaft, nach eigenem Ermessen mit Abnahmepflicht des Kunden	Nur nach Aufforderung und Ablehnungsrecht oder nur im Einzelfall
Inhalt des Contents	Nach eigenem Ermessen des Content-Lieferanten	Konkrete Vorgaben des Kunden
Qualität des Contents	Nach eigenem Ermessen des Content-Lieferanten	Bezugnahme auf konkrete Beispiele hinsichtlich der Qualität, Tiefe und Aktualität
Urhebernennung	Erwähnung des Urhebers mit Link auf eigene Website Ausschluss der Nennung nur gegen zusätzliches Entgelt	Ausschluss des Rechts auf Nennung des Urhebers
Nutzungsrechte	Geltung von Urheberschutz vertraglich vereinbaren Rechtseinräumung auf konkretes Webprojekt beschränken Jede Bearbeitung ausschließen	Keine Geltung von Urheberschutz über das Gesetz hinaus Umfassende Einräumung von Rechten an allen Inhalten Bearbeitungsrecht einräumen lassen
Rechtliche Prüfung der Inhalte	Ausschluss der Haftung für rechtliche Zulässigkeit der Inhalte	Pflicht zur Rechtsprüfung auf den Anbieter übertragen

Tabelle 10.7: Inhalt eines Content-Lieferungsvertrages aus Urheber- und Kundensicht

10.5.4 Verträge mit Shop-System-Anbietern

Bei Verträgen über Shop-System-Lösungen kommt es vor allem auf die korrekte Definition der Leistungen an. Für den Kunden kann die Feature-Liste nicht lang genug sein. Aus Sicht des Anbieters sollten nur die wesentlichen Funktionalitäten versprochen werden, die jedenfalls in Zukunft nicht wegfallen werden. Außerdem bedeutsam sind Regelungen über Änderungen am Shop und die Einhaltung der rechtlichen Rahmenbedingungen. Werden durch den Anbieter personenbezogene Daten verarbeitet, muss ein schriftlicher Auftragsdatenverarbeitungsvertrag geschlossen werden.

Beispiel: Änderungsbefugnis im Shop-System-Vertrag

In den Leistungsbeschreibungen und Datenblättern vieler Shop-Systeme findet sich eine lange Liste angebotener Funktionalitäten. Behält sich der Anbieter nicht ausdrücklich vor, jedenfalls die zusätzlich eingeräumten Funktionen nach eigenem Ermessen abzuschalten, um sie durch neue Features zu ersetzen, kann der Kunde den Anbieter zur Beibehaltung der alten Funktionen zwingen.

Aus Sicht des Shop-Betreibers ist kaum eine Entscheidung so wichtig wie die Auswahl des Shop-Systems. Dies sollte sich auch in der Sorgfalt der vertraglichen Vereinbarungen widerspiegeln.

Checkliste – Verträge mit Shopanbietern

- ✓ Leistungsbeschreibung sorgfältig anpassen
- ✓ Nutzungsrechtseinräumung nach Vertragstyp differenzieren
- ✓ Regelungen zum Vertragsende treffen
- ✓ Verpflichtung und Berechtigung zu Änderungen am Shop regeln
- ✓ Rechtliche Rahmenbedingungen im Shop umsetzen und aktuell anpassen
- ✓ Schriftlichen Auftragsdatenverarbeitungsvertrag schließen

Leistungen

Besonderes Augenmerk ist auf die Leistungsbeschreibung zu legen. Aus Sicht des Anbieters sollte die Leistungsbeschreibung vor allem dazu dienen, zu Merkmalen abzugrenzen, die nicht geschuldet ist. Wer bei Währungsangaben Euro und Schweizer Franken anbietet, sagt damit vor allem, dass er Dänische Kronen nicht umsetzen können muss. Unter diesem Blickwinkel sollten Sie als Anbieter Ihre Leistungsbeschreibungen und Produktblätter durchsehen.

Übersicht – Mögliche Leistungsinhalte bei Shop-Systemen

- Verfügbarkeit (bei großen Verträgen in SLAs auslagern)
- Systemvoraussetzungen
- Anpassungen
  - Generelle Anpassungsmöglichkeiten
  - Individualisierungsmöglichkeiten (Look & Feel, Logo-Einbindung)
  - Verpflichtung zur Anpassung durch den Anbieter

- Merkmale des Shops
  - Anzahl der Artikel, Artikelvarianten, Warengruppen
  - Anzahl Bilder pro Artikel, Länge des Beschreibungstextes
  - Preisangaben (Brutto, Netto, Grundpreise, UVP)
  - Echtzeit-Verfügbarkeitsanzeige
  - Mindestbestellmenge
  - Währungen, internationale Steuern
  - Lieferzonen, Versandkosten
  - Zeitverzögertes Einstellen/Ändern von Preisen
  - In-Shop-Tracking
- Verkaufsförderungsmaßnahmen
  - Sonderangebote
  - Bundle aus mehreren Artikeln, Mengenrabatte
  - Cross-Selling
  - Gutscheine
- Kundendaten
  - Datenverwaltung
  - Newsletter-Versand
- Schnittstellen
  - zu anderen Plattformen (eBay, Yatego, Amazon)
  - zu Suchmaschinen, Produktsuchmaschinen, Preissuchmaschinen
  - zu Zahlungssystemen
  - zu anderen Frontend-Lösungen
  - zu Logistikdienstleistern
  - zu Tracking-Tools
  - Importformate für Artikel
- Kundenservice
  - E-Mail-Support, Hotline
  - Fehlerbehebung
  - Schulung
  - Beratung
- Sonstiges
  - Speicherplatzbegrenzungen
  - Blogs, Gästebücher, Bewertungsfunktionen
  - Einbindung von Gütesiegeln
  - Beschränkungen bei der Domain-Nutzung
  - Berechtigung zur Auslieferung von Werbung durch das Shop-System

Ein umfangreicher Leistungskatalog sagt noch nichts über die genaue vertragliche Ausgestaltung aus. Viele Verträge mit Shop-Systemen werden Mietverträge sein. Das hat zur Folge, dass der Shop-Betreiber nicht unbegrenzt und über die Vertragsdauer hinaus zur Nutzung des Shops berechtigt ist. Zahlt der Kunde zwei aufeinanderfolgende Monatsbeiträge nicht, kann der Shop-System-Anbieter kündigen und den Shop abstellen – ohne Zweifel ein Damoklesschwert für den Kunden. Andererseits muss der Anbieter dauerhaft für eine mangelfreie Leistung sorgen.

Hinweis: Shop-Systeme werden häufig gemietet

Verträge über die Zurverfügungstellung von Shop-Systemen sind häufig Mietverträge. Dies hat für beide Vertragspartner Vor- und Nachteile, die man sich bewusst machen muss.

Wird das Shop-System dagegen dauerhaft auf Kaufbasis (wobei oft Werkvertragsrecht einschlägig sein wird) zur Verfügung gestellt, gibt es nach Ablauf der Gewährleistungsfristen keine Pflicht zur Fehlerbehebung durch den Anbieter. Auch tatsächliche Änderungen, die umgesetzt werden müssen (rechtliche oder steuerliche Änderungen etc.), brauchen dem Kunden nicht kostenfrei zur Verfügung gestellt zu werden. Hier muss auch über den Umfang und die Kosten der weiteren Betreuung durch den Shop-System-Anbieter gesprochen werden (Lieferung von Updates usw.).

Nutzungsrechte

Auch der Umfang der Einräumung der Nutzungsrechte an der Shop-System-Software hängt von der vertraglichen und tatsächlichen Ausgestaltung des Dienstes ab.

Wird die Shop-Software verkauft, benötigt der Kunde insbesondere ein Vervielfältigungsrecht, aber auch das Recht, die Software öffentlich zugänglich zu machen, schließlich sollen die Endkunden unter Nutzung der Software bei ihm einkaufen. Hier werden die üblichen Nutzungsrechtseinräumungen für Standard-Softwareverträge die Regel sein. Das bedeutet insbesondere, dass dem Kunden kein Recht auf Bearbeitung der Software und auch kein Recht zur Quellcodeüberlassung zusteht.

Anders sieht es bei reinen ASP-Modellen aus. Urheberrechtliche Nutzungshandlungen finden hier bei dem Kunden des Shop-System-Anbieters nicht statt. Die Software läuft vollständig auf den Servern des Anbieters. Der Kunde muss die Software weder vervielfältigen, noch selbst der Öffentlichkeit zugänglich machen. Die Einräumung von Nutzungsrechten kann sich hier auf ein Minimum beschränken und lediglich klarstellen, wozu genau der Kunde berechtigt ist.

Wieder anders läuft das bei Open-Source-Produkten. Diese stehen unter der jeweiligen Open-Source-Lizenz (z.B. die OXID eShop Community Edition unter der GNU GPLv3). Daran kann und darf der Anbieter nichts ändern. Keinen Einfluss hat die Art der Lizenz auf die Frage, ob der Anbieter Geld für seine Leistungen verlangen darf.

Zusätzliche Regeln aus Sicht des Anbieters

Änderungen im Shop Ein wesentlicher Aspekt aus Sicht beider Vertragsparteien ist, in welchem Umfang während der Laufzeit eines Mietvertrages Änderungen im Shop durchgeführt werden dürfen und/oder müssen. Beide Vertragspartner sind an einer Fortentwicklung des Shop-Systems interessiert.

Dem Anbieter geht es darum, möglichst alle seine Kunden auf der gleichen Software laufen lassen zu können. Wenn viele Kunden verschiedene Versionen der Shop-Software womöglich mit verschiedenen Features einsetzen, führt dies schnell zu deutlich steigendem Support-Bedarf. Das bedeutet, dass der Anbieter berechtigt sein muss, Änderungen auch an laufenden Shops vorzunehmen, selbst wenn diese nicht durch Fehler der Software oder rechtliche Pflichten bedingt ist. Dies führt auch dazu, dass bestimmte Funktionalitäten abgeschaltet oder grundlegend geändert werden können müssen.

Vorsicht vor zu weitgehender Leistungsbeschreibung

An dieser Stelle fällt dem Shop-System-Anbieter ein Stein auf die Füße, wenn er in den Produktblättern allzu weitgehende Versprechungen gemacht hat. Jede Änderung am versprochenen Leistungsumfang ist eine Vertragsänderung, die einer neuen Vereinbarung der Parteien bedarf. Das heißt letztlich, dass der Kunde einer Vertragsänderung zustimmen muss, jedenfalls aber – wenn dies in den AGB entsprechend vorbereitet ist – ein Kündigungsrecht hat. Wer also einen Blog verspricht, kann den nicht einfach abschalten, auch wenn viele Kunden diese Funktion nicht nutzen. Seien Sie daher bei der Leistungsbeschreibung sparsam oder kennzeichnen Sie eine Vielzahl von Funktionalitäten als zusätzliche kostenlose Features. Diese Features können dann in den AGB als entbehrlich dargestellt werden.

Einhaltung rechtlicher Rahmenbedingungen Jedenfalls wenn nichts anderes vereinbart ist, darf der Kunde erwarten, dass die Shop-Lösung den aktuellen gesetzlichen Anforderungen entspricht. Ändert sich das Gesetz, muss der Shop-System-Anbieter umgehend handeln und ein Update zur Verfügung stellen, um den neuen Anforderungen gerecht zu werden.

Möglich, aber rechtlich nicht unproblematisch, ist ein Ausschluss der Verantwortung für die Einhaltung der Rechtslage durch den Anbieter in den AGB.

Das Recht zeitigt auch Wirkungen in die andere Richtung. Insbesondere bei Billig-Shop-Lösungen, die unter der Domain des Anbieters laufen, hat der Anbieter ein erhebliches Interesse daran, dass sich der Kunde an die rechtlichen Rahmenbedingungen hält. Verstößt der Kunde gegen das Fernabsatzrecht oder die Impressumspflicht, ist denkbar, dass der Anbieter jedenfalls auf Unterlassung haftet. Spätestens ab einer entsprechenden Abmahnung muss der Anbieter umgehend handeln und den Kunden gegebenenfalls sperren. Ein Recht dazu sollte in den AGB enthalten sein.

Pflicht zur Datensicherung Der Umgang mit Daten hat zwei Komponenten. Vergleichsweise unproblematisch ist eine Verpflichtung des Kunden zur Sicherung seiner Daten auf einem externen Speichermedium. Vereinbart man eine solche Obliegenheit des Kunden, ist es zulässig, die Haftung im Falle von Datenverlust auf den Wiederherstellungsaufwand bei ordnungsgemäßer Datensicherung zu reduzieren. Muss der Kunde im Falle eines Super-GAU im Rechenzentrum des Anbieters alle Artikel neu eingeben, muss der Anbieter bei Verwendung einer entsprechenden vertraglichen Bestimmung allenfalls für den Schaden aufkommen, der durch das Einspielen der letzten regelmäßigen Sicherung und des inzwischen geänderten Datenbestandes entstanden ist.

Auftragsdatenverarbeitung Noch wichtiger und vielfach vernachlässigt ist die Tatsache, dass der Shop-System-Anbieter in bestimmten Konstellationen Zugriff auf eine Vielzahl von Endkundendaten seines Kunden hat. Insbesondere bei ASP-Lösungen, die auch die Verwaltung der Kundenkartei auf Servern des Anbieters vorsehen, stellt sich die Frage, ob dies datenschutzrechtlich zulässig ist.

Hinweis: Auftragsdatenverarbeitungsvertrag abschließen!

Schließen Sie mit Ihren Kunden einen schriftlichen Auftragsdatenverarbeitungsvertrag ab, der die Anforderungen der §§ 11, 9 BDSG beachtet, wenn auf Ihren Servern Daten von Endkunden liegen. Nur dann sind Sie und der Kunde datenschutzrechtlich auf der sicheren Seite.

In der Übermittlung der Kundendaten an den Anbieter liegt zunächst eine Weitergabe von Daten, die der Rechtfertigung bedarf. Eine Einwilligung der Endkunden wird häufig nicht vorliegen. Auch an einer gesetzlichen Gestattung fehlt es regelmäßig. Eine Lösungsmöglichkeit ist aber der Abschluss einer Vereinbarung über die Auftragsdatenverarbeitung nach § 11 des Bundesdatenschutzgesetzes (BDSG). Mit einem solchen Datenverarbeitungsauftrag wird eine Privilegierung der Datenverarbeitung durch den Dienstleister erreicht. Werden die umfangreichen Anforderungen eingehalten, sieht das Gesetz in der Verarbeitung von Daten durch den Auftragnehmer keine Weitergabe. Verantwortlich und damit Herr der Daten bleibt allein der Kunde. Der Anbieter benötigt selbst weder Einwilligung noch gesetzliche Erlaubnis.

Wichtig aus Kundensicht

Vertragsende Aus Sicht des Kunden wichtig, aber häufig vernachlässigt, sind die Pflichten des Anbieters bei Beendigung des Vertrages. Der Kunde hat ein Interesse daran, eine Nachfolgelösung möglichst reibungslos und kostengünstig einzuführen. Während bei kleineren Softwarelösungen in der Regel die normalen Datentransfers zur Verfügung stehen, kann es bei größeren, individuellen Lösungen sinnvoll sein, ausdrückliche Mitwirkungspflichten des Anbieters zu vereinbaren. Dieser wird solche Leistungen zwar nur gegen Entgelt anbieten wollen; wenn hier die Konditionen bereits bei Vertragsschluss feststehen, kann dies aber gut investiertes Geld sein.

Anpassung des Shops an den Stand der Technik Aus Sicht des Kunden besteht zum einen das Interesse an der Kontinuität der Shop-Lösung. Vor allem aber möchte der Kunde eine dauerhaft fehlerfreie Lösung, die dem jeweiligen Stand der Technik und auch der aktuellen Rechtslage angepasst ist. Aus seiner Sicht empfiehlt sich eine entsprechende Änderungsverpflichtung des Anbieters. Darauf kann sich die Agentur aber nur einlassen, wenn der Umfang der Änderungen vorab klar ist, was kaum jemals so der Fall sein wird.

Rechtliche Rahmenbedingungen Ein Online-Shop-Betreiber muss die vielen rechtlichen Regelungen (vgl. Kapitel 4) unabhängig davon einhalten, ob er den Shop selbst programmiert hat oder sich eines Shop-Systems bedient.

Vieles ist aber durch das jeweilige System vorgegeben. Dies betrifft zum Beispiel den Bestellprozess, die Einbeziehung von AGB oder die Verlinkung der Datenschutzerklärung. Auch auf die Art und Weise der Einblendung von Preisen, Versandkosten oder Lieferzeiten hat der Shop-Betreiber selbst oft keinen Einfluss, wenn er eine Standardlösung einsetzt.

Vorsicht: Shop-Betreiber haften für rechtliche Mängel des Shop-Systems

Wird ein Shop-Betreiber wegen eines angeblichen Rechtsverstoßes in seinem Shop abgemahnt, kann er sich nicht mit Erfolg damit verteidigen, dass seine Shop-Lösung eine bestimmte Verfahrensweise vorgebe.

Dies zeigt, dass den Shop-Betreibern die rechtliche Prüfung des Bestellprozesses und aller anderen möglichen rechtlichen Fallstricke ihres Shop-Systems zukommt.

Überblick aus Sicht der Vertragspartner

Nachfolgend sind die typischen Regelungen in Verträgen mit Shop-System-Anbietern gegenübergestellt. Für Standardklauseln in Online-Verträgen siehe die Übersicht in Abschnitt 10.4.7.

Vertragsinhalt	aus Sicht des Shop-Anbieters	aus Kundensicht
Vertragstyp	Kaufvertrag mit Pflegevereinbarung	Vorteile des Mietvertrages überwiegen oft die Nachteile, wobei die Entscheidung natürlich auch von finanziellen Rahmenbedingungen abhängt
Leistungsbeschreibung	Nur wenige Funktionalitäten als Leistungspflicht, restliche Funktionen als kostenfreie Add-ons (die abgestellt oder geändert werden dürfen) Vor allem Abgrenzung zu nicht geschuldeten Leistungen	Umfassende Definition der geschuldeten Leistungen
Nutzungsrechte	Bei ASP: Keine Rechtseinräumung erforderlich Bei Kauf: Nur Recht der öffentlichen Zugänglichmachung und Vervielfältigung zu eigenen Zwecken einräumen Kein Bearbeitungsrecht, kein Quellcode	Umfassende Rechtseinräumung, insbesondere bei Kauf, inklusive Bearbeitungsrecht (dann auch Quellcodeherausgabe)
Vertragsende	Keine Pflicht zu Umstiegshilfe und Datenmigration	Pflicht zur Unterstützung beim Wechsel, Kosten vorab festlegen
Anpassungen im Shop	Recht zur jederzeitigen Anpassung auch unter Aufgabe oder Änderung bisher bestehender Features	Pflicht zur Anpassung an den Stand der Technik unter Beibehaltung aller bisherigen Features

Tabelle 10.8: Verträge mit Shop-Betreibern aus Anbieter- und Kundensicht

Vertragsinhalt	aus Sicht des Shop-Anbieters	aus Kundensicht
Rechtliche Rahmenbedingungen	Keine Garantie auf dauerhafte Einhaltung der rechtlichen Rahmenbedingungen des Shops	Pflicht zur Einhaltung der rechtlichen Regeln ausdrücklich dem Anbieter übertragen
Pflicht zur Datensicherung	Obliegenheit des Kunden, regelmäßig lokal alle Daten zu sichern, um Haftung für einen Systemausfall zu begrenzen	Generelle Haftung des Anbieters für die Datensicherung vereinbaren
Datenschutz	Vereinbarung eines Auftragsdatenverarbeitungsvertrages mit dem Kunden	Pflicht zum Schutz der Daten bei dem Anbieter

Tabelle 10.8: Verträge mit Shop-Betreibern aus Anbieter- und Kundensicht (Forts.)

10.5.5 Verträge mit Tracking-Dienstleistern

Bei Verträgen mit Anbietern von Website-Tracking-Tools stehen neben der Leistungsbeschreibung die datenschutzrechtlichen Aspekte im Vordergrund. Hier ist darauf zu achten, wie das Unternehmen die Datenschutzvorgaben umsetzt. Jedenfalls wenn personenbezogene Daten erhoben werden, muss ein schriftlicher Auftragsdatenverarbeitungsvertrag geschlossen werden.

Checkliste – Datenschutz im Tracking-Vertrag

- ✓ Einhaltung der gesetzlichen Vorschriften durch den Anbieter
- ✓ Opt-out-Möglichkeit für den Website-Nutzer
- ✓ Löschung der Daten nach Vertragsende
- ✓ Verwendung einer Datenschutzerklärung durch den Kunden
- ✓ schriftlicher Auftragsdatenverarbeitungsvertrag

Leistungsbeschreibung

Auch bei Verträgen über Tracking-Leistungen bewegt sich die Leistungsbeschreibung in dem schon vielfach beschriebenen Spannungsfeld. Der Anbieter sollte möglichst wenig, möglichst konkret beschreiben und dabei vor allem auf die Abgrenzung zu nicht geschuldeten Leistungsinhalten achten. Aus Sicht des Kunden ist eine allgemeinere, aber breitere Definition des Vertragsinhalts wünschenswert.

Tracking-Software wird sowohl als einmaliger Lizenzkauf als auch als Mietmodell (»Software-as-a-Service«) vertrieben. Das genaue Modell und ob und inwieweit Nutzungsrechte an der Software eingeräumt werden, muss sich natürlich aus dem Vertrag ergeben.

Checkliste – Leistungen in Tracking-Verträgen

- ✓ Berichte/Statistiken/Reports/Alerts
- ✓ Echtzeit/Zeitverzögerung
- ✓ Verfügbarkeiten (bei größeren Verträgen in SLAs regeln), wobei zwischen der Verfügbarkeit des Frontends und der Protokollierung der Website-Nutzung zu unterscheiden ist
- ✓ Unschärfen/Ungenauigkeiten
- ✓ Anzahl der Domains/Websites
- ✓ Integration in die Website
- ✓ Support (Hotline, E-Mail-Support)

Datenschutzrechtliche Aspekte

Webanalyse-Dienste sind datenschutzrechtlicher Kritik ausgesetzt. Dabei geht es vor allem darum, ob vollständige IP-Adressen erhoben werden und ob darin die Verarbeitung personenbezogener Daten zu sehen ist (vgl. Abschnitt 5.3).

Kundensicht

Bei dem Kunden muss Klarheit darüber herrschen, welche Datenschutzstandards der Anbieter bei der Erbringung seiner Leistungen ansetzt. Ein mögliches Kriterium mag sein, ob der Tracking-Dienstleister die Anforderungen des Düsseldorfer Kreises zu Webtracking-Diensten (vgl. Abschnitt 5.3.4) vollständig einhält.

Zu diesen Anforderungen zählt die Möglichkeit des Nutzers, der Erstellung von pseudonymen Nutzerprofilen zu widersprechen (siehe in Abschnitt 5.1.2). Dies geschieht in der Regel anbieterabhängig durch Setzen eines entsprechenden (Widerspruchs-)Cookies auf dem Rechner des Benutzers. Es gehört zu den Leistungsmerkmalen einer Tracking-Software, ob eine solche Widerspruchsmöglichkeit für den Nutzer existiert und ob sie – gegebenenfalls über die Website des Anbieters – einfach umzusetzen ist. Aus Sicht des Kunden bieten sich ausdrückliche vertragliche Regelungen zur Aufrechterhaltung dieser Widerspruchsmöglichkeit für die Dauer des Vertrages an.

Anbietersicht

Anbieter einer datenschutzrechtlich sauberen Tracking-Lösung haben ein Interesse daran, dass auch der Website-Nutzer ordnungsgemäß über die Nutzung des Dienstes informiert wird. Hier ist denkbar, dass der Kunde darauf verpflichtet wird, eine Datenschutzerklärung in alle Websites aufzunehmen, auf denen das Tracking-Tool laufen soll. Es empfiehlt sich, den Kunden eine entsprechende Datenschutzerklärung – jedenfalls soweit diese den Webanalyse-Dienst betrifft – vorzugeben.

Tipp: Kunden in die Pflicht nehmen

Verpflichten Sie als Tracking-Anbieter den Kunden auf Einhaltung der Datenschutzbestimmungen und geben Sie ihm eine saubere Datenschutzerklärung an die Hand.

Auftragsdatenverarbeitung

Jede Weitergabe von personenbezogenen Daten an ein anderes Unternehmen setzt grundsätzlich eine Rechtfertigung in Form einer gesetzlichen Erlaubnis oder einer Einwilligung voraus. Beides existiert beim Website-Tracking nicht. Möglich ist aber, mit dem Webanalyse-Diensteanbieter einen Vertrag über die Datenverarbeitung im Auftrag zu schließen. In diesem Fall bleibt der Kunde Eigentümer der Daten. Der Anbieter verarbeitet die Daten nur im Auftrag des Kunden und ist selbst nicht verantwortliche Stelle im Sinne des Datenschutzgesetzes. Sind die strengen Anforderungen des § 11 Bundesdatenschutzgesetz (BDSG) eingehalten (vgl. im Einzelnen Abschnitt 5.2.2), gilt die Verarbeitung der Daten durch den Dienstleister nicht als Übermittlung von Daten im Sinne des BDSG. Dies setzt aber vor allem voraus, dass es einen schriftlich geschlossenen Auftragsdatenverarbeitungsvertrag gibt. Zudem kommt nur eine Privilegierung für Datenverarbeitungsprozesse innerhalb der Europäischen Union in Betracht.

Zusätzlich wichtig aus Sicht des Anbieters

Als Mitwirkungspflicht des Kunden sollte eine ordnungsgemäße Integration des Tracking-Codes in die Website definiert werden. Bedarf es hierbei Hilfestellung durch die Agentur, muss geregelt sein, dass und in welchem Umfang dafür Kosten anfallen.

Überblick aus Sicht der Vertragspartner

In der folgenden Tabelle sind die typischen Regelungen in Verträgen mit Tracking-Dienstleistern gegenübergestellt. Für Standardklauseln in Online-Verträgen siehe die Übersicht in Abschnitt 10.4.7.

Vertragsinhalt	aus Sicht des Anbieters	aus Kundensicht
Leistungsbeschreibung	Nur wenige Funktionalitäten als Leistungspflicht, restliche Funktionen als kostenfreie Add-ons (die abgestellt oder geändert werden dürfen) Vor allem Abgrenzung zu nicht geschuldeten Leistungen	Umfassende Definition der geschuldeten Leistungen
Integration des Codes in die Website	Als Nebenpflicht des Kunden ausdrücklich regeln	Keine vertragliche Regelung

Tabelle 10.9: Verträge mit Tracking-Dienstleistern aus Anbieter- und Kundensicht

Vertragsinhalt	aus Sicht des Anbieters	aus Kundensicht
Einhaltung datenschutzrechtlicher Vorschriften	Verpflichtung des Kunden zum Einsatz von Datenschutzerklärung und Link auf Widerspruchsmöglichkeit	Verpflichtung des Anbieters, deutsches Datenschutzrecht zu beachten
Datenschutz	Vereinbarung eines Auftragsdatenverarbeitungsvertrages mit dem Kunden	Pflicht zum Schutz der Daten bei dem Anbieter

Tabelle 10.9: Verträge mit Tracking-Dienstleistern aus Anbieter- und Kundensicht (Forts.)

10.5.6 Verträge über Online-Werbung

Allgemein lässt sich kaum etwas über Online-Werbeverträge sagen. Zu vielschichtig sind die Varianten, zu unterschiedlich die Vergütungsmodelle.

Beispiel: Vergütungsanspruch für Werbebanner

Wer auf fremden Webseiten Bannerwerbung schalten will, muss sich natürlich vorher überlegen, ob er für jeden Klick auf sein Banner oder lediglich für einen Vertragsschluss Geld entrichten muss.

Leistungen der Parteien

Wie stets gehört eine vernünftige Leistungsbeschreibung zu den Basics des Online-Werbevertrages. Geregelt werden muss vor allem, welche Werbemittel wann, in welcher Frequenz, wie lange und wo eingeblendet werden sollen. Ist der Website-Betreiber in einer starken Position, mag er sich die Einzelheiten der Auslieferung der Werbung vorbehalten und die Werbung nach eigenem Ermessen einblenden.

Checkliste – Leistungen beim Werbevertrag

- ✓ Art des Werbemittels (Banner, LayerAd, Video etc.)
- ✓ Ort der Werbemittelauslieferung (Startseite, Unterseiten, links, zentriert usw.)
- ✓ Zeitpunkt bzw. -raum der Einblendung (tags, nachts, Wochenende usw.)
- ✓ Kontextsensitivität
- ✓ Frequency Caps
- ✓ Reporting, Auswertungen, Einsichts- und Kontrollrechte
- ✓ selten: Werbemittelerstellung

Auch die Möglichkeiten der Vergütung sind mannigfaltig. Von AdImpressions bis Pay-per-Sale ist alles denkbar. Ebenso sind gelegentlich noch immer Bannertauschprogramme zu finden. Läuft der Werbevertrag über längere Zeit, werden die Werbemittel nicht im Vorhinein feststehen. Hier bietet sich die Vereinbarung von Kontingenten an. Üblich ist auch die Vereinbarung von Agenturrabatten. Dabei ist es eine Frage der Ausgestaltung der Agenturverträge, in welchem Umfang solche Rabatte weiterzugeben sind.

Überblick – Vergütungsmodelle beim Online-Werbevertrag

- TKP
- AdImpressions, Cost per View
- Cost per Click
- Cost per Lead
- Cost per Sale
- Bannertausch

Wichtige Regeln aus Sicht des Werbenden

Lassen Sie sich als Werbetreibender nicht auf Verstöße gegen das Verbot der Schleichwerbung ein. Eine Vermischung von redaktionellem Teil und Reklame ist verboten. Neigt der Website-Betreiber hier zu Mischformen, sollten explizit entsprechende Verbote in den Vertrag aufgenommen werden.

Außerdem hat der Werbende ein Interesse daran, dass die Werbung – sofern sie nicht als solche zu erkennen ist – mit dem Wörtchen »Anzeige« oder »Werbung« gekennzeichnet wird. Eine solche Verpflichtung des Website-Betreibers ist aus Sicht des Werbenden zu empfehlen.

Wichtige Regelungen aus Sicht des Website-Betreibers

Zurverfügungstellung der Werbemittel Neben der Pflicht, die vereinbarte Vergütung zu entrichten, treffen den Werbenden noch einige weitere Pflichten. Vor allem wird er regelmäßig selbst das Werbemittel zur Verfügung stellen müssen. Dabei kann er dies zum Zwecke der Einbindung vorab (termingerecht) an den Website-Betreiber liefern.

Vielfach wird die Auslieferung jedoch über AdServer laufen. Dem Werbetreibenden sollte die Verantwortlichkeit für die Funktionsfähigkeit der AdServer zugeordnet werden. Kommt es hier zu Problemen bei der Auslieferung, fällt dies vorbehaltlich einer anderweitigen vertraglichen Vereinbarung dem Werbetreibenden zur Last.

Nutzungsrecht Für die Nutzung des Werbemittels sind dem Website-Betreiber an sich urheberrechtliche Nutzungsrechte einzuräumen. Darum wird in der Praxis nicht viel Aufhebens gemacht, weil es dem Willen beider Parteien entspricht, dass die Werbung auf der jeweiligen Website eingeblendet wird.

Haftung für Rechtsverletzungen Streitigkeiten kann es aber geben, wenn es der Werbetreibende etwa versäumt hat, überhaupt vom Urheber der Grafik Rechte für die Online-Nutzung einzuholen. In diesem Fall kann sogar der Website-Betreiber wegen einer (angeblichen) Urheberrechtsverletzung vom Urheber in Anspruch genommen werden. Insofern ist es durchaus ratsam, auch diesen Punkt zu regeln. Ergeben sich hier anschließend Probleme, muss der Werbetreibende einen etwaigen Schaden des Website-Betreibers ersetzen.

Der Website-Betreiber sollte sich auch ausdrücklich zusichern lassen, dass die ausgelieferte Werbung keinen rechtlichen Bedenken unterliegt. Jedenfalls muss geklärt sein, dass die Verantwortung für die rechtliche Prüfung bei dem Werbenden liegt.

Ablehnung von Werbemitteln Läuft der Vertrag über einen längeren Zeitraum, wird sich die Werbung zwischendurch ändern. Hier kann der Website-Betreiber ein Interesse daran haben, bestimmte Werbemittel abzulehnen. Es ist Verhandlungssache, welche Art von Begründung für eine Ablehnung des Werbemittels zu liefern ist.

Jedenfalls ein Recht, die Auslieferung einer Werbung zu stoppen, muss der Website-Betreiber haben, wenn der Inhalt der Banner gegen geltendes Recht verstößt. Doch auch wenn die Werbung etwa mit dem Inhalt der Plattform nicht konform ist, kann der Website-Betreiber ein Interesse daran haben, die Werbung ablehnen zu dürfen. Wenn der Website-Betreiber hier bestimmte Vorstellungen hinsichtlich der Werbung hat, muss dies im Vertrag festgehalten werden.

Wichtig für Vermarktungsagenturen

Vergütung Während aus Sicht des Website-Betreibers garantierte Summen wünschenswert sind, muss der Vermarkter darauf achten, dem Website-Betreiber nicht mehr zu versprechen, als er selbst für die Werbung erlösen kann. Ist also eine erfolgsbasierte Vergütung mit den Werbetreibenden vereinbart, können garantierte Vergütungen riskant sein. Letztlich muss die Agentur entscheiden, wie sehr sie in Bezug auf ein konkretes Projekt ins Risiko zu gehen bereit ist.

Ansonsten sind der Phantasie bei der Honorargestaltung keine Grenzen gesetzt. Zwischen reiner Pauschalvergütung und reinem Erfolgshonorar sind alle Abstufungen denkbar. Nicht selten wird auch mit Zielvorgaben (Benchmarks) gearbeitet und zusätzliche Provisionen vereinbart.

Werbemittel Aus Sicht des Vermarkters wünschenswert ist eine Anpassungspflicht des Website-Betreibers an bestimmte Werbeformate. Das kann auch neuartige Formate umfassen. Hier ist in den Verträgen dafür zu sorgen, dass der Website-Betreiber dazu verpflichtet wird, die Seiten so zu gestalten, dass die Werbemittel über die vorgesehenen Schnittstellen integriert werden können und ordnungsgemäß dargestellt werden.

Vergabe der Werbeplätze Außerdem sollte ausdrücklich festgehalten werden, dass die Werbeplätze nach eigenem Ermessen der Agentur vergeben werden dürfen. Ein Ablehnungsrecht des Kunden sollte es – von krassen Ausnahmefällen abgesehen – nicht geben.

Vertragsende Bei der Gestaltung der Verträge mit dem Kunden, aber auch mit den Werbetreibenden ist darauf zu achten, dass die Agentur nur verspricht, was sie auch halten kann. Wird einem Werbetreibenden eine dauerhafte Präsenz auf der Website eines Kunden versprochen, so ist dies nur für die Dauer des Vertrages mit dem Kunden möglich. Für den Vermarkter empfehlen sich Klauseln, die ein Auslaufen von Werbeplätzen auch noch über das Laufzeitende hinaus ermöglichen.

Exklusivität Für Agenturen, die größere Websites vermarkten, ist dies häufig nur lukrativ, wenn Exklusivität vereinbart wird. Bei der Ausformulierung von Exklusivvereinbarungen ist vor allem auf die Sanktionen der Nichtbeachtung zu achten.

Checkliste – Vermarktungsverträge

- ✓ Leistungen der Agentur (Beratung bei der Mediaplanung, Projektplan, Werbeschaltungen, Definition der zu vermarktenden (Unter-)Websites, Reporting)
- ✓ Definition der Werbemittel (mit Änderungsbefugnis für die Agentur; Verhaltensbezogenheit)
- ✓ Vergütung (Grundstruktur, Benchmarks usw.)
- ✓ Mitwirkungspflichten des Kunden (Anpassung der Website zur Integration der Werbemittel, Überwachung der Displays, Mitwirkung bei der Erstellung von Nutzerprofilen)
- ✓ Exklusivität

10.5.7 SEO-Verträge

Nirgends sind Leistungsdefinitionen für die Agentur so wichtig wie bei einem SEO-Vertrag. Im Angebot sollte klar geregelt sein, was Gegenstand des Vertrages ist – und was nicht. Insbesondere bei unbedarften Kunden sollten Sie explizit in das Angebot aufnehmen, dass das Google-Ranking von einer Vielzahl von Faktoren abhängt und eine konkrete Platzierung nicht versprochen werden kann.

Beispiel: Wir bringen Sie auf Platz 1

Dass man mit allzu vollmundigen Ankündigungen zum SEO-Erfolg vorsichtig sein sollte, zeigt die Klage einer Full-Service-Agentur. Der Kunde wollte (unter anderem) kündigen, weil ihm in den Erstgesprächen Top-Platzierungen für seine Seite versprochen worden seien, was in der Praxis aber nicht der Fall war. Mit dieser Argumentation hatte der Kunde jedoch keinen Erfolg, weil er nicht beweisen konnte, dass tatsächlich eine Zusicherung in diese Richtung abgegeben wurde. Außerdem seien nicht nur SEO-Leistungen, sondern auch Webdesign und Hosting versprochen gewesen. [LG Düsseldorf 10/15]

Checkliste – SEO-Verträge

- ✓ Leistungen klar definiert?
- ✓ Nutzungsrechte für Content eingeräumt?
- ✓ Vergütungsstruktur bis zu Ende durchdacht?
- ✓ ggf. Verstoß gegen Google-Richtlinien angesprochen?

Leistungen der Agentur

Bei einem Vertrag über SEO-Dienstleistungen verpflichtet sich die SEO-Agentur, den Kunden bei der Auffindbarkeit der Kundenwebsite im Rahmen der organischen Suche bei den großen Suchmaschinen zu unterstützen. Was vertraglich genau geschuldet sein soll, ist eine Frage der Leistungsbeschreibung. Denkbar ist, dass die Agentur lediglich beratend zur Seite steht und Hinweise zur Optimierung gibt. Einige Anbieter im Markt versprechen aber eine konkrete Platzierung. Insofern kommt es auf den Vertrag an, ob ein Dienstvertrag oder ein Werkvertrag vorliegt.

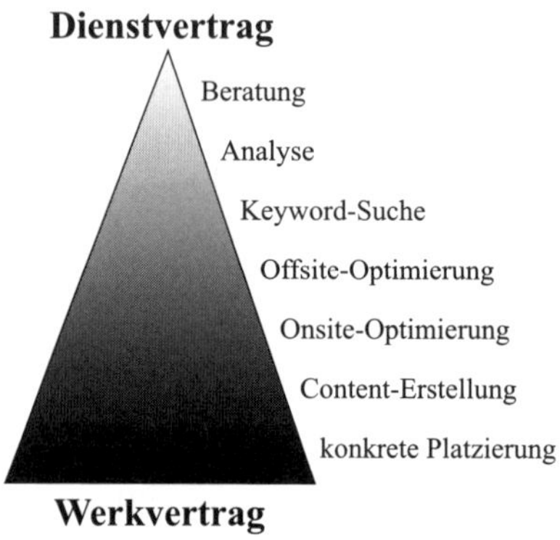

Abb. 10.1: Leistungen beim SEO-Vertrag und vertragliche Einordnung

Checkliste – Mögliche Leistungen bei SEO-Verträgen

- ✓ Beratung, Analyse, Konzepterstellung
- ✓ Keyword-Suche
- ✓ Optimierung auf bestimmte Suchmaschinen neben Google
- ✓ Hilfestellung bei Onsite-Optimierung, Programmierleistungen
- ✓ Pflege der Website
- ✓ Erfolgskontrolle, Reporting
- ✓ Content-Erstellung
- ✓ Hotline, Reaktionszeiten

Vereinbarungen zur Vergütung

Die Vergütung bei SEO-Leistungen wird häufig eine monatliche Pauschale sein. Denkbar ist aber auch, eine Beteiligung der SEO-Agentur an etwaigen Umsatzsteigerungen des Kunden zu vereinbaren. Hierbei müssen Sie als Agentur für eine klare Definition der Vergleichsgrößen sorgen. Der Kunde muss sich zu regelmäßigen Reportings und Einsichtsrechten bereitfinden. Angesprochen werden sollte das Verhältnis zu anderen Werbemaßnahmen. Klar muss sein, dass jedenfalls solche Sales zum relevanten Umsatz beitragen, die über den organischen Suchindex angestoßen wurden. Klargestellt werden muss, ob parallele Auszahlungen an Affiliate-Netzwerke die Basis schmälern sollen.

Regelungen aus Sicht des SEO-Dienstleisters

Keyword-Auswahl Schon um eine sinnvolle Optimierung zu erreichen, müssen die genutzten Suchbegriffe und Suchbegriffskombinationen mit dem Kunden abgestimmt werden. Oftmals wird dazu ein besonderer Prozess durchlaufen, an dessen Ende die relevanten Keywords stehen. Anbietern ist zu empfehlen, den Kunden hier zu konkreter Mitwirkung zu verpflichten.

Verantwortlichkeit für Google-Penalties Außerdem stellt sich die Frage nach der Verantwortlichkeit für die Folgen eines (groben) Verstoßes gegen die Google-Richtlinien. Tritt der Worst Case des De-Listings ein, ist dafür zunächst die Agentur verantwortlich. Hat sich der Anbieter bestimmte zweifelhafte SEO-Methoden unter Hinweis auf die Risiken von dem Kunden genehmigen lassen, trägt dagegen der Kunde das alleinige Risiko, wenn die Website von Google abgestraft wird.

Tipp: Kunden aufklären und entscheiden lassen

Wenn Sie sich als SEO-Agentur mit der Offsite-Optimierung jenseits dessen bewegen, was Google gern hat, sollten Sie sich diese Maßnahmen vom Kunden absegnen lassen. Weiß er, wo die Risiken liegen, kann der Kunde nicht anschließend die Agentur für eine Google-Penalty verantwortlich machen.

Regelungen aus Sicht des Kunden

Content-Erstellung Sofern die Agentur auch mit der Content-Erstellung beauftragt wird, bedarf es genauer Regelungen, woher dieser Content kommen soll und wer gegebenenfalls dafür zu zahlen hat. Außerdem muss die Einräumung von Nutzungsrechten an den erstellten oder gekauften Inhalten an den Kunden geregelt werden.

Überblick aus Sicht der Vertragspartner An dieser Stelle sind die typischen Regelungen in Verträgen mit SEO-Dienstleistern gegenübergestellt. Für Standardklauseln in Online-Verträgen siehe die Übersicht in Abschnitt 10.4.7.

Vertragsinhalt	aus Sicht der Agentur	aus Kundensicht
Leistungen der Agentur	Bloße Beratung	Konkrete Erfolge
Vergütung	Wird Erfolgsbeteiligung vereinbart: Kontrolle, Reporting und Verhältnis zu anderen Werbemaßnahmen	Keine falschen Incentives setzen

Tabelle 10.10: SEO-Verträge aus Anbieter- und Kundensicht

Vertragsinhalt	aus Sicht der Agentur	aus Kundensicht
Keyword-Auswahl	Mitwirkung des Kunden, rechtliche Verantwortung beim Kunden	Klare Verantwortlichkeiten definieren
SEO-Methoden	Freie Hand für die Agentur, aber Verantwortung beim Kunden	Definition zugelassener SEO-Methoden, Vertragsstrafen für Penalties

Tabelle 10.10: SEO-Verträge aus Anbieter- und Kundensicht (Forts.)

10.5.8 SEM-Verträge

Auch bei Verträgen über Suchmaschinen-Marketing kommt es auf die Beschreibung der Leistungen der Agentur an. Wichtig ist es, die Keyword-Auswahl zu regeln und die Verantwortlichkeiten abzugrenzen.

Checkliste – SEM-Verträge

- ✓ Leistungen klar definiert?
- ✓ Keyword-Auswahl besprochen?
- ✓ Verantwortlichkeit für Account geregelt?
- ✓ Rechtliche Verantwortlichkeiten abgegrenzt?
- ✓ Wer trägt die AdWords-Kosten?

Leistungen der Agentur

SEM-Verträge bedürfen ebenfalls einer Beschreibung der geschuldeten Leistung. Aus Sicht der Agentur sind möglichst enge Leistungsdefinitionen zu empfehlen. Je weiter und je offener die Leistungsbeschreibung ist, umso weiter ist der Kanon möglicher Pflichtverletzungen, umso größer auch die Gefahr, wegen Nicht- oder Schlechtleistung in Anspruch genommen zu werden.

Eine Konkretisierung dessen, was tatsächlich geschuldet ist, empfiehlt sich auch aus Sicht des Kunden. Nur wenn sich das Besprochene auch in dem Vertrag wiederfindet, kann der Kunde realistisch einschätzen, ob die vereinbarte Vergütung sachgerecht ist.

Sinnvoll ist es unter Umständen, zu Klarstellungszwecken kurz aufzulisten, was alles nach dem Vertrag nicht geschuldet sein soll. Insbesondere bei unerfahrenen Kunden kann eine Abgrenzung zwischen SEM und SEO in den Vertrag aufgenommen werden. Auch dass bestimmte Klickraten oder Conversions nicht versprochen werden können, kann sich aus einer Negativabgrenzung bei der Leistungsbeschreibung ergeben.

Vergütung

Natürlich muss auch die Gegenleistung des Kunden klar geregelt sein. Dabei gibt es verschiedene Vergütungsmodelle für die SEM-Verträge. Derzeit am geläufigsten ist (noch) eine monatliche Pauschalvergütung. Denkbar ist aber auch eine aufwandsbezogene Vergütung nach Mannstunden oder nach Einzelleistungen, wie beispielsweise einzelnen Keyword-Kampagnen. Letztlich kann auch eine erfolgsbezogene Vergütung vereinbart werden, wobei es sich empfiehlt, genau zu definieren, worin der konkrete geschuldete Erfolg liegt. Eine erfolgsbezogene Vergütung verschiebt das Geschäftsrisiko stark auf die Agentur, die ja nur bedingt Einfluss auf die Qualität der Produkte und der Website des Kunden hat. Natürlich sind auch alle möglichen Kombinationen aus diesen Modellen denkbar.

Zwingend sind Regelungen darüber, wer zusätzlich anfallende Fremdkosten trägt. So sind insbesondere Regelungen über die für den Suchmaschinen-Anbieter anfallenden Kosten notwendig, auch wenn in der Regel Klarheit darüber bestehen sollte, dass solche Fremdkosten der Kunde zu tragen hat.

Beispiel: Google-Kosten

Heißt es in dem Auftragsformular eines SEM-Vertrages unter Zusatzkosten »keine«, darf der Auftraggeber erwarten, dass die Google-Kosten in der vereinbarten Vergütung enthalten sind und es sich um einen echten Budget-Vertrag handelt. Dies gilt auch dann, wenn der Anbieter durch diesen Punkt eigentlich zum Ausdruck bringen wollte, dass Reisekosten oder Zuschläge für Sonntagsarbeit nicht anfallen.

Wichtig aus Sicht der Agentur

Auswahl der Keywords Geregelt werden sollte in jedem Fall, wer die Auswahl der Keywords bestimmt. Soll dies eine Teilleistung der Agentur sein, verpflichten Sie den Kunden schon in den Verträgen zu einer intensiven Mitwirkung bei der Suche nach Schlüsselwörtern. Hier sollten klare Commitments des Kunden zu Meetings und/oder Reaktionszeiten enthalten sein.

Verantwortlichkeit für den Account Zu regeln ist auch, wer die Accounts letztlich betreut und dafür schlussendlich verantwortlich ist.

Vorsicht bei Account-Zugriff durch den Kunden

Hat der Kunde während der Vertragslaufzeit weiterhin Zugriff auf seinen AdWords-Account, kann sich die Frage stellen, wer für unvorteilhafte Änderungen an den Einstellungen verantwortlich ist. Nimmt der Kunde hier eigenmächtig Änderungen vor, muss geregelt sein, dass er dadurch unter Umständen entstehenden zusätzlichen Aufwand vergüten muss. Um Verantwortlichkeiten klar abzugrenzen, empfiehlt es sich, dem Kunden den Account allenfalls zu Überwachungszwecken zugänglich zu machen.

Regelung von Einzelheiten und Haftung Schließlich ist auch der Einsatz der verschiedenen Keyword-Optionen abstimmungsbedürftig. Will sich die Agentur hier nicht in die Karten schauen lassen, muss sie auch das Risiko in Kauf nehmen, das damit womöglich verbunden ist.

Der Agentur fehlt regelmäßig das Inhouse-Wissen des Kunden über seine Branche und deren Besonderheiten. Für die Absicherung der Agentur ideal wäre eine Freigabe der einzelnen Anzeigen. In der Praxis dürfte das oft zu umständlich sein. Ein Mittelweg kann sein, dass sich die Agentur bestimmte Anzeigenarten und Schlagworte vorab absegnen lässt. Dies gilt insbesondere, wenn in der Anzeige mit Werbeaussagen oder Preisen geworben werden soll.

Es sollte im Vertrag klargestellt werden, dass der Kunde für eine etwaige rechtliche Prüfung verantwortlich ist. Ist eine Vorab-Prüfung durch den Kunden vereinbart, darf die Agentur Anzeigen, die nicht freigegeben sind, auch nicht schalten, will sie sich nicht angreifbar machen.

Jedenfalls sollte der Kunde zur Mitwirkung verpflichtet werden. Das bedeutet insbesondere, dass den Kunden eine Überwachungspflicht trifft und er mitteilen muss, wenn er wegen bestimmter Äußerungen oder Markennutzungen abgemahnt wurde. Dies betrifft dann jeweils auch den Bereich außerhalb von AdWords.

Tipp: Details auslagern!

Die Einzelheiten der Abstimmung mit dem Kunden können Sie in einem separaten Dokument außerhalb des Vertragswerks regeln. Auf die gemeinsame Abstimmung dieser Checkliste sollte der Kunde im Vertrag verpflichtet werden. Mögliche Inhalte sind insbesondere:

- Keyword-Auswahl
- Buchung von Marken-Keywords
- Gestaltung der Anzeigen

- Rechtliche Prüfung von Keywords und Anzeigen
- Freigegebene Schlagworte und Werbetexte
- Einsatz bestimmter Keyword-Optionen
- Account-Betreuung

Regelungen aus Kundensicht

Rechtsverstoß – Wer haftet? Wichtig ist die Thematik der Verantwortlichkeit für Rechtsverletzungen. Wird der Kunde wegen der Buchung fremder Marken als Keyword bei Google-AdWords kostenpflichtig abgemahnt, kann sich die Frage stellen, ob der Kunde die Agentur wegen der entstandenen Kosten in Anspruch nehmen kann. Gleiches gilt für die Gestaltung der Anzeige. Immerhin denkbar ist, die Haftung vollständig auf die Agentur zu verlagern.

Vorsicht: Kunde bleibt nach außen haftbar

Eine Verlagerung der Pflicht zur rechtlichen Prüfung von Anzeigen und Keywords auf die Agentur hilft dem Kunden im Außenverhältnis zur Konkurrenz oder Markeninhabern nicht. Wer eine Agentur mit der Werbung beauftragt, muss für alles haften, was die Agentur im Rahmen des Auftrags tut.

Inhaber des Accounts Auch (und gerade) wenn die Agentur für den Account vollständig verantwortlich sein soll und alle wesentlichen, den Account betreffenden Entscheidungen selbst trifft, muss aus Sicht des Kunden klargestellt werden, dass der Account bei Vertragsbeendigung wieder an ihn zurückfällt.

Überblick aus Sicht der Vertragspartner

An dieser Stelle sind die typischen Regelungen in Verträgen mit SEM-Dienstleistern gegenübergestellt. Für Standardklauseln in Online-Verträgen siehe die Übersicht in Abschnitt 10.4.7.

Vertragsinhalt	aus Sicht der Agentur	aus Kundensicht
Vergütung	Google-Kosten trägt der Kunde	Overall-Caps vereinbaren
Keyword-Auswahl	Mitwirkungspflicht des Kunden Rechtliche Verantwortung für Keyword-Auswahl beim Kunden Kampagnenschaltung nur nach Freigabe Einzelheiten in gesondertes Dokument auslagern	Bloße generelle Vorgaben an die Agentur Haftung bei der Agentur

Tabelle 10.11: SEM-Vertragsgestaltung aus Sicht von Agentur und Kunde

Vertragsinhalt	aus Sicht der Agentur	aus Kundensicht
Rechtliche Verantwortlichkeit	Beim Kunden	Beim Anbieter, abgesichert durch Freistellungsansprüche
Account	Volle Verantwortung bei der Agentur Bloßes Einsichtsrecht beim Kunden	Rückgabe des Accounts nach Vertragsbeendigung

Tabelle 10.11: SEM-Vertragsgestaltung aus Sicht von Agentur und Kunde (Forts.)

10.5.9 Affiliate-Verträge

Affiliate-Verträge sind zunächst Werbeverträge, bei denen eine Provision nur im Falle einer vorab definierten Transaktion anfallen soll. Zu regeln ist insbesondere, unter welchen Voraussetzungen ein Vergütungsanspruch besteht. Außerdem sollte versucht werden, die Verwendung verschiedener Werbemittel und Werbeflächen zu beschränken. Schließlich bedarf es eines Sanktionierungssystems, das Verstöße von Publishern in geeigneter Weise ahndet.

Beispiel: Beschränkung des Inhalts der Werbeseiten

Für den Advertiser kann es von Interesse sein, dass die Werbung durch die Publisher nur auf Websites geschaltet werden darf, die für das Image seiner Produkte angemessen sind. Insbesondere kann es für den Advertiser unangenehm (und zum Teil sogar rechtlich problematisch) sein, wenn er Werbung für seine Produkte auf Pornoseiten wiederfindet.

Wenn von Affiliate-Verträgen die Rede ist, muss stets unterschieden werden zwischen dem Vertrag zwischen Advertiser und Netzwerk und der Vereinbarung von Netzwerk und Publisher (vgl. zu den Konstellationen Abschnitt 8.1). Zu Überlappungen kommt es insoweit, als der Advertiser ein erhebliches Interesse daran hat, zusätzliche spezifische Teilnahmebedingungen für sein Partnerprogramm über das Netzwerk an den Publisher durchzureichen.

Aus Sicht des Netzwerks bedarf es einer engen Abstimmung der beiden Verträge. Andernfalls droht ein Szenario, bei dem für eine Transaktion eine Provision an den Publisher fällig wird, aber – aus welchem Grund auch immer – dem keine Provisionierung durch den Advertiser gegenübersteht.

Die Vertragsbedingungen werden im Regelfall von dem Netzwerk vorgegeben sein. Wichtig ist dabei vor allem, dass klar wird, wer mit wem welchen Vertrag schließt. Insbesondere sollte nicht offenbleiben, ob ein direkter Vertrag zwischen Advertiser und Publisher entstehen soll. Dies ist selbst bei größeren Netzwerken nicht immer gewährleistet.

Wann wird eine Provision fällig?

Klar definiert sein muss, in welchen Fällen eine Provision an den Publisher (vom Netzwerk) bzw. an das Netzwerk (vom Advertiser) zu zahlen ist. Hier bietet es sich an, mit Standarddefinitionen für Views, Leads, Clicks, Sales usw. zu arbeiten. Diese sollten auf der Website des Netzwerks an zentraler Stelle klar erläutert und jeweils zum Vertragsbestandteil gemacht werden. Dabei ist darauf zu achten, dass die Definitionen allgemeingültig sind und auch die Ausnahmen regeln.

Beispiel: Stornos bei Sales

Wird ein Sale als Vertragsschluss über Waren oder Dienstleister zwischen dem Advertiser und einem Endkunden definiert, der über ein Werbemittel des Publishers zustande gekommen ist, sollte zugleich geregelt werden, ob die Vergütung auch zu zahlen ist, wenn der Endkunde den Vertrag fristgerecht widerruft. Die Interessen von Publisher und Advertiser gehen hier naturgemäß auseinander.

Zu regeln ist auch, welche Voraussetzungen neben der Transaktion für eine Provisionierung des Publishers vorliegen müssen. Hier bietet es sich an, den Provisionsanspruch des Publishers von der Bestätigung des Sales durch den Advertiser abhängig zu machen. Außerdem sollte das Fehlen von Missbrauch zur Anspruchsvoraussetzung gemacht werden (vgl. zum Missbrauch Abschnitt 8.2).

Checkliste – Vergütungsanspruch des Publishers

Mögliche Voraussetzungen eines Vergütungsanspruchs des Publishers:

- ✓ Transaktion bei dem Advertiser (z.B. Sale, Lead usw.)
- ✓ Aufgrund der Werbetätigkeit des Publishers mit einem freigegebenen Werbemittel
- ✓ Protokollierung der Transaktion durch das Netzwerk
- ✓ Bestätigung der Transaktion durch den Advertiser
- ✓ Kein Missbrauch

Streitigkeiten können auch über die Protokollierung der Werbetätigkeit entstehen. Um dies zu vermeiden, sollte genau definiert werden, unter welchen Voraussetzungen ein Publisher für einen Sale entlohnt wird. Möchte das Netzwerk nicht das letzte Cookie entscheiden lassen (»Last Cookie Wins«), muss sich dies aus den Bedingungen des Netzwerks ergeben.

Üblich sind Regelungen zu Auszahlungsbedingungen. Es ist rechtlich nichts dagegen einzuwenden, dass die Auszahlung von Vergütungen erst bei Erreichung von Schwellenwerten geschuldet ist. Mini-Beträge sollten aber nicht verfallen, sondern gegebenenfalls nach einem längeren Zeitraum vom Publisher abgerufen werden können.

Wichtig für den Advertiser: Festlegung auf bestimmte Werbemittel

Schon in den allgemeinen Teilnahmebedingungen sollte ein Provisionsanspruch des Publishers von dem Einsatz eines freigegebenen Werbemittels auf einer freigegebenen Werbefläche abhängig gemacht werden. Jedenfalls in den spezifischen Partnerbedingungen des Advertisers für ein konkretes Partnerprogramm sollte auf konkrete Werbemittel Bezug genommen werden.

Tipp: Zusätzliche Partnerbedingungen verwenden

Nutzen Sie die Möglichkeit der Netzwerke, den Publishern spezifische Teilnahmebedingungen für einzelne Partnerprogramme vorzugeben.

Dies gilt zum einen mit Blick auf die Provision, zum anderen aber auch aus Haftungsgesichtspunkten. Der Advertiser haftet für Rechtsverletzungen des Publishers, sofern dieser den Verstoß im Rahmen des Werbeauftrags begangen hat. Macht der Publisher aber etwas gänzlich anderes, als beauftragt ist, scheidet eine Haftung aus. Beschränkt sich der Auftrag auf die Einblendung statischer Banner auf einer bestimmten Website, kann der Advertiser für Spamming des Publishers nicht verantwortlich gemacht werden (siehe zur Haftung in Affiliate-Systemen Abschnitt 8.4).

Tipp: Beschränken Sie den Werbeauftrag

Nutzen Sie als Advertiser die Möglichkeit, den Auftrag des Publishers auf konkrete Werbemittel und Werbeflächen zu beschränken, um einer Haftung für andere Handlungen des Publishers zu entgehen.

Die Inhalte zusätzlicher Teilnahmebedingungen können noch deutlich weitergehen. Wichtig ist, eine Verknüpfung mit der Provisionierung (nur, wer sich an die Teilnahmebedingungen hält, hat Anspruch auf die Provision) und ein Freistellungsanspruch gegen den Publisher (jeder Schaden, der dem Advertiser durch einen Verstoß gegen die Teilnahmebedingungen entsteht, ist vom Publisher zu ersetzen).

Checkliste – Denkbarer Inhalt zusätzlicher Teilnahmebedingungen

- ✓ Beschränkung auf konkrete Websites/Domains
- ✓ Beschränkung auf konkret freigegebene Werbemittel
- ✓ Verbot von Domain-Umleitungen
- ✓ Verbot aller anderen Werbemittel
- ✓ Verbot jeder Veränderung der Werbemittel
- ✓ Verbot der Verwendung der Marke des Advertisers mit Ausnahme des freigegebenen Werbemittels
- ✓ Verbot von AdWords unter Nutzung der Marke
- ✓ Verbot des AdCopy
- ✓ Verbot der Verwendung fremder Kennzeichen
- ✓ Verbot der Suchmaschinen-Optimierung unter Verwendung fremder Marken
- ✓ Verbot vergleichender Werbung
- ✓ Verbot rechtswidriger Werbung

Wichtig ist aus Sicht des Advertisers auch, flexibel auf neue (rechtliche) Situationen reagieren und bestimmte Werbemittel aus dem Verkehr ziehen zu können. Dies sollte vertraglich festgehalten werden.

Beispiel: Falscher Größenvergleich

Ein DSL-Anbieter wirbt jahrelang damit, dass er der größte DSL-Anbieter in Hamburg sei und verbreitet dies auch auf von Publishern zur Verfügung gestellten Bannern. Wird er nun mit Erfolg von einem Konkurrenten auf Unterlassung in Anspruch genommen, weil der Wettbewerber inzwischen mehr Haushalte im Raum Hamburg mit DSL versorgt, muss der DSL-Anbieter auch seine Publisher anweisen können, die Werbung sofort vom Netz zu nehmen. Dies setzt voraus, dass er entsprechende vertragliche Vereinbarungen mit dem Netzwerk und den Publishern getroffen hat, die dies ermöglichen.

Wichtig für das Netzwerk: Sanktionen

Wichtig ist, dass die Teilnahmebedingungen ein funktionierendes Sanktionssystem enthalten. Die Rechtsprechung achtet darauf, ob im Falle von Verstößen von Publishern gegen interne Regeln tatsächlich wirksame Sanktionen vorhanden sind und diese auch genutzt werden. Dies setzt voraus, dass in den Verträgen entsprechende Sanktionen angelegt sind.

Überblick – Abgestuftes Sanktionssystem

- Ermahnung, Abmahnung
- Verlust einzelner Provisionsansprüche
- Verlust aller Provisionsansprüche aus konkretem Partnerprogramm
- Verlust aller Provisionsansprüche gegen das Netzwerk
- Kündigung der Teilnahme an einzelnen Partnerprogrammen
- Kündigung der Teilnahme am Netzwerk
- Geltendmachung von Freistellungsansprüchen
- Geltendmachung von Schadensersatz

Wichtig für den Publisher: Haftung für Subs

Zu regeln ist gegebenenfalls auch, ob und unter welchen Bedingungen der Publisher für die Erfüllung seiner Leistungen Unterauftragnehmer einsetzen darf. Soweit dies zugelassen wird, ist der Publisher jedenfalls darauf zu verpflichten, die Bestimmungen aus den Netzwerk-AGB und den spezifischen Teilnahmebedingungen an den Sub-Publisher weiterzureichen.

Vorsicht: Publisher haftet für Unterauftragnehmer

Als Publisher müssen Sie sich bewusst sein, dass Sie für die Handlungen von Subunternehmern gegenüber dem Netzwerk vollständig haften.

Überblick aus Sicht der Beteiligten

An dieser Stelle sind die typischen Regelungen in Affiliate-Verträgen gegenübergestellt. Die vertraglichen Konstellationen in Affiliate-Vertragsverhältnissen sind bei Abschnitt 8.1 dargestellt. Für Standardklauseln in Online-Verträgen siehe die Übersicht in Abschnitt 10.4.7.

Vertragsinhalt	aus Sicht des Advertisers	aus Netzwerksicht	aus Sicht des Publishers
Vertrags-konstellation	Maklervertrag	Enge Abstimmung der Verträge, um Auseinanderfallen von Vergütungsansprüchen zu vermeiden	Bloßer Dienst oder sogar Auftreten als Handelsvertreter
Vergütungsanspruch	Nur bei Vorliegen aller Voraussetzungen	Hauptsache einheitlich	Bei jeder erfolgreichen Transaktion Pflicht des Advertisers zu Stornomeldungen
Bestimmung der Werbemittel	Klare Vorgaben zu Werbemitteln in zusätzlichen Partnerbedingungen Werbeauftrag beschränken! Flexibilität wichtig	Weitgehende Freiheit der Werbemittel	Weitgehende Freiheit bei der Generierung von Sales
Sanktionen	Sanktionssystem für Verstöße von Publishern	Abgestuftes Sanktionssystem für Verstöße von Publishern	Keine Sanktionen

Tabelle 10.12: Gestaltung von Affiliate-Verträgen aus Sicht der Beteiligten

10.5.10 Verträge mit E-Mail-Marketing-Dienstleistern

Bei Verträgen über den Kauf oder die Miete von E-Mail-Adressen kommt es vor allem auf die Qualität der Adressen an. Liegt ein qualifiziertes Double-Opt-in vor, auf das sich der Käufer/Mieter im Zweifel auch berufen kann? Auch bei echten Full-Service-Verträgen geht es vor allem darum, welche Anforderungen an die Einholung von Einwilligungen zu stellen sind und wie das Abmelde-Management ausgestaltet wird.

Beispiel: Wortlaut der Einwilligungen

Sichert der Anbieter von E-Mail-Adressen zu, dass für alle zur Verfügung gestellten Adressen eine Einwilligung vorliegt, ist das aus Sicht des Kunden nicht ausreichend. Die Einwilligung nutzt ihm nur etwas, wenn sie sich auch auf Werbung von seinem Unternehmen bezieht. Aus der Einwilligung muss sich also mindestens ergebenb, dass ein Einverständnis mit einer Weitergabe der Daten oder einer Nutzung zu Werbezwecken durch Dritte besteht. Wenn möglich, sollte der Kunde den Wortlaut der Einwilligungen prüfen.

Bei Verträgen mit E-Mail-Marketing-Dienstleistern kommt es wie stets auf die Definition der Leistungen an, zu denen der Dienstleister verpflichtet sein soll. Zu unterscheiden ist der (einmalige) Erwerb von E-Mail-Adressen von der Übernahme des E-Mail-Marketing-Managements.

Erwerb von E-Mail-Adressen

Geht es um den Kauf oder die Miete von E-Mail-Adressen, stehen Vergütungsfragen und die Einwilligung der Inhaber der Adressen im Mittelpunkt.

Vergütung Bei der Vergütung ist denkbar, eine Erfolgsabhängigkeit in der Weise zu vereinbaren, dass eine besondere Provision für Conversions fällig wird. Werden E-Mail-Adressen nur für den einmaligen Versand »gemietet«, ist denkbar, für jeden neuen Kunden oder Newsletter-Abonnenten etc. eine zusätzliche Provision zu vereinbaren.

Möglich ist auch, Abzüge vom vereinbarten Preis für Bounces vorzunehmen, also E-Mails, die nicht zugestellt werden konnten.

Einwilligung – Wichtig für den Erwerber Werden E-Mail-Adressen gekauft, ist aus Sicht des Erwerbers wesentlich, dass er die E-Mail-Adressen anschließend auch zum Zwecke der Werbung per E-Mail nutzen kann. Dies setzt voraus, dass eine qualifizierte Einwilligung dergestalt vorliegt, dass jeder einzelne Inhaber mit der Versendung von Werbung per E-Mail gerade des kaufenden Unternehmens einverstanden ist (vgl. allgemein zur Einwilligung bei der E-Mail-Werbung Abschnitt 9.1).

Das Einverständnis des späteren Empfängers muss sich dabei sowohl auf die Verwendung seiner E-Mail-Adresse zu Werbezwecken als auch auf die Speicherung und Verarbeitung seiner personenbezogenen Daten in einer Datenbank des Erwerbers beziehen.

Liegt eine qualifizierte Einwilligung nicht vor, muss der Erwerber wissen, auf welche Art die E-Mail-Adressen generiert worden sind und welche Einwilligungen (Wortlaut!) möglicherweise vorgelegen haben. Nur dann lässt sich das Risiko, das mit der Verwendung der E-Mail-Adressen verbunden ist, abschätzen.

Tipp: Aussagen zusichern lassen

Erwerber von E-Mail-Adressen sollten sich nicht mit allgemeinen Aussagen über die Generierung von E-Mail-Adressen begnügen, sondern sich das Vorliegen eines Opt-in vertraglich zusichern lassen. Ideal ist es, wenn der Adresslieferant bereit ist, für das Opt-in einzustehen und Garantien zu übernehmen oder sogar eine Vertragsstrafe zu akzeptieren.

Unabhängig von einer solchen Zusicherung ist dem Erwerber zu empfehlen, die Adressdaten stichprobenartig zu überprüfen (vgl. Abschnitt 9.6.3).

Einwilligung – Wichtig für den Anbieter Wird zwischen Verkäufer und Erwerber der E-Mail-Adressen zu dem Vorliegen von Einwilligungen nichts vereinbart, darf der Kunde davon ausgehen, dass die Einwilligungen vorliegen und die Adressen datenschutzkonform erhoben wurden.

Beispiel

Ein Vermarkter sollte für ein Unternehmen der Finanzdienstleistungsbranche qualifizierte E-Mail-Adressen potenzieller Kunden aus dem Internet beschaffen und beauftragte damit einen Dienstleister. Der nutzte verschiedene Kanäle, unter anderem ein Online-Spiel, bei dem Nutzer zusätzliche Informationen anfordern konnten und dafür ihre E-Mail-Adresse preisgeben mussten. In keinem der Fälle lag eine Einwilligung in die Weitergabe der Adressen an den Auftraggeber vor. Das Gericht wies den klageweise geltend gemachten Anspruch auf Zahlung von 34.000,- Euro für insgesamt 3.000 Adressen ab, weil die Adressen mangelhaft seien. [OLG Düsseldorf 10/16]

Sind die Mindestanforderungen an datenschutzkonforme Erhebung und Einwilligung nicht gegeben, sollte der Anbieter darauf hinweisen, um einer Haftung zu entgehen. Sind »faule Adressen« Vertragsgegenstand, kann der Verkäufer nicht für spätere Probleme des Erwerbers mit den Account-Inhabern verantwortlich gemacht werden.

Full-Service-Dienstleister

Leistungen des Anbieters Viele Unternehmen lagern den Versand von Kunden-Werbe-E-Mails auf spezialisierte Anbieter aus. Hierbei sind wiederum verschiedene Abstufungen möglich. Von der Komplettübernahme des Adressbestandes sowie Versendung und E-Mail-Management, bis hin zum Angebot einer einfachen Software-Lösung, die sowohl als ASP- als auch als Produkt zur Installation auf Rechnung des Unternehmens geeignet ist, ist alles denkbar.

Checkliste – Mögliche Leistungsgegenstände

- ✓ E-Mail-Versand (Zeiten, Intervalle, Formate, Anreden)
- ✓ Adressverwaltung, Dublettenabgleich
- ✓ Abmelde-Management
- ✓ Zustell-Checks, Bounce-Management
- ✓ Schnittstellen
- ✓ Statistiken, Auswertungen, Reports
- ✓ Vermeidung von Spam-Erkennung
- ✓ Support (Hotline, E-Mail-Support)
- ✓ Erstellung von Inhalten (Text, Bilder etc.)
- ✓ Landing-Page-Einrichtung

Vergütung Bei der Vereinbarung der Vergütung sind der Phantasie keine Grenzen gesetzt. Von monatlichen Pauschalen für die Nutzung einer Software über eine Vergütung pro Empfänger, bis hin zu Erfolgsbeteiligungen und aufwandsabhängigen Vergütungen ist alles denkbar.

Regelungen aus Sicht des Kunden

Form der Einwilligung Wichtig ist für den Kunden, dass die Agentur für von ihr beschaffte Adressen einstehen muss. Werden Adressen über ein Newsletter-Tool des Anbieters generiert, muss sich der Kunde darauf verlassen können, dass die so erhaltenen Adressen rechtssicher verwendbar sind. Wesentlich ist, dass sich die Agentur auf eine gerichtsfeste Methode der Protokollierung der Einwilligung festlegt.

Abmelde-Management Auch das Abmelde-Management ist wesentlich. Hierbei sollten Vereinbarungen darüber getroffen werden, wie genau das Abmelde-Prozedere auszusehen hat und ob die betreffende Adresse anschließend vollständig gelöscht oder gesperrt wird.

Datenschutzrechtliche Auskunft Jeder Betroffene hat das Recht, Auskunft darüber zu verlangen, welche Daten über ihn gespeichert werden. Der Betroffene kann auch die Löschung und Berichtigung verlangen. Hier sollte in dem Vertrag mit der Agentur geregelt sein, ob für die Beantwortung solcher Anfragen der Dienstleister oder der Kunde verantwortlich ist.

Auftragsdatenverarbeitung Klar sollte sein, dass der Kunde Herr über seine Kundendaten bleibt. Hier bietet es sich an, mit dem E-Mail-Marketing-Dienstleister einen Auftragsdatenverarbeitungsvertrag im Sinne von § 11 Bundesdatenschutzgesetz (BDSG) zu schließen. Wird ein solcher Vertrag (schriftlich!) geschlossen, ist die Übermittlung der Daten an den Dienstleister datenschutzrechtlich privilegiert und bedarf keiner Einwilligung des Betroffenen (vgl. zur Auftragsdatenverarbeitung auch Abschnitt 5.2.2).

Regelungen aus Sicht der Agentur

Rechtliche Verantwortlichkeit Geregelt werden sollte, wer für das Double-Opt-in verantwortlich ist. Aus Sicht der Agentur sollte klargestellt sein, dass für Adressen, die von dem Kunden stammen, stets der Kunde für eine ordnungsgemäße und ordnungsgemäß protokollierte Einwilligung verantwortlich ist.

Besteht der Kunde dagegen auf der Nutzung von Adressen, die nicht durch ein Double-Opt-in konfirmiert sind, sollte dies festgehalten werden und der Kunde selbst das Risiko tragen.

Datenschutzrechtliche Auskünfte an Betroffene Sensibel ist es aus Sicht der Agentur, wenn auch das Datenschutzmanagement auf den Diensteanbieter ausgelagert werden soll und entsprechende Anfragen von Empfängern durch die Agentur beantwortet werden sollen. Hier bedarf es gegebenenfalls klarer Vorgaben, wie eine solche Antwort auszusehen hat. Ein derartiger Leistungsbestandteil muss auch in einem Vertrag über eine Auftragsdatenverarbeitung festgeschrieben sein. Eine solche Vereinbarung hilft aus datenschutzrechtlicher Sicht beiden Vertragspartnern, weil der Zugriff auf die Daten durch den Dienstleister nicht als Weitergabe anzusehen und der Dienstleister nicht selbst verantwortliche Stelle im Sinne des Datenschutzrechts ist.

Inhaltliche Gestaltung von Mailings Auch bei der Entwicklung von Mailings gilt, dass vereinbart werden sollte, welcher der Vertragspartner überprüft, ob die Entwürfe für ein Mailing von inhaltlicher Seite rechtlich einwandfrei sind. Grundsätzlich sollte dies Aufgabe des Kunden sein, weil er die Branchenkenntnis besitzt und nur er von eventuell bereits abgegebenen Unterlassungserklärungen oder einstweiligen Verfügungen weiß. Fehlt es an einer solchen Regelung, kann dies aber auf die Agentur zurückfallen.

Beispiel: Unlauteres Mailing

Eine Agentur hatte für einen Kaffeeautomatenhändler eine Mailing-Kampagne entworfen, in der ein Konkurrenzprodukt – aus Sicht des Wettbewerbers – pauschal beleidigt wurde. Der Kunde versandte das Mailing und wurde anschließend von dem Konkurrenten auf Unterlassung in Anspruch genommen. Anschließend verklagte der Kunde seine Agentur und verlangte Ersatz des eingetretenen Schadens. Mit Erfolg! Eine rechtswidrige Werbung sei mangelhaft, der entstehende Schaden zu ersetzen. [LG Düsseldorf 10/17]

Überblick aus Sicht der Vertragspartner

Hier sind die typischen Regelungen in Verträgen mit Anbietern von Full-Service-E-Mail-Leistungen gegenübergestellt. Für Standardklauseln in Online-Verträgen siehe die Übersicht in Abschnitt 10.4.7.

Vertragsinhalt	aus Sicht der Agentur	aus Kundensicht
Leistungen	nur wenige Funktionalitäten als echte Leistungspflicht, keine Garantie für Zustellungen	umfassende Definition der geschuldeten Leistungen
Einwilligung	Verantwortung für die Einwilligung beim Kunden	Verantwortung für die Einwilligung bei der Agentur
Abmelde-Management	Kunde muss die rechtlichen Vorgaben machen/absegnen	Verantwortung für die Abmeldungen bei der Agentur
Behandlung von Auskunftsanfragen	Übernahme nur bei klaren Vorgaben und Abschluss eines Auftragsdatenverarbeitungsvertrages	Verantwortlichkeiten definieren
Rechtliche Verantwortlichkeit für Inhalte	stets beim Kunden	liegt für von diesem erstellte Inhalte beim Anbieter

Tabelle 10.13: Verträge mit Full-Service-E-Mail-Marketern aus Agentur- und Kundensicht

Kapitel 11

Durchsetzung und Abwehr von Ansprüchen

Wer in seinen Rechten verletzt ist, hat in der Regel Unterlassungsansprüche gegen den Verletzer und häufig auch einen Anspruch auf Schadensersatz. Bevor ein Anspruch gerichtlich durchgesetzt wird, gibt man üblicherweise dem Verletzer Gelegenheit, das beanstandete Verhalten einzustellen. In einem als Abmahnung bezeichneten Schreiben wird vom Verletzer dann die Abgabe einer strafbewehrten Unterlassungserklärung gefordert. Nur wenn diese nicht abgegeben wird, muss der Weg zum Gericht beschritten werden. Dabei ist das Prozedere von der Art der Rechtsverletzung (Urheberrecht, Markenrecht, Wettbewerbsrecht, Persönlichkeitsrecht usw.) unabhängig und läuft in allen Bereichen weitgehend ähnlich.

Beispiel: fcbayern.es

Der FC Bayern München stellt fest, dass unter der Domain `fcbayern.es` eine rudimentäre Website eines angeblichen spanischen Fanclubs zu finden ist. Nachdem die Verantwortlichen, die in Deutschland sitzen, ausfindig gemacht werden, lässt der Club seine Rechtsanwälte eine Abmahnung übersenden. Darin wird der Domain-Inhaber aufgefordert, die Website zu löschen, die Domain auf die FC Bayern München AG zu übertragen und sich zu verpflichten, in Zukunft die Marke FC Bayern nicht in Internet-Domains zu benutzen. Dies tut der Domain-Inhaber jedoch zunächst nicht, weil er meint, die Internetnutzer erwarteten unter der Domain einen spanischen Fanclub, nicht eine Seite des Clubs. Auf die sich anschließende Klage wird der Betreiber verurteilt, die Seite freizugeben und einen Teil der Rechtsanwaltskosten des FC Bayern zu übernehmen. Außerdem muss der Beklagte einen großen Teil der im Gerichtsverfahren angefallenen Kosten tragen. Einen Teil der Kosten muss der Deutsche Meister selbst tragen, weil der Gegenstandswert in der Abmahnung zu hoch angesetzt war. [OLG Köln 11/01]

11.1 Durchsetzung von Unterlassungsansprüchen

Unterlassungsansprüche werden dadurch durchgesetzt, dass die Abgabe einer mit Strafe bewehrten Unterlassungserklärung erzwungen oder vor Gericht ein Unterlassungstitel erstritten wird. Wird dagegen verstoßen, kann der Kläger die Zahlung eines Ordnungsgeldes durchsetzen.

Kammergericht

Beschluss

Geschäftsnummer: 5 W 156/06
103 O 91/06 Landgericht Berlin

In dem Verfahren auf Erlass einer einstweiligen Verfügung

der Frau A[redacted] G[redacted],
F[redacted],

Antragstellerin und Beschwerdeführerin,

- Verfahrensbevollmächtigter:
Rechtsanwalt J[redacted] M[redacted],
H[redacted] -

gegen

Herrn J[redacted] K[redacted],
B[redacted],

Antragsgegner und Beschwerdegegner,

hat der 5. Zivilsenat des Kammergerichts durch den Vorsitzenden Richter am Kammergericht Haase und die Richter am Kammergericht Dr. Pahl und Dr. Hess am 18. Juli 2006 **beschlossen**:

1.
Auf die sofortige Beschwerde der Antragstellerin wird der Beschluss der Kammer für Handelssachen 103 des Landgerichts Berlin vom 14. Juni 2006 – 103 O 91/06 - teilweise abgeändert und wie folgt neu gefasst:

Dem Antragsgegner wird bei Vermeidung eines vom Gericht für jeden Fall der Zuwiderhandlung festzusetzenden Ordnungsgeldes bis zu 250.000 €, ersatzweise Ordnungshaft, oder einer Ordnungshaft bis zu sechs Monaten, untersagt,

im geschäftlichen Verkehr bei Fernabsatzverträgen über Damenschuhe mit privaten Endverbrauchern auf der Internet-Plattform "ebay" die gesetzlich vorgeschriebene Widerrufsbelehrung zu erteilen und dabei darauf hinzuweisen, dass die Frist zwei Wochen beträgt und/oder frühestens mit Erhalt der Warenlieferung beginnt.

Im Übrigen wird der Antrag auf Erlass einer einstweiligen Verfügung zurückgewiesen.

2.
Die weitergehende sofortige Beschwerde der Antragstellerin wird zurückgewiesen.

3.
Die Kosten beider Instanzen tragen die Parteien je zur Hälfte.

4.
Der Beschwerdewert wird auf 15.000 € festgesetzt.

Abb. 11.1: Gerichtsentscheidung zur Durchsetzung von Unterlassungsansprüchen

11.1.1 Rechtsverletzung festgestellt, was nun?

Wem ein Unterlassungsanspruch zusteht, hat verschiedene Möglichkeiten, diesen durchzusetzen. Dabei spielt es weitgehend keine Rolle, ob der Anspruch aus dem Markenrecht, dem Urheberrecht oder dem Wettbewerbsrecht folgt. Auch wegen Beleidigungen kann ein Unterlassungsanspruch des Betroffenen bestehen.

Im Ergebnis geht es darum, den Verletzer dazu anzuhalten, ein bestimmtes, bisher praktiziertes Verhalten in Zukunft einzustellen. Während positives Tun (etwa eine Zahlung oder die Herausgabe eines Gegenstandes) verhältnismäßig einfach durchzusetzen ist (in der Regel benötigt man einen gerichtlichen Titel und einen Gerichtsvollzieher), sieht es bei einem Unterlassungsverlangen naturgemäß etwas schwieriger aus. Schließlich soll ja durchgesetzt werden, dass der Verletzer etwas in Zukunft nicht mehr tut.

Problematisch ist zum Beispiel, wie der Markeninhaber sicherstellen kann, dass der Werbetreibende in Zukunft nicht erneut seine Marken auf der Website verwendet. Dazu genügt es nicht, dass der Gegner das Logo von der Website entfernt und zusichert, die Marke in Zukunft nicht mehr einzusetzen. Vielmehr muss dieses Versprechen durch eine Strafe für den Fall der Zuwiderhandlung gesichert sein. Andernfalls könnte der Verletzer jederzeit den Verstoß erneut begehen, ohne dass es dagegen eine Handhabe gäbe.

Außergerichtlich ist eine solche Strafe eine Vertragsstrafe, so dass der Markeninhaber im Falle einer neuerlichen Verwendung der Marke einen Zahlungsanspruch gegen den Verletzer hat. Im gerichtlichen Verfahren wird für den Fall der Zuwiderhandlung ein Ordnungsgeld verhängt, das in die Staatskasse fließt.

Maßnahme	Anwaltliche Hilfe
Rechtliche Prüfung, ob wirklich ein Verstoß vorliegt	Empfehlenswert, es sei denn, der Fall ist eindeutig
Beweissicherung (Screenshots, Zeugenaussagen, Testbestellungen)	Nicht erforderlich, Prüfung durch Anwalt aber ratsam
Entscheidung, ob rechtlich vorgegangen werden soll	Ist eine wirtschaftliche Frage, die das Unternehmen entscheiden muss
(Anwaltliche) Abmahnung mit Frist zur Abgabe einer Unterlassungserklärung	Empfehlenswert, aber nicht zwingend
Bleibt die Unterlassungserklärung aus, einstweilige Verfügung beantragen (Achtung: knappes Zeitfenster)	Erforderlich, vor Landgerichten herrscht Anwaltszwang
Gegebenenfalls Klage einreichen	Erforderlich, vor Landgerichten herrscht Anwaltszwang

Tabelle 11.1: Fahrplan bei Rechtsverstößen der Konkurrenz

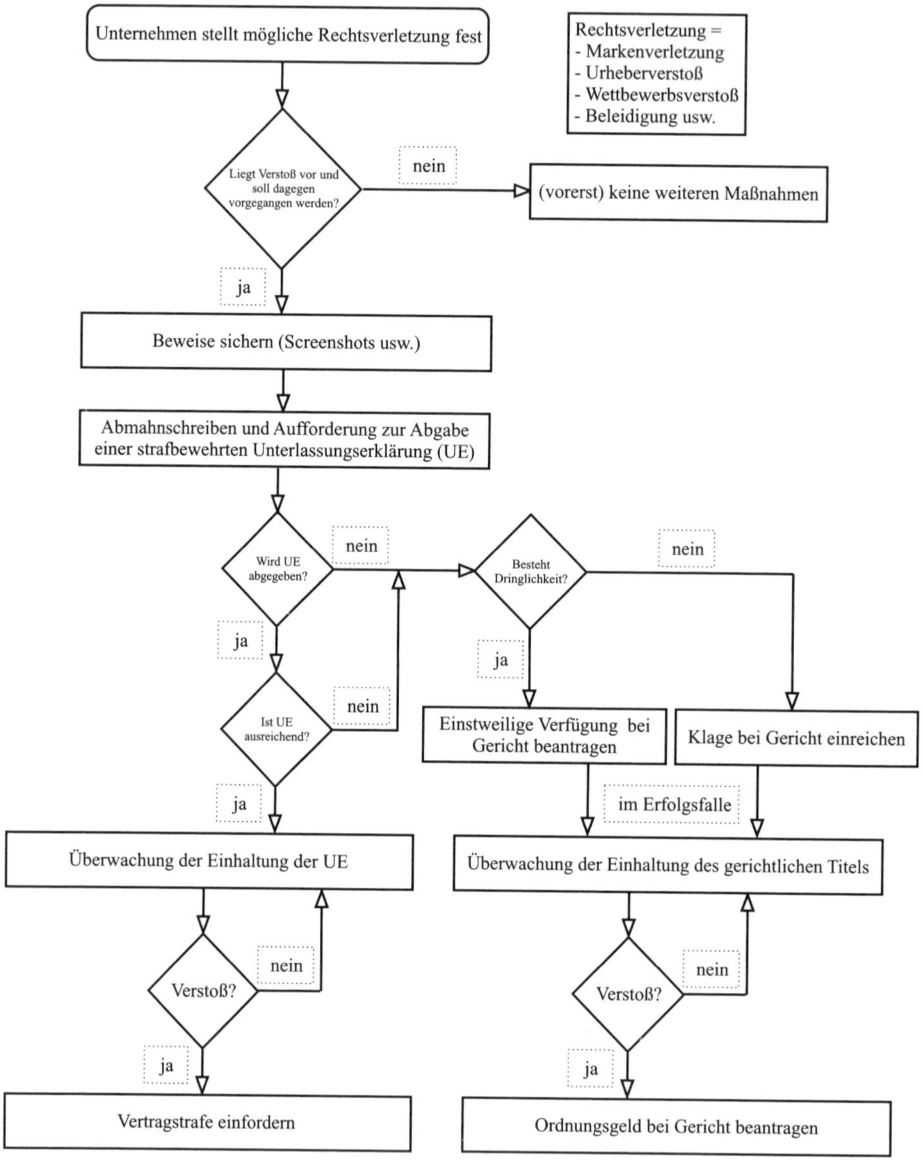

Abb. 11.2: Durchsetzung von Unterlassungsansprüchen (vereinfacht)

Wird ein Verstoß festgestellt, sollten zunächst die Beweise gesichert werden, damit im Falle eines Gerichtsverfahrens der Verstoß auch dokumentiert und bewiesen werden kann. Das ist natürlich einfacher, wenn der spätere Gegner davon noch nichts weiß. Bisweilen kann es nötig sein, Testbestellungen vorzunehmen, um einen Verstoß vollständig zu dokumentieren. Anschließend muss geprüft werden, ob tatsächlich ein Rechtsverstoß vorliegt. Ist der Verstoß nicht offensichtlich, sollte diese Prüfung durch einen Rechtsanwalt vorgenommen werden. Die Entscheidung, ob rechtlich gegen den Verletzer vorgegangen werden soll, muss in jedem Fall das Unternehmen tragen.

In der Regel ist es ratsam, wegen eines Verstoßes zunächst eine Abmahnung zu versenden (vgl. sogleich Abschnitt 11.1.2). Bleibt die geforderte Unterlassungserklärung aus, muss für die Durchsetzung des Anspruchs gerichtliche Hilfe in Anspruch genommen werden. Dabei ist es empfehlenswert, einen klaren Plan zu haben, wie weit das Unternehmen gehen möchte. Schon bevor die Abmahnung versendet wird, sollte klar sein, ob bei Ausbleiben einer Reaktion auch gerichtliche Schritte eingeleitet werden sollen.

11.1.2 Abmahnung

In der Regel wird man den Rechtsverstoß mit einer sogenannten Abmahnung geltend machen. Dabei handelt es sich um ein Schreiben, in dem der Gegner aufgefordert wird, durch Unterzeichnung einer in der Regel beiliegenden vorformulierten Unterlassungserklärung zu bestätigen, dass er das beanstandete Verhalten in Zukunft unterlassen wird.

Was ist eine Abmahnung?

Die Abmahnung ist also zunächst lediglich ein außergerichtliches Schreiben, dass dem Gegner Gelegenheit geben soll, eine gerichtliche Auseinandersetzung durch Abgabe eine Unterlassungserklärung zu vermeiden. Eine Abmahnung sieht für Wettbewerbsverstöße auch das Gesetz gegen den unlauteren Wettbewerb vor (§ 12 Abs. 1 Satz 1 UWG).

Der Verletzer muss sich also verpflichten, eine bestimmte Handlung in Zukunft nicht mehr durchzuführen. Gleichzeitig muss er sich verpflichten, eine substanzielle Vertragsstrafe zu zahlen, falls er diese Handlung doch vornimmt. Im Falle eines Verstoßes gegen die Unterlassungsverpflichtung (Zuwiderhandlung) wird dann die Zahlung der versprochenen Vertragsstrafe fällig. Aus der Unterlassungserklärung kann der Anspruchssteller somit also unmittelbar die Zahlung an sich selbst verlangen, wenn ein Verstoß vorliegt.

Wozu dient die Abmahnung?

Die Abmahnung dient daher in erster Linie der Vermeidung gerichtlicher Auseinandersetzungen. Sie soll den Verletzer über den Verstoß aufklären und ihm Gelegenheit geben, den Verstoß abzustellen. Insofern ist die Abmahnung mit einer Mahnung vergleichbar, mit der offene Zahlungen angemahnt werden. Bei der Mahnung wird es freilich oftmals so sein, dass der Schuldner weiß, dass er eine offene Forderung gegen sich hat, was dagegen bei Auseinandersetzungen im Wettbewerbs-, Marken- oder Urheberrecht häufig nicht der Fall ist.

Welche Fristen muss man setzen?

Es ist dringend zu empfehlen, dem Verletzer eine Frist zur Abgabe der gewünschten Unterlassungserklärung zu setzen. Wenn gerichtliche Schritte geplant sind, ist das Ablaufen der gesetzten Frist quasi der Startschuss für die nächsten Maßnahmen.

Läuft eine angemessene Frist ohne eine Reaktion des Abgemahnten ab, kann man davon ausgehen, dass er sich nicht unterwerfen möchte und zu den nächsten Schritten übergehen.

Bei der Frage, was eine angemessene Frist ist, kommt es auf den Einzelfall an. Zu berücksichtigen ist vor allem die Schwere des Verstoßes und die möglichen Folgen für den Verletzten. Bisweilen kann es erforderlich sein, dass ein Verstoß binnen Stunden eingestellt wird. Hier sind kurze Fristen von wenigen Stunden angemessen. Handelt es sich dagegen um einen »Allerweltsverstoß« im Internet eines kleinen Wettbewerbers, wird eine angemessene Frist mindestens eine Woche betragen. Zu lang sollten die Fristen nicht gesetzt werden, weil der Verletzte damit womöglich zu erkennen gibt, dass ihm die Sache nicht allzu eilig ist. Wird daraus auf fehlende Dringlichkeit geschlossen, kann das den Erlass einer einstweiligen Verfügung ausschließen (siehe zu den Einzelheiten bei Abschnitt 11.1.4).

Muss ich vorab abmahnen?

Stellen Sie als Unternehmer eine Rechtsverletzung fest, müssen Sie nicht abmahnen. Eine gesetzliche Verpflichtung, den Gegner zunächst außergerichtlich zu kontaktieren, gibt es nicht. Es ist allerdings ratsam, weil es Kosten sparen kann. Wird nämlich sogleich eine einstweilige Verfügung erwirkt, hat der Gegner das Recht, den Anspruch als solchen anzuerkennen, die Zahlung der entstandenen gerichtlichen Kosten aber mit der Begründung abzulehnen, er sei nicht vorab abgemahnt worden. Insofern kann eine Abmahnung dem Inhaber des Anspruchs Geld sparen.

Übersicht – Abmahnungen

- Eine Abmahnung ist ein Aufforderungsschreiben.
- Mit der Abmahnung wird zur Abgabe einer Unterlassungserklärung aufgefordert.
- Eine Abmahnung soll Gerichtsverfahren verhindern.
- Angemessene Fristen setzen!
- Es besteht keine Pflicht zur Abmahnung vor Gerichtsverfahren.
- Ein Verzicht auf eine Abmahnung kann aber Kostennachteile verursachen.

11.1.3 Unterlassungserklärung

Die Abgabe einer Unterlassungserklärung räumt die Wiederholungsgefahr aus. Wird eine solche Verpflichtung unterschrieben, besteht nicht mehr die Gefahr, dass der Verletzer den Verstoß erneut begeht, weil er ansonsten die Vertragsstrafe zahlen müsste.

Hinweis: Unterlassungserklärung auch Unterwerfungserklärung

Die Unterlassungserklärung wird bisweilen auch als »Unterwerfungserklärung« bezeichnet, weil sich der Verletzer dem Abmahnenden unterwirft. Wegen der Vertragsstrafeverpflichtung ist auch die Bezeichnung: »Unterlassungs- und Verpflichtungserklärung« üblich.

Höhe der Vertragsstrafe

Die Wiederholungsgefahr entfällt nur, wenn die Vertragsstrafe so bemessen ist, dass anzunehmen ist, dass der Verletzer wegen der Strafandrohung in Zukunft von der beanstandeten Handlung absehen wird.

Dabei spielt die Größe der beteiligten Unternehmen ebenso eine Rolle wie die Art des Verstoßes. Wenn der Marktführer für Buchverkäufe im Internet irreführend für ein Angebot im Sommerschlussverkauf wirbt, kann eine Vertragsstrafe von 200.000,- EUR zu niedrig sein, während 5.000,- EUR zu hoch gegriffen sein können, wenn ein Webdesigner in seinem Webimpressum die Umsatzsteueridentifikationsnummer nicht angibt. Hier ist im Einzelfall zu schätzen, welcher Betrag angemessen ist. Unter 2.000,- Euro dürfte eine Vertragsstrafe regelmäßig zu niedrig angesetzt sein. Damit müssen Sie sich als abmahnendes Unternehmen nicht zufriedengeben.

Hinweis: 5.001,- Euro Vertragsstrafe

Häufig werden Vertragsstrafen in Höhe von 5.001,- oder 5.100,- Euro verlangt. Dies hat seinen Hintergrund darin, dass bei einem Streitwert über 5.000,- Euro die Landgerichte und nicht die Amtsgerichte für Streitigkeiten zuständig sind. Kommt es über die Fälligkeit der versprochenen Vertragsstrafe zum Streit, wäre die Summe vor dem Landgericht einzuklagen. Landläufig herrscht die Meinung vor, bei den Landgerichten mit Rechtsstreitigkeiten besser aufgehoben zu sein. Einen Anspruch auf ein Vertragsstrafeversprechen von über 5.000,- Euro hat der Verletzte aber nur, wenn eine solche Höhe notwendig ist, um die Wiederholungsgefahr auszuschließen.

Jedenfalls bei dem ersten Verstoß eines Verletzers besteht in der Regel kein Anspruch auf Angabe einer konkreten Zahl in der Unterlassungserklärung.

Üblich ist es daher, dass eine Unterlassungserklärung nach dem sogenannten (modifizierten) »Hamburger Brauch« abgegeben wird. Dabei wird auf Nennung eines konkreten Vertragsstrafenbetrags verzichtet und stattdessen nur eine angemessene Vertragsstrafe versprochen. Dagegen kann sich der Anspruchsinhaber nicht wehren.

Beispiel: Vertragsstrafe nach Hamburger Brauch

Ein Vertragsstrafeversprechen nach modifiziertem Hamburger Brauch kann wie folgt aussehen:

»Der Schuldner verpflichtet sich, es bei Meidung einer von dem Gläubiger für jeden Fall der schuldhaften Zuwiderhandlung nach billigem Ermessen festzusetzenden, gegebenenfalls vom zuständigen Gericht zu überprüfenden Vertragsstrafe, zu unterlassen: «

Prüfung einer abgegebenen Unterlassungserklärung

Gibt der Verletzer eine Unterlassungserklärung ab, muss der Gläubiger des Anspruchs prüfen, ob die Unterlassungserklärung für den Wegfall der Wiederholungsgefahr ausreichend ist. Häufig werden die vorformulierten Unterlassungserklärungen verändert und modifiziert abgegeben. Dies kann inhaltlich den Umfang des Anspruchs betreffen oder die Höhe der Vertragsstrafe.

Entspricht die geforderte Unterlassungserklärung dem Geforderten, entfällt die sogenannte Wiederholungsgefahr, die Voraussetzung für das Bestehen eines Unterlassungsanspruchs ist. Würde der Verletzte auf Unterlassung klagen, obwohl eine ausreichende Unterlassungserklärung abgegeben ist, würde er die Klage verlieren.

Nur wenn die versprochene Vertragsstrafe zu niedrig oder der Inhalt der Unterlassungserklärung nicht weitreichend genug ist, wäre ein Klage weiterhin erfolgreich.

Beispiel: Alle E-Mail-Adressen erfasst

Ein Unternehmen hatte per E-Mail geworben. Ein Empfänger mahnte ab und verlangte die Abgabe einer Unterlassungserklärung. Weil das Unternehmen nicht nachweisen konnte, dass sich der Betroffene tatsächlich mit der Werbung einverstanden erklärt hatte, gab es eine Unterlassungserklärung ab. Diese war allerdings auf die E-Mail-Adresse des Betroffenen beschränkt, an die die unverlangte Werbe-E-Mail versandt worden war. Dennoch klagte der Betroffene auf Unterlassung und gewann. Das Gericht meinte, dass der Betroffene einen Anspruch auf eine weitergehende Unterlassungserklärung habe, die allgemein für alle E-Mail-Adressen des Betroffenen gelte. [LG Berlin 11/02]

Verstoß führt zur Vertragsstrafe

Hat der Verletzer die Unterlassungserklärung in ausreichendem Umfang abgegeben, sollte der Eingang der Unterlassungserklärung der guten Ordnung halber bestätigt und die Erklärung ausdrücklich angenommen werden. Streng genommen ist die Vertragsstrafe im Falle eines Verstoßes nur fällig, wenn tatsächlich ein Vertrag zustande gekommen ist.

Anschließend kann das verletzte Unternehmen überwachen, ob der Abgemahnte die Unterlassungsverpflichtung beachtet. Dabei zieht jeder schuldhafte Verstoß unweigerlich die Vertragsstrafe nach sich.

Verpflichtet sich der Abgemahnte also etwa, die Marke des Abmahnenden bei Google-AdWords nicht mehr als Keyword für eigene Anzeigen zu verwenden, wird die Vertragsstrafe auch dann fällig, wenn die von dem Wettbewerber beauftragte Agentur weiterhin auf die Marken-Keywords bucht.

Vertragsstrafe auch bei ähnlichen Verstößen Die Vertragsstrafe wird im Übrigen nicht nur fällig, wenn genau der in der Unterlassungserklärung dargestellte Sachverhalt eintritt. Vielmehr hat der Abmahnende einen Anspruch auf Zahlung der Vertragsstrafe auch bei Verstößen, die mit dem beschriebenen Szenario vergleichbar sind. In der Rechtsprechung heißt es in diesem Zusammenhang, dass auch kerngleiche Verstöße erfasst seien.

Beispiel: Zeitungsanzeige vs. Online-Werbung

Ein Unternehmen hatte eine Zeitschriftenanzeige für Augentropfen geschaltet und damit gegen das Heilmittelwerbegesetz verstoßen. Auf eine entsprechende Abmahnung verpflichtete sich das Unternehmen gegenüber einem Wettbewerbsverein, in Zukunft nicht mehr für das Arzneimittel zu werben. Zwei Jahre später erschien auf einer Internetseite eine Werbung für die Augentropfen. Der Verein machte die Vertragsstrafe gerichtlich geltend und gewann. Die Unterlassungserklärung sei zwar mit Blick auf die Zeitschriftenwerbung abgegeben worden, erfasse aber – als kerngleichen Verstoß – auch die Werbung im Internet. [LG Berlin 11/03]

Verschulden erforderlich Liegt ein Verstoß gegen die Unterlassungserklärung vor, muss die Vertragsstrafe gezahlt werden. Allerdings setzt die Zahlungsverpflichtung voraus, dass der Verpflichtete schuldhaft gehandelt hat. Er muss also mindestens fahrlässig gegen die Unterlassungserklärung verstoßen haben. Dabei muss sich das betreffende Unternehmen nicht nur eigenes Verschulden, sondern jegliche Handlungen von Beauftragten zurechnen lassen.

Durchsetzung der Vertragsstrafe Zahlt der Verletzer die fällige Vertragsstrafe nicht freiwillig, bleibt dem Gläubiger des Anspruchs keine andere Möglichkeit, als den Zahlungsbetrag einzuklagen.

11.1.4 Gerichtlicher Rechtsschutz

Wird die geforderte Unterlassungserklärung nicht abgegeben, bleibt dem Betroffenen nichts anderes übrig, als gerichtlichen Rechtsschutz zu suchen. Dazu gibt es prinzipiell zwei Möglichkeiten: die Einreichung einer Klage und den deutlich beschleunigten Weg des einstweiligen Rechtsschutzes, der an zusätzliche Voraussetzungen geknüpft ist.

Beispiel: Prozesse im Großunternehmen

Die Online-Agentur eines großen Versandhändlers für Kosmetikprodukte stellt fest, dass ein Wettbewerber in verschiedenen Portalen Kosmetika anbietet, ohne auf die Versandkosten hinzuweisen. Nachdem die Fachabteilung des Shop-Betreibers das durch einige Testbestellungen protokolliert hat, bittet sie Legal, den Sachverhalt rechtlich zu prüfen. Nach zwei Wochen gibt Legal grünes Licht – klarer Wettbewerbsverstoß. Allerdings muss noch PR gefragt werden, ob man sich mit dem großen Konkurrenten überhaupt rechtlich anlegen will. PR kann das nicht selbst entscheiden und eskaliert 10 Tage später zum Management. Als nach weiteren zwei Wochen der Chef aus dem Urlaub zurück ist, erfolgt die Freigabe. Legal möchte die Abmahnung nicht selbst vornehmen und gibt den Vorgang an eine externe Kanzlei, die nach erneuter Prüfung eine Woche später eine Abmahnung auf den Weg bringt. Die Gegenseite lässt sich die gesetzten Fristen verlängern und teilt letztlich mit, dass eine Unterlassungserklärung nicht abgegeben werde. Nach insgesamt 10 Wochen soll nun der Gerichtsweg beschritten werden.

Einer einstweiligen Verfügung fehlt aber inzwischen die Dringlichkeit. Das angerufene Gericht würde den Antrag wegen fehlender Eilbedürftigkeit zurückweisen (wer sich mit der Verfolgung des Rechtsverstoßes 10 Wochen Zeit lässt, dem kann die Sache nicht dringlich sein).

Eine schnelle Änderung der Lage lässt sich nun nicht mehr herbeiführen. Das Unternehmen muss den Klageweg beschreiten.

Klage

Der normale Weg, Unterlassungs- und Schadensersatzansprüche gerichtlich durchzusetzen, ist, eine Klage einzureichen. Zuständiges Gericht wird in der Regel das Landgericht sein. Bei Markensachen ergibt sich das schon aus dem Gesetz. Im Urheberrecht und Wettbewerbsrecht werden die Streitwerte oft über

5.000,- Euro liegen, so dass auch hier eine sachliche Zuständigkeit des Landgerichts schon für die erste Instanz gegeben ist. Amtsgerichte sind nur dann zuständig, wenn der Streitwert nicht über 5.000,- Euro liegt.

Zuständiges Gericht Örtlich ist jedes Gericht zuständig, in dessen Bezirk die Handlung begangen wird. Wird ein Verstoß im Internet gerügt, folgt daraus, dass jedes beliebige Landgericht in Deutschland angerufen werden kann, weil die betreffende Internetseite in ganz Deutschland abrufbar ist. Dieses Prinzip führt dazu, dass sich der Kläger ein für ihn günstiges Gericht wählen kann. Er kann also »zu Hause« klagen, was ihm Reiseaufwand spart. Er kann aber auch ein Gericht wählen, das in ähnlichen Angelegenheiten schon in seinem Sinne entschieden hat. Dieses als »fliegender Gerichtsstand« bekannte Phänomen führt dazu, dass beispielsweise das Landgericht Hamburg häufig Schauplatz für Auseinandersetzungen um das Persönlichkeitsrecht ist, weil sich herumgesprochen hat, dass das Gericht dazu neigt, zugunsten der Betroffenen zu entscheiden.

Antrag entspricht der geforderten Unterlassungserklärung Der Antrag, der vor Gericht zu stellen ist, entspricht in der Regel weitgehend dem Text der geforderten Unterlassungserklärung. Das Gericht gibt den Beteiligten dann Gelegenheit zur Stellungnahme, bevor nach (mindestens) einer mündlichen Verhandlung ein Urteil gesprochen wird. Ist der geltend gemachte Anspruch berechtigt, wird dem Beklagten das beanstandete Verhalten unter Androhung eines Ordnungsgeldes von bis zu 250.000,- EUR bzw. Ordnungshaft untersagt. Wichtig sind die Wörtchen »bis zu«. Klar ist, dass die Angabe nur den Rahmen absteckt. Ordnungsgelder gehen bei Streitigkeiten unter Online-Händlern selten in den fünfstelligen Bereich.

Verstoß führt zu Ordnungsgeld Verstößt der Beklagte nach dem Urteil gegen den Unterlassungstenor, kann der Kläger einen Ordnungsmittelantrag stellen, auf den das Gericht über die Höhe des Ordnungsgeldes entscheidet, das der Verletzter zu zahlen hat. Auch hierbei sind die Bedeutung der beteiligten Unternehmen und die Art sowie die Schwere des Verstoßes zu berücksichtigen.

Klage und Einstweilige Verfügung

Vorteile der Klage:

- Eine Klage schafft eine endgültige Regelung, eine Einstweilige Verfügung nur eine vorläufige Regelung.
- Auch Geldbeträge sind einklagbar.
- Keine Eilbedürftigkeit.

Vorteile der Einstweiligen Verfügung:

- Ist deutlich schneller durchzusetzen als eine Klage.
- Es muss kein Kostenvorschuss gezahlt werden.

- Die Gerichtskosten sind niedriger.
- Der Gegner wird unter Umständen nicht vorab angehört.
- Tatsachen müssen nur glaubhaft gemacht, nicht bewiesen werden.

Einstweilige Verfügung

Oft ist es aus Sicht des Verletzten notwendig, besonders schnell gerichtlichen Rechtsschutz zu suchen. In diesen Fällen besonderer Eilbedürftigkeit kann der Verletzte, dessen Abmahnung erfolglos war, einen Antrag auf Erlass einer einstweiligen Verfügung stellen.

Sehr schnelles Verfahren Das Verfügungsverfahren zeichnet sich dadurch aus, dass es wesentlich schneller und auch kostengünstiger ist als das Hauptsacheverfahren. Eine Entscheidung kann unter Umständen noch am gleichen Tag, in der Regel aber binnen weniger Tage ergehen. Allerdings erhält man auch nur eine vorläufige Entscheidung.

Der Gegner wird im einstweiligen Verfügungsverfahren bei besonderer Eilbedürftigkeit nicht angehört, so dass seine Sicht der Dinge in der Ausgangsentscheidung keine Berücksichtigung findet. Ihm bleibt nur, nach Zustellung der einstweiligen Verfügung durch den Gegner dagegen mit einem Widerspruch vorzugehen. Bis über den Widerspruch entschieden ist, muss er sich – von Ausnahmen abgesehen – an das ausgesprochene Verbot halten.

Keine einstweilige Verfügung ohne Eilbedürftigkeit Voraussetzung dafür, dass man im Wege des einstweiligen Rechtsschutzes vorgehen kann, ist Eilbedürftigkeit. Diese besondere Dringlichkeit wird in Wettbewerbssachen vermutet. Allerdings darf man als Anspruchsinhaber nicht zu lange mit der Geltendmachung der Ansprüche warten. Wer das wettbewerbswidrige Verhalten des Konkurrenten zunächst wochenlang hinnimmt und auf die Ablehnung der Abgabe einer Unterlassungserklärung nicht schnell reagiert, muss sich vorhalten lassen, zu zögerlich gewesen zu sein. Starre gesetzliche Fristen gibt es hier nicht. Wer länger als einen Monat mit der gerichtlichen Geltendmachung der Ansprüche wartet, zeigt dem Gericht unter Umständen, dass ihm die Sache doch nicht allzu dringlich ist. Er droht, mit dem Antrag auf Erlass einer einstweiligen Verfügung allein deshalb zu scheitern, weil es aus Sicht des Gerichts an der Eilbedürftigkeit fehlt.

Vorsicht vor zu langem Zögern

Wer zu lange mit dem Antrag auf Erlass einer einstweiligen Verfügung wartet, zeigt dadurch womöglich, dass es ihm mit der Durchsetzung der Ansprüche nicht so eilig ist. In der Regel ist spätestens zwei Monate nach Kenntniserlangung von dem Verstoß davon auszugehen, dass die Eilbedürftigkeit entfallen ist. Viele Gerichte halten schon einen Zeitraum von einem Monat für zu lang.

11.2 Kostenerstattung

Die Kosten für die Erstellung einer Abmahnung hat – wenn diese denn berechtigt ist – der Abgemahnte zu tragen. In Wettbewerbssachen ergibt sich das unmittelbar aus dem Gesetz (§ 12 Abs. 1 Satz 2 UWG). In Streitigkeiten wegen Urheber- oder Markenverletzungen gibt es eine entsprechende Vorschrift nicht; allerdings ist anerkannt, dass die normalen Anwaltskosten für die Abmahnung zu erstatten sind, falls die Abmahnung berechtigt war.

Höhe der Abmahnkosten

Die Höhe der erstattungsfähigen Kosten bemisst sich nach dem Rechtsanwaltsvergütungsgesetz (RVG) und errechnet sich auf der Grundlage des Gegenstandswertes. Während bei einem Zahlungsanspruch der Gegenstandswert der Höhe der geforderten Zahlung entspricht, ist bei Unterlassungsansprüchen bisweilen schwierig zu bestimmen, was ein angemessener Gegenstandswert ist. Prinzipiell bemisst sich der Wert des Streitgegenstandes nach dem Interesse des Anspruchstellers, dass die beanstandete Handlung in Zukunft unterbleibt. In Wettbewerbssachen wäre also zu fragen, was der Vorteil wert ist, den der Verletzer sich durch die wettbewerbswidrige Handlung zu verschaffen versucht. Dass die Beteiligten darüber unterschiedlicher Meinung sind, liegt auf der Hand.

Überblick – Beispiele von Streitwerten

Falsche Widerrufsbelehrung auf eBay – OLG Karlsruhe = 3.000,- Euro
Fehlerhafte Wertersatzklausel im Online-Shop – LG Düsseldorf = 5.000,- Euro
Fehlerhafte Belehrung über Rücksendekosten – OLG Koblenz = 10.000,- Euro
Fehlende Angaben nach AltÖlVO – OLG Hamburg = 15.000,- Euro
E-Mail-Werbung an Kfz-Händler – BGH = 25.000,- Euro
Mangelhafte Preisangaben bei Flugreisen – LG Leipzig = 45.200,- Euro

Der Überblick zeigt, dass die anzusetzenden Streitwerte extrem unterschiedlich sind. Eine sichere Prognose, welchen Streitwert das angerufene Gericht im Zweifel für angemessen hält, lässt sich kaum treffen.

Hinweis: Erstattung begrenzt auf gesetzliche Gebühren

Erstattungsfähig sind Abmahnkosten in der Regel nur bis zur Höhe der Gebühren nach RVG. Wenn Sie mit Ihrem Rechtsanwalt eine abweichende Gebührenvereinbarung getroffen haben, kann es passieren, dass die Kosten nicht vollständig erstattet werden. Spezialisierte Rechtsanwälte rechnen häufig ausschließlich nach anfallendem Aufwand ab. Übersteigt der im konkreten Sachverhalt anfallende Aufwand die gesetzlichen Gebühren, muss das Unternehmen die Differenz zahlen.

Wenn der Unterlassungsanspruch gegeben ist, besteht also zugleich in der Regel ein Zahlungsanspruch in Höhe der Anwaltskosten. Daher wird einer anwaltlichen Abmahnung häufig unmittelbar eine Kostennote mit der Bitte um Ausgleich beigefügt.

Wer vor Gericht verliert, zahlt

Im Gerichtsverfahren hat stets derjenige die Kosten zu tragen, der unterlegen ist. Das gilt auch für die vorgerichtlich anfallenden Anwaltskosten. Wer also eine Unterlassungserklärung nicht abgibt, weil er der Meinung ist, zu der beanstandeten Werbung berechtigt zu sein, muss die Kosten des Gerichtsverfahrens tragen, wenn das Gericht einer Klage stattgibt.

11.3 Konsequenzen von Rechtsverletzungen für den Verletzer

Welche Folgen ein Rechtsverstoß hat, richtet sich nach der verletzten Gesetzesvorschrift. Ein und derselbe Verstoß kann mehrere Rechtsvorschriften verletzen und deshalb verschiedene Folgen haben.

Beispiel: Spamming mit geklauten Adressen

Nimmt ein ausscheidender Mitarbeiter den gesamten Adressdatenbestand des ehemaligen Unternehmens mit in die von ihm gegründete neue Firma und versendet von dort an alle E-Mail-Adressen Werbe-E-Mails, kann das strafrechtliche, datenschutzrechtliche, persönlichkeitsrechtliche und wettbewerbsrechtliche Folgen haben.

1. Das Mitnehmen der Daten ist als Verrat von Geschäfts- und Betriebsgeheimnissen nach § 17 UWG strafbar.
2. Das ehemalige Unternehmen hat wegen der Datenmitnahme Unterlassungs- und Schadensersatzansprüche aus wettbewerbsrechtlichen Vorschriften. Zudem ist der Datenklau ein Eingriff in § 823 BGB.
3. Die Mitnahme der Daten ist ein Verstoß gegen Datenschutzrecht, weil eine Weitergabe in ein neues Unternehmen grundsätzlich der Einwilligung der Betroffenen bedarf. Ein solcher Datenschutzverstoß kann von den Datenschutzbehörden mit Bußgeldern geahndet werden.
4. Die betroffenen Kunden haben aus datenschutzrechtlichen Vorschriften einen Anspruch auf Auskunft und Löschung der mitgenommenen Daten gegen das neue Unternehmen.
5. Die betroffenen Kunden können auch verlangen, dass die Übersendung von Werbung per E-Mail an ihre Adressen in Zukunft unterbleibt, weil die E-Mail-Werbung einen Eingriff in das Persönlichkeitsrecht des Empfängers darstellt.

6. Schließlich haben Wettbewerber der neuen Firma Unterlassungsansprüche wegen der unerbetenen Werbung per E-Mail. Diese Ansprüche könnten auch von Wettbewerbsverbänden oder einer Verbraucherzentrale geltend gemacht werden.

Wird eine Rechtsverletzung begangen, kann dies verschiedene rechtliche Konsequenzen haben. Zunächst ist zu unterscheiden zwischen strafrechtlichen, verwaltungsrechtlichen und zivilrechtlichen Sanktionen.

Übersicht – Konsequenzen von Rechtsverletzungen

- Strafrecht (z.B. Computerbetrug, Urheberrechtsverletzungen, Beleidigungen)
- Ordnungswidrigkeit (z.B. Datenschutzverstöße, Fehler im Webimpressum)
- Zivilrechtliche Sanktionen (z.B. Verstöße gegen Wettbewerbsrecht, Urheberrechtsverletzungen, Markenverstöße)

11.3.1 Strafrechtliche Sanktionen

Nur in Ausnahmefällen wird das Verhalten eines Unternehmens im Wettbewerb auch strafrechtlich relevant sein. In diesem Fall wird die Staatsanwaltschaft ermitteln. Ergibt sich ein hinreichender Tatverdacht, muss letztlich ein Strafgericht entscheiden, ob der Beschuldigte strafbar gehandelt hat. In diesem Fall wird es eine Strafe verhängen. Es wird also ein staatlicher Strafanspruch durchgesetzt. Der Geschädigte hat davon keinen unmittelbaren Vorteil.

Beispiel: Klick-Betrug

Wird einem Wettbewerber durch Vortäuschen von Klicks ein Schaden zugefügt, kann dies als Computerbetrug nach § 263a StGB strafbar sein.

Es gibt strafbare Handlungen, die nur auf Antrag (Strafanzeige) verfolgt werden. Bei anderen muss die Staatsanwaltschaft von Amts wegen ermitteln, wenn sich der Verdacht einer Straftat ergibt.

11.3.2 Ordnungswidrigkeiten

Eine mögliche Folge von Gesetzesverstößen sind auch ordnungsbehördliche Maßnahmen. In diesem Fall wird die zuständige Behörde den Sachverhalt aufklären und womöglich ein Ordnungsgeld verhängen. Geht der Betroffene gegen den Bescheid vor, landet ein entsprechendes Verfahren vor den Strafgerichten. Auch von einem Bußgeldverfahren hat ein Geschädigter nichts: Ordnungsgelder gehen zugunsten der Staatskasse.

Beispiel: Verstoß gegen Datenschutz

Viele datenschutzrechtliche Vorschriften sind als Ordnungswidrigkeiten bußgeldbewehrt. § 43 BDSG sieht einen ganzen Katalog an Ordnungswidrigkeiten vor. Denkbar ist, dass die zuständigen Datenschutzbehörden nach einer entsprechenden Anhörung ein Ordnungsgeld verhängen. Bisher ist dies noch relativ selten. Es ist jedoch damit zu rechnen, dass die Behörden in Zukunft verstärkt von dieser Sanktion Gebrauch machen.

11.3.3 Zivilrechtliche Folgen

Viele rechtswidrige Handlungen sind weder strafbar, noch werden sie vom Staat als Ordnungswidrigkeit geahndet. Nur der Betroffene (oder klageberechtigte Verbände) können gegen den Rechtsverstoß etwas unternehmen. Dementsprechend muss der Verletzer nur von diesen eine Inanspruchnahme fürchten.

Wiederum ist zu unterscheiden zwischen dem Anspruch, dass der Verletzer das beanstandete Verhalten in Zukunft unterlasse (Unterlassungsanspruch) und dem etwaigen Anspruch auf Ersatz des eingetretenen Schadens (Schadensersatzanspruch). Ob Unterlassungsansprüche und/oder Schadensersatzansprüche bestehen, bemisst sich stets nach dem verletzten Gesetz und ob der Verletzer schuldhaft gehandelt hat.

Überblick – Mögliche Konsequenzen von Rechtsverletzungen

- Strafbarkeit
- Ordnungswidrigkeit
- Zivilrechtliche Folgen
  - Unterlassungsansprüche
    - Direkt Betroffene
      Markeninhaber
      Urheber
      Konkurrenten bei vergleichender Werbung
      Empfänger von E-Mail-Werbung
    - Wettbewerber
    - Klageberechtigte Organisationen
  - Schadensersatz- oder Aufwendungsersatzansprüche
    - Direkt Betroffene
    - Wettbewerber
    - Klageberechtigte Organisationen

11.4 Abwehr von Ansprüchen

Zivilrechtliche Unterlassungsansprüche werden üblicherweise zunächst mit einer Abmahnung (Was ist eine Abmahnung? Siehe Abschnitt 11.1.2) geltend gemacht, bevor gerichtlich gegen den vermeintlichen Verletzer vorgegangen wird (zum Verfahren siehe vor allem die Grafik bei Abschnitt 11.1.1).

11.4.1 Abmahnung erhalten, was nun?

Wer eine Abmahnung erhalten hat, muss vor allem schnell handeln. In der Regel wird in dem Abmahnschreiben eine Frist gesetzt sein. Es empfiehlt sich, diese Frist einzuhalten. Ob ein Rechtsanwalt mit der Prüfung der geltend gemachten Ansprüche beauftragt werden sollte, hängt davon ab, wie eindeutig die Rechtslage ist. Nur wenn im Unternehmen gewisse Erfahrung im Umgang mit Abmahnungen und der Abgabe von Unterlassungserklärungen besteht, sollte auf die Einschaltung eines Juristen verzichtet werden.

Maßnahme	Anwaltliche Hilfe
Prüfung, ob die Vorwürfe in tatsächlicher Hinsicht zutreffend sind	Nicht erforderlich
Rechtliche Prüfung, ob wirklich ein Verstoß vorliegt	Empfehlenswert, es sei denn, der Fall ist sehr eindeutig und im Unternehmen besteht Abmahnerfahrung
Entscheidung, ob eine Unterlassungserklärung abgegeben werden soll	Ist eine wirtschaftliche Frage, die das Unternehmen entscheiden muss
Einstellen aller Verstöße online und offline Anweisung an alle Partner, etwaige Verstöße zu beenden Kontrolle, ob alle Verstöße eingestellt wurden	Nein, nur in Zweifelsfällen
Prüfung des Umfangs der geforderten Unterlassungserklärung	Empfehlenswert, es sei denn, der Fall ist sehr eindeutig und im Unternehmen besteht Abmahnerfahrung
Abgabe einer (modifizierten) Unterlassungserklärung (UE)	Empfehlenswert, es sei denn, der Fall ist sehr eindeutig und im Unternehmen besteht Abmahnerfahrung
Wird keine UE abgegeben: Entscheidung, ob Schutzschrift eingereicht werden sollte	Ist eine wirtschaftliche Frage, die das Unternehmen unter Berücksichtigung der Rechtslage entscheiden muss
Ggf. Einreichen einer Schutzschrift	Erforderlich, vor Landgerichten herrscht Anwaltszwang

Tabelle 11.2: Maßnahmen nach Erhalt einer Abmahnung

Maßnahme	Anwaltliche Hilfe
Chancen einer Gegenabmahnung prüfen und ggf. versenden	Empfehlenswert, es sei denn, der Fall ist sehr eindeutig und im Unternehmen besteht Abmahnerfahrung
Wird eine einstweilige Verfügung oder Klageschrift zugestellt: unmittelbare Reaktion	Erforderlich, vor Landgerichten herrscht Anwaltszwang

Tabelle 11.2: Maßnahmen nach Erhalt einer Abmahnung (Forts.)

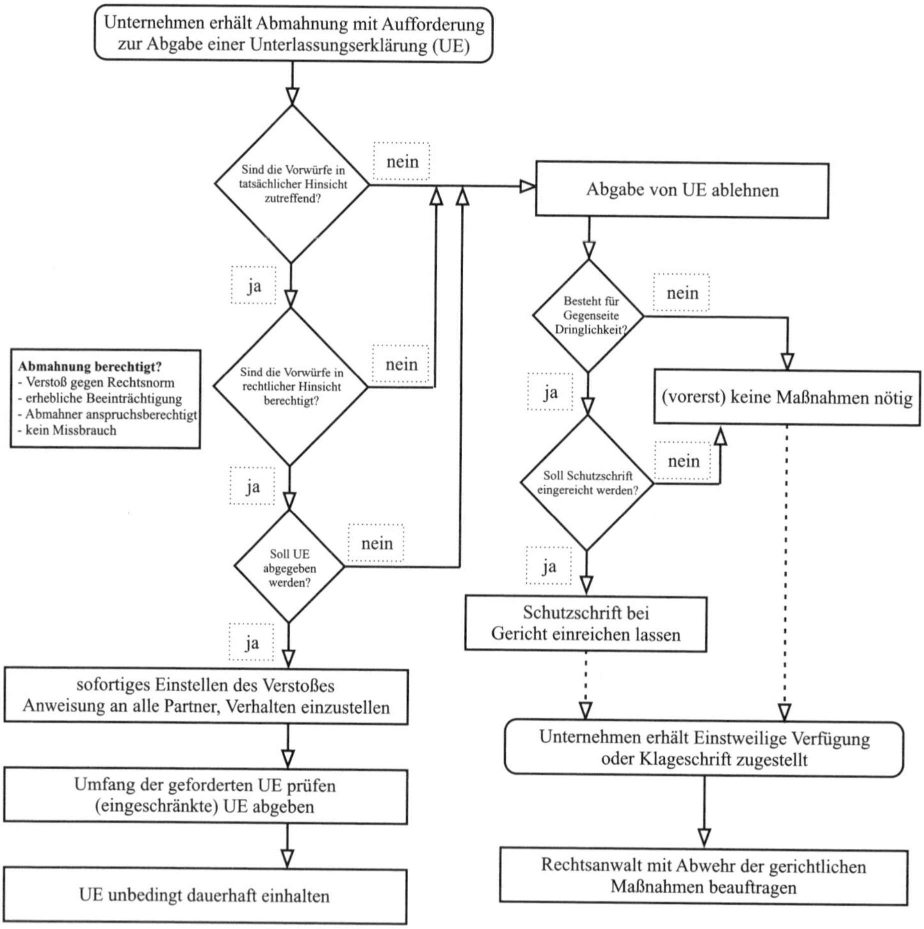

Abb. 11.3: Abmahnung erhalten, was nun? (vereinfacht)

11.4.2 Ist die Abmahnung berechtigt?

Eine Unterlassungserklärung muss nur abgegeben werden, wenn die mit der Abmahnung geltend gemachten Ansprüche berechtigt sind.

Checkliste – Eine Abmahnung ist berechtigt, wenn

- ✓ der Abgemahnte gegen die genannte Rechtsnorm verstoßen hat
- ✓ die Beeinträchtigung nicht unerheblich ist
- ✓ der Abmahner anspruchsberechtigt ist (z.B. wirklich ein Mitbewerber)
- ✓ kein Missbrauch vorliegt

Verstoß gegen die Rechtsnorm

Die Frage, ob ein Verstoß gegen die in der Abmahnung aufgeführten Rechtsnormen vorliegt, zerfällt in zwei Teilfragen: Ist der Vorwurf in tatsächlicher Hinsicht zutreffend? Ist dieses Verhalten rechtswidrig?

Häufig wird sich ein abgemahntes Unternehmen erst einmal mit der Sachverhaltsaufklärung befassen müssen. Die Abmahnung landet womöglich in der Rechtsabteilung, deren Aufgabe es dann zunächst ist, schnell die Verantwortlichen ausfindig zu machen. Stellt sich heraus, dass die in der Abmahnung behaupteten Vorwürfe nicht zutreffend sind, braucht in aller Regel keine Unterlassungserklärung abgegeben zu werden. Es ist nicht einmal Pflicht, auf die Abmahnung überhaupt zu reagieren.

Die zweite Frage kann zuverlässig nur von einem Juristen eingeschätzt werden, ob nämlich in dem beanstandeten Verhalten tatsächlich eine Rechtsverletzung besteht. Sind Sie sich als Unternehmer nicht sicher, sollten Sie Expertenrat hinzuziehen.

Bagatellschwelle überschritten

Grundsätzlich löst jeder Rechtsverstoß bei Vorliegen von Wiederholungsgefahr einen Unterlassungsanspruch aus. Im Wettbewerbsrecht gibt es aber den Grundsatz, dass nur solche Verstöße überhaupt wettbewerbswidrig sein sollen, die dazu geeignet sind, die Interessen der anderen Marktteilnehmer spürbar zu beeinträchtigen. Dies kann dazu führen, dass marginale Verstöße gegen geltendes Recht zwar Rechtsverstöße sind und bleiben, aber nicht mit den Mitteln des Wettbewerbsrechts verfolgt werden können.

Beispiel: Digitale Bilderrahmen in Zoll

Ein Internethändler verkaufte über eine Internetplattform digitale Bilderrahmen. Die Maße gab er dabei durchgängig in Zoll an. Nach dem Gesetz über die Einheiten im Messwesen und die Zeitbestimmung müssen allerdings auch bei digitalen Bilderrahmen die Maßangaben in Zentimeter erfolgen. Das Gericht bestätigte zwar, dass ein Verstoß vorlag, sagte aber, dass der Verstoß ausnahmsweise die Spürbarkeitsgrenze nicht überschritten habe, so dass der Antrag auf Erlass einer einstweiligen Verfügung abzuweisen sei. [OLG Hamm 11/04]

Die Spürbarkeitsgrenze ist jedoch kein Freibrief für Wettbewerbsverstöße. Nur im Ausnahmefall halten Gerichte die Bagatellschwelle für nicht überschritten.

Anspruchsberechtigung des Abmahners

Anspruchsberechtigt sind zum einen diejenigen, deren Rechte unmittelbar verletzt sind (z.B. der Empfänger einer Spam-E-Mail oder der Urheber, dessen Text ohne Berechtigung kopiert wird). Andererseits kann Anspruchsinhaber auch ein Wettbewerber sein, der von der Rechtsverletzung nur insofern tangiert wird, als sich der Verletzer durch den Gesetzesverstoß einen Vorsprung im Wettbewerb verschafft (z.B. im Falle der irreführenden Werbung oder des Fehlens der Widerrufsbelehrung).

Schließlich können im Wettbewerbsrecht Ansprüche auch von klageberechtigten Organisationen geltend gemacht werden.

Übersicht – Klageberechtigte Organisationen

- Wettbewerbsvereine (Wettbewerbszentrale, Verband sozialer Wettbewerb)
- Verbraucherschutzverbände (vzbv, lokale Verbraucherzentralen)
- Viele gemeinnützige Vereine (ADAC, BUND, Deutscher Mieterbund)
- Industrie- und Handelskammern
- Handwerkskammern

Kein Missbrauch

Dass die Abmahnung in den vergangenen Jahren stark in Verruf geraten ist, hängt mit dem als Abmahnungsmissbrauch bekannt gewordenen Phänomen zusammen. Viele Abmahnungen werden in der Online-Branche als missbräuchlich angesehen, weil die Verstöße denkbar gering sind und dem verhältnismäßig hohe Kosten gegenüberstehen. So sind Fälle keine Seltenheit, in denen wegen eines vergessenen Vornamens im Webimpressum Kosten von fast 1.000,- Euro anfallen sollten.

Dies hat seinen Hintergrund darin, dass bei einer berechtigten Abmahnung auch die Anwaltskosten zu erstatten sind (vgl. Abschnitt 11.2). Diese Anwaltskosten berechnen sich nach dem Rechtsanwaltsvergütungsgesetz und hängen von der Höhe des Gegenstandswertes ab. Der Streitwert ist in Verfahren des gewerblichen Rechtsschutzes und des Wettbewerbsrechts üblicherweise sehr hoch. Bei Verstößen gegen das Wettbewerbsrecht werden selten Streitwerte unter 10.000,- Euro angenommen. In Markensachen ist Standardstreitwert 50.000,- Euro. Für eine Abmahnung kommen so schnell über 1.500,- Euro Anwaltskosten zusammen.

Abmahnungsmissbrauch Dies hat Geschäftemacher auf den Plan gerufen, die mit Abmahnungen schnelles Geld machen wollten. Dabei sind sie von zwei Umständen begünstigt worden: Im Internet lassen sich Verstöße sehr schnell aufspüren und im Internet gilt man sehr schnell als Wettbewerber, weil die räumliche Marktabgrenzung wegfällt. Wer in Kiel mit Notebook-Akkus handelt, wird zum Wettbewerber des Münchner Akku-Händlers, sobald einer von beiden seine Produkte auch online verkauft. In diesem Moment buhlen nämlich beide um die gleichen Kunden.

Die sogenannten Abmahnanwälte müssen dann nur Mandanten haben, die im Internet tätig sind, um Händler ähnlicher Waren abmahnen und die Gebühren kassieren zu können. Dabei sind Massenabmahnungen bekannt geworden, in denen mehr als 1.000 Abmahnungen innerhalb von wenigen Monaten verschickt worden sind.

Grenze in § 8 Abs. 4 UWG Diesem Abmahnmissbrauch versucht § 8 Abs. 4 des Gesetzes gegen den Unlauteren Wettbewerb (UWG) einen Riegel vorzuschieben. Nach dieser Vorschrift ist die Geltendmachung von Unterlassungsansprüchen unzulässig, wenn sie missbräuchlich ist, insbesondere wenn »sie vorwiegend dazu dient, gegen den Zuwiderhandelnden einen Anspruch auf Ersatz von Aufwendungen oder Kosten der Rechtsverfolgung entstehen zu lassen«.

Insbesondere wenn Anwälte in eigener Sache abmahnen oder »enge Kooperationen« mit ihren Mandanten eingehen und massenhaft Abmahnungen aussprechen, liegt der Verdacht nahe, dass das Interesse an den Abmahngebühren im Vordergrund steht. Kann dieser Missbrauch nachgewiesen werden, ist die Geltendmachung des Anspruchs unzulässig.

Checkliste – Abmahnmissbrauch

Indizien für Missbrauch können sein:

- ✓ Es wird eine Vielzahl von Abmahnungen ausgesprochen.
- ✓ Mehrere Verstöße werden getrennt geltend gemacht.
- ✓ Es werden ungewöhnlich kurze Fristen gesetzt.
- ✓ Der Abmahner ist nur in sehr geringem Umfeld im Geschäftsfeld des Wettbewerbers tätig.
- ✓ Es werden ungewöhnlich hohe Streitwerte angesetzt.
- ✓ Das Kostenrisiko ist durch Prozessfinanzierer gesichert.

Allein die Tatsache, dass ein Unternehmen viele Konkurrenten wegen gleichgearteter Verstöße abmahnen lässt, ist jedoch kein ausreichendes Indiz für eine missbräuchliche Abmahnung. Die genannten Punkte sind jeweils nur Indizien und genügen in der Regel für sich genommen noch nicht für die Annahme von Missbrauch.

Beispiel: Viele Stadtpläne im Internet

Die Eurocities AG mahnt in großem Stil Website-Betreiber ab, die Ausschnitte aus Stadtplänen, die von der Eurocities AG erstellt wurden, auf ihren Websites verwenden. Die Tatsache, dass diese Abmahnungen massenhaft geschehen, bietet für sich genommen noch keinen Grund zu der Annahme, dass die Abmahnungen missbräuchlich sind. [AG Berlin-Charlottenburg 11/05]

11.4.3 Abgabe einer Unterlassungserklärung

Ist die Abmahnung berechtigt, ist es in der Regel ratsam, eine Unterlassungserklärung abzugeben (zu Konstellationen, in denen das nicht der Fall sein mag, siehe Abschnitt 11.4.4). Allerdings muss genau geprüft werden, in welchem Umfang eine solche Erklärung abgegeben werden sollte.

Geforderte Unterlassungserklärung genau prüfen!

Oftmals sind vom Abmahnenden vorformulierte Unterlassungserklärungen weiter gefasst, als dies für die Ausräumung der Wiederholungsgefahr nötig ist. So wird Unterlassungserklärungen oft ein Sachverhalt zugrunde gelegt, der sich von dem tatsächlichen Geschehen unterscheidet. Die geforderte Unterlassungserklärung muss sich stets an dem Verstoß orientieren und darf nicht darüber hinausgehen. Ist die Erklärung zu weit gefasst, spricht nichts dagegen, die Unterlassungsverpflichtung zu beschränken. Hier steckt der Teufel allerdings häufig im Detail, so dass es ratsam ist, anwaltlichen Rat einzuholen, bevor die Unterlassungserklärung abgegeben wird.

Häufig sind in vorformulierten Unterlassungserklärungen des Abmahnenden auch Verpflichtungen zur Erstattung von Kosten enthalten. Ob ein Kostenerstattungsanspruch besteht (vgl. Abschnitt 11.2), ist unabhängig von der Unterlassungserklärung. Ein Anspruch auf eine zusätzliche Bestätigung des Anspruchs auf Kostenerstattung in einer gesonderten Erklärung besteht für den Abmahnenden nicht.

Erst Verhalten einstellen, dann Unterlassungserklärung abgeben

Mit Abgabe der Unterlassungserklärung wird sofort die Vertragsstrafe fällig, wenn das beanstandete Verhalten fortbesteht. Das bedeutet, dass vor Abgabe einer Erklärung der gerügte Verstoß beendet werden muss.

Beispiel: Auslandsversandkosten

Rügt der Abmahnende, dass Bestellungen bei einem Versandhändler in die Schweiz ausgeführt werden, ohne dass die Auslandsversandkosten klar und deutlich angegeben sind, müssen vor der Unterwerfung entweder in allen Shops und auf allen Plattformen die Versandkosten ins Ausland, insbesondere in die Schweiz, angegeben sein, oder Bestellungen aus dem Ausland dürfen nicht mehr bearbeitet werden.

Das wird noch insofern kompliziert, als die Unterlassungsverpflichtung nicht nur für genau den in der Erklärung dargestellten Sachverhalt gilt, sondern darüber hinaus auch für Verstöße, die mit dem beschriebenem Szenario vergleichbar sind. In der Rechtsprechung heißt es in diesem Zusammenhang, dass auch »kerngleiche Verstöße« erfasst seien.

Liegt ein Verstoß gegen die Unterlassungserklärung vor, muss die Vertragsstrafe gezahlt werden. Allerdings setzt die Zahlungsverpflichtung voraus, dass der Verpflichtete schuldhaft gehandelt hat. Er muss also mindestens fahrlässig gegen die Unterlassungserklärung verstoßen haben. Dabei muss sich das betreffende Unternehmen nicht nur eigenes Verschulden, sondern jegliche Handlungen von Beauftragten zurechnen lassen.

Vorsicht: Vor Abgabe von Erklärungen alle Verstöße beseitigen

Bevor die Unterlassungserklärung abgegeben wird, muss der Verstoß vollständig beseitigt sein. Außerdem müssen alle Vorkehrungen getroffen werden, um einen neuen Verstoß zu verhindern.

Das setzt voraus, dass im Zusammenhang mit der Abgabe einer Unterlassungserklärung alles Zumutbare getan wird, um einen Verstoß in Zukunft zu unterbinden. Dazu kann zählen, alle beauftragten Agenturen anzuweisen, eine entsprechende Werbung nicht mehr zu schalten. Mitarbeiter müssen angewiesen werden, auf Einhaltung der Verpflichtung zu achten. Laufende Werbeverträge müssen gekündigt oder geändert werden, wenn das nötig ist, um der Pflicht Genüge zu tun.

Beispiel: Das Foto des Geigers

Ein gemeinnütziger Verein verwendete ein Bild des berühmten Violinisten Lord Yehudi Menuhin auf seiner Website ohne Zustimmung des Fotografen. Auf eine Abmahnung des Urhebers hin gab der Verein eine Unterlassungserklärung ab und entfernte die Links zu dem Bild. Allerdings ist versehentlich übersehen worden, auch die JPG-Dateien vom Server zu entfernen, so dass die Bilder weiterhin abrufbar, wenn auch nicht verlinkt waren. Der Fotograf nahm den Verein auf Zahlung der Vertragsstrafe in Anspruch und gewann vor Gericht. [LG Hamburg 11/06]

Ohne Anerkennung einer Rechtspflicht

Häufig werden Unterlassungserklärungen abgegeben, obgleich sich das abgemahnte Unternehmen im Recht fühlt. In diesen Fällen wird die Erklärung abgegeben, um einem gerichtlichen Streit und den damit verbundenen Risiken aus dem Weg zu gehen. Das kann insbesondere dann sinnvoll sein, wenn die Einhaltung der Verpflichtung keine Schwierigkeiten bereitet und ein Streit darüber nicht lohnt.

In einem solchen Fall sollte die Unterlassungserklärung mit dem Zusatz »ohne Anerkennung einer Rechtspflicht gleichwohl rechtsverbindlich« abgegeben werden. Der Erklärende bringt damit zum Ausdruck, dass er die Folgen der Unterlassungserklärung als für sich bindend ansieht, eine rechtliche Verpflichtung zur Unterlassung jedoch nicht anerkennt. Der Abgemahnte kann sich dann immer noch mit Erfolgsaussicht gegen die Kosten der Abmahnung zur Wehr setzen.

Dass er eine Unterlassungserklärung abgegeben hat, erlaubt nicht den Schluss, dass die Abmahnung berechtigt war.

Vorsicht: Jeder Verstoß führt zur Vertragsstrafe

Wird eine Unterlassungserklärung abgegeben, führt jeder schuldhafte Verstoß zum Vertragsstrafenanspruch der Gegenseite. Auch wenn die Abmahnung ursprünglich unberechtigt war, kann die Vertragsstrafe verlangt werden. Entscheidend ist dann nur, ob gegen die Unterlassungsverpflichtung verstoßen wurde. Auf den originären Vorwurf kommt es nicht an.

Abgabe der Erklärung gegenüber einem Dritten

Hat sich der Abgemahnte bereits einem anderen gegenüber verpflichtet, den Rechtsverstoß in Zukunft zu unterlassen, stellt sich die Frage, ob damit die Wiederholungsgefahr entfallen und der Anspruch des Abmahnenden aufgehoben ist.

Die Rechtsprechung lässt die Drittunterwerfung genügen, wenn der Dritte nicht im Verdacht steht, zum Nachteil des Abmahnenden mit dem Verletzer zusammenzuarbeiten und sicher ist, dass der Dritte im Falle der Zuwiderhandlung gegen den neuerlichen Verstoß vorgehen wird.

Zwar entfällt in einer solchen Konstellation der Unterlassungsanspruch, einen Anspruch auf Erstattung seiner Kosten hat der Abmahnende allerdings meist dennoch.

11.4.4 Unterlassungserklärung oder einstweilige Verfügung?

Wer wegen eines Rechtsverstoßes abgemahnt wird, hat verschiedene Möglichkeiten, darauf zu reagieren. Ergibt die Prüfung der geltend gemachten Ansprüche, dass diese jedenfalls nicht völlig von der Hand zu weisen sind, steht die Entscheidung im Raum, ob eine Unterlassungserklärung abgegeben werden soll.

Es kann Situationen geben, in denen es empfehlenswert ist, sich nicht zu unterwerfen, sondern das Risiko einer einstweiligen Verfügung in Kauf zu nehmen.

Dies ist zum einen gegeben, wenn die geltend gemachten Ansprüche wackelig sind. Hier kann es Sinn machen, gerichtlich überprüfen zu lassen, ob und in welchem Umfang ein Unterlassungsanspruch besteht. Ist eine Unterlassungserklärung erst einmal abgegeben, gilt diese zwischen den Parteien als bindend. Dass das beanstandete Verhalten womöglich überhaupt nicht rechtswidrig ist, hilft dem Schuldner dann nicht mehr.

Hinzu kommt, dass sich der Abmahnende bei wackeligen Ansprüchen gut überlegen wird, ob er tatsächlich versucht, eine gerichtliche Lösung herbeizuführen. Schließlich erhöht sich auch für ihn das Kostenrisiko. Es ist gar nicht so selten, dass Abmahnungen ausgesprochen, aber eine gerichtliche Verfolgung der angeblichen Ansprüche ausbleibt.

Ein wesentlicher Punkt, der dafür sprechen kann, lieber eine einstweilige Verfügung gegen sich ergehen zu lassen, als einem Abmahnenden eine Vertragsstrafe zu versprechen, liegt darin, dass der Gegenseite im Falle eines Verstoßes eine Vertragsstrafe zusteht, während bei einer einstweiligen Verfügung ein etwaiges Ordnungsgeld der Staatskasse zukommt. Ein Ordnungsmittelverfahren wird zwar auch von demjenigen angestoßen, der die einstweilige Verfügung erwirkt hat. Er selbst hat davon aber keinen unmittelbaren Vorteil. Dies mag die Neigung senken, wegen jedes kleinen Verstoßes aktiv zu werden. Ist es also wegen der Besonderheiten des Falles nicht sicher möglich, innerhalb kürzester Zeit alle bestehenden Verstöße einzustellen und etwa Vertriebspartner (oder zum Beispiel Publisher in Affiliate-Systemen) dazu anzuhalten, die angeblich rechtswidrige Werbung zu unterlassen, ist das Versprechen einer Vertragsstrafe riskant.

Hinweis: Einstweilige Verfügung kann Vorteile haben

In einigen Fällen kann es sinnvoll sein, eine einstweilige Verfügung gegen sich ergehen zu lassen und keine Unterlassungserklärung abzugeben. Dies gilt vor allem bei unsicherer Rechtslage und wenn nicht sichergestellt werden kann, dass sämtliche Verstöße sofort abgestellt werden können.

11.4.5 Gegenabmahnung

Als ein probates Mittel zur Abwehr von mit einer Abmahnung geltend gemachten Ansprüchen, die zwar nicht missbräuchlich sind, aber doch in erster Linie dazu dienen sollen, dem Konkurrenten Ärger und Aufwand zu verursachen, wird bisweilen eine Gegenabmahnung angesehen.

Dabei wird der mit der Abwehr der Abmahnung beauftragte Rechtsanwalt gebeten, auf der Website des abmahnenden Wettbewerbers nach Rechtsverstößen zu suchen, um seinerseits abmahnen zu können. Manchmal können die geltend gemachten Ansprüche auf diese Weise aus der Welt geschafft werden: Man einigt sich schlicht darauf, die gegenseitigen Ansprüche nicht weiter zu verfolgen.

Hier ist aber in doppelter Hinsicht Vorsicht geboten. Zum einen sind Gegenabmahnungen schon ihrerseits als missbräuchlich angesehen worden, weil es dem Gegenabmahnenden erkennbar nicht um die Sache, sondern um sachfremde Motive gehe. Zum anderen hat ein solcher Konflikt das Potenzial, sich zu einer nicht enden wollenden Auseinandersetzung auszuwachsen, die beide Parteien viel Geld und Mühe kostet.

11.4.6 Erstattung von Anwaltskosten

Für den Abgemahnten misslich ist, dass ein Erstattungsanspruch für die Abwehr eines unberechtigt geltend gemachten Unterlassungsanspruchs im Wettbewerbsrecht nicht ohne Weiteres besteht. Dies gilt generell im deutschen Recht. Wer eine Rechnung über 100.000,- Euro erhält und seinen Anwalt prüfen lässt, ob die Rechnung berechtigt ist, kann die entstehenden Rechtsanwaltskosten auch dann nicht erstattet verlangen, wenn sich die Forderung als unberechtigt herausstellt. Nur in krassen Ausnahmefällen, wenn die Forderung etwa missbräuchlich geltend gemacht wird, kann sich ein Schadensersatzanspruch ergeben.

Achtung: Keine Erstattung von Kosten des Abgemahnten

Wer abgemahnt wird und einen Anwalt mit der Prüfung der Abmahnung beauftragt, kann die entstehenden Kosten in der Regel nicht erstattet verlangen.

Im Markenrecht ist die Rechtsprechung großzügiger: Wer eine unberechtigte, auf Markenrecht gestützte Abmahnung erhält, kann die dadurch entstehenden (Anwalts-)Kosten bei dem Abmahnenden geltend machen.

Rechtsprechungsübersicht

In diesem Annex finden Sie die Gerichtsentscheidungen, auf die in den einzelnen Kapiteln verwiesen wurde. Die Entscheidungen sind in der Reihenfolge aufgelistet, wie sie in den einzelnen Kapiteln erwähnt sind. Die Ordnungsziffern am Anfang sollen Ihnen das Auffinden erleichtern. Dabei bezeichnet die erste Ziffer die Nummer des Kapitels und die zweite Ziffer die laufende Ziffer der Urteile in dem jeweiligen Kapitel.

Wiedergegeben sind hier jeweils nur Datum und Aktenzeichen sowie ein Leitsatz zu jedem einzelnen Gerichtsurteil. Auf der Website zum Buch, `www.online-marketing-recht.de`, finden Sie Links auf die Volltexte der Urteile für weitergehende Recherchen.

A.1 Kapitel 2: Domains

02/01 – BGH – mitwohnzentrale.de

BGH vom 17.5.2001, Az. I ZR 216/99

Die Verwendung eines beschreibenden Begriffs als Domain-Name ist nicht generell wettbewerbswidrig.

02/02 – BGH – kurt-biedenkopf.de

BGH vom 19.2.2004, Az. I ZR 82/01

Dem Namensinhaber, der die Löschung eines Domain-Namens wegen Verletzung seiner Rechte veranlasst hat, steht ein Anspruch auf »Sperrung« des Domain-Namens für jede zukünftige Eintragung eines Dritten nicht zu. Die DENIC eG ist auch bei weiteren Anträgen Dritter auf Registrierung desselben Domain-Namens grundsätzlich nicht zu der Prüfung verpflichtet, ob die angemeldete Bezeichnung Rechte des Namensinhabers verletzt.

02/03 – OLG München – ritter.de

OLG München vom 5.12.2002, Az. 6 U 5770/01

Wird ein Vertrag über »das Besorgen« einer Domain abgeschlossen, kann der Kunde davon ausgehen, dass die Übertragung der Domain auf ihn und die Anmeldung für ihn als Domain-Inhaber geschuldet sind.

02/04 – BGH – braunkohle-nein.de

BGH vom 25.3.2010, Az. I ZR 197/08

Bei der treuhänderischen Registrierung einer Domain kann der Treugeber von dem Treuhänder die Übertragung der Domain verlangen.

02/05 – OLG Hamm – aldireisen.de

OLG Hamm vom 1.4.2003, Az. 4 U 157/02

Dem Firmenschlagwort »Aldi« kommt eine überragende Bedeutung im Sinne des Markenrechts zu. Die Wertschätzung der Bezeichnung wird ohne rechtfertigenden Grund durch die Verwendung der Internet-Domain `aldireisen.de` durch einen Nichtberechtigten ausgenutzt.

02/06 – OLG München – rolls-royce.de

OLG München vom 12.8.1999, Az. 6 U 4484/98

Die »Reservierung« von Domain-Namen, die bekannte Firmennamen enthalten, verstößt gegen § 12 BGB, wenn kein sachlicher Bezug besteht.

02/07 – OLG Frankfurt – drogerie.de

OLG Frankfurt vom 19.2.2002, Az. 6 U 128/01

Ein Drogistenverband kann vom Inhaber der Domain `drogerie.de` nicht die Unterlassung der Domain-Nutzung oder deren Löschung verlangen. Ein Unterlassungsanspruch wegen vorsätzlicher sittenwidriger Schädigung steht dem Verband selbst dann nicht zu, wenn der Domain-Inhaber eine Vielzahl von Domains besitzt, die aus beschreibenden Begriffen gebildet wurden, ohne entsprechende Internetportale zu unterhalten.

02/08 – LG Berlin – naeher.de

LG Berlin vom 21.2.2008, Az. 52 O 111/07

Eine Markenrechtsverletzung durch Verwendung eines Domain-Namens kommt erst in Betracht, wenn die Domain im geschäftlichen Verkehr genutzt wird. Für die Feststellung eines Domain-Grabbings reicht die Tatsache, dass die beklagte Partei zahlreiche Domains zum Kauf anbietet, nicht aus. Die konkrete Domain muss angeboten werden. Eine Namensanmaßung kommt regelmäßig nicht in Betracht, wenn es sich um einen Familiennamen handelt, der zugleich rein beschreibende Bedeutungen aufweist.

02/09 – BGH – weltonline.de

BGH vom 2.12.2004, Az. I ZR 207/01

In der Registrierung eines Gattungsbegriffs als Domain-Name liegt in der Regel keine sittenwidrige Schädigung, auch wenn es naheliegt, dass ein Unternehmen diesen Domain-Namen für seinen Internetauftritt verwenden könnte.

02/10 – OLG München – fwt-koeln.de

OLG München vom 5.10.2006, Az. 29 U 3143/06

Wer gezielt freiwerdende Domains registriert, um sie dem früheren Domain-Inhaber zum Kauf anzubieten, handelt rechtswidrig.

02/11 – LG Hamburg – bundesliag.de

LG Hamburg vom 31.8.2006, Az. 315 O 279/06

Die Inhaberin einer bekannten Marke und einer gleichlautenden Domain hat grundsätzlich Unterlassungsansprüche gegen den Inhaber einer Tippfehler-Domain. Die Störung des Namensrechts liegt dabei allein schon in der Registrierung der Domain, auch ohne dass Inhalte hinterlegt sind.

02/12 – LG Hamburg – wwwmoebel.de

LG Hamburg vom 16.7.2009, Az. 327 O 117/09

Werden Gattungsbegriffe als Domains verwendet, besteht nicht ohne Weiteres ein Unterlassungsanspruch gegen die Registrierung von Tippfehler-Domains.

02/13 – BAG – results.de

BAG vom 7.9.2004, Az. 9 AZR 545/03

Der Inhaber einer Marke kann unter anderem dann Unterlassung der Nutzung einer Internet-Domain verlangen, wenn ein Dritter ein dieser Bezeichnung ähnliches Zeichen im geschäftlichen Verkehr unbefugt als Domain nutzt. Der vom Schutz des vollständigen Firmennamens abgeleitete Schutz als Unternehmenskennzeichen kann auch für einen Teil eines Firmennamens beansprucht werden.

02/14 – OLG Hamburg – awd-aussteiger.de

OLG Hamburg vom 18.12.2003, Az. 3 U 117/03

Bei der Beurteilung, ob eine Domain rechtswidrig ist, muss auch auf den Inhalt der Website abgestellt werden. Ist die Internet-Domain aus einer fremden Marke und einer kritisch beschreibenden Angabe zusammengesetzt, liegt in deren Verwendung kein markenmäßiger Gebrauch. Eine Markenverletzung ist jedenfalls nicht gegeben, wenn auf der Website selbst ein Informationsforum unterhalten wird, das sich kritisch mit dem Unternehmen befasst.

02/15 – LG Düsseldorf – scheiss-t-online.de

LG Düsseldorf vom 30.1.2002, Az. 2a O 245/01

In der Verwendung einer diffamierenden Bezeichnung im Zusammenhang mit einer Marke in einer Domain liegt stets die Beeinträchtigung der Wertschätzung der Marke. Auf eine Verwechslungsgefahr kommt es nicht an.

02/16 – OLG Hamburg – schufafreierkredit.de

OLG Hamburg vom 6.11.2003, Az. 5 U 64/03

Die Verwendung einer Marke in einem Domain-Namen deutet nicht zwingend auf eine herkunftshinweisende Verwendung hin.

02/17 – BGH – soco.de

BGH vom 22.7.2004, Az. I ZR 135/01

Unternehmen mit einem lokalen Wirkungskreis weisen mit ihrem Internetauftritt nicht zwingend darauf hin, dass sie ihre Waren oder Leistungen bundesweit anbieten wollen.

02/18 – OLG München – freundin.de

OLG München vom 2.4.1998, Az. 6 U 4798/97

Eine bekannte Zeitschrift kann die Verwendung einer Domain mit dem gleichen Titel gerichtlich verbieten lassen.

02/19 – LG Berlin – deutschland.de

LG Berlin vom 11.8.2000, Az. 16 O 101/00

Ist dem Inhaber einer Domain generell die Nutzung seiner Domain (hier: `deutschland.de`) untersagt worden, ist er aufgrund dieses Unterlassungsgebots zur Freigabe der Domain verpflichtet. Er muss deshalb die Registrierung der Domain bei der DENIC eG rückgängig machen.

02/20 – LG Berlin – kanzler-schroeder.de

LG Berlin vom 11.8.2003, Az. 23 O 374/03

Einem Dritten, der unter Verstoß gegen das Namensrecht die Internet-Domain `kanzlerschroeder.de` registrieren lässt und in der Öffentlichkeit nutzt, kann die Nutzung gemäß § 1004 BGB verboten werden.

02/21 – OLG Nürnberg – suess.de

OLG Nürnberg vom 12.4.2006, Az. 4 U 1790/05

Der Träger eines auch als Adjektiv gebräuchlichen Familiennamens kann vom Inhaber einer gleichlautenden Internet-Domain nicht die Unterlassung der Verwendung dieser Domain verlangen, weil der Name nicht unterscheidungskräftig ist.

02/22 – BGH – shell.de

BGH vom 22.11.2001, Az. I ZR 138/99

Kommen mehrere berechtigte Namensträger für einen Domain-Namen in Betracht, führt die in Fällen der Gleichnamigkeit gebotene Abwägung der sich gegenüberstehenden Interessen im Allgemeinen dazu, dass es mit der Priorität der Registrierung sein Bewenden hat. Nur wenn einer der beiden Namensträger eine überragende Bekanntheit genießt und der Verkehr seinen Internetauftritt unter der Domain dieses Namens erwartet, der Inhaber des Domain-Namens dagegen kein besonderes Interesse gerade an dieser Internetadresse dartun kann, kann der Inhaber des Domain-Namens verpflichtet sein, seinem Namen in der Internetadresse einen unterscheidenden Zusatz beizufügen und die andere Domain freizugeben.

02/23 – LG Erfurt – suhl.de

LG Erfurt vom 31.1.2002, Az. 3 O 2554/01

Hat der Gemeindename keine überragende Verkehrsbedeutung und liegt auf beiden Seiten eine redliche Namensnutzung vor, ist die erforderliche Interessenabwägung anhand der besonderen Umstände des Einzelfalls zu treffen. Die Schutzwürdigkeit einer Partei entfällt, wenn sie bereits Inhaberin der Domain war, aber durch die Nichtzahlung der Gebühren ihre Inhaberschaft verloren und so überhaupt erst die anderweitige Nutzung der Domain ermöglicht hat. Im Falle der Gleichnamigkeit bei Privatpersonen ist der Prioritätsgrundsatz jedoch kein tauglicher Maßstab für einen angemessenen Interessenausgleich.

02/24 – OLG Hamm – sauna.de

OLG Hamm vom 2.11.2000, Az. 4 U 95/00

Die Verwendung eines Gattungsbegriffs ohne weitere Zusätze als Domain-Name verstößt nicht gegen das Irreführungsverbot. Bei einem Gattungsbegriff ohne weitere Zusätze erwartet der Internetbenutzer eine Präsentation aus diesem Bereich, nicht aber einen übergeordneten Informationsdienst. Die Registrierung der Internet-Domain `sauna.de` für ein Unternehmen, das den Einbau von Saunen betreibt, führt nicht zu einer wettbewerbswidrigen Behinderung von Konkurrenten.

02/25 – OLG Oldenburg – schulenberg.de

OLG Oldenburg vom 30.9.2003, Az. 13 U 73/03

Streiten zwei Gleichnamige um eine Domain, kann ein Freigabeanspruch nur einer Partei zugesprochen werden, die, absolut gesehen, gegenüber allen Gleichnamigen eine überragende Bekanntheit hat. Ein Rekurrieren auf das (subsidiäre) Prioritätsprinzip ist bei Zuerkennung eines Unterlassungsanspruchs nicht erforderlich, wenn der Anspruchsteller gegenüber dem Anspruchsgegner deutlich bekannter ist. Die eigene Rechtsposition des Domain-Inhabers wird abgewertet, wenn er nicht seine eigenen Interessen und ihn selbst betreffende Angaben unter der Internetadresse vertritt, sondern er anderen Rechtsträgern durch Anbringung von Hyperlinks ein Forum verschafft.

02/26 – BGH – ambiente.de

BGH vom 17.5.2001, Az. I ZR 251/99

Die DENIC eG ist vor der Registrierung grundsätzlich nicht zur Prüfung verpflichtet, ob der angemeldete Domain-Name Rechte Dritter verletzt. Wird die DENIC eG von einem Dritten darauf hingewiesen, dass ein registrierter Domain-Name ein ihm zustehendes Kennzeichenrecht verletzt, kommt eine Haftung nur in Betracht, wenn die Rechtsverletzung offenkundig und für die DENIC eG ohne Weiteres feststellbar ist. Im Regelfall kann die DENIC eG den Dritten darauf verweisen, zunächst den Domain-Inhaber zu verklagen.

02/27 – LG Köln – welle.de

LG Köln vom 8.5.2009, Az. 81 O 220/08

Der Gemeinde Welle stehen gegenüber dem Inhaber der Domain `welle.de`, der diese bei Sedo geparkt hält und veräußern will, keinerlei Ansprüche zu. Dagegen hat der Domain-Inhaber einen Anspruch auf Löschung des von der Gemeinde veranlassten Dispute-Eintrags.

A.2 Kapitel 3: Content der Website

03/01 – BGH – marions-kochbuch.de – Zueigenmachen von Inhalten

BGH vom 12.11.2009, Az. I ZR 166/07

Der Betreiber eines Portals, in das Nutzer für die Öffentlichkeit bestimmte Inhalte einstellen können, haftet für diese Inhalte nach den allgemeinen Vorschriften, wenn er die eingestellten Inhalte vor ihrer Freischaltung auf Vollständigkeit und Richtigkeit überprüft. Dies gilt auch dann, wenn für die Nutzer des Portals erkennbar ist, dass die Inhalte (ursprünglich) nicht vom Betreiber, sondern von Dritten stammen. Ein Hinweis darauf, dass sich der Portalbetreiber die Inhalte zu eigen macht, liegt auch darin, dass er sich umfassende Nutzungsrechte an den fremden Inhalten einräumen lässt und Dritten anbietet, diese Inhalte kommerziell zu nutzen.

03/02- LG Köln – Übernahme von Filmbeschreibungen

LG Köln vom 23.9.2009, Az. 28 O 250/09

Filmbeschreibungen sind schutzfähige Werke, wenn die Texte der Filmbeschreibungen aufgrund eigener Gedankenführung und abweichend von den Formulierungen der offiziellen Filmbeschreibung verfasst wurden. Die Übernahme ist ohne Einwilligung rechtswidrig.

03/03 – OLG Rostock – Urheberschutz von Suchmaschinen-optimierter Website

OLG Rostock vom 27.6.2007, Az. 2 W 12/07

Hat ein Webdesigner eine Internetseite derart optimiert, dass durch den geschickten Einsatz von Sprache erreicht wird, dass bei Eingabe von Alltagsbegriffen in eine Suchmaschine die Website unter den ersten Suchergebnissen erscheint, kommt der Website Urheberrechtsschutz zu.

03/04 – BGH – Entnahme von Tonfetzen

BGH vom 20.11.2008, Az. I ZR 112/06

Ein Eingriff in das Recht des Tonträgerherstellers ist bereits dann gegeben, wenn einem Tonträger kleinste Tonfetzen entnommen werden.

03/05 – OLG Hamburg – Urheberschutz von Computerspielen

OLG Hamburg vom 12.10.1989, Az. 3 U 75/89

Ein japanisches Computerspiel genießt unabhängig davon, ob eine schöpferische Leistung vorliegt, urheberrechtlichen Verbreitungsschutz nach dem Urheberrechtsgesetz.

03/06 – LG Hannover – Negative eBay-Bewertung

LG Hannover vom 13.5.2009, Az. 6 O 102/08

Die in einem Bewertungskommentar getätigte Äußerung, dass beim Kauf eines neuen Mobiltelefons ein »gebrauchtes« Telefon übersandt wurde, stellt eine zulässige Meinungsäußerung und keine Tatsachenbehauptung dar.

03/07 – LG Köln – Porsche wegen Insolvenz abzugeben

LG Köln vom 26.11.2003, Az. 28 O 706/02

Der Betreiber eines Internetportals haftet für Anzeigen Dritter wie für eigene Inhalte, wenn er angibt, die Anzeigen durchzusehen. In diesem Fall ist er verpflichtet, Vorkehrungen zu treffen, dass in den Anzeigen keine das Persönlichkeitsrecht verletzenden Tatsachen verbreitet werden.

03/08 – LG Berlin – Haftung für RSS-Feeds

LG Berlin 27.4.2010, Az. 27 O 190/10

Wer als »Herr des Angebots« fremde RSS-Feeds in seine Website einbindet, macht sich die veröffentlichten Inhalte Dritter zu eigen und haftet als Störer für rechtswidrige Inhalte.

03/09 – OLG Düsseldorf – • -Vermerk

OLG Düsseldorf vom 9.9.2008, Az. I-20 U 123/08

Wird im Internet auf Spielkarten ein ©-Vermerk angebracht, wirkt dies wie Werbung mit einem Schutzrecht an den Karten. Diese Werbung ist irreführend, wenn es sich um Spielkarten handelt, die nicht der Website-Betreiber, sondern ein Dritter entworfen hat.

03/10 – BGH – ®-Zusatz

BGH vom 26.2.2009, Az. I ZR 219/06

Wer ein Zeichen mit dem Zusatz ® verwendet, ohne Inhaber dieser Marke oder einer Lizenz an dieser Marke zu sein, führt den Verkehr regelmäßig in wettbewerblich relevanter Weise irre.

03/11 – BGH – Hyperlinks sind keine Urheberrechtsverletzung

BGH vom 17.7.2003, Az. I ZR 259/00

Wird ein Hyperlink zu einer Datei auf einer fremden Webseite mit einem urheberrechtlich geschützten Werk gesetzt, wird dadurch nicht in das Vervielfältigungsrecht an diesem Werk eingegriffen.

03/12 – OLG Frankfurt – Screen Scraping

OLG Frankfurt vom 5.3.2009, Az. 6 U 221/08

Es ist wettbewerbs- und urheberrechtlich zulässig, fremde Websites im Wege des »Screen Scrapings« zu durchsuchen und auszulesen, wenn die Seiten keine technischen Nutzungs- oder Zugangsbeschränkungen enthalten.

03/13 – OLG Hamburg – Zueigenmachen von Fotografien

OLG Hamburg vom 10.12.2008, Az. 5 U 224/06

Der Betreiber eines Internetangebots kann sich auch Inhalte zu eigen machen, die erkennbar von Dritten hochgeladen wurden. Dies kann etwa dann der Fall sein, wenn die Inhalte so in das Angebot des Betreibers eingebunden werden, dass sie als Teil seines eigenen Angebots erscheinen. Ein Zueigenmachen liegt jedenfalls dann vor, wenn sich jedermann von den hochgeladenen Fotos kostenpflichtige Abzüge bestellen kann.

03/14 – LG Berlin – Erkennbarkeit von Werbelink

LG Berlin vom 26.7.2005, Az. 16 O 132/05

Ein Hyperlink auf der Webseite einer Zeitung, der aus einem redaktionellen Zusammenhang auf eine Werbeseite führt, muss so gestaltet sein, dass dem Nutzer irgendwie erkennbar wird, dass er auf eine Werbeseite verwiesen wird. Fehlt es an einem deutlichen Hinweis auf den Werbecharakter, so stellt dies einen Verstoß gegen den Trennungsgrundsatz dar.

03/15 – BGH – Disclaimer als Lieferbeschränkung

BGH vom 30.3.2006, Az. I ZR 24/03

Der Werbende kann das Verbreitungsgebiet der Werbung im Internet durch einen Disclaimer einschränken, indem er ankündigt, Adressaten in einem bestimmten Land nicht zu beliefern. Um wirksam zu sein, muss ein Disclaimer eindeutig gestaltet und aufgrund seiner Aufmachung als ernst gemeint aufzufassen sein und vom Werbenden auch tatsächlich beachtet werden.

03/16 – LG Hamburg – Das Landgericht Hamburg hat entschieden ...

- LG Hamburg vom 12.5.1998, 312 O 85/98
- Wer auf seiner Website Links auf im Internet vorhandene ehrverletzende Äußerungen über einen Dritten aufnimmt, macht dadurch die ehrverletzenden Tatsachenbehauptungen zu seinen eigenen und haftet wegen Verletzung des allgemeinen Persönlichkeitsrechts sowie der Ehre des Dritten. Daran ändert es auch nichts, wenn hinsichtlich des Inhalts der Äußerungen auf den jeweiligen Autor verwiesen wird.

03/17 – OLG Karlsruhe – Impressumspflicht des Powersellers

OLG Karlsruhe vom 27.4.2006, Az. 4 U 119/04

Ein eBay-Powerseller ist verpflichtet, die Verbraucher über das Bestehen und die Ausübung eines Widerrufs- und Rückgaberechts zu informieren sowie im Rahmen der Anbieterkennzeichnung seine Identität durch Angabe von Name und Adresse offenzulegen.

03/18 – OLG Düsseldorf – Impressumspflicht auf Portalen

OLG Düsseldorf vom 18.12.2007, Az. I-20 U 17/07

Bei Internetportalen sind die einzelnen Anbieter, sofern sie geschäftsmäßige Telemedien anbieten, für ihre Seiten impressumspflichtig.

03/19 – BGH – Impressum Two-Clicks-Away

BGH vom 20.7.2006, Az. I ZR 228/03

Die Angabe einer Anbieterkennzeichnung bei einem Internetauftritt, die über zwei Links erreichbar ist (hier: die Links »Kontakt« und »Impressum«), kann den Voraussetzungen entsprechen, die an eine leichte Erkennbarkeit und unmittelbare Erreichbarkeit i.S. von § 6 TDG (jetzt § 5 TMG) zu stellen sind.

03/20 – OLG Hamburg – Backstage

OLG Hamburg vom 20.11.2002, Az. 5 W 80/02

Eine leichte Erkennbarkeit setzt voraus, dass der Dienstanbieter bei der zur sinnvollen Gliederung der Seiten erforderlichen Verwendung weiterführender Links eine Terminologie wählt, die für den Nutzer auch als Hinweis auf das Impressum verstanden wird. Es muss auf die üblichen Bezeichnungen wie »Kontakt« oder »Impressum« zurückgegriffen werden. Der Begriff »backstage« weist dagegen nicht mit der erforderlichen Klarheit auf die Pflichtangaben hin.

03/21 – OLG München – Too much scrolling

OLG München vom 12.2.2004, Az. 29 U 4564/03

Ist ein mit »Impressum« beschrifteter Link auf einem kommerziellen Internetangebot so platziert, dass er bei einer Bildschirmauflösung von 1.024 x 768 Bildpunkten erst mittels Scrollens auf der vierten Bildschirmseite sichtbar wird, sind die Pflichtinformationen weder leicht erkennbar, noch unmittelbar erreichbar.

03/22 – LG Düsseldorf – Zu viele Klicks zum Impressum

LG Düsseldorf vom 29.01.2003, Az. 34 O 188/02

Die Transparenzanforderungen an die Impressumspflicht sind nicht erfüllt, wenn die Angaben erst auf einem dem Nutzer nicht ohne Weiteres und schon gar nicht leicht erkennbaren Weg in mehreren Schritten durch Anklicken auf mehreren Seiten auf der vierten Website zu erhalten sind.

03/23 – EuGH – Keine Pflicht zur Telefonnummer im Impressum

EuGH vom 16.10.2008, Az. C-298/07

Die E-Commerce-Richtlinie ist so zu verstehen, dass der Diensteanbieter verpflichtet ist, den Nutzern des Dienstes vor Vertragsschluss mit ihnen neben seiner

E-Mail-Adresse weitere Informationen zur Verfügung zu stellen, die eine schnelle Kontaktaufnahme und eine unmittelbare und effiziente Kommunikation ermöglichen. Dies muss nicht zwingend eine Telefonnummer sein. Es kann sich dabei auch um eine elektronische Anfragemaske handeln.

A.3 Kapitel 4: Online-Shop

04/01 – OLG Hamm – Zellophanhülle kein Siegel

OLG Hamm vom 30.3.2010, Az. 4 U 212/09

Das Widerrufsrecht ist nicht ausgeschlossen, wenn der Verbraucher die Zellophanverpackung des bestellten Artikels öffnet.

04/02 – EuGH – Wertersatz beim Widerruf

EuGH vom 3.9.2009, Az. C-489/07

Nationale Regelungen, die dem Verbraucher Kosten auferlegen, die im Zuge des Widerrufs entstehen, sind nicht mit dem Gemeinschaftsrecht vereinbar und daher unzulässig. Grundsätzlich steht die Fernabsatzrichtlinie einer generellen Wertersatzpflicht entgegen – wer nur prüft und ausprobiert, muss keinen Wertersatz leisten.

04/03 – EuGH – Hinsendekosten beim Widerruf

EuGH vom 15.4.2010, Az. Rs. C-511/08

Art. 6 der Fernabsatzrichtlinie ist dahin auszulegen, dass er einer nationalen Regelung entgegensteht, nach der der Lieferer in einem im Fernabsatz abgeschlossenen Vertrag dem Verbraucher die Kosten der Zusendung der Ware auferlegen darf, wenn dieser sein Widerrufsrecht ausübt.

04/04 – OLG Düsseldorf – Verbraucherinformation im Popup-Fenster

OLG Düsseldorf vom 13.4.2006, Az. VI-U (Kart) 23/05

Werden die fernabsatzrechtlichen Informationspflichten lediglich in einem Popup-Fenster dargestellt, entspricht dies nicht den Anforderungen an eine mediengerechte Information des Verbrauchers.

04/05 – KG Berlin – Vorname des Unternehmers

KG Berlin vom 13.2.2007, Az. 5 W 34/07

Gibt ein Unternehmer beim Fernabsatz von Waren in seinem hierfür werbenden Internetauftritt nicht seinen vollen Namen, sondern lediglich seinen Familiennamen mit vorangestelltem erstem Buchstaben seines Vornamens an, so verstößt dies gegen die Pflicht zur Angabe der Identität des Unternehmens.

04/06 – OLG Hamm – Mindermengenzuschlag

OLG Hamm vom 4.5.2010, Az. 4 U 32/10

Es ist auch im B2B-Bereich irreführend, mit »Lieferung frei Haus« in E-Mail-Newsletters oder auf der Unternehmenswebsite zu werben, wenn bei Nichterreichen eines Mindestbestellwertes ein »Mindermengenzuschlag« verlangt wird.

04/07 – OLG Bremen – Ungenaue Lieferzeitangabe

OLG Bremen vom 8.9.2009, Az. 2 W 55/09

Durch die Angabe, dass die Lieferzeit in der Regel 1-2 Tage bei DHL-Versand betrage, ist für den Kunden nicht mit hinreichender Genauigkeit bestimmbar, wann er dem Verwender eine Nachfrist zur Leistung oder Nacherfüllung setzen kann. Eine solche Klausel ohne Benennung einer Endfrist für die Lieferung ist daher unwirksam.

04/08 – OLG Frankfurt – Sonntagsverkauf eines Möbelmarktes

OLG Frankfurt vom 1.3.2001, Az. 6 U 215/00

Eine Werbeankündigung, die Preisreduzierungen für Sonderangebote eines Möbelmarktes auf einen bestimmten verkaufsoffenen Sonntag zwischen 13 und 18 Uhr beschränkt, stellt eine unlautere Anlockmethode dar.

04/09 – LG Leipzig – Endpreise bei Flugvermittlung

LG Leipzig vom 19.3.2010, Az. 02HK O 1900/09

Es ist unzulässig, bei der Werbung für die Vermittlung von Flügen einen Preis herauszustellen, der nicht das erhobene Service-Entgelt beinhaltet.

04/10 – BGH – Versandkosten auf Froogle

BGH vom 16.7.2009, Az. I ZR 140/07

Bei einer Werbung für Waren in Preisvergleichslisten einer Preissuchmaschine dürfen die zum Kaufpreis hinzutretenden Versandkosten nicht erst auf der Website des Werbenden genannt werden.

04/11 – BGH – Aktualität von Preissuchmaschinen

BGH vom 11.3.2010, Az. I ZR 123/08

Ein Verbraucher kann bei einer Preissuchmaschine »höchstmögliche Aktualität« hinsichtlich des Angebots erwarten bzw. verlangen.

04/12 – BGH – Arzneimittelwerbung

BGH vom 26.3.2009, Az. I ZR 213/06

Eine Anzeige enthält auch dann eine produktbezogene Werbung für ein bestimmtes Arzneimittel, wenn mit ihr zwar ein gesundheitspolitisches Ziel verfolgt wird, die auf ein konkretes Arzneimittel bezogene werbende Aussage aber für das angesprochene Publikum erkennbar bleibt.

04/13 – EuGH – Versandhandel von Arzneimitteln – DocMorris

EuGH vom 11.12.2003, Az. C-322/01

Ein absolutes nationales Verbot des Versandhandels mit Arzneimitteln ist gemeinschaftsrechtswidrig. Ein generelles Werbeverbot für nicht verschreibungspflichtige Medikamente ist nicht gerechtfertigt.

04/14 – OLG München – Preisbindung für Versandapotheken

OLG München vom 2.7.2009, Az. 29 U 3992/08

Die deutschen Vorschriften zur Arzneimittelpreisbindung sind auch auf ausländische Versandapotheken anzuwenden, soweit diese sich an Endverbraucher im Inland wenden.

04/15 – OLG Frankfurt – Buchpreisbindung für Rezensionsexemplare

OLG Frankfurt vom 15.6.2004, Az. 11 U 18/04 (Kart)

Der Buchpreisbindung unterliegen nicht nur gewerbsmäßig handelnde Buchverkäufer. Ausreichend ist nach dem Normtext schon ein »geschäftsmäßiges« Handeln durch Privatpersonen. Letztabnehmer ist nur derjenige, der Bücher zu anderen Zwecken als zum Weiterverkauf erwirbt. Dagegen ist als Letztverkäufer und nicht als Letztabnehmer derjenige anzusehen, der die Bücher von Verlagen unentgeltlich zu Rezensionszwecken erhält und sodann zum Verkauf bzw. zur Versteigerung anbietet.

04/16 – OLG Dresden – Energieverbrauchsangaben

OLG Dresden vom 24.11.2009, Az. 14 U 1393/09

Im Online-Handel müssen die Angaben zum Energieverbrauch jeweils im Zusammenhang mit dem beworbenen Produkt erscheinen.

04/17 – OLG Hamm – Werbung für Nahrungsergänzungsmittel

OLG Hamm vom 9.1.2007, Az. 4 U 30/06

Die Werbung für ein Nahrungsergänzungsmittel mit den Aussagen »Zimt gegen Zucker«, »H. kann blutzuckersenkend wirken« ist wegen krankheitsbezogener Aussagen unzulässig und irreführend.

04/18 – BGH – Disclaimer zur Liefergebietsbeschränkung

BGH vom 30.3.2006, Az. I ZR 24/03

Ein Website-Betreiber kann das Verbreitungsgebiet der Werbung im Internet zwar durch einen Disclaimer einschränken. Dies hilft aber nur, wenn der Disclaimer eindeutig gestaltet und aufgrund seiner Aufmachung als ernst gemeint aufzufassen ist und vom Werbenden auch tatsächlich beachtet wird.

A.4 Kapitel 5: Website-Tracking

05/01 – LG Köln – Handlungsort im Internet

LG Köln vom 17.3.2010, Az. 28 O 612/09

Bei unerlaubten Handlungen in Presseerzeugnissen gilt der Grundsatz, dass diese auch dort begangen sind, wo die Zeitschrift entweder im regelmäßigen Geschäftsverkehr oder bestimmungsgemäß und nicht nur zufällig verbreitet wird. Diese Grundsätze sind auch bei Veröffentlichungen im Internet anwendbar.

05/02 – AG München – IP-Adresse hat keinen Personenbezug

AG München vom 30.9.2008, Az. 133 C 5677/08

Die den Nutzern einer Website zugeordneten dynamischen IP-Adressen stellen mangels Bestimmbarkeit einer Person kein personenbezogenes Datum dar. Bestimmbarkeit ist dann gegeben, wenn die datenspeichernde Stelle die hinter der Einzelangabe stehende Person mit den ihr normalerweise zur Verfügung stehenden Kenntnissen und Hilfsmitteln und ohne unverhältnismäßigen Aufwand identifizieren kann.

05/03 – AG Berlin-Mitte – IP-Adresse hat Personenbezug

AG Berlin-Mitte vom 27.3.2007, Az. 5 C 314/06

Bei einer dynamischen IP-Adresse handelt es sich um personenbezogene Daten im Sinne des Telemediengesetzes, da es sich um Einzelangaben über eine bestimmbare natürliche Person handelt. Darauf, ob diese Bestimmbarkeit dabei nur mit illegalen Mitteln möglich ist, kommt es in diesem Zusammenhang nicht an.

A.5 Kapitel 6: Werbung auf anderen Websites

06/01 – OLG Düsseldorf – Flugpreise ohne Kerosinzuschlag

OLG Düsseldorf vom 30.10.2007, Az. I-20 U 86/07

Wirbt eine Fluglinie mit Endpreisen, in denen ein erhobener Kerosinzuschlag nicht enthalten ist, liegt darin ein Verstoß gegen Wettbewerbsrecht.

06/02 – OLG Hamburg – 100 Gratis SMS

OLG Hamburg vom 8.4.2009, Az. 5 U 13/08

Wird auf einer Internetseite für »100 gratis SMS« geworben und wird der dadurch angelockte Verbraucher auf einer im Rahmen der Registrierung zwingend zu besuchenden Seite auf den im Falle einer nicht erfolgten Kündigung sich anschließenden kostenpflichtigen Vertrag hingewiesen, ist weder der Vertragsschluss noch die Geltendmachung und Durchsetzung der weiteren Entgelte aus dem Vertrag wettbewerbsrechtlich zu beanstanden.

06/03 – OLG Karlsruhe – Preisangaben im B2B

OLG Karlsruhe vom 21.5.2008, Az. 4 U 90/07

Hängt das Vorliegen eines Verstoßes gegen die Preisangabenverordnung davon ab, ob sich die Angebote eines Kfz-Händlers nur an andere Händler oder auch an Privatkunden richten, kommt es nicht darauf an, ob der Händler nicht an Privatkunden verkaufen wollte. Entscheidend ist allein, dass die Werbung objektiv geeignet ist, den Absatz von Fahrzeugen an Privatkunden zu fördern.

06/04 – LG Düsseldorf – Exit-Popups

LG Düsseldorf vom 26.3.2003, Az. 2a O 186/02

Mit der Verwendung von Exit-Popup-Fenstern, die sich beim Verlassen einer vom Internetnutzer aufgerufenen Website öffnen, verstößt der im Internet Werbende gegen die guten Sitten im Wettbewerb. Denn der Nutzer wird gegen seinen Willen, den er mit dem Befehl, die Website zu schließen, ausdrücklich erklärt hat, gezwungen, weitere Angebote zur Kenntnis zu nehmen.

06/05 – LG Köln – Überlagerungs-Popup

LG Köln vom 12.3.2004, Az. 31 O 145/04

Ein Schalten von Popup-Werbung bei Aufruf der Website eines fremden Unternehmens ist wettbewerbswidrig. Die Wettbewerbswidrigkeit ergibt sich unter den Gesichtspunkten der unlauteren Behinderung, Rufausbeutung und Umleitung von Kundenströmen.

06/06 – BGH – Werbeblocker sind rechtmäßig

BGH vom 24.6.2004, Az. I ZR 26/02

Die Werbung und der Vertrieb eines Werbeblockers verstoßen weder unter dem Gesichtspunkt einer produktbezogenen Behinderung noch wegen Werbebehinderung gegen Wettbewerbsrecht und stellen auch keine unzulässige allgemeine Marktbehinderung dar.

06/07 – LG Köln – Sie sind unser 999.999 Besucher

LG Köln vom 27.8.2008, Az. 2 O 120/08

Erscheint beim Aufrufen einer Website ein Popup mit der Mitteilung »Sie sind unser 999.999 Besucher, jetzt online .... Herzlichen Glückwunsch – Sie haben dadurch die freie Auswahl gewonnen: AUDI A5 25.000 Euro Multimedia Paket. Falls ausgewählt: hier klicken: ...«, steht dem Internetnutzer gegen den Betreiber der Website kein Anspruch auf Zahlung zu. Der Webseitenbetreiber hat dem Nutzer als Verbraucher weder eine Gewinnzusage noch eine vergleichbare Mitteilung zugesandt und dabei durch die Gestaltung der Zusendung den Eindruck erweckt, er habe einen Preis gewonnen. Es handelt sich bei der Werbeeinblendung als Popup-Fenster schon nicht um eine Zusendung i.S.d. § 661a BGB, denn ihr fehlt das Merkmal der Verkörperung.

06/08 – LG Köln – Fernsehrechte umfassen nicht Internetnutzung

LG Köln vom 14.7.2010, Az. 28 O 128/08

Werden vertraglich Nutzungsrechte für einen Werbespot eingeräumt, der grundsätzlich für die Werbung im Fernsehen vorgesehen ist, bedeutet dies nicht zugleich, dass diese Rechteeinräumung auch die werbliche Nutzung im Internet beinhaltet.

06/09 – KG Berlin – Erkennbarkeit von Werbelink

KG Berlin vom 30.6.2006, Az. 5 U 127/05

Ein Link, der aus einem redaktionellen Zusammenhang auf eine Werbeseite führt, muss so gestaltet sein, dass dem Nutzer erkennbar ist, dass auf eine Werbeseite verwiesen wird.

06/10 – LG München I – Redaktionell gestaltete Anzeigen

LG München I vom 17.3.2009, Az. 33 O 2958/08

Wenn auf Internetseiten redaktionell gestaltete Werbeanzeigen zum Abruf bereitgehalten werden, ohne dass diese deutlich und unmissverständlich als Wirtschaftswerbung gekennzeichnet werden, ist das Schleichwerbung.

06/11 – LG Frankfurt – Twitter-Links

LG Frankfurt a.M. vom 20.4.2010, Az. 3-08 O 46/10

Links aus Twitter auf eine Website, die unrichtige und geschäftsschädigende Aussagen über ein Unternehmen enthält, können rechtswidrig sein.

06/12 – LG Köln – Haftung für Viral

LG Köln vom 29.5.2008, Az. 31 O 845/07

Der Auftraggeber eines Werbespots, der nur im Internet verbreitet wird (sog. »Viral«), haftet auch dann, wenn er den Werbespot zwar nicht selbst ins Internet eingestellt, aber dessen Verbreitung auch nicht wirksam unterbunden hat.

06/13 – LG Frankfurt – Haftung für Display-Website

LG Frankfurt a.M. vom 2.1.2008, Az. 3-08 O 143/07

Wenn der Betreiber einer Website auf seiner Internetseite das Herunterladen von indizierten jugendgefährdenden und gewaltverherrlichenden Filmen ohne Altersverifikationssystem ermöglicht, handelt er unlauter. Wer auf derselben Website Werbung für seine Angebote schaltet und dadurch den Wettbewerbsverstoß des Betreibers der Website ausnutzt, haftet als Störer wegen des vom Betreiber der Internetseite begangenen Wettbewerbsverstoßes.

06/14 – LG Hamburg – Klick-Betrug

LG Hamburg vom 9.11.2009, Az. 312 O 971/09

Es ist wettbewerbswidrig, gezielt und systematisch auf AdWords-Anzeigen eines Konkurrenten zu klicken.

A.6 Kapitel 7: Suchmaschinen-Werbung

07/01 – EuGH – Marken-Keywords – Bergspechte

EuGH vom 22.5.2010, Az. C-278/08

Der Markeninhaber darf einem Werbenden verbieten, anhand eines mit dieser Marke identischen oder ihr ähnlichen Keywords in einer Suchmaschine für identische Produkte zu werben, wenn aus dieser Werbung für einen Durchschnittsinternetnutzer nicht oder nur schwer zu erkennen ist, ob die in der Anzeige beworbenen Waren oder Dienstleistungen von dem Inhaber der Marke bzw. einem mit ihm wirtschaftlich verbundenen Unternehmen oder vielmehr von einem Dritten stammen.

07/02 – OLG Hamm – Suchmaschinen-Manipulation

OLG Hamm vom 18.6.2009, Az. I-4 U 53/09

Bei einer Einflussnahme auf Suchmaschinen zum Abfangen von Kunden liegt eine unlautere Behinderung der fremden Seite in der Regel nicht vor. Ein bloßes Hinlenken zur eigenen Seite, das auch von einer anderen Werbung ablenkt, wird grundsätzlich als wettbewerbskonform angesehen. Insofern müssen besondere zusätzliche Umstände vorliegen, um derartige Maßnahmen als unlauter anzusehen. Solche besonderen Umstände liegen vor, wenn von einem Dienstleister Techniken eingesetzt werden, die nicht mehr als Suchmaschinen-Optimierung, sondern als eine Suchmaschinen-Manipulation anzusehen sind. Das ist der Fall, wenn zum einen die Namen von Konkurrenten und anderen Personen für die Suchmaschinen-Optimierung eingesetzt werden und zum anderen für den Nutzer nicht sichtbare Seiten, die nur für die Suchmaschine »sichtbar« sind, installiert werden, um in den Suchlisten ein höheres Ranking zu erzielen.

07/03 – OLG Hamm – Suchmaschinen-Spammer

OLG Hamm vom 1.3.2007, Az. 4 U 142/06

Gegenüber dem Anbieter einer Filtersoftware, die bestimmte, im Rahmen eines Suchmaschinen-Ergebnisses angezeigte Seiten als »Spam« markiert, besteht kein Unterlassungsanspruch im Hinblick auf die Kennzeichnung einer Domain als Spam, wenn diese Hervorhebung nicht nur auf einer bloß wertenden Beurteilung durch andere Nutzer, sondern auf einer Einordnung anhand des objektivierbaren und überprüfbaren Kriteriums der unzulässigen Suchmaschinen-Beeinflussung beruht.

07/04 – OLG Düsseldorf – Meta-Tags ohne Sachbezug

OLG Düsseldorf vom 1.10.2002, Az. 20 U 93/02

Die Verwendung von Meta-Tags, die keinen sachlichen Bezug zu den auf einer Internetseite angebotenen Informationen aufweisen, ist jedenfalls dann nicht wettbewerbswidrig, wenn aus der Trefferliste der Suchmaschine sofort ersichtlich ist, dass ein Zusammenhang mit dem eingegebenen Suchwort nicht besteht. Weder ein übertriebenes Anlocken noch eine irreführende Täuschung liegen in einem solchen Fall vor.

07/05 – BGH – Meta-Tags – Impuls

BGH vom 18.5.2006, Az. I ZR 183/03

Im geschäftlichen Verkehr stellt die Verwendung eines fremden Kennzeichens als verstecktes Suchwort (Meta-Tag) eine kennzeichenmäßige Benutzung dar. Wird das fremde Zeichen dazu eingesetzt, den Nutzer zu einer Internetseite des Verwenders zu führen, weist es – auch wenn es für den Nutzer nicht wahrnehmbar ist – auf das dort werbende Unternehmen und sein Angebot hin.

07/06 – LG München I – Beschreibende Begriffe als Marke

LG München I vom 6.2.2007, Az. 33 O 11107/06

Eine Marke, deren einzig prägender Bestandteil das Wort »Klingeltöne« ist, ist für das Angebot von Klingeltönen nicht eintragungsfähig. Aus diesem Grund kann sich ein Unternehmen, das das Wort »Klingeltöne« in der Bezeichnung führt, nicht gegen die Verwendung dieses Wortes als Meta-Tag wehren.

07/07 – OLG Frankfurt – Ausschluss der Markenverletzung durch Snippets

OLG Frankfurt vom 10.1.2008, Az. 6 U 177/07

Ob in der Verwendung einer fremden Marke als Meta-Tag eine markenmäßige Benutzung und eine Markenverletzung liegt, beurteilt sich auch danach, wie der Nutzer die Kurzhinweise in der Trefferliste versteht, die ihm nach Eingabe der Marke als Suchwort präsentiert werden.

07/08 – OLG Celle – Personenname als Meta-Tag

OLG Celle vom 20.7.2006, Az. 13 U 65/06

Die Verwendung des Namens einer Person als Meta-Tag ist der Gebrauch dieses Namens und damit rechtswidrig.

07/09 – OLG Hamburg – Konkurrenz im URL-Pfad

OLG Hamburg vom 2.3.2010, Az. 5 W 17/10

Verwendet ein Website-Betreiber sowohl im URL-Pfad als auch im Title-Tag seiner Website die vollständige Unternehmensbezeichnung eines anderen Unternehmens, begeht er eine Kennzeichenverletzung, falls die Seite keinen Bezug zu dem genannten Unternehmen hat.

07/10 – LG Essen – Keyword-Kompendium

LG Essen vom 26.5.2004, Az. 44 O 166/03

Ein Website-Betreiber verschafft sich gegenüber konkurrierenden Mitbewerbern einen unlauteren Vorteil, wenn er viele Hundert Begriffe ohne jeden inhaltlichen Zusammenhang zum Inhalt der Seite als unsichtbaren Text aufnimmt. Die Verwendung bestimmter Worte ist aber nicht als unlauter zu bewerten, wenn diese im weitesten Sinne noch in einem Zusammenhang mit dem Leistungsangebot des Anbieters stehen. Dem Website-Betreiber steht das Recht zu, Namen, Geschäftsbezeichnungen, Marken oder Begriffe zu verwenden, wenn diese Bestandteil von auf der Internetseite geschalteter Werbung sind.

07/11 – BGH – Hidden Content – Aidol

BGH vom 8.2.2007, Az. I ZR 77/04

Verwendet ein Händler zu Werbezwecken eine fremde Marke als Meta-Tag im HTML-Code oder in »Weiß-auf-Weiß-Schrift«, kann er sich nur dann auf die Erschöpfung der Rechte aus der Marke berufen, wenn sich die Werbung auf konkrete Originalprodukte dieser Marke bezieht.

07/12 – BGH – Suchmaschinen-Optimierung unter Markennutzung – Rose

BGH vom 7.10.2009, Az. I ZR 109/06

Erscheint bei der Eingabe eines Suchbegriffs in der Trefferliste einer Suchmaschine ein Text, dem der Verkehr eine markenmäßige Benutzung des für einen Dritten als Marke geschützten Begriffs entnimmt, so genügt der Markeninhaber mit dem Vortrag dieses Geschehens im Regelfall seiner Darlegungslast für eine markenmäßige Benutzung seines Zeichens durch den Inhaber der unterhalb des Textes angegebenen, über einen elektronischen Verweis (Link) zu erreichenden Internetadresse. Macht dieser geltend, er benutze den betreffenden Begriff auf seiner Internetseite nur in einer beschreibenden Bedeutung, trägt er hinsichtlich der dafür maßgeblichen konkreten Umstände die sekundäre Darlegungslast.

07/13 – OLG Frankfurt – Marken in Meta-Tags und Snippets

OLG Frankfurt vom 3.3.2009, Az. 6 W 29/09

In der Verwendung einer fremden Marke als Meta-Tag liegt dann keine markenmäßige Benutzung, wenn sich bereits aus einem Kurzhinweis in der nach Eingabe des Suchworts erscheinenden Trefferliste ergibt, dass der Begriff nicht auf die Herkunft einer Ware oder Dienstleistung aus einem bestimmten Unternehmen hinweisen soll.

07/14 – BGH – Interne Suchmaschine – Power Ball

BGH vom 4.2.2010, Az. I ZR 51/08

Gibt ein Unternehmen in einer bestimmten Zeile seiner Internetseite, von der es weiß, dass Google auf die dort angegebenen Wörter zugreift, zusammen mit seiner Produktkennzeichnung eine Bezeichnung an (hier: »Power Ball«), die mit der Marke eines Dritten verwechselbar ist, ist es dafür verantwortlich, dass die Google-Suche die Kennzeichen zusammen als Treffer anführt.

07/15 – EuGH – Marken-Keywords – Bananabay

EuGH vom 26.3.2010, Az. C-91/09

Der Inhaber einer Marke darf einem Werbenden verbieten, anhand eines mit dieser Marke identischen oder ihr ähnlichen Keywords in einer Suchmaschine für Produkte, die mit denjenigen identisch sind, für die die Marke eingetragen ist, zu werben, wenn aus dieser Werbung für einen Durchschnittsinternetnutzer nicht oder nur schwer zu erkennen ist, ob die in der Anzeige beworbenen Waren oder Dienstleistungen von dem Inhaber der Marke oder einem mit ihm wirtschaftlich verbundenen Unternehmen oder vielmehr von einem Dritten stammen.

07/16 – EuGH – Marken-Keywords – Louis Vuitton

EuGH vom 23.3.2010, Az. C-236/08 bis 238/08

Die entscheidenden Bestimmungen der EU-Markenrechtsrichtlinie sind dahin auszulegen, dass der Inhaber einer Marke es einem Werbenden verbieten darf, auf ein mit dieser Marke identisches Schlüsselwort, das von diesem Werbenden ohne seine Zustimmung im Rahmen eines Internet-Referenzierungsdienstes ausgewählt wurde, für Waren oder Dienstleistungen, die mit den von der Marke erfassten identisch sind, zu werben, wenn aus dieser Werbung für einen Durchschnittsinternetnutzer nicht oder nur schwer zu erkennen ist, ob die in der Anzeige beworbenen Waren oder Dienstleistungen von dem Inhaber der Marke oder einem mit ihm wirtschaftlich verbundenen Unternehmen oder vielmehr von einem Dritten stammen. Der Anbieter eines Internet-Referenzierungsdienstes, der ein mit einer Marke identisches Zeichen als Schlüsselwort speichert und dafür sorgt, dass auf dieses Schlüsselwort Anzeigen gezeigt werden, benutzt dieses Zeichen nicht im Sinne der EU-Markenrechtsrichtlinie. Anbieter eines Internet-Referenzierungsdienstes können sich auf Haftungsprivilegierung der E-Commerce-Richtlinie berufen.

07/17 – EuGH – Marken-Keywords – Portakabin

EuGH vom 8.7.2010, Az. C-558/08

Für die Frage der Herkunftsverwirrung macht es keinen Unterschied, ob die Waren oder Dienstleistungen schon in der Anzeige oder erst auf der verlinkten Website angeboten werden. Geringe Abweichungen von der Marke (Tippfehler) können genauso zu behandeln sein, wie die Buchung der Marke selbst. Eine Berufung auf die Schranken des Markenrechts nach Art. 6 der EU-Markenrechtsrichtlinie wird in der Regel nicht in Betracht kommen, wenn eine Herkunftsverwirrung besteht. Allein aus den Hinweisen »Gebraucht« oder »Aus zweiter Hand« kann nicht auf einen wirtschaftlichen Zusammengang geschlossen werden. Dem Wiederverkäufer, der auf den Verkauf von Gebrauchtwaren einer fremden Marke spezialisiert ist, kann nicht verboten werden, diese Marke zu benutzen, um seine Wiederverkaufstätigkeit beim Publikum bekannt zu machen.

07/18 – BGH – Marken-Keywords – PCB-Pool

BGH vom 22.1.2009, Az. I ZR 139/07

Wird bei einer Internetsuchmaschine eine Bezeichnung, die von den angesprochenen Verkehrskreisen als eine beschreibende Angabe über Merkmale und Eigenschaften von Waren verstanden wird (hier: »pcb« als Abkürzung von »printed circuit board«), als sogenanntes Schlüsselwort (Keyword) angemeldet, ist eine kennzeichenmäßige Verwendung zu verneinen, wenn bei Eingabe einer als Marke geschützten Bezeichnung durch einen Internetnutzer (hier: »pcb-pool«) auf der dann erscheinenden Internetseite rechts neben der Trefferliste unter einer Rubrik mit der Überschrift »Anzeigen« eine Werbeanzeige des Anmelders des Schlüsselworts eingeblendet wird, in der das geschützte Zeichen selbst nicht verwendet wird.

07/19 – OLG Köln – Google-Markenbeschwerde als Behinderung

OLG Köln vom 2.7.2010, Az. 6 U 48/10

Eine unlautere gezielte Behinderung eines Mitbewerbers kann darin liegen, dass ein Markeninhaber es einem Händler, der mit der Marke gekennzeichnete Waren vertreibt, durch eine sog. Markenbeschwerde bei Google unmöglich macht, AdWords-Werbung zu dieser Marke zu schalten.

07/20 – BGH – Vergleichende Werbung – a la Cartier

BGH vom 4.12.2008, Az. I ZR 3/06

Die Wendung »a la Cartier« in einem Verkaufsangebot für Schmuckstücke von Drittunternehmen ist eine unlautere vergleichende Werbung.

07/21 – OLG Hamm – Wat kosten die Kondome?

OLG Hamm vom 26.1.2010, Az. 4 U 141/09

Rügt der Wettbewerber, dass durch eine angegriffene Werbung für Kondome der Endverbraucher angesprochen und irregeführt werde, weil er glaube, mehr als eine 100-Stück-Packung haben zu können, ist nicht von einer Täuschung auszugehen, wenn die von ihm erwartete Abgabemenge nicht unterschritten wird. Die Formulierung »100 Kondome ab 3,95 €« signalisiert, dass dies nur ein Einstiegspreis ist und der Warenpreis ansonsten höher ist und es ist eher fernliegend, dass der Verbraucher den Eindruck hat, er könne mengenmäßig unbegrenzt das beworbene Produkt erwerben.

07/22 – OLG Hamm – Lieferzeiten in AdWords-Anzeige

OLG Hamm vom 4.6.2009, Az. I-4 U 19/09

Vertreibt ein Händler Druckerzubehör und bewirbt er sein Angebot in einer AdWords-Anzeige schlagwortartig mit der Aussage »Lieferung innerhalb von 24 Stunden«, ist dies nicht irreführend, wenn der Nutzer in nicht zu übersehender Weise auf der verlinkten Webseite darauf hingewiesen wird, dass die kurze Lieferzeit unter den einschränkenden Bedingungen zugesagt wird, dass eine Bestellung bis 16.45 Uhr des Vortages erfolgt und eine Liefermöglichkeit von Montag bis Samstag besteht.

07/23 – OLG Dresden – Rabatte in AdWords-Anzeige

OLG Dresden vom 20.5.2008, Az. 14 U 279/08

Werden in einer AdWords-Anzeige Reisen mit dem Hinweis »45%, 55%, bis zu 65% günstiger als im Katalog« beworben, muss auf der Zielseite erkennbar sein, genau welche Reisen günstiger als im Katalog sind.

07/24 – BGH – Aktualität einer Preissuchmaschine

BGH vom 11.3.2010, Az. I ZR 123/08

Der durchschnittlich informierte Nutzer eines Preisvergleichsportals im Internet verbindet mit den ihm dort präsentierten Informationsangeboten vorbehaltlich klarer gegenteiliger Hinweise regelmäßig die Erwartung einer höchstmöglichen Aktualität. Er geht deshalb grundsätzlich davon aus, dass er das dort beworbene Produkt zu dem angegebenen Preis erwerben kann und wird irregeführt, wenn der tatsächlich verlangte Preis nach einer Preiserhöhung auch nur für einige Stunden über dem im Preisvergleichsportal angegebenen Preis liegt.

07/25 – BGH – Versandkosten bei Froogle

BGH vom 16.7.2009, Az. I ZR 140/07

Bei einer Werbung für Waren in Preisvergleichslisten einer Preissuchmaschine dürfen die zum Kaufpreis hinzukommenden Versandkosten nicht erst auf der Website des Werbenden genannt werden, sondern müssen bereits in der Preissuchmaschine aufgeführt werden.

07/26 – OLG Düsseldorf – Fehlende Überführungskosten auf mobile.de

OLG Düsseldorf vom 11.9.2007, I 20 U 71/07

Es ist irreführend, auf `mobile.de` Preise ohne die vom Kunden zu zahlenden Überführungsgebühren anzugeben, um in einer Preisliste weiter oben gelistet zu werden.

A.7 Kapitel 8: Affiliate-Marketing

08/01 – LG Frankfurt – Klick-Betrug mit Klicking-Agent

LG Frankfurt/O. vom 10.1.2005, Az. 12 O 294/04

Das Verwenden eines sog. »Klicking-Agents«, um im Internet die »Klicks« von echten Nutzern zu simulieren, stellt eine Täuschungshandlung i.S.d. § 263 Abs. 1 StGB dar. Durch solche Täuschungshandlungen generierte Provisionen sind zuzüglich Zinsen zurückzuzahlen.

08/02 – LG Berlin – Eigenbuchungen durch Publisher

LG Berlin vom 23.10.2008, Az. 32 O 501/08

Erfolgen durch Mitarbeiter eines Publishers Buchungen, die einen Provisionsanspruch gegen das Netzwerk auslösen, ohne dass die gebuchten Leistungen auch tatsächlich in Anspruch genommen werden, so liegt darin ein Missbrauch, der den Tatbestand des Betrugs erfüllt und wettbewerbswidrig ist. Diese sogenannten Eigenbuchungen laufen der Geschäftsidee des Affiliate-Marketings zuwider, denn die provisionierte Leistung des Publishers ist die Herstellung des Kontakts über seine Webseite zu außenstehenden Dritten.

08/03 – LG Berlin – Telefonakquise als Missbrauch

LG Berlin vom 8.2.2006, Az. 15 O 710/05

Ist nur eine Website als Werbemittel freigegeben, ist die Telefonakquise missbräuchlich und löst keine Provisionsansprüche gegen das Netzwerk aus. Eine Klausel in den AGB des Netzwerks, wonach die Fälligkeit des Vergütungsanspruchs des Publishers davon abhängt, dass kein Missbrauch vorliegt und die Beweislast dafür der Publisher trägt, ist wirksam.

08/04 – LG Frankfurt – Advertiser-Haftung für Werbeseite

LG Frankfurt/M. vom 2.1.2008, Az. 3-08 O 143/07

Ein Advertiser haftet als Störer, wenn ein Publisher seine Werbung auf einer Website einblendet, die das Herunterladen von indizierten jugendgefährdenden Filmen ohne Altersverifikationssystem ermöglicht.

08/05 – BGH – Advertiser haftet für Publisher

BGH vom 7.10.2009, Az. I ZR 109/06

In einem Affiliate-System sind Publisher jedenfalls dann als Beauftragte des Advertisers i.S.v. § 14 Abs. 7 MarkenG anzusehen, wenn den Publishern eine per-Sale-Provision zusteht, die Publisher erst nach einer Überprüfung durch den Advertiser in das Partnerprogramm aufgenommen werden und der Advertiser eine Auswahl an Werbemitteln vorgibt. Die Haftung beschränkt sich dabei auf das Handeln des Publishers auf eine bestimmte, zum Partnerprogramm angemeldete Website, wenn nur über diese Website getätigte Links abgerechnet werden und der Advertiser auch nicht damit rechnen muss, dass der Publisher noch anderweitig für ihn tätig wird.

08/06 – OLG München – Advertiser-Haftung für Werbeseite

OLG München vom 11.9.2008, Az. 29 U 3629/08

Ist für einen Advertiser klar erkennbar, dass Inhalte der für seine Werbung vorgesehenen Internetseiten dauerhaft und in erheblichem Ausmaß jugendgefährdend sind, so trifft ihn eine wettbewerbsrechtliche Verkehrspflicht, seine Werbung auf diesen Seiten zu verhindern. Kann sich der Advertiser die gebotenen Einflussnahmemöglichkeiten auf die Publisher nicht im Rahmen seines Affiliate-Vertrages verschaffen, muss er die Affiliate-Verträge kündigen.

08/07 – LG Hamburg – Advertiser-Haftung für Publisher

LG Hamburg vom 3.8.2005, Az. 315 O 296/05

Benutzt ein Publisher die Werbemittel des Advertisers für eine Domain, die nicht bei dem Partnerprogramm des Advertisers angemeldet ist, haftet der Advertiser nicht für Rechtsverletzungen, die der Publisher unter dieser Domain begeht. Erlangt der Advertiser Kenntnis von den Rechtsverletzungen, ist er verpflicht, alle technisch möglichen und zumutbaren Maßnahmen zu ergreifen, um weitere Markenverletzungen zu verhindern. Dies kann bedeuten, zusätzliche Kontrollen einrichten zu müssen.

A.8 Kapitel 9: E-Mail-Werbung

09/01 – BGH – E-Mail-Werbung ist rechtswidrig

BGH vom 20.5.2009, Az. I ZR 218/07

Bereits die einmalige Zusendung einer Werbe-E-Mail ohne vorherige ausdrückliche Einwilligung des Adressaten kann einen rechtswidrigen Eingriff in das Recht am eingerichteten und ausgeübten Gewerbebetrieb darstellen.

09/02 – BGH – Nachfragewerbung per E-Mail – FC Troschenreuth

BGH vom 17.7.2008, Az. I ZR 197/05

Gibt ein Sportverein in der Rechtsform des eingetragenen Vereins auf seiner Website einer E-Mail-Adresse an, so liegt darin keine konkludente Einwilligung, gewerbliche Anfragen nach Dienstleistungen des Vereins mittels E-Mail zu empfangen.

09/03 – BGH – Nachfragewerbung per Fax

BGH vom 17.7.2008, Az. I ZR 75/06

Veröffentlicht ein Unternehmen die Nummer seines Telefaxanschlusses in allgemein zugänglichen Verzeichnissen, so erklärt es damit sein konkludentes Einverständnis, dass potenzielle Kunden den Anschluss bestimmungsgemäß insbesondere für Kaufanfragen nutzen, die sich auf die übliche Verkaufstätigkeit des Unternehmens beziehen. (Achtung: Ein konkludentes Einverständnis genügt inzwischen nicht mehr.)

09/04 – BGH – E-Mail-Werbung ist wettbewerbswidrig

BGH vom 11.3.2004, Az. I ZR 81/01

Die Zusendung einer unverlangten E-Mail zu Werbezwecken verstößt grundsätzlich gegen die guten Sitten im Wettbewerb. Eine solche Werbung ist nur dann ausnahmsweise zulässig, wenn der Empfänger sein Einverständnis erklärt hat, E-Mail-Werbung zu erhalten.

09/05 – LG Heidelberg – Confirmed-Opt-in genügt nicht

LG Heidelberg vom 23.9.2009, Az. 1 S 15/09

Dem Empfänger unverlangter E-Mail-Werbung steht ein Unterlassungsanspruch zu, wenn die Erhebung der E-Mail-Adressen nur mit einem Confirmed-Opt-in abgesichert war.

09/06 – LG Berlin – Double-Opt-in ist ausreichend

LG Berlin vom 23.1.2007, Az. 15 O 346/06

Macht der Anbieter eines Newsletters dessen Empfang von der Beteiligung an einem Double-Opt-in-Verfahren abhängig, haftet er nicht auf Unterlassung der Versendung der Bestätigungsmail, auch wenn er Dritten mittels einer E-Card-Funktion die Möglichkeit zur Eingabe einer fremden E-Mail-Adresse und damit der Versendung einer vom Empfänger nicht erwünschten Bestätigungsmail gibt.

09/07 – BGH – Einwilligung in AGB – Payback

BGH vom 16.7.2008, Az. VIII ZR 348/06

In den AGB von Payback ist eine Klausel, bei der der Kunde sich damit einverstanden erklärt, dass die von ihm angegebenen Daten für die Werbung per E-Mail oder SMS gespeichert und genutzt werden können, unwirksam, wenn der Kunde seine Einwilligung durch Ankreuzen eines Kästchens ausdrücklich verweigern muss.

09/08 – OLG Thüringen – E-Mail-Werbung ohne Einwilligung

OLG Thüringen vom 21.4.2010, Az. 2 U 88/10

E-Mail-Werbung ohne ausdrückliche Einwilligung ist nur unter Beachtung der Anforderungen des § 7 Abs. 3 UWG zulässig und nur für solche Waren, die dem gleichen typischen Bedarf des Kunden dienen wie die zuvor erworbenen Waren.

09/09 – LG Nürnberg – Tell-a-friend ist unzulässig

LG Nürnberg-Fürth vom 4.3.2004, Az. 4 HK O 2056/04

Die werbliche Aufforderung an Verbraucher zur Versendung von Werbe-E-Mails an Freunde und Bekannte ist unzulässig. Hier handelt es sich um eine mittelbare E-Mail-Werbung. Der Verbraucher soll zugunsten des werbenden Unternehmens Produktempfehlungen aussprechen. Dies wirkt in gleicher Weise, als würde das Unternehmen selbst seine Produkte gegenüber dem Endverbraucher bewerben.

09/10 – OLG Nürnberg – Tell-a-friend kann unzulässig sein

OLG Nürnberg vom 25.10.2005, Az. 3 U 1084/05

Bietet ein Versandhandelshaus auf seiner Internetseite eine »Tell-a-friend«-Funktion an, liegt eine unzumutbare Belästigung vor, wenn in der bei dem Empfänger ankommenden E-Mail nicht nur die Empfehlung des bestimmten Produkts, sondern eine darüber hinausgehende Werbung enthalten ist.

09/11 – AG Berlin – Haftung für Tell-a-friend-Missbrauch

AG Berlin-Mitte vom 22.5.2009, Az. 15 C 1006/09

Der Betreiber eines nur registrierten Mitgliedern eröffneten Online-Shops, der auf seinem Portal eine vorformulierte Einladungs-E-Mail bereithält, die die Mitglieder zur Einladung neuer Kunden nutzen und durch bloße Eingabe ihrer E-Mail-Adresse und derjenigen des Einzuladenden versenden können, haftet für die unaufgeforderte Zusendung der Werbe-E-Mails.

09/12 – LG Berlin – Einladungs-E-Mail als Werbung

LG Berlin vom 18.8.2009, Az. 15 S 8/09

Eine Einladungs-E-Mail kann als Werbung zu qualifizieren sein. Eine Werbung kann sich nämlich auch darauf beziehen, dem Website-Betreiber bei der Wahl eines Internetverkäufers den Vorzug vor anderen Bezugsmöglichkeiten zu geben. Zudem hat der Website-Betreiber das Instrument der Einladung initiiert und installiert, um von seinen Mitgliedern private E-Mail-Adressen zum Zwecke des direkten Erstkontakts zu erhalten.

09/13 – AG München – Autoresponder-E-Mail als Werbung

AG München vom 9.7.2009, Az. 161 C 6412/09

Bei einem einmaligen E-Mail-Kontakt kann ein Unternehmer nicht automatisch davon ausgehen, dass eine Einwilligung in die Übersendung von Werbe-E-Mails erteilt wurde.

09/14 – OLG Hamburg – Einverständniserklärungen in AGB

OLG Hamburg vom 29.7.2009, Az. 5 U 43/08

Bei vorformulierten Einverständniserklärungen in die Zusendung von Werbung im Rahmen von Internetangeboten handelt es sich um Vertragsklauseln, auf die die für Allgemeine Geschäftsbedingungen geltenden Rechtsgrundsätze der §§ 305 ff BGB entsprechend anzuwenden sind.

09/15 – OLG Köln – Kopplung und Gewinnspiele

OLG Köln vom 12.9.2007, Az. 6 U 63/07

Eine Kopplung zwischen Gewinnspielteilnahme und Einwilligungserklärung stellt jedenfalls dann eine unangemessene unsachliche, die freie Willensbildung der angesprochenen Verbraucher beeinträchtigende Einflussnahme i.S.d § 4 Nr. 1 UWG dar, wenn diese Abhängigkeit der Teilnahme an dem Gewinnspiel von der Einwilligung dem Verbraucher erst erkennbar gemacht wird, wenn er sich bereits für die Teilnahme an der Verlosung entschieden hat.

09/16 – OLG Düsseldorf – Haftung für faule gekaufte Adressen

OLG Düsseldorf vom 24.11.2009, Az. I-20 U 137/09

Der Betreiber von Reiseportalen im Internet haftet für die Versendung unverlangter Werbe-E-Mails an Empfänger, deren Adressen er aus einer gekauften Adressdatenbank ermittelt hat. Verantwortlich ist insoweit auch der Geschäftsführer und gesetzliche Vertreter einer Betreibergesellschaft derartiger Portale, wenn er keine Maßnahmen veranlasst hat, um die unlautere E-Mail-Werbung zu verhindern. Es müssen Maßnahmen ergriffen werden, die sicherstellen, dass Werbe-E-Mails nur an Empfänger versendet werden, von denen eine ausdrückliche Einwilligung vorliegt. Es ist nicht ausreichend, wenn er sich insofern mit einer allgemein gehaltenen Versicherung des Veräußerers des Adressbestandes begnügt.

09/17 – OLG Köln – E-Mail-Adressen als Geschäftsgeheimnis

OLG Köln vom 5.2.2010, Az. 6 U 136/09

Eine regional geordnete, mehrere Hundert Adressen umfassende Datensammlung von Personen und Einrichtungen, die (zumindest) einen Werbebrief eines Unternehmens erhalten haben, stellt ein Geschäftsgeheimnis i.S.d. § 17 Abs. 2 Nr. 2 UWG dar, auch wenn nicht anzunehmen ist, dass alle Adressaten als Kunden gewonnen werden konnten.

09/18 – BGH – Telefonwerbung nach Unternehmenswechsel

BGH vom 11.3.2010, Az. I ZR 27/08

Wer nach einem Wechsel zu einem anderen Unternehmen Kunden seines ehemaligen Arbeitgebers, die ihm aus seiner früheren Tätigkeit bekannt sind, anruft, um sie von dem Wechsel in Kenntnis zu setzen, verstößt im Allgemeinen nicht gegen § 7 Abs. 1 UWG. Versendet er E-Mails, ist dies wettbewerbswidrig.

09/19 – LG Berlin – Unterlassungserklärung bei E-Mail-Werbung

LG Berlin vom 16.10.2009, Az. 15 T 7/09

Eine Unterlassungserklärung für E-Mail-Werbung in Bezug auf eine bestimmte E-Mail-Adresse beseitigt nicht eine Wiederholungsgefahr des Versenders.

A.9 Kapitel 10: Verträge zwischen Dienstleistern und Kunden

10/01 – LG Frankfurt – Versteckte Kosten

LG Frankfurt/M. vom 5.3.2009, Az. 5/27 KLs 12/08

Platziert der Betreiber einer kostenpflichtigen Website den Hinweis auf die Kostenpflicht derart am unteren Seitenrand, dass er für die meisten Internetnutzer erst nach einem Scrollen der Website auf dem Bildschirm sichtbar wird, liegt keine Täuschung durch Verschleierung der anfallenden Kosten vor. Es gibt keinen allgemeinen Vertrauenstatbestand dahingehend, dass man bei Dienstleistungen – sei es im Internet oder auch im sonstigen Leben – auf den ersten Blick erkennen können muss, dass es sich um ein kostenpflichtiges Angebot handelt.

10/02 – LG Düsseldorf – SEM-Vertrag und CTR

LG Düsseldorf vom 24.7.2009, Az. 20 S 139/08

Bei einem Vertrag über SEM-Leistungen ist ein Erfolg im Sinne einer bestimmten Click-Through-Rate nicht geschuldet.

10/03 – AG Düsseldorf – Top-10-Garantie

AG Düsseldorf vom 17.7.2008, Az. 39 C 5988/08

Sagt ein bevollmächtigten Vertreter einer Internetagentur bei einem für zwei Jahre abgeschlossenen Internet-System-Vertrag mit SEO-Leistungen dem Kunden eine Suchmaschinen-Optimierung zu, wonach die in Auftrag gegebene Website bei Eingabe bestimmter Keywords durchgängig unter den ersten zehn Treffern erscheint, ist der Auftraggeber nach erfolgloser Abmahnung zur außerordentlichen Kündigung des Vertrages berechtigt, wenn die den Zusagen entsprechenden Leistungen nicht erbracht werden, und kann bei Unbrauchbarkeit der bereits erbrachten Teilleistungen die gesamte Vergütung zurückverlangen.

10/04 – AG Düsseldorf – Hosting-Vertrag ist Werkvertrag

AG Düsseldorf vom 2.9.2009, Az. 32 C 5799/09

Ein Vertrag über die Erstellung einer Website, deren dauerhaftes Hosting und eine regelmäßige Suchmaschinen-Optimierung ist als Werkvertrag zu klassifizieren. Zahlungsansprüche bestehen – vorbehaltlich einer anderweitigen vertraglichen Regelung – nur, wenn eine Abnahme erfolgte.

10/05 – BGH – Internet-System-Vertrag ist Werkvertrag

BGH vom 4.3.2010, Az. III ZR 79/09

Ein »Internet-System-Vertrag«, der die Erstellung und Betreuung einer Internetpräsentation (Website) des Kunden sowie die Gewährleistung der Abrufbarkeit dieser Website im Internet für einen festgelegten Zeitraum zum Gegenstand hat, ist nach seinem Schwerpunkt einzuordnen. Daraus folgt, dass Werkvertragsrecht einschlägig ist.

10/06 – AG Düsseldorf – Vorauszahlungspflicht bei Internet-System-Vertrag

AG Düsseldorf vom 12.7.2006, Az. 25 C 1317/06

Die Vereinbarung einer Vorauszahlungspflicht bei Internet-System-Verträgen ist nicht AGB-rechtswidrig.

10/07 – LG Köln – Online-Rechte an Porträtfotos

LG Köln vom 20.12.2006, Az. 28 O 468/06

Fertigt ein Fotostudio im Auftrag eines Kunden Porträtfotos und übergibt eine CD mit den Bilddateien, so wird dem Kunden hiermit nicht das Recht eingeräumt, diese Fotos auf seiner Website zu veröffentlichen. Dies gilt auch dann, wenn der Kunde bei der Auftragserteilung erwähnt hat, er wolle mit den Fotos online für seine berufliche Tätigkeit werben.

10/08 – OLG München – Domain-Beschaffungsvertrag – ritter.de

OLG München vom 5.12.2002, Az. 6 U 5770/01

Wird ein Vertrag über »das Besorgen« einer Domain geschlossen, ist der Kunde, nicht der Dienstleister als Domain-Inhaber einzutragen.

10/09 – LG Frankfurt – Gebühren bei Domain-Verträgen

LG Frankfurt/M. vom 30.4.2004, Az. 2/8 S 83/03

Derjenige, der als Dienstleistungen eines Internetproviders u.a. Domain-Registrierungen anbietet, verletzt seine Pflichten aus dem mit Kunden geschlossenen Provider-Vertrag rechtswidrig und schuldhaft, wenn er es unterlässt, die Gebühren an die Registrierungsstelle weiterzuleiten und der Kunde deshalb seine Domain verliert.

10/10 – LG Görlitz – Geschwindigkeit bei Domain-Registrierung

LG Görlitz vom 31.8.2004, Az. 1 O 127/03

Hat ein Internetdienstleister in der Bestätigung eines Auftragspakets u.a. die Anmeldung und Unterhaltung einer Internet-Domain zugesichert, ist das Unternehmen dem Auftraggeber zum Schadensersatz verpflichtet, wenn es den Auftrag nur zögerlich bearbeitet und zwischenzeitlich die gewünschte Domain an eine andere Person vergeben wurde.

10/11 – BGH – Treuhänder als Domain-Inhaber

BGH vom 8.2.2007, Az. I ZR 59/04

Wird ein Domain-Name aufgrund des Auftrags eines Namensträgers auf den Namen eines Treuhänders registriert, kommt dieser Registrierung im Verhältnis zu Gleichnamigen nur dann die Priorität der Registrierung zugute, wenn sich aus dem Internet die Fremdregistrierung ergibt.

10/12 – LG München I – Veröffentlichung vor Zahlung

LG München I vom 11.4.2004, Az. 7 O 1888/04

Stellt der Auftraggeber die Homepage vor der vollständigen Bezahlung des Werklohns online, so stehen dem Urheber Ansprüche auf Unterlassung, Auskunft und Schadensersatz zu, wenn die Homepage-Gestaltung Urheberschutz genießt.

10/13 – LG Hamburg – Domain-Abschaltung bei Zahlungsverzug

LG Hamburg vom 20.1.2009, Az. 312 O 706/08

Ein Webdesigner, der auch eine Domain für den Kunden registriert, darf bei ausbleibenden Zahlungen nicht einfach die Domain abschalten.

10/14 – AG Köln – Offline-Rechte ungleich Online-Rechte

AG Köln vom 14.6.2006, Az. 137 C 90/06

Die von einem Journalisten erteilte Einwilligung in die Veröffentlichung eines von ihm gefertigten Artikels in einer Zeitung umfasst nicht die Einwilligung in die Veröffentlichung des Artikels im Internet.

10/15 – LG Düsseldorf – Rundum-Internetvertrag mit SEO-Leistungen

LG Düsseldorf vom 24.3.2006, Az. 22 S 309/05

Ein Internet-Servicevertrag, der eine Vielzahl von Leistungen bündelt, kann nicht deswegen gekündigt werden, weil die betroffenen Websites keine Top-Platzierung bei Google aufweisen können.

10/17 – OLG Düsseldorf – Kauf von faulen Adressen

OLG Düsseldorf vom 30.7.2004, Az. I-23 U 186/03

Wird ein Unternehmen mit der Beschaffung von Adressen beauftragt, besteht kein Zahlungsanspruch, wenn die Daten unter Verstoß gegen das Datenschutzrecht im Internet generiert wurden.

10/18 – LG Düsseldorf – Agenturhaftung für Werbemaßnahme

LG Düsseldorf vom 13.3.2003, Az. I-5 U 39/02

Eine Werbeagentur ist vertraglich verpflichtet, eine erstellte Werbemaßnahme auch auf ihre wettbewerbsrechtliche Zulässigkeit hin zu überprüfen. Ist die Werbemaßnahme wettbewerbswidrig, haftet die Werbeagentur auch auf Ersatz der den Kunden durch ein Verfügungsverfahren entstandenen Aufwendungen. Die Haftung kann allerdings vertraglich ausgeschlossen werden.

A.10 Kapitel 11: Durchsetzung und Abwehr von Ansprüchen

11/01 – OLG Köln – fcbayern.es

OLG Köln vom 30.4.2010, Az. 6 U 208/09

Die Abkürzung »FC Bayern« für die vollständige Unternehmensbezeichnung »FC Bayern München AG« genießt den namensrechtlichen Schutz des § 12 BGB. Schon die Registrierung der Domain `fcbayern.es` verletzt das Namensrecht. Ein Eingriff in das Markenrecht besteht bei der bloßen Registrierung nicht.

11/02 – LG Berlin – Eingeschränkte Unterlassungserklärung

LG Berlin vom 16.10.2009, Az. 15 T 7/09

Im Fall unverlangter E-Mail-Werbung wird die durch den Verstoß begründete Wiederholungsgefahr nicht durch eine auf eine konkrete E-Mail-Adresse des Betroffenen beschränkte Unterlassungserklärung ausgeräumt.

11/03 – LG Berlin – Umfang der Unterlassungserklärung

LG Berlin vom 28.1.2010, 16 O 267/09

Da eine strafbewehrte Unterlassungserklärung grundsätzlich dem Zweck dient, eine gerichtliche Auseinandersetzung zu vermeiden, bezieht sie sich nicht allein auf das Medium, das Anlass für die Unterlassungsverpflichtung war (hier: Druckschrift), sondern auch auf die Werbung in anderen Medien, wie insbesondere die im Internet, weil es sich um einen kerngleichen Verstoß handelt, der vom ursprünglichen Unterlassungsanspruch mit erfasst ist.

11/04 – OLG Hamm – Maße digitaler Bilderrahmen

OLG Hamm vom 10.5.2010, Az. 4 W 48/10

Die Angabe von Maßen digitaler Bilderrahmen in Zoll anstelle von Zentimetern ist zwar ein Verstoß gegen das EinhZeitG i.V.m. der EinVO. Dies stellt jedoch keine spürbare Beeinträchtigung der Interessen der anderen Marktteilnehmer dar.

11/05 – AG Berlin-Charlottenburg – stadtplandienst.de

AG Berlin-Charlottenburg vom 5.2.2009, Az. 239 C 282/08

Mahnt der Urheberrechtsinhaber an Stadtplänen eine Vielzahl von unberechtigten Nutzern ab und nimmt sie auf Schadensersatz in Anspruch, lässt sich daraus nicht ableiten, dass Rechtsmissbrauch vorliegt. Massenhafte Urheberrechtsverletzungen können nur massenhaft abgemahnt werden.

11/06 – LG Hamburg – Beseitigung nach Abmahnung

LG Hamburg vom 7.11.2008, Az. 308 O 101/08

Bei der Verpflichtung zur Entfernung urheberrechtswidriger Inhalte aus einem Internetangebot sind die Inhalte vollständig zu entfernen. Die Entfernung der verweisenden Links genügt nicht. Der Schuldner muss sich sofort höchstpersönlich durch unmittelbare Eingabe sämtlicher Adressen davon überzeugen, dass die Seiten tatsächlich aus dem Internet verschwunden sind.

Mario Fischer

Website Boosting 2.0

Suchmaschinen-Optimierung, Usability, Online-Marketing

2., aktualisierte und erweiterte Auflage

- **Suchmaschinen: Marketing, Ranking, Keywords, Optimierung, Erfolgskontrolle**
- **Usability: optische Gestaltung, verständliche Navigation, Konversionsoptimierung**
- **Kundenbindung: Social Marketing, Affiliates, Weblogs, RSS-Feeds, Virales Marketing**

Viele Unternehmen präsentieren sich im Internet mit eigenen Webseiten. Doch Hand aufs Herz: Nicht viele Firmen haben so richtig Erfolg damit. Die Zeiten, in denen man mit einfachsten Mitteln im Web Stroh zu Gold spinnen konnte, sind leider vorbei.

Sie möchten mithilfe Ihrer Website erfolgreicher werden? Neue Kunden gewinnen? Mehr Umsatz und Gewinn machen? Dann werden Sie mit diesem Buch sicherlich viele Aha-Erlebnisse haben und Ihrem Ziel näher kommen.

Mario Fischer zeigt Ihnen, wie Sie im Web aktiv Kunden „abholen" und sich für Suchende auffi ndbar machen. E-Commerce klappt jedoch nur, wenn Besucher nach dem Finden auch bleiben. Viele Unternehmen vergraulen ihre Kunden unbewusst durch unverständliche Navigation und kompliziert zu bedienende Webseiten. Dieses Buch zeigt, wie Sie es besser machen: Sie erhalten klare Hinweise, umsetzbare Anleitungen, praxisnahe Erläuterungen, viele Tipps zu Tools und zahlreiche Beispiele, die nicht selten auch zum Schmunzeln anregen.

Der **erste Teil** zeigt Ihnen, wie Sie mit Online-Marketing Kunden „holen" können, sei es durch traditionelles Online-Marketing wie Newsletter und Banner-Werbung oder ganz modern mit Affiliates und insbesondere Kundenbindung durch Social Marketing.

Im **zweiten Teil** geht es um die Herausforderung, vom Kunden über Suchmaschinen gefunden zu werden. Alles, was Sie brauchen und wissen müssen, um Ihre Webseiten für Suchmaschinen zu optimieren, finden Sie detailliert in diesem Teil.

Der **dritte Teil** widmet sich dem Thema Usability. Viele Erstbesucher entscheiden innerhalb einer Sekunde, ob sie auf Ihren Webseiten bleiben. Leicht zu verstehende Webseiten sind daher das Zaubermittel für Ihren Erfolg. Sie erfahren, auf was Sie bei der Gestaltung Ihrer Webseiten besonders achten müssen, wie Ihre Besucher „ticken", was sie von Ihnen erwarten und wie Sie diese Erwartungen optimal erfüllen. Sie lernen ebenfalls, wie Sie die Qualität Ihres Webauftritts abschätzen und mit eigenen Mitteln prüfen können.

Im **vierten Teil** stellt Ihnen der Autor nützliche Tools vor, die Sie bei Ihrer Arbeit im Web unterstützen. Diese umfassend aktualisierte und erweiterte Neuauflage des Bestsellers enthält zahlreiche neue Inhalte wie z.B. zum Affiliate und Social Marketing.

Götz Trillhaas,
Head of Agency, Google Deutschland:
»Mit Website Boosting 2.0 hat Mario Fischer es wieder geschafft, alle Facetten und Trends des E-Marketings zu beleuchten – kurzweilig, gut recherchiert und fundiert. Ein Muss für jeden E-Marketer und hoffentlich auch bald eine Pflichtlektüre für deutsche Marketing-Studenten.«

Probekapitel und Infos erhalten Sie unter:
www.mitp.de/1703

ISBN 978-3-8266-1703-4

Stichwortverzeichnis